本书系四川外国语大学后期资助项目“以色列与周边国家关系研究”的研究成果

陈广猛　主编
以色列研究经典译丛

以色列治理

一个现代国家的长成

Politics and Government in Israel

The Maturation of a Modern State

［美］格雷戈里·马勒 著 陈广猛 译

南京大学出版社

Politics and Government in Israel: The Maturation of a Modern State
By Gregory S. Mahler

Published by agreement with the Rowman & Littlefield
Publishing Group Inc., through the Chinese Connection Agency, a
division of Beijing
XinGuangCanLan ShuKan Distribution Company Ltd., a. k. a Sino-Star.

江苏省版权局著作权合同登记 图字:10-2020-569 号

图书在版编目(CIP)数据

以色列治理 : 一个现代国家的长成 / (美) 格雷戈里·马勒著 ; 陈广猛译. — 南京 : 南京大学出版社, 2024.12
(以色列研究经典译丛 / 陈广猛主编)
书名原文: Politics and Government in Israel: The Maturation of a Modern State
ISBN 978-7-305-27188-5

Ⅰ. ①以… Ⅱ. ①格… ②陈… Ⅲ. ①国家—行政管理—研究—以色列 Ⅳ. ①D738.23

中国国家版本馆 CIP 数据核字(2023)第 133296 号

出版发行 南京大学出版社
社 址 南京市汉口路 22 号 邮 编 210093

丛 书 名 以色列研究经典译丛
丛书主编 陈广猛
书 名 以色列治理:一个现代国家的长成
YISELIE ZHILI YIGE XIANDAI GUOJIA DE ZHANGCHENG
著 者 [美]格雷戈里·马勒
译 者 陈广猛
责任编辑 官欣欣

照 排 南京南琳图文制作有限公司
印 刷 南京爱德印刷有限公司
开 本 635 mm×965 mm 1/16 印张 40.5 字数 542 千
版 次 2024 年 12 月第 1 版 2024 年 12 月第 1 次印刷
ISBN 978-7-305-27188-5
定 价 138.00 元

网址: http://www.njupco.com
官方微博: http://weibo.com/njupco
官方微信号: njupress
销售咨询热线: (025) 83594756

总　序

近年来，国内掀起了一股“国别和区域”类图书出版的潮流，尤其是2013年“一带一路”倡议推出后，相关著作的需求快速增长，图书市场也呈现出一片繁荣的景象。但现有的“国别与区域”类书籍，在研究对象的分布上存在着明显的“冷热不均”：关于传统大国和地区如美国、俄罗斯、日本、欧洲等书籍较多，而中小国家如瑞士、肯尼亚、以色列等图书较少。同时，已有的“国别和区域”类图书，多是对相关国家和地区的简单介绍，缺乏较有深度的研究成果。虽然也出版了一些国外学者的学术译著，但较为零散，不成体系，难以构成对研究对象国和地区的全面深入了解。

“以色列研究经典译丛”聚焦当今世界最神秘的国家之一——以色列，通过译介有关该国最新、最权威的研究成果，包括以色列政治、经济、外交、军事、法律、语言、电影、音乐、教育、文化等各方面著作，以加强国内对以色列和中东地区的认知，提高该领域的研究水平。此类译著丛书的出版，目前在国内还是首创，也是中国的国别和区域研究发展到一定阶段的产物。虽然关于美国、俄罗斯、日本、欧盟等国家和地区的全方位译丛已有先例，但对于像以色列这样的规模不大、具有鲜明特色和战略重要性国家的系统性研究译丛尚不多见，这也是本套丛书的特色和亮点。

在译介对象的选择上，译丛的选择标准是最新、最权威。与历史研究和文学研究不同，国别和区域研究的时效性较强。一个国家和地区的形势，每隔几年就会有较大的变化，因而在译介对象的选择上，我们尽量选择目前这个领域最新的研究成果。但“新”不是唯一标准，同时还要讲求权威性，我们力求在全球范围内选择相关领域最具权威性学者的著作。如果两者不可兼得，我们也试图寻求一种平衡，争取做到，“凡我所选，皆为精品”。最终，第一批入选的著作有巴里·鲁宾的《以色列导论》(Barry Rubin, *Israel: An Introduction*)；格雷戈里·马勒的《以色列治理》(Gregory S. Mahler, *Politics and Government in Israel*)；保罗·里夫林的《以色列经济：从建国到 21 世纪》(Paul Rivlin, *The Israeli Economy from the Foundation of the State through the 21st Century*)；伊曼纽尔·纳文的《以色列外交史》(Emmanuel Navon, *The Star and the Scepter: A Diplomatic History of Israel*, *Jewish Publication Society*)；耶胡达·沙洛姆的《以色列教育：多元文化社会中的教育创业》(Yehuda Bar Shalom, *Educating Israel: Educational Entrepreneurship in Israel's Multicultural Society*)；伯纳德·斯波斯基和艾拉娜·肖哈米的《以色列语言》(Bernard Spolsky & Elana Shohamy, *The Languages of Israel: Policy, Ideology and Practice*)；莫蒂·雷格夫和埃德温·塞鲁西的《以色列流行音乐》(Motti Regev & Edwin Seroussi, *Popular Music and National Culture in Israel*)；埃兰·卡普兰的《以色列电影：历史与思想》(Eran Kaplan, *Projecting the Nation: History and Ideology on the Israeli Screen*)；纳赫拉·阿卜杜的《以色列女性》(Nahla Abdo, *Women in Israel: Race, Gender and Citizenship*)等研究力作。

译事难哉。高水平的译著，除了对于翻译对象的高标准选择之外，对于译者的选择，也是决定最终译作水准的关键因素。幸运的是，译丛的译者多来自四川外国语大学以色列研究科研创新团队。由于外语院校本身的特点，我们的译者多数是英语专业出身，具有较高的语言能力。同时，由于团队长期从事以色列相关的研究活动，成员多具有去以色列或中东国家访学调研的经历。我们力图在专业水平、英语水平之间寻找到一个最佳的结合点，为每本著作找到最合适的译者。

这里还要特别提及译丛的策划者和组织者——教育部国别与区域研究(备案)四川外国语大学以色列研究中心。川外以色列研究中心成立于2011年6月，是国内大学中首家从事“以色列研究”的专门机构，宗旨是整合校内外各种资源和力量，积极开展对以色列政治、经济、社会等问题的深入研究，争取以有特色的科研成果为社会服务，发展成为西南地区乃至全国知名的高校智库。自成立以来，中心在学术研究和对外交流方面发展迅速，2017年5月，中心获批成为教育部国别与区域研究备案中心。“以色列研究经典译丛”正是中心的标志性成果之一。

感谢南京大学出版社有这样的眼光和魄力，愿意支持对以色列这样一个小国研究成果的全方位译介。2022年，是中国和以色列建交30周年，希望译丛的出版，能够为中以两国的文化交流做出些微的贡献。

陈广猛

2021年12月20日于重庆

前　言 XV

非常荣幸能向大家介绍《以色列治理》的新版本。在我的整个职业生涯中，我始终对以色列政治研究怀有浓厚兴趣。事实上，1973 年战争结束后不久，我便在耶路撒冷的以色列议会开展博士课题研究。从那时起，我便一直活跃在这一学术领域。能够与学生们分享从这个国家的政治和历史中汲取的诸多经验教训，无论是课堂上的学生，还是未曾谋面的学生，都让我深感欣慰。

撰写一本介绍性教科书，既充满了成就感，也极具挑战性。其成就感源于能够分享我认为重要问题的探讨，并且能切实感受到对激发学生对书中主题的兴趣、促进相关对话有所助益。而挑战则在于书中内容的抉择，不仅要确保在主要议题上准确无误，在细节的涵盖程度上也需恰到好处。例如，“历史与国家的建立”这一章，只是浩如烟海的以色列历史专著中的一小部分内容。我深知，有些人可能会因讨论内容有所遗漏，或者因我似乎侧重于某一种解释而非其他解释而感到不满。这确实令人遗憾，但由于我必须权衡取舍，决定哪些内容该纳入、哪些该省略，哪些需强调、哪些可忽略，这些决策是不可避免的。归根结底，本书旨在对以色列政治研究进行一般性介绍，并非学术专著，我只能在这个特定项目的范畴内进行创作。

我认为，任何涉及大量常具争议性主题的书籍，就像本书一样，都会面临这样的困境，而我目前也尚未找到解决之道。倘若
xvi 我们要探讨有争议的内容——实际上，对这种讨论和调查的基本承诺是我们学术使命的核心——那么这便是我们必须直面的挑战。在此，我只能说，我努力呈现一个平衡的视角，但同时，我也毫不避讳地呈现一些读者可能不愿讨论的事实。

完成一本书的书稿，为作者提供了一个公开致谢的机会，感谢在创作过程中给予帮助和鼓励的人。我在“以色列研究协会”(AIS)的众多同事一直大力支持我撰写这本书，并在第一版时就鼓励我不断修改完善。他们关于内容取舍的建议，确实让我受益匪浅。我的同事，耶路撒冷希伯来大学的鲁文·哈赞(Reuven Hazan)、密歇根大学的马克·泰斯勒(Mark Tessler)、拉斐特学院的伊兰·佩莱格(Ilan Peleg)和埃默里大学的肯·斯坦(Ken Stein)，对本书的三个版本都给予了特别的鼓励，对此我深表感激。

我要感谢罗曼-利特菲尔德(Rowman & Littlefield)出版社邀请的匿名审稿人，他们在第一版书稿的早期阶段提出了非常实用的建议。我还要感谢另一组匿名审稿人，他们为在第一版基础上改进的第二版提出了宝贵意见。还有一组匿名审稿人对第二版的修改提出了类似建议，这使得第三版更加完善。在大多数情况下，我都采纳了他们的建议。

能与罗曼-利特菲尔德出版社合作，我深感愉快。编辑部主任苏珊·麦克伊切恩(Susan McEachern)和助理编辑奥德拉·菲金斯(Audra Figgins)一直大力支持我推出第三版。我还要感谢罗曼-利特菲尔德出版社的责任编辑珍妮·施韦策尔(Jehanne Schweitzer)，感谢她将这个项目从书稿变成了正式出

版物。当然，他们无须对书中可能出现的任何错误负责，书稿中任何内容错误、遗漏以及结论方面的问题，均由我个人承担。

正如我过去在许多场合所表达的，我要感谢我的妻子马乔里（Marjorie），是她最初引领我踏上耶路撒冷的街道，开启了以色列研究之路。在过去的四十年里，我们多次回到耶路撒冷，起初是我们二人，接着带着女儿们，后来又只剩我们俩，每一次美好的经历都由我们共同分享。因此，这本书也理应与她共享。

目　录

导论：比较语境中的以色列研究

第一节　我们要研究什么？

长期以来，政治研究一直吸引着对周围世界充满好奇的人们。事实上，政治学作为一门学科，至少可以追溯到柏拉图（约公元前 427—前 347 年）和亚里士多德（公元前 384—前 322 年）的时代。亚里士多德常被视为第一位“真正的”政治学家，因为他研究了当时世界多地的政治制度。他对宪法和权力结构的比较分析，为我们如今的政治领域贡献了诸多专业术语，如“政治”“民主”“寡头政治”和“贵族阶层”。[1]从柏拉图和亚里士多德时代起，甚至更早以前，观察家们就试图通过理解国家的社会和政治制度及其行为，来洞悉周围的世界。

当我们谈及政治时，所涵盖的范畴极为广泛。对许多人而言，政治意味着明确的事务，如政治运动、选举投票、街头示威、国家间的战争或军事行动。而对另一些人来说，政治可能是游说者施加的微妙政治影响、政治精英的公开操纵，或是决策者漫长而艰难的决策过程。熟悉官方政治机构的人，或许会联想到宪法、立法机构、行政人员、法院、政党和利益集团。简言之，政治对于不同的人有着不同的含义。

一个例子便能体现人们对政治术语认知的宽泛。1975 年，

我在耶路撒冷参与了首个以色列研究项目，重点聚焦以色列议
2 会，即“克奈塞特”(Knesset)。[2]我询问了以色列议会议员最初的政治记忆。[3]他们的回答丰富多样，从将政治与选举相联系的，到把政治与巴勒斯坦街头政治示威相关联的，甚至还有将政治与父母在大屠杀中遇害联系起来的。

这表明政治研究的主题十分广泛，从最明显的官方政治机构(如制宪机构、立法机构、官僚机构等)到更为微妙的因素(如文化、宗教和历史的影响)都涵盖其中。我们不能以预设的视角去分析一种文化或政治制度，而仅研究自认为重要的部分。了解选举的举行周期，或是国家立法机构的成员数量，固然能让我们知晓该国的部分情况，但要深入理解政策的制定过程及其原因，我们需要探究的远不止这些。

要理解以色列的政治，我们必须审视其普遍的政治环境，同时了解以色列社会中个人和群体之间的互动模式。[4]这种研究侧重于权力或权威的互动。“古典”政治学家戴维·伊斯顿(David Easton)将政治定义为处理“社会价值的权威分配”[5]，即社会目标和标准的设定过程，这些标准对社会成员具有约束力。因此，对政治的研究可能包括对立法机构、投票、政党、少数群体在政治制度中的作用、权力的研究，更广泛地说，是对公共政策制定过程的研究，甚至涵盖所有这些方面及更广泛的内容。

我们为何要研究政治？我们在探寻什么？如前所述，我们的研究对象范围极为宽泛。在以色列的背景下，我们可能试图探究宗教与国家的关系；也可能想了解为何有些人拥有权力，而另一些人没有；我们或许想知道社会政策是如何制定的，或是某一次特定选举中某一政党获胜的原因。

总之，研究政治行为的原因众多，涉及的方面也十分广泛。然而，有一点是明确的：政治学只是帮助我们认识周围复杂世界的社会科学之一。

其他学科，包括经济学、心理学、社会学和人类学，也在研究

我们所关注的一般类型的社会现象。

第二节　我们怎样研究政治?

在研究初期,我们必须面对一个关键抉择:如何开展政治研究。一种方法是“案例研究法”,即专注于一个案例、主题或国家 3
(此处以以色列为例),研究该国的政治制度和行为,且不与其他国家或案例进行明确比较。这种方法的优势在于,我们能更细致地研究案例,更透彻地了解案例的各个组成部分。

另一种方法是“比较法”。“比较”意味着相对性,如更大、更强、更自由、更稳定、更不民主等。因此,政治研究中的比较方法,是对政治现象的相似性和差异性进行探索,包括政治制度(如立法机构、政党或政治利益集团)、政治行为(如投票、游行或阅读政治小册子),或政治思想(如犹太复国主义、社会主义、自由主义、保守主义或马克思主义)。

运用这一方法,我们不断将以色列的政治制度和政治行为与其他国家进行比较。这样做的好处是,能让我们更充分地认识到以色列政治的特殊性,更深入地理解其某些特点所产生的后果。例如,2015 年,人口超 800 万的以色列,其国家立法机构中有十个政党的代表(在 2015 年第二十届议会选举中争取席位的政党数量远超于此),而拥有 3 亿多人口的美国,国家立法机构中却只有两个主要政党的代表,这一对比凸显了以色列政党格局的独特性。以色列的“宪政”政府实际上没有成文宪法,孤立来看,其政治机构运作相对平稳;从比较角度看,它比意大利的政治体制运行更平稳,但不如加拿大政治体制稳定,通过比较,我们可以探究背后的原因。比较法的价值在于,它使我们能够评估相对表现,还能让我们看到并理解一个政治制度的特点, 4
若孤立看待则难以察觉。

当然，采用一致性比较法也存在问题，我们必须将以色列政治的所有方面与其他国家的可比方面进行比较，如此一来，本书内容将难以聚焦以色列，还会涉及美国、英国、意大利、日本、约旦、加拿大等呈现类似政治制度或行为的国家。这虽有助于了解以色列的架构和行为，但会分散对以色列研究的注意力。

我的解决方案是在本书中以案例研究法为主，在适当且有效的情况下，引入一些比较的视角作为补充，可称之为“从比较视角下进行案例研究分析”。我们主要目的在于了解以色列的政治史、政治制度、政治行为和外交政策。然而，当以色列的历史、机构或行为的某些特征极为特殊时，我们会将其与英国、美国、意大利等国家的政治制度特征进行比较，以便充分理解研究内容的意义。[6]

第三节　研究政治制度和行为

我们为何要进行特定的比较研究？我们期望研究的目标是什么？如前所述，比较政治研究的主题丰富多样。一般来说，在政治学的比较研究中，可以提出三大类考察对象：政府机构、政治行为和公共政策。当研究以色列政府和政治时，我们需要试图理解这三个领域。

第一种方法侧重于政府机构本身。这类研究可能聚焦于立法机构、行政部门、法院、宪法、法律制度、官僚体制，甚至政党。通常，通过研究一个政权的制度，我们能够理解该政权的行为以及政治决策的制定过程。

以色列选举制度便是一个典型例子。以色列采用“比例代表制”的特殊选举制度，这意味着会有大量政党涌现，也必然会产生联合政府(因为没有一个政党能赢得议会多数席位的控制权)。这进而导致总理在政策制定过程中，无法自由行使自主权，因为他们时刻担忧维持自身权力的政治基础。

第二个主要研究方向是政治行为。这类研究重点关注投票行为、政治稳定、政治精英、政治领袖、政党行为等。其核心思想基于这样一个假设：若一个人理解人们在政治体系中的行为（这里的“人们”包括领导者与被领导者），就能对该政治体系有所了解。以色列政治中的“艾因布雷拉”（Ein Brera，希伯来语“别无 5
选择”的意思）心理被广泛提及。以色列公民身处艰难环境，这种环境及其产生的政治行为，对政治制度产生了一定影响。

第三个一般研究领域是公共政策，关注焦点是政府行为的结果。这类研究常关注一些相关问题，如政府如何行动、为何行动，以及哪些因素促使政府做出决策。在以色列社会，存在许多导致民众分裂的基本问题，或许比其他任何民主社会都更为严重。我们能在政府经济政策（传统政治制度的“左”和“右”）上看到“正常”的政策分歧，此外，还能发现以色列在宗教与国家关系、犹太复国主义与国家问题、对巴勒斯坦人的民族姿态以及巴勒斯坦国问题上存在根本分歧（与涉及国家安全的一般问题不同，这些问题在所有政治环境中都存在）。这些政策辩论及其他相关辩论，往往是本项研究的主题。

除了这三类广泛的研究课题，我们还需了解国家的生存环境和背景，以及国家的一些基本特征。这包括对国家的创建和存续进行讨论：它是如何诞生的，如何艰难生存下来，以及未来存续的可能性。政治边界会因战争、双方协议的改变或两者兼而有之而发生变化，在此过程中，国家安全是关键变量。

我们还需了解政权的意识形态基础。二十世纪初，犹太复国主义概念基于这样一种观念：在世界众多民族国家中，有一个由“无国籍”犹太人组成的“民族”，他们需要一个犹太国家作为家园。这一概念催生了以色列国。[7]具有讽刺意味的是，如今巴勒斯坦人以类似方式声称需要一个属于自己的国家，独立于以色列、约旦、埃及、沙特阿拉伯和其他中东国家。[8]

第四节　以色列政府与政治研究

尽管现代以色列国的历史不足七十年(以原著作者写作时间计),但自建立以来,它在世界政治舞台上发挥的作用远超其
6 国家规模。这使得研究以色列政治制度运作的国内和国际环境的学生人数大幅增加。然而,尽管相关学术成果不断涌现,专门介绍以色列政治世界的教科书却为数不多。

研究以色列政治,需做好三件事。首先,要了解国家产生的历史背景和社会环境;其次,必须掌握政治体系中重要政治结构和政治行为模式的复杂性;最后,要了解政治制度运作的外部环境。本书旨在帮助学生同时达成这三点,而许多其他书籍往往只关注其中一点或两点,无法涵盖全部。

研究相关历史和背景对了解任何国家的政治环境都至关重要,对以色列而言更是如此。部分原因在于有人不承认其国家的合法性,若学生不了解历史,便无法理解或评估这些质疑的合理性。因此,对以色列的研究必须关注其历史背景,了解以色列人(和其他人)对国家领土的一般主张,以及英国人的承诺和“二战”期间及战后的相关情况。第一章简要探讨了当代以色列政治制度的历史根源,包括当代巴勒斯坦危机的前因后果。[9]这一章讨论了以色列建国前的政治演变,以及导致英国在“二战”结束时撤出该地区的政治因素。同时,本书还探讨了“二战”和大屠杀的影响,以及 1945 年到 1948 年的国家过渡。此外,其他一些“背景”议题在以色列政治研究中也尤为重要,值得深入讨论。

第二章重点讨论犹太复国主义和以色列政治运作的国内政治环境。不可否认,所有国家的政治结构都会受到其运作环境的影响,但以色列社会存在一些独特之处,超出了“正常”问题范畴。犹太复国主义便是其中之一。不同“以色列人”之间的关系

应是怎样的？在简要介绍这些主题引发的问题后，学生能更好地准备直接考察以色列政体公开的“政治”特征。

第三章探讨犹太教和犹太宗教在以色列政治中的作用。考虑到犹太人口中的不同群体，不同“犹太人”之间的关系应如何界定？这包括非犹太人的身份问题，例如，“以色列阿拉伯人”是 7
谁，不同种类犹太人（塞法尔迪犹太人和阿什肯纳兹犹太人之间的差异有何意义?）。另一个关键话题是宗教与国家政治的关系。以色列极端正统派与世俗人群之间关系的辩论往往高度政治化。尽管以色列被称为“犹太国家”，但五分之一的以色列人并非犹太人，这对国家政治产生了重要影响。

第四章讨论以色列其他重要背景变量，包括军队和官僚机构的作用以及经济变量和行为。本章将对以色列的经济特性和特点进行评估和讨论。在理解以色列政治的背景下，官僚机构和地方政府在以色列政治的日常运作中意义重大。最后，本章分析了备受关注的以色列国防军的政治角色。过去六十年里，军队在以色列政治中的角色发生了显著转变，许多关于军队角色的传闻仅是传说。除战略层面作用外，军队在政治舞台上仍具重要意义，了解其结构和组织对全面掌握本书内容至关重要。

在此基础上，以色列政治研究的第二个主要维度涉及政治制度更“传统”的方面，即重要的政治结构、政府机构和政治制度中存在的政治行为模式。内容涵盖宪政框架与议会政府的总体架构、政党和利益集团的性质和行为、选举制度和投票行为、议会（国家立法机构）的传统政治结构、总理和内阁、官僚机构以及司法部门。对一个政权的政治结构和行为的了解，构成了任何“区域研究”政治学课程的核心，在这方面以色列与其他国家并无不同。

第五章考察了宪法制度和议会制政府。并非所有的宪政体制都相同，以色列的宪法制度在世界上独具特色。以色列拥有一部“不成文”的议会宪法，与其他议会制国家的宪法差异显著。

本章考察了以色列制定不成文宪法的决策，以及随着时间推移对宪法修改的相关决定。还讨论了以色列宪法的基本结构、法院在以色列政治中的作用，以及法院对以色列宪法制度演变的
8 影响。最后，分析了以色列独特的“议会”结构的内涵，并试图解释其特殊之处。

在议会国家，总理与议会(Knesset)的关系至关重要。第六章讨论了总理与议会的关系，以及当今政府立法和行政部门的运作。本章包括以色列议会的设置和组织、立法的通过过程，以及议会成员的作用。在解释了以色列议会的组织后，本章考察了联盟政治的性质，分析了联合政府在以色列不同寻常却极为重要的作用，以理解以色列政府行为的原因。

以色列民主的基石是以色列政党，第七章将对其进行讨论。六十年来，以色列被视为一个政党国家，政党在政体日常运作中的作用并未减弱。本章探讨了以色列政党的组织方式、重点关注领域以及彼此之间的差异。在深入讨论政党后，焦点转向利益集团，这是当代以色列民主舞台上的另一个重要机构。尽管熟悉政党和利益集团对理解以色列政治运作至关重要，但事实是，若不了解“游戏规则”，即政党和利益集团在政治中的行为方式，就无法真正理解它们。以色列议会选举采用“比例代表制”选举制度(以及最近曾增设的总理直接选举，不到十年后又恢复原选举模式)，导致以色列选举一直存在诸多问题。第八章还讨论了影响选举结果的关键因素，并审视了近期选举的趋势，以了解选举框架对以色列投票行为和以色列政治的重要意义。

研究以色列政治的第三个也是最后一个主要方面，涉及对政治舞台的外部环境和外交政策的认识。外交政策是任何国家政治制度不可或缺的组成部分，对以色列来说更是如此。这主要有以下几个原因，其中最重要的是以色列与部分阿拉伯邻国之间持续的敌对状态，以及以色列自成立以来不得不在敌对的地缘政治氛围中运作的现实。因此，对以色列外交政策的研究

涵盖多个重要方面，包括(但不限于)审查外交政策所依据的地缘政治和战略背景、以色列对阿拉伯外交政策的历史、军事战略和战术，以及“国家安全”定义的演变。 9

第九章简要分析了上述每个问题，以期更全面地了解以色列外交政策制定的背景和决策者常关注的战略因素。本章探讨了该地区经历的战争及其遗留问题，分析了过去七十年中影响以色列外交政策的战略考量，特别是以色列与美国的关系。军事安全问题一直是以色列政治的核心，本章追溯了以色列军事行动的历史。同时，还探讨了近七十年来在以色列外交政策制定中起重要作用的政治、外交、经济和文化因素。

以色列人和巴勒斯坦人之间长达半个多世纪的冲突令人困惑，第十章试图在一定程度上予以澄清。在讨论中东冲突时使用的标签并非毫无意义，对一些观察者而言，这些讨论涉及深厚的情感联系。本章同时探讨了“被占领土”等概念的历史和当代意义。“西岸”一词有着深厚的历史渊源，“巴勒斯坦人”和“定居点”等术语也是如此。在学生充分理解当前辩论的性质之前，必须了解相关术语的历史和当前含义。在这一章中，学生还将对“巴勒斯坦人”一词进行更深入的讨论，以了解其历史和当代意义。学生们将探讨巴勒斯坦人是“谁”，他们对居住领土有“什么”要求，以及“为什么”巴勒斯坦人和以色列人之间存在诸多紧张关系。

在第十一章中，我们将重点放在耶路撒冷及其长期作为争议中心的角色上。我们的讨论虽有一定局限性，但涵盖了耶路撒冷在谈判中的历史地位、当今的外交和法律地位分析，以及一些关于耶路撒冷的人口统计学信息，如人口规模的变化、定居点在耶路撒冷议题中的作用。

第十二章讨论了难以实现、令人沮丧，有时看似接近成功却最终(截至目前)未能达成的中东和平目标。本章讨论了以色列的长期计划、与定居点建设相关的政策、军事治理问题、与巴勒斯坦民族主义及中东政治舞台相关的问题，以及随着巴勒斯坦主权增强，以色列的国家安全问题。本章还包括对和平进程本身以及导致《戴维营协议》和 1979 年《埃及以色列和平条约》等事件的历史性讨论，描述了自那时以来的关键事件——从奥斯
10 陆和马德里到戴维营（再次）和安纳波利斯。本章最后探讨了未来和平的前景。

这本书并不期望学生通读所有内容后，就能对当代以色列政治了如指掌。但哪怕只是粗略浏览每一章结尾的“进一步阅读”小节，也能感受到相关文献的浩如烟海。本书的目的并非为读者提供全面的专业知识，而是增强其意识、提高熟悉度；不是给出所有答案，而是提出诸多问题；不是判定谁对谁错，而是表明真诚且理智的人也可能对“事实”存在分歧，进而从相同叙述中得出不同结论。

第一章　历史与国家的建立 13

本章探讨当代以色列政治制度的历史渊源，涵盖以色列国内政治、对外关系，以及当代巴勒斯坦危机的前因后果。在简要介绍与以色列境内外犹太社区相关的早期事件后，将更全面地讨论 1830 年至 1917 年犹太复国主义的兴起。[1]后续小节着重介绍 1880 年至 1939 年“伊休夫”(Yishuv)的发展，以及 1917 年至 1947 年的《贝尔福宣言》和英国委任统治时期。此外，还将探讨第二次世界大战和大屠杀的影响，并研究 1945 年到 1948 年的建国过渡。在这一历史分析中，还会讨论该地区非犹太巴勒斯坦人口，以及犹太人和犹太复国主义者群体的增长与发展如何影响这些人，并在几年后导致巴勒斯坦人和以色列人之间的冲突。

研究任何一个国家的历史，往往是全面了解其政治制度如何以及为何发展成如今模样的重要先决条件，这一点在以色列可以得到尤为突出的体现。有人或许会说，即便对美国独立前 14
的历史和思想了解有限，仍可大致理解其政治体系的运作；然而，在研究以色列政治体系时，这种浅显的认知是远远不够的。例如，要理解以色列人和巴勒斯坦人之间目前的紧张局势，就需要借助历史背景来进行评估。现代以色列是在危机中孕育、在斗争与困难中发展，并在恐怖、悲剧与暴力中诞生的国家。从宣布独立的那一刻起，以色列的生存就面临挑战，并且这一挑战受其多数邻国影响持续至今。

现代以色列是如何形成的？是什么引发了通常所说的“犹太复国主义”运动？这场运动的支持者为实现其政治目的做了什么？巴以冲突的前因是什么？这些问题看似简单直接，但答案既不简单也不直接。所涉及的问题相当复杂，更棘手的是，对于感兴趣且认真研究的学生来说，并非所有“事实”都能得到研究人员及相关人士的一致认同。

本章旨在明确一些主要问题，以便我们对现代以色列出现的历史背景有一个大致的理解。当然，一个章节不可能全面探讨所有问题，甚至连大部分问题都难以涵盖。事实上，1996 年出版的以色列权威政治史著作之一——霍华德·萨查尔（Howard Sachar）的《以色列史：从犹太复国主义的兴起到我们的时代》（克诺夫出版集团）——篇幅长达一千多页！相比之下，本章只求提供足够信息，让相关学生能够了解问题的真正复杂性，并在此过程中理解现代以色列与其过去之间的联系。除此之外，学生还需寻找更专业、更详细的资源，以更深入地了解现代以色列。

本章探讨了犹太和以色列历史的几个重要阶段。首先，简要追溯当代以色列一些古老而深远的历史渊源。当然，犹太复国主义概念的发展在这一过程中至关重要，因此，我们将简要追溯其起源和演变，从 19 世纪欧洲兴起的政治潮流，到促成 1948 年以色列建国的更为成熟的运动。

在本书的最后一章之前，我们不会将重点聚焦于以巴冲突与中东和平进程。然而，了解这场冲突的发展历程对我们至关重要，这可以追溯到现代以色列建国之初。犹太复国主义无疑
15 是一个复杂的现象，犹太复国主义者与 20 世纪早期他们在巴勒斯坦所面临的复杂政治、经济和社会局势相互作用，将原本复杂敏感的局势转化为冲突态势。随着对本卷书所涵盖主题的深入探究，我们会定期关注相关的巴勒斯坦议程，以便更好地了解今天的冲突是如何发展的，以及冲突各方的相关立场。我们还必

须明白历史分析的一个基本特征，即它会受到视角和时间流逝的影响。中东和以色列建国的“标准”历史如今正在被重新审视和注释，如今的争论并非存在于研究历史的人和不研究历史的人之间，而是在从不同角度研究历史的人之间展开。[2]

第一次世界大战后，英国受命统治巴勒斯坦，并在整个战争时期对该地区产生了重大影响。因此，本章试图揭示这一时期最重要的政治活动如何促成以色列国的建立，以及第二次世界大战和大屠杀如何在凸显这一目标紧迫性方面发挥重要作用。最后，本章记录了二战后从英国统治的巴勒斯坦向独立的以色列的实际过渡。

然而，需要回想的是，当犹太复国主义者开始有系统地组织向巴勒斯坦移民时，建立现代以色列的这片土地并非无人居住。当我们追溯以色列国发展的历史根源时，不能忽视在适当之处关注巴勒斯坦土著居民的性质和历史，以及犹太复国主义者和犹太人群体的增长对非犹太人，以及已经生活在这片土地上的非犹太复国主义者群体的影响。[3]当然，这后来成了这场持续悲剧的根源，因为巴勒斯坦民族主义将与以色列的安全担忧和控制约旦河西岸大部分土地的意图发生冲突。

第一节　当代以色列的历史根源

我们不会借助《圣经》或宗教资料来讨论现代以色列，尽管这样做是可行的，甚至可能被某些人认为是必要的。然而，对于任何想要将分析建立在这些资料基础上的当代社会科学家来说，都会面临几个实质性问题，其中包括：信息本身是碎片化、不 16
完整的，且并不总是一致的。例如，在《圣经》中，希伯来人“在埃及逗留”的年数，有人记载为 400 年，有人记载为 430 年，还有人记载为 4 代。[4]为当前政治主张提供依据的地域描述同样是近似且不充分的。以色列地（Eretz Israel）的规模曾被描述为“从埃及的河（尼罗河）流入大河（幼发拉底河）”。[5]在其他地方，这些维度又有所不同，这让学生陷入困惑，不知领土的“真正”边界究竟是什么。[6]当然，从某种意义上说，期望《圣经》章节符合当代历史资料所要求的细节和准确标准是不现实的。那并非它们被创作的目的，也不是它们几个世纪以来持续受到关注和具有重要意义的原因。

直到罗马人出现，我们才开始发现更准确、更详细的历史记载。例如，我们知道亚历山大大帝在公元前 332 年征服了以色列地，在他死后，以色列地成为帝国的一部分，卷入了他继任者们的战争之中。[7]我们也从各种资料得知，在很长一段时间内，这个地区几乎一直处于不稳定状态。公元前 167 年左右，以色列地发生了一场针对罗马人的大规模犹太人起义。[8]公元前 44 年恺撒被暗杀后，犹地亚（Judea）——罗马人给以色列地起的名字——陷入了内战的紧张局势之中。

公元 66 年发生的反罗马人的“大起义”（the Great Revolt）引发了对犹太人的大规模报复。历史学家约瑟夫斯（Josephus）称，在耶路撒冷之战中，有超过一百万的犹太人被罗马人杀害。与他同时代的塔西佗（Tacitus）则认为死亡人数为 60 万。[9]无论具体数字是多少，正是因为这一事件，我们首次目睹了犹太人在这个地区的消失和大流散（the Diaspora），并见证了在以色列地以外建立犹太社区。事实上，在大起义之后，罗马人开始了一系列有组织的反犹太行动，从肉体驱逐到禁止犹太会堂的存在。公元 135 年，罗马皇帝哈德良（Hadrian）正式将“犹地亚”的名称改为叙利亚巴勒斯坦（Syria Palestina），以使地图上不再正式提及犹太人。[10]

从罗马时代末期（约公元 600 年）到十字军东征到来（始于 1095 年），阿拉伯人统治了叙利亚巴勒斯坦。在这五百年里，欧洲人对所谓的圣地几乎没有兴趣。一个非常小的犹太社区继续存在于后来被称为以色列的地方，但它在政治和经济上显然都微不足道。十字军东征从大约 1095 年持续到 1291 年。[11] 自教皇乌尔班二世（Pope Urban Ⅱ）任期开始（1095 年），罗马天主 17
教会做出了一系列努力，试图从“异教徒”手中拯救圣地，光复基督教世界。其间发生了几轮十字军东征，一些来自欧洲的基督教朝圣者也确实抵达了圣地。但到了 13 世纪末，十字军从该地区消失，圣地再次处于伊斯兰国家的全面统治之下。

在 14 世纪和 15 世纪，许多祖先曾在欧洲避难以躲避罗马帝国迫害的犹太人开始返回现在被称为巴勒斯坦的地方。他们持续的文化孤立感，以及因十字军东征而产生的脆弱感，促使他们搬回“传统”的家园。他们的回归在很大程度上也反映了早期巴勒斯坦少数犹太人与多数阿拉伯人之间的友好关系。[12] 之后，从大约 1517 年到 1917 年，巴勒斯坦被多个土耳其王朝控制。[13] 欧洲列强与犹太少数民族之间的纷争最终破坏了这种宗教共存的局面。

第二节　1830—1917 年犹太复国主义的出现

犹太复国主义的概念出现在 19 世纪，其核心是建立犹太国家的理念。[14] 这一术语源于“锡安”（Zion）一词，在犹太历史早期，它被视为耶路撒冷的代名词。[15] 据估计，1800 年时以色列地的总人口还不到 30 万。犹太人口是少数，可能不超过 5000 人，而基督徒人口稍多一些，大约为 2.5 万人。[16] 所以，在 19 世纪之前，现代世界的绝大多数犹太人与巴勒斯坦没有任何接触。

到 19 世纪中期，一些传教组织增加了在耶路撒冷的活动。在一定程度上，欧洲主要大国的政治考虑推动了这种活动的扩大。各国政府宣称自己是圣地特定宗教团体的“保护者”，并以此为基础在耶路撒冷建立重要影响力。例如，俄罗斯试图保护

希腊和俄罗斯的东正教信徒，法国保护罗马天主教徒，英国保护
新教徒，等等。[17]由于犹太人缺乏官方赞助人，一些人开始发挥
更重要的作用。英国犹太复国主义者摩西·蒙蒂菲奥里爵士
(Sir Moses Montefiore)是最早支持在巴勒斯坦建立犹太国家
的人之一。1838 年，蒙蒂菲奥里与埃及总督穆罕默德·阿里
(Mohammed Ali)(当时他还统治着现代叙利亚和巴勒斯坦)就
18 以色列地的土地契约进行谈判，以便犹太人可以在那里不受干
扰地生活。1831 年到 1840 年，埃及的穆罕默德·阿里占领了
巴勒斯坦，埃及成为控制巴勒斯坦和耶路撒冷的大国。但是蒙
蒂菲奥里的努力没有成功，主要是因为阿里在 1841 年被推翻以
及奥斯曼土耳其统治的恢复。[18]

犹太复国主义的另一个早期根源可追溯到犹大·阿勒卡莱拉比(Rabbi Judah Alkalai)，他于 1839 年出版《愉快的道路》(*Derchai Noam*)一书，该著作提出需要在圣地建立犹太殖民地，作为弥赛亚回归的条件。到 1878 年去世前，他已经拥有了一群追随者，自己也搬到了巴勒斯坦，为增加那里的犹太人定居点而努力。[19]阿勒卡莱的追随者之一是西蒙·赫茨尔(Simon Herzl)，他是西奥多·赫茨尔(Theodor Herzl)[关于他我们会有更多的说明]的祖父。事实上，到 19 世纪 60 年代中期，一个被称为“伊休夫”的活跃犹太社区已经在巴勒斯坦发展起来。[20]

1860 年，耶路撒冷老城城墙外建成了第一个犹太社区。1870 年，该社区建立了一所名为密克维·以色列(Mikveh Israel)的农学院，毗邻阿拉伯城市雅法(位于现在特拉维夫的郊区)。1878 年，伊休夫建立了佩塔提克瓦(Petah Tikva)，如今是特拉维夫附近一个拥有十万人口的小镇。重新对巴勒斯坦产生浓厚兴趣的原因不难发现。

在此期间，欧洲发生了加速犹太人外迁的历史事件。19 世纪 80 年代初期，俄国沙皇亚历山大三世(Tsar Alexander Ⅲ)颁布了一系列反犹法令，将数十万犹太人赶出村庄。1881 年至

1914 年，大约有 260 万犹太人离开了俄罗斯及周边地区，[21]其中包括列奥·平斯克(Leo Pinsker)。1881 年从俄罗斯移民后，他于次年出版了《自我解放》(*Autoemancipation*)一书。在书中他断言，如果全世界犹太人想要获得其他国家的尊重，就需要一个民族家园。平斯克的核心观点是犹太人在没有自己领土的情况下是脆弱的。正如他所说："没有领土的民族有些不正常。"[22] 1884 年，他成为"热爱圣山运动"(Hovevi Zion)的领导人，该组织积极鼓励俄罗斯犹太人移民到巴勒斯坦。1882 年至 1903 年，约有 25000 名犹太人移民到巴勒斯坦，许多人受到俄罗斯"热爱圣山运动"的鼓动，并在那里创建了许多"热爱圣山运动"组织。[23]

巴勒斯坦犹太人定居点的另一个强大而富有的支持者是法国男爵埃德蒙·德·罗斯柴尔德(Baron Edmond de Rothschild)。尽管罗斯柴尔德与"热爱圣山运动"组织等其他运动没有直接联系，但他了解它们的存在，也知道在许多目标上存在共识。1884 年至 1900 年，罗斯柴尔德在巴勒斯坦投入巨资、收购房地产并帮助那里的犹太人社区。[24]

但可以肯定的是，19 世纪犹太复国主义发展中最重要的人 19
物是西奥多·赫茨尔(Theodor Herzl)。[25]赫茨尔 1860 年出生于布达佩斯，在自由派(改革派)犹太传统中长大，曾在维也纳大学学习法律，在那里他对文化和文学产生了兴趣，创作了许多戏剧和散文。在大学期间，他还对"犹太人问题"和欧洲日益频繁的反犹事件变得格外敏感。1896 年，他出版了著作《犹太国》(*Der Judenstaat*)，副标题为"试图以现代解决方案解决犹太人问题"。[26]正如赫茨尔所说："我在这本小册子中所讨论的一个'想法'是非常古老的：那就是重建犹太国……我只不过是建议我所推介的机器由什么齿轮和轮子组成，相信会找到比我更好的机械师来完成这项工作……世界需要犹太国，因此它将会出现。"[27]

他的核心论点是欧洲对其犹太人口的仇恨是不可避免的，

只要犹太人仍然是弱势和未同化的少数群体，他们就会成为牺牲品和受害者："我们真诚地试图与我们生活的民族社区融合，只寻求维护我们祖先的信仰。但这是他们不允许的。"[28]赫茨尔写道，当时犹太人面临问题的唯一解决方案是建立一个犹太人的家园。

在此期间，犹太复国主义的"制度化"愈发明显。1897 年 8 月，第一届犹太复国主义代表大会在瑞士巴塞尔召开。犹太复国主义当时明确表达了几个需求。首先，越来越多的犹太人对"现代"和"先进的"欧洲发生的事件感到失望，这些事件表明对犹太人的歧视并未消失。一个突出且臭名昭著的例子是法国的"德雷福斯事件"。[29]其次，俄罗斯和东欧地区持续的反犹迫害使许多人相信，他们在那里也没有未来。

因此，犹太复国主义作为一项民族运动有两个既不同又相互关联的目标。首先，它试图让犹太人重返土地，恢复农业活动，并在社会、文化、经济和政治上恢复犹太人的民族生活。其次，它试图为犹太人获得一个公众认可的、合法安全的家园，在那里他们将免受欧洲式的迫害。[30]事实上，巴塞尔纲领的官方阐述表明："犹太复国主义的目标是为犹太人在巴勒斯坦建立一个受公共法律保障的家园。"[31]赫茨尔本人在巴塞尔开始他的演讲时说："我们在这里为庇护犹太民族的大厦奠定基石。"他后来在日记[32]中写道："如果我用一句话来概括巴塞尔大会——我不会公开这样做——那就是'在巴塞尔，我创建了犹太国'。"[33]

20 1898 年，在第二次犹太复国主义代表大会上，会议通过了一项决议，即争取巴勒斯坦犹太人定居点的合法地位。赫茨尔最初试图通过德皇威廉二世开展工作，因为德国对当时控制该地区的奥斯曼帝国有影响力。但奥斯曼苏丹反对这个想法，而德皇因他的盟友反对，也不支持犹太复国主义。

赫茨尔的注意力在 1903 年发生了转移，当时英国殖民大臣内维尔·张伯伦（英国对德国"绥靖"政策的设计师）表示，犹太复国主义者有可能在英属东非获得一块土地，也就是今天的乌干达和肯尼亚。赫茨尔更喜欢巴勒斯坦的土地，但他是一个实用主义者，认为任何领土都比没有领土更可取。因此，当 1903 年第六次犹太复国主义代表大会召开时，讲台上挂的是一张东非地图，而不是巴勒斯坦地图。经过激烈的辩论，赫茨尔设法推动了一项将英属东非视为未来犹太人家园的提案，虽然投票结果并不具有压倒性：255 票对 177 票，100 票弃权。[34] 当犹太复国主义者就是否接受这个想法争论不休的时候，英国人决定反对。到 1904 年初，东非选项已经名存实亡了。具有讽刺意味的是，赫茨尔也是如此，他于同年去世，享年四十四岁。[35]

至此，犹太复国主义运动中的两个主要阵营已经形成："文化的"犹太复国主义和"政治的"犹太复国主义。"文化犹太复国主义"更关注犹太和希伯来文化、语言、艺术、宗教和一般身份问题，而不是建立一个政治性国家。"政治犹太复国主义"则认为犹太人对实际领土的需求是最重要的。赫茨尔对英属东非的态度就是这个立场的一个很好例证，它倡导将犹太国作为第一要务，无论其地理位置如何。

第三节　1880—1939 年伊休夫的成长

随着犹太复国主义运动的发展，越来越多的犹太人迁移至巴勒斯坦，不仅扩大了原有的犹太社区，还发展出了新的社区。1909 年，首个基布兹德加尼亚（Degania）在加利利海的基尼烈湖（Kinneret Lake）南岸建立。同年，特拉维夫在阿拉伯城市雅法之外独立发展。实际上，自 19 世纪初起，巴勒斯坦的犹太人口持续增长，从约 5000 人增长至 1914 年的 8.5 万人。然而在 20 世纪初，由于土耳其人的行动，巴勒斯坦人口有所减少，到 1917 年，巴勒斯坦的犹太人口仅约 5.5 万人。[36] 伊休夫一词，如 21

前文所述，指的是巴勒斯坦实际存在的犹太社区，这主要是移民直接导致的结果。[37]

然而，当谈及“巴勒斯坦的犹太社区”时，不能简单认为这是在一片空旷、无人定居且未开发的土地上建立的犹太社区。在二十世纪初，居住在巴勒斯坦的居民并非只有犹太人，非犹太人在当时的巴勒斯坦人口中占据绝大多数。1914 年，犹太人的土地所有权占巴勒斯坦总土地面积的不到 2%，[38] 1918 年，犹太人口占巴勒斯坦总人口的比重也仅为 8.5%。[39]随着犹太人不断移民到巴勒斯坦，尽管从犹太复国主义定居者自身角度来看，他们满怀热情与善意，但巴勒斯坦的非犹太人对犹太人口的增长以及更普遍的移民模式愈发不满。

这种移民并非随机发生，[40]存在可供分析的移民潮，被称为“阿利约特”[aliyot，“阿利亚”(aliya)的复数，意为“增加”或“上升”]，其持续时间可达数十年。第一次“阿利亚”主要由 1882 年至 1903 年间抵达的俄罗斯人构成。据记载，在此期间有 2 万至 3 万名犹太人登陆巴勒斯坦，这很大程度上是对俄罗斯日益增长的反犹主义的反应与后果。[41]

第二次“阿利亚”发生在 20 世纪的最初几年，主要源于 1905 年俄国革命的失败。[42]这些移民更具意识形态倾向，支持“社会主义犹太复国主义”，并且对以犹太人劳工换取犹太土地这一主题尤为感兴趣。正是这股移民潮建立了第一个基布兹，在当时和现在，基布兹都被视为社会主义和犹太复国主义的象征。到 1914 年，巴勒斯坦的犹太人口达到了 8.5 万人。[43]

第三次移民潮发生在 1919 年至 1923 年之间。这群移民来自东欧，同样主要来自俄罗斯，据说他们的迁移在很大程度上受到家乡经济状况的影响。与第二波移民一样，这个群体在意识形态上信奉犹太复国主义。在此期间，大约有 3.5 万名新移民抵达。

第四次“阿利亚”(1925—1929 年)中，来自波兰的移民比例增加，这也是东欧经济状况不佳的结果。正如一位学者后来所说，“如果第三次‘阿利亚’源于俄罗斯人和意识形态移民，那么第四次就是波兰人和中产阶级移民”[44]。到 1929 年，巴勒斯坦的犹太人口已接近 16 万。[45]

第五次“阿利亚”通常被认为发生在 1933 年至 1936 年，这一次主要是对希特勒 1933 年在德国上台的回应。在此期间，将近 16.4 万名犹太人移居巴勒斯坦，且移民比率持续上升。实际上，仅在 1935 年，就有超过 6.6 万名犹太人移民。[46]到 1936 年春 22 天，伊休夫人口总数接近 40 万，几乎占地区总人口的 30%。[47]

到 1948 年独立时，巴勒斯坦的犹太社区伊休夫的特征与 1880 年相比发生了显著变化。犹太人口较早年大幅增加，构成也发生了改变：西欧犹太人当时已在犹太人口中占大多数。到 1948 年英国委任统治结束时，巴勒斯坦的犹太人口通过移民大幅增长，从 1919 年的约 6.5 万人（不到总人口的 10%）增加到近 65 万人（超过总人口的 80%）。[48]

马克·泰斯勒（Mark Tessler）指出，很难用几句话描述一战前几年阿拉伯人对犹太复国主义的反应，并且“相关记录并不适合简单概括”。他写道，“一方面，存在对话、合作以及承认共同利益的例子；另一方面，也有冷漠、怀疑，最终发展为激进相互对抗的情况”。[49]

泰斯勒比本书可能更详细地记录了阿拉伯人，尤其是巴勒斯坦阿拉伯人，对日益增多的犹太复国主义运动的反应。主要体现在第二次和第三次“阿利亚”期间，他们对犹太复国主义可能成为巴勒斯坦政治未来的明显威胁的担忧逐渐增加。巴勒斯坦报纸《菲拉斯汀》（*Filastin*）直接报道了与犹太复国主义日益增长的影响相关的问题。1913 年，该报发起了一场运动，旨在建立一个由阿拉伯名人组成的“巴勒斯坦爱国协会”，以便在犹太复国主义者购买国有土地之前先行购买土地。[50]泰斯勒写道，

> 虽然必须注意到巴勒斯坦阿拉伯人的政治活动和反对犹太复国主义行为显著增加，但这两种相互关联趋势的重要性不应被夸大。领导权仍然掌握在少数富裕且庞大的穆斯林家庭手中。虽然他们的几个儿子参与了国外的民族主义政治活动，但这些强大的宗族没有理由寻求彻底的改变。他们在奥斯曼帝国统治下生活得很好，大多数人仍然忠于帝国，仅寻求宪法改革和更大的地方自治权。[51]

虽然反对犹太复国主义的呼声在第一次世界大战前几年就已开始形成，但并非普遍存在，有人对巴勒斯坦犹太复国主义的增加提出批评，也有巴勒斯坦的知名人士并不反对犹太复国主义的存在，一些人认为犹太复国主义移民可以促进该地区的经济福祉。[52]

23 **第四节　1917—1947 年贝尔福宣言和英国委任统治期**

1914 年 6 月 28 日，奥地利大公弗朗茨·费迪南德遇刺，引发了第一次世界大战，这场战争持续到 1918 年。战争使苏伊士运河（1859 年至 1869 年由法国建造，1875 年由英国获得控制权）及其邻近地区对英国具有重要战略意义。由此延伸，运河附近的地区也变得至关重要，特别是因为土耳其是德奥同盟的一部分，而英国人极为担心任何德国的盟友靠近运河。

1915 年 10 月，英国驻埃及高级专员亨利·麦克马洪爵士（Sir Henry McMahon）写信给侯赛因的长子阿卜杜拉埃米尔（Emir Abdullah），阿卜杜拉埃米尔是麦加的哈希姆酋长（总督），也是现约旦国王阿卜杜拉的曾祖父。他表示，如果哈希姆阿拉伯人加入协约国对抗奥斯曼帝国的战争行动，英国准备“承认和支持阿拉伯人在酋长要求范围内的所有地区（叙利亚、阿拉伯半岛、美索不达米亚）的独立，除了位于大马士革以西的叙利亚部分地区”[53]。在这一邀请的推动下，阿拉伯人于 1916 年开始反抗奥斯曼帝国，由费萨尔埃米尔（Emir Faisal，侯赛因的次子）领导，并得到了传奇人物英国军官 T. E. 劳伦斯（即“阿拉伯的劳伦斯”）的帮助。[54]

根据泰斯勒的说法，战争结束后，“关于英国是否有意将巴勒斯坦排除在侯赛因-麦克马洪协定的约定区域之外，出现了分歧”。显然，英国人向侯赛因表达意见时提到“大马士革以西”，是为了平息法国人的担忧，因为法国人渴望控制今天的黎巴嫩，但这并不意味着被称为巴勒斯坦的地区会被包括在“大马士革以西”的划界范围内。泰斯勒指出，

> 这种解释符合地理事实。巴勒斯坦被认为是叙利亚南部而非西部；大马士革、霍姆斯、哈马和阿勒颇以西的领土都在巴勒斯坦以北。因此，阿拉伯人有理由相信，他们已经得到英国支持他们在巴勒斯坦和其他地方独立的承诺。[55]

在阿拉伯人与土耳其人作战的同时，英国和法国政府的代表召开会议，商讨战后各自在阿拉伯世界的势力范围，实质上是在战争结束前瓜分战利品。英国代表马克·赛克斯爵士（Sir Mark Sykes）和法国代表查尔斯·弗朗索瓦·乔治-皮科（Charles Francois George-Picot）于 1916 年 1 月会面。尽管战争尚未结束，但他们决定不与任何阿拉伯统治者讨论战后中东 24
地图的形状。叙利亚和黎巴嫩的大部分地区将受法国的影响；约旦和伊拉克的大部分地区受英国的影响；出于宗教和政治原因，当今以色列的大部分地区将由“同盟联合共管”统治。[56]随着英国战时地位的加强和法国地位的削弱，伦敦改变了对“联合共管”计划的看法。1917 年，英国首相戴维·劳埃德·乔治（David Lloyd George）指示其驻巴黎的大使通知法国人，英国正

在扩大其战后的领土主张，法国将不得不接受英国在战后对整个巴勒斯坦地区的保护国地位，因为巴勒斯坦是“埃及的战略缓冲地带”[57]。

事实上，从《贝尔福宣言》到《赛克斯-皮科协定》之间的整个历史表明，英国的行动不断受到其对巴勒斯坦战略价值看法的引导。这一时期的记录显示：英国利用犹太复国主义势力对抗阿拉伯势力，反之亦然，利用阿拉伯人对抗犹太复国主义者；利用一方的要求来抵消另一方的要求。虽然很明显，巴勒斯坦冲突的基本责任在于阿拉伯人和犹太复国主义者，但在许多情况下，英国也确实认为这场冲突对其中东战略有利。[58]只要英国人在巴勒斯坦存在一天，这种情况就可能再次发生。

1917 年时，战争的结果仍不明朗，美国尚未成为交战国，俄国君主制被推翻，东部战线陷入僵局，英国希望得到全世界犹太人的支持，因为这有助于他们取得胜利。英国还担心，如果不采取行动将世界犹太人吸引到自己这边，德皇就会这样做（德国与世界犹太人的关系在第一次世界大战与第二次世界大战中明显不同）。显然，德皇正在考虑表达自己对犹太复国主义目标的支持。因此，英国政府发布了预示着赫茨尔最初目标的公告，尽管许多英国犹太人强烈反对犹太复国主义，因为他们担心如果犹太复国主义的目标得到英国政府的认可，自己可能会被迫离开英国并移居巴勒斯坦。[59]1917 年 11 月 2 日，在给罗斯柴尔德勋爵的信中，英国犹太复国主义联合会主席、英国外交大臣亚瑟·詹姆斯·贝尔福（Arthur James Balfour）写道：

亲爱的罗斯柴尔德勋爵：我很高兴代表国王陛下的政府向您转达以下对犹太复国主义愿望的同情声明，该声明已提交内阁并得到内阁批准：“国王陛下政府赞成在巴勒斯坦
25 坦建立一个犹太民族的家园，并将尽其所能努力推动这一目标的实现，明确表示不得有任何可能损害巴勒斯坦现有

非犹太人社区的公民权利和宗教权利或犹太人在任何其他国家享有的权利和政治地位的行为。”如果您能将这份声明告知犹太复国主义联盟,我将不胜感激。[60]

有趣的是,该文件的原始草案(1917 年 7 月)建议“将巴勒斯坦重建为犹太人的民族家园”。然而,该计划的最终版本只是建议在巴勒斯坦建立犹太人的“民族家园”,这在地理范围上可能要小得多。这一改动是在整个英国内阁不同意最初提议的广泛授权之后进行的。《贝尔福宣言》由此被人们所熟知,成为一个更加模糊和笼统的支持性宣言。[61]

大约一年后,即 1918 年 11 月,经过大量内部谈判和辩论,犹太复国主义领导层向劳埃德·乔治政府提供了对《贝尔福宣言》的另一种“解释”,[62]即建立犹太民族之家……被理解为巴勒斯坦应在有利于增加犹太人口的政治、经济和道德的条件下,按照民主原则最终发展成为一个犹太联邦。[63]然而,这一立场比英国人愿意采取的立场更为强硬,伦敦拒绝接受这一建议。

由于担心英国的意图以及伦敦对《贝尔福宣言》模棱两可的解释,一些犹太复国主义领导人寻求与巴勒斯坦的阿拉伯领导人建立直接联系并展开合作。1919 年 1 月,犹太复国主义领袖哈伊姆·魏茨曼和先前提到的 1916 年阿拉伯反抗土耳其人的领导人费萨尔埃米尔在伦敦签署了正式协议。其序言如下:

费萨尔埃米尔殿下,代表阿拉伯汉志王国及犹太复国主义组织行事,铭记阿拉伯人和犹太人之间存在的种族血缘关系和古老民间纽带,以及意识到实现其民族愿望的最可靠方法是通过在阿拉伯国家和巴勒斯坦的发展中进行尽可能密切的合作,并希望进一步确认他们之间存在的良好谅解,因此同意以下条款。[64]

对犹太人而言，最重要的是那些保证犹太人自由移民到巴26勒斯坦和在那里合法定居权利的条款。这些条款附有对等保证，阿拉伯农民将在他们自己的土地上受到保护并获得经济发展协助，宗教和礼拜自由将在巴勒斯坦得到保护，伊斯兰教圣地将继续处于穆斯林控制之下。然而，阿拉伯民族主义者随后否决了这一协议。他们认为费萨尔“与当地阿拉伯人的情绪严重脱节”。[65]阿拉伯人之间的这种分歧无疑有助于英国操纵其巴勒斯坦政策以达到自己的目的，而不是服务于生活在那里的人民。

事实上，英国和阿拉伯领导人之间对于麦克马洪信中的承诺也存在分歧。阿拉伯人认为，只有叙利亚以西的地区才会被排除在他们即将独立的国家之外。而英国人则认为，叙利亚西部和南部地区将被排除在外，这意味着约旦河以西的巴勒斯坦不会被纳入新的国家。因此，虽然“阿拉伯人有理由相信他们已经得到英国支持他们在巴勒斯坦和其他地方独立的承诺”，但英国人对此持不同的看法。[66]

历史学家认为，最终“犹太复国主义者和阿拉伯人都被英国为了达成自己的目的所利用”。魏茨曼的目标得到了英国的支持，因为这些目标允许英国人继续对巴勒斯坦实施军事控制，他们对犹太复国主义原则的重视并非为了犹太人。另一方面，只要方便管控法国在该地区的利益，英国人就愿意支持阿拉伯人。[67]

随着 1918 年奥斯曼帝国的战败，尽管英国对巴勒斯坦采取了事实上的(实际的)强力控制，但直到 1920 年 4 月，巴黎和会最高委员会才授予英国在法理上(法律上)的托管权。[68] 1920 年至 1922 年，巴勒斯坦阿拉伯人和犹太人之间的紧张关系加剧，双方都对英国的存在感到不满。1922 年，殖民大臣温斯顿 · 丘吉尔发布了一份官方白皮书，对《贝尔福宣言》进行了更严格的解释，内容如下：

> 有人使用了这样的说法：巴勒斯坦将成为“犹太国家，
> 就像英格兰是英国的一样”。英国政府认为任何这样的期
> 望都是不切实际的，他们并没有这样的目标……当问及在
> 巴勒斯坦建立犹太民族家园的意义时，可以回答说，这不是
> 把犹太民族强加给整个巴勒斯坦居民，而是进一步发展现
> 有的犹太社区，从而让它可能成为一个犹太人的中心，在其
> 中全体人民会有……同一种利益和同样的自豪感……但为
> 了这个社区拥有自由发展的最佳前景……重要的是，它应 27
> 该知道它在巴勒斯坦是出于权利，而不是忍让。[69]

《丘吉尔白皮书》得出结论，巴勒斯坦作为一个整体不会成为犹太人的民族家园，它还将“经济吸收能力”的概念引入管理犹太移民的法规中。不再允许无限制的犹太移民，此后的犹太移民必须证明他们在巴勒斯坦的存在会为这片土地带来经济利益。

泰斯勒表明，“经济吸收能力”作为巴勒斯坦托管地冲突根源的关键因素是犹太复国主义者购买土地。然而，如表 1.1 所示，犹太复国主义者土地所有权的规模往往被夸大了。

如前所述，1922 年 7 月，羽翼未丰的国际联盟正式授予英国战后实际拥有对巴勒斯坦的委任统治权。该授权包括《贝尔福宣言》中在巴勒斯坦建立一个延伸至约旦河两岸的犹太民族家园的内容，承认“犹太人与巴勒斯坦的历史关联”并给出“在该地重建其民族家园的理由”。[70]

在获得委任统治权力后，英国立即将巴勒斯坦划分为以约旦河为界的两块领土：一块称为巴勒斯坦，另一块称为外约旦。犹太人被禁止在河东定居。尽管如此，对巴勒斯坦的授权[71]仍然很重要，原因有几个，其中之一是它正式承认了犹太复国主义的主张和犹太复国主义运动本身。[72]然而，它的措辞十分模糊，成为许多争辩和分歧的源头。

表 1.1 1900—1947 年在巴勒斯坦犹太人的土地所有权

年份	犹太业主持有的德南	犹太人所有权占总土地的百分比
1900	218000	0.84
1914	418000	1.61
1927	865000	3.33
1936	1231000	4.73
1947	1734000	6.67

资料来源：马克·泰斯勒，《以色列-巴勒斯坦冲突的历史》(布卢明顿：印第安纳大学出版社，1994 年)，第 174 页。

注意：一个德南大约为四分之一英亩。巴勒斯坦托管土地总面积超过 2600 万德南。

29 在整个 20 世纪 20 年代和 30 年代初期，巴勒斯坦“像英国王室的殖民地一样运作”。[73]在此期间，英国高级专员，一位名叫赫伯特·塞缪尔爵士(Sir Herbert Samuel)的犹太人，试图尽其所能平息巴勒斯坦阿拉伯居民对持续、大量的犹太移民的愤怒。[74]尽管他做出了努力，但严重的内乱一直扰乱着犹太人和阿拉伯人之间的关系，两个群体之间会不时爆发激烈的暴力事件。

1936 年 11 月，一个名为皮尔委员会(Peel Commission)的皇家调查委员会(以其主席皮尔伯爵——威廉·罗伯特·韦尔斯利·皮尔[William Robert Wellesley Peel]的名字命名)被英国政府派往巴勒斯坦进行实况调查，其随后在 1937 年 7 月的报告中直接指明了这些问题。委员会发现，巴勒斯坦人的许多不满是合理的，1920 年、1921 年、1929 年和 1933 年的“骚乱”一方面与阿拉伯人渴望民族独立有关，另一方面与阿拉伯民族主义和犹太复国主义目标之间的冲突有关。报告发现：“在一个小国的边界内，两个民族群体之间出现了不可遏制的冲突……大约 100 万阿拉伯人和 40 万犹太人之间存在或明或暗的冲突。他们之间没有共识。”[75]

《皮尔报告》得出的结论是，阿拉伯人与犹太人的主张在本质上“不可调和”。由于这种情况属于“权利与权利的根本冲突”,唯一的解决办法便是瓜分巴勒斯坦。[76]瓜分计划提议在巴勒斯坦的部分区域建立一个犹太国家,在外约旦以及巴勒斯坦其余地区建立一个阿拉伯国家,并在耶路撒冷市周边设立一个由英国控制的区域。

人们对《皮尔报告》的反应各不相同。部分犹太复国主义者反对建立一个比 1922 年整个巴勒斯坦面积还小的犹太国家,而另一部分人则敦促接受该计划,理由是它至少是一个建立真正国家的具体提议。阿拉伯领导人则完全拒绝了委员会的提议。在经历了更多暴力事件后,另一个皇家委员会——巴勒斯坦分治委员会于 1938 年被派出。当《伍德黑德报告》(以委员会主席约翰·伍德黑德爵士的名字命名)于 1938 年 11 月 9 日发布时,它宣称:《皮尔报告》不切实际,其提议的分界线也不合理。[77]《伍德黑德报告》提出了一个新的分区计划,即创建一个更大的阿拉伯国家和一个更小的犹太国家。

这一次,犹太复国主义者的反对最为强烈,因为他们注意到,根据《伍德黑德报告》创建的犹太国家面积将不到西巴勒斯坦的二十分之一,也不到最初委任统治面积的百分之一。[78]阿拉伯民族主义者同样反对任何建立犹太国家的计划。

到 1939 年 2 月,另一场对德战争迫在眉睫,这再次引发了
英国对中东政治地位的担忧。殖民大臣马尔科姆·麦克唐纳会 32
见了犹太复国主义领导人和阿拉伯领导人,并声称英国政府别无选择,只能从战略角度看待中东。“国王陛下的政府别无选择,只能确保阿拉伯政府不会受到敌对势力的支持。麦克唐纳解释说,如果要在阿拉伯人和犹太人之间做出选择,那么犹太人的帮助无论多么有价值,都无法弥补英国失去阿拉伯人和穆斯林善意的损失。”[79]简而言之,阿拉伯人对英国具有重要的战略意义,需要加以安抚,而犹太人则不然。

这种情绪带来的结果是在 5 月发布的另一份白皮书。此白皮书宣布,最初授权的发布者“不可能违背该国阿拉伯人口的意

愿将巴勒斯坦转变为犹太国家”[80]，并宣布在十年内将组建一个独立统一的巴勒斯坦国（除了已经建立的约旦国），然后逐渐将政治权力移交给它。该计划称：“该国应为一个由阿拉伯人和犹太人共同治理的国家，以确保每个团体的基本利益得到保障。”[81]

英国还为未来移民到巴勒斯坦的犹太人规定了一个新配额，在接下来的五年里每年 1 万人，再加上一次性分配的 2.5 万难民。一旦这五年的总数达到 7.5 万人，未经阿拉伯人同意，就不能再接纳其他移民。此规定立即生效，并禁止向犹太人出售任何土地。

尽管英国政府 1939 年的白皮书以 268 票对 179 票（110 名议员弃权）在下议院获得通过，但新政策在伦敦和日内瓦都遭到了反对。温斯顿·丘吉尔谴责政府的行为：

> 为难民提供家园和庇护的承诺，并不是向巴勒斯坦犹太人做出的……而是向巴勒斯坦以外的犹太人做出的，向广大的、不幸的、分散的、受迫害的、漂泊不定的犹太人做出的，他们强烈的、不变的、不可征服的愿望就是要建立一个民族家园……这就是当初做出的承诺，而现在又要求我们背弃这一承诺。[82]

国际联盟托管委员会同样宣布：“白皮书中规定的政策不符合委员会与托管国和安理会同意对巴勒斯坦授权作出的解释。”[83]在联盟看来，英国在其最近关于巴勒斯坦政策的决定中
33 违背了其对联盟和犹太复国主义者的承诺，即支持《贝尔福宣言》的原则和满足犹太人民的需要。然而，第二次世界大战的到来使该委员会的立场变得毫无意义，巴勒斯坦问题被置于英国优先考虑事项的次要位置，直到 1947 年英国宣布打算离开该地区并将巴勒斯坦冲突移交联合国。

第五节　第二次世界大战和大屠杀

大屠杀无疑是犹太民族历史上最黑暗的经历。事实上，关于这个主题的权威著作多达三卷本，超过 1200 页！[84]经常被引用的是 1939 年至 1945 年被杀害的 600 万犹太人（我们不应忘记，几乎相同数量的非东欧犹太人也在这段时间被杀），这一数字占德国占领的欧洲地区所有犹太人口的近 90%，占世界犹太人口的近三分之一。[85]

西方列强是否了解大屠杀的全部规模，这一问题也备受关注。战争初期，人们对流传的关于德国一些集中营里的暴行和灭绝行为的谣言存在很大怀疑。然而，有明确证据表明，在相对较短的时期内，盟国确实知道这些集中营里发生的事情，并出于各种原因选择不把摧毁这些集中营作为首要军事或政治优先事项。[86]

当然，大屠杀的一个后果是它动员了世界各地的许多犹太复国主义团体，促使他们加紧努力说服英国扩大犹太人移民到巴勒斯坦的配额，并协助犹太人在那里过境。[87]另一个相关且重要的方面是，大屠杀削弱或消除了大多数非阿拉伯国家对犹太复国主义的反对。在二战前，巴勒斯坦以外的公众，无论是犹太人还是非犹太人，常常对犹太复国主义这一想法毫无兴趣。然而，大屠杀的恐怖和惨烈被广为人知后，许多人便改变了看法，公开支持为犹太民族建立家园的想法。

然而，对于犹太难民来说，一个具有讽刺意味甚至是悲剧性的问题是，尽管许多西方大国对德国的所作所为感到震惊，但他们并不准备鼓励更多的犹太人在自己的国家定居。据报道，1945 年战争结束时，美国总统哈里·S. 杜鲁门要求英国首相克莱门特·艾德礼“开放”移民到巴勒斯坦，以示人道主义姿态。34
作为回应，艾德礼告诉杜鲁门，如果他（杜鲁门）如此关心犹太难民的困境,他就应该增加犹太人进入美国的配额。[88]

他们的争论进一步强调了大屠杀给犹太人带来的两个重要教训,这些教训在今天的以色列仍然被作为重要问题来讨论,并且对当代以色列国内外政策的制定产生直接影响。这两个教训是:第一,任何事情都不会因“太可怕而不能发生”;第二,以色列绝不能再次处于必须依赖他人生存的境地。在此,我们有必要对这两个教训逐一进行简要评述。

随着关于大屠杀的谣言开始在德国、欧洲和世界各地出现,人们最常见的反应之一是:“这不可能!这简直太可怕了,不可能发生。在现代文明的世界里,人们不会做那样的事情。”当然,我们今天知道,大屠杀并不因“太可怕而不能发生”,它确实发生了。当时的犹太人——以及之后的以色列人和世界各地的其他犹太人——从这一事件中吸取了教训,即人们根本无法假设某一特定行为因为太可怕而无法发生。事实上,世界上完全可能有人会做出我们认为不人道的行为。显然,这种观点一直对以色列的外交政策产生巨大影响,正如我们之后将看到的那样。

以色列人经常引用的另一个教训是,大部分大屠杀的发生是因为欧洲的犹太人依赖于他人——英国、美国和其他国家——来保护他们。他们由此得出的推论是,犹太人必须时刻准备好保护自己,而以色列也必须准备好保护自己;他们不能依赖他人来保护自己的局面,因为当时机来临时,另一方可能无法或实际上可能拒绝保护他们。这也对以色列的政治体系产生了直接的外交政策影响,我们将在本书后面讨论这些影响。

第六节　1945—1948 年,向国家过渡

随着第二次世界大战接近尾声,越来越大的压力迫使英国修改其先前的政策并恢复对犹太难民移民到巴勒斯坦的许可。

尽管如此，英国政府继续遵循其1939年白皮书中概述的政策。虽然英国竭力阻止其他政府出售船只或向犹太难民提供一般性援助，但流向巴勒斯坦的难民潮流仍在继续。令人意外的是，英国对外政策的后果是非法移民到巴勒斯坦的人数实际上增加 35
了，并且在几年内，大量新的犹太难民成功在那里定居。[89]国际犹太复国主义组织也继续积极回应1939年的英国白皮书。美国最引人注目的活动之一是1942年5月在纽约市比尔特莫尔酒店举行的一次会议，该会议后来被称为“比尔特莫尔会议”。来自世界各国的犹太复国主义领导人参加了会议，超过500名代表推动了一项积极的议程，以支持在巴勒斯坦的犹太定居者。

在巴勒斯坦当地，暴力活动不断升级，英国人倾向于将出现的大部分问题归咎于犹太复国主义者。哈加纳（犹太国防军）变得更加活跃，伊尔贡（国家军事组织）和莱希（以色列自由战士）组织也是如此。后两个组织被英国人明确视为恐怖组织，英国人尽一切可能摧毁它们。[90]例如，1944年，伊尔贡与耶路撒冷、海法和特拉维夫的几起爆炸案有关。伊尔贡的目标通常是英国政府机构和官员。[91]英国与当地恐怖组织之间的这场战斗持续到1948年英国撤军。[92]

1946年，英国决定在地中海的塞浦路斯岛上为犹太难民建立“安置营”，此后暴力活动进一步加剧。所有已在巴勒斯坦或在前往巴勒斯坦途中被捕的非法犹太移民都被送往塞浦路斯。或许最引人注目的例证发生在1947年，当时“出埃及记”号抵达海法，船上有近4000名难民。[93]英国人不允许他们在巴勒斯坦下船，而是坚持让这艘船返回其法国的出发港口。最终，由于法国不与英国合作，英国政府居然把难民送回了他们在德国的占领区。[94]

毫不奇怪，像《出埃及记》这样的例子未能赢得英国人的同情。相反，这些案例导致全世界对犹太难民困境的支持有所增加。1946年，一个调查难民问题的英美委员会成立，并在5月建议允许10万犹太人立即移民到巴勒斯坦。作为对这一计划的回应，英国政府提出了所谓的“莫里森计划”（以委员会主席赫伯特·莫里森的名字命名），“莫里森计划”将对巴勒斯坦的“托管”（委任统治）转变为“委任”（托管），将该国划分为犹太省和阿拉伯省，并为耶路撒冷和内盖夫创建单独辖区。英国人将保留
36 对警察、国防、外交、海关、法院、监狱、港口和铁路、航空、通信和其他基本服务的控制权。[95]

正如英美委员会所倡导的那样，“莫里森计划”接纳了另外十万犹太人进入巴勒斯坦。在这次例外之后，“经济吸收能力”原则再次成为巴勒斯坦移民政策的基础。美国将负责这项工作的后勤和援助。然而，英美委员会的建议和“莫里森计划”都因阿拉伯人和犹太人的反对而未被接受。[96]此时，英国政府决定将问题移交给刚起步的联合国，[97]并要求在1947年4月2日为此召开一次特别会议。[98]

作为回应，联合国成立了一个“巴勒斯坦问题特别委员会”（UNSCOP），由澳大利亚、加拿大、捷克斯洛伐克、危地马拉、印度、伊朗、荷兰、秘鲁、瑞典、乌拉圭和南斯拉夫代表组成。经过多次听证会和辩论，委员会建议终止英国的委任统治并将巴勒斯坦划分为独立的阿拉伯国和犹太国，这与“皮尔委员会”十年前的建议大致相同。[99]但很显然，关于分区的具体情况存在一些争议。委员会11个国家中有7个建议分为两个国家，耶路撒冷仍然是联合国的国际托管地，3个国家（印度、伊朗和南斯拉夫）赞成将犹太人和阿拉伯人分开的联邦制安排。这个少数派认为，彻底的分治对巴勒斯坦的阿拉伯人口不公平。澳大利亚在这次讨论中保持中立。[100]关于特别委员会报告的辩论持续了两个月。英国反对任何形式的分治，而阿拉伯国家反对在巴勒斯坦建立阿拉伯国家以外的任何国家。然而，1947年11月，联合国以33比13的优势投票接受了特别委员会的建议，英国弃权。伊休夫的犹太人以及巴勒斯坦以外的犹太复国主义者普遍支持

特别委员会的建议。阿拉伯各国政府则反对这些建议。[101]

联合国大会第 181 号决议有几个组成部分：

> 1. 英国不迟于 1948 年 8 月 1 日终止委任统治并撤军。
>
> 2. 成立一个犹太国家、一个阿拉伯国家和一个由联合国管理的耶路撒冷市特别辖区。
>
> 3. 两国在经济、交通、货币、海关等各方面合作。
>
> 4. 成立由五国组成的巴勒斯坦委员会，以促进地区和平与分治计划的有效运作。[102]

英国委任统治的正式终止日期是 1948 年 5 月 15 日，但由 38
于 5 月 15 日是犹太安息日，新成立的犹太复国主义全国委员会领导人在 1948 年 5 月 14 日下午开会，宣布以色列独立。最早承认以色列的三个国家是美国（5 月 14 日）、[103]危地马拉（5 月 15 日）和苏联（5 月 18 日）。[104]然而，在其宣布独立的八小时内，以色列遭到了七支阿拉伯军队的同时袭击。

独立战争最终持续了八个多月，中间有两个休战期（从 6 月 11 日到 7 月 8 日，以及从 7 月 18 日到 10 月 15 日）。[105] 1948 年 11 月 16 日，联合国安理会下令有关各方签订停战协议。11 月 30 日，以色列和外约旦签署了停火协议。12 月 13 日，外约旦议会不顾叙利亚和埃及的愤怒，兼并了近 2200 平方英里未被以色列占领的阿拉伯领土，并宣布其与自己结成联盟。[106]

1949 年 1 月，以色列同意与埃及停火。彼时，所有的战斗都停止了。以色列已获得近 2500 平方英里的领土，根据最初的特别委员会分区计划，这些领土原归阿拉伯国家所有，而约旦和埃及则瓜分了剩余部分。以色列的实际控制范围在 1967 年和 1973 年的冲突中再次扩大，我们将在本书后面更详细地描述这些事件。以色列与埃及（1949 年 2 月）、黎巴嫩（1949 年 3 月）、外约旦(1949 年 4 月)和叙利亚(1949 年 7 月)签署了几项不同的停战协定。[107]但仅在《戴维营条约》签署后,历经 30 年后,停战协定才第一次被以色列与邻国埃及签署的实际和平条约所取代。此后不久,以色列与约旦也签署了真正的和平条约。从技术上讲,以色列仍然与许多其他邻国处于交战状态,今天与许多邻国共享的“和平”通常被称为明显的“冷”和平。在 1948 年的战斗中,数十万巴勒斯坦阿拉伯人逃离了新成立的以色列国。[108]我们在本书的分析中经常要谈到这近 65 万难民及其后代。[109]

第七节 巴勒斯坦人

如前文所述,当犹太复国主义领导人呼吁将全球犹太人口
迁移至巴勒斯坦时,巴勒斯坦地区早已存在“异类”人口。[110]其中
部分为犹太人,但大多数并非犹太人。在独立战争前及战争期
间,大量非犹太人口向外移民,致使巴勒斯坦的非犹太人口占比
40 从 1882 年约占总人口的 95%,降至 1948 年的不足 20%(见表
1.2)。

巴勒斯坦人是迦南人和菲利士人这两个不同历史民族的后
裔,因此在中东拥有悠久且可追溯的历史。[111]尽管巴勒斯坦民族
主义的关键要素并非本文研究重点,但需指出,巴勒斯坦人对独
41 立的渴望由来已久,不应仅仅被视作反以色列或反犹太情绪的
产物。[112]此外,我们也不能过分低估在被宣布为以色列地(Eretz Israel)的土地上早已存在巴勒斯坦人的这一事实的重要性。[113]巴勒斯坦民族主义思潮在以色列建国前便已存在,在奥斯曼帝国和英国统治时期就已崭露头角;如表 1.3 所示,各个时代均发生过巴勒斯坦民族主义运动。[114]

表 1.2　1882—2012 年巴勒斯坦非犹太人口

年份	犹太人口	非犹太人口	总数
1882	24000（5.3%）	426000（94.7%）	450000
1918	56000（8.5%）	600000（91.5%）	656000
1935	355000（27.1%）	953000（72.9%）	1308000
1948	650000（80.6%）	156000（19.4%）	806000
1967	2384000（85.8%）	393000（14.2%）	2777000
1985	3517200（82.4%）	749000（17.6%）	4266000
2000	4955400（77.8%）	1413900（22.2%）	6369300
2013	6104500（75.1%）	2030000（25.0%）	8134500

资料来源：改编自迈克尔·沃尔夫松，《以色列：政治、社会和经济，1882—1986年》（新泽西州大西洋高地：国际人文出版社，1987 年），第 121 页；中央统计局，《2014 年以色列统计摘要》（耶路撒冷：中央统计局，2014 年），表 2.2，"按宗教划分的人口"。

注：1948 年之前的数据包括今天称为加沙和西岸的土地。1948 年后的数据仅包括以色列国，不包括西岸和加沙的被占领土（尽管它们确实包括生活在耶路撒冷城市范围的更新和扩展定义的人口）。

在犹太人移民的各个阶段，巴勒斯坦人始终实际存在。据相关资料显示，"在 1948 年战争前，巴勒斯坦人拥有巴勒斯坦土地总面积的约 87.5%……而犹太人拥有土地总面积的 6.6%。剩下的 5.9%是英国委任统治的'国有土地'"。[115] 战争结束时，以色列控制了 77.4%的土地，停战线之外（以色列边界）有 72.6 万名巴勒斯坦难民，停战线内约有 3.2 万名难民。[116]

随着越来越多的犹太复国主义者移居巴勒斯坦，当地越来越多的非犹太人开始反对犹太移民，由此出现了暴力和示威活动，这些活动促使 20 世纪 20 年代和 30 年代成立了各类皇家委员会。[117] 1921 年，巴勒斯坦派遣代表团前往伦敦，解释他们反对《贝尔福宣言》的原因。1930 年，第二个代表团前往伦敦，敦促英国终止犹太人向巴勒斯坦的移民和土地购买行为。1939 年，在一场有巴勒斯坦和犹太复国主义代表团参加的会议上，英国寻求双方都能接受的移民解决方案。会议最终无果而终，此后

42 不久，英国发布白皮书，限制犹太人移民和土地购买。[118] 当然，最终英国在 1947 年决定放弃委任统治，同年联合国决定对巴勒斯坦进行分治。[119]

表 1.3　1909—1938 年的巴勒斯坦起义

年份	起义
1909—1911	阿拉伯法塔赫（Al-Arabia Fatah）是由巴勒斯坦人、叙利亚人、黎巴嫩人和埃及人组成的联盟，要求阿拉伯人在奥斯曼帝国享有权利。
1913	阿拉伯国民党大会在巴黎召开，要求阿拉伯各省自治。
1916	反抗奥斯曼帝国、争取阿拉伯国家的独立和政治联盟。
1920	耶路撒冷发生反犹太复国主义骚乱。
1921 年 5 月	雅法发生反犹太主义起义，抗议大规模犹太移民。
1921 年 11 月	耶路撒冷发生“反犹太复国主义”示威。
1929	关于犹太人在哭墙祷告的权利的骚乱（哭墙骚乱），这是在犹太复国主义者试图改变他们进入哭墙的现状之后发生的。在希伯伦的犹太社区，巴勒斯坦人也发生了骚乱。
1933	雅法和耶路撒冷发生骚乱，抗议犹太移民以及英国亲犹太主义政策。
1936	抗议犹太复国主义影响的“大起义”。
1937—1938	“大起义”第二阶段，响应分治计划。

资料来源：巴勒斯坦国际事务研究学会，《记事册》，1996 年（耶路撒冷：帕西亚，1996 年），第 188 页。

巴勒斯坦人将以色列的独立战争称为“大灾难”（*al-naqba*）。从他们的视角来看，正是 1947 年的联合国分治计划（联合国第 181 号决议）通过瓜分巴勒斯坦，引发了 1948 年的阿以战争。他们认为，该计划建立了一个拥有超过 56% 土地的犹太国家，而当时犹太人拥有的土地不足 7%，人口仅占约三分之一。[120]

这便是现代以色列国建立时的背景。以色列建立在一个土地和资源争夺激烈的地区，这意味着以色列的存在一直是与邻国关系紧张的根源。所有新国家在早期都不得不解决诸多问题——有时甚至要同时解决所有问题。由此可见，除了正常的需求和危机，以色列至少还有一个重要问题亟待解决，即其对别国领土的占领存在合法性争议。

第八节　历史与以色列的建立 43

本章开篇表明，了解任何社会的历史始终是全面认识其政治制度的重要前提。学习以色列政治的初学者如今应当明白为何如此。以色列不仅诞生于灾难、绝望与冲突之中，而且其“诞生”的诸多方面都存在争议。我们无意在这场辩论中以权威姿态支持任何一方观点，因为双方都有各自可援引的“事实”依据。对学生而言，重要的是认识到存在不同的“事实”，在表明立场之前，对辩论双方的观点进行评估既是可取的，也是可行的。

犹太复国主义作为一种政治运动的兴起，是宗教、历史和政治等多种因素共同作用的结果，其在巴勒斯坦地区的发展是塑造当地社会历史的因素之一。倘若西奥多·赫茨尔能够说服世界犹太复国主义者大会接受英国在东非提供土地的提议，那么中东的历史或许会与我们如今所知的大相径庭，尽管与紧张局势相关的一组变量（巴勒斯坦民族主义）可能会被另一组变量（东非民族主义）所取代。然而，赫茨尔并未成功，犹太复国主义运动依旧聚焦于巴勒斯坦。其余的，正如人们所说，已成历史。

由于经济、政治和宗教等因素，巴勒斯坦的犹太人社区“伊休夫”在过去几十年间急剧扩张。伊休夫的存在不仅推动了后续的移民潮涌入巴勒斯坦，也为新移民与不赞成犹太人在这片土地上的数量大幅增加的当地居民之间的冲突加剧埋下了隐患。并且，我们必须牢记，在犹太人移民至巴勒斯坦之前，当地已有原住民。这一无可争议的事实，为大量历史文献和当前政治紧张局势奠定了基础。关于谁先到达这片土地的问题本质上具有学术性，因为这个问题的答案或许取决于我们如何定义归属制度以及“领土”的含义。事实上，归根结底，英国在试图回应两组相互矛盾的诉求时所面临的困境已持续了半个多世纪。

英国承担着监督整个过程以实现和平结果的责任。从他们在第一次世界大战期间介入，到 1948 年最终撤离，一直试图以一种让所有阶层都满意的方式控制政治局势。1916 年的麦克马洪信件和 1917 年的《贝尔福宣言》中所作的承诺，引发了一场
44 看似不可避免且难以解决的冲突。皮尔委员会在 1937 年宣布存在“权利与权利”的冲突时，便承认了这一点。显然，两个群体都有合法但相互矛盾的诉求。完全满足任何一方的要求都是不可能的，最终英国认为无法满足所有相关方的诉求。这种仅靠英国无法解决的紧张局势，导致他们最终将委任统治权移交给了联合国。

第二次世界大战的恐怖，加上大屠杀引发的强烈情感，加剧了犹太人对建国的诉求。最终，联合国授权对巴勒斯坦进行分治，这在当时被认为是可设想的最佳结果。当然，后来这一问题并未得到妥善解决。在第一轮争斗平息之前，一场痛苦且无果的战争接踵而至。当然，我们称其为第一轮，是因为 1956 年、1967 年、1969 年和 1973 年战火再次燃起，该地区至今仍未实现稳定的和平。

在英国委任统治期间，巴勒斯坦存在土生土长的非犹太人口，且此后这一人口数量持续增长。这一群体既未被以色列国同化，也未被任何邻国同化。在美洲、非洲、亚洲和东西欧兴起的民族主义思潮，同样在巴勒斯坦人民中出现，这种民族主义与强烈的身份认同感相结合，引发了难以消解的冲突和痛苦。这是我们将在本书第十章中探讨的内容。

本章旨在传达对现代以色列国诞生至关重要的主要核心问题的认识。需要意识到的是，我们只是浅尝辄止，还有许多内容有待介绍和讨论。但是，由于本书重点在于以色列政治，而非以

色列历史，我们不得不将这些工作留给他人。[121]

进一步阅读

Gelvin, James. *The Arab Uprisings: What Everyone Needs to Know*. New York: Oxford University Press, 2012.

Kimmerling, Baruch. *The Palestinian People: A History*. Cambridge, Mass.: Harvard University Press, 2003.

Montefiore, Simon. *Jerusalem: The Biography*. New York: Knopf, 2011.

Morris, Benny. *One State, Two States: Resolving the Israel/Palestine Conflict*. New Haven, Conn.: Yale University Press, 2009.

Rubin, Barry. *Israel: An Introduction*. New Haven, Conn.: Yale University Press, 2012.

Sachar, Howard. *A History of Israel: From the Rise of Zionism to Our Time*. New York: Knopf, 1987.

Shapira, Anita. *Israeli Historical Revisionism: From Left to Right*. 45
Portland, Ore.: Frank Cass, 2003.

Shlaim, Avi. *Israel and Palestine: Reappraisals, Revisions, Refutations*. London: Verso, 2009.

Smith, Charles D. *Palestine and the Arab-Israeli Conflict*. Boston: St. Martin's, 2013.

Stein, Leslie. *The Making of Modern Israel, 1948 - 1967*. Malden, Mass.: Polity, 2009.

Tessler, Mark. *A History of the Israeli-Palestinian Conflict*. Bloomington: Indiana University Press, 1994.

Troen, S. Ilan. *Imagining Zion: Dreams, Designs, and Realities in a Century of Jewish Settlement*. New Haven, Conn.: Yale University Press, 2003.

47

第二章　犹太复国主义、文化和国内政治环境

以色列政治所处的环境极为特殊。不可否认，所有国家的政治都会受到其运行环境的影响，但以色列社会的一些特征，已然超出了“正常”问题的范畴。犹太复国主义便是这些特征之一，本章将结合其他相关问题，一同探讨犹太复国主义的概念及其对以色列的影响。

在第一章中我们指出，以色列的基本目标之一，是犹太复国主义者最初倡导的：建立一个犹太人占多数的国家。但这一目标是如何实施的，又产生了哪些影响呢？我们将在第三章详细探讨以色列“犹太性”这一主题的具体内容，包括其含义，以及犹太教教义对国家内外行为的影响。在此，我们将重点关注犹太复国主义概念更广泛的应用，以及它对以色列国犹太性期望的影响。

我们不难发现，有些术语看似含义清晰明确，然而经过深入研究后会发现，其实际情况并非如我们所想。在探讨犹太复国主义、更广泛的犹太教本质，或是一般意义上宗教与政治的关系
48 时，这种情况尤为明显。本章和第三章都基于一个前提，即并非所有犹太人都持有完全相同的信仰（尽管我们会在第三章更深入地研究其中一些信仰）。由此可见，所有犹太人的政治取向或许并不一致，也就是说，犹太复国主义与政治之间的关系，可能反映出整个犹太民族不同群体间的诸多差异。事实上，这正是

当代以色列政治的现状，也是探讨以色列犹太复国主义“这个”概念的良好开端。这里并不存在单一的“这个”概念，犹太复国主义有着“许多”概念，这种不一致性导致了当今以色列政治的不稳定。

本章的任务是深入了解犹太复国主义的概念及其历史背景。我们需要知晓这个概念在当代政治背景下的运用情况，这或许与它最初的背景所暗示的有所不同。如今，我们究竟该如何运用犹太复国主义概念？当下对它的解读与世纪之交时是否存在差异？接下来，我们还将研究相关的社会和文化因素，如社会阶层、教育、医疗保健等。

第一节　犹太复国主义的概念

正如第一章所述，犹太复国主义最初包含两个核心目标：其一，寻求推动犹太人返回以色列土地，促进犹太社会、文化、语言及其他制度的复兴；其二，试图为巴勒斯坦的犹太人建立一个得到公众承认、合法且安全的家园，即他们的“历史家园”，在那里，犹太人能够成为多数群体，从而保障后代免受迫害。[1]从这个角度而言，犹太复国主义可被简洁地定义为“犹太民族解放运动”[2]，1948 年以色列国的建立，实际上标志着犹太复国主义运动达到高潮。[3]虽然犹太复国主义很可能是“犹太民族主义”或“犹太民族解放”的运动，但也有人认为，它比许多传统的民族独立和意识形态运动更为复杂。[4]它在目标领土之外发展，而运动主体犹太人分散在世界各地，并未集中于某一地理区域，这些因素必然会对其产生影响。

虽然这两个方面是对古典犹太复国主义核心目标最简洁的表述，但对于研究当今世界现存的犹太复国主义仍具有重要意义。在过去的一百年里，其核心原则是否发生了变化？近期的

49 地缘政治或军事事件，是否改变了犹太复国主义的实质或一般性质？如今以色列的犹太复国主义，是否已如一些人所说，成了一种“民间宗教”？[5]犹太复国主义又该如何应对巴以和平进程的挑战？《耶路撒冷邮报》近期有一篇文章，标题为《2015 年的以色列还存在犹太复国主义吗？》[6]，我们将围绕这些问题展开探讨。

自 1948 年建国以来，犹太复国主义运动始终致力于鼓励来自各方的移民。[7]以色列政府数据显示，2014 年以色列人口为 8134500 人，其中很大一部分来自移民，2013 年约有 16600 名新移民。[8]事实上，在 2000—2008 年这八年间，以色列人口增加了 1004700 人，其中 750913 人是自然增长，253787 人来自移民。[9]自 1948 年以来，已有超过 300 万犹太人移居以色列，以色列已成为世界各地犹太人的家园。如表 2.1 数据所示，自建国以来，欧美移民占移民总数的 55%[10]，亚非移民占同期移民总数的 45%左右。[11]1948 年以来，在一些阿拉伯国家，如埃及、摩洛哥、利比亚和叙利亚，几乎所有犹太人都已离开。其中最引人注目的例子之一是“魔毯行动”，该行动在一年内将 110000 名犹太人从伊拉克运往以色列。1949—1950 年，也门的犹太人口约为 4.5 万，大多数人在一波大规模移民浪潮中被转移至以色列，如今也门仅剩下约 800 名犹太人。[12]

表 2.1　以色列移民的来源

	数字	总移民百分比	总人口百分比
2013 年以色列总人口	8134500	—	—
2013 年犹太人口	6104500	—	75.04
2013 年非犹太人口	2030000	—	24.96
犹太血统：			
以色列	2603300	—	32.00
移民	3501200	—	43.04
亚洲	681300	19.46	8.38
非洲	893800	25.52	10.99
欧洲	1926000	55.00	23.68

资料来源：以色列政府，中央统计局，《2014年以色列统计摘要》，表2.1，“人口——人口小组报告”和表2.9，“犹太人——按原籍国、出生国和移民时期统计”。非犹太移民的数量几乎不存在。

注：关于中央统计局及其活动的一篇有趣的文章是施罗默·迈特尔撰写的，“数字以色列”，《耶路撒冷报告》(2014年12月1日)，第34页。

对以色列来说，苏联犹太人问题长期以来都是一个重要议 50
题。1917年11月发生了两件具有重要历史意义的事件：11月2日，贝尔福勋爵致信罗斯柴尔德勋爵，宣布英国对犹太复国主义运动表示同情；11月7日，布尔什维克在俄罗斯掌权。此后，犹太复国主义被视为反革命，许多犹太人一直试图离开苏联。[13]在苏联政府开始允许更多犹太人向外移民后，俄罗斯移民问题，尤其是犹太人移民到以色列的问题，在以色列变得极为突出。2012年以色列总人口超过798万，其中超过110万是从苏联移居而来，仅1990—1999年就有近80万，这一数字超过了以色列总人口的15%！[14]

非犹太移民问题，以及以色列对非犹太移民的限制政策，一直是以色列社会面临的难题。有人抱怨称，尽管以色列是《关于难民地位的公约》的签署国，但它并未在接收国际难民方面尽到应有的责任。最近一项研究表明，自2005年起，“以色列已开始承担其所在地区动荡引发的难民问题的责任”。

> 以色列认为自己属于发达国家专属阵营，应接收相对较少的难民，并努力维持现状，即由发展中国家承担绝大多数寻求庇护者的安置责任，而发达国家仅象征性地承担部分责任。[15]

以色列的立场是，移民和公民身份的界定“基于犹太人与其他人群的区别”，因此以色列的移民政策“几乎仅限于允许犹太人及其亲属移民至以色列”。该规则的少数例外情况，一般适用于为就业而迁移的劳工，这一过程受到外籍劳工计划的严格管理和限制。[16]

这就引出了以色列的皈依政策以及以色列对“谁是犹太人”的界定的重要性。许多在以色列境外皈依犹太教的人，不被以色列的极端正统派视为“真正的”犹太人。这项政策近期虽有变化，但这种“新的、更自由的皈依制度”具体如何应用，还有待进一步观察。[17]

然而，尽管有这些移民，2012 年以色列仍拥有超过 40%（实际为 43%）的世界犹太人。如图 2.1 所示，以色列在世界犹太人口中所占比例多年来显著增加，但在全球犹太总人口中仍占少数。

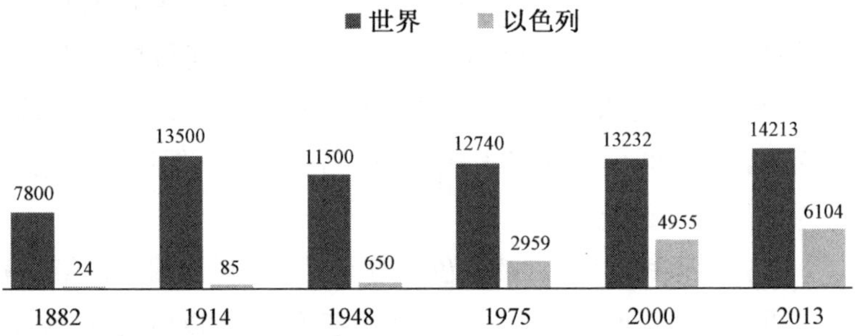

图 2.1　世界和以色列的犹太人口（以千计）

资料来源：以色列政府，中央统计局，《2014 年以色列统计摘要》，表 2.11，“世界和以色列的犹太人口”。

51 多年来，移民问题中有关从美国移民到以色列的情况备受关注，但从绝对数字来看，并不值得深入探究。2013 年以色列政府数据显示，在 16884 名移民中，有 2186 人来自美国。[18]美国犹太人委员会委托进行的一项研究表明，“只有 17%的美国犹太人曾认真考虑过‘移民到以色列’”，并且“美国犹太人在以色列人口中的占比，比其他任何主要侨民社区都要小”。[19]

美国犹太人从未将移民以色列视为对国家支持的首要考量。事实上，有人注意到，自 20 世纪 20 年代以来，大多数美国犹太复国主义组织都更强调对以色列的财务和政治支持，而非从美国移民到以色列，这很可能是因为他们清楚美国犹太人不太可能大量移民。[20]

第二节　犹太复国主义的类型

当代犹太复国主义的一个分支，强调犹太人定居点的扩展模式。也就是说，这些人认同古典犹太复国主义所倡导的“犹太人应居于犹太土地”模式，但他们认为，1949 年战斗停止时，以色列控制的“犹太土地”并不足够。或许这种观点的最佳例证之一是被称为“信徒联盟”(Gush Emunim)的组织，其目标是通过在犹地亚和撒马利亚[21]建立数百个定居点，立即实现大规模的 52
犹太化，推动犹太复国主义作为一种思想和文化运动的复兴。[22]传统犹太复国主义哲学中更主流的一个流派被称为社会主义犹太复国主义，它较少关注地理边界，而是更侧重于如何经营犹太社区。社会主义犹太复国主义基于一种开创性的社会行为概念，涵盖自愿主义、集体主义和平等主义，其核心是对唯心主义和集体唯物主义的双重强调。[23]这种社会主义犹太复国主义哲学在以色列早期极为重要，特别是在大卫·本古里安、果尔达·梅厄和列维·埃什科尔等国家缔造者中。这种哲学的主导地位，有助于解释为何他们的政党“马派”(Mapai)在近 30 年内主导了以色列政治。[24]反之，移民和人口结构的变化，则有助于解释为何以色列工人党的地位多年来逐渐被削弱，我们将在本书后续章节讨论这一主题。

修正主义犹太复国主义思想，通常以弗拉基米尔·雅博廷斯基(Vladimir Jabotinsky，1880—1944)为代表人物，强调民族救赎而非社会救赎，以及获得主权的必要性。他们更加强调军队的作用，尽管修正主义者相信“在满足人类基本需求的层面上平均分配资源，或者建立有限的福利国家”，但他们也崇尚强大的自由国家。[25]1948 年以色列建国后出现的新修正主义，继续强调在整个托管巴勒斯坦地区重建以色列王国(Malchut Israel)的重要性,还主张对该地区的阿拉伯大国采取强硬甚至激进的立场。[26]这种对犹太复国主义的阐释,对以色列近代政治领导人影响深远,包括梅纳赫姆·贝京、伊扎克·沙米尔和阿瑞尔·沙龙。

犹太复国主义传统阐释的第四个分支是宗教犹太复国主义。在与“常规”犹太复国主义相同的民族主义目标驱动下,它寻求以恰当的犹太宗教价值观重振传统犹太教,并使其成为国家不可或缺的一部分。然而,它的目标不仅是恢复犹太人“政治的”独立,更是要恢复“犹太人的”政治独立。[27]这在以色列引发了一系列冲突,我们将在下一章讨论犹太教以及宗教与政治在当代以色列国内政治问题中的相互作用时进行探讨。

事实证明,宗教与犹太复国主义以及宗教犹太复国主义的相互作用,使以色列-巴勒斯坦问题进一步复杂化。不仅是“正常”议程上的问题,如停火谈判、和平条约延期谈判、巴勒斯坦独
53 立国家问题等,还出现了一些不在“议程”内的问题:西岸与圣经中的犹地亚和撒马利亚有何关联? 1967 年被占领的领土是否包含圣经中“犹太的”土地? 宗教犹太复国主义和宗教民族主义已成为需要解决的复杂问题,而这些问题通常不属于国际关系范畴。[28]

宗教与犹太复国主义的相互作用,引发了一些有趣甚至自相矛盾的对抗。例如,一小部分虔诚的犹太人认为,犹太国家的构想本身就是亵渎神明的。或许推动这一立场最知名的团体是“城市守护者”(Neturei Karta),他们认为建立世俗国家是“反抗上帝的行为”,因为犹太人“被要求等待”。他们得出结论,“犹太复国主义是现代犹太教的异端”,而大屠杀实际上是“上帝对犹太复国主义异端的惩罚,加诸犹太人身上,因为他们摒弃了自己的真正宗教,转而追求世俗民族主义”。[29]

然而,大多数宗教犹太人并不认为犹太教和犹太复国主义之间存在内在矛盾。事实上,例如在 1967 年,以色列的(塞法尔

迪)首席拉比甚至发布了一份相当于政策的文件,禁止以宗教为由从犹地亚和撒马利亚撤离。[30]甚至主流“宗教”政党之一的米兹拉希(Mizrachi),作为一个公开的宗教犹太复国主义组织,早在1902年就在世界犹太复国主义组织内建立了一个独立政党。[31]

如今,许多犹太复国主义者认为,确实有必要将犹太复国主义的概念与国家宗教问题区分开来。一些人认为宗教犹太复国主义是一个崇高的目标,支持宗教和犹太复国主义共存,但也认为这并不意味着宗教和犹太复国主义紧密相关。它们目标不同,不应合并或融合。

当代最著名的犹太复国主义者之一,是已故的科学家和哲学家耶沙亚胡·莱博维茨(Yeshayahu Leibowitz,1994年8月去世,享年91岁)。莱博维茨最为人熟知的身份,或许是一位呼吁政教完全分离的政治评论家,他宣称自己的犹太复国主义建立在“厌倦了被外邦人统治”的基础上,而非与宗教教义有直接联系。他进一步主张,“犹太复国主义是犹太人在自己土地上寻求政治独立的愿望”,“与犹太教的文化、历史或精神本质无关。因此,以色列国不能也不应关心犹太教问题。”[32]正如我们可以预料的,这种分割的概念,并不被大多数宗教犹太复国主义者所接受。

第三节　犹太复国主义和美国 54

随着思想的不断演变,新的紧张局势也应运而生。近年来涌现的问题,涉及以色列与美国之间的社会文化关系、当代美国犹太教的发展趋势,[33]以及美国文化对以色列文化的影响。[34]显然,这类讨论带有犹太维度,人们常常探讨美国人的生活、美国人对犹太教和犹太复国主义的看法,以及这些看法对以色列、犹太人和犹太复国主义价值观与态度所产生的影响,这在方框

2.1 中有所体现。[35]“新犹太复国主义”这一笼统标签，被贴在各种思想之上，这些思想可被描述为“融合了世俗与宗教元素的松散信仰体系……[融合]一些涉及反犹主义和大屠杀含义的广泛历史学线索”。[36]很难确切说明新犹太复国主义的所有变体具体包含和不包含哪些内容。毫无疑问，它会引发关于犹太人身份、犹太人的土地以及无犹太国家时犹太人脆弱性的讨论，但这三个主题在具体内容中的比重会有所不同。[37]

55 **方框 2.1　以色列的美国化?**

回顾古典犹太复国主义意识形态，存在一个巨大的悖论：我们越趋近于其他所有国家，就越背离自身的特质。“回归锡安伴随着犹太人向新人的蜕变，”现任以色列教育部长阿姆农·鲁宾斯坦(Amnon Rubinstein)在其重要著作《重访犹太复国主义者的梦想》(1984 年)中如此写道，“犹太人将成为一个犹太人，这个词在希伯来语中具有双重含义，既表示‘异教徒’，也表示‘民族’。”倘若美国化和西方化如浪潮般无情地席卷全球，倘若同质化消费文化的诱惑——旱冰鞋与麦当劳、传真机与笔记本电脑，以及通过有线电视(预计今年夏天普及)进行的家庭购物，对以色列人和其他人一样难以抗拒，那么传统、犹太教、自我牺牲——乃至犹太复国主义本身，又将走向何方?

显然，我们距离丧失鲜明的民族特色还有很长的路要走。我们以犹太时令为傲，孩子们依旧在星期天上学，在普珥节和五旬节放假。严肃的希伯来语小说和戏剧仍能吸引大量观众。我们人口中增长最快的群体，极端正统派和阿拉伯人，恰恰是最不西化的。尽管出现了一些变化迹象——宗教多元化的发展趋势可以被视为美国化蔓延的一种体现——但正统拉比依然掌控着犹太人的结婚、离婚、葬礼和皈依事务。以色列建国之初达成的所谓宗教“现状”协议，短期内不太可能被推翻。

以色列法律中的犹太复国主义价值观，依旧是我们公民文化的根基；可以说，它们是宗教戒律的世俗等价物，能够抑制自我放纵。以色列人在军队中英勇服役，接纳一波又一波的移民，并为此承担高额税收。但至少目前来看，有一些现象值得关注：在武装部队服役的以色列人比例略有下降；围绕收紧回归法则展开了广泛讨论；当拉宾总理试图对股市利润征税时，抗议声极为强烈，仿佛我们的生存受到了威胁。以色列国营广播管理局赞助全国性寻宝活动以纪念独立日（我们独立的神圣日子），这无疑是一种象征。

粗俗的美国化最终会淹没我们的意识形态，破坏我们最崇高的价值观吗？我认为不会，也衷心希望不会。我并未追随祖父母的脚步，前往东方生活在如同美式香草郊区梦想缩小版的地方。另一方面，我确实喜欢带孩子去耶路撒冷购物中心的世界首家犹太汉堡王，这样他们长大后就知道薯条应该是古铜色且酥脆的，而非松软的“劳克森”（一种犹太食物）那般的颜色和质地。

资料来源：斯图尔特·肖夫曼，“以色列的美国化”，《耶路撒冷报告》（1995年5月18日）：CD-ROM。

第四节　犹太复国主义和中东

这些相互对立的犹太复国主义观念在政治上的表现及其相互作用，被视为当今中东局势紧张的根源。正如一位评论家所言：“我的观点是，阿以冲突的根本问题在于以色列国的犹太复国主义特性。”[38]

这一论点的核心在于，中东冲突的根本原因并非穆斯林与犹太人的宗教分歧，而是大量犹太移民涌入引发的紧张局势，以及犹太人最终将在这片此前以阿拉伯人和穆斯林为主的土地上占据多数地位。

时至今日，阿拉伯世界普遍仍对以色列民族持排斥态度。“阿拉伯人不仅将以色列视为不受欢迎的外来之物，更将其视为威胁自身生存的恶性肿瘤。”事实上，在近期选举中，联合名单（阿拉伯）政党“将以色列在独立战争中的行动与残暴的伊斯兰民兵组织‘伊斯兰国’的行动相提并论”。[39]另一方面，以色列人将周边的阿拉伯人视为永恒的威胁，始终对其予以拒绝：“‘阿拉伯人永远不会实现和平。’”[40]

大多数以色列人将犹太复国主义视作一种民族主义哲学，旨在保护原本脆弱的犹太少数群体，他们认为建立一个犹太人占多数的犹太国家是唯一的救赎之道。[41]多年来，围绕这一主题衍生出诸多变体，涵盖文化、经济政策、国家安全等方面的强调。然而，显而易见的是，无论发生何种变化，犹太复国主义的概念
56 通过为原本截然不同的人群赋予认同感、传承感和目标感，尽管其组合方式各异，但仍将持续对以色列国产生至关重要的影响。

第五节　以色列的宗教团体

以色列在世界上独具特色，原因之一在于其多数人口为犹太人。我们将在本书下一章更深入地探讨以色列政治世界的这一特征，从犹太人的态度和价值观，以及他们对犹太人行为的解读等方面，剖析以色列不同类型的犹太人、他们的不同行为以及所秉持的不同价值观。我们还将探究不同类型和行为的犹太人是否会引发政治后果（答案是肯定的！）。实际上，犹太人具有同质性只是一个神话。不同类型的犹太人在许多核心价值观上存

在分歧，在宗教价值观方面的分歧尤为严重。在以色列独立之前，这一直是以色列政治紧张局势的根源，如今依然如此。在本章中，我们对以色列宗教的评论将有所限制，仅提供一些与以色列非犹太社区相关的内容。

刚接触该学科的学生对以色列常见的误解之一，便是认为以色列是一个犹太国家，所以所有以色列人必定都是犹太人。以色列阿拉伯人的存在感曾经较低，但当代政治紧张局势使他们的存在愈发引人注目。[42]事实上，正如我们已经指出的，根据2012年的人口普查数据，超过24%的人口为非犹太人，且这个群体中的大多数是穆斯林。在被归类为非犹太人宗教团体的171.4万人中，9.3%是基督徒，82.9%是穆斯林，7.8%是德鲁兹派（见表2.2）。[43]此外，还有少量的希腊天主教、希腊东正教、亚美尼亚教派、新教和马龙派信徒。[44]

表 2.2　以色列的人口和宗教社区，2013 年

2013 年人口人群	8134500	
犹太人	6104500	75.04%
穆斯林	1420300	17.46%
基督徒	160300	1.97%
德鲁兹派	133400	1.64%
其他/无	316000	3.88%

资料来源：《2014 年以色列统计摘要》，表 2.2，“按宗教划分的人口”。

1948年的《独立宣言》保障所有公民的宗教自由。各个宗 57
教团体可自由秉持自身信仰，管理内部事务。每个主要社区都设有自己的宗教法庭，宗教事务部负责监管以色列所有宗教社区的需求，尊重其管辖权，其中涵盖对宗教问题的主要责任，以及可能由宗教团体监管的个人事务，如结婚和离婚。颇具讽刺意味的是，在以色列，基督教和穆斯林社区相较于某些犹太社区，获得了更大程度的自由和自治权。具体而言，一些改革派犹太领袖认为，与非犹太教派相比，他们受到以色列极端正统派犹太社区更为严格的管控。[45]

第六节　以色列的非犹太社区

如上所述，约 75%的以色列人口被归类为犹太人。我们在第一章中指出，以色列阿拉伯人——拥有阿拉伯民族背景的非犹太人以色列公民——在以色列享有充分的法律和政治权利，这些权利也延伸至他们的宗教身份。[46] 1948 年的以色列国保障所有以色列公民的宗教自由。法律确保每个宗教团体能够

> 行使信仰权利，遵守自身的节日和每周休息日，并管理内部事务。每个团体都设有自己的宗教委员会和宗教法庭，这些机构得到法律认可，有权管辖所有宗教事务和个人身份问题，如结婚和离婚。每个团体都拥有独具特色的礼拜场所，其传统仪式和建筑风格历经数世纪发展而成。[47]

以色列国承认众多非犹太宗教，包括基督教、伊斯兰教、德鲁兹教和巴哈伊教；在基督教中，国家正式承认以下教派：希腊东正教、希腊天主教、拉丁基督教（罗马天主教）、亚美尼亚东正教、亚美尼亚天主教、马龙派、叙利亚东正教、叙利亚天主教、加色丁礼（天主教）和福音派圣公会（英国国教）。[48]穆斯林阿拉伯人占其中近四分之三，且大部分为逊尼派穆斯林。

颇具讽刺意味的是，以色列犹太人与政府之间存在的诸多挑战和紧张关系，在以色列穆斯林和基督徒与政府之间并不存
58 在（这并非意味着以色列穆斯林和基督徒不会因其他原因与政府产生紧张关系，例如他们批评以色列政府对巴勒斯坦人的政策，但这表明宗教并非引发紧张局势的主要因素）。之所以如此，是因为正如我们所见，在这些问题上的主要政府行为者——

宗教事务部——由正统犹太人管理，且主要关注犹太人问题；因此，它倾向于给予基督教和穆斯林群体相当程度的自主权。穆斯林和基督徒与犹太团体一样，可获得宗教事务部的资金支持，并有权在结婚、离婚以及与宗教原则紧密相关的政策问题上规范自身做法。

在此应当指出的是，许多以色列穆斯林和以色列基督徒认为以色列政府确实在歧视他们，这也是以色列以外的人的观点。根据美国国务院民主、人权和劳工事务局发布的《2013 年国际宗教自由年度报告：以色列和被占领土》，以色列政府“普遍尊重”宗教自由，[49]但仍存在一些问题。“绝大多数非犹太公民是阿拉伯人，他们遭受着各种形式的歧视。目前尚不清楚以色列社会对不同社区的待遇差异是否源于宗教本身。”[50]

政府为占人口约 25％的以色列阿拉伯人提供的教育、住房、就业机会和社会服务质量，不及为以色列犹太人提供的水平。此外，在以非犹太人为主的地区，政府支出和财政支持的比例远低于犹太地区。据媒体报道，内政部 1998 年的一份报告指出，非犹太社区获得的政府财政支持明显少于犹太社区。以色列阿拉伯组织对政府的“以色列北部地区总体规划”表示质疑，该规划将增加加利利的犹太人口和阻止阿拉伯村镇毗邻地区列为优先发展目标，他们认为这一规划歧视阿拉伯公民。[51]

我们将在本书后续内容中多次探讨以色列的人口统计问题及其政治影响。在此，本章要提及一个非常重要的方面，即不同种族群体的出生率，以及这对以色列作为一个犹太人占多数的犹太国家的未来所产生的影响。最近一份巴勒斯坦报告预测：“到 2016 年，居住在以色列、约旦河西岸和加沙地带的巴勒斯坦人的数量将与以色列的犹太人数量持平。”[52]尽管这一情况确切发生的时间仍存在争议。事实上，这种现象影响了关于巴以冲突的“一国”和“二国”解决方案的争论。希伯来大学教授塞尔吉 59
奥·德拉佩戈拉(Sergio DellaPergola)指出：

> 犹太人已经是少数，这无须等待拉马拉的统计数据。如果以色列国的目标是成为一个犹太国家，而不是一个对非犹太人采取政治歧视的国家，唯一可能的方法是不将以色列土地的很大一部分及其非犹太人人口纳入以色列国的主权之下。[53]

第七节　政治领域的社会和文化影响

正如以色列国内的宗教环境会对政治运作产生影响一样，社会、文化和经济因素同样如此。社会（包括性别）和经济因素能够转化为政治变量，涵盖关于非犹太人（例如，谁是以色列阿拉伯人?）和犹太人身份（例如，塞法尔迪犹太人/阿什肯纳兹犹太人争议的意义是什么?）的问题，之前提及的一些与移民和移民紧张局势相关的问题，以及与社会阶层和教育有关的问题。同样重要的是关于以色列境内阿拉伯人的辩论。以色列社会应如何对待以色列阿拉伯人（即非犹太以色列公民）？以色列是否准备好赋予以色列阿拉伯人完全平等的公民权利和社会权利而非仅限于形式上的合法权利和社会权利?

虽然这是对以色列政治制度的研究，但理解——或者至少了解——以色列社会的文化和经济层面及其历史，对于更全面地认识那里的政治现象是必要的。正如本章和后续章节所讨论的，社会、文化和经济因素能够直接转化为政治变量。在本章中，我们研究了种族的概念。在我们随后对政党的讨论中，许多政党都做出了特殊努力，以吸引特定的种族群体，宣称自己是代表来自特定种族背景的以色列人的"政党"。因此，显而易见的是，社会和文化因素，例如具有俄罗斯种族背景的以色列公民与具有法国种族背景的以色列公民，将在政治世界中产生不同的影响。

事实上，以色列的人口具有异质性，并非所有以色列人都是犹太人，且并非所有以色列犹太人都来自相同的种族、地缘或宗教背景，这对以色列社会乃至以色列政治都具有重要意义。尽管在过去的七十年中，阿以冲突是以色列公民生活中令人担忧和焦虑的根源，一直具有至关重要的意义，但这里所描述的各种 60
问题，如种族群体成员身份、宗教正统程度、社会阶层、教育和文化以及政府经济政策等，依然存在，它们都是导致以色列政治舞台上紧张局势的常见根源。

第八节　以色列人

尽管在 2013 年以色列 8134500 的人口中，很大一部分为土生土长的以色列人，但这一局面的形成历经了漫长的过程。[54]以色列最为显著的特征之一，便是其人口的高度异质性，众多社区有着广泛的民族和种族来源。[55]组成该国的各个社区保留了诸多民族特性，使得以色列社会呈现出极为多元化的态势。[56]与之相关的是，并非所有以色列人口都是犹太人，而且以色列的犹太人也并非都拥有相同的犹太背景。换言之，以色列犹太人占多数这一说法是正确的，但倘若认为所有犹太人在社会和文化特征上都相似，或者都认同其他犹太人的宗教习俗与虔诚程度，那就大错特错了。这对整个政治进程的影响，既可能带来积极的促进，也可能导致分裂。

如前文所述，以色列拥有大量非犹太人口，[57]包括基督徒、穆斯林和德鲁兹人（德鲁兹人信仰的宗教源自伊斯兰教，但包含犹太教和基督教元素）。[58]大约 10%的阿拉伯人口是贝都因人，其中很大一部分至今仍以游牧民的身份生活在以色列南部的沙漠中。[59]这种多样性，尤其是犹太人与非犹太人之间的人口平衡，在官方决策层面引发了诸多讨论和争论。正如我们在第一章中提到的，犹太复国主义的核心原则之一，是在犹太国家中创造并维持犹太人占多数的目标，而“多数”这一概念在此处至关重要。

读者或许还记得，追求建立一个犹太人占多数的犹太国家这一目标，其背后的动因在于，在民主国家中，政策由多数人制定，而且从历史经验来看，多数人可能会忽视或有意忽略少数人的利益。有人认为，大屠杀前欧洲犹太人的处境便是如此。因此，犹太复国主义者得出结论，对于处于不同政治环境中的犹太少数民族而言，保护自身的最佳方式之一，就是团结起来建立一个犹太国家，在这个国家中，他们自身构成人口的大多数，进而能够以民主的方式利用这一多数地位，确保国家政策关注并同
61 情犹太人的目标。所以，政治领导层不会忽视一个不可避免的事实：目前以色列近25%的非犹太人口，其自然增长率高于犹太人口（即出生率更高）；因此，预计未来以色列非犹太人口的占比还会进一步增加。[60]

当然，除此之外，还有被占领土上巴勒斯坦人的地位问题。如果约旦河西岸和加沙地带超过450万的巴勒斯坦人（这部分人口未包含在上述近25%的非犹太人口数字中）成为以色列公民，那么人口的宗教比例将即刻发生更大的变化，在不久的将来，以色列将不再以犹太人为主，这对于传统的犹太复国主义思想而言，是完全无法接受的，相应地，对于以色列的大多数民众来说也是如此。

正如一位学者多年前指出的，

> 以色列阿拉伯人是世界上出生率最高的群体之一，自1948年以来，他们的人数增长了400%，占总人口的比例从约10%增加到15%以上。一些人口学家估计，以色列阿拉伯人的数量将在一个世纪内与以色列犹太人的数量持平。以色列犹太人与以色列阿拉伯人之间在社会经济、文化、语

> 言和政治方面的差异，使得这个问题日益政治化，对以色列作为犹太国家的未来构成严峻挑战。[61]

与此同时，各个阿拉伯社区的成员可以自愿选择是否在以色列国防军（IDF）服役。唯一的例外是德鲁兹社区的男性，自1950年起，应社区领袖的要求，他们需要在武装部队服役。[62]未在军队服役的以色列阿拉伯公民面临特殊的社会挑战：他们无法获得安全许可，因此不能在有国防合同的公司或安全相关领域的公司工作，而这些领域的公司为以色列公民提供了大部分的就业机会。

> 与其他公民相比，那些不受兵役要求约束的人，在获取以服兵役为先决条件或优势的社会和经济福利时，机会也更少，例如住房、新家庭补贴以及与政府或安全相关的就业机会。不过，根据1994年出台的一项政府政策，没有在军队服役且没有在犹太学校接受过教育的父母（包括阿拉伯人），其子女获得的社会保障补助增加至与那些服过兵役和在犹太学校受过教育的人的补助相等。[63]

第九节　阿什肯纳兹和塞法尔迪 62

或许以色列（犹太）社会和文化中一个关键且常见的分化维度，涉及以色列犹太人的族群。简言之，这些族群可依据地理根源分为两组。[64]其中一组是阿什肯纳兹（或德系犹太人），他们将欧洲视为种族根源。这些犹太人是从英国、法国、德国、奥地利、匈牙利、俄罗斯、波兰和立陶宛等国家移民到以色列（或巴勒斯坦）的，阿什肯纳兹这一标签也适用于来自北美和南美的移民。历史上，许多德系犹太人将意第绪语作为所在社区的第二语言。

另一组是塞法尔迪(或称西班牙裔犹太人),包括来自中东甚至非洲的具有地中海血统的犹太人。[65]自1492年被西班牙驱逐后,西班牙裔犹太人便一直生活在中东。[66]需要注意的是,并非所有非西方犹太人都是西班牙裔。许多西班牙裔犹太人有一种共同的第二语言,称为"拉地诺语"(Ladino)。许多非西方犹太人,尤其是来自中东和非洲地区的犹太人,与阿什肯纳兹文化或西班牙文化几乎没有共同之处。这些犹太人有时被称为"东方犹太人",大致包括来自波斯、印度甚至中国的移民。

这两个主要群体的规模并不相等:在全球超过1400万犹太人中,约85%是德系犹太人,而只有约15%是西班牙裔犹太人。此外,虽然全球只有10%的德系犹太人生活在以色列,但近三分之二的西班牙裔犹太人生活在以色列。因此,如今塞法尔迪人在以色列犹太人口中占多数。[67]

阿什肯纳兹和塞法尔迪的差异至关重要,多年来,它一直是以色列社会紧张局势的重要根源。[68]塞法尔迪和阿什肯纳兹犹太人各有自己的首席拉比和独立的犹太教堂。虽然他们在宗教实质和法律方面差别不大,但在文化和社会实践、服饰、音乐、建筑、饮食等方面确实存在差异。[69]这种差异的具体表现形式随处可见。

1975年发生的一件事,说明了看似微不足道的问题有时也会产生重大影响。当时,耶路撒冷神圣的西墙长出了草。德系首席拉比施洛莫·戈伦(Rabbi Shlomo Goren)宣布,由于在构成西墙的巨大岩石之间生长的草最终会导致墙倒塌,所有犹太人都有义务在草生长时采摘;而塞法尔迪首席拉比奥瓦迪亚·约瑟夫(Rabbi Ovadia Yosef)却宣布,草象征着对生命的追求,
63 应该被允许生长并受到保护。[70]这一争议导致了两组犹太人之间的紧张关系,甚至偶尔引发肢体冲突。当时的政府不想与任何一方对抗,因此在这个问题上未表明立场。

多年来,德系犹太人和西班牙裔犹太人之间还存在社会隔

阂。受教育因素的影响，西方或欧洲的德系犹太人比西班牙裔犹太人受教育程度更高。[71]这种差距导致德系犹太人在以色列从事高薪工作的数量占比更多。[72]在 1977 年梅纳赫姆·贝京(Menachem Begin)上台之前，德系犹太人一直系统地掌控着以色列的政治精英阶层。[73]新政府带来的以色列政治中最重要的变革之一，便是承认塞法尔迪人的地位及其政治影响力。

第十节　向内移民和向外移民

如前文所述，犹太复国主义的核心概念之一是“流散者的聚集”，即犹太人迁移到以色列，从而在犹太国家中形成犹太人多数的重要理念。这意味着在以色列独立之前，移民就一直是以色列政府社会规划中重要且有意义的组成部分，尽管有时会产生相当大的预算需求。[74]1950 年的《回归法》宣称，所有犹太人都有权利“返回”以色列并自动获得公民身份。从那时起，成千上万的犹太人依据这项法律移民到以色列。以色列第一任总理大卫·本古里安指出：“该法律规定不是国家赋予海外犹太人定居的权利，而是每个犹太人与生俱来的权利，只要他是犹太人，只要他愿意定居这片土地。这项权利先于以色列国存在；正是它建立了这个国家。”[75]

《回归法》所规定的政策取得了成功。正如我们在统计巴勒斯坦非犹太人口的表 1.2 中指出的，1948 年以色列的犹太人口约为 68 万，而《2014 年以色列统计摘要》显示这一数字超过了 610 万(见表 2.1)。[76]这一增长既源于自然增长，也是西方资本主义国家、东欧，以及(尽管存在限制)伊斯兰国家和苏联持续移民的结果。[77]最大规模的单向移民浪潮在以色列独立后即刻出现。仅在 1949 年，就有近 25 万人移民。在此期间，有大量来自欧洲流离失所者营地的移民，其中包括纳粹集中营的幸存者。

64 还有一部分移民来自东欧，尤其是波兰和苏联。这使得以色列的人口及其政治领导层主要由德系犹太人掌控。

20 世纪 50 年代初期，在德系犹太人移民之后，西班牙裔移民人口大幅增加。50 年代的移民来自亚洲和北非，导致以色列出现大量来自摩洛哥、伊拉克和也门的犹太人。[78]仅举一例，1950 年就有超过 12 万名伊拉克犹太人抵达。到 20 世纪 70 年代末，近 75 万名来自中东和北非的犹太人移居以色列。[79]

近年来，以色列的移民率急剧下降。[80]其中一个原因或许显而易见：由于过去移民率过高，寻求在以色列定居的海外犹太人数量急剧减少。以前文引用的例子来说，从 1949 年到 1950 年，也门的犹太人口约有 4.5 万，大多数人搬到了以色列，如今整个也门只剩下约 800 名犹太人。[81]到 20 世纪 70 年代后期，摩洛哥只剩下三万犹太人，仅为以色列宣布建国时居住在那里人口的 10％。[82]同样，以色列独立后来自欧洲的移民比例不再上升，留在欧洲的犹太人数量也急剧下降。

表 2.3 显示了 1989 年至 2009 年以色列人口移民的主要来源，包括苏联、拉丁美洲、北美（美国和加拿大）、英国、法国、埃塞俄比亚和其他国家。在这二十年间，有 1274574 人移民到以色列。其中，996059 人来自苏联，占 78.1％。

来自苏联（主要是俄罗斯）的移民对以色列产生了重大影响。[83]虽然德系移民与西班牙裔移民之间的比例原本为 3∶1 或 4∶1，但在 20 世纪 80 年代，俄罗斯犹太人对这一比例的影响便清晰可见；到了 90 年代，德系移民与西班牙裔移民的比例几乎达到了 15∶1，在这十年的前五年，超过 90％的移民来自欧洲和美国，主要是俄罗斯；在这十年的后五年，超过 85％的移民也来自同一地区。[84]

从图 2.2 中可以看出，在这二十年时间里，来自苏联的移民在多大程度上主导了移民问题。当将来自七个不同（组）来源的移民数量呈现在一张图表上时，来自苏联的数据十分突出，而其

表 2.3　1989—2009 年以色列移民

年份	苏联	拉丁美洲	美国和加拿大	英国	法国	埃塞俄比亚	其他	总数
1989	12780	2526	1773	462	998	1368	4343	24250
1990	184177	2678	1903	495	1000	4174	5065	199492
1991	147282	1157	2076	505	1037	20069	4028	176154
1992	64680	723	2548	460	1311	3539	3804	77065
1993	66019	770	2820	658	1550	854	4955	77626
1994	67599	978	3160	700	1755	1200	5170	80562
1995	64608	1604	3204	721	1865	1316	4160	77478
1996	58733	2104	2983	566	2252	1411	3973	72022
1997	54520	2037	2878	552	2355	1717	3754	67813
1998	46085	1455	2328	467	2036	3108	2860	58339
1999	67024	1828	2183	480	1633	2305	2930	78383
2000	51040	1942	1837	403	1437	2249	2831	61739
2001	33911	2218	1757	360	1158	3299	2161	44864

（续表）

年份	苏联	拉丁美洲	美国和加拿大	英国	法国	埃塞俄比亚	其他	总数
2002	18976	7342	2202	324	2458	2692	1695	35512
2003	12728	2570	2414	399	2090	3063	1801	25065
2004	10519	1272	2763	422	2413	3806	1831	23026
2005	9693	1731	3029	534	3000	3618	1777	23382
2006	7665	1362	3238	697	2878	3618	1972	21430
2007	6767	1526	3154	670	2767	3619	1872	20375
2008	5838	965	3300	646	1918	1598	2022	16287
2009	5415	881	3260	684	1594	239	1637	13710
总计	996059	39669	54633	11205	39505	68862	64641	1274574

资料来源：外交部，关于以色列，“人民：犹太社会”，http://mfa.gov.il/MFA/AboutIsrael/People/Pages/SOCIETY-%20Jewish%20Society.aspx.

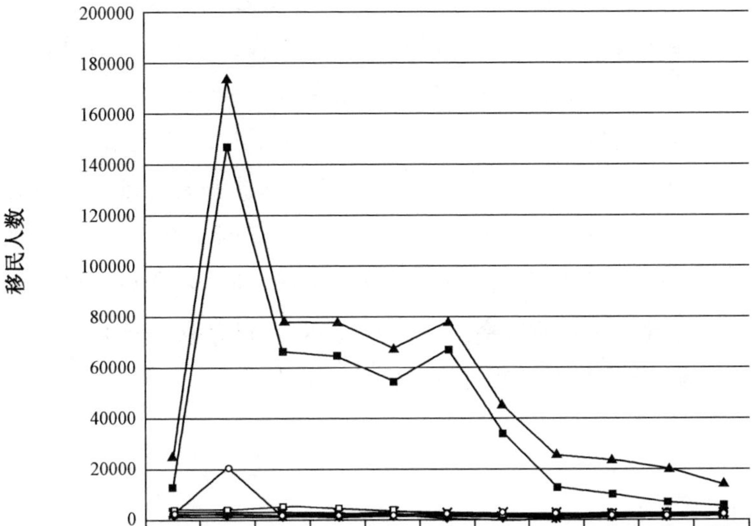

	1	2	3	4	5	6	7	8	9	10	11
—◆—	1989	1991	1993	1995	1997	1999	2001	2003	2005	2007	2009
—■— 苏联	12780	147282	66019	64606	54520	67024	31911	12728	9693	6767	5415
—▲— 拉丁美洲	2526	1157	770	1604	2037	1828	2218	2570	1731	1526	831
—×— 美国/加拿大	1773	2076	2820	1204	2878	2183	1757	2414	3029	3154	3260
—✱— 英国	462	505	658	721	552	480	360	399	534	670	684
—●— 法国	998	1037	1550	1865	2355	1633	1158	2090	3000	2767	1594
—— 埃塞俄比亚	1368	20069	854	1316	1717	2305	3299	3063	3618	3619	239
—□— 其他	4343	4028	4955	4160	3754	2930	2161	1801	1777	1872	1637
—○— 总数	24250	176154	77626	77474	67813	78183	44864	25065	23382	20375	13710

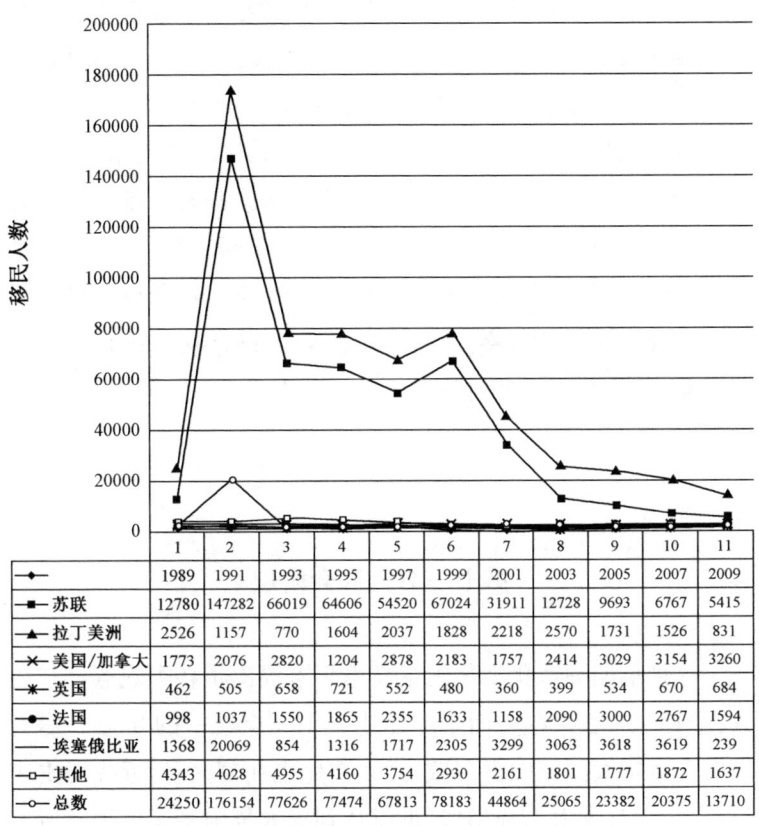

图 2.2　1989—2009 年以色列移民

资料来源：外交部，关于以色列，“人民：犹太社会”，http://mfa.gov.il/MFA/AboutIsrael/People/Pages/SOCIETY-%20Jewish%20Society.aspx。

他所有国家的移民模式都集中在图表底部。

这种统计模式近年来在以色列社会和文化中也有所体现：
希伯来语、英语和阿拉伯语曾经是以色列的“三大”语言，法语是 66
次重要的语言；如今，俄罗斯报纸数量可观，在街上能听到俄语
对话，国家高中入学考试也提供俄语版本。

一些人对近年来以色列的移民数量变化以及以色列人口向
其他西方国家移民的情况表示担忧。对此，我们可以明确得出 67
结论：无须担忧。

尽管不断有反对观点提出，但以色列并未面临可能破坏犹太人口总数的大规模外流。事实上，以色列的移民率并不比大多数西方国家高。近年来，每年有 2 万至 2.5 万名以色列人离开该国一年以上。另一方面，大约有 7000 到 10000 人在国外生活至少一年后返回。如果将过去十年左右每年向内移民或向外移民的 14000 到 20000 人（主要来自北美、苏联和埃塞俄比亚）加起来，那么以色列已经设法保持了正的移民率。这是每 1000 名以色列人进出人数之差，意味着来以色列的人比离开的人多。[85]

第十一节　社会阶层

尽管早期一些犹太复国主义思想家提出了各类观点，但“流散者的聚集”在某些方面未能促成一个完全统一的社会。[86]尽管犹太人在犹太国家中占多数，犹太文化也在复兴，但近代历史表明，并非所有犹太人都相似，难以达到犹太复国主义思想家所期望的社会凝聚力程度。我们不仅看到以色列犹太人与以色列阿拉伯人之间、以色列公民与巴勒斯坦人之间存在社会关系紧张的情况，还发现以色列不同犹太人群体之间也存在此类问题。[87]本章前面提及的阿什肯纳兹-塞法尔迪的差异，只是引发社会紧张局势的一个方面。

过去 70 年来，以色列社会最显著的特征之一是其异质性，这是犹太复国主义目标带来的直接（尽管可能是暂时的）结果。来自欧洲、俄罗斯、亚洲、非洲、北美和南美的犹太人汇聚于此，有时很明显，这些众多不同群体各自的“犹太性”，不足以构成保证社会团结的共同纽带。[88]在以色列社会中，一些群体在实现目标的过程和同化问题上，比其他群体更为突出。例如，一个主要由非洲裔美国人组成、自称拥有犹太血统的团体，在到达以色列并建立自己的社区时，引起了不小的轰动。[89]

同样，埃塞俄比亚法拉沙人（一个自称是犹太人的埃塞俄比亚游牧部落）的出现，也被广泛宣传为给以色列社会注入了一个全新的、不同的社区。[90]他们中的大多数人在到达以色列之前，甚至从未见过电器，也从未在现代社会中生活过。[91]自他们抵达 68
后，便在此定居并形成了一个成熟的社区，尽管在很大程度上，他们并未像许多人期望的那样被同化，或融入社会主流。[92]

近年来，为加强社会互动，政府尝试将来自世界各地的移民安排在同一栋大型公寓楼里。仅以德国、摩洛哥、美国和俄罗斯移民为例，他们被安排在同一栋多层公寓楼中。然而，这一社会同质化实验最终以失败告终，因为移民们虽然共享犹太身份，但这并不足以使他们成为和睦的邻居，因为他们的个人背景和习俗截然不同，无法在短时间内改变。在某些文化中，在开放的公共区域做饭和洗衣服是被社会所接受的，而在其他文化背景下，这根本行不通。当这些问题变得明显时，这些创建“熔炉”的小规模实验便被终止，例如，许多欧洲犹太移民不喜欢被安置在北非移民旁边的公寓，因为北非人会在楼梯间做饭。[93]

在促进社会融合方面，军队是最成功的机构之一。[94]由于服兵役是社会中几乎所有人都要经历的社会现象，德系犹太人在军队中结识塞法尔迪人，他们在军队中拥有共同的经历。[95]我们将在下一章深入探讨这个话题。

第十二节　教育与文化

以色列政府早期的立法法案之一是 1949 年的《义务教育法》，该法案规定为所有 5 至 14 岁的儿童提供义务教育。自 1978 年起，义务教育年限延长至 16 岁，免费教育则延长至 18

岁。犹太社区和阿拉伯社区拥有不同的学校体系，犹太学校以希伯来语授课，而为德鲁兹社区服务的阿拉伯学校则以阿拉伯语授课，教育部同时对这两个学校系统进行监管。[96]

据美国国务院称，尽管阿拉伯裔以色列儿童约占以色列公立学校学生总数的四分之一，但为这些儿童提供的学校支持与人口比例不相称。报告指出："阿拉伯社区的许多学校设施陈旧、拥挤不堪，缺乏特殊教育服务和辅导员，图书馆资源匮乏，也没有体育设施。阿拉伯团体还指出，规定的公立学校课程过度强调该国的犹太文化和遗产。"[97]

69 犹太学校分为三种类型：国立类、国立宗教类和政府认证的私立宗教类。[98]国立学校实行男女同校，基本为世俗化教育；[99]而私立和国立宗教学校[100]除了"常规"学校的学术内容外，课程中还包含大量宗教内容。德鲁兹和其他阿拉伯群体的非犹太学校，提供适合这些社区的学术和宗教内容。阿拉伯学校为穆斯林和基督徒提供宗教教育，而德鲁兹学校则由社区领袖掌控。[101]

以色列还拥有许多优秀的高等教育机构，犹太学生和非犹太学生均可入学。尽管一些研究表明，阿拉伯裔以色列公民在大多数大学生群体中的占比较低。[102]以色列的许多大学都有大量外国学生。以色列外交部指出，在过去二十年里，该领域取得了显著发展：

> "在过去的二十年里，以色列的高等教育持续扩张，从1989/1990年的21个学术机构和88800名学生，增长到2011/2012年的70个机构和306600名学生。整个学生群体平均每年增长5.8%，这主要得益于学术性大学的增设……在各类学生中，以色列女性均占多数，本科占56.1%，硕士占59.8%，博士占52.4%。"[103]

20世纪70年代，以色列的学生人数出现了"迅猛增长"，这种快速增长持续到 20 世纪末。[104] 在以色列建国早期，对教育的需求主要受战后欧洲和阿拉伯国家移民的影响。20 世纪 60 年代，社会不得不适应来自北非的更大规模移民浪潮，这最终也导致对高等教育的需求增加。

如前文所述，20 世纪 90 年代，约 80 万来自苏联的犹太人移民以色列，这一情况也对该国的教育资源产生了重大影响。[105] 以色列的大学大多获得资助，政府和犹太机构共同承担了大学大部分的预算。近年来，学费和杂费在大学预算中占比逐渐增大。[106] 最近，以色列还增设了一所开放大学（成立于 1974 年）以及地区学院网络。每个地区学院都与一所主要大学建立联系，这使得学生可以在离家较近的地方开启大学学习，之后再转入大学完成学业。

文化在以色列的社会进程中占据重要地位，教育和文化部 70
以及一些私营和半私营机构，都对该领域的广泛活动予以支持。古典音乐得到大力扶持，许多农村基布兹都拥有自己的弦乐四重奏和音乐团体。以色列有众多出版社，用希伯来语、阿拉伯语、英语、俄语、法语、德语等多种语言印刷书籍、杂志和报纸。许多戏剧和舞蹈公司也在全国各地开展活动。以色列以其众多古代博物馆闻名，同时，其他各类博物馆也颇具特色。

近几个月来，在内塔尼亚胡新政府的领导下，文化部的政治化程度日益加深。内塔尼亚胡总理任命利库德集团成员米里·雷格夫（Miri Regev）为文化部长，她在政府的文化政策中注入了前所未有的政治意识形态。她暂停对近期放映巴勒斯坦作品
的剧院的资助，并威胁要撤回对耶路撒冷国际电影节的资金支 71
持，只因该电影节放映了一部“据称将前总理伊扎克·拉宾的刺客人性化的电影”。当被问及她在该部的政治衡量标准时，她回应道：“我们在以色列议会赢得了 30 个席位，而你们只获得了 20 个。”她将“左派”称为“你们”。她接着表示：“我来决定标准。我可以决定某些机构得不到资金，所有资金都将流向偏远地区

以及犹地亚和撒马利亚定居点的建设。”尽管雷格夫在被与纳粹德国宣传部的约瑟夫·戈培尔相比较后收回了言论，但政府对文化活动的支持与政党议程分离的问题，在以色列政治中已上升到前所未有的高度。[107]

第十三节　医疗保健和社会服务

以色列拥有全面的社会化医疗保健体系，所有公民均可使用。[108]与以色列政府机构的许多方面一样，公共医疗保健体系的许多基础设施可追溯至建国之前。在以色列建国后的头五十年里，社会医疗保健服务面临诸多挑战，例如人口增长速度远超自然扩张速度（主要是由于大量俄罗斯犹太人的快速移民），大部分预算需投入国防领域，人口老龄化、多元化，以及医疗保健服务需以多种语言提供。[109]

卫生部负责监管医疗保健事务，尽管许多以色列人仍倾向于前往私人诊所和通常由政治组织运营的医院就医。2012 年，以色列共有 373 家医院，其中约一半（190 家）归政府所有，其余 183 家为私人所有，以非营利组织形式运营，或由私人疾病基金会（医疗保健组织）提供支持（见表 2.4）。

根据以色列政府的规定，以色列的医疗保健系统包括医院、诊所和母婴保健中心。[110]政府通过 1995 年生效的《国家健康保险法》，明确国家有责任为该国所有居民（不包括游客）提供医疗保健服务。在 1995 年之前，大多数居民由四个综合性医疗保健组织之一承保，其中一些机构的历史可追溯至国家成立之前。

在医疗保健方面，与其他社会福利相关领域一样，以色列的
72 阿拉伯公民抱怨他们获得的资源与人口份额不成正比。

表 2.4　按类型和所有权划分的医院

类型和所有权	2013 年	1990 年	1970 年	1948 年
类型				
一般护理	45	44	50	36
精神科护理	12	26	43	19
长期护理	314	117	37	11
康复护理	2	2	3	0
所有权				
私人的	183	71	52	31
公共/非政府组织	190	118	81	35
总数	373	189	133	66

资料来源：中央统计局，《2014 年以色列统计摘要》，表 6.6，“按类型和所有权划分的医院”

除了对阿拉伯裔以色列人的支持有限外，以色列政府近年来还致力于将其医疗机构与约旦河西岸和加沙地带为以色列巴勒斯坦非公民服务的医疗机构脱钩并分离。[111]

从经济合作与发展组织（OECD）的比较视角来看，自 1995 年《国家健康保险法》生效以来，以色列的医疗服务已跻身世界最佳医疗保健系统之列。尽管得分颇高，但经济合作与发展组织指出：“在卫生系统中，富人与穷人之间、中心与边缘地区之间以及不同种族之间存在复杂的差距，要实现更高的公平性和可及性，还需付出额外努力。”[112]

从更广泛的层面来看，以色列拥有致力于提供社会服务的福利国家政治体系。这意味着国家将确保所有公民都能享有某些最低标准的社会产品，包括已讨论过的教育和医疗保健，以及其他一些方面。以色列规定了最低年收入标准：若一个人每年赚取的收入低于一定数额，国家将直接给予补贴。该国为家庭、儿童和残疾人提供各类服务，并设有有保障的退休金计划。这些服务包括国家支持的学前班网络和其他儿童保育支持、公立学校膳食计划补贴、儿童公共交通票价优惠、社会化医疗（包括门诊、住院和处方药)、物理治疗、产假、失业补偿、工作培训计划和就业安置援助等,此处仅列举部分可享项目。

73

第十四节　城市、村庄、基布兹和莫沙夫

超过 90%的以色列人口生活在各种城市环境中,无论是大城市还是小城镇。[113]以色列的主要城市包括耶路撒冷、特拉维夫-雅法、海法、贝尔谢巴和埃拉特,每个城市都有其独特的身份和特色。如表 2.5 所示,在过去二十年中,耶路撒冷的官方人口增长规模显著超过其他任何以色列城市(尽管规模较小的埃拉特增长速度更快),这主要归因于政府扩大耶路撒冷人口的政策,该政策限制(特别是进入曾是巴勒斯坦人居住,但在 1967 年战争期间被占领的地区),并将大量新移民迁至耶路撒冷地区,以进一步强化对该地土地的主权主张。正如我们将在本书后续内容中看到的,鉴于其增长规模,如今的耶路撒冷与两三年前已大不相同。

自大卫王时代,即大约公元前 1000 年起,耶路撒冷就一直是以色列的首都。1860 年后,其旧城城墙外形成了一个庞大的犹太社区。[114]从那时起,耶路撒冷稳步发展,如今,依据新的城市范围定义,它是以色列最大的城市。1949 年至 1967 年,耶路撒冷被以色列和约旦分割,但在“六日战争”结束后,这座城市重新统一,许多以色列人誓言永远不再让它分裂。1980 年 7 月,以色列议会通过一项法律,宣称永久统一耶路撒冷,并吞并该市“曾被占领”的部分区域作为以色列领土。[115]在过去几十年中,大耶路撒冷的城市范围显著扩大,以容纳更多居民。耶路撒冷很大一部分人口笃信宗教,整个街区在安息日禁止通行。

表 2.5　1985 年、2000 年和 2013 年以色列最大城市的人口

	1985 年人口	2000 年人口	2013 年人口	1985—2013 年增长	1985—2013 年增长百分比
贝尔谢巴	110800	172900	199300	88500	79.9
埃拉特	18900	41100	48100	29200	154.5
海法	225800	270500	273200	47400	20.9
耶路撒冷	428800	657500	829900	401200	93.6
特拉维夫-雅法	327300	354400	418600	91300	27.9

资料来源：1985 年的数据来自 1985 年版的《以色列纪实》（耶路撒冷，外交部，1985 年），第 104 页。2000 年人口数据来自中央统计局，《2001 年以色列统计摘要》，表 2.14，“2000 年 12 月 31 日 5000 人以上的地区”。2013 年数据来自中央统计局，《2014 年以色列统计摘要》，表 2.24，“每平方米的人口和密度/公里。在 2013 年 12 月 31 日超过 5000 居民的地区”。

以色列政府指出，近年来耶路撒冷人口增长的主要原因包 74
括：其一，自然增长；其二，以色列国内移民；其三，外国移民来以色列定居。耶路撒冷人口的一个重要特征是其自然增长率极高。[116]耶路撒冷的人口构成独特，约三分之一为极端正统派犹太人，三分之一为非犹太社区（主要是穆斯林阿拉伯人），三分之一为世俗犹太人。极端正统派犹太社区和非犹太社区的出生率，均明显高于世俗犹太人和以色列其他地区。

当然，耶路撒冷人口增长的另一个关键因素是移民。在过去几十年中，移居以色列的大多数移民都希望前往耶路撒冷定居；当政府试图将他们安置在开发城镇或其他农村地区时，他们抱怨称，自己移民以色列并非为了生活在沙漠中，而是想住在耶路撒冷。在 20 世纪 80 年代和 90 年代，随着俄罗斯犹太人的涌入，这一情况得到了印证。耶路撒冷对新移民极具吸引力，只要有可能，他们就会在耶路撒冷地区定居。

耶路撒冷不仅是以色列人口最多的城市，也是面积最大的城市。多年来，随着以色列政府有意扩大耶路撒冷的地理城市范围，选择吸纳阿拉伯社区（同时用犹太人口稀释其比例）并扩大以色列控制的领土，耶路撒冷的面积发生了重大变化。耶路撒冷还有许多对其发展至关重要的“周边社区”。[117]

特拉维夫最初成立于1909年，是阿拉伯城市雅法的一个犹太郊区，如今已发展成为以色列的工业和商业中心。大特拉维夫地区人口现已超过120万，包括拉马特甘、巴特亚姆、布内布拉克等郊区。[118]特拉维夫作为以色列的金融和商业中心，是以色列大多数工业、商业和农业企业、证券交易所、报纸和出版社的总部所在地。特拉维夫被视为比耶路撒冷更为世俗化的城市，在诸如电影院和餐馆是否应在安息日营业等问题上，宗教团体和世俗团体之间曾发生冲突。

海法是该国最大的港口城市，也是以色列北部的主要城市。它拥有强大的工业基础和一所知名大学，由于贸易需通过其港口进行，因此作为商业中心具有重要意义。海法的世俗化程度甚至高于特拉维夫。

75 在南部，贝尔谢巴通常被称为内盖夫的首府。它曾经只是一个发展中城镇，但如今已成为一个快速发展的城市和区域中心，重点发展工业和住宅。贝尔谢巴近年来发展迅速，现已成为一个重要城市，拥有一所主要大学（本古里安大学）和发达的工业。

再往南是埃拉特。这座位于埃拉特湾的港口城市（许多人将其称为亚喀巴湾，因其与约旦城市亚喀巴紧邻），为过往旅客提供通往红海的通道，从而可直接进入东非和亚洲。如今，埃拉特已发展成为一个主要的旅游中心，拥有众多大型酒店，并有许多来自欧洲城市的直达航班（尤其是在冬季旅游旺季）。

以色列的许多城市都有着与国家一样悠久的历史。雷霍沃特市已有125年历史，前总统西蒙·佩雷斯指出：“雷霍沃特是以色列国的印记……以色列的一个角落，从柑橘园起步，逐步拓展至科学领域并做出了杰出的国际贡献。”事实上，西奥多·赫茨尔曾写道，他在1898年前往以色列地的旅行中，对雷霍沃特的访问给他留下了深刻印象。[119]

除了45个以上的城市外，以色列还有大量被称为发展中城镇的地区，这些地区旨在将工业和人口从主要中心吸引到该国人口稀少的区域。政府将这些发展中城镇作为移民定居的目的地，通过提供一系列经济激励措施，包括低息贷款和住房补贴，鼓励新移民和已定居的以色列人迁往那里。这些开发城镇在以色列社会中具有重要意义，原因主要有两点：其一，它们通过促进人口定居和创造就业机会，为以色列经济做出贡献；其二，它们为政府提供了安置新移民的场所，并进一步推动归化进程。[120] 这些城镇是为经济扩张而建立的，与 1967 年后出于军事安全和宗教信仰原因在西岸建立的新定居点不同。

尽管以色列大部分人口居住在城镇，但近 8%的人口仍居住在农村地区、村庄，以及“20 世纪早期在该国发展起来的两个独特的合作框架，即基布兹和莫沙夫”。[121] 当然，后一类中最著名的以色列组织是基布兹和莫沙夫，它们都值得在此探讨。基布兹是“一个自给自足的社会和经济单位，其成员内部决策，财产和生产资料为集体所有”。[122] 基布兹成员不拥有实质性个人财产，而是享有社区成员的汽车、拖拉机、房屋，甚至电视机和帆船 76
（如适用）的使用权。作为不拥有财产或领取工资的交换，基布兹成员的所有开支均由集体承担，包括住房、服饰、教育、医疗需求、零用钱，甚至假期费用。基布兹的座右铭是“各取所需，各尽所能”。许多人可能认为这句座右铭直接源自卡尔·马克思的著作，这也体现了基布兹的社会主义哲学。基布兹以民主方式运作，所有成年社员都对社区事务拥有投票权。[123] 如今，1.7%的以色列人口居住在约 267 个基布兹中，[124] 与基布兹组织和基布兹网络相关的常见问题之一是，在 1909 年首次出现一百多年后，基布兹作为一种社会组织能否继续存续。[125]

莫沙夫是一种别具特色的社区形式，在莫沙夫中，个人和家庭对自身财产拥有所有权，然而主要经济活动却以合作的模式开展。举例来说，莫沙夫可能会集体购置主要的农业设备，即便使用这些设备的各个农场归私人所有。莫沙夫充当着经济合作社的角色，助力个体农民推销农产品，而个体参与者在产品售出后，可留存属于自己的利润。如今，莫沙夫农民在经济层面相较于过去更为独立。当下，以色列约 3.5%的人口生活在约 441 个莫沙夫之中。

以色列基布兹和莫沙夫人口显著的特征之一，便是长期以来的稳定性以及维持这种稳定性的能力。在过去的几十年间，它们在以色列总人口中的占比始终保持稳定，并且没有任何迹象显示，其集体主义和社会主义特征在流行文化的影响下并未出现显著弱化。

第十五节　犹太复国主义、社会和国家

在本章开篇我们便指出，以色列缔造者的基本目标之一是建立一个犹太人占多数的犹太国家，然而，实现这一目标的进程显然充满了问题。并非所有的犹太复国主义者都秉持相同理念，因为犹太复国主义者之间一直存在，且显然未来仍会存在相当显著的差异。犹太复国主义涵盖了不同的文化、经济、军事以及宗教内涵，这里只是列举了该术语可能存在的几种变体。尽管我们并未明确指出哪一种内涵更为正确，但作为研究以色列
77 政治的学习者，务必谨慎理解自身以及他人的观点和假设。

目前我们的任务并非对这些立场进行评估，也不是判定某些犹太复国主义观点比其他观点更正确，或者评判宗教与政治之间的某些关系更有效、更合法。相反，本章旨在让学习者明白，以色列的政治生态远比这些潜在的政治分裂因素更为复杂。以色列不仅面临着所有国家都必须应对的"常规"政治问题，诸如经济发展、外交政策制定、社会福利保障等，还必须处理像"谁是犹太人""政府应当采取何种措施来促进或限制极端正统派在国家中的作用"这类特殊问题。在后续内容中，我们将会看到，这些问

题会反复以政治问题的形式呈现，而不仅仅局限于宗教范畴。

进一步阅读

Avnery, Uri. *Israel without Zionism: A Plan for Peace in the Middle East*. New York: Collier, 1971.

Butler, Judith. *Parting Ways: Jewishness and the Critique of Zionism*. New York: Columbia University Press, 2012.

Halpern, Ben, and Jehuda Reinharz. *Zionism and the Creation of a New Society*. New York: Oxford University Press, 1998.

Kaplan, Eran. *Beyond Post-Zionism*. Albany: SUNY Press, 2015.

Morris, Benny. *One State, Two States: Resolving the Israel/Palestine Conflict*. New Haven: Yale University Press, 2009.

Neumann, Boaz. *Land and Desire in Early Zionism*. Waltham, Mass.: Brandeis University Press, 2011.

Pappé, Ilan. *The Idea of Israel: A History of Power and Knowledge*. New York: Verso, 2014.

Peters, Joel, and David Newman. *The Routledge Handbook on the Israeli-Palestinian Conflict*. New York: Routledge, 2013.

Rebhun, Uzi, and Chaim Waxman. *Jews in Israel: Contemporary Social and Cultural Patterns*. Hanover, N. H.: University Press of New England, 2004.

Rotenstreich, Nathan. *Zionism: Past and Present*. Albany: SUNY Press, 2007.

Rubinstein, Amnon. *From Herzl to Rabin: The Changing Image of Zionism*. New York: Holmes and Meier, 2000.

Sheffer, Gabriel, and Oren Barak, eds. *Militarism and Israeli Society*. Bloomington: Indiana University Press, 2010.

Tessler, Mark. *A History of the Israeli-Palestinian Conflict*. Bloomington: Indiana University Press, 2009.

Yadgar, Yaacov. *Secularism and Religion in Jewish-Israeli Politics: Traditionalists and Modernity*. New York: Routledge, 2011.

79 # 第三章　犹太教及其在以色列政治中的作用

在第二章开篇我们曾提及，以色列的政治环境极为特殊，其政治有着独有的特征。值得注意的是，犹太复国主义思想便是这些特征之一，它对以色列的政治制度产生了极为重要的影响。在本章中，我们将阐述以色列犹太人身份是另一个关键特征。以色列的确是当今世界上少数犹太人的家园——如图 3.1 所示，2013 年，超过 610 万犹太人生活在以色列，而生活在以色列之外的犹太人超过 1420 万。同时，以色列是世界上唯一一个犹太人占多数的国家，这也是不争的事实。

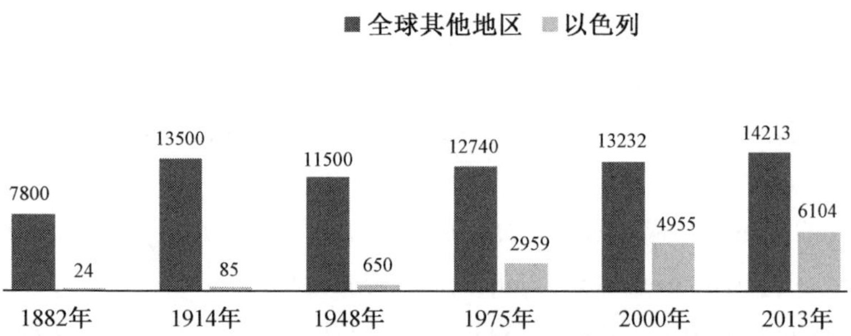

图 3.1　全球其他地区犹太人口和以色列犹太人口

（注：数据以千为单位）

资料来源：以色列中央统计局，《2014 年以色列统计摘要》，表 2.11，“犹太视角下的世界和以色列”。

本章旨在探究以色列国内犹太宗教与政治之间的关系，探讨以色列极端正统派与世俗犹太人之间的关系。宗教与国家之间应保持何种关系？虽然以色列被称作“犹太国家”，但以色列国内存在多个不同宗教团体意味着什么？其中也涵盖了以色列的几个不同犹太教团体。那么，在犹太人内部，不同“类别”的犹太人之间又该是怎样的关系？

这些问题在现代以色列政治中一直备受关注，事实上，在近期的社会和政治辩论中，它们更是成为焦点。正统派犹太人与 80
保守派犹太人之间的差异，以及保守派犹太人与改革派犹太人之间的差异，在政治层面有着重要意义。哈西德派犹太人与世俗犹太人之间的差异同样在政治上不容忽视。[1]我们还将研究当前以色列社会中几个极具争议的问题，这些问题正是由不同犹太人群体之间的社会、文化和态度差异所引发的。

第一节　以色列的犹太教

认为所有以色列人都是犹太人是错误的，同样，认为所有以色列犹太人都相似也是不正确的。事实上，如今的犹太教内部存在几种不同的发展趋势，在许多情形下，它们之间的紧张关系可能比以色列犹太人与非犹太人之间的紧张关系更为突出，并且被视为更具威胁性。[2]这主要是因为各个犹太教派都认为自己在争夺对同一群体的影响力，而非担忧以色列现有的非犹太社区会成功吸引犹太人。[3]

与各种基督教教派不同，犹太教可被称为无教派。[4]也就是说，通用的祈祷书适用于世界各地的犹太宗教仪式。然而，不同群体的犹太人在信奉宗教的方式上存在差异。目前主要有三个犹太教分支：正统派、保守派（或传统派）和进步派（或改革派）。 81
正统派团体在遵循犹太宗教律法方面往往最为严格，这些律法被称为“哈拉卡”（*halacha*）。这通常意味着从字面意义上解释宗教律法，并将此类律法的重要性置于日常生活的便利性之上。[5]保守派犹太教认为，“哈拉卡”应该主导一个人的生活，但在接受对“哈拉卡”的改造方面更为灵活，更愿意接受“合理”的安排。改革派犹太教允许并鼓励对“哈拉卡”进行更多的调整和修改，以尊重个人不同的生活方式。改革派犹太人往往最为重视犹太伦理，而非特定的宗教法令，并认为犹太人应有更大的自由来决定遵守“哈拉卡”的严格程度。[6]

除了这三个分支，还有其他几个重要的犹太人群体，其中包括“极端正统派”，也被称作哈西德派犹太人。正如在其他地方所指出的，哈西德运动于 18 世纪在东欧兴起，回应了许多“普通”犹太人对犹太教更正统、更神秘解释的渴望。很快，哈西德派与主流犹太人之间便产生了分歧，这体现在如今哈西德派犹太人的穿着以及他们践行犹太教时的极端方式上。[7]

在犹太社区中，这些不同群体在对宗教的解释和应用上产生了分歧。过去，正统派领袖曾谴责改革派犹太人不是“真正的”犹太人，认为改革派已经对犹太教进行了过度适应，使其与（基督教）当代世界“接轨”，以至于失去了部分神学本质。这一观点在以色列比在其他地方（如美国）拥有更多支持者。[8]他们的核心观点是，保守派和改革派犹太教“都是对犹太教在基督教环境中少数地位的回应，因此在犹太国家中没有立足之地”。[9]当改革派犹太教决定妇女可以作为礼拜法定人数（*minyan*）的一部分时，[10]正统犹太教（不承认女性有资格担任这一角色）认为改革派已经偏离了对“哈拉卡”的传统解释，以至于改革派犹太教不再被视为“真正的”犹太教。

妇女平等在现代犹太教中的地位一直是引发紧张局势的焦点，尤其是“西墙妇女组织”，该组织一直要求在耶路撒冷的西墙拥有平等的进入权。正统派团体，无论男女，都强烈反对这种平等主义，而更为自由的改革派团体则表示支持。[11]

在这种犹太教内部紧张关系中，首席拉比的职位是一个非常重要的部分。塞法尔迪和阿什肯纳兹犹太人在以色列都有各自的国家首席拉比，[12]并且在以色列大多数主要城市，这些群体也都有自己的首席拉比。[13]首席拉比作为一项制度，多年来在以色列维持犹太正统观念方面发挥了关键作用，因此在政治和宗 82
教领域都具有很大影响力。

国家首席拉比是以色列犹太教的官方发言人，每位首席拉比都担任重要官僚机构的负责人。[14]这个官僚机构对普通以色列人至关重要，原因众多，其中最重要的是它负责监督涉及饮食法(*kashrut*)、出生、结婚和离婚的法律。首席拉比的任期为 10 年，由 150 名选举委员选举产生，选举委员会成员包括当地宗教委员会的拉比和公众人物。最初，首席拉比被设定为一个权威角色，“发布‘哈拉卡’的裁决，在传统和现代国家的要求之间进行调解”。然而，近年来，首席拉比的立场越来越倾向于极端正统派，而非宗教犹太复国主义立场。这让以色列人口中的极端正统派感到满意，但对于绝大多数其他人来说，这并非好事。[15]

第二节　以色列犹太人群体之间的紧张关系

这种因各教派之间紧张关系而引发的冲突，往往比犹太人与非犹太人之间的分歧更为严重。自 1948 年以来，宗教事务部几乎一直由极端正统派犹太宗教政党掌控，这使得非犹太宗教团体——这里指的是基督徒和穆斯林——基本无法干涉其内部治理。[16]然而，宗教事务部在与以色列的改革派犹太人社区打交道时，限制更为严格，它限制了改革派犹太人建造犹太教堂的能力，并要求所有结婚、离婚和出生登记都必须按照极端正统派而非保守派或改革派的宗教法进行。[17]实际上，连拉比也受到了这项政策的影响：极端正统派领袖不承认保守派和改革派拉比的合法性。此外，保守派和改革派犹太教堂获得的国家财政支持少于极端正统派犹太教堂。[18]

以色列社会中犹太团体之间的紧张关系显而易见，所有生活在那里的人都能感受到。耶路撒冷前市长泰迪·科勒克(Teddy Kollek)曾指出，在耶路撒冷，“世俗犹太人和东正教犹太人之间日益加深的鸿沟比[巴勒斯坦权力机构主席]阿拉法特对这座城市的野心更具危险性”。[19]这一观察显然是在最近几年的“大起义”和暴力活动平息后的时间背景下做出的，但科勒克的观点很明确：犹太人一致性的说法只是个神话。犹太群体之
83 间的划分在生活的商业、社会和经济等广泛层面都清晰可见。宗教上极端正统的(通常是自我强加的)“隔离但平等”的状况延伸到以色列武装部队的编制和基布兹运动中，非极端正统派犹太人抱怨他们受到占主导地位的正统派犹太人的歧视。[20]这种紧张关系的另一个例子体现在公共政策问题上，即极端正统派士兵更倾向于服从世俗权威(即文职总理和国防部)还是宗教权威(即他们的拉比)。[21]

一个极具争议的问题是妇女在地方(犹太)宗教委员会中的作用。一名来自耶罗汉姆(Yeroham)市地方议会、作为工党代表的极端正统派妇女，被该委员会提名为宗教委员会候选人之一，该机构负责为其所在地区的宗教团体提供宗教支持服务、签订合同和管理财产。宗教事务部长和当地拉比反对她的提名，并阻止她担任该职务，理由是他们反对女性担任这一职位。该妇女向以色列最高法院上诉，称反对她任职与性别歧视有关(因此在以色列是非法的)，证据是“宗教事务部的负责官员在 1986 年 5 月 6 日写给她的一封信中，明确告知她不可能成为宗教委员会的成员”。[22]

最高法院裁定，由于该理事会的唯一职责是为宗教活动提供支持服务，而非给出“哈拉卡”或权威性的宗教裁决，因此理事会成员的唯一允许标准可能是：(a) 一个人必须是宗教人士，或至少不是反宗教的；(b) 一个人必须代表具有某种宗教兴趣的

团体或社区。该人无须具备法律或“哈拉卡”资格。基于这些理由，法院推翻了宗教事务部的决定，并下令给予该妇女在宗教委员会中的职位，因为仅基于性别便将某人排除在委员会之外，违反了以色列法律。

谁是犹太人?

自以色列独立以来，“谁是犹太人?”这个问题在以色列政治中一直极具分裂性和争议性。[23]这个看似简单的问题，实际上是在询问用哪套规则来界定“犹太人”。[24]皈依、结婚和离婚是按照“哈拉卡”定义的极端正统派规则进行，还是按照其他主要犹太团体的规则进行？答案往往是(更多时候并没有明确答案)，国家只承认极端正统派的规则。[25] 84

1986 年，以色列最高法院作出了一项有利于一名来自美国的新移民的裁决。该移民肖珊娜·米勒(Shoshana Miller)曾质疑内政部在她的身份证上贴上“皈依犹太教”的标签。米勒女士在美国以改革派犹太人的身份完成了皈依。改革派运动在以色列无权进行皈依，但她声称，由于自己已在美国皈依，是以“犹太人身份”进入以色列的。最高法院的三名法官小组裁定，尽管人口登记处可以在移民的身份证上注明宗教信仰，但无权添加“任何其他细节，例如人们如何获得身份”。法院裁定，这样做可能会“破坏犹太人的团结”，并补充说，“这种区分与犹太教精神相悖”。[26]因此，“犹太人的团结”被认为受到“谁是犹太人?”这一问题的威胁。[27]

近年来，这个普遍问题在以色列政治中反复出现。“谁是犹太人?”问题以及宗教与政治互动的本质，在 1988 年议会选举后的联盟组建期间尤为凸显。当时，对于伊扎克·沙米尔和他的利库德集团，以及西蒙·佩雷斯和他的工党而言，极端正统派政党似乎都是组建多数联盟的关键。正如我们在本书后面将更详细记录的那样，他们的要求都集中在将国家政策转向更正统方向的原则上。极端正统派政党一直致力于让政府只承认极端正统派的结婚、离婚和皈依仪式，而改革派和保守派团体则认为他们的仪式也应被视为“正式”的犹太仪式。当时的一篇社论批评了极端正统派的观点：

> 极端正统派和哈雷迪[超正统]坚持将那些被他们视为不纯洁的犹太人排斥在法律保护之外，这威胁着犹太人的团结。伊扎克·沙米尔总理曾装作无辜地对“英国以色列联合呼求组织”代表团说：“我们无意干预在国外的犹太人同胞的事务。我们不会质疑以色列以外任何犹太人的合法性。”我们的极端正统派精神战士要求对《回归法》(或称《皈依法》)进行修正，除了质疑，无法以任何方式解释那些被沙米尔屈尊归为“我们的犹太同胞”类别的人的合法性。我们只是出于对沙米尔的尊重才说他“装无辜”，而不是指责他麻木不仁或怀有完全邪恶的意图。[28]

85 1998 年，尼曼委员会的报告中，“谁是犹太人?”这一问题再次浮现(见方框 3.1)。它关注的是以色列家庭在国外收养的婴儿皈依犹太教的问题。[29]这是不同犹太运动中成人皈依这个非常不稳定问题的一个具体变种——以色列的极端正统派势力是否会承认来自国外的改革派和保守派皈依者——公众满怀极大兴趣等待尼曼委员会的报告。

尼曼委员会的最终报告建议，以色列的皈依将完全由隶属于首席拉比的拉比法庭进行——这是极端正统派争论者的胜利——而其他皈依活动将不会被执行(非极端正统派性质的皈依)，或者即便进行了，也不会被国家承认。然而，皈依的过程本
86 身将由代表犹太教三大运动的拉比组成的“三方”(正统派、保守派和改革派)负责。极端正统派运动在尼曼委员会之前的争论中赢得了重要部分的胜利，因为该委员会接受了在以色列只能

进行极端正统派皈依的原则，这是极端正统派的两个主要竞争对手所承认的事实。然而，保守派和改革运动也从委员会那里获得了巨大胜利，因为以色列国和该国的极端正统派机构首次正式承认改革和保守运动的存在，并承认由它们来指导国际犹太人的宗教生活。[30]

方框 3.1　尼曼委员会

《耶路撒冷邮报》在一篇很好地总结了冲突中紧张局势的社论中指出：

尼曼委员会最初是作为一种机制，来化解美国犹太人与以色列宗教机构之间迫在眉睫的法律和立法斗争的。改革派和保守派的犹太人在最高法院占据优势，而极端正统派政党似乎已准备好在议会中获胜。在达成协议或谈判破裂的最后时刻，双方都应该意识到，错过这一历史性机遇将没有赢家。

基本冲突源于这样一个事实，即以色列这个犹太国家和世界上最大的犹太社区所在的美国存在两种截然不同的现实。美国的现状是犹太群体的多元化以及政教分离，这已成为一种犹太人的文化价值，就像它是美国的价值一样。以色列的现实是国家与宗教分离的多元主义理念几乎被视为不自然的，甚至是受诅咒的。

鉴于这些范式的强烈对立，它们没有更频繁地发生公开冲突也许是一个奇迹。当然，之前有过关于“谁是犹太人”的争论，当时宗教政党试图修改《回归法》下的公民标准，只包括那些根据“哈拉卡”定义的犹太人。但从那时起，一种令人不安的休战状态盛行着——直到现在。

* 见社论“犹太人团结”，《耶路撒冷邮报》(1998 年 1 月 23 日)，第 8 版。另见戴维・哈里・艾伦松和丹尼尔・戈迪斯，《犹太人效忠誓言：19 世纪和 20 世纪极端正统派回应中

的皈依、法律和政策制定》(加利福尼亚州斯坦福：斯坦福大学出版社，2012 年)。

这个问题并没有消失，关于谁来制定在以色列皈依犹太教的规则(以及在以色列之外的承认问题)的分歧仍然是冲突的根源。2014 年 11 月，内阁勉强避免了一场关于宗教皈依立法改革的重大政治危机，并同意只允许极端正统派拉比进行宗教皈依。[31]

极端正统派政党的支持对于政府继续执政是必需的，这意味着多年来政府在这些问题上往往站在极端正统派一边。正如 1988 年大选的情况所表明的，利库德集团和工党都发现宗教党派的要求——修改《回归法》，以便只有极端正统派皈依犹太教的人才能被承认为“真正的”犹太人，才有资格根据该法律移民——令人极为反感，以至于他们在另一个民族团结政府中联合起来，在竞选期间双方都承诺不会屈服于正统派的要求。

2009 年的一项民意调查发现，显然只有少数以色列人认为国家只应承认极端正统派的皈依。“近 60%的公众认为国家应该废除极端正统派对皈依犹太教的垄断，并承认其他类型的皈依。”这包括支持“所有类型——包括民事”皈依(27%)，“极端正统派、改革和保守”皈依(32%)，以及“仅极端正统派”皈依(41%)。[32]

然而，这些问题并未消失，“谁是犹太人?”这一问题继续对以色列公民和准公民产生实际影响。例如，在一项相对较新的政策决定中，负责监管以色列犹太人婚姻和离婚的首席拉比宣
87 布，“所有自 1990 年以来来自任何国家的新移民都必须证明他们是犹太人”。[33]根据首席拉比的规定，在任何情况下，如果一对夫妇前来登记结婚，其中一方是新移民(1990 年之后抵达)，登记官应将新移民引导至最近的皈依委员会，以确认其犹太人身

份。特别拉比法庭签发的表格上写着:“你被邀请到拉比法庭出庭,以确认犹太人身份。”表格要求准配偶携带本人出生证明原件、其母亲和其他母系亲属的出生证、其父母的结婚证、家庭照片,以及“任何能证明犹太人身份的文件”。表格指出,与父母,尤其是母亲一同到场很重要。[34]

以色列的这场冲突引发了国际关注,实际上还导致了以色列和美国之间的紧张关系。美国国务院发布报告批评以色列政府的宗教政策,称以色列的官方正统观念侵犯了个人的宗教自由,以色列对此表示反对。[35]

第三节　关于宗教作用的公众舆论

围绕宗教与政治的社会紧张局势(在此,我们仅探讨以色列社会中犹太群体间的紧张关系),通常聚焦于公共政策的具体问题,这并不意外。毕竟,公共政策是政府价值观的具体体现;人们往往期望,在公共政策相关问题上,关于宗教与政治合理关系的态度能够得以彰显。[36]

在以色列的政治环境中,涉及宗教与政治相互作用的态度最为强烈。宗教关乎个人最为私密的价值观,而政治按其定义则需要公开表达与行动,这实际上导致了公民之间意见的相互强加。[37]

2014 年以色列宗教和国家指数调查显示,84%的以色列犹太人支持宗教和信仰自由,然而在极端正统派以色列人中,却有60%的人反对这一立场。[38]

以色列公众舆论在犹太教与政府关系的看法上存在广泛分歧,这也反映出犹太教本身的多元性。自建国以来,这一问题一直是以色列社会紧张局势的根源,时至今日依然如此。在 25 年前,即 1981 年开展的一项深入调查中,民众对于政府是否应“确

保公共生活遵循犹太宗教传统”这一问题存在明显分歧。舆论
88 分布大致呈对称状，几乎与人口分布一致，如图 3.2 所示。

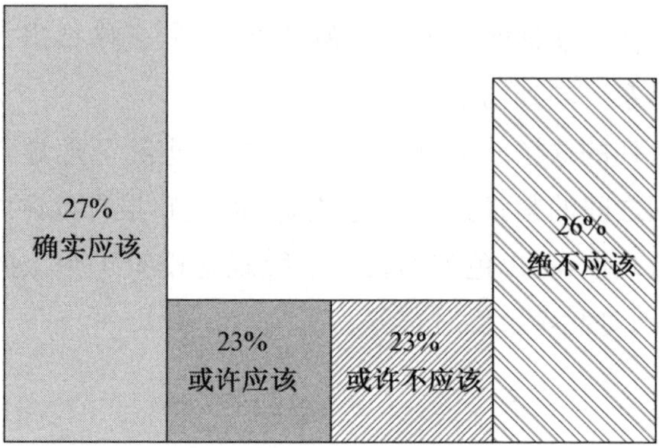

图 3.2　公共生活和宗教传统：“政府应该确保公共生活按照犹太宗教传统进行吗？”

资料来源：改编自阿舍·阿里安，《以色列政治》，新泽西查塔姆：查塔姆大厦，1985，第 217 页。

在过去几十年间，这种模式几乎未曾改变。问题在于，尽管图 3.2 呈现的关系具有对称性，但政策关系却并非如此。有观察家指出，不信教的犹太人不必惊讶，“尽管他们尊重正统派及其需求，但这种尊重并非总是相互的。非正统的以色列犹太人恳请‘自己活，也让别人活’，却未意识到这是一个与纯粹宗教信仰截然不同的世俗观念”。[39] 换言之，“即使是最反宗教的犹太人，也尊重宗教犹太人存在不可逾越的行为界限，比如食用非洁食或亵渎安息日，而宗教领袖却倾向于认定，另一方不存在此类限制”。[40] 宗教领袖的这种观念——不信教的犹太人在行为上被认定为没有限制，这促使他们试图借助国家工具来立法施加这些限制。当然，用于界定这些限制的价值观源自正统派。

这正是问题的关键所在。极端正统派团体政治意识形态的核心，是让以色列国依据犹太宗教法“哈拉卡”来构建其公共生活。

宗教是犹太人政治生活中的核心议题。鉴于犹太人口的广泛共识，以色列应成为一个犹太国家，这一点至关重要。冲突在于，以色列的立法和公民生活应在多大程度上体现已确立的[极端正统派]宗教当局的规范与决定。以色列议会已就部分问题通过立法，例如： 89

1950 年的《回归法》确保每个犹太人都有权移民至以色列；

1952 年的《公民法》赋予每个犹太人及其配偶、子女和孙辈公民身份；

1953 年法律确立了极端正统派拉比法院对犹太人结婚和离婚的唯一管辖权；

1951 年的一项法律规定犹太人的安息日为正式休息日，并要求在休息日雇用犹太人需获得许可；

1962 年的法律禁止在以色列养猪，基督徒人口集中地区除外；

1986 年的法律禁止犹太人在逾越节期间展示和销售发酵食品；

1990 年法律允许地方当局规范涉及娱乐[电影和剧院]的企业在安息日和主日的营业情况。[41]

尽管公众在政府应在多大程度上确保日常生活遵循犹太宗教传统这一问题上存在分歧，但显然，如今被称为“世俗”的犹太人对生活的重要方面受到正统派管制感到不满。极端正统派与世俗派在政教分离态度和宗教信仰自由价值观上确实存在差异。2014 年的一项民意调查显示，公众对正统派的政治权力极为不满。

尽管宗教自由在以色列《独立宣言》中被宣称为一项基本权利，但在实际操作中却做出了诸多妥协，赋予了极端正统宗教机构专属权力。因此，广泛的民政事务，包括教育、结婚和离婚、公共交通、福利和兵役等，都受到极端正统宗教领袖的强烈影响。[42]

这种在国家执行宗教价值观方面的分歧模式，在实际应用中也屡见不鲜。如表 3.1 和图 3.3 所示，2014 年民意调查数据显示，在政府政策的一些具体问题上，极端正统派与世俗派存在显著差异。

表 3.1　犹太人对宗教和信仰自由的态度

	问题："国家应该确保宗教和信印自由吗？" 对于宗教仪式				
	全部	超正统	严守	传统	世俗
非常同意	60%	21%	35%	53%	76%
比较同意	23%	26%	30%	28%	18%
部分同意和不同意	17%	53%	35%	18%	6%

资料来源：沙哈尔·伊兰编，《"宗教和国家指数"项目的初步公众舆论研究》，第 6—7 页，希达什——为了宗教自由和平等，2015 年 1 月访问，http://www.hiddush.org/UploadFiles/file/ReligionStateIndexResearchReport2014.pdf。

注：由于四舍五入，百分比总和可能不是 1。

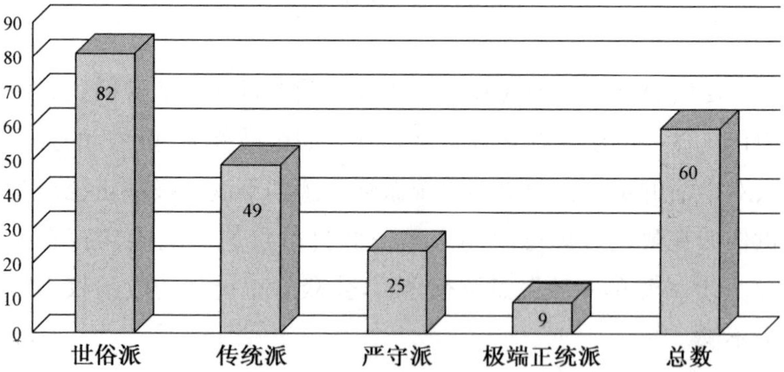

图 3.3　"你支持政教分离吗？"(%)

资料来源：沙哈尔·伊兰编，《"宗教和国家指数"项目的初步公众舆论研究》，第 6—7 页，2015 年 1 月访问，http://www.hiddush.org/UploadFiles/file/ReligionStateIndexResearchReport2014.pdf。

尽管绝大多数人口在遵守犹太宗教法时并非正统派，但几乎没有持续的努力来降低犹太教在国家法律中的体现程度。犹太教以多种方式在国家实践中得以体现。法定假日为犹太节日，而非基督教或穆斯林节日，尽管这些社区成员当然可以自由信奉他们的宗教。在犹太安息日，公共交通停运，电影院关闭，大多 90
数餐馆从周五日落至周六日落歇业，直至安息日正式结束才重新营业。[43]

1982年，以色列国家航空公司（El Al，以下简称“以航”）爆发了一场重大冲突。以色列宗教党派要求航空公司在安息日停飞，因为该公司由政府拥有和支持。[44]航空公司则提出抗议，认为这样会损失大量业务。

> 与其他航空公司不同，以航无法在周五晚上至周六晚上，或其他八个日落到日落的犹太节日期间运营其昂贵的新波音喷气式客机。安息日限制始于1982年，当时梅纳赫姆·贝京领导的右翼政府从工会手中夺取了航空公司的控 91
> 制权。该公司被改制为指定的国家航空公司，缩减了员工队伍，确保了在国际航空货运和定期客运航班领域的垄断地位。
>
> 根据波士顿咨询公司三年前为以航进行的一项研究，如果机队在安息日停飞，公司每年将损失约3600万美元的潜在净收益。对于一家在1996年亏损8300万美元、1997年亏损400万美元，且在1998年扭亏为盈前预计亏损达2500万美元的公司而言，这是一个关键数字。
>
> “安息日实际上超过24小时，”奇坎诺弗（Ciechanover）先生在本古里安机场的公司总部接受采访时表示。“以我们飞往纽约的航班为例。我们星期四夜里起飞，星期五早上降落，在地面停留至星期六晚上。这占据了我们每周工作时间的20%。”[45]

经过多次辩论，甚至面临政府倒台的威胁，当局最终屈服于宗教党派的要求，停止了以航的安息日运营(关于此类冲突的另一个示例，见图 3.4 中关于购物中心的数据)。如表 3.2 数据所示，这是以色列社会因对宗教法适用态度不同而引发冲突的又一体现。

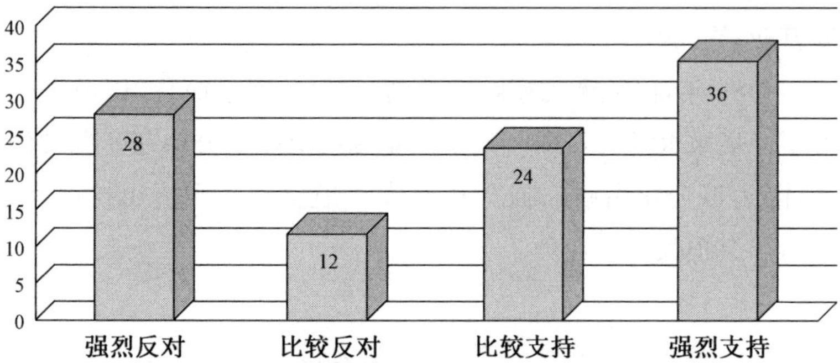

图 3.4　反对或支持安息日购物中心的运营(%)

资料来源：沙哈尔・伊兰编，《"宗教和国家指数"项目的初步公众舆论研究》，第 6—7 页，2015 年 1 月访问，http://www.hiddush.org/UploadFiles/file/ReligionStateIndexResearchReport2014.pdf。

表 3.2　以色列犹太人的宗教实践和信仰

支持星期六的公共交通服务(全面或有限服务)：			
	全面服务	有限服务	总数
世俗派	32%	52%	84%
传统派	10	41	51
严守派	5	24	29
极端正统派	0	15	15

资料来源：沙哈尔・伊兰编，《"宗教和国家指数"项目的初步公众舆论研究》，第 6—7 页，希达什——为了宗教自由和平等，2015 年 1 月访问，http://www/hiddush.org/上传文件/文件/ReligionStateIndexResearchReport2014.pdf。

当然，这里的关键问题是"安息日行动的界限在哪里？"如果"安息日"定义为周五日落至周六日落，那么所有以色列航空公司的飞机都要在以色列境内因安息日停飞吗？是在飞机所在地点根据安息日降落，还是在任何地方都要遵循安息日规定？第一种选择意味着每周让整个机队停飞约 24 小时，第二种和第三种则会使整个机队停飞更长时间。

多年来，以航是否允许在安息日飞行的问题一直悬而未决。
国家航空公司管理层认为，安息日停飞会造成巨大经济损失。 93
事实上，2001 年，以航私有化（政府将其出售给私人运营利益集团）问题再次浮出水面。当局已决定，允许运输部长向私有化部长级委员会提出将以航从国有企业转变为私营企业的建议。当然，关键问题在于，如果转为私营，是否允许在安息日飞行。由于以航需要增加政府补贴才能保证安息日停飞，这一冲突已持续多年。2004 年，以航最终实现私有化，关于这是否能为安息日增加运营提供可能的讨论仍在继续。然而，由于来自正统派选民的压力——他们占以色列航空市场的 20%—30%，私有化后的以色列航空公司也需避免在安息日飞行。[46]

2014 年一份关于以色列（犹太）宗教和国家指数称，“以色列公众对宗教自由和平等的支持日益增加”。该报告强调了这一发现，“超过三分之二（67%）的以色列犹太人支持以色列和世界犹太人为在以色列的婚姻自由而共同努力”。除此之外，该报告还反映了一些公众舆论指标，如方框 3.2 所示。

方框 3.2　2014 年宗教与国家指数

• 66% 的以色列犹太人和 74% 的非哈雷迪以色列犹太人支持承认公证婚姻和非正统婚姻。

• 61% 的以色列犹太人认为，今年在议会通过的极端正统征兵法将无法成功征召大量的犹太教学生。

• 71% 的以色列犹太人对首席拉比不满意。这包括 89% 的世俗以色列人、80% 的移民和 61% 的传统以色列犹太人。

• 70% 的以色列犹太人在安息日期间广泛或有限地支持公共交通运行。

• 65% 的以色列犹太人和 85% 的特拉维夫犹太居民支持允许小型市场和便利店在安息日继续营业。

资料来源：希达什，“希达什发布 2014 年以色列宗教和国家指数”，2015 年 2 月 12 日访问，http://hiddush.org/article—6661—0—2014_Religion_and_State_Index.aspx.

犹太人的多种定义使政府与宗教之间的关系更为复杂。以色列人在这些问题上存在分歧。艾伦・阿里安（Alan Arian）观察到，“值得注意的是，随着时间推移，人们对个人宗教行为和宗教在公共生活中作用的回答呈现出不同模式”。

尽管以色列在许多方面发生了巨大变化，但回答遵守“全部”或“大部分”犹太宗教律法的比例惊人地稳定在 25%—30%，其他回答为“有些”和“没有”。这些数字与估计相符：大约四分之一的以色列犹太人在正统派意义上遵守教义，其中包括 6%—10%的哈雷迪，即极端正统派；约 40%是坚定的世俗派；其余的处于这两极之间。[47]

从事舆论研究和公共宣传的利益集团和游说组织希达什（Hiddush）主席——以色列宗教自由拉比尤里・雷格夫（Uri Regev）指出：

> 很明显，即使在战争时期，以色列人对宗教和国家冲突的高度焦虑，以及对宗教自由和平等的支持也创下历史新高。在政客们讨论将哈雷迪（极端正统派）政党带回政府联盟的可能性之际，重要的是他们要认真听取绝大多数反对这一观点的以色列人的意见，包括利库德集团的选民。公众渴望一个公民政府，这是加强以色列公民社会的先决条件。[48]

雷格夫补充说:"2014 年宗教和国家指数清晰地揭示了公众对婚姻自由、安息日公共交通、哈雷迪学校核心课程研究的强制执行、耶希瓦学生的选拔,以及对不合时宜和强制性的首席拉比的强烈反对,但政府却尚未采取任何行动!"[49]

一些学者提出,以色列国家与宗教之间存在三个层面的互动:象征性、制度性和立法性。[50]在象征性层面,以色列生活中出现了许多犹太宗教传统的元素。七支烛台(*Menorah*)是以色列的官方象征,出现在邮票、钱币和其他官方场合。在制度性层面,我们可以看到许多不同类型由国家资助或具有官方地位的宗教机构。其中一些由宗教事务部负责管理,政府在这方面历来尊重极端正统派的垄断。[51]在立法性层面,存在许多协同行为——安息日关闭电影院并规范酒店和餐馆、公交线路等。这种立法涵盖了结婚和离婚的管理规则,甚至包括养猪的管理法律。

一些观察家认为,以色列政教分离的呼吁从未得到广泛支持,原因主要有以下四点:[52]

1. 政治因素:宗教政党在政府联盟中占据重要地位,分离的提议在政治上缺乏可行性。

2. 象征意义:大多数以色列人支持以色列作为犹太国家的 95
理念。尽管对于"犹太国家"一词的含义存在争议,但对于相当一部分人口而言,宗教的某些方面似乎是该定义的一部分。

3. 生活习惯:大多数以色列人已经习惯了以色列的犹太属性,比如将周六作为安息日。

4. 历史文化:政教分离的理念在大部分犹太历史和中东历史中较为陌生。

绝大多数非极端正统派从未能够或倾向于推动政教分离, 96
原因主要有以下几点。首先是政治因素。自独立以来,所有以色列政府均为联合政府,通常包含宗教党派代表。[53]这意味着主要政党需要依赖宗教党派的支持才能维持执政,作为回报,需对宗教在国家中的角色维持现状表示支持。[54]

政教难以分离的另一个原因是，许多非正统派犹太以色列人认为，尽管他们自身可能并非正统派，但国家至少应给予正统派一定的支持。毕竟，如果极端正统派在以色列都难以获得政府支持，那他们还能寄希望于何处呢？这也解释了看似相互矛盾的图 3.2 和图 3.3。显然，许多人虽不遵守犹太宗教法律（77％的人表示他们“仅在一定程度上”或“根本不”遵守犹太宗教法律），却认为国家或许应当促进犹太宗教法的遵循（50％的人表示国家应该“肯定”或“大概率”确保公共生活按照犹太宗教传统进行）。[55]

近年来，尤其是自 1977 年梅纳赫姆政府在极端正统宗教政党——以色列正教党（Agudat Israel）的协助下上台以来，极具争议的宗教政策问题更频繁地被纳入政治议程。[56]例如，在 1981 年的联合协议中，以色列正教党说服政府在以下方面采取立场：

1. 强化政府反对堕胎的政策；
2. 加强对犹太墓地的保护，抵制考古学家、道路建设者或房地产开发商的活动；
3. 强化尸检政策；
4. 为女性免除兵役提供便利；
5. 加强安息日和宗教节日禁止工作的政策；
6. 将宗教法应用于国家对犹太人身份的认定，并坚持只承认正统派拉比进行的皈依；
7. 反对基督教传教士的活动；
8. 加强对非犹太食品生产或销售的监管；
9. 禁止在法庭诉讼中以上帝的名义宣誓[57]。

97 同样在 1988 年，议会选举之后，极端正统派政党在组建政府联盟中发挥关键作用的能力，使他们在迫使政府承诺对社会政策做出更多犹太教解释方面具有很大影响力。然而，宗教党派的要求过于苛刻，最终疏远了联盟形成过程中的其他重要参与者。虽然本书后面会对极端正统派政党在联盟形成期间的作用进行更详细分析，但在此只需指出宗教政党的重要性，以及他们对总理沙米尔先生的要求即可。宗教政党的实力足以迫使他与工党领袖、他在以色列政治领导地位的主要反对者西蒙·佩雷斯结成联盟，而非如他最初所愿加入他们。

第四节　以色列社会当前的争议问题

前文提到，尽管以色列是犹太人占多数的国家，但以色列的犹太人在对自然遗产、地理遗产或哲学的认知，以及对犹太教的阐释方式上，并非整齐划一。在此，我们将简要探讨当代以色列社会中几个不同的争议问题，这些问题涉及犹太教及其解读，是引发社会紧张局势或冲突的关键因素。[58]

毫不意外，以色列犹太人对犹太教的普遍含义以及其在以色列的具体意义，存在不同解读。正如拉斐尔·科恩-阿尔马戈(Raphael Cohen-Almagor)所指出：

> 以色列是一个移民国家。大屠杀之后，许多犹太人和非犹太人都意识到有必要为犹太人建立一个国家。来自世界各地的犹太人来到以色列并建立了自己的家园。来自不同文化、传统、意识形态和拥有不同世界观的人们聚集在一起，必然会造成紧张局势。以色列社会存在诸多分裂，主要集中在极端正统派和世俗犹太人之间；移民和萨布拉(在以色列出生的人)之间；以及德系(通常指来自欧洲和美洲的人)与塞法尔迪(通常指来自亚洲和非洲的人)之间。[59]

近年来，极端正统派与世俗民主人士在合作构建现代民主国家，以及如何将传统应用于现实等方面，一直存在问题。亚历山大·凯伊(Alexander Kay)在《宗教犹太复国主义中的民主》

一文中探讨了这一挑战。他提出疑问:“极端正统派应该如何看待国家机构本身?”这一问题极具挑战性,因为“正统”概念与“宽容他者”概念以及民主解决冲突的概念,并非天然契合。毕竟,正统的特征之一便是坚守自身信念,不愿妥协。甚至在以色列建国之前,现代民主原则就已对宗教犹太复国主义者的“哈拉卡”制度表示质疑,但正如凯伊所揭示的,现代民主原则也为解决这些问题提供了哲学工具。

凯伊认为,传统的宗教犹太复国主义与当代社会存在诸多共通之处。其领导人常将“宗教与现代性视为相互对立”,这种挑战“甚至将犹太复国主义的兴起描绘为传统犹太价值观的延续和实现,宗教犹太复国主义者也意识到了他们内部存在的紧张态势”。[60]

在分析这一挑战时,凯伊讨论了一些与宗教犹太复国主义思想和当代以色列政治相互作用相关的重要犹太思想家,包括政治学家查尔斯·利布曼(Charles Liebman,1934—2003)、米兹拉希族领袖西蒙·费德布施(Shimon Federbusch,1892—1969)、拉比沙乌尔·伊斯雷利(Shaul Yisraeli,1910—1955)、拉比奥瓦迪亚·哈达亚(Ovadya Hadaya,1889—1969)和拉比施洛莫·戈伦奇克(Shlomo Gorontchik,1918—1994),即德系首席拉比施洛莫·戈伦,展示了他们如何努力应对这些紧张局势。尽管宗教犹太复国主义领导人在严格遵守犹太传统和凯伊所说的“现代民族主义国家”之间面临巨大压力,但拉比们努力使极端正统宗教体系适应正在构建的世俗民主,并使其合法化。

在相关分析中,阿维德·鲁宾(Aviad Rubin)在《宗教在民主化社会中的整合:以色列经验的教训》一文中,探讨了以色列如何将民主社会、政府与宗教正统观念相结合的经验教训。在他看来,以色列是中东唯一稳定的民主国家,此外,他还探究了以色列的一些经验能否为其地区邻国所借鉴。

鲁宾简要讨论了中东的当代事件以及宗教与民主问题对相

关国家的重要性，并对以色列经验的适用性进行了分析。他更详细地探讨了他所谓的“新兴的以色列国家—宗教关系模式”[61]，以及这种国家—宗教关系所产生的相对积极（尽管有时充满动荡）的影响，对以色列的政治行为、民主治理和政治稳定 99
的作用。

鲁宾的分析表明，以色列国在其政治发展过程中并未忽视正统；相反，它“将宗教行为和内容整合到其治理体系中，并在政体的各个方面赋予宗教重要的官方角色”。[62]这为理解当今一些世俗与宗教间的紧张局势提供了重要启示。鲁宾总结道，从以色列的国家宗教关系经验中汲取的一些教训，可能适用于以色列部分地区邻国的民主过渡以及对政治稳定的追求。

另一种较为实际的冲突是公共交通中的性别歧视问题。米里亚姆·费尔德海姆（Miriam Feldheim）在《平衡妇女权利和宗教权利：公共汽车隔离问题》一文中，聚焦于近期以色列社会极端正统派和世俗派之间在公共交通方面出现的紧张局势。具体矛盾在于以色列公共场所的性别隔离，尤其是公共汽车上的性别隔离。当女性开始抱怨遭受身体和/或语言侮辱时，这一问题被公开化，因为当她们不遵守“超正统”的隔离或庄重规则时，公交车会要求女性从后面上车并只能坐在后部。

支持和反对公共汽车隔离的争论，是当前以色列犹太人之间冲突根源的一个典型例子。虽然媒体报道过犹太和非犹太以色列人在公共交通中的冲突事件，但实际上犹太人内部也存在相当程度的冲突。这种冲突源于极端正统社区声称的控制其生活环境的权利，即强迫女性远离男性，并要求女性以特定（保守）的方式穿着，以免“诱惑”男性。极端正统派声称，他们有权控制公共交通环境并减少这些“诱惑”，这比妇女在民主国家所要求的“基本人权”更为重要。

费尔德海姆讨论了20世纪90年代以色列公共汽车上性别隔离的发展，解释了这些要求产生的原因及处理方式。她追溯了女性对隔离公交车侵犯自身权利的争议的兴起，以及极端正统社区认为特殊的“超犹太”公交车对于遵循其宗教信仰的必要性。她描述了反对公共汽车隔离的运动以及以色列法院在解决这些冲突中的作用，特别关注冲突中涉及的多元文化和宗教争
100 论（她的分析中一个有趣之处是，将以色列的这些冲突与美国的相应冲突进行了比较，既包括美国南部的民权运动，也包括与纽约博罗公园和威廉斯堡的公共汽车服务相关的更相似问题，在这些地方，类似的政策过去和现在都适用于女性）。

费尔德海姆总结道，“最初是社区的两个部分——妇女和极端正统派之间竞争权利的冲突，随后演变成了公共生活性质和犹太国家特征的问题”，并且“任何特定群体的权利和特权都不能以牺牲该群体其他个人成员的权利为代价”[63]。

极端正统派与世俗政策冲突的另一种体现，可从对言论自由和“仇恨言论”领域中极端正统派与国家之间冲突的研究中看出。在《以色列的宗教、仇恨和种族主义言论》一书中，拉斐尔·科恩-阿尔马戈发表了一篇《政治和法律研究》，重点关注以色列处理仇恨言论和种族表达的政策，这些言论和表达被宗教当局用于（或滥用）针对他们周围的“他人”。这篇文章探讨了以色列“作为一个多元文化的犹太国家，在敌对地区存在严重分裂的脆弱性”，[64]并重点关注犹太和穆斯林宗教领袖的公开声明如何加剧以色列政治和社会的紧张局势。

这篇文章聚焦于该国律师和检察官的行动，他们一直在努力决定是否起诉宗教领袖（包括犹太人和穆斯林），因为在检察官看来，这些领袖的言论会煽动公共暴力。在审查了犹太宗教领袖和穆斯林宗教领袖的“仇恨言论”后，科恩阿尔马戈建议“国家不能对高级[宗教]官员煽动种族主义和破坏国家的民主价值观坐视不管”。[65]文章中对“犹太宗教煽动”和“穆斯林宗教煽动”的具体案例进行了描述和讨论。

科恩阿尔马戈总结道：“在一个理想的世界里，我们会通过

教育而非刑法来回应仇恨”，但他建议，由于仇恨言论实际上可能导致严重的政治暴力，以色列国“不能行使与美国相同的言论自由范围和自由度”。他建议宗教领袖“应该更加谨慎地行使他们的言论自由权，比普通人更加克制”[66]。

第五节　犹太教与以色列国

以色列是犹太人占多数的国家，但假设所有以色列人对各
种社会政策，甚至对涉及少数人的社会政策都持有相同态度，显 101
然是不合理的。以色列既是一个犹太人占多数的国家，也是一
个民主国家，其公民拥有多元的信仰、态度和价值观，这自然会
引发社会的紧张和不和谐。不仅以色列犹太人与以色列非犹太
人之间存在紧张和分歧，而且本章还揭示了以色列社会中显著
的犹太人内部紧张关系。

当然，这些问题的重要性必然会反映在政治舞台上，事实也的确如此。我们将在本书后续内容中看到，众多犹太团体分布在众多政党中，而在其他国家被称为“左右连续体”的“正常”政治光谱中——社会主义和自由主义位于连续体的左端，保守主义和法西斯主义位于连续体的右端——在以色列，由于人口的宗教分布，这一光谱变得更为复杂。

这是我们在后面章节会深入探讨的内容，但它至关重要。图 3.5 展示了“经典”的左右政治连续体。我们知道，

> “左右”的比喻可追溯至 1791 年，当时法国 500 人的立法委员会根据他们在政治光谱中的立场，被安排在一个半圆形的大会堂中。普遍支持君主政策的人坐在右边，而提议改变政策的人坐在左边。因此，“左派”倾向于变革，“右派”倾向于维持现状。[67]

“左派”--|------|-------|-------|-------|-------|--------|--“右派”

极端主义 社会主义 自由主义 温和主义 保守主义 法西斯主义 反动主义

图 3.5　基于“自由-保守光谱”图解的“经典”左右意识形态连续体

资料来源：格雷戈里·马勒，《比较政治学原理》（纽约：培生，2013 年），第 39 页。

稍后我们将更详细地讨论这个问题，我们都熟悉这种模型的标签，也熟悉这样的概念：最左边是社会主义者，然后是中间的自由主义者，再往右是保守派，更右的是法西斯主义者。以色列宗教的多元性使得在整个政治维度上比其他国家存在更多紧张关系，因为不仅自由派与保守派相互对立，而且在自由派群体中，宗教自由派与世俗自由派之间也存在紧张关系。当我们意识到宗教自由主义者彼此之间也存在分歧和紧张时，就会发现
102 更多的紧张点，如图 3.6 所示。我们稍后将探讨的有趣问题是，极端正统派激进分子与极端正统派反动分子的分歧是否比他们与世俗激进分子的分歧更大？极端正统派激进分子不仅与极端正统派反动派意见相左，也不同意世俗激进分子。正统的社会主义者不同意世俗的社会主义者，正统的自由主义者不同意世

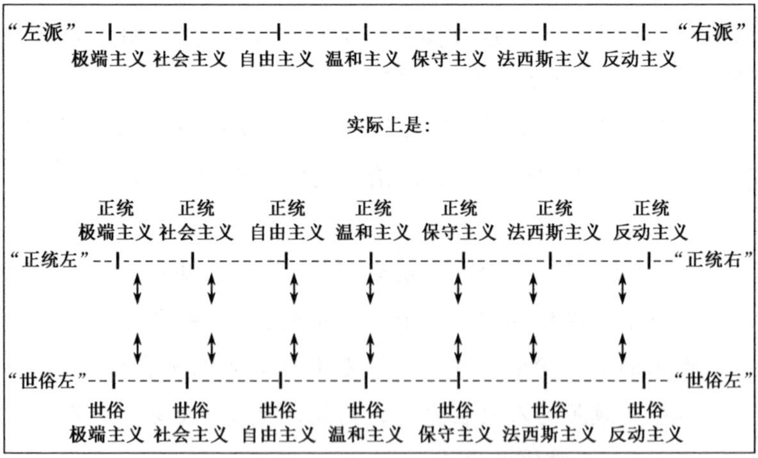

图 3.6　宗教冲突修正的“经典”左右连续体

俗的自由主义者,正统温和派不同意世俗温和派,等等。在许多情况下,他们确实如此,他们宁愿与宗教光谱上的对手(极端正统派反动派)结盟,以反对意识形态相似但宗教不同的世俗激进分子。

我们将在本书后面部分回到这些问题以及世俗冲突的政治表现,但现在,当我们结束对以色列政治中犹太宗教的初步讨论时,需要注意其重要性。如果以色列不秉持民主原则,这或许不那么重要;拥有最大政治权力的教派只会强迫其他宗教集团——包括非犹太人和犹太人——按照它认为合适的方式行事。然而,由于以色列社会是民主的,多元化、辩论和争议被视为以色列民主的标志,宗教冲突(犹太人与非犹太人之间的冲突以及不同"类型"犹太人之间的冲突)持续引发政治分歧。这些政治行为模式将是我们后续探讨的内容。

进一步阅读 103

Cohen, Asher, and Bernard Susser. *Israel and the Politics of Jewish Identity: The Secular-Religious Impasse*. Baltimore, Md.: Johns Hopkins University Press, 2000.

Dowty, Alan. *The Jewish State: A Century Later*. Berkeley: University of California Press, 2001.

Lederhendler, Eli. *Who Owns Judaism? Public Religion and Private Faith in America and Israel*. New York: Oxford University Press, 2001.

Lee, Robert Deemer. *Religion and Politics in the Middle East: Identity, Ideology, Institutions, and Attitudes*. Boulder, Colo.: Westview, 2010.

Lehmann, David, and Batia Siebzehner. *Remaking Israeli Judaism: The Challenge of Shas*. New York: Oxford University Press, 2006.

Sharkansky, Ira. *The Politics of Religion and the Religion of Politics: Looking at Israel*. Lanham, Md.: Lexington, 2000.

105 # 第四章　军事、经济和官僚结构

以色列政治运作环境的另一个重要方面，涉及以色列的军事、经济与官僚结构。如同社会、文化和宗教因素能够转化为政治变量一样，军事、经济政策以及政府官僚机构在发展过程中形成的环境特征，同样可以转变为政治变量。此处的“官僚”概念，涵盖了对国家公务员、地方政府以及国家司法结构的相关探讨。

事实上，官僚机构和地方政府在以色列政治的日常运行中发挥着关键作用，我们理应认可它们对以色列政治领域的贡献。基于此，我们也将对以色列司法机构展开审视；正如前一章所提及的，由于日常生活中存在宗教与政治辩论，以色列的司法机构独具特色，法院在现代以色列社会中扮演着极为重要的角色，成为以色列宗教正统派与世俗公民之间冲突的仲裁者。与以色列法律体系相关的另一个重要结构，是司法部长这一角色，其职责重要且处于不断变化之中，我们也将在此对其进行探讨。

106 截至目前，我们尚未深入研究以色列的政治制度和政治行为。下一章，我们将研究更为传统的政治结构，包括宪法、政党、选举与投票、立法机关和行政机关。然而，我们不能忽视，政治进程不仅包含这些传统组成部分，其他制度和行为模式同样符合“结构”的定义，在研究以色列政治时需要予以考虑。[1] 其中，有些是现代政府所固有的，如官僚体系；有些是为解决日常生活问题而设立的，如地方政府；有些是正式且符合宪法规定的，如司法和法律制度；还有些则反映了以色列政治环境的特定需求，如军队。

正如我们将看到的，官僚主义被许多人视为现代政府结构中不可避免的现象。随着政府职责范围不断扩大，政府机构已成为协助制定和执行公共政策的必要条件。立法机关和行政机关显而易见，而官僚支持机构可能不那么引人注目。地方政府作为重要的政治角色，也常常被忽视，尤其是在中央集权的单一制政府中。然而，尽管存在这一情况，以色列的地方政府仍是政治体系中真实且至关重要的参与者，有必要在此进行讨论。在本章中，我们将考察以色列官僚机构和地方政府的范围与性质，以明确它们在当代政治进程中所扮演的角色。

在美国，司法被视为传统宪法秩序的自然组成部分。司法审查原则在美国历史早期就已确立，从那时起，法院，尤其是最高法院，一直是美国政治中的重要机构。然而，世界上大多数政治制度并非如此。在大多数议会政治制度中，法院几乎不发挥政治角色。政权的主要政治原则是立法至上，立法实际上具有合宪性，几乎不存在立法至上和绝对司法审查并存的制度。正如我们将看到的，以色列的制度呈现出某种混合特征。显然，议会是最高政治机构。再者，以色列最高法院发挥了政治作用，且在多个场合证明了其重要性。此外，司法部长在政治格局中的作用近年来显著增强，我们也应予以关注。

不过，在本章开篇，我们首先要分析备受争议的以色列国防军(IDF)的作用。几乎所有政治体系都设有军事组织。在大多数稳定的民主国家，这些组织在政治进程中并不发挥重要作用。 107
现代以色列也是如此。与所有以色列公民一样，士兵被允许且被鼓励投票[2]，但军人在服役期间不得竞选或在议会、政府中任职。然而，他们在服完兵役后，确实常常在政治上表现活跃。军队在这里被视为潜在的重要政治角色。文官控制军队的原则固然重要，但军队对各级文官政府的影响十分明显。在过去50年里，军队在政治中的作用发生了巨大变化，许多关于军队作用的传闻，近乎传说。军队在政治舞台上依旧非常重要，除了其在战略层面的作用(我们将在本章稍后部分进一步讨论),了解其结构和组织对于理解本书内容也至关重要。

第一节　军事机构和政府

尽管已有针对该主题的多项一般性历史研究成果,但仍有人认为以色列对军民关系的学术研究一直处于保密状态。[3]他们指出,学者们因个人压力和政治压力而避免研究军事。以色列自独立后 60 多年来一直处于战争状态,自 1948 年以来经历了五次重大战争,没有真正的和平时期,因此存在不研究军事的倾向,以免无意中泄露具有军事意义的内容。[4]然而,鉴于多年来对以色列军事的大量研究,这种说法令人难以置信:以色列的军事和安全确实得到了广泛研究。[5]

1948 年,大卫・本古里安接任以色列临时政府的国防部长职务时表示:

> 临时政府委托我担任国防部长时,我明确表示,只有在以下条件下,我才会接受这个职务:其一,将要组建的军队及其所有兵种服从人民政府,且只服从这个政府;其二,所有代表军队行事的人……只会按照人民政府明确规定的职能行事。[6]

本古里安创建的国防部受到他社会主义倾向的影响,[7]秉持
108 军队非政治化、文官权威和领导至上以及高度集中的决策结构等原则。[8]"以色列社会主义的反军事视角"甚至影响了该组织的名称:它未被称为军队,而是被称为国防军。[9]以色列国防军"实际上是第一个成功地从独立前的自治组织转变为真正隶属于国家政府的官僚机构,这是通过让军队脱离政治来实现的"。[10]

正如本章开头所指出的，文官控制军队的原则在以色列得到广泛认可。“尽管军官们试图影响外交或安全政策……文职人员对军队的控制仍然牢固。虽然军官已登上包括总理在内的最高政治职位，但在制定和执行国家政策方面，平民的政治影响力始终超过军队的影响力。”[11]

近年来，军事行动者的政治可见度引发了公众关注，尽管普遍共识是军队不应参与政治，但人们也认识到军事领导人是政治领域的重要参与者。正如一位观察家所指出的，人们还认识到，由于许多政治领导人以前是将军，许多政治领导人和军队之间会产生共鸣。

最近发生的一个事件可作为这种紧张局势的例证。2001 年 10 月，以色列外交部长西蒙·佩雷斯（Shimon Peres）领导下的消息来源公开批评以色列国防军领导层在与亚西尔·阿拉法特的谈判中“故意破坏佩雷斯斡旋的停火协议”。外交部认为，以色列国防军“对巴勒斯坦人采取挑衅行动，自停火开始以来已造成 18 人死亡，其中大部分是青少年”。据报道，佩雷斯还对一名“匿名官员”泄露的声明感到极为不满，该官员称以色列国防军反对外交部长与阿拉法特会晤。根据一份已发表的报告，“这种激烈的争吵非常糟糕，以至于国防部长本雅明·本埃利泽不得不介入这场丑陋的争斗，称任何批评都应针对他，因为是他批准了以色列国防军的所有行动”。[12]

这种紧张局势并非以色列所独有。正如一位观察家当时指出的，“过去几年来，军民关系起伏不定。应当注意的是，这种情况并非以色列独有，而是所有民主国家的特点”[13]。以色列的军民关系一直较为紧张，在这种特殊情况下，外交部和国防部之间压力重重，因为每个部门都有不同的短期目标，前者旨在通过谈判和平解决争端，后者则是为了提供军事安全，这导致了公开对抗。

> 在为防御做准备时，以色列国防军部署了一支具有预
> 109 警能力的小型常备空军和海军（由应征入伍人员和职业军人组成）。其大部分部队由预备役人员构成，这些人员定期被征召进行训练和服役，在战争或危机时期，会迅速从全国各地被调集到所属部队。[14]

小型常备军的战略意义以及需要近三天才能全面完成军队征召的情况，影响了以色列过去在应对邻国威胁时的军事决策。[15]

近年来，当代以色列军队的两个重要政治特征开始在文献中引发更多关注。其一，自 1967 年以来，以色列国防军的行动方向发生了显著变化，当时以色列国防军的大部分占领[16]活动集中在西岸、加沙地带和戈兰高地。[17]其二，到 20 世纪 60 年代后期，越来越多的以色列国防军高级军官离开军队进入政坛，军队成为政治精英的定向招募渠道。[18]例如，在 1973 年，梅尔总理的 21 名内阁成员中有 5 名退休将军，这是当时政府中前军事领导人人数最多的一次。[19]根据强制性普遍服兵役的原则，[20]女性和男性一样，[21]所有意识形态团体在军队中都有代表，从极左到极右。[22]

110 最近的一场冲突源于“所有群体”在军队中都有代表的理论，这与极端正统派的以色列人参军相关。传统观点认为，尽管这并非事实，所有以色列人都受该法律约束，除了宗教妇女可得到适度豁免。但事实上，多年来，极端正统派以色列人参军的比例极低。“塔尔法”对极端正统派的入伍进行了规范，并允许自由地授予这一群体成员豁免权。这一规范于 2012 年被高等法院裁定无效，[23]此后近两年，就如何处理该问题进行了政治谈判。

2014 年，本雅明・内塔尼亚胡政府爆发了一场危机，当时他联盟中的一些政党坚持平等适用法律草案，极端正统派以色列人也应与世俗以色列人以相同方式应征入伍。他联盟中的其

他政党威胁称，如果影响到豁免极端正统派的传统，就会退出联盟。

2014 年春天，极端正统派（haredi，字面意思是“擅抖”或“颤抖”）聚集在一起，计划对 3 月通过的征兵法做出回应。[24]新法律于 2014 年 3 月 13 日通过，并“废除了对追求国家资助的宗教研究的极端正统犹太人的兵役豁免”。

> 极端正统派的军事豁免已成为以色列人对该社区日益增长的怨恨的焦点。绝大多数犹太以色列人在 18 岁时被征召入伍，女性服役两年，男性三年，但大多数极端正统派通过从事宗教研究来避免征兵，同时获得国家福利。大约一半的人终身学习。他们拒绝分担国防负担并融入劳动力队伍，这激起了以色列人的不满，他们认为这些人是国家的负担。由于其高出生率，极端正统派社区在以色列建国时是极少数群体，后来人口扩大到近 10%。[25]

出于显而易见的原因，由于以色列在国家安全方面十分脆弱，以色列军队和国防部在政府进程中一直难以发挥重要作用。[26]2014 年，国防预算仅占不到 20%[27]，大大低于过去几年：如今国防开支约占 GDP 的 8%，低于 20 世纪 70 年代的 25% 和 1980 年的 23%。[28]尽管政府总是面临削减预算的压力，但短期因素往往导致相反的情况发生，正如 2014 年所呈现的：

> 例如，一年前，国防部长亚阿隆投票支持将国防预算削 111
> 减 30 亿新谢克尔。但就在最近，亚阿隆宣布以色列国防军无法承受如此大幅度的削减，甚至要求超过去年的预算。财政部长同意增加国防预算，因为他并不清楚这笔钱的实际用途。公众也不清楚。提交给内阁批准的预算提案中存在相互矛盾的信息，具体分配至每个部门的资金数额

> 取决于所查看提案部分。不一致之处达到80亿新谢克尔![29]

除了对国防的明显关注,武装部队的一项重要功能是作为社会化机构。[30]通过要求所有适龄公民在以色列国防军中服役,以色列的开国元勋"将军队设想为社会化代理人,阶级差异将被消除,新移民将融入其中"[31]。多年来,以色列国防军一直响应其士兵的文化和社会需求,提供娱乐和教育活动以及个人支持服务。

> 教育背景不完整的新兵有机会提升他们的教育水平,职业军官在服役期间也被鼓励由国防军支付学习费用。通过特殊的希伯来语教学和其他计划促进新移民士兵的融入。以色列国防军自成立以来就积极参与国家建设事业,为平民提供补习和补充教育,有助于吸引新移民融入广大民众。[32]

第二节 经济背景

以色列自建国以来的经济可被描述为类似于其他具有强大社会福利水平的中央集权经济。[33]从独立开始,事实上甚至更早,国家在为公民提供福利方面就发挥着重要作用。在许多社会政策领域均是如此,包括医疗、住房、就业、教育、食品和交通,以及许多其他社会产品。以色列经济从一开始就是"计划经济",[34]尽管自20世纪80年代以来,它已逐渐向更加自由的市场经济转变。[35]

以色列的经济在1948年至1973年间迅速增长,平均每年增长10%。[36]这是由许多其他国家所没有的因素导致的，包括移民导致的劳动力迅速扩张，以及居住在国外的犹太人通过联合犹太人求助会、哈达萨、犹太代办处和其他犹太复国主义组织为 112 经济做出贡献，使得投资率较高。由于1973年赎罪日战争和其他国际因素，[37]以色列经济大幅放缓。[38]通货膨胀率一度接近1000%。[39]

整个20世纪80年代，以色列经济面临的主要难题是国防和安全领域的预算持续大幅增加。[40]另一个困难是在被占领土制定经济政策，特别是以色列政府应扮演何种适当角色。[41]许多人认为，自1967年以来，以色列对约旦河西岸发展的贡献比约旦在过去二十年中的贡献更为积极和有建设性，当时约旦是那里的占领国。[42]

以色列经济持续面临压力的结果，尤其在1973年赎罪日战争以来的表现，促使政府不断重新审视社会支出，并在一定程度上削减了社会支出。为了在平衡预算方面取得进展，同时军事和国防开支在很大程度上难以削减，政府限制并在许多情况下削减了广泛的社会项目支出。

在20世纪的最后十年，以色列是西方经济体中国内生产总值(GDP)增长率最高的国家之一，1990年至1996年间平均增长率接近6%；2006年国内生产总值增长5.1%。2006年人均GDP为20306美元，在世界银行数据库中的近200个国家中排名第41。[43]

在21世纪的前十年，以色列在应对全球化经济时代挑战方面比世界上许多国家做得更好。根据2009年以色列银行年度报告，以色列强劲的经济表现是多种因素的结果，包括：

- 私人消费迅速复苏，到2009年年底超过了危机前的水平，这与许多其他发达经济体的发展情况相反。

- 这场危机对以色列的金融体系影响有限，比对发达经济体的影响更小，主要金融机构保持稳定。

• 造成较温和影响的原因包括保守的金融体系，尤其是保守且受到严密监管的银行体系、平衡的房地产市场以及成功的经济政策。

• 制造业是危机的主要受害者，因为全球对商品的需求急剧下降，特别是考虑到出口在国内制造业活动中所占的高份额。

113 • 相对于其他行业，建筑业仅下降1%，显示出其稳定性。尽管政府早期担心当前危机会引发信贷紧缩，但它仍有助于整体经济活动的稳定。

• 以色列劳动力市场处于充分就业状态，全球危机开始对其产生影响，并安然度过了危机，因此在2009年上半年与发达经济体相比，失业率仅适度增加，就业人数没有大幅下降。市场已经在2009年下半年开始复苏，失业率开始下降，尽管发达经济体的失业率正在上升。[44]

总体而言，如表4.1所示，以色列经济在过去30年中实现了巨大增长。

表4.1　以色列经济的增长，1980—2012年

	1980年	1990年	2012年
国内生产总值(百万新谢克尔)	116	111804	993365
其中货物净出口(十亿美元)：	5291.9	11603.1	53973.0
工业产品(不包括钻石)	3340.4	7696.8	44200.4
农产品	555.7	657.2	1404.3
货物净进口(十亿美元)	7845.7	15107.1	72270.4
到达的游客	1065800	1131700	2885800
航空旅客	2847000	3720000	12515000
空运货物(吨)	105800	194160	275870
发电量(百万千瓦/小时)	12400	20900	61074
私家车	410000	803000	2246050

资料来源：以色列外交部，《66岁的以色列：统计数据》，2015年2月26日访问，http://mfa. gov. il/MFA/AboutIsrael/Spotlight/Pages/Israel-at-66-A-statistical-glimpse. aspx.

然而,2014 年春季,以色列在"2014 年世界竞争力年鉴"排名中下降了 5 位,在 60 个国家中排名第 24 位,对比 2010—2011 年的第 17 位和 2012—2013 年的第 19 位,呈持续下降趋势。据说该排名"衡量经济绩效、政府效率、商业效率和基础设施。虽然主要基于硬数据,但三分之一的分数来自衡量对国家表现看法的调查"。[45]

这对很多人来说并不意外。2013 年 12 月,以色列国家保险研究所和中央统计局的一份报告显示,23.5%的以色列人生活在贫困之中。五分之一的家庭和五分之一的退休人员,以及三分之一的儿童,都是真正的"穷人"。[46]根据经济合作与发展组织(经合组织)的统计,以色列"不知何故设法成为一个经济高速 114
增长的'初创国家';然而,与此同时,它仍然是一个落后的国家,拥有许多极端贫困的家庭"。报告指出,以色列人口的两个部分可被确定为"穷人中最穷的人":"极端正统派犹太人"(59%被归类为"穷人")和"穆斯林阿拉伯人"(58%为"穷人")。这两个群体都因相同原因受苦:相当高的出生率和相当高的失业率。

近年来,以色列的贫困问题开始在以色列媒体中受到比以往更多的关注。2014 年 1 月,《耶路撒冷邮报》的一篇题为"每三个孩子就有一个是穷人"的文章直截了当地阐述了这些事实:

> 每年年末都会有一个悲伤而熟悉的仪式,记录以色列贫困程度和深度的报告发布。十多年来,故事始终如一:三分之一的孩子和五分之一的人生活在贫困中。而且几乎没有改变的迹象……根据以色列国民保险:175 万以色列人生活在贫困线以下,几乎每五个人中就有一人生活在贫困线以下,其中包括 86 万名儿童,或者说每三名儿童中就有一名儿童贫困。贫困线是税后家庭收入中位数的一半,以购买力汇率衡量,包括个人每月 2820 谢克尔(705 美元),夫妻每月 4513 谢克尔(1128 美元),一个五口之家 8500 谢克尔(2125

美元)。在许多贫困家庭中,有两个或更多人要工作。[47]

在以色列建国初期,贫困被归因于吸收大量移民所带来的挑战。“流散者的聚集”对于这个新成立的国家而言,是一项极为显著的难题。自建国以来,以色列已接纳了超过 300 万移民。1990 年起,120 多万移民(其中超过 90 万来自苏联)迁至以色列,这需要大规模的投入。倘若新移民数量不再致使政府需要进行如此大规模的资源转移,那么未来的挑战便在于探究以色列能够采取何种措施,来改善影响众多公民的贫困状况。

第三节　对外经济关系

对外经济关系一直是以色列极为关注的重要议题之一。长期以来,以色列政府从世界犹太人群体、美国以及德意志联邦共和国政府这三个关键渠道获取资金。这些资金既包含无须偿还的赠款,也有需要偿还的贷款。

115 在传统上,以色列面临的主要国际金融难题是国际收支问题。[48]国际收支问题本质上是以色列商品进口量与出口量之间的关系。[49]以色列进口额处于较高水平,而出口额相对较低,两者之间存在着显著差距。近年来,每一届以色列政府都将缩小进出口差额作为重要目标之一。

然而,实现这一目标困难重重。以色列的主要出口产品有橙子和鲜花,主要的外汇收入来源是旅游业(但近年来,旅游业因暴力冲突和政治恐怖主义遭受严重冲击)。与此同时,以色列在军备方面投入巨大,这使得维持贸易平衡颇具挑战。购买一架 F16 战斗机,需要依靠出售大量橙子和鲜花的收入来平衡!有报告指出,“自以色列获得独立以来,就难以实现真正意义上的‘经济独立’”。[50]在以色列建国后的头 48 年里,贸易赤字持续攀升,(按现行价格计算)增长了 45 倍,从 1949 年的 2.22 亿美元增至 1996 年的 101 亿美元。不过,从相对比例来看,这一时期赤字呈稳步下降趋势,说明问题在逐步得到改善:1950 年,出口仅能覆盖 14%的进口资金需求,1960 年这一比例上升至 51%,1996 年达到 79%。此后,实际赤字开始下降,2001 年降至 47 亿美元。[51]到 2010 年,以色列已处于债权国地位,没有外债,对外贷款超过 500 亿美元,具体数据如表 4.2 所示。

表 4.2　1985—2010 年以色列外债(占 GDP 的比例)

1985	160%
1995	25%
2001	3%
2003	0
2010	以色列是债权国,其他国家欠以色列超过 500 亿美元。

资料来源:以色列外交部,《经济:挑战与成就》,2015 年 2 月 26 日访问,http://mfa.gov.il/MFA/AboutIsrael/Economy/Pages/ECONOMY-%20Challenges%20and%20Achieve ments.aspx。

以色列已分别与美国(1985 年)和欧洲共同体(1975 年)达成自由贸易协定,其商品得以进入这两个市场,且无须承担额外的进口关税。

2009 年,以色列最大的进口来源地区依次为欧洲(占比 48.3%)、亚洲(占比 21%)和美国(占比 12%)。同年,以色列商品出口总额达 478 亿美元,其中 32%出口至欧 116
洲,35%出口至美国,20%出口至亚洲,其余 13%出口至其他国家。在 20 世纪 90 年代的大部分时间里,以色列对美国的工业出口超过了从美国的进口,自 2000 年起,即便不包括钻石出口,这种情况依然存在。[52]

2010 年 5 月,以色列加入经济合作与发展组织(OECD),这标志着 OECD 成员国对以色列经济“成熟”地位的认可。

第四节　官僚和公务员

与许多其他现代政治体系相似，以色列的公务员队伍在多年间规模大幅扩张。有文章指出，其已变得“彻底官僚化”。[53] 1949 年，仅有外交部、国防部、社会福利部以及教育文化部这四个部建立了公务员制度。需注意的是，这些组织均是从建国前的组织演变而来。[54] 如今，如表 4.3 所示，其数量和规模都有了显著扩展。尽管利库德集团在意识形态上倾向于减少国家福利职能、缩小扩张型的政治体系，但实际上公共部门的规模却随着时间的推移而不断增长。

以色列的《公务员法》为政府工作人员提供了工作稳定性和保障，国家审计长办公室致力于确保中立的公务员制度原则得以遵循。[55]然而，当部长们希望为其办公室配备支持人员并寻觅相关人才时，个别公务员的工作稳定性可能会让部长们倍感沮丧。[56]实际上，由于《公务员法》给予政府雇员的安全和稳定保障，部长们在决定其部委高级官员人选方面的自由度并不高。部长能够任命新的高级公务员担任职位的情况极为少见。[57]部长可以任命一些工作人员，比如私人秘书和司机，也能够推荐各自部委的总干事。除此之外，一般而言，部长们必须与身为公务员的部委雇员共事。

在国家正式成立之前，政党和国家官僚机构之间的界限常常较为模糊。独立后，这种重叠现象依旧存在，因为马派党(Mapai，即“Mifleget Poalei Israel”，以色列工党的首字母缩写)掌控着政府，并能够确保其支持者在政府重要职位中占据主导。[58]不过，不久之后，一场建设中立公务员制度的运动便拉开
117 了帷幕。[59]最终，正式的公务员委员会于 1950 年成立，独立于其

他政府机构。[60]起初，总理负责指挥公务员事务部。随后，该部门被转至财政部的管控之下。

事实证明，这一安排对公务员事务管理效果不佳，公务员事 118
务部又被迁回总理府。在20世纪50年代中期，它再次被移回财政部，并一直留在那里。1959年，议会通过了《公务员（任命）法》，该法规定“在现有职位空缺和设立新职位时，必须依据绩效和资格任命公务员”[61]。

表4.3 部分部委的国家雇员

部	1980	1995	2008	2012
总理府(1)	866	939	2361	2832
财政部(1)	7655	7248	6290	6944
环境部(2)	—	301	484	581
能源/基础设施部(3)	326	230	300	334
以色列土地管理局	586	721	769	752
国防部	2752	2049	2237	2260
建设/住房	2979	2122	1043	946
健康卫生部	17561	24816	28186	29615
宗教事务部(4)	372	672	—	
外交部	913	947	939	1202
教育/文化部(5)	3406	2806	2600	2659
农业部	3083	2473	1780	1785
经济与规划部(6)	—	61	—	—
科学与发展部(5)	—	53	136	195
公安部	—	—	155	577
司法部	1966	3360	7329	8171
劳动与社会福利部(7)	4398	3644	2771	2962
内务部	908	1117	1722	2755
吸收移民部	498	594	521	476
交通部	1098	986	1017	1125
旅游部	—	233	214	238

（续表）

部	1980	1995	2008	2012
工贸部	1113	620	1446	1455
通讯部(8)	14190	133	176	148
列出的部委总数	64670	56125	62657	68242

资料来源：2012 年数据来自以色列政府，中央统计局，以色列统计摘要，2014 年，第 522 页，表 10.13，“政府雇员、以色列警察和监狱服务”，2015 年 2 月 26 日访问，http://www.cbs.gov.il/reader/shnaton/templ_shnaton_e.html? num_tab st10_13& CYear 2014。早些年的数据也可以在以色列的统计摘要中找到。

注：

(1) 1996 年公务员委员会从财政部转移到总理府。

(2) 2006 年环境部更名为环境保护部。

(3) 1996 年能源和基础设施部更名为国家基础设施部。

(4) 2004 年，宗教事务部解散。它的一些权力被转移到总理办公室的国家宗教服务局，而拉比法庭则转移到了司法部。

(5) 1999 年，文化体育由教育部划归科技部。

(6) 该部于 1996 年被撤销，其工作人员被转移到财政部和总理府。

(7) 截至 1999 年，该部不包括以色列生产力研究所的人员。

(8) 1984 年，通讯部的大部分被私有化。

如方框 4.1 所示，公务员委员会如今在以色列承担着多项具体职责。

自独立以来，公务员制度发生了三项重大变化。其一，公务员制度的政治化程度逐渐降低。[62]这在很大程度上得益于《公务员法》的通过以及公务员制度本身的机制化。在公务员任命过程中，政治因素影响力的下降可从以下事实得以例证：“通常情况下，新任部长甚至不会撤换其部委的总干事，当然更不会立即更换。”[63]其二，公务员受教育水平显著提升。如今，“几乎找不到近十年内被任命却没有学位的公务员”。[64]其三，虽然以色列公务员制度从其他官僚机构吸纳人员，[65]但也有许多雇员流向私营部门，这既是出于经济因素（最显著的是更高的工资），也是因为
119 在政府之外存在更大的独立性和更多行使自主权的机会。[66]

方框 4.1　公务员委员会的任务

- 执行政府有关公务员管理和人事的政策
- 批准政府部门的人事配额
- 批准政府机构和部委之间的结构和权力划分
- 确定各种公务员职能的晋升路径
- 组织公务员空缺职位的考试和竞赛
- 监督任命,处理解雇,并设定遣散费
- 监督退休并设定退休金率
- 提供在职和一般培训
- 制定行政法规
- 确定服务条款
- 改善对公众的服务
- 组织和简化工作方法
- 加强纪律

资料来源:以色列外交部,"公务员委员会",2015 年 2 月 26 日访问,http://www.mfa.gov.il/mfa/mfa-archive/1998/pages/civil%20service%20commission.aspx.

事实上,尽管公务员等级制度划分明确,但一个政治派别针对另一派别提出"公务员政治化"的指控并不鲜见。纯粹中立的公务员制度的价值是当今以色列时常讨论的哲学问题。一方面,大多数政客都认为他们不希望出现公然的政治分赃制度,[67]功绩应当是任命和晋升过程的核心要素。另一方面,政府部长必须能够与部委的总干事协同工作,因此他们认为自己在更高级别的任命方面应当拥有一定的自由。[68]有学者指出,

> 绩效考量在较低级别职位中经常被提及。然而,随着职位权力和声望的提升,非专业因素的考量越来越多。以色列是个小国,在为数不多的高级职位候选人中,领先者很

> 可能广为人知。过去的表现和候选人所属团体在任命委员会成员的考量中很难完全区分开来。[69]

以色列常被形容为一个缺乏连贯行政文化的国家。实际上，其行政体系反映了该国异质政治文化的诸多要素。[70]公然的政治腐败或许并不明显和常见，但 *protektzia*（个人“拉拢”的运用）通常是该体系运作的“潜规则”。正如阿什尔·阿里安(Asher Arian)尖锐指出的，

> 这里存在过多的规则、官僚机构和委员会。但政治因素始终如影随形，尤其是当问题被认为至关重要时。虽然口头上强调以专业精神和非党派精神为服务宗旨，但这些价值观可能会阻碍个人在公务员体系中晋升到更高职位。以色列有着现代合理结构的表象，越来越多的计算机化技术被引入；尽管如此，政府与公民打交道时，一个坚实的核心仍是更加人性化和传统的方式。[71]

以色列的“行政文化”被描述为由四个可识别部分构成。[72]其一为“中东本土风格”，在这种风格下，“事务以一种高贵的节奏、迷人的礼貌进行，即便有时方式令人恼火”。这种风格尊重权威、地位和等级，容易催生讨价还价的局面。其二是英国托管时期的残余，这种风格表现为“繁琐、有条不紊、居高临下、官僚作风，几乎没有讨价还价的空间、地方主动性或创新性”。其三
120 是“犹太移民从原籍国带来的传统，如同香料的成分般繁杂多样”，被形容为一种“偏执的贫民区态度与充满活力的、国际化的、自由的企业家精神相融合”的风格。最后是以色列老前辈(*vatikim*)的传统，兼具实用主义和人脉关系。这导致人们通过走捷径、未经适当授权行事等类似行为来解决问题。[73]

有人认为：“这些文化分支的最终结果导致不一致、不连贯，

且效率低下。”[74]以色列人似乎有着无穷无尽关于国家官僚机构造成的非理性、无能和令人愤怒之事的轶事。[75]在大卫·纳赫米亚斯(David Nachmias)和大卫·罗森布鲁姆(David Rosenbloom)所著的《官僚文化》一书中，根据以色列人口调查，以色列公民对官僚机构的评价并不高(当然，这并非罕见现象，可能与大多数民主国家的公众舆论相似)。

公众认为官僚机构对个人生活有着重大影响，且对国家和社会发展以及民主至关重要，但纳赫米亚斯和罗森布鲁姆报告称，公众对官僚机构影响的描述也是“压倒性的负面”。报告指出，“至少 60%的公众对[官僚机构的]活动给予负面评价”，公众认为公务员“相对不诚实、令人不快、效率低下、被动、缓慢和不稳定”。纳赫米亚斯和罗森布鲁姆总结道，“以色列人认为他们的国家官僚机构及其雇员是政治社区的不良特征，对他们的社会产生了相当大且很大程度上不利的影响”[76]。尽管多年来改革和改善公务员形象的努力从未间断，但官僚机构的普遍声誉并未得到显著改善。[77]

公务员经常通过在议会常设委员会面前做证的方式参与政治进程。值得注意的是，特定部委的公务员在出席议会委员会会议之前，必须获得相应部长的许可。部长还必须批准公务员证词的内容，否则证词无法进行。[78]如果政策辩论需要高级公务员的专业知识，他们也可能被邀请列席内阁会议。[79]

第五节　地方政府

尽管地方政府并不总是备受关注，但在以色列政治体系中
存在着一个完整的地方政府网络。[80]在以色列独立 40 年后，总 121
共有 1409 个地方当局在运行，大约每 2823 名居民就拥有一个。[81]如今，地方政府在四个方面尤为重要：(1) 提供政府服务；

(2) 选拔政治领导人；[82](3) 发展和维护公众与政治领导人之间的政治沟通网络；(4) 在一个面临同质化压力的小国家内"维持必要或期望的多样性"。[83]地方政府提供的服务涵盖政府影响公民的许多常见领域，即方框 4.2 中列出的领域。

方框 4.2　以色列地方政府的职能

- 教育
- 文化(包括管弦乐队、合唱团、剧院)
- 社会福利
- 道路维修
- 消防
- 公园
- 水和卫生
- 环境保护
- 图书馆

资料来源：以色列外交部，"以色列民主：如何运作?"，2015 年 2 月 26 日访问，http://mfa. gov. il/MFA/AboutIsrael/State/Democracy/Pages/Israeli%20Democracy%20%20How%20does%20it%20work. aspx#local。

以色列有不同层级的地方政府，如表 4.4 所示，一种适用于人口超过 2 万的城市化地区，一种适用于人口在 2000 到 20000
122 人之间的城镇，还有负责协调包括一个地区几个村庄在内的区域委员会一级的政府。[84]地方政府的组织方式往往相似，由一名市长或一名主席和一个委员会组成，其规模由内政部根据当地人口确定。全国地方当局联盟有助于协调各个地方政府之间的沟通，"在政府面前代表它们，监督议会中的相关立法，并就工作协议和法律事务等问题提供指导"[85]。地方议会在城市规划中发挥着重要作用，根据 1965 年《规划和建筑法》，地方规划当局具有相当大的独立性。[86]阿拉伯地方政府具有鲜明的特色，并在维护其各自地区的公务员制度连续性方面发挥着重要作用。[87]

表 4.4　以色列地方政府的类型

类型	总数
城市	66
地方议会	144
区域委员会	53
地方委员会	825
城市联合会	32
宗教委员会	204

资料来源：有关以色列地方政府的信息，请访问以色列外交部网页“以色列民主：如何运作?”，2015 年 2 月 26 日访问，http://mfa.gov.il/MFA/AboutIsrael/State/Democracy/Pages/Israeli%20Democracy%20-%20How%20does%20it%20work.aspx#local。

阿拉伯地方政府的重要性对大部分以色列人口来说不言而喻。国家通过地方政府对少数族裔的支持存在巨大不平衡。

> 犹太人和非犹太人之间的不平衡在政府支出方面也十分明显。在超过 10000 人的社区中，由公共资金建造的住房比例在犹太人/混合社区中为 16.3%，而在阿拉伯社区中仅为 1.2%。总体而言，犹太社区的人均公共支出（国家和地方政府）为 551 新谢克尔；而阿拉伯社区是 375.8 新谢克尔。[88]

近年来，与地方政府相关的一个突出问题是妇女的地位。以色列议会提高妇女地位委员会负责人艾丽莎·拉维（Aliza Lavie）主持了几次关于该问题的议会会议，并表示，“要让妇女在地方政府中获得适当的代表地位，还有很长的路要走”。她指出，“上个月，当选为地方议会成员的女性人数从 232 人增加到 340 人，但议会成员总数为 2456 人。191 名地方当局负责人和市长中只有 3 名是女性”。她计划在议会提出一项法案，支持有经验的女性指导新候选人，以帮助那些想参选的女性。[89]

地方政府预算的二分之一到三分之二由中央政府提供，其余部分通常通过财产税筹集。[90]“从20世纪70年代初到80年代中期，地方创造的收入很少，政府参与度高；从那时起，这一比例逐渐发生了逆转。”[91]内政部对地方事务拥有管辖权，并与各个地方政府合作，协调政府政策。

地方选举基于直接、普遍和无记名投票，每5年举行一次。
123 地方立法委员会有9—31名成员，具体人数取决于当地人口。[92]直到1978年11月，这些职位的选举都采用比例代表制，如同以色列议会选举一样，市长的职位和总理的职位一样，都是通过地方议会的联盟来填补的。地方选举的投票率历来较高：“当议会和地方当局的选举同时举行时，地方选举的投票率在73%到83%之间，而在选举日期不同的情况下，投票率平均约为60%。传统上，阿拉伯地区地方选举的选民投票率远高于犹太地区。”[93]

1978年以后，市级选举采取市长直选与市议会比例选举相结合的方式；政党名单在市议会中获得一定数量的席位，这些席位与他们获得的选票比例相对应。这背后的意图是尽量减少地方选举后市政当局发生的政治内讧。联盟总是会像在议会中那样根据市议会中的政党代表情况组成。随之而来的党际谈判和派系纷争往往会削弱市长的地位。现在市长是通过直接投票选出的，候选人至少需要获得总票数的40%才能获胜。如果没有候选人达到这一票数要求，则在初始选举两周后，在获得最多票数的两名候选人之间进行决选，届时确定当选者。[94]

出于行政目的，以色列分为六个地区：耶路撒冷区，由耶路撒冷市管理；北部区，由拿撒勒市管理；海法区，由海法市管理；中央区，由拉姆拉市管理；特拉维夫区，由特拉维夫市管理；南部区，由贝尔谢巴市管理。多年来，以色列的区域差异日益显著，各个城镇、城市和地区之间的差异也越来越大。这是由定居的地理模式、区域问题和经济环境所决定的。[95]不同地区有不同的关注点，这些关注点在不同程度上占据主导地位，例如南部区非常关注水的供应以及与北部更大市场的商业联系，而特拉维夫地区则关注大都市的发展。[96]一些地区觉得他们在政治舞台上被忽视或代表性不足，埃拉特和内盖夫区总是对他们所获得的（缺乏）政治关注极为敏感。[97]最后，阿拉伯地区和犹太地区之间的区别，以及针对这些地区不同程度的政府支持——阿拉伯地区获得的资源明显少于犹太地区——对阿拉伯地方政府提供与犹太地方政府类似服务水平的能力产生了重大影响。[98] 124

第六节　以色列政治中的司法和法律制度

在以色列法律中，人们通常能发现许多不同法律制度的痕迹。[99]以色列法律制度被认为由五个基本部分构成：直至第一次世界大战结束前在巴勒斯坦一直施行的奥斯曼法律、英国托管时期的规定、英国普通法、以色列议会立法以及宗教法，这些宗教法有着不同的宗教渊源。[100]其中每一个不同的基石都值得在此简要探讨。

以色列法律体系的主要影响之一源自奥斯曼帝国。在英国托管开始前，奥斯曼法律是巴勒斯坦的主要法律制度，如今在以色列仍能找到许多奥斯曼法律的遗迹。奥斯曼民法典于 1869 年通过，此后一直存在于以色列法律体系中，直至 1984 年以色列议会颁布《1965 代理法》，才实际废除了其中 16 卷、1800 多节的内容。[101]

以色列法律传统的另一个源头是英国立法。从 1922 年托管正式开始，到 1948 年，英国法律是巴勒斯坦法律的最终渊源。[102]相应地，在此期间，巴勒斯坦的终审上诉法院并非当地最高法院，而是位于伦敦威斯敏斯特的枢密院司法委员会（事实上，这与枢密院在从加拿大到澳大利亚的大部分英联邦国家中所扮演的角色类似）。因此，在这25年里，大部分英国普通法最终也融入了以色列的法律体系。

以色列立法是法律体系的第四个基础。[103]《以色列独立宣言》规定，成为临时国务委员会的人民委员会将为新国家立法。其早期最重要的法案之一是《法律和行政条例》(1948年)，该条例重申当时在以色列生效的法律，包括英国、奥斯曼帝国及其他国家的法律，将继续有效，除非未来立法对其进行特别修改。随后，临时国务委员会演变为以色列议会，以色列议会成为以色列法律的源头。[104]

最后，宗教法在以色列法律的构建和解释中一直并将继续发挥重要作用。在托管时期，英国人给予每个主要宗教团体在
125 个人身份问题上一定程度的自主权，包括结婚、离婚、遗嘱等方面。宗教法庭在这些领域的影响力一直延续至今。四个主要宗教教派（犹太教、伊斯兰教、基督教和德鲁兹教）各自拥有自己的法庭系统。在托管时期，通过《巴勒斯坦议会秩序》(1922年)，宗教法庭被纳入政治领域。该秩序规定“应行使对个人身份事项的管辖权”，并“承认了11个宗教团体：犹太教、伊斯兰教和9个基督教教派。以色列政府后来将长老会福音派教会和巴哈伊教加入了这份名单。议会还通过了一项赋予德鲁兹宗教法庭管辖权的法律”。[105]

从历史角度来看，很明显，在通过《婚姻和离婚法》时，以色列议会放弃了对此类问题的立法权。[106]如今，以色列的所有公民均受其所属宗教团体宗教法的约束（个人的身份证上标明了所属宗教团体），并且有专门的宗教法庭网络来处理相关裁决。

法院在确定犹太宗教皈依的地位方面发挥着积极作用。最近，作为终审机构的最高法院裁定，如果拉比法院认为皈依犹太教的人有意“在表示承诺遵守犹太法律时欺骗法院”，那么拉比法院有权追溯取消以色列境内皈依者的犹太教身份。[107]这只是

我们在第三章中所看到的宗教与国家机构互动相关挑战的又一例证。高等法院通常不愿介入涉及宗教的案件，但有时会作为最高裁决者卷入冲突。

近年来，以色列占领约旦河西岸和加沙地带所产生的法律影响，以及以色列-阿拉伯冲突引发的更广泛法律问题，已成为以色列法律体系中一个尤为棘手的方面。[108]这不仅是因为它在以色列国防军中引发了不满，以及以色列国防军成员使命不够明确，还因为它使以色列法律制度机构处于一种尴尬境地，被以色列国内外许多人视为镇压力量和人权侵犯者。

虽然以色列政治体系中确实存在三权分立，但这种分权的性质和程度具有以色列自身的特点。在美国政治体系中，立法、行政和司法三权分立；[109]在英国，立法和行政职能在下议院合并，立法和司法职能在上议院合并。在以色列，各部门之间"存 126
在一定程度的分离，但政策制定、立法和管辖职能是以协调的形式实现的"。[110]议会制定法律，政府执行法律，法院在判定政府行为是否合规方面发挥作用。[111]一般来说，法院无权否决议会的行为，尽管正如我们在本书前面所指出的，近年来，这种情况发生了显著变化，[112]尤其是在涉及人权问题时。[113]

1957 年，议会通过了《法院法》，该法重构了此前发展缓慢的法院系统，保障了司法机构的独立性。以色列的单一政府体制体现在其法院系统中，如《司法机构基本法》[114]所述，这些法院由单一的普通法院系统构成。

自 1957 年以来，以色列最高法院一直是司法系统的最高机构。在司法组织架构方面，高等法院之下设有市法院、地方法院和地区法院。此外，还有专门的交通法院、劳工法院、少年法院、军事法院、具有明确管辖权的市政法院，以及宗教法院和行政法院。[115]地方法院通常由一名法官审理案件，负责审理涉及民事和轻微刑事犯罪的案件，对民事和刑事案件均有管辖权。地区法院通常由一到三名法官组成，对治安法院的案件具有上诉管辖权，对一些重要的民事和刑事案件也有初审管辖权。最高法院由一名、三名、五名，有时甚至更多法官组成，是该国的最高法院，拥有广泛的上诉权力。作为高等法院，它可以审理针对任何政府机构或代理人的请愿书。[116]

每个主要城市都设有市法院，对在城市范围内发生的相对轻微的罪行拥有管辖权。治安法院对以色列的行政区（在某些情况下还包括分区）拥有管辖权，可以审理小额金钱索赔和不太严重的刑事指控，并有权判处最高三年的监禁。除了对索赔金额不超过一百万谢克尔的民事案件拥有管辖权外，它们还“兼任交通法院、市政法院、家庭法院和小额索赔法院”。这些法院的上诉案件，以及一些初步诉讼，由地区法院审理。[117]

地区法院同时拥有原审管辖权和上诉管辖权。以色列设有五个地区法院，分别位于特拉维夫、耶路撒冷、海法、贝尔谢巴和拿撒勒。它们对不提交地方法院审理的问题拥有原始管辖权，但宗教问题除外，宗教问题由下文所述的独立宗教法院系统审理。原始管辖权问题的例子包括严重的轻罪、重罪和重大民事案件，即索赔金额超过一百万新谢克尔的案件。在其审理的刑
127 事案件中，惩罚可能涉及超过七年的监禁。在大多数情况下，地区法院由一名法官审理案件，但“当法院审理对治安法院判决的上诉时，当被告被控犯有可判处十年或十年以上监禁的罪行时，或地区法院院长或副院长作出指示时，会组成一个由三名法官组成的审判小组”[118]。

如果案件最初由地区法院审理，最高法院可以审理来自地区法院的上诉。如果案件是在下级法院上诉后由地区法院审理的，则只有在以下三种情况下才能上诉：(1) 地区法院批准上诉；(2) 最高法院院长（或其他最高法院院长指定的法官）授权上诉；(3) 最高法院全体成员授权上诉。[119]

最高法院既是下级法院的上诉法院，也是审理对政府的投诉的高等法院。它还具有特殊管辖权，可以“审理有关议会选

举、公务员委员会裁决、以色列律师协会纪律裁决、行政拘留和囚犯向地方法院上诉的申诉”[120]。总统根据由最高法院法官、律师和公众人物组成的提名委员会的建议任命法官。任命终身有效，直至法官 70 岁时强制退休。[121]通常，由三名法官组成的审判小组审理一个案件，法官总人数少于十人。如果国家总统提出要求，最初由三名法官审理的案件可以由五名或更多法官组成的审判小组进行二审。法院可以撤销：

> a. 市议会因城市在国家议会专属管辖范围内立法而颁布的地方法令；
>
> b. 国家在执行议会立法过程中颁布的侵犯人民财产或其他基本权利的行政法规；
>
> c. 公共行政官员以任意或非法行为作出的决定或其他行动。[122]

除了这些法院，以色列还有其他特别法院。如上所述，一个独立的宗教法院系统在宗教事务部的框架内运作。这些法院对影响个人身份的事项拥有管辖权，包括结婚、离婚和宗教身份认定。独立的犹太教、伊斯兰教、基督教和德鲁兹教法院分别为这些社区的成员提供服务。当出现问题是否属于宗教法院管辖范围的争议时，由两名最高法院的法官和相关宗教法院的院长组 128
成审判小组对此事作出裁决。[123]以色列最高法院有权审理与宗教相关宪法问题的案件。

以色列的犹太社区设有七个拉比法庭，[124]可以向耶路撒冷的大拉比上诉法院提出上诉。[125]宗教法庭的裁决不得向世俗法庭上诉。犹太宗教法院在结婚和离婚等某些领域的管辖权涵盖以色列的所有犹太人，[126]无论他们是否为以色列公民，也不论他们是否自愿接受管辖。[127]宗教法院也可以与世俗法院共享管辖权。如果有关各方都同意宗教法院参与裁决，宗教法院可在若干领域与世俗法院共同行使管辖权。

以色列设有四个伊斯兰宗教法庭，可以向位于耶路撒冷的伊斯兰上诉法院提出上诉。天主教、新教、希腊东正教、Melkite、Maronite 和德鲁兹社区还设有许多其他宗教法庭，每个社区都有自己的宗教法庭，对其成员的个人身份问题具有管辖权。[128]

以色列对大法官的任命体现了其司法独立程度。由九人组成的任命委员会向总统推荐人选。该委员会由最高法院院长和另外两名最高法院法官、司法部长和由内阁选出的另一名内阁成员、两名通过无记名投票选出的议会成员以及两名由以色列律师协会选出的律师组成。以色列的大法官“在身体健康的情况下”可以一直任职，直至他们决定退休（强制性退休年龄为 70 岁），或者直至他们被一个专门处理法官不当行为的特别法庭指控并判定有罪。届时，司法部长可以建议总统将其解雇。

我们在本章开头提到，会在这里讨论司法部长的角色。近年来，司法部长的角色在以色列政治中变得愈发重要。总检察长“担任政府和公共当局的法律顾问，指导国家检察机关并监督负责准备和审查拟议立法的法律部门”，承担了许多极为重要的职责，而这些职责近年来存在政治化的可能。值得注意的是，以色列最近的几位总检察长后来也继续担任最高法院成员。有人建议，在政坛活跃的个人以及“具有强烈政治身份的个人”不应被任命担任该职位。[129]

近年来，司法部长在决定是否起诉（前）政治领导人方面发
129 挥了关键作用，比如最近对前总理埃胡德·奥尔默特在担任总理期间是否违法进行调查。[130]近期，也针对总理本雅明·内塔尼亚胡展开了相关讨论。[131]司法部长还在以下方面发挥了关键作用：讨论政府是否应该在一个非常敏感的冲突领域采取法律立场，以及议会是否适合在有争议的领域进行立法。

以色列法院的作用体现了政治制度对法治的承诺，以及政体中宗教和世俗领域的独特互动。如上所述，法院有权撤销任

何不符合法律的行政行为；废除任何不符合议会行动的立法，议会是该国最高法律的来源；或废除与议会通过的基本法不符的议会立法。它们还在宗教管辖权和世俗管辖权之间划定了明确界限，然而这种划分受到了犹太教正统派最近在社会领域扩大管辖权努力的威胁。

第七节　军事、经济和官僚机构的政治影响

在本章中我们已经看到，除了几乎所有宪法中包含的更为明显的政治结构，如政府的立法和行政部门以及选举制度和投票等，至少还有五个其他政治结构在研究以色列政治体系时必须予以考虑，即军队、经济机构、官僚机构、地方政府和司法部门。

军队在以色列政治世界中扮演着重要角色。这不仅是因为国防的战略重要性（我们将在本书后面讨论这一点），还因为以色列政治精英规模相对较小，以及他们对军事问题的反应方式和从军事精英中招募人员的方式。以色列确实存在文官控制的政府，这是民主政权的特征，但人员从军队流向文职精英较为频繁，再加上军事和安全问题无处不在，使得军队在以色列持续发挥着重要作用。

尽管经济机构并非拥有固定办公场所的固定机构，但事实上，自建国以来，经济变量和经济政策一直是以色列政坛关注的
主要问题，如今它们依然意义重大，这主要是因为该国的国际收 130
支赤字和所面临的严重通货膨胀问题。尽管最近的联合政府试图直接解决这些问题，但经济仍应被视为以色列政治日常运作的主要障碍。

以色列拥有完善的官僚机构，这在世界各国中并非独一无二。我们在此看到，官僚机构多年来不断发展壮大，根基深厚，

存在着与大多数政治制度中官僚机构相同的诸多弊端(更不用说由以色列文化的异质性引发的那些特殊问题了),并且以色列大部分公众对其评价并不正面。

以色列的地方政府,如同许多政治体系中的地方政府一样,通常被视为理所当然,并非政治观察家关注的重点。但显然它们在以色列政治中也发挥着重要作用。日常生活中许多平凡琐碎的方面,如垃圾收集、水电供应、交通管制等,都由地方政府负责管理,因此理应受到以色列政治研究学者的关注。

最后,与大多数议会制度一样,以色列的司法机构乍看之下并非决策过程的组成部分。然而,随着司法审查原则在以色列政治中的逐渐发展,法院越来越多地发挥着重要的决策作用。法院的主要政治作用是确保议会的意愿得到遵循,但有时,尤其是近年来,这种情况愈发频繁,法院认为有必要提醒议会,它们(法院)认为国家的基本原则需要什么。在结构上,该国在刑事和民事领域拥有完善的法院系统。以色列司法系统与大多数其他司法系统的不同之处在于,该国每个宗教社区都设有一系列宗教法庭。

进一步阅读

Aharoni, Yair. *The Israeli Economy: Dreams and Realities*. London: Routledge, 2013.

Cohen, Stuart. *Divine Service? Judaism and Israel's Armed Forces*. Burlington, Vt.: Ashgate, 2013.

Galnoor, Itzhak. *Public Management in Israel: Development, Structure, Functions, and Reforms*. New York: Routledge, 2010.

Hajjar, Lisa. *Courting Conflict: The Israeli Military Court System in the West Bank and Gaza*. Berkeley: University of California Press, 2005.

Lebel, Udi. *Communicating Security: Civil-Military Relations in Israel*. Hoboken, N.J.: Taylor and Francis, 2013.

Peri, Yoram. *Generals in the Cabinet Room: How the Military Shapes Israeli Policy*. Washington, D.C.: United States Institute of Peace Press, 2006.

Sheffer, Gabriel, and Oren Barak. *Militarism and Israeli Society*. 131
Bloomington: Indiana University Press, 2010.

Shetreet, Shimon, and C. F. Forsyth, eds. *The Culture of Judicial Independence: Conceptual Foundations and Practical Challenges*. Boston: Martinus Nijhoff, 2012.

Tyler, Patrick. *Fortress Israel: The Inside Story of the Military Elite Who Run the Country and Why They Can't Make Peace*. New York: Farrar, Straus and Giroux, 2012.

Vigoda-Gadot, Eran. *Building Strong Nations: Improving Governability and Public Management*. Burlington, Vt.: Ashgate, 2009.

135 # 第五章　宪法制度和议会政府

并非所有的宪法环境都相似，以色列的宪法体系是以色列政治体系中众多影响因素的独特融合。本章考察了以色列制定不成文宪法的决定，以及随着时间推移在制定宪法方面的相关决策。随后，我们回顾了这些年来在这项工作中取得的进展，直至 1995 年以色列最高法院宣布，以色列的“不成文”宪法实际上在许多方面都将被视为成文宪法。本章还讨论了以色列宪法的基本结构、法院在以色列政治中不断变化的作用，以及它们对以色列宪法制度演变的影响。最后，本章分析了以色列议会结构的特点，并试图阐释以色列在这方面特质的重要性。

此时，读者应该已经熟悉以色列的正式建国历程及其当代社会、经济和宗教特征。我们现在将重心转移到对以色列政治体系的宪法原则和主要机构组成部分的描述上。将社会与机构安排相结合，反过来有助于我们理解自 1948 年以来该体系的后续演变。

136 对于任何现代民族国家而言，制定一部成文宪法都被视为至关重要。宪法被看作是“权力地图”，通过为允许和不允许的政治行为提供广泛的指导方针，在政治体系中发挥着关键作用。[1]此外，宪法提供了司法审查的尺度以及监督立法、行政行为的一套标准。

在承认成文宪法重要性的同时，我们也必须认识到，成文宪法并不能确保宪政的实现。成文宪法是一份文件，其中包含政权的基本原则，以及该政权运作所依据的政治结构和程序的表述。“宪政”一词对政治专业的学生有着特殊意义，它指的是一个权力有限的政府，在这样的政权中，政府存在一定的政策或行为界限，不得超越。因此，基于这种区别，有可能出现拥有正式成文宪法的宪政政府、没有正式成文宪法的宪政政府、有正式成文宪法的违宪政府，以及没有正式成文宪法的违宪政府。需要注意的是，不能过分强调一纸文件的重要性，因为一个政权的实际行为可能比其制定一套法律文件的程度更为关键。[2]

与许多其他国家的政治文化相比，过去70年在以色列发展起来的政治文化对形式结构的关注度较低。[3]以色列没有明确的权利法案，也没有专门为政府权力制定的宪法来提供清晰明确的指导方针。然而，以任何标准衡量，以色列政体都是一个稳定的民主政体：多次举行和平选举，领导层发生更替，权力从一个执政政党转移到另一个曾经的反对党，且领导权的交接是和平进行的。本章考察的重点是，在如此显著的多元文化中，这种稳定状态是如何形成的。

第一节　关于制定成文宪法的争论

1947年11月29日，联合国通过决议，将巴勒斯坦分为两个独立国家，一个阿拉伯国家和一个犹太国家，并要求两国通过
成文宪法。[4]除要求每个国家制定宪法外，该决议还规定了其他 137
要点：

1. 建立通过无记名投票和普选产生的立法机关，以及对立法机关负责的行政机关；

2. 和平解决国际争端；

3. 接受不以武力相威胁或使用武力的义务；

4. 保证所有人在宗教、经济和政治领域享有平等的非歧视

性权利，包括人权、宗教自由、语言、言论、教育、出版、集会和结社自由；

5. “出于国家安全考虑”，保护巴勒斯坦“其他”国家的居民和公民的访问和过境自由。[5]

1948 年 5 月 14 日发表的《以色列独立宣言》重申了联合国的决议，并承诺在 1948 年 10 月 1 日之前召开民选制宪会议以通过宪法。然而，由于 1948 年阿拉伯军事入侵后以色列面临国家生存的战争，这一承诺未能兑现。不过，在此期间，临时国务委员会确实进行了多次讨论，并任命了一个委员会开始制定成文宪法。

1948 年 7 月，新的以色列临时国务委员会任命了一个八人委员会作为宪法委员会。委员会的任务是“收集、研究和编目相关建议和材料，并起草宪法草案，连同委员会中的少数意见，提交制宪会议审议”[6]。该委员会并未被要求考虑是否应编写宪法，其初衷就是编写该文件。

1948 年 11 月 18 日，临时国务委员会通过《制宪会议选举条例》，要求选举制宪会议。两个月后，委员会又通过了《制宪会议(过渡)条例》，将其所有权力移交给制宪会议。制宪会议于 1949 年 1 月 25 日选举产生，并于 1949 年 3 月 8 日转变为第一届议会。

在其存在的三周内，制宪议会在成为第一届议会之前，颁布了《过渡法》(1949 年 2 月 16 日)。事实上，这部法律是一部小型宪法，包含了关于议会、总统、政府等条款的章节。[7]但议会从未对其进行充分辩论，更不用说通过一部成文宪法了。大会确实提交了由当时的总理[8]大卫·本古里安(David Ben-Gurion)的
138 政治顾问莱奥·科恩(Leo Kohn)博士撰写的宪法草案，但直到第一届议会召开后才再次提及。[9]

1949 年 5 月至 1949 年 12 月，议会宪法、法律和司法委员会专门召开了八次特别会议讨论宪法问题，[10]提出了各种反对

成文宪法的论点。主要反对者之一是大卫·本古里安，他与以色列工党(the Mapai Party)的其他领导人一致认为，没有必要急于完成一项显然需要谨慎和精确处理的任务。[11]

成文宪法的反对者也向英国寻求先例，他们认为，如果英国拥有稳定的民主政府历史，却不需要一部成文宪法，那么也许以色列也可以在没有成文宪法的情况下存续。与此相对，成文宪法的支持者反驳说，将以色列与不成文的英国宪法相提并论是错误的，因为英国是一个成熟的民主国家，在其历史上拥有数百年稳定的政府运作，这有助于形成“内置的常规保障制度”。而以色列“尚未制定足够强大和受人尊重的条约来保护其制度，因此，不少人认为以色列需要一部成文宪法”。[12]

除此之外，本古里安还认为以色列的人口处于不断变化的状态，到1949年已经翻了一番，当时正处于三倍增长的边缘，因此编写宪法可能不是一个好主意。他建议“需要的只是没有特殊地位的‘基本法律’”[13]。“目前，以色列人口仅代表世界犹太人的一小部分。但以色列国的目标是从散居国家接收尽可能多的犹太人。这样一个国家有什么权利通过一部对尚未在其境内定居的数百万男女和儿童具有约束力的宪法?”[14]因此，他宣布“不应该通过任何成文宪法，直到以色列人口稳定，阿拉伯入侵的威胁消失”[15]。

本古里安也预见到，成文宪法的另一个主要障碍与政体中的宗教团体有关。

宗教原则在以色列宪法中应得到多大程度保障的问题困扰着许多有宗教信仰和无宗教信仰的公民，[16]正如我们在本章中已经看到的，这显然是一个很难找到解决办法的问题。[17]涉及的两个阵营意见分歧很大。那些被称为“世俗主义者”的人主张以色列制定一部类似于其他西方自由国家的宪法。另一方面，宗教派别的发言人声称，任何成文宪法都应由托拉及其传统构成，这将优于任何人为立法，“因为它的起源是神圣的”。人们认为

139 宪法是应该达成共识的项目，而不是多数人强加给少数人的项目，因此最好是一点一点地制定立法，最终形成以色列宪法。[18] 1950 年 6 月 13 日，以色列议会以 50 比 30 的优势投票决定无限期推迟正式成文宪法的通过，并决定允许其逐步创建，各个部分指定为“基本法”。[19]决议内容如下：

> 第一届议会指示宪法、法律和司法委员会为国家起草宪法草案。宪法应逐条制定，即每条本身都应构成一部基本法。委员会完成工作后，每条都应提交议会，所有条款共同构成国家宪法。[20]

许多人仍然认为，1950 年 6 月备忘录的另一点是，假设在未来的某个时候，整个基本法将被整合为一个单一文件，称为以色列宪法。

1950 年决议的结果受到广泛解读。本古里安和他的支持者将这次投票解释为反对“根深蒂固”的宪法，并且投票支持宪法的完全灵活性，不会有“特权地位”的法律。由于该决议没有说明必须在什么时间范围内编写《基本法》——尽管该决议规定这将由第一届议会完成，但可以肯定地说，这是一个隐含的时间参数——本古里安及其支持者并未感到紧迫。事实上，第一部基本法直到八年后才通过。[21]

另一方面，以色列的一些领导人出于各种原因支持制定成文宪法。当然，一个论点是以色列已经向联合国承诺编写这样一份文件。不这样做将违背重要国际行为体的信任，主要是联合国和那些支持建立以色列国的国家。此外，许多人认为基本法在功能上不等同于宪法，因为它们将由议会的简单多数通过，所以也可以同样地被多数推翻。相反，他们争辩说，宪法应该是比基本法更特殊和更不灵活的文件，还应该需要超过简单多数——例如，至少三分之二或四分之三的立法机构通过——才能成立。

此外,还提出了一些支持以色列制定成文宪法的其他论点: 140

- 宪法将为国家政府提供坚实的基础,界定公民的权利,限制当局的权力,并规范政府部门之间的关系;
- 因为世界上几乎所有其他国家都有一部宪法,以色列也应该有一部;
- 宪法对国家具有教育意义和爱国意义;
- 宪法将成为民族团结的象征,这对以色列来说尤其重要,因为它欢迎来自世界各地的移民。[22]

最终,正如人们所预料的那样,主张不采取行动的势力占了上风。自 1950 年 6 月 13 日决议以来,以色列议会通过了多项基本法律(有时称为《基本法》),但尚未完成工作并正式将所有基本法合并为一个单一文件。一些法律学者因此质疑基本法的合法性,因为与第一届议会(第一届议会未通过任何基本法)不同,第二届和随后的以色列议会[23]没有同等的权力制定制宪会议赋予第一届议会的"高级法律"。他们声称只有第一届议会是制宪会议的延续。由于它未能通过成文宪法,因此没有正式授权的机构来执行这项任务。[24]确切地说,他们说,基本法不能被认为是合宪的。[25]其他人回应说,由于一个民主选举产生的立法机构的权力被传递给下一个民主选举产生的立法机构,所有的议会都具有制宪合法性。[26]经过 60 年的辩论,可以肯定地说,尚未达成正式的共识,尽管实践表明,如果议会选择这样做,它将有权采取行动。

直到 1995 年,以色列还是世界上少数没有正式成文宪法的国家之一。当时,在"联合米兹拉希银行诉米格德尔合作村案"中,最高法院宣布,至今颁布的 11 项基本法将被法院解释为国家的成文宪法,无论议会是否正式通过最终全面立法。[27]

第二节　以色列宪法的结构

一位著名的以色列政治学者写道，目前尚不清楚“基本法”
141 的分类是否只包括“正式获得该名称的立法，或者是否可以用来定义任何涉及宪法问题的法律”。[28]基本法（正如我们已经指出的，有时称为《基本法》），除了它们不寻常的标题，确实并不总是带有区别于议会其他法案的特征。正如另一位分析师指出的，

> 由于1950年的决议没有定义“基本法”一词，许多人认为它适用于议会通过的所有具有基本宪法内容的法律，例如《回归法》（1950年），它规定每个犹太人都有权移民以色列，或《国籍法》（1952年）。以色列议会主席卡迪什·卢兹（Kadish Luz）曾一度引用了宪法性质的22条“法律”，除了当时在成文法书中的两个正式基本法，他还声称1950年决议中规定的任务已经基本完成。[29]

我们之前注意到，除了少数例外，基本法可以随时由议会的简单多数更改。这些例外的一个例子可以在《基本法》中找到：在以色列议会，它的条款只能由议会绝对多数（120票中的61票）修改，还有一个条款需要获得三分之二的投票支持才能修改，无论出席的成员人数是多少。尽管《司法法》中的一部分使其结构和权力完全不受紧急法规的约束，但它是唯一以这种方式受到保护的宪法性立法。

然而，事实上，在议会通过的法律与基本法相冲突的情况下，议会和以色列最高法院以违宪为由驳回了这些法律，议会只是以绝对多数再次通过了同样的法律，然后该立法被解释为实
142 际上是在修改《基本法》，使该立法完全符合宪法且具有合法性。

到目前为止，以色列宪法的十一章已经写好，每一章都被称为基本法。这些法律是由简单的常规多数（出席并投票的多数人）而非绝对多数（超过议会120名成员的50%或61票）通过的议会法案。与常规立法相比，基本法具有特殊的地位，但由于它们是出席和投票的多数人简单决定，原则上它们也可以通过简单多数来修改或废除。议会通过的十一项基本法是：(1) 议会基本法（1958年）；(2) 以色列土地基本法（1960年）；(3) 国家总统基本法（1964年）；(4) 政府基本法（1968年）；(5) 国家经济基本法（1975年）；(6) 陆军基本法（1976年）；(7) 耶路撒冷：以色列首都基本法（1980年）；(8) 司法机构基本法（1984
年）；(9) 国家审计长基本法（1988年）；(10) 人的尊严和自由基 142
本法（1992年）；(11) 职业自由基本法（1992年）。[30]正如我们所提到的，这十一项基本法被许多人视为共同构成了以色列的宪法。[31]

> 到1992年时，议会已经颁布了九项基本法。一般来说，基本法是将现存实践编纂成为法律。它们与普通法的关系是有问题的：《基本法》是否将政府行为限制为更高的基本法，还是应被视为国家的其他法律？在1992年，普遍的理解是，议会的主权几乎是无限的。最高法院只能在议会立法与《基本法》中明确确立的条款相抵触且未以特定多数通过的情况下使议会立法无效。[32]

如上所述，1995年以色列最高法院宣布十一项基本法将作
为国家的成文宪法，并且法院在行使美国式的司法审查权力时 143
会参考这些基本法。

> 1992年，政治进程同样受挫，《基本法》被大幅修订：政府还推动议会通过另外两项基本法，这是第一次涉及人权

> 问题。僵局被打破，因为成文宪法的拥护者意识到，即使仍然不可能制定一项普遍的权利法案，也有可能制定处理争议较少的人权法案。简而言之，以色列逐步制定宪法的过程被用于人权领域。议会颁布了《职业自由基本法》和《人的尊严和自由基本法》。然而，这一次，最高法院利用两个新基本法的语言宣告了一场宪法革命。[33]

除了基本法，议会多年来还通过了许多其他立法，就其法律重要性和对国家政治文化的贡献而言，这些立法具有可称为"准宪法"的地位。其中包括《法律和行政条例》(1948 年)，该条例确立了大量奥斯曼和英国法律作为以色列法律的基础；《回归法》(1950 年)规定了犹太人移民到以色列的权利的基本原则，以及国家在这方面帮助他们的责任；《妇女平等权利法》(1951 年)赋予妇女平等的国家政治和法律权利；《国籍法》(1952 年)对非犹太人入籍进行了规定；《法官法》(1953 年)建立了法官任命框架；《法院法》(1969 年)为不同类别的诉讼确立了不同的法院系统。

第一个被通过的基本法是《议会基本法》，用于处理政府部门之间的关系。议会受托选举国家元首，即总统，任期五年。总统只对议会负责，只有议会才有权因行为不当或无能而将总统免职。选举和罢免总统需要特别多数。虽然总统有法律义务签署议会的立法，但他没有否决权，也不能拒绝签署立法法案。总统还在政府的组建中发挥作用。根据《政府基本法》，总统的职责是"将组建政府的职责委托给一位议会议员"。在这项基本法通过之前，以色列国内就总理是否必须为以色列议会的成员展开了激烈的辩论；自 1968 年以来，这个问题一直悬而未决。[34]这在《总理直选法》中进行了修正，稍后在本书中讨论，但总统现在
144 再次成为该过程的直接参与者。

事实上，《政府基本法》在以色列历史上历经多次变更。它

最初于1968年通过，之后修改设立了总理直选制度，然而在2003年1月再次修改，废除了总理直选制度。该基本法的最新修订版于2001年3月由第十五届议会通过。其核心内容始终保持不变，即为选举后或前任政府倒台后的总理及内阁人选确定规则，详细描述总统在这一过程中的作用，以及联合政府的性质和组建过程。[35]

总统职位最早是在1949年2月的《过渡法》中设立，并在1964年的《国家总统基本法》里得以完善。其设立目的是效仿英国国家元首的角色，但采用共和政体而非君主制。以色列第一任总统哈伊姆·魏茨曼（Chaim Weizmann）主张实行美国式的"强势"总统任期，不过他对政府结构的设想最终输给了大卫·本古里安（David Ben-Gurion）。本古里安按照英国模式，提倡设立"弱势"国家元首和"强势"总理。有一则轶事能很好地说明这一结果：1951年，来访以色列的美国劳工部长转交给魏茨曼总统一封杜鲁门总统的信，信中表达了杜鲁门对魏茨曼"在保护阿拉伯难民问题上没有采取更强硬立场"的失望。魏茨曼博士回应道："我只是一名宪法规定的总统，这不在我的职权范围内。我的手帕只能擦自己的鼻子，不能什么都擦——这是本古里安该管的事。"[36]

随着总统和总理宪政关系逐渐为大众熟知，这类生动有趣的轶事已不多见，但两者的双重角色依然存在。1977年11月，埃及总统萨达特为寻求中东和平，毅然前往耶路撒冷。抵达本-古里安机场后，他与以色列总统伊扎克·纳文（Yitzhak Navon）一同乘坐豪华轿车前往耶路撒冷，而非与以色列总理梅纳赫姆·贝京（Menachem Begin）。这是因为纳文作为总统，是国家元首，按照外交惯例，埃及总统必须由以色列总统正式接待。不过，萨达特随后是与兼任政府首席执行官的总理贝京进行谈判。

如今，以色列总统的角色在政治领域主要具有象征意义（见图5.1）。最初，总统由议会多数选举产生，任期为五年，任期结

束后可连任一次。1998 年,总统任期改为 7 年。[37]截至目前,所
146 有以色列总统均为男性,尽管法律并未对性别作出限制。总统的权力受到《国家总统基本法》和其他法律的明确约束,这些权力涵盖一系列任命职责,包括司法、外交以及一些其他高级职位,如国家审计长、以色列银行行长、最高法院院长和副院长,还有其他公共职位。不过,这些任命需"根据政府建议"进行,实际上就是总理告知总统应该任命何人。总统负责接受他国外交官递交的国书,签署议会通过的所有法律以及批准与外国谈判达成的条约。[38]总统有权赦免平民和士兵的判决,甚至可以为他们减刑。此外,总统还会参与大量公共活动,包括接待各类团体、发表演讲等。[39](如表 5.1 所示)。

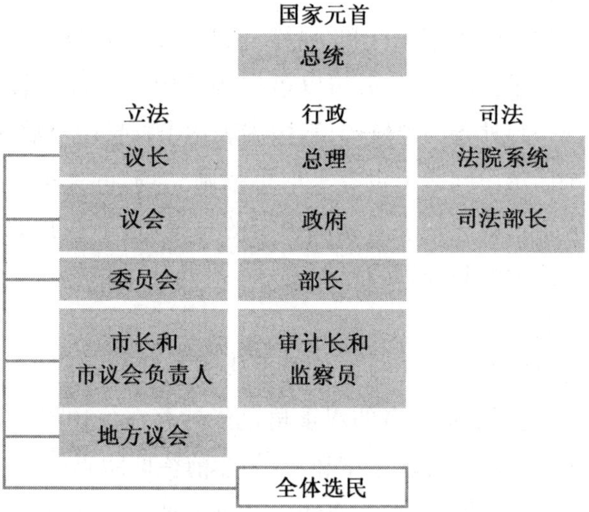

图 5.1　以色列政府结构

资料来源:以色列外交部,"国家:政治结构",2015 年 3 月 9 日访问,http://mfa.gov.il/MFA/AboutIsrael/State/Pages/THE%20STATE-%20Political%20Structure.aspx。

表 5.1　以色列国历任总统

1 哈伊姆·魏茨曼	1949—1952 年
2 伊扎克·本-兹维	1952—1963 年
3 扎尔曼·沙扎尔	1963—1973 年
4 以法莲·卡齐尔	1973—1978 年
5 伊扎克·纳文	1978—1983 年
6 哈伊姆·赫尔佐格	1983—1993 年
7 埃泽尔·魏茨曼	1993—2000 年
8 摩西·卡察夫	2000—2007 年
9 西蒙·佩雷斯	2007—2014 年
10 鲁文·里夫林	2014—2021 年
11 艾萨克·赫尔佐格	2021—

资料来源：以色列外交部，“国家：总统”，2015 年 3 月 9 日访问，http://mfa.gov.il/MFA/AboutIsrael/State/Pages/THE%20STATE-%20The%20Presidency.aspx。

1999 年，埃胡德·巴拉克出任以色列总理时，许多人认为以色列完成宪法建设并确立一部完整宪法的时机已然成熟。这是因为巴拉克（正如本书后续内容会阐述的）在议会中获得了足够支持，能够在没有任何宗教政党支持的情况下通过必要的立法，而且巴拉克本人也积极支持完成这一进程。然而，人们也意识到，即便将已完成的立法整合起来，这也将是一个艰难且极具象征意义的重要过程，因此不能在以色列议会中仓促推进，以免给以色列公众造成被迫接受的不良印象。[40]不幸的是，其他政治事件（同样会在本书后续讨论）致使巴拉克辞去总理职务，并参加提前选举以争取连任，但他最终竞选失败。由于这次失利，宪法完善问题被搁置到以色列政治议程的次要位置。

第三节　法院在制定宪法中的作用

在 1995 年之前，由于以色列没有成文宪法，最高法院在做出判决时，缺乏比议会法案更高层级的具体法律依据，[41]这就导致法院下达的决议合法性时常受到质疑。[42]而这背后的真正原因，或许更多地与政治因素相关，而非基于法律原则。

在以色列建国初期，工党作为主要政党，提出反对制定成文宪法的理由是：一部成文宪法会催生一个激进的法院，并发展出美国式的司法审查制度。[43]成文宪法将成为衡量立法和公共政
147 策的明确标准，进而促使法院更积极地参与对这些内容的衡量。但如果缺乏这样的标准，法院在涉足政治舞台时可能会更加谨慎。

许多政治领导人对接受这种安排持谨慎态度，因为这意味着政治权力将从立法机构转移到非选举产生的司法机构手中。因此，议会不愿放弃任何政治权力这一主题反复出现："（仿照英国模式的）议会主权概念对议会中最强大的政党极具吸引力。那些反对采用正式书面宪法，而主张采用灵活的以色列宪法的人，很可能是受到这种政治考量的影响。"[44]

立法至上原则，即议会通过多数投票成为宪法教条的最终来源，这对当时最高法院的职能产生了多方面影响。其一，法院的管辖权受到议会限制，法院无权对议会的管辖权加以限制；[45]其二，当法院进行裁决时，其裁决依据是立法主权原则，很少在特定情形下对议会立法提出疑问，也从未质疑过议会多数成员按自身意愿行事的能力；其三，基于立法至上原则，法院认为"阐释法律"是议会的职责，自身不应涉足。[46]所以，由于缺乏正式的成文宪法，再加上立法至上原则的影响，在 1995 年之前，法院在国家宪法制定方面的能力受到严格限制。即便法院有意发挥更

积极的作用，其裁决也受到诸多限制，并且在政治上极为谨慎。作为一个整体，法院秉持这样一种信念，即自身职能是维护法律，而非制定法律。[47]以下几个案例可以体现这种态度。

法院最早回避政治案件的案例是 1951 年的贾博廷斯基诉魏茨曼案，这也是法院首次使用“不可审理”一词。[48]案件审查的问题涉及新政府的组建机制。《过渡法》规定，总统的权力之一是在必要时组建新政府。总统在与政党代表协商后，会将实际组建新政府的任务指派给愿意承担此项工作的议会成员。在该案例中，大卫·本-古里安在收到议会的不信任投票后辞去总理职务。总统哈伊姆·魏茨曼与各党派领导人协商后，要求本古里安尝试组建新的联合政府，但本古里安拒绝了。此时，总统放弃了进一步尝试，本古里安则提出解散议会的动议，要求选举新的议会。[49]反对派成员提起诉讼，称魏茨曼未能履行“委托议会 148
成员”组建政府的职责，过早地允许本古里安提出解散议会的动议。他们认为，如果有机会，反对派领袖贾博廷斯基有可能组建联合政府。

法院在裁决时判定，整个问题属于“政治性”问题，因此“不可审理”。

> 组建政府职责的整个议题……不可审理，超出了司法裁决的范畴。其中涉及的关系本质上不属于司法调查领域，而是国家总统、政府和议会，即行政和议会当局之间的关系。解决办法必须通过议会途径寻找……作为议会对［该］政府的回应。[50]

由此确立的原则十分明确：此后，法院将避免处理其认定的“政治”问题，这类问题涉及立法机关自身能够解决的事项，包括涉及立法机关主权范围的问题。

后来在 1965 年的“巴苏尔诉内政部长案”中，涉及一项禁止在以色列某些特定地区养猪的立法，这些地区将在地图上予以标明。然而，在法案通过时，议会尚未完成必要地图的绘制，导致法律无法执行。一位反对在其所在地区养猪的穆斯林请愿者向最高法院上诉，称禁止养猪的法令仍然有效，因为未完成地图绘制是议会的失误，而非法律本身的问题。撰写多数意见并驳回此案的贝林森法官(J. Berinson)表示：

> 我怀疑我们[法院]是否有权否认议会正式通过法律的有效性，即便该法律存在事实错误或基于错误前提。换言之，法院能否超越法律本身，审查其正确性或是否符合事实，这值得怀疑。……议会是国家的立法机构，拥有主权。[51]

法院不愿废除立法，再次体现出其支持以色列议会的意愿，以及认为议会在政治体系中应处于至高无上地位的信念。法院遵循对被标记为政治性的案件谨慎处理、推迟行动的原则，并放弃修改或废除议会法律的权力，将立法至上视为以色列宪法制度的基石。[52]

149 1969年的"沙利特诉内政部长案"进一步证实了法院不具备制定政策职能这一观点。该案中，一位犹太父亲和一位非犹太血统的不可知论母亲，要求将他们的孩子登记为"具有犹太国籍，但无宗教信仰"。[53]登记官拒绝将孩子登记为犹太人，理由是根据"哈拉卡"[54]规则，"非犹太母亲所生的孩子不能登记为犹太人"[55]。父亲向最高法院上诉，经过两年的思考与考量，最高法院最终以五比四的多数裁定，登记官必须按照申报人的信息为孩子登记，"除非他有合理理由相信申报信息不正确"[56]。本案的重要原则在于，法院拒绝依据宗教因素制定法律和解释相关问题(即极端正统派关于母亲宗教背景的规定是否应成为决定因素)，而是简化为按照议会法律规定，内政部长需依据父母提供的信息为孩子登记。

或许以色列最高法院最著名的判决当属1969年的“伯格曼诉内政部长案”，该案件常被拿来与确立美国司法审查原则的“马布里诉麦迪逊案”相提并论。原告亚伦·伯格曼（Aaron Bergman）博士向法院提起诉讼，试图阻止财政部长依据1969年《融资法》的条款行事，该条款规定政府要在竞选活动中为政党提供资金。[57]伯格曼博士声称，《财政法》对新政党存在不公平歧视，因为它只为那些在（即将卸任的）议会中已占有席位的政党提供政府资金。他辩称，这种不平等使得法院应根据《议会基本法》第四节判定《财政法》无效，该节规定议会应由全体国民直接选举产生，且需依据议会选举法进行平等选举，除议会的大多数成员外，不得更改本节内容。

伯格曼指出，《财政法》与《议会基本法》第四条相冲突，因为它造成了选举的不平等。[58]此外，他认为《财政法》不能被视作对《议会基本法》的有效修正，因为《财政法》是由少于议会全体议员的多数通过的，而依据第四节规定，进行有效修正需要议会全体议员的多数支持。

法院的判决明确确立了司法审查原则，与“马布里判决”一样，它以当时政治上可接受的方式达成。兰道（Landau）大法官代表法院发言，在现代以色列历史上首次宣布议会法案无效。
最高法院支持伯格曼的诉求，裁定“《财政法》与《议会基本法》第 150
四节中的平等原则不符：依据《融资法》选出的议会依法不得在平等选举中产生”，[59]因此，《财政法》被废除。事实上，法院更进一步，就如何修正《财政法》中的不平等问题向立法机关提供了详细建议，提议议会要么以特别多数重新制定该法案，从根本上推翻《议会基本法》；要么通过支持新政党的方式进行修改，以消除不平等。[60]

“伯格曼案”为现代以色列最高法院近年来日益积极发挥作用奠定了基础，其中部分成员在本质上是激进主义者，[61]这一点无可辩驳。当然，对于法院在解释和裁决议会行为方面具有合法性、能够发挥作用这一观点，议会和其他观察员并不认同。[62] 议会和法院之间的紧张关系随着时间的推移有增有减，具体取决于所涉及的特定案件。[63] 前首席大法官梅尔·沙姆加（Meir Shamgar）曾写道："民主不仅体现在多数人统治中，也体现在为了适当保护少数人的权利而对多数人的限制中。"法院观察员注意到，"显然，由多数人选择并依赖于多数人的政府立法和行政部门无法提供这种限制，它必须来自司法部门"[64]。但问题在于，一些议员并不认同这一观点，并威胁称，如果最高法院变得过于活跃，他们将进行立法报复，在立法上剥夺最高法院的部分权力。[65]

长期以来，赋予以色列议会推翻其最高法院作出的不受欢迎决定的权力是否明智，这一问题一直备受关注。

一个由政府任命的公共委员会提出了一项名为《立法基本法》的新基本法，该法确立了最高法院废除议会立法的权力，但同时赋予议会在最高法院废除法律后，再次通过该法律并使其生效的权力。该提案要求议会分三次通过该法案，每次都需要议会成员的特别多数支持。该提案还将该法案的有效期限制为五年，之后可延长相同期限。[66] 不过，拟议的基本法尚未获得通过，但对最高法院持批评态度的人士仍在为它或类似法律辩护，理由是这样的法律能够"阻止政府立法部门和司法部门之间的冲突"。[67]

如前所述，法院角色转变的一个关键事件是1992年通过了两项立法，即《职业自由基本法》和《人的尊严与自由基本法》。
151 它们限制了议会通过违反特定权利的立法权力，并成为法院用来增强其在制定社会政策方面作用的重要依据。[68] 当时有一位观察员写道：

> 最高法院两位占主导地位的大法官又向前迈进了一步，暗示在可预见的未来他们也可能进一步废止法律。首

席大法官沙姆加指出，在美国，最高法院有权在没有明确宪法规定的情况下推翻法律。沙姆加明确表示，在以色列，法院是否拥有这种权力的问题仍然悬而未决。大法官阿哈伦·巴拉克(Aharon Barak)则写道："原则上，法院有可能宣布一项与该制度基本原则相悖的法律无效。即使这些原则没有以严格的宪法为基础，关于一项法律不能因其内容而无效的观点也并非不证自明。"[69]

法院最激进的成员之一，阿哈伦·巴拉克大法官[70]辩称："在任何实行司法审查的宪政政府中，关于基本价值观的最终决定权都应掌握在法院手中。"[71]然而，巴拉克的观点并不总是得到公众的赞同与支持。[72]尽管巴拉克宣称在法院行使司法审查权力方面发生了一场"宪法革命"，但法院实际上并没有频繁行使这种权力。

在以色列，首席大法官巴拉克明智地没有过分强调司法审查问题，此后只有两项议会法律被宣布违宪。然而，高等法院这种行动的隐含威胁，往往能对行事不够审慎的议会立法者和专制的政府官僚产生有效的约束作用。[73]

正如以色列最高法院的一位学者所写："法院，特别是近年来，诉诸《独立宣言》作为法定解释的辅助已成为惯例；[74]然而，一般来说，它的诉求主要针对提及个人权利的段落。"[75]法院还经常引用美国宪政、美国宪法和美国最高法院的裁决来为自己的观点提供正当性，例如巴拉克大法官的意见指出，美国宪法允许大法官对其角色持有"宽广的视野"，而议会的行为"应被视为基本的宪法规定"，需受到解释规则的约束。法规的沉默并不妨碍法院"根据《独立宣言》对法律进行解释，因为《独立宣言》表达了'人民的愿景和信条'"[76]。

在 21 世纪初，关于法院适当作用的讨论在以色列仍在热烈进行。[77]正如我们在前几章的讨论中所提及的，批评法院的主要
152 团体之一是极端正统派宗教政党，他们对法院做出的一些强有力的决定感到不满，这些决定限制了他们界定“犹太人”含义的能力。[78] 1999 年，联合妥拉犹太教（Yahdut HaTorah）和沙斯党在周末前促使议会通过了一项决议（显然，“大多数联盟成员已经回家过周末了”），“呼吁最高法院不要干涉‘哈拉卡’[宗教]和政治问题、立法程序以及宗教世俗现状”[79]。

> 反对通过宪法的主要力量依旧是宗教政党。他们在意识形态上反对，因为他们认为临时宪法会破坏他们的主张，即圣经本身（及其数千年的拉比解释）是犹太国家唯一需要的基本法律。在政治上，他们持续担忧废除那些为他们的政治影响力提供基础的宗教立法。[80]

1999 年行动后不久，以色列议会通过了一项决议，撤销了这一关键决议，并表示支持司法审查和法院：

> 以色列议会昨晚宣布支持最高法院对其立法进行司法审查，该决议撤销了上个月通过的一项反法院声明。该决议是在一场关于议会与司法机构之间关系的重新辩论结束后通过的。发起辩论的联盟党鞭奥菲·皮涅斯帕斯（Ophir Pines-Paz）表示，议会通过新决议“挽救了自己的荣誉”。
>
> 声明指出，以色列议会必须加强司法机关的独立地位，并在《议会基本法》赋予其权力的框架内，“承认对立法进行司法审查的民主需要”。[81]

2000 年 11 月，议会提出立法，设立一个新的宪法法庭，正式行使以色列最高法院一直在发展的司法审查权。新宪法法庭

将有11名成员，由最高法院的三名法官、两名宗教法院法官、一名卡迪（*Kadi*，根据伊斯兰宗教法裁决的法官）、四名教授和一位新移民组成。该提案通过了初审和表决，被视为对最高法院日益增加的政治作用的立法批评；该法案的一位发起人表示，"高等法院被'政治化'了，因此半数国民不能接受"，他指的是极端正统派宗教的以色列人。由于政府当天的声明不支持这个想法，该提案最终未能通过，但它确实显示出一些议员对法院的不满程度。[82] 153

2001年春天，关于法院作用的讨论仍在议会的立法议程上。以色列议会正在就建立欧洲式宪法法院的提议举行听证会，"从而剥夺了最高法院目前作为宪法仲裁者的角色"。观察人士认为，立法背后的主要动机是对于最高法院单方面适用权力的"累积的挫败感"。尽管国家没有宪法，但在巴拉克的领导下，法院一直在缓慢地努力建立自己的宪法权力。[83]这项提案也在议会委员会中未能通过。

法院在其与以色列宪法相关的角色演变过程中，不得不小心翼翼地前行，因为宪政主义在以色列政治中的含义尚不明晰。例如，在美国，可以说这个国家是建立在古典自由主义的理想之上，包括重视生命、自由、个人权利等。在以色列建国之时，它的缔造者们清楚地意识到并认同二十世纪中叶的自由主义价值观，但他们也坚定地致力于前述已经提出的其他理念，包括犹太复国主义概念中隐含的民族抱负。正如一位学者所指出的："宪法——实际上是普遍的法律——必须以某种方式协调自由主义和社会主义的戒律，这两种戒律几乎不像在美国那样相互适应。"[84]

由此可见，多年来，法院在制定以色列宪法中的作用发生了显著变化。在以色列建国最初的几年里，法院对干预政治事务非常谨慎，满足于宣布冲突具有政治性，并将其留给政治舞台，主要是交由议会来解决。法院一致裁定，在任议会的简单多数意志具有自主权，但基本法明确要求旨在修改基本法学说立法的特别多数除外。这意味着，法院的作用通过议会对新《议会基本法》采取行动的缓慢、累加的过程在持续发展。近年来，法院一直愿意扮演一种更引人注目、更具政治性、更积极主动的角色——有时也会因此受到批评——以色列所谓的宪法体系也发展得更为迅速。[85]这种趋势仍在延续，而且往往涉及以色列社会最具争议和最紧迫的问题，这些问题在立法领域难以解决，例如西岸和加沙的军事占领问题。[86]

在这里，我们需要注意到，与在许多其他领域一样，以色列是一个年轻的国家，它还没有达到我们在其他稳定但更古老的
154 民主国家所看到的政治实践发展水平。制定成文宪法的问题仍
有待解决[87]，以色列最高法院作为一个激进组织的角色问题，[88]以及构成以色列宪政的本质问题，也都有待进一步明确。以色列相对年轻这一特征在本书中会反复提及。

第四节　以色列的议会制度

许多学者认为，英国模式是议会制政府的起源，所有的议会制或多或少都受到英国模式的影响。在以色列的背景下，这一观念备受关注。

尽管以色列议会制度的许多方面确实与英国模式存在一些相似之处，但在结构上却有很大差异。[89]关于这个主题最权威的研究之一得出结论：尽管英国对于以色列议会的“遗产”不可忽视，但对以色列议会形成的主要影响还是来自犹太复国主义和巴勒斯坦犹太社区，以及英国、美国、法国、南斯拉夫、俄罗斯和土耳其。[90]

以色列议会与英国或“威斯敏斯特模式”之间存在诸多相似之处，尽管 1992 年以色列选举制度的变化（后来证明是暂时的，

将在下一章中进一步讨论)使以色列在某些重要方面偏离了威斯敏斯特模式。威斯敏斯特模式由四个特征构成:[91]第一,担任行政职位的人不兼任国家元首;第二,行政长官及其内阁行使政府的行政权力;第三,行政长官和内阁都是立法机关的成员;第四,行政长官和内阁对立法机关负责,并可能被立法机关免职。

直到 1992 年,以上所有特征都体现在以色列政体中,并且在今天再次成为其特征。从 1992 年到 2001 年的十年期间,以色列具备第一、第二和第四个特征。其一,以色列有两位领导人,即总统和总理,而不像美国总统那样只有一位;其二,总理和内阁行使政府的"实际"权力,而总统主要发挥象征性作用,尽管如前所述,这种关系最初导致本-古里安和魏茨曼在建立稳固关系之前在政治机制上存在一些磨合;其三,第三个特征在 1996 年之前一直是以色列政府的一部分(尽管 1992 年通过了改变政治结构的法律),并于 2001 年 3 月重新成为以色列政府的一部分,即总理和大部分内阁成员来自立法机关,这与总统制中明确 155
禁止政府部门两个分支兼任的情况不同。[92]1992 年,以色列决定采用全新版本的威斯敏斯特行政选举方式(尽管结果证明这只是一个暂时的改变),这将在下一章中进一步阐释;其四,也是最后一点,议会有权随时通过投票罢免现任政府。

在以色列,议会没有宪法,所以不能说它"在宪法上"是最高政治权力机构。[93]议会的行动没有行政否决权,并且在不断变化的范围内,法院不会通过宣布立法机构违宪来限制立法行动。与美国的情况不同,在以色列,没有广泛的美国式司法审查传统,尽管在过去的几十年里这种情况似乎正在发生改变。[94]总统不能解散议会、罢免总理,而且国家元首和行政长官都不能像我们在许多其他议会制度中看到的那样召集新的选举。只有议会可以缩短其对选民的选举授权,解散自己并呼吁举行新的选举。

正如我们对威斯敏斯特模式的预期,总统的角色在政治体系中显然处于次要地位。总统"根据总理的建议"行事,而且自身几乎没有自由裁决权。就像萨格尔(Sager)提醒我们的那样：

> 导致1983年政府更迭的一系列事件说明了总统在确定总理候选人时的自由裁决权是多么有限。在贝京总理宣布打算辞职之后,但在其辞职之前,赫鲁特(Herut)中央委员会提名伊扎克·沙米尔接替他,沙米尔先生立即会见了即将卸任的政府联盟伙伴,并通过签署协议确保了议会所需的多数席位。在贝京先生辞职后不久,总统与议会团体进行了正式协商,而他选择沙米尔先生组建新政府实际上已成定局。[95]

简而言之,以色列可以被视为一个议会制国家,但它肯定不是英国的翻版。以色列是宪政议会政治制度的范例,但它确实有自身的特点。这些特点是我们在接下来的几章中研究的主题,在这些章节中,我们将看到人民选举议会,而立法机构中的多数人选择行政部门的领导人,即总理。总理只有在能够获得立法多数席位的情况下才能继续任职。就以色列而言,这需要建立和维护联合政府。

因此,与其他议会政治制度一样,内阁而非立法机关,才是
156 公众日常关注的焦点,是驱动政府运转的核心。由于以色列存在严格的党纪,议员个人在立法过程中的作用非常有限。简而言之,正是政党构成了社会与政体之间的关键纽带。我们现在的讨论必须转向这个领域。

进一步阅读

Barak, Aharon. *The Judge in a Democracy*. Princeton, N.J.: Princeton University Press, 2006.

Jacobsohn, Gary. *Apple of Gold: Constitutionalism in Israel and the United States*. Princeton, N.J.: Princeton University Press, 1993.

Kretzmer, David. *The Occupation of Justice: The Supreme Court of Israel and the Occupied Territories*. Albany: SUNY Press, 2002.

Lahav, Pnina, ed. *Law and the Transformation of Israeli Society*. Bloomington: Indiana University Press, 1998.

Mautner, Menachem. *Law and the Culture of Israel*. New York: Oxford University Press, 2011.

Meydani, Assaf. *The Israeli Supreme Court and the Human Rights Revolution: Courts as Agenda-Setters*. New York: Cambridge University Press, 2011.

——. *Law and Government in Israel*. New York: Routledge, 2010.

Sapir, Gidon, Daphne Barak-Erez, and Aharon Barak, eds. *Israeli Constitutional Law in the Making*. Portland, Ore.: Hart, 2013.

Sharfman, Daphna. *Living without a Constitution: Civil Rights in Israel*. Armonk, N.Y.: M. E. Sharpe, 1993.

Woods, Patricia J. *Judicial Power and National Politics: Courts and Gender in the Religious-Secular Conflict in Israel*. Albany, N.Y.: SUNY Press, 2008.

157

第六章　总理与议会

在探讨英国首相与内阁其他成员的权力关系时，英国首相常被视作“平等中的第一名”；而以色列总理，或许更适合被形容为“不平等中的第一名”。[1] 1992 年，以色列选举框架发生变化，短时间内显著改变了总理在以色列的宪法权力基础。尽管后来议会将选举制度恢复至从前，但议会和总理之间的权力关系持续演变，多年来，总理权力也历经诸多重要变化。本章将深入探讨议会的设置与组织、立法通过方式、个别议会成员的作用、以色列联盟政治的本质，以及总理与议会相关的权力。同时，我们还会分析以色列联合政府扮演的独特且关键的角色，以此理解以色列政府的运行逻辑。

第一节　背　景

如前文所述，除了 1992—2001 年这九年，以色列政府一直采用相当典型的议会制度。与众多威斯敏斯特模式类似，总理
158 及其内阁的权威和权力源自议会。首席执行官，即总理，只有在获得议会信任投票后才能上任；但同样，总理也可能因议会的不信任投票随时被罢免。不过近年来，由于法律要求的改变，实施不信任投票的难度有所增加。一般认为，立法至上是以色列政治制度的特征之一，立法机构负责政府行政部门成员、总理及其

他内阁成员的任用和解雇。

议会负责通过所有立法，是行政部门官员的来源地，凭借保留不信任投票权来管控政府（总理和内阁），选举任期固定为七年的总统，并且在理论上，它仍是以色列主要的政治架构。但实际上，正如本章将呈现的，情况并非全然如此。通过政党制度以及党纪行为（政党成员遵循党内领导人指示行事），总理几乎时刻掌控着局势。

前文提到，1992 年以色列议会批准了一项重大选举制度改革，该改革在数年内极大地影响了总理权力、总理与以色列议会的关系，以及以色列政治格局的权力平衡。改革后，总理由民众直接选举产生，而非由总统从议会成员中挑选。新选举制度从 1996 年持续至 2001 年 3 月，先后影响了 1996 年 5 月、1999 年 5 月和 2001 年 2 月的三次以色列总理选举。[2]由于民众对新制度的运行结果极为不满，2001 年 3 月，以色列议会投票恢复了自独立至 1992 年一直施行的选举制度。在该制度下，选民只需为一个政党投一次票，总理由总统从议员中选出。[3]

在 2001 年以色列议会恢复的现行制度中，目前仅有国家级的议会选举。以色列公民投票选举议会成员；待明确议会中的政党代表以及哪个政党拥有最多席位后，总统将“邀请”一名议会成员（通常是总统认为最有可能获得以色列议会多数支持的议员）组建政府，即成为总理并组建内阁。

> 例如，利库德集团曾于周四在以色列议会开启与五个 159
> 潜在联盟伙伴的马拉松式谈判。此前，鲁文・里夫林总统于周三晚上正式责成总理本雅明・内塔尼亚胡组建以色列第三十四届政府。利库德集团的谈判代表预计与库拉努派（Kulanu）、巴伊特・耶胡迪派（Bayit Yehudi）、沙斯党（Shas）、以色列・贝特努派（Yisrael Beytenu）和犹太教统一党（United Torah Judaism）代表进行一整天的会谈，力求

> 在独立日前夕(4 月 22 日)组建新的执政联盟。该假期恰逢组建政府的最后期限,因为最有可能的候选人从总统那里获得了 28 天的授权。若届时内塔尼亚胡未能组建联盟,他可要求里夫林再延长 14 天,但总统并无批准的义务。[4]

这意味着,鉴于议会中政党众多,总理必然要组建联盟政府(本章稍后将详细探讨),即汇集议会中几个不同政党的席位,以创建多数派集团。候任总理与多个政党进行长时间谈判后,需前往议会进行信任投票,只有当议会中的大多数成员(至少目前)实际支持政府时,政府才算掌权。[5]

1992 年确立、1996—2001 年生效的制度,使以色列从纯粹基于威斯敏斯特模式的选举制度,转变为一种更为独特的制度。有人认为,这一制度以“总统化”方式选举总理。[6] 1996 年,总理的直接选举首次与第十四届议会选举同时举行(虽然议会在 1992 年改变了选举制度,但规定这些变化要到 1996 年举行的下一次议会选举才生效)。《政府基本法》修订本将总理选举与议会选举分开。这项基本法修正案最初由四名议会成员在第十二届议会(1988 年)选举后,因组建联盟困难而提出。提案旨在加强总理地位,避免为组建联盟和政府进行政治交易,理论上看似合理,实际却被证明是个糟糕的想法。[7]

该法律规定,总理须获得 50%以上的公众投票才能当选。若没有候选人赢得规定多数票,则得票最多的两名候选人进入第二轮选举,在第二轮投票中获得多数票的候选人成为总理。
160 1996 年 5 月 29 日,以色列举行首次总理直接选举,候选人是西蒙·佩雷斯和本雅明·内塔尼亚胡,最终内塔尼亚胡赢得 50.49%的多数选票。这种新的直选方式导致最大的两个政党利库德集团和工党政治权力大幅削弱,在第十三届议会中,两党共拥有 84 个议会席位,而在第十四届议会中仅拥有 66 个席位。与此同时,中型议会团体(拥有 5 至 10 个席位)的数量有所增加。

1996年选举后，议员约西·贝林（Yossi Beilin）和乌兹·兰道（Uzi Landau）发起取消总理直接选举的提案，理由是以色列议会整体遭到削弱，尤其是两个最大政党的权力被削弱。最终，选举结构在2001年3月发生逆转。

第二节　权力的制衡

近年来，政治学领域大量关注集中在比较政策制定和所谓“立法机构衰落”的总体趋势上。[8]有一种观点认为，行政政府权力的不断增长由多种因素导致，与之相应的是立法影响力的下降。[9]因此，政治制度中的权力被视为“零和”博弈：行政权力的每一次增长，都被认为对应着立法机关权力的同等下降。如前文所述，这种情况导致事实上的内阁至上，而非立法至上的法律原则。[10]

内阁至上原则的基本形式相对容易理解，这是因为议会制度中存在严格的党纪。议会个别成员需遵守党派领导人指示，以“团队成员”身份行事，即按照党派领导人要求投票，参与辩论支持自己的政党，其议会政治行为通常需支持所在政党。

从政治哲学角度看，这一原则具有合理性。因为以色列选民并非投票给单个候选人，而是投票给一个政党，单个候选人作为团队成员被选入议会。他们当选的原因并非个人政治观点，而是党派关系。由于多数联盟的领导人几乎都是内阁成员，我们可以发现：立法机关在技术上掌控政府结构，但实际上听命于 161
行政部门、内阁的领导人，因为他们是议会各党派的领袖，这就形成了内阁至上的概念。

这一原则与以色列政治人物密切相关，意味着单个议员不应仅参与遵循个人议程的活动，而应按照党首指示行事。反对党成员应追随政党领导人，政府联盟党成员也应追随党首（通常也是内阁成员）。

在以色列政治制度中，政党众多，没有一个政党能在议会中拥有绝对多数席位，因此联合政府成为常态。联盟可定义为一组非多数党派，它们在议会中集中力量（即议会席位），以创建支持政府的多数派集团。[11]了解政府联盟是研究以色列政治进程的关键起点。由于议会中的政党一直有必要组建联盟，所以传统上单个政党和立法行为的自由度相对较低。党纪，即让议会成员统一投票并支持党的政策的做法成为常态，联盟路线得到严格执行。党首可能会对议会议员说："你当选是因为你是这个政党的成员，不是因为你个人的政治偏好。因此，你应该像我们团队的好成员一样行事。"

以色列"政府"一词具体指总理及其内阁。[12]内阁每周开会，通常在周日工作周开始时，讨论国家层面的政治议程问题。内阁在集体责任制原则下运作：一旦做出决定，所有内阁成员都应支持该决定，个别内阁成员若不支持内阁决定，唯一选择就是辞职。[13]

有时，媒体会提及"核心"内阁或"安全"内阁，这是整个内阁的一个小组，通常由总理最亲密的顾问和与国家安全和国防关键问题最密切相关的人组成。整个内阁成员多达36名，不过现在的内阁规模相对较小；"核心"内阁可能有十几人，通常更少。

例如，总理办公室本身的相对重要性与英国不同，这主要是因为以色列内阁由不同政党的领导人组成，即便他们已同意加入政府联盟，仍担任各自政党的领导人。[14]这导致总理可能向内阁同事提出得不到大多数内阁成员支持的政策建议（总理处于
162 少数派），此时总理只有两个选择：要么支持内阁多数成员的意见，要么辞职，这种情况在英国不会发生。

如今的总理比短暂的直接选举之前地位更稳固。2001年议会投票恢复早期选举制度时，弥补了总理在上台前必须组建联盟而处于脆弱地位的缺点，议会更难解雇总理。1949—1996

年，总理相对容易被大多数出席并在以色列议会投票的人解雇。只要发出适当立法警告，随时可发起不信任投票，若总理无法证明得到议会多数成员支持，就必须辞职。虽然这种情况不常发生，但确实存在可能性。

2001 年，以色列议会效仿德国模式，修改制度采用“不信任的积极投票”。这要求议会在表达对现任总理缺乏信心的同一决议中选择继任者。显然，这提供了更大的安全性，因为让众多政党达成一致不希望某人担任总理，比让他们就支持谁作为继任者达成一致更容易。也就是说，在旧制度下，极左和极右的成员可能都不喜欢中间路线总理的政策，会联合投票让总理下台，但即便赶走现任总理，他们仍难以就继任人选达成一致。在新制度下，如果没有指定继任者，就不能投票罢免总理。

本章考察了以色列议会在以色列政治制度中的作用，以及自 1948 年以来联合政府所拥有和行使的权力。[15]尽管以色列作为现代国家存在的时间相对较短，但已发展出许多独特的传统和习俗，这一点值得关注。

第三节　议会的立法

除了辩论与讨论，立法机关最为重要的功能或许便是通过各类法律。以色列议会的立法程序与标准（英国）议会模式极为相近，在此仅对该过程展开简要探讨。[16]

首先，需要明确区分政府法案、委员会法案以及个人议员法 163
案（之所以如此命名，是因为这类法案由个人议员提出，属于个人独立行为，而非政府成员的行为）。政府法案由内阁成员、政府官员提出，通常在各部委内部拟定，这些部委隶属于庞大的政府官僚机构。无论法案源自建设部、国防部还是教育部，都会在相关部委的指挥体系中向上传递，最终抵达总干事办公室，即该部最高级别的公务员办公室。之后,总干事将提案转交给负责该部门的部长,部长再将法案提交内阁。若提案获得内阁批准,便会在议会中作为政府法案引入。

顾名思义,委员会法案出自议会委员会。而个人议员法案则由非内阁成员提出,这些成员可能来自政府联盟政党(但并非内阁成员),也可能是反对党成员。从历史数据来看,个人议员法案在议会每年处理的法案总数中占比相对较少。不过,近年来,其在议会处理的立法总量中的比例显著增加,如图 6.1 所示。

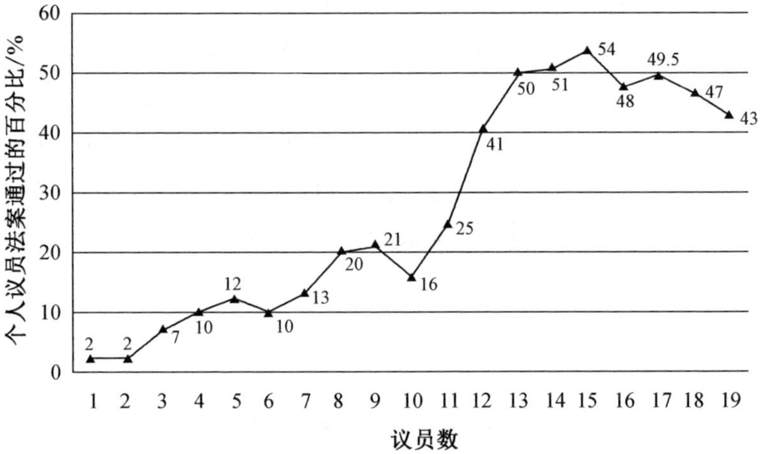

图 6.1　个人议员的法案占所有法案的百分比

注:自 2002 年 10 月(第十六届议会开始)起,计算法案的方式发生了变化,现在有单独的一系列议会法案——换句话说,个人议员法案和委员会法案("官方公报:法案—议会")和政府法案("官方公报:法案—政府")自从分成两个系列以来,各种法案已经开始重新编号。

资料来源:第十一届议会的数据来自议会网页,2010 年 1 月访问,http://www.knesset.gov.il/description/eng/eng_work_mel2.htm. 第十二届议会(1988—1992 年)至第十九届议会(2013—2014 年)的数据由议会法律部汇总,于 2015 年 6 月 10 日以电子方式传输。

实际上,2009 年,内阁秘书欧维德·叶赫兹克尔(Oved Yehezkel)和议会秘书埃亚尔·伊农(Eyal Yinon)在议会发起一项提案,作为内阁与议会关系全面改革的一部分,该提案旨在将议会成员每年可提交的私人法案数量限制在 10 个以内。

> 提案指出，近年来政府在立法过程中逐渐失去主导地位，这与其他民主国家的常态以及以色列约 20 年前的情况形成鲜明对比，对内阁和议会的地位与效能产生负面影响，普遍削弱了政府的治理能力。在提案之时，议员可提出的法案数量不受限制，致使个人议员法案数量激增，从第十四届议会（1996—1999 年）的平均每月 75 个，增加到即将离任议会的 138 个，增幅超 80%。[17]

由于叶赫兹克尔和伊农在第十八届议会选举前，向总理埃胡德·奥尔默特和议会议长达莉亚·伊齐克递交提议，而选举后，新政府（由总理本杰明·内塔尼亚胡领导）对该问题缺乏兴趣，所以该提议未被采纳，个人议员法案数量不断增加的挑战依旧存在。[18]

以色列立法的问题并非缺乏透明度，而是缺乏连贯性。就政 164
府法案而言，与其他议会民主国家不同，其他国家的政府通常有计划、系统地提交大部分立法，而以色列却没有年度计划，主要原因是政府对每届议会会议（或一般会议）所追求的目标缺乏全面规划。此外，由于政府内部缺乏连贯性，部长们常常致力于阻挠其他部长的立法倡议，就如同他们积极发起自己的立法一样。

然而，以色列制度的主要问题在于大量个人议员法案涌入议会和部长级立法委员会。以色列为何会有如此多的个人议员法案是一个值得深入探讨的话题。但问题的关键在于，每届议会都会提交超 1000 份此类法案。这些法案并非全面政策计划的一部分，而是议员个人偏好的体现，或是对过去未通过旧议案的重新提交（议会成员重新提交此类议案无须耗费太多精力），抑或压力团体推动的结果，甚至还有部分是部长们为规避政府内部混乱的立法程序而发起的。

165 这些法案中，仅有约 5%能通过成为法律，约占议会批准法律的一半。约 20%的提交法案能进入初审阶段，而这些法案需由部长级立法委员会审查。也就是说，每次议会会议，委员会都需审查 200 多项法案，即便全力以赴，也难以对每一项法案进行认真审议。由于委员会的审议过程不透明，我们也无从知晓有多大比例的法案是因其本身优劣的原因被否决的，但主要问题显然并非缺乏透明度。[19]

议会通过的立法范围极为广泛。[20]在 20 世纪 70 年代，议会提出的议案总数中，个人议员提出的法案通常不足 20%，而近年来，个人法案的数量日益增多，近 50%(在第十三届议会中超过 50%)的法案由个人议员提出。自 1981 年第十届议会(梅纳赫姆第二届政府)以来，每届议会的个人议员法案数量都实现了翻倍。尽管过去 20 年引入的个人议员法案数量急剧增加，但实际上议会通过的个人议员法案比例仍然很低(见图 6.2)。

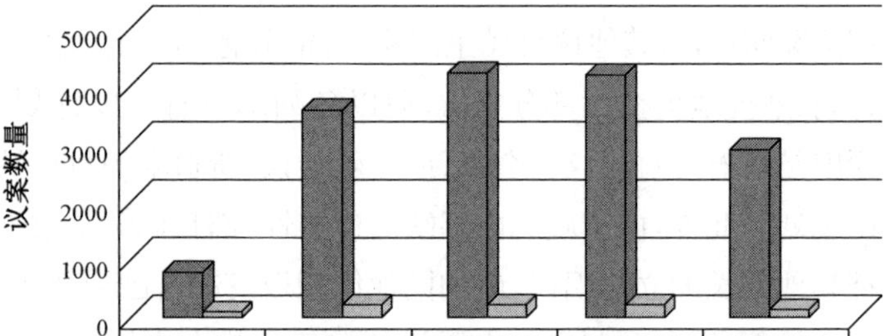

	第十一届议会 (1984—1988年)	第十三届议会 (1992—1996年)	第十五届议会 (1999—2003年)	第十七届议会 (2006—2009年)	第十九届议会 (2013—2014年)
个人议案提出数	769	3607	4234	4091	2921
个人议案通过数	74	213	239	226	114

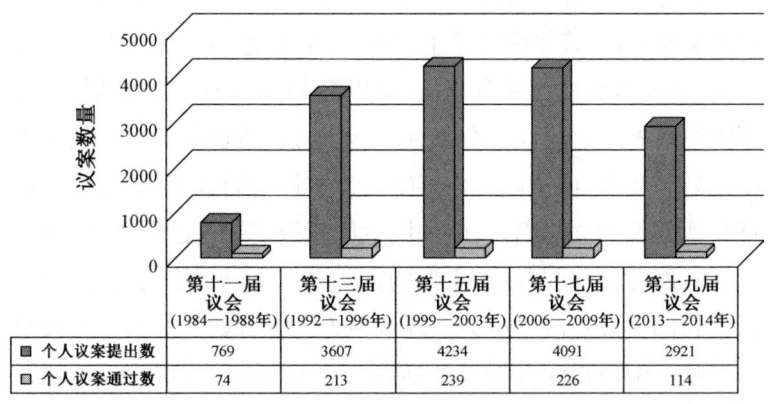

图 6.2　议会通过的个人议员法案数

注：自 2002 年 10 月(第十六届议会开始)起，计算法案的方式发生变化，如今有单独的一系列议会法案，即个人议员法案和委员会法案("官方公报：法案—议会")以及政府法案("官方公报：法案—政府")。自分成两个系列以来，各类法案开始重新编号。

资料来源：以色列议会法律部，2015 年 6 月 10 日以电子方式传输。

议会的大部分立法成果源于政府发起的法案。新政府上任时，通常会提出一份他们认为“迫切”需要通过的法案清单。[21]经 166
内阁批准后，政府法案将作为议程项目提交议会。在开始讨论前，所有法案必须“摆在桌面上”(可供审查)至少 48 小时。议会委员会若有需要，可以放弃这条“48 小时”规则，就如同它可以放弃许多其他程序规则一样。

立法过程的第一阶段是初读，仅适用于个人议员提出的法案。在这一阶段，议会的个人议员或议员团体将法案提交给所谓的议会主席团(议长及其代表)审批。随后，该法案将至少搁置 45 天，之后进入初读阶段。

> 初读以提出该法案的议员的开场陈述开始，接着是政府的回应或其他议员的反对，最后进行投票。如果全会决定将该法案从议程中删除，那么该法案或任何与之相同的法案在接下来的六个月内都不会进行初读讨论。若议会批准该法案，法案将被移交至议会委员会，为一读做准备。[22]

接下来是一读。[23]此时，政府法案开始进入立法程序。负责法案的部长首先对法案内容进行总结，然后逐行宣读。如果该法案是个人议员的法案，则由议员展示法案并进行开场陈述。演讲者提交议案后，辩论开始。议会所有成员都可参与这场辩论，辩论结束时，议会决定该法案是否应保留在事务议程上。若法案得以保留，将被发送至相应的议会委员会，为二读做准备。这种一读辩论通常具有一般性。当辩论结束进行投票时，政府法案几乎总能通过并移交至委员会。[24](这是因为政府由在议会中占多数的政党组成，所以政府法案总能获得多数票通过。而个人议员的法案很少能获得相同的结果，通常会在立法过程中被否决。)

若法案未被否决，将被发送至具有管辖权的任一委员会。[25]

若涉及多个委员会，法案将按照议会议长选定的顺序依次提交给这些委员会。委员会处理法案的时间可能是三个月，也可能是三个小时，这取决于法案的重要性、委员会的工作量以及政府
167 的意愿，委员会会与政府的立法管理人协同合作。委员会有权修改法案，必要时甚至可以进行实质性重写。但是，如果政府认为委员会对法案的修改幅度太大，偏离了其预期方向，政府仍有权以法案最初送交委员会时的具体形式，将其退回至以色列议会的全体大会。

随后进入二读。这是法案通过前的最后一个主要障碍，因为通过二读的法案必定会进入三读。此时会进行另一场辩论，但在此次辩论中，只有委员会成员可以参与；其他成员出席会议只是为了逐节对法案进行投票（而且通常出席的议会成员很少）。如果对委员会报告的修正案未获通过，二读结束后将立即进行三读。若有修正案，三读将推迟一周，以便成员有时间考虑。不过，即便提出了修正案，若政府要求立即进行三读，二读之后也会马上进行三读。二读后，将对该法案进行整体表决。由于以色列议会是一院制，只有一个议院，因此议会通过的法案会立即送交总统签署。如前一章所述，按照以色列不成文宪法的惯例，总统对立法没有否决权。《总统基本法》规定，“国家总统应签署每项法律”，“应签署”一词表明总统除了签署议会通过的法案外别无选择。[26]可以想见，如果未来某个时候总统真的拒绝签署一项立法，必然会引发宪法危机，这种行为甚至可能成为弹劾和罢免总统的理由。

值得注意的是，总理在立法过程中的整体影响力正在不断增强。《国土报》近期（2015 年 5 月）发表的一篇题为《内塔尼亚胡对潜在的议会立法拥有否决权》的文章指出，通过党纪与议会程序的结合，内塔尼亚胡总理“有望获得决定阻止哪些法案在议会中进行投票，并将根据联盟协议将其搁置的权力”。[27]由联盟党代表组成的部长级立法委员会，有权决定联盟是否支持一项

法案，并且无论法案最终是否通过，联盟都掌控着议会投票的多数。实际上，内塔尼亚胡总理"能够阻止法案提交给部长级立法委员会，这意味着此类法案将不会提交给议会全会"。文章还指 168
出，"由于部长级立法委员会不保留会议记录，公众将很难知晓内塔尼亚胡何时行使否决权。委员会的大部分决定并非通过普通投票做出，而是通过各派系达成的谅解和幕后交易做出的"。由此可见，以色列行政权力持续增长（总理作为立法部门首脑，领导着占多数的立法政党联盟），这种以牺牲立法权为代价的行政权力增长，引发了以色列众多政治观察家的担忧。

第四节　议　员

以色列议会议员的一般特征与大多数其他国家国会议员的特征极为相似。具体表现为，立法者的平均年龄高于普通民众，男性比例较高，少数族裔代表性不足。[28]除了主要信仰犹太教这一特点外，议会成员与其他国家立法者有一个显著不同之处：其中很大一部分是移民，尽管这一比例在多年来有所下降。在第二十届议会（2015 年 3 月选举）中，有 29 名女性成员，占总人数的 24.2%。[29]这一数字与以色列人口中女性的实际比例并不相符，虽然与大多数欧洲议会中的比例相比差异不大，但远高于美国国会中女性的占比（参议院 20 名女性，众议院 84 名女性，占比 19.4%）。此外，大多数议员都受过高等教育。

大多数议员通过所属政党进入议会，其中许多人在竞选公职前，曾在政党组织或市政部门担任过正式的党内职务。[30]很多人在年少时就加入了政党，整个童年时期都活跃在政党的"青年团体"中。这种政党活动模式在童年之后持续存在，并影响着他们成年后的政治活动。最终，他们会争取在该党的选举名单上获得一个职位。[31]

第五节　议会议员的立法行为

以色列议会内部的党纪极为严格，在议会投票环节体现得尤为明显，这与其他议会制度类似。在以色列议会的几乎所有立法事务中，无论是在委员会的讨论，还是在议会大厅（即全会）
169 的议员席上，个人议员都必须遵循党派路线，支持党派立场，为党派立法投赞成票，对其他党派提出的立法投反对票。若未能与党派保持一致投票，可能会受到党内制裁，比如被从议会中享有声誉的委员会中撤职。尽管议员不会因违背党派意愿而被逐出议会，但来自公众和党内同事的压力，已致使不止一位议员辞去立法席位。

实际上，议员几乎不会投票反对自己所在的政党，在这一点上，以色列与其他议会制度极为相似。若某位议员个人强烈反对所在政党在某一特定问题上的立场，他/她更可能在点名表决时前往议会餐厅喝咖啡，以此错过点名。这种做法有时可能有效，因为缺席本身在某些情况下足以被视为不服从行为，但也可能会受到党内领导人的惩处。有时，若预计投票结果会非常接近，“党鞭”就会从餐厅或其他地方召回那些态度消极的议员，以确保这些议员在特定问题的投票中方向“正确”。这是因为联盟席位差距往往较小，只要有一两个“立场不坚定”的成员，就可能导致失去对议会多数席位的控制能力，进而引发政府“垮台”。

“立法鞭”这一称呼——立法机关议员席的投票台，实际上源于古老的英国猎狐用语。“鞭笞者”是指在猎狐时骑行在猎犬群前方“鞭策它们”，防止任何猎犬脱离队伍而不能正确追逐狐狸的人。这与立法工作的相似之处在于，“党鞭”的职责是时刻掌握议员的出勤情况，确保手头有足够的选票以赢得投票胜利。

立法投票并非评判个人议员是否易受党派领导人压力影响

的唯一标准，辩论也是体现这种关系的一个方面。辩论本身或许是议会机构的核心特征。无论立法机关在其所在政府的权力结构中实际发挥何种作用，参与辩论始终是他们的一项重要工作。辩论的议题可能源于正式提出的法案、增加议程的动议或政府声明。信任票和不信任票就属于后者。

议会辩论主要分为两种类型：个人辩论和党派辩论。个人辩论相对没那么重要，通常用于议会正在讨论但与未决立法相关的立法问题。而党派辩论构成了议会辩论的主体，涉及信任 170
投票、不信任投票、外交政策、预算以及政府认为重要的任何事项（这几乎涵盖了所有提出的法案）。[32]当这类辩论展开时，具有管辖权的委员会，即议会委员会，会确定总辩论时长，然后将总时长除以议员总数（120 名），得出每个成员的发言时间。[33]例如，关于住房政策的辩论若被分配四个小时，那么每个成员将获得两分钟发言时间（四个小时即 240 分钟，除以 120 名成员，得出每人两分钟）。之后，这段时间会交由议会中的党派领导人进行分配。党派领导人可以选择让党内每位成员在各自分配的时间内发言，也可以选择将党内所有时间集中起来，分配给一名成员进行较长时间的演讲。在许多情况下，党派领导人本人会发言，或者整个党的发言时间会交给一名资深党员，该党员被视为该党在特定问题上的发言人。

个人议员极易受到党首行为的影响。若个人议员的行为（如投票、发言）被党首认为不支持或不忠于党派，该党员可能会被禁止发起立法提案或在辩论中发言。如前文所述，这导致多年来一些以色列议会成员从所在政党辞职并创建新的政党。在这种情况下，他们明白自己可能永远无法在投票中真正获胜，但他们将获得基于辩论时间确定的每个席位津贴，并有机会在议会中提出最少数量的法案，尽管这些法案几乎肯定不会在委员会之外得到进一步推进。

不过，立法内行为和立法外行为存在显著差异。在议会内部，议员自主权有限，也不被期望行使过多自由意志。然而，在议会大厅和委员会会议室之外，议员仍能为公众提供诸多服务，这些服务都有助于提升他们所获得的尊重。他们回复民众信件，向选民提供信息和政策说明，发表演讲并参加集会，代表全体选民发声。

然而，目前以色列议会在公众心目中的地位并不高。2001年议会委托进行的一项研究显示，它在10分制中仅获得4分；“88%的人对他们的立法机构感到不满，而50%的人则完全感到羞耻”。
171 个人议员的表现同样不佳，也获得4分，受访者将个人议员描述为“懒惰、自私和对公众漠不关心。76%的公众认为议员将议会视为谋生和获取尊重的一种途径，而非出于使命感”。[34]

例如，以色列的“选区”概念与美国或英国不同。在以地区为基础进行投票的国家，如美国，代表的选区在地理上有明确界限：在地图上划定区域，居住在该区域内的任何人都是选区的一部分，“区域内的人”是选民，“区域外的人”则不是选民，每个选民都清楚自己的代表是谁。

而在以色列，由于采用选举名单制度和单一全国选区进行选举，“选区”一词具有所谓的“功能”含义。[35]当个人被列入政党的选举名单时，他们通常作为某个群体的代表，对于候选人和相关群体来说，名单上谁代表哪个群体一目了然。[36]一份典型的选举名单可能会明确指定（可以理解，尽管名单上没有明文规定）妇女、教师、蓝领工人、农民、大学生、基布兹居民、也门移民、埃拉特居民和阿拉伯人的代表，这里仅列举一些可能代表的功能选区。美国公民可能会疑惑，如果他们住在大特拉维夫地区，如何知晓自己的工党代表是谁，但以色列公民不会有这样的疑问。工党支持者会清楚谁是广泛利益集团的“代表”。在议会中较小政党名单的情况下，选民会去找代表自己政党的任何议员；在较大政党名单的情况下，选民会去找更“专业”的代表。

议员还承担许多监察员的工作，代表市民发声或行事，帮助他们解决问题。这通常是议员工作的重要方面，也是他们花费时间最多、获得荣耀（或遭受蔑视）最多的工作。公民会写信、打电话或拜访议员，寻求帮助，议员通常会协助他们应对政府官僚机构的难题。然后，议员会联系相关部长（这些部长每天都在议会），部长再联系相关部委的总干事，通常问题迟早会得到解决。实际上，议员在这类活动中的成功率相当高，这可能是因为以色列的政治官僚体系倾向于以这种个人主义方式解决问题。

总之，一旦区分了立法内行为和立法外行为，就能观察到个 172
人立法行为有效性的差异。[37]在立法内行为方面，个人议员受到诸多限制，因此容易感到沮丧和愤世嫉俗。毫不奇怪，多年前的一项研究表明，超过 83%的受访议员表示，他们认为自己对所在政党或党首负责，而非对公众负责；作为议会成员，74%的人表示个人在政府政策的形成中“影响不大”，“很少”或“没有影响”。[38]

然而，在立法外行为中，议员并不感到愤世嫉俗或无助。他们表示收到大量邮件，并花费大量时间（许多人表示是大部分时间）回复这些邮件。他们认为议员在以色列政治制度中发挥着重要作用，并乐于帮助选民解决问题。

第六节　议会组织

议会是以色列政治制度的核心机构。政府的权力源于议会，政府的政策要么以议会的名义制定，要么由议会成员批准。议会每年举行两届会议，一届在夏季，一届在冬季。根据《议会基本法》，两届任期的总和必须至少为八个月。由此可见，议会为以色列的民主政府赋予了相当大的合法性。

尽管议员的工作一直备受重视，但与世界上大多数其他国家的立法者一样，以色列立法者在过去多年里，不像美国同行那样拥有充足的办公空间、秘书协助或立法人员预算。[39]实际上，近年来，以色列议会的实际规模大幅扩展。多年来，以色列议会大楼的扩建为议员们提供了更多个人办公空间、员工空间、委员会会议室和各种工作支持空间，而在以色列建国的最初几十年里，这些支持是难以获得的。

以色列的第一个立法机构——制宪议会于 1949 年 2 月在耶路撒冷的犹太事务局大楼举行会议；从 1949 年 3 月到 1949 年 12 月，以色列议会在特拉维夫歌剧院举行会议，如今这里已成为一座高层住宅和办公楼。从 1949 年 12 月到 1950 年 3 月，以色列议会搬回耶路撒冷的犹太事务局大楼，并于同年 3 月搬
173 迁至耶路撒冷市中心乔治国王街的一栋大楼，第一届到第五届议会都在此召开，直至 1966 年新一届以色列议会开启。

1981 年，议会开始建造新的翼楼；新翼楼于 1992 年启用，极大地增加了以色列议会的办公空间。议会的最新扩建工程于 2001 年启动，并于 2007 年对外开放，基本上使议会大厦的总面积增加了一倍。如今，议会大厦为议会成员提供了现代化且宽敞的办公室，为议会委员会和工作人员提供了办公场所，还为议员提供了会议室。

议员被赋予了相当程度的豁免权，以确保他们能够自由履行立法职责，无须担忧可能受到政府迫害。1951 年通过的《议员的豁免权、权利和义务》法律对这种豁免权进行了规定，该法律基于 1949 年的一项法令，提供的保护范围广泛。法律规定，“议员不得因任何投票、任何口头或书面意见而被逐出议会，前提是此类投票、意见或行为与履行其作为议员的职责相关，或以履行其作为议员的职责为目的”[40]。

174 1998 年 5 月，应以色列总检察长的要求，议会取消了沙斯党阿里·德里的刑事豁免权，以便对德里“涉嫌滥用与其个人财务有关的资金”进行起诉。[41]最近，2001 年 11 月，阿拉伯议员阿兹米·比沙拉(Azmi Bishara)因与巴勒斯坦对以色列暴力行动有关联而失去豁免权：

> 以色列议会昨天投票取消了巴拉德领导人阿兹米·比沙拉的议会豁免权，以便他因发表赞扬真主党的演讲和安排以色列阿拉伯人非法前往叙利亚而接受审判。
>
> 这一史无前例的决定以61票赞成、30票反对，以及65票赞成、24票反对的结果获得通过，使比沙拉成为第一个因言辞而非行为被取消豁免权的议员。投票后不久，司法部长埃尔亚基姆·鲁宾斯坦(Elyakim Rubinstein)证实，他打算提起指控。[42]

为保护个人立法者，该法案不仅在立法行为方面保护议员，在立法行为之外也提供保护。除海关官员外，不得搜查议员本人及其财产。在任职期间，议员绝对不会被捕，除非他们犯有罪行或叛国行为。若议员被捕，当局必须立即通知议会议长，除非议会撤销其豁免权，否则不得拘留该议员超过十天。此外，与其他国家立法机构一样，议会大厦本身也享有豁免权。根据1952年的《议会建筑物法》，建筑物和场地由议长和武装卫士管控。这也是为了让议员免受立法外的压力和干扰，例如示威和其他干扰活动。

在议会中，各委员会的主席职位由主要政党共享，以实现控制权的分配。[43]委员会的席位分配给政党而非个人，然后政党再将自己的成员分配到委员会的席位上。例如，经济事务委员会可能有九名成员，仅代表六个政党——利库德集团、梅雷兹党、阿拉伯联合名单、未来党、卡努拉党和沙斯党，这些政党会各自为委员会分配成员。

委员会为议员提供了专注于自身感兴趣领域的机会，并使他们能够在各个领域与政府部长和高级公务员保持联系。委员会在立法过程中也发挥着作用，尽管如前文所述，其作用会随着政府对拟议立法改革的接受程度而波动。

议会通常有四种类型的委员会在定期运作：常设议会委员

175 会；议会特别委员会，类似于常设委员会，但任期有限；议会调查委员会，负责处理被议会视为具有特殊全国重要性的特定问题；道德委员会，对违反议会道德规章或参与议会以外非法活动的议员具有管辖权。

一般来说，十二个常设委员会各有 12—20 名成员，这些成员将在议会的整个任期内履职。除了十二个常设委员会外，议会主席团认为必要时还会不定期任命临时委员会。当立法涉及多个常设委员会的管辖范围时，有时会联合任命由来自多个常设委员会成员组成的委员会。各委员会的管辖范围基本清晰明了。各委员会情况见方框 6.1。

委员会会议通常不对媒体和公众开放，因此有关其会议议
176 程的所有信息都来自委员会成员自身。这些委员会在立法过程中的重要性各不相同。委员会成员对委员会的真正作用存在分歧，许多人表示委员会的作用取决于特定时间特定委员会面前的特定立法。然而，大多数议员都认同，

> 委员会的行动通常“毫无意义”，因为政府一般不会关注委员会的建议，尽管委员会可能会花费大量时间修改政府立法或起草自己的立法，但当政府法案在以色列议会进行三读时，通常会按照最初在议会中提出的方式进行投票。[44]

方框 6.1　议会各委员会

常设委员会

- 议院委员会
- 财政委员会
- 经济事务委员会
- 外交和国防委员会

- 内务与环境委员会
- 宪法、法律和司法委员会
- 移民、吸收和侨民事务委员会
- 教育文化体育委员会
- 劳工委员会
- 国家控制委员会
- 妇女地位和两性平等委员会
- 科学技术委员会

特别委员会(临时)

- 药物滥用委员会
- 儿童权利委员会
- 外国工人委员会

议会调查委员会

- 伦理委员会

资料来源:"议会委员会"网页,2015 年 6 月访问,http://www.knesset.gov.il/description/eng/ eng_work_vaada.htm。

不过,委员会的一般规则也有一些值得注意的例外情况。议会和政府都赋予财政委员会和劳工委员会在各自专业领域制定法律的较大权力。因此,这些委员会,尤其是财政委员会,非常强大且具有影响力,这些委员会的职位也备受议员青睐。第三个例外的委员会是外交和国际委员会。有趣的是,尽管该委员会权力有限,主要参与监督和辩论,几乎没有时间起草立法,但它常被视为一般规则的例外。由于外交事务和国防安全是以色列社会的首要问题,例如,该委员会的议员比农业委员会的议员能够了解更多机密信息,因而该委员会的职位更受追捧。

如前文所述,委员会的席位分配给政党,然后由党首重新分配给党员。因此,当某位委员在委员会中偏离党派路线或频繁发表不合时宜的言论时,他/她可能会被限制参加会议,要么被从一个委员会重新分配到另一个委员会，在更极端的情况下，甚至会被剥夺所有委员会的成员资格。实际上，如果党的领导人认为某些成员不配担任委员，那么他们可能就无法获得委员资格。

除了更正式的主席团和委员会结构外，以色列议会还有其他详细的组织和行为规则框架。立法会议员会定期预留一段时间向政府质询，即所谓的提问时间。这具有双重作用，一是促使政府关注新问题，二是提醒政府，公众正密切监督着政府的整体行为。这个质询期可能会非常激烈，因为反对派成员会试图提
177 出让政府难堪的问题。在贝京总理签署《戴维营协议》(我们将在本书后面讨论)之后，他自己党内的反对派成员就利用质询时间表达了他们的沮丧情绪，以及他们对协议及其对国家安全影响的严重担忧。

除了议会问题之外，这里还需提及另一个机构——议会动议。由于政府控制着议程，即总体上决定议会将讨论哪些主题以及讨论时长，因此需要一个程序，将政府可能不想讨论的某些主题提上议事日程，接受公众监督。

议会有一套非常复杂且高度正式化的程序，个人可以通过该程序努力迫使政府安排讨论它可能更想回避的某些主题领域的辩论。添加到议程的动议和添加到议程的紧急动议，使议员在决定以色列政治世界的问题讨论过程中发挥着潜在的重要作用。[45]例如，在以色列犹太定居者近期于西岸举行示威活动后，部分阿拉伯议员试图提交一项动议并将其列入议程，旨在促使议会就政府针对定居者的政策，以及政府处置阿拉伯示威者的方式展开辩论。

第七节　联合政治与联合政府

理解政府联盟是以色列政治研究的核心要点。[46]在以色列，

由于各政党传统上需组建联盟，才能在议会中获得多数席位，所以单个政党单独执政的机会较少。并且，以色列政党纪律极为严格，联合路线能够得到有力执行。

联合政府，简言之，是由两个或多个非多数党将各自席位联合起来，形成多数联盟的政府。其目的很明确：构建多数优势，以便新的政治集团能够组建政府，进而掌控总理职位以及内阁中的各个关键岗位。联盟协议并不意味着各方彼此欣赏、相互信任或期望携手合作；它仅仅表明，各政党将合作（通常是临时性合作）视作获取政治权力的途径。联盟伙伴之间通常会起草一份正式协议，涵盖各方的优先事项、目标，对成员政党言论及行动自由的限制，以及给予联盟伙伴的回报（例如，某政党加入联盟后可获得的内阁席位数量，或者政府承诺在短期内推动某 178
些立法计划）。

> 在各方筹备联盟谈判时，不仅要规划组合方式，还要确保下一届政府能够推行特定政策。几乎所有向总统推荐本雅明·内塔尼亚胡担任总理的政党，都计划要求联盟同意通过某些法律。不过，谈判结束后，最终有多少法律会被纳入新政府的指导方针，仍有待观察。[47]

自以色列独立以来，从未出现过某个政党独自控制议会50％以上席位的所谓多数情况。[48]事实上，以色列一直是“少数派情形，多数派政府”的典型代表。在这种情形下，议会席位少于多数的政党（即“少数派情形”）会与其他少数党派联合，建立起多数政府。[49]正因如此，联盟不仅在议会选举之后组建，在选举期间也会形成。实际上，在以色列的二十届议会期间，[50]已经诞生了 34 个政府，详情如表 6.1 所示。[51]

最终达成联合政府协议的谈判通常耗时较长，且往往历经多次尝试才成功。在近期对本雅明·内塔尼亚胡总理 2015 年

表 6.1 总理和联盟伙伴,1949—2015 年

政府成立日期	第几届政府	议会	政府的大致时限(月)	总理(党派)	联盟伙伴
1949 年 3 月 10 日	1	Ⅰ	20	本-古里安(马派)	左,中,宗教
1950 年 11 月 1 日	2	Ⅰ	10	本-古里安(马派)	左,中,宗教
1951 年 9 月 8 日	3	Ⅱ	15	本-古里安(马派)	左,宗教
1952 年 12 月 24 日	4	Ⅱ	13	本-古里安(马派)	左,中
1954 年 1 月 26 日	5	Ⅱ	17	夏利特(马派)	左,中
1955 年 6 月 29 日	6	Ⅲ	4	夏利特(马派)	左,中,宗教
1955 年 11 月 3 日	7	Ⅲ	26	本-古里安(马派)	左,中
1958 年 1 月 7 日	8	Ⅲ	24	本-古里安(马派)	左,中
1959 年 2 月 17 日	9	Ⅳ	23	本-古里安(马派)	左,中,宗教
1961 年 11 月 2 日	10	Ⅴ	19	本-古里安(马派)	左,宗教
1963 年 6 月 26 日	11	Ⅴ	18	埃什科尔(马派)	左,宗教
1964 年 12 月 22 日	12	Ⅴ	13	埃什科尔(马派)	左,宗教
1966 年 1 月 12 日	13	Ⅵ	38	埃什科尔(马派)	左,宗教
1969 年 3 月 17 日	14	Ⅵ	9	梅厄(马派)	左,宗教
1969 年 12 月 15 日	15	Ⅶ	51	梅厄(马派)	左,宗教
1974 年 3 月 10 日	16	Ⅷ	3	梅厄(马派)	左,宗教
1974 年 6 月 3 日	17	Ⅷ	36	拉宾(马派)	左,宗教
1977 年 6 月 20 日	18	Ⅸ	49	贝京(利库德)	右,中,宗教

（续表）

政府成立日期	第几届政府	议会	政府的大致寿命（月）	总理（党派）	联盟伙伴
1981 年 8 月 5 日	19	X	26	贝京（利库德）	右，中，宗教
1983 年 10 月 10 日	20	X	11	沙米尔（利库德）	右，中，宗教
1984 年 9 月 13 日	21	XI	25	佩雷斯（工党）	左，右，宗教
1986 年 10 月 20 日	22	XI	26	沙米尔（利库德）	右，左，宗教
1988 年 12 月 22 日	23	XII	18	沙米尔（利库德）	右，左，宗教
1990 年 6 月 11 日	24	XII	25	沙米尔（利库德）	右，宗教
1992 年 7 月 13 日	25	XIII	40	拉宾（工党）	左，宗教
1995 年 11 月 22 日	26	XIII	7	佩雷斯（工党）	左
1996 年 6 月 18 日	27	XV	37	内塔尼亚胡（利库德）	右，宗教
1999 年 7 月 6 日	28	XV	20	巴拉克（统一以色列）	左，中，宗教
2001 年 3 月 7 日	29	XV	24	沙龙（利库德）	右、左、中、宗教
2003 年 2 月 26 日	30	XVI	38	沙龙（利库德）	右，中，宗教
2006 年 5 月 4 日	31	XVII	35	奥尔默特（卡迪马）	中，左，宗教
2009 年 3 月 31 日	32	XVIII	48	内塔尼亚胡（利库德）	右，左，宗教
2013 年 3 月 18 日	33	XIX	26	内塔尼亚胡（利库德）	右，宗教
2015 年 5 月 14 日	34	XX	—	内塔尼亚胡（利库德）	右，宗教

资料来源：以色列外交部网站，“以色列第 33 届政府”和“以色列第 34 届政府”，2015 年 6 月访问，http://mfa. gov. il/MFA/AboutIsrael/ State/Government/Pages/The-33rd-Government-of-Israel. aspx。

3月选举胜利后组建联盟多数席位的分析中，丹尼尔·陶伯(Daniel Tauber)提出疑问：

> 对本雅明·内塔尼亚胡总理组建联盟时的无耻交易以及政府部门的争权夺利感到厌恶吗？你理应如此。
>
> 在过去的四次选举中，利库德集团赢得了所有单一政党中的最多席位，比其最接近的竞争对手多六席。作为党首，议会120名成员中有67人建议内塔尼亚胡组建政府。
>
> 然而，直到法定截止日期前几天，甚至前几个小时，这些党主席才会同意加入他的联盟。因为他们要以各部长的职位形式获取自身想要的利益，在许多情况下，他们并不具备与所承担责任相匹配的专业知识，还要求政策承诺(通常涉及预算)向其投票集团倾斜(以牺牲其他群体为代价)，以及获得委员会主席职位来推动自身议程。
>
> 每个参与者都从总理那里获取了足够多的利益，成为自己党派的英雄，却遭到其他所有人的鄙视。
>
> 即便阿维格多·利伯曼(Avigdor Liberman)，他因实力较弱，难以在激烈竞争中分得一杯羹，却也通过宣称自己高于一切来塑造英雄形象(然而，他放弃了对稳定政府集权主义的偏好这一原则)。
>
> 但请不要指责参与者，要指责的是政治制度。[52]

181 在深入探讨与以色列联盟相关的几个主要主题之前，我们先来简要而抽象地讨论一下联合政府。如前文所述，在议会政治制度中，当没有一个政党拥有多数席位时，最有可能的结果是建立政治联盟，即两个或多个政党联合起来，形成所谓的“少数派情形，多数派政府”。[53]为了更直观地说明这一点，我们假设存在一个拥有100个席位的议会(而非以色列议会的120个席位)，并且有五个政党，具体情况如表6.2所示。

表 6.2　100 个席位的立法机关假想党派分布

A 党	33 个席位
B 党	20 个席位
C 党	18 个席位
D 党	16 个席位
E 党	13 个席位

在这种情况下，新立法机构选举结束后，国家元首（以色列总统）会与新立法机构中每个政党的领导人进行协商，询问他们认为应由谁率先获得组建联盟的机会，目的是组建一个能够控制 51 个或更多席位的联盟，从而在 100 个席位的立法机构中占据多数。[54] 在我们设想的立法机构中，国家元首很可能会邀请 A 党首组建政府，因为 A 党领导人领导着最大的议会集团，且该集团规模远大于第二大党。A 党领导人需要再争取额外的 18 个席位，以形成 51 个（共 100 个）席位的多数，从而在立法机关中获得对其政府的支持。此时，A 党领导人可以寻求 B 党领导人或 C 党领导人作为合作伙伴。当然，A 党领导人也可以联合多个其他政党领导人，尝试组建 ABC 联盟，但考虑到加入联盟所需付出的成本，他/她不太可能这样做。

通常，A 党领导人必须向参与联盟的其他政党领导人承诺给予一定回报。在大多数情况下，这种回报至少包括一个内阁职位（或更可能是多个内阁职位）。有时，回报是承诺未来通过联盟伙伴起草的某项（或多项）立法。有时，两种回报方式兼而有之。需要明确的是，A 党领导人邀请的合作伙伴越多，就必须给予更多不同的回报。因此，负责组建联盟的人通常会努力组 182
建所谓的“最小获胜联盟”，即联盟规模只需达到创造多数（成为获胜联盟）所需的最小规模，避免不必要的回报付出。

如果 A 党领导人能够在宪法规定的时间内与一个或多个合作伙伴达成协议，组建一个控制立法机构多数席位的联盟，那么 A 党领导人将获得信任投票，多数人支持其政府，政府即可执政。然而，如果 A 党领导人在宪法规定的期限内（通常是14—28 天）无法建立足够稳固的联盟伙伴关系，就必须将组建任务归还给总统，并告知总统无法组建政府。此时，总统可能会给予 A 党领导人第二次组建联盟的机会，或者寻求其他政党领袖尝试组建多数联盟，比如在上述设想的情况下，可能会邀请 B 党领导人尝试组建联盟。

在议会制中，联合多数政府往往不如一党主导的政府稳定。在一党多数制中，总理必须严格执行党纪，确保党内追随者保持一致，维持多数地位。而在联盟系统中，权力分布更为分散。总理不仅要对党内追随者执行党纪，还必须指望联盟伙伴政党的领导人同样如此。联盟垮台的常见原因之一是政党领导人之间的分歧——例如在上述例子中，B 党领导人与 A 党领导人产生分歧，撤回 B 党对 AB 联盟的支持——而非 A 党内部纪律问题。

可以预见，联盟形成过程的复杂程度与立法机关中的政党数量直接相关。在表 6.3 的例子中，情况一相对简单，情况二更复杂，情况三最为复杂。需要注意的是，在情况三中，仅有八方代表；而在一些国家，如以色列，通常会有更多政党。实际上，在第二十届议会选举中，有十个议会团体赢得席位，其中一些团体是由多个不同政党组成的集团（例如，单一的阿拉伯联合名单政党实际上是由 13 个不同的阿拉伯政党组成的集团）；在 2015 年的选举中，更是有 26 个政党参与竞选席位！存在的政党越多，形成获胜联盟的可能性就越大；而联盟中的合作伙伴越多，联盟解体的可能性也就越大。

表 6.3　100 个席位的立法机构中联盟形成过程的复杂性

情况一：最简单的多数可能性		
A 党	44 个席位	
B 党	42 个席位	AB、AC、BC、ABC
C 党	14 个席位	

（续表）

情况二:更复杂的多数可能性		
A 党	38 个席位	AB、AC、AD、ABC、ABD、ABE、ACD、ACE、ADE、BCD 等
B 党	20 个席位	
C 党	17 个席位	
D 党	15 个席位	
E 党	10 个席位	
情况三:最复杂的多数可能性		
A 党	30 个席位	ABC、ABD、ABE、ABF、ABG、BCDE、CDEFGH 等
B 党	19 个席位	
C 党	12 个席位	
D 党	9 个席位	
E 党	8 个席位	
F 党	8 个席位	
G 党	7 个席位	
H 党	7 个席位	

正如我们在本书后续内容中将进一步讨论的，2015 年选举的游戏规则在选举前发生了变化，政党需要获得至少 3.25％的选票才能在议会中获得席位。在以色列早期，投票门槛仅为 1％的选票；这一差异导致两个原本可能赢得一两个议会席位的 183
政党——阿勒雅鲁克党（Ale Yarok）（得票率 1.12％）和亚查德党（Yachad）（得票率 2.97％）——在 2015 年被剥夺了议会代表资格，而在 1973 年时它们是能够获得代表资格的。此外，参加选举的其他 13 个政党得票率均低于 1％，在第二十届以色列议会中没有代表。[55]

随着时间的推移，对联盟理论的研究取得了显著进展。实际上，在近期的一项研究中，政治学家提出联盟理论已发展到第三代：第一代构建了联盟运作的理论，第二代尝试将一般理论应用于现实世界政治，以探究模型预测的实际效果，而当前这一代则致力于结合第一代和第二代的研究成果，使联盟理论成为真正具有预测性的模型。[56]

当然,关于联盟形成的广义理论存在诸多问题。其一,这些理论在不同政治制度中的有效性各异。其二,研究成果不可简单照搬,例如对日本联盟行为的研究,可能无法为我们了解以色列联盟的运作提供太多有用信息。最后,内阁职位的分配可以用多种理论解释,包括政党所能控制的席位数量、政治赞助、忠
184 诚度、对未来支持的回报、短期政治压力以及其他各种因素。

在分析以色列政党之间联盟的形成时,有几个关键主题必须牢记。其一,如本书前文所述,政党在以色列的政治、社会和经济生活中都发挥着至关重要的作用。政党出版报纸、运营医疗诊所、赞助体育和社交活动等,其影响力广泛渗透到生活的各个层面。[57]

其二,必须关注当前活跃的政党数量。第一届和第二届议会议员选举中,多达 24 个政党参与竞选;前文提到,2015 年第二十届议会选举中有 26 个政党提交了候选人名单。在撰写本书时,议会中有 10 个议会团体代表,其中一些是由多个不同政党组成的集团。[58]

活跃在政治体系中的政党数量,可能会对我们构建联盟形成理论的努力产生影响。值得注意的是,截至 1965 年,虽总共组建了 12 个内阁,但在这 12 个内阁中,理论上可能获胜的联盟多达 7873 个,更不用说可能获胜或少数联盟的数量了。[59]与之形成对比的是,在比利时,在可比时期(1949—1965 年),有 14 个实际联盟,可能获胜的组合为 463 个,这是因为比利时的政党数量相对较少。[60]

其三,地区军事平衡和总体国家安全始终是以色列政治的核心关注点。例如,1967 年的战争局势对以色列联盟规模产生了重大影响。为向外界展示当时执政政府拥有强大的支持基础,多次组建了超出实际需求规模的联盟,其中包括一些实际上并非必要支持的政党。过去的民族团结政府就是联盟规模过大

的典型例子。[61]

其四，必须考虑以色列政党制度的历史和意识形态特性。许多人认为以色列的政党制度过度发展，一些政治学家指出，大量政党的存在并非真正必要。政党数量众多，通常归因于大多数政党（或从老党派分裂出来的政党前身）在国家成立之前就已存在。[62]这段历史，再加上比例代表制选举制度使得在议会中获得代表权相对容易，这既鼓励了新政党的成立，也促使政党不断扩张，进而使联盟的组建过程变得更为复杂。

联合政府对以色列政治制度的重要影响是多方面的。首 185
先，它会强化党的纪律，从而削弱个人立法自由，因为政府必须确保能够依靠联盟成员支持政府政策。[63]

其次，或许更为关键的是，联盟使政府容易受到政治“讹诈”。假设某个特定联盟是“小型”联盟，一旦某个政党退出，政府就会失去多数席位，那么相对较小的联盟伙伴对政府的影响力可能远超其规模所显示的程度。我们已经看到——并且在本书后续还会再次提及——以色列的宗教政党如何对政府政策产生巨大影响。这很少源于政府对宗教问题的意识形态认同，相反，通常是较小的宗教政党发出最后通牒的结果，例如“通过/支持我们的政策，否则我们将退出政府联盟，你将失去多数席位，不再担任总理”。多年来，总理们往往会对这种威胁做出让步。

最后，联盟会导致一种“不作为”的局面——面对特定问题时无法采取行动。当出现问题时，如果政府知道采取某个方向的行动会惹恼某个联盟伙伴并导致其退出联盟，那么唯一的选择就是无所作为。一个典型的例子是梅纳赫姆·贝京政府时期，教育部长告知贝京总理，如果内阁不批准大幅提高公立学校教师的工资，他将带领所有党内追随者离开内阁。如此一来，贝京先生将失去议会多数席位。然而，为应对这一威胁，财政部长表示，如果贝京先生向教育部长让步，改变其制定的财政紧缩预算，他也将带领所有党派追随者离开内阁，这同样会导致贝京先生失去多数地位。显然,无论贝京先生如何决策,都会失去一个联盟伙伴的支持,进而失去议会多数。最终,贝京决定举行新的选举,并随后组建新的联盟。(选举后,新的联合政府出台了新的预算,教师们的薪水得以提高!)

第八节　议会、政府和以色列政治

以色列的政治结构深刻反映了以色列社会的诸多特征。如
186 前文所述,以色列是一个稳定的民主社会,而在其所处地区,稳定的民主社会并不多见。当然,稳定和民主并不等同于意见一致或政治安定。正是现代以色列的这一特点,催生了多党政治制度,在这种制度下,各种喧闹且激烈的辩论频繁上演。

有人认为,政党是议会和政府政治结构的核心要素。政党不仅是政府组织的基础,也是履行议会几乎所有官方职能的重要工具。立法者个人在很大程度上受其党派的制约:他们不仅无法在没有政党名单支持的情况下竞选公职,而且进入议会后,未经政党领导人批准,就不能提出法案、在委员会任职或参与辩论。

政党数量众多促使以色列联盟体系不断发展。这进而产生了两大显著后果。其一,本国政府在一些情况下行动较为保守,这是因为总理需要顾虑较为激进的行动是否会导致某个联盟伙伴与之疏远。其二,这种现象使得一些较小的政党——尤其是极端正统宗教政党——对政府政策的影响力远超其自身规模。小党作为政府联盟的关键组成部分,极大地提升了宗教问题在以色列政治中的持续关注度,同时也持续引发大部分以色列选民的不满。

进一步阅读

Avne , Yehuda. *The Prime Ministers: An Intimate Narrative of Israeli*

Leadership. New Milford, Conn.: Toby Press, 2010.

Elazar, Daniel, and Shmuel Sandler. *Israel's Odd Couple: The 1984 Knesset Elections and the National Unity Government*. Detroit, Mich.: Wayne State University Press, 1990.

Hazan, Reuven. *Cohesion and Discipline in Legislatures: Political Parties, Party Leadership, Parliamentary Committees and Governance*. London: Routledge, 2005.

——. *Reforming Parliamentary Committees: Israel in Comparative Perspective*. Columbus: Ohio State University Press, 2001.

Hazan, Reuven, and Gideon Rahat. *Israeli Party Politics: New Approaches, New Perspectives*. London: Sage, 2008.

Hefez, Nir, and Gadi Bloom. *Ariel Sharon: A Life*. New York: Random House, 2006.

Longley, Lawrence, and Reuven Hazan. *The Uneasy Relationships between Parliamentary Members and Leaders*. Portland, Ore.: Frank Cass, 2000.

Mahler, Gregory. *The Knesset: Parliament in the Israeli Political* 187
System. Rutherford, N. J.: Fairleigh Dickinson University Press, 1981.

Rahat, Gideon. *The Politics of Regime Structure Reform in Democracies: Israel in Comparative and Theoretical Perspective*. Albany: SUNY Press, 2008.

Shindler, Colin. *A History of Modern Israel*. New York: Cambridge University Press, 2013.

189 第七章　政党和利益集团

以色列民主的基石是政党。大约 50 年前，以色列被形容为一个“党国”(Parteienstaat)，直至今日，政党在政体日常运作中的作用并未减弱。本章将探讨政党及相关利益集团的结构与行为，研究政党在以色列的组织形式、面临的关键问题以及彼此间的差异。随后，本章重点将转向利益集团，这是当代以色列民主舞台上另一个极为重要的组织。

第一节　背　景

政党是当代以色列政治中的潜在关键因素，与前一章所描述的联盟体制共同解释了政治体系中的大量动荡现象。以色列的政治制度被恰当地称为“卓越的政党”体系。[1]政党在以色列建国过程中发挥了举足轻重的作用，甚至可以说，以色列国“实际
190 上是由政党组织起来的，这些政党在建国前许多年就已是有组织且不断发展的实体”[2]。事实上，当代以色列政党与过去存在直接关联，几乎所有政党都根植于建国前的一些政治形式。[3]

以色列政党制度可被归类为过度发达。如前一章所述，众多政党参与全国选举。1999 年，有 31 个政党参加了第十五届议会选举，其中 15 个政党赢得至少 1.5%的选票，从而获得议会席位。2015 年第二十届议会选举中，有 24 个政党参与竞争，

10个政党赢得席位。[4]这些参选名单中的许多候选人，代表着几个独立政党组织的临时选举联盟。例如，2015年，10个阿拉伯政党达成一致，联合成一个政党参与竞选，而非各自单独参选，旨在提高其在新议会中的代表性。这一策略取得了成效，阿拉伯联合名单党在议会中赢得13个席位。倘若这10个政党独立参选，由于选举投票要求的提高，可能无一政党能够赢得任何席位，这一问题我们稍后再深入探讨。

许多以色列人认为，选举制度中政党数量极少会更有利于国家稳定，他们觉得没必要存在如此多的政党。他们认为，若仅有左翼、右翼和宗教政党，或许再加上一个阿拉伯政党作为第四党，以色列便能更加稳定地运转。不过，也有许多人认为，以色列的各类宗教政党彼此差异显著，仅靠一个政党无法满足所有需求，所以目前存在四个不同的极端正统宗教政党。[5]

过去几年的情况凸显了“政党过多”这一挑战的重要性：第十九届议会仅持续了两年，而非宪法规定的四年，这一短暂的议会对以色列政治和社会产生了深远影响。用一位权威人士的话来说，“以色列的民主……代价是昂贵的”。第二十届议会全国选举在第十九届议会选举仅两年后就举行了。

> 选举在选票、6万名投票站工作人员和安全官员等方面的直接成本为2.5亿谢克尔，再加上因以色列选举日为国定假日而损失的17亿谢克尔的产出……
>
> 以色列经历了“民主被截断”的困境。政府的执政寿命相对较短，内阁部长无论多么具有建设性，都没有足够时间实施关键改革，也难以彻底摒弃前任部长的政策思路。第三十三届政府和第十九届议会积累的大量改革立法，如今将被搁置，其中一些可能会被无限期搁置。
>
> 根据民意调查，极少有以色列人认为举行新的议会选 191
> 举有实质性的理由。实际上，“被截断的民主”并非一直存

在。从第一届议会到第十五届，每届新议会平均有两个不同的内阁。政治纷争虽引发了一些政府改组，但并未导致选举。第二届议会保持着最高纪录，总共经历了四个不同的内阁。

然而，在过去十年中，自 2003 年 1 月选出的第十六届议会起，内阁的崩溃往往会引发新的选举。[6]

独立党派组织继续发挥作用——甚至蓬勃发展——有诸多原因。或许最重要的是，政党组织在以色列和犹太世界的活动范围远比仅仅在议会起草立法广泛得多。换言之，它们的活动并未局限于在美国可能被视为明显的“政治”范畴内。以色列的政党“不仅仅是选举机制和政府政策的制定者”[7]。政党“在以色列占据着比其他任何国家(除了一些一党制国家)都更突出的地位，发挥着更广泛的影响力”，它们通过各种方式为党员服务，以维持公众支持。[8]一项对以色列政党活动的经典研究，在很大程度上至今仍然相当准确，精准地描述了这种党政关系：

> 一个人订阅党的日报，在党赞助的诊所、医院或疗养院接受治疗，在党的俱乐部度过夜晚，在党的体育联盟中参加体育比赛，从党的出版社买书，住在只有党的追随者居住的村庄或城市住宅区，他习惯于依靠党来解决许多日常问题，自然而然地被无孔不入的党派气氛所包围和笼罩。[9]

虽然如今的情况不如上文撰写时(1955 年)那般典型，但与大多数其他民主国家的政党相比，以色列政党仍然为其成员提供了更广泛的服务；因此，它们与公众的联系比其他地方更为紧密。显而易见，了解政党对于清晰理解以色列政治体制的运作至关重要。

第二节　以色列的意识形态

一项关于以色列政治的经典研究指出："以色列政治的风格是具有意识形态的。"[10]意识形态是指与政治行为和公共政策相关的一套价值观和信仰，即政治的"应该"或"应当"。以色列尤其诞生于社会主义和犹太复国主义的意识形态，且这两种意识形态延续至今。值得注意的是，对于"宗教犹太复国主义"等术 192
语的含义，至今仍未达成普遍共识。[11]然而，除了这些基本哲学之外，随着时间的推移，还发展出了许多其他意识形态和政策问题，这些已成为众多争论的焦点。事实上，以色列的政治文化"展示了意识形态和实用主义的迷人结合"[12]。

许多年前，就有人对以色列的政治意识形态进行了开创性研究。当时，五个主要问题被认为是确定党纲的关键，如表 7.1 所示：

表 7.1　以色列持续的关键政治问题

1. 私营企业(a)与社会主义(b)
2. 激进的(c)与克制的(d)阿拉伯政策
3. 以律法为导向的生活(e)与世俗主义(f)
4. 亲苏联(g)与亲西方(h)的外交政策
5. 犹太复国主义者(i)与非犹太复国主义者(j)对国家合法性的看法

资料来源：托马斯·古德兰，《以色列政党的数据表现》，《英国社会学杂志》，1957 年第 8 期，第 263—266 页。

基于这五个问题，从概率上讲，至少可能出现 32 个不同的政党(例如，acegi、acegj、acehi、acehj 等组合)。也就是说，如果有五个关键问题是双向的(每个人必须持有一种立场，不能保持中立)，那么个人需要在问题 1 上选择一个立场(a 或 b)，在问题 2 上选择一个立场(c 或 d)，在问题 3 上选择一个立场(e 或 f)，在问题 4 上选择一个立场(g 或 h)，在问题 5 上选择一个立场(i 或 j)。这就导致政治体系理论上需要 32 个不同的政党，如表 7.2 所示：

表 7.2　五个关键政治问题产生的政党

1. acegi	9. adegi	17. bcegi	25. bdegi
2. acegj	10. adegj	18. bcegj	26. bdegj
3. acehi	11. adehi	19. bcehi	27. bdehi
4. acehj	12. adehj	20. bcehj	28. bdehj
5. acfgi	13. adfgi	21. bcfgi	29. bdfgi
6. acfgi	14. adfgj	22. bcfgj	30. bdfgj
7. acfhi	15. adfhi	23. bcfhi	31. bdfhi
8. acfhj	16. adfhj	24. bcfhj	32. bdfhj

将数学可能性与以色列的政治现实进行对比，结果令人着迷：在 5 个双向问题的 32 个不同可能组合中，有 19 个在逻辑上
193 不可能或在意识形态上不相容(例如，亲苏联、私营企业、以律法为导向的非犹太复国主义就是不相容的意识形态组合)。其余假设中，有 10 个与当时的政党相对应，其中 3 个在逻辑上是可能的，但尚未成为实际的政治替代方案。

如今，除了苏联问题(表 7.1 中的问题 4)在以色列不再是有争议的问题(即便用"亲俄罗斯"代替"亲苏联"，与西方的冲突在当下也无实际意义)，其他四个问题仍然活跃，继续成为政党进一步分裂的原因。[13]在对议会进行的研究中，议员被要求在其余四个尺度上定位当时的各个政党，他们能够顺利完成。[14]从答复中可以明显看出，这些成员认为能够以充分代表不同问题立场的方式，将政党定位在许多不同的意识形态尺度上，从而赋予政党独特的身份。从立法者的反应也能清晰地看出，尽管许多中间、左翼、宗教党派存在类似看法，但它们确实存在足够差异，使得立法者可以放心地分别对它们进行评级。

而四个二元问题(私营企业与社会主义；激进与克制的阿拉

伯政策;律法引导的生活与世俗主义;犹太复国主义与非犹太复国主义对国家合法性的认识)带来的组合仅有 16 种,其中一些可能在逻辑上矛盾或不相容。这四个问题中每个问题不同程度的意见和信仰强度,为更多竞争性政党的形成留下了更多可能性。[15]也就是说,这些问题并非严格的二元对立;在托拉与世俗问题上可采取的立场远不止两种。两个政党可能都认同(犹太)宗教正统观念,也认同强烈的犹太复国主义立场,但在私营企业与社会主义问题上仍可能存在分歧,以此类推。[16]这个概念如表 7.3 所示:

表 7.3　四个二元问题光谱和可能的政党职位

方面	政策极端
1	私营企业(a)与社会主义(b)
2	激进的(c)与克制的(d)阿拉伯政策
3	以律法为导向的生活(e)与世俗主义(f)
4	犹太复国主义者(g)与非犹太复国主义者(h)

政党代表的可能组合:
aceg、aceh、acfg、acfh、adeg、adeh、adfg、adfh、bceg、bceh、bcfg、bcfh、bdeg、bdeh、bdfh、bdfh

显然,以色列的一些联合政府非常脆弱,各合作方成为合作 194
伙伴尤其困难。它们在许多问题上存在分歧,有时甚至是根本性分歧,包括经济政策、以色列在与阿拉伯大国谈判中应保持的灵活性、以色列对西岸定居点的政策、正统宗教团体在政治中应产生的影响[17]等等。

以色列总统的角色面临着向负责组建政府的个人施压,要求其尽快完成组建工作的挑战。尽管组建联盟的授权有 28 天的时限(可能延长 14 天),但政府事务仍需持续推进。若与潜在联盟伙伴的利益冲突,就需要与负责创建联盟的政党谈判以达成最佳协议。鲁文·里夫林(Reuven Rivlin)总统指出,在 2015 年 3 月的选举之后,"总统必须以尽可能快速和透明的方式启动组

建政府的进程。这涉及与议会各派系的代表协商”。里夫林还补充说,总统可选择的范围存在模糊之处:

> 目前的措辞不够明确……这导致许多报道政治新闻的记者错误地认为,最大派系的领导人会自动被要求组建下一届政府。事实并非如此,里夫林表示,他是依照法律精神行事,法律要求总统任命被认为最有可能组建政府的人,无论其所代表的派系规模大小。[18]

在选举时期,党的意识形态一直至关重要。“以色列选民倾向于认为,意识形态因素在促使他们投票方面很重要。”[19]当然,在一定程度上,这取决于如何定义“意识形态”,因为从某种意义上说,以色列的所有政治都基于意识形态。若在更具体的意义上定义“意识形态”,使其涵盖对广泛个别问题的政策立场,那么就有可能得出结论:这些年来竞选活动已变得不那么意识形态化。许多人认为,政党之间的意识形态差异已大幅减少,以至于总体的政党形象和个别政党领导人的受欢迎程度,已取代意识形态成为人们投票的原因。[20]

然而,在以色列的背景下,仍有一些极为重要的意识形态问题亟待解答。保罗·格罗斯(Paul Gross)最近的一篇文章简洁地提出了这个问题:

> 另一场选举即将来临,相互竞争的政党之间存在着真正且必然的分歧。这并非简单的左/右分裂,而是体现在对
> 195 这个问题的回答上:“以色列将成为一个什么样的犹太民主国家?”
>
> 具体而言,这种二元性的“民主”是不是国家的基本哲学基础?也就是说,是倾向于美国《独立宣言》中“不言而喻”的真理“人人生而平等,造物主赋予了他们某些不可剥

> 夺的权利”，还是要成为一个犹太民主国家，其中“犹太人”指犹太教，而“民主”纯粹指选择政府的制度？换句话说，对上帝旨意的解释是否决定了以色列公民的某些权利、有关领土的政策以及对待他人的方式。[21]

多年来，以色列的主要政治意识形态联盟被认为已向右偏转，如今转向更加保守和鹰派的立场。[22]利库德集团在1977年大选中获胜、工党联盟失利的原因之一，便是左派的意识形态过时，与公众舆论脱节。[23]可以肯定地说，如今大多数选民心中首要关注的是安全问题。在一定程度上，几个不同政党之间建立选举前集团，往往会迫使一些政党弱化其意识形态言论。寻求担任政治职务的政党必须在“现实世界”中运作，这有时需要它们与持相反意识形态立场的政党进行政治交易，对纯粹的意识形态标准进行一些妥协和调整。[24]

第三节　政党的职能

当代政党在以色列政治体系中扮演着极为关键的角色，远不止其前辈组织协助以色列建国这一重要事实。虽然并非所有以色列政党都履行以下提及的全部职能，且履行职能的程度也不尽相同，但多数政党在多数情况下确实履行了其中的大部分职能。[25]

第一，政党充当着人事机构，或协助招募政治领导人的关键机制。[26]在以色列，若不在政党框架内运作，就难以在国家层面积极参与政治。独立人士无法被选入议会，正如第六章所阐述的，议会并不鼓励独立的非党员参与政治。在以色列寻求政治职位的个人，必须借助政党这一工具开展工作。

当个人脱离已有的政党时，他们不会以独立人士的身份在 196

政治舞台上竞争，这一事实进一步印证了上述观点。相反，他们首先会建立自己的政党，以便在政党主导的政治环境中继续活动。在以色列，以党为中心的政治结构难以避免，个人要么在现有政党结构中竞争，要么创建新的政党结构参与竞争。这种现象的一个总体解释是该国的选举制度。以色列实行比例代表制，这使得在没有政党标签的情况下竞选公职不仅在实际操作中困难重重，在法律层面也几乎不可能。而且，选举制度的性质也使得政党领导人在选举后对个别议员仍具有较大影响力。

政党的第二个重要职能是帮助组织团体并表达政治诉求。[27]在议会选举临近时，政党积极寻求各选区的支持，而在选举间隙，它们也会全职工作，持续为自身组织争取公众支持。在实际行动中，这表现为政党出版报纸、运营医疗诊所、补贴住房、提供就业安置服务，并为成员提供广泛的附加专业服务。[28]此外，当新问题出现在公共议程上时，政党会努力在这些问题上表明立场，与自身及竞争对手相关的议题上占据有利位置。各政党会围绕这些问题动员团体，通过宣传呼吁吸引更多民众和选民的支持。

在社会阶级结构问题上，这一职能体现得尤为明显。[29]近年来，俄罗斯移民在以色列社会的重要性日益凸显，这与专门关注俄罗斯移民问题的政党——以色列移民党（Yisrael Ba'Aliya）的创立密切相关。[30]从这个角度看，以色列的政党可被视为社会运动，而非传统意义上仅发挥选举职能的政党。对于其他民主国家的公民而言，其政党主要仅在选举中发挥作用，因而他们很难理解以色列政党对公民生活各方面的广泛影响。

政党的第三个功能是为选民提供意识形态或感知参考框架。世界纷繁复杂，公民（以及选民）常常对周围发生的事件感到困惑，不知如何理解。政党在此发挥了重要作用，它们在广泛的问题上表明立场，并对这些立场为何"正确"提供全面而详细的解释，从而使政治世界变得更容易被个人理解。倘若没有政党的引导，个人可能难以把握当代政治话语的诸多细节。从这个意义上讲，政党在政治社会化过程中扮演着至关重要的角色。政治社会化是个人发展与政治世界相关的信仰、态度和价值观的过程。如同家庭、学校、种族团体、团体领袖、职业同事、同龄 197
人、媒体和社区领袖一样，政党在个人形成对政治世界运作方式及原因的看法时，起到了关键的导向作用。[31]

最后，政党充当联系机制，帮助将个人与所处的政治体系连接起来。尽管以色列政治体系中有正式机制将公众成员与政府机构（即专门选出的代表）联系起来，但对于代表应扮演的角色，存在较大的不确定性。由于以色列人投票给政党而非单个候选人，并且以色列没有明确的地理选区划分，正如前文所述，以色列个人没有"专属"的官方政府指定代表。相反，以色列人通过政党与整个政治体系建立联系。以色列政党是群众政党，以广泛的群众成员为基础，且真正由普通党员参与管理。正是政党为个人提供了机会，让他们切实感受到自己在政治进程中拥有 198
发言权。

第四节　政党与议题

多年来，以色列的政治历史见证了众多政党的兴衰变迁。表 7.4 展示了 1992 年至 2015 年过去八次以色列选举中活跃的主要政党，这些政党数量众多且关系复杂，多年来经历了大量的合并、分裂与重组。例如，第十三届议会在 1977 年开始任期时仅有 13 个政党，到 1981 年结束时，政党数量已增至 20 个。

这种涉及派系化和重组的政党创建过程，是政治组织保持活力、与选民紧密关联的独特方式，否则就可能彻底从政治舞台上消失。它展示了一个对选民高度敏感的政治体系的运作模式，拥有灵活且响应迅速的政党体系对政治环境具有实际益处——因为公众的观点能够在政府的选举和代表结构中得以体现，这有助于增强当时政府的合法性。[32]

199 **表 7.4　1992—2015 年以色列选举中的主要政党**

符号	政单名录
A	以色列工党(Mapai)
AMT	结盟——以色列工党和联合工人党(第七届至第十二届议会) 以伊扎克·拉宾为首的工党(第十三届议会) 工党(在第十四届议会中) 以埃胡德·巴拉克为首的“一个以色列”——工党、格舍尔、梅玛德(第十五、十六和十七届议会) 第十八届和第十九届议会：以色列工党 第二十届议会：犹太复国主义阵营中的工党和梅雷茨
AT	结盟——以色列工党和劳工团结(第六届议会)
B	民族宗教阵线、米兹拉希和米兹拉希工人 在第十九届议会中，该名单被列入贝特哈·耶胡迪党
G	联合托拉犹太教阿格达特·伊斯拉尔、德格尔·哈托拉、拉比伊扎克·佩雷茨、阿格达特以色列工人(曾是 AI/PAI)
D	阿古达以色列工人(直到第九届议会)
D	全国民主联盟 (BALAD)
HD	国家共识的第三种方式
HN	中心—信义列表
W	和平与平等民主阵线、以色列共产党 (RAKAH)、黑豹党以及犹太和阿拉伯。1989 年，RAKAH 改名为以色列共产党。
W	哈达什(Hadash，和平与平等民主阵线)
ZH	吉尔养老金领取者党
H	赫鲁特(Herut)，自由党
HL	赫鲁特自由阵线(GAHAL)
HLTAM	利库德
T	自由中心(第七届议会)
T	莫莱代
T	雅哈德(Yahad)——民族团结运动(第十一届议会)
T	联盟党(全国联盟党，我们的以色列圣地，故乡党)
TB	联盟党(全日联盟党，国家宗教党)

(续表)

符号	政单名录
TB	犹太之家(HaBayit HaYehudi)(第二十届以色列议会)
YT	全国联盟党——故乡党、自由党、宗教锡安主义党(前称复兴党)
YM	阿拉伯联合酋长国名单(第九届议会)
JS	民主变革运动(DASH)(第九届议会)
JS	经济复苏——Ometz(第十届和第十一届议会)
JS	变革党(Shinui)——以拉皮德和波拉兹为首的世俗运动
K	库拉努(我们所有人)
KA	以色列工人名单
KACH	KACH—由拉比梅尔·卡哈纳(Meir Kahana)创立的运动
KN	犹太复国主义运动的实现——Shlomzion
KN	以纳坦·夏兰斯基为首的以色列家园党 200
	在第十五和十六届议会中,名单的名字是以色列家园党
KN	第十七届议会的前进党(Kadima)
L	自由党
L	由阿维格多·利伯曼领导的"以色列——我们的家园"
LA	独立自由主义者
M-MAPAM	联合工人党和不结盟
MHL	利库德集团(Mahal)——利库德、桥党、十字路口党,包括自由党团和 LAAM,自由中心和国家名单
MEREZ	梅雷兹党——民主以色列、RZ、统一工人党、变革党 (HN)
	第二十届议会与 AMT 中的工党保持一致
M	阿哈德(Am Ahad),由工人和养老金领取者派系阿米尔·佩雷兹(Amir Perez)领导
N	阿拉伯联合名单,阿拉伯复兴运动(Ra'am-Ta'al)
NJ	以色列传统运动(TAMI)
N	阿拉伯民主党
AD	莫拉沙、马扎德、阿古达以色列工人
AM	国家名单
AM	阿拉伯联合名单(第十五届议会)
EZ	德格尔·哈托拉
P	和平进步清单

(续表)

符号	政单名录
PH	以伊扎克·莫迪凯为首的中央党
PH	未来党——Yesh Atid
PS	发展与和平——Flatto-Sharon
TZ	犹太复国主义复兴运动——Zomet
K	以色列共产党
KA	雅哈德(合)
KN	泰克莱特阿多姆运动(Moked)
RZ	公民权利运动与和平
S	豪拉姆·海兹(HaOlam Haze)
S	希利党(Shelli)
SHAS	托拉——塞法尔迪观察者普遍协会
Th	复活(Hatchia)
TW	劳动团结(Ahdut HaAvoda)
TLM	国家复兴运动(KEN)

资料来源:以色列国,议会网页,"议会集团之间的合并和分裂",2015年6月访问,Sources:以色列国,议会网页"议会团体之间的合并和分裂",accessed June 2015, http://knesset.gov.il/faction/eng/FactionHistoryAll_eng.asp;"所有议会团体——按名字",accessed June 2015, http://knesset.gov.il/faction/eng/FactionListAll_eng.asp; and"所有议会团体——按议会届",accessed June 2015, http://knesset.gov.il/faction/eng/FactionListAll_eng.asp?view=1.另见中央统计局,以色列统计摘要,2014年,表10.2,"Valid Votes in the Elections to the Knesset, by Main List, 1999—2014" Web page, accessed June 2015, http://www1.cbs.gov.il/shnaton65/st10_02.pdf, and J 街,"2015年选举:J街关于2015年以色列选举的一站式资源:政党", accessed June 2015, http://www.israelelection2015.org/parties/.

方框7.1展示了2003年、2006年、2009年和2013年的第十六、十七、十八和第十九次议会选举中的政党组织分配情况,充分说明了议会在组织上始终处于动态变化之中。

参加过以色列联合政府的政党通常可分为五类:左翼、中间派、右翼、(正统犹太教)宗教党和阿拉伯党。其中,阿拉伯政党过去既未成为政府联盟的正式成员,也未在议会中担任正式权力职位。[33]不过,这种分类有时会受到一些特殊政党的干扰,例如20世纪70年代后期的“民主变革运动”(DMC),该党不符合常规的分类体系。在此,我们将简要回顾在第二十届议会选举中竞选公职并赢得席位的政党,不仅要描述当今政党的基本信条,还要阐述政党和政治团体的演变历程,若有合适的情况,会进一步说明它们的发展变化。[34]

方框7.1　第十六、十七、十八、十九届议会党团的合并和分裂

*第十六届议会(2003年2月17日至2006年4月17日)

2003年3月10日——以色列至上党(Yisrael BaAliyah)并入利库德集团(Likud)。

2004年6月15日——梅雷兹党民主选择党沙哈尔(Meretz-Democratic Choice-Shahar)更名为亚哈德(Yahad)和民主选择(Democratic choice)。

2005年1月12日——联合托拉犹太教联盟(United Torah Judaism)分裂为以色列正教党(Aguat Yisrael)和托拉旗帜党(Degel Hatorah)。

2005年3月21日——希查布鲁特(意为重约)派(Hitchabrut)从国家宗教党中分离出来。

2005年5月16日——希查布鲁特派更名为复兴的宗教犹太复国主义(Renewed National Religious Zionism)。

2005年5月18日——约瑟夫·帕里茨基(Joseph Paritzky)从变革党(Shinui)中分离出来,建立了采拉什运动(Tzalash)(采拉什为“犹太复国主义”“自由主义”“平等”三个词的希伯来语缩写)。

2005年5月18日——民主变革运动(Democratic Movement for Change /Tnu'a Demokratit LeShinui)更名为变革党—世俗和中产阶级政党(Shinui-Party for the Secular and the Middle Class)。

2005年5月23日——工党梅玛德党(Labor-Meimad)和一个民族党(Am Ehad)合并为一个议会团体工党梅玛德一个民族党(Labor Meimad Am Ehad)。

2005年5月23日——大卫·塔尔(David Tal)从一个民族党(Am Ehad)分离并成立了诺伊派(Noy)。

2005年7月27日——亚哈德党(Yahad)和民主选择党(Democratic choice)更名为梅雷兹亚哈德(Meretz-Yahad)和民主选择(Democratic choice)。

2005年11月23日——来自利库德集团(Likud)的14名议会成员(MK)分裂并成立了国家责任派(Achrayut Leumit)。

2005年11月23日——诺伊派(Noy)与国家责任派合并。

2006年1月17日——国家责任派更名为前进党(Kadima)。

2006年1月26日——变革党—世俗和中产阶级的政党分裂为世俗主义政党“赫茨”(the Secular Faction-Hetz)变革党(Shinui),变革党有3名成员,世俗派有11名成员

2006年2月1日——迈克尔·努德曼(Michael Nudelman)离开了全国联盟党(Ichud Leumi),他仍然是议会成员(MK)。

2006年2月1日——伊格尔·亚西诺夫(Igal Yasinov)从变革党分出并成立哈奥利姆(意为移民者)(Ha-olim),随后与全国联盟党以色列是我们的家园党故乡党宗教锡安主义党(前称复兴党)(Ichud Leumi-Yisrael Beitenu-Moledet-Tekuma)合并。

2006年2月1日—全国联盟党以色列是我们的家园党故乡党宗教锡安主义党(前称复兴党)分裂为拥有四名成员的全国联盟党故乡党宗教锡安主义党(前称复兴党)和拥有三名成员的以色列是我们的家园党(Yisrael Beitenu)。

2006年2月5日——赫米·多伦(Chemi Doron)和埃利泽·桑德伯格(Eliezer Sandberg)离开世俗派系,成立国民之家组织(Habayit Haleumi)。

2006年2月7日——哈达什塔阿勒(Hadash-Ta'al)分裂为阿拉伯复兴运动(简称塔阿勒)(Ta-al)和争取和平与平等的民主阵线(简称哈达什)(Hadash)。

*第十七届议会(2006年4月17日至2009年2月24日)

2008年6月2日——来自吉尔养老金领取者党(Gil Pensioners Party)的三个议会成员(MK)分裂并组成了老年人正义议会小组。

2008年10月27日——来自老年人正义的两个议会成员重新与吉尔养老金领取者党合并。第三个议会成员分裂并组成了一个名为"正道"的单一成员议会团体。

2008年12月3日——全国联盟党国家宗教党(Ichud Leumi-Mafdal)更名为:犹太之家国家宗教党和全国联盟党(Jewish Home-Mafdal and Ichud Leumi)。

2008年12月18日——工党梅玛德党(Labor-Meimad)议会小组分裂为两个独立的团体:梅马德和埃胡德·巴拉克(Ehud Barak)领导下的工党(HaAvoda)(18个议会成员)。

2008年12月18日——联合托拉犹太教联盟(United Torah Judaism)分裂为以色列正教党(Aguat Yisrael)和托拉旗帜党(Degel Hatorah)

2008年12月23日——犹太之家国家宗教党和全国联盟党(Jewish Home-Mafdal and Ichud Leumi)分裂成犹太之家国家宗教党我的兄弟党和故乡党全国联盟党(Jewish Home—Mafdal-Achi and Moledet—Ichud Leumi)。

*第十八届议会(2009年2月24日至2013年2月5日)

2011年1月17日——埃胡德·巴拉克领导下的工党议

会团体分为两个新团体：独立党（Haatzma'ut）和以色列工党（HaAvoda）。

2012年11月19日——两名以色列议会成员从全国联盟党（Ichud Leumi）中分离出来，并成立了一个名为以色列的力量（Otzma Leyisrael）的新议会团体。

2012年12月3日——七名议会成员从前进党（Kadima）中分离出来，并成立了一个名为运动（Hatenua）的新议会小组，由齐皮·利夫尼（Tzipi Livni）担任主席。

2012年12月3日——议会成员塔勒布·萨纳（Talab El-Sana）从联合阿拉伯名单（简称拉阿姆）阿拉伯复兴运动（简称塔阿勒）（Ra'am-Ta'al）中分离出来，重新建立了阿拉伯民主党（简称马达）（Mada）议会团体。

2012年12月3日——议会成员海姆·阿姆萨勒姆（Chaim Amsellem）离开沙斯党（Shas）并开始作为一个独立的议会成员。

*第十九届议会（2013年2月5日至2015年3月31日）

2014年7月9日——以色列是我们的家园（Yisrael Beiteinu）退出利库德集团以色列是我们的家园（Likud-Yisrael Beiteinu）联合议会小组。二十名利库德集团成员将他们的派别名称改为利库德-全国自由运动（Likud National Liberal Movement）。

2014年12月8日——联合阿拉伯名单（简称拉阿姆）阿拉伯复兴运动（简称塔阿勒）阿拉伯民主党（简称马达）（Raam Taal Mada）更名为联合阿拉伯名单（简称拉阿姆）阿拉伯复兴运动（简称塔阿勒）（Raam Taal）。

2015年1月2日——联合阿拉伯名单（简称拉阿姆）阿拉伯复兴运动（简称塔阿勒）（Ra'am-Ta'al）分裂为阿拉伯联合名单和阿拉伯复兴运动。

左翼[35]

正如我们所指出的，犹太复国主义联盟，主要成员是工党，其在以色列历史上最早以“Mapai”的形式出现，“Mapai”是1930 202
年以色列工人党(Mifleget Poalei Israel)的首字母缩写。工党是典型的社会民主党，致力于通过政府行动，为公众提供社会和经济福利。犹太复国主义联盟的根基源于劳工犹太复国主义意识形态，它由创建全国劳工联合会(Histadrut)的两个团体——劳工团结党(Ahdut HaAvodah)和青年劳工党(HaPoel HaTzair)共同建立。[36]

以色列劳工团结党自身历史悠久，可追溯至1919年，由锡 203
安工人党(Poalei Tziyon)创建；青年劳工党(HaPoel HaTzair)在1905年至1930年期间活跃于巴勒斯坦地区，是该地区建立犹太人定居点的主导力量。1968年，Mapai、Ahdut HaAvodah和Rafi合并创建了马派党，此后马派党成为工党的主要力量。以色列劳工名单党(Rafi)是以色列劳工名单(Reshuma Poaeli Israel)的首字母缩写，于1965年创建，当时大卫·本古里安及其一些支持者因政策分歧离开了马派党。1968年，大多数离开的人(需指出的是，本古里安并未返回)回到马派，并与以色列劳工团结党(Ahdut HaAvodah)共同创建了工党。

从1968年到1974年，工党正式党员职位分配比例为：马派占57.3%，Ahdut HaAvodah和Rafi各占21.3%；1974年后(当时伊扎克·拉宾、西蒙·佩雷斯和伊格尔·阿隆分别是三个派系的领导人，且同意完全合并)，工党完全吸纳了这三个创始团体。1969年至1984年，工党与联合工人党(Mapam，Mifleget Poaeli Meuchedet的首字母缩写词)联合组成联盟，即“Maarach”。Mapam于1948年由两个与基布兹相关的政党——年轻守望者(HaShomer HaTzair，成立于1913年)和以色列劳工团结党(其中部分成员于1954年离开，再次独立)合并而成。1984 年后，Mapam 为抗议联盟加入利库德集团组成民族团结政府，退出联盟并继续作为独立政党存在。

曾几何时，工党被视为以色列政府的不二之选，但在过去几年中，其势力已大幅削弱。1977 年之前，所有以色列总理均来自工党；然而自 1977 年起，利库德集团在联盟中占据主导地位，尽管两大主要政党都定期参与双方均在内阁的“民族团结政府”。

2013 年，艾萨克・赫尔佐格(Isaac Herzog)领导的工党与 Hatnuah 运动(前身为前进党)联合参选。Kadima 党此前被视为中间派政党。在第十六届议会结束时，新议会团体——国家责任党(Achrayut Leumit)从利库德集团中分离出来。约两个月后，它更名为 Kadima，这也是其在议会外平行政党的名称。Kadima 的领导人是蒂皮・利夫尼(Tzipi Livni)，她在 2009 年选举中赢得多数选票，但未能成功组建联盟，最终由内塔尼亚胡创建政府。

2015 年，利夫尼与工党签署协议，规定若犹太复国主义联盟赢得选举，两位领导人将轮流担任总理。普遍认为，两党均支持解决巴以冲突，并支持对极端正统派进行征兵。

204 梅雷兹党(Meretz)于 1992 年由公民权利运动(CRM)、Mapam 和 Shinui 联合成立。来自工党的议员阿洛尼・舒拉米特(Shulamit Aloni)于 1973 年发起“公民权利运动”。该运动极为重视公民权利，在巴勒斯坦相关问题上比当时的工党更愿意做出妥协。梅雷兹本质上是一个犹太复国主义政党，但主张以色列从被占领土撤出。梅雷兹意识形态的核心是人权，因此该党与和平进程紧密相连，既支持阿拉伯人的权利，也支持犹太人的权利，在社会正义和宗教自由方面表现突出。

中间派

未来党(Yesh Atid，意为“有一个未来”)由一位知名电视主播在 2013 年选举前创立，旨在作为当时“常规”政治的替代政党。它被视作世俗的中间派政党，一直对宗教政党向政府施加的影响提出批评。其领导人耶尔·拉皮德（Yair Lapid）在 2013 年至 2015 年担任财政部长，但因无法就预算达成一致，被逐出内塔尼亚胡内阁。

拉皮德支持以两国方案解决巴勒斯坦冲突，这意味着以色列几乎要完全撤离；即便他在内塔尼亚胡内阁任职期间，也反对内塔尼亚胡扩大定居点。他还表示，以色列的极端正统派犹太人应分担社会负担，比如服兵役。

库拉努（Kulanu）成立于 2014 年，是由前利库德集团支持者组成的“清廉”政党，专注于降低以色列的生活成本。其领导人摩西·卡隆（Moshe Kahlon）在担任以色列福利部长期间，助力改革以色列通信市场，大幅降低移动电话服务成本，声誉颇高。库拉努的政治立场与利库德集团近乎相同：支持定居点建设，并对巴勒斯坦人的意图持强烈怀疑态度。

右翼[37]

利库德集团（联盟）于 1973 年选举时创建，由当时的自由中间党和加哈尔集团合并而成。自由中间党曾是赫鲁特（自由）党的一个分支，1967 年脱离，1973 年又以新形式与前伙伴重新合并（自由中间党后来于 1977 年离开利库德集团，加入了改革党）。加哈尔集团实际上是另一个首字母缩略词，源自 Gush Herut Liberalim 或 Herut-Liberal Bloc，由 Herut 和自由党于 1965 年创建，目的是在马派主导的政党体系中更有效地竞争。自由党（1961 年由自由党和进步党合并而成）和犹太复国主义
党，二者均可追溯至建国之前。赫鲁特是由早年活跃于伊尔贡 205
的人创立的右翼政党，其意识形态基于修正主义犹太复国主义。[38]赫鲁特后来成为利库德集团的主要组成部分，自 1977 年以来，赫鲁特-利库德集团右翼一直是大多数以色列政府的根

基，致力于减少政府对经济的监管，减少对巴勒斯坦人的让步，以及高度关注安全问题。它在很大程度上依靠塞法尔迪选区来维持执政地位。

利库德集团被视为右翼民族主义政党，其灵感源自修正主义犹太复国主义领导人泽夫·贾博廷斯基的意识形态。利库德集团反对1993年的《奥斯陆协议》，尽管内塔尼亚胡多次表示支持以两国方案解决与巴勒斯坦的冲突，但他经常采取的立场（例如支持扩大以色列在被占领土上的定居点）被认为加剧了与巴勒斯坦人的紧张关系，阻碍了和平协议可能取得的任何进展。

不过，可以肯定的是，利库德集团如今已不像两三年前那般团结。

> 无论周二的选举结果如何，以及随后的联合谈判结果怎样，作为全国性政党的利库德集团，显然在很大程度上存在功能失调的问题。利库德集团的衰落既非个例，也并不意外。如同民主国家常见的情况，执政多年后，政党会变得自满和停滞。愤世嫉俗的职业政治家掌权后，开始不把选民当回事。他们不专注于解决诸如经济适用房短缺、收入差距、教育差距、医疗保健及其他社会经济等复杂问题，而是一心争夺影响力和中饱私囊。
>
> 下台的政党唯有更换疲惫的领导人，并创建新的、更开放的治理机制，才有可能东山再起。除少数例外，这一过程通常要在经历惨痛的选举失败后才能进行，而且在许多情况下，失败不止一次。
>
> 利库德集团的竞选活动尽显衰落迹象——冒犯性的广告和视频由与以色列社会和政治现实脱节的人制作。萨拉·内塔尼亚胡参观总理官邸时，地毯上有破洞这类事情，对理解该党现状并无助益。真正需要关注的是像泽夫·埃

> 尔金(Zeev Elkin)和尤利·埃德尔斯坦(Yuli Edelstein)这样的二线党领导人,他们在很大程度上毫无存在感。
>
> 作为这个四分五裂政党的领导人,内塔尼亚胡承担了大部分责任并遭到指责。尽管他确实专注于重要的外部问题——伊朗核计划、哈马斯袭击引发的夏季战争,以及美国
> 总统巴拉克·奥巴马持续的敌意——但内塔尼亚胡也不愿 206
> 冒险与权力掮客和暴徒全面对抗。[39]

以色列家园党(Yisrael Beiteinu)是在 1999 年选举前成立的新政党,其明确目标是吸引超过一百万的新俄罗斯移民的支持。该党创始人阿维格多·利伯曼是前总理本雅明·内塔尼亚胡的总干事,也是利库德集团的支持者。他认为组建新政党将比仅等待新俄罗斯移民加入利库德集团获得更多支持。

与利库德集团一样,以色列家园党被视为右翼、民族主义、世俗政党,其所采取的立场加剧了与巴勒斯坦人的紧张关系,阻碍了和平进程。利伯曼先生居住在约旦河西岸的一个犹太人定居点,尽管他公开表示支持建立巴勒斯坦国,并愿意为和平放弃(占领)领土,但他也要求以色列的巴勒斯坦公民宣誓效忠。

犹太家园党(HaBayit HaYehudi)被视为与宗教犹太复国主义定居者运动相关的极右翼政党。其领导人纳夫塔利·贝内特直言不讳地反对任何解决与巴勒斯坦冲突的方案。他提议向居住在被占领土某些地区的巴勒斯坦人提供以色列公民身份,从而将该领土(约旦河西岸的 60%)吞并为以色列的一部分。他一直主张在被占领土扩大以色列定居点,并表示不会支持撤离定居点或前哨。

极端正统派政党[40]

沙斯党(Shas)是塞法尔迪律法守护者(Sephardic Torah Guardians)的首字母缩写词,由以色列社会(Agudat Israel)组

织的一些前成员于 1984 年创建，是一个宗教和神权政党，创建目的是抗议在 Agudat Israel 政党名单中塞法尔迪犹太人被边缘化。沙斯党实际上是极端正统派 Agudat Israel 的塞法尔迪版本，后者于 1912 年在波兰成立，20 世纪 20 年代在巴勒斯坦重建。1949 年，Agudat Israel 与 Mizrahi 一同成为联合宗教阵线的一部分，并在 1955 年至 1959 年间与以色列工人协会(Poalei Agudat Israel)一起作为托拉宗教阵线运作。托拉宗教阵线在 1961 年大选前解散。Agudat Israel 是一个非犹太复国主义政党，由 Torah Sages 极端正统派宗教委员会领导，其主要职能是宗教而非政治。

直到近些年，当主要由德系主导的阿古达集团将注意力重新聚焦于极端正统派时，沙斯才成为主要政党。西班牙裔犹太
207 人对沙斯的支持使其成为以色列较大的政党之一。在 2013 年的选举中，沙斯失去了部分席位，从 11 个减少到目前的 7 个。其主要目标之一是消除据称对以色列塞法尔迪人持续存在的经济和社会歧视，尽管它也公开表示，如果能带来“真正的和平”，支持与巴勒斯坦人达成和平协议。如今的沙斯被视为极端正统的塞法迪姆的政党；大多数德系极端正统派选择支持联合托拉犹太教党。

联合托拉犹太教(United Torah Judaism，UTJ)是两个极端正统宗教党派的联盟——Agudat Israel(见上文对沙斯的讨论)和 Degel HaTorah(律法的旗帜)，被视为哈西德派拉比和利益集团的松散联盟。Degel HaTorah 成立于 1988 年，是沙斯的德系衍生派别。联合托拉犹太教是非犹太复国主义者，它在政府中的工作重点是满足教育和社会福利领域极端正统派的需求。它在约旦河西岸定居点问题上获得了大多数以色列人的支持。近年来，在反对将服兵役要求同样适用于极端正统派(如同适用于世俗以色列人)的倡议中，其态度非常明显。

极左派和阿拉伯政党[41]

在 2015 年选举前，议会将获得议会席位的最低门槛从得票率 2%提高到 3.25%。许多人认为，此举旨在增加阿拉伯政党（过去得票率一直很低）赢得代表权的难度。作为回应，四个不同的阿拉伯政党（哈达什、拉姆、巴拉德和塔尔）决定以单一政党形式——阿拉伯联合名单参加竞选，以免分散支持，进而可能失去在议会中的所有代表权。这一策略取得成功，阿拉伯联合名单在议会中赢得 13 个席位，总数位居第三。[42]

哈达什也称和平与平等民主阵线，是以色列共产党的继承者，也是新共产主义名单在第八届议会结束时采用的名称，后来议会外其他左翼非共产主义团体也加入进来。从创立之初，哈达什就主张以色列完全撤出 1967 年占领的领土，承认巴勒斯坦解放组织（PLO），在以色列旁边建立一个巴勒斯坦国，以及实现以色列阿拉伯公民的完全平等。它反对以色列将自己定义为“犹太国家”。

1949 年，以色列共产党或 Maki（Mifleget Kommunistit Yisraeli 的缩略词）成立，1965 年分裂为两个派别，Maki 和
Rakah。Maki 主要由犹太人组成，而 Rakah 是新共产主义名单 208
的缩写词（Reshuma Kommunistit Hadash），主要由阿拉伯共产主义支持者组成。哈达什是一个犹太和阿拉伯政党，以该名称竞选第九届、第十届、第十三届和第十五届议会成员。在第十一届、第十二届、第十四届和第十六届议会选举中，哈达什与其他政党联合参选。

阿拉伯联合名单中的阿拉伯复兴运动（Raam Taal）集团是阿拉伯民主党和以色列其他小型伊斯兰组织的联盟。阿拉伯民主党成立于 1988 年，专注于阿以平等和以色列从约旦河西岸撤军。阿拉伯联合名单的重点是建立一个巴勒斯坦国，并拆除约旦河西岸和加沙地区的所有以色列定居点。

巴拉德即民族民主联盟，是以色列主要的阿拉伯政党之一，源于其希伯来语名称的缩写“BALAD”。它主张以色列转变为“所有公民的国家”，1948 年和 1967 年阿拉伯难民回归，以色列撤回到 1967 年的边界，并建立一个巴勒斯坦国。巴拉德由多个派系组成，包括 1996 年创建的阿拉伯变革运动。它在第十四届议会选举中与和平与平等阵线（哈达什）联合参选。

通过对以色列政党制度的简要考察，我们看到了一系列令人眼花缭乱的政治观点和选择，以第十八届议会中的众多政党代表为例，如表 7.5 所示。选举制度的性质倾向于允许甚至鼓励我们所说的特立独行政党的扩散。一位拥有坚实支持基础的知名政治领导人，相对容易脱离原政党，组建自己的政党，即便在思想上并无新意，但他/她却成了新党的领导人。这就是难以确定各政党之间实际差异的原因，因为通常在实质性内容上差异甚少。我们看到的是一系列个人追随者，这些追随者形成单个政党，然后基于意识形态和纲领偏好组建联盟集团。

2015 年，在第二十届议会选举前，议会提高了政治名单赢得议会代表权所需的最低选票比例，目的是让阿拉伯政党更难当选。在最早的议会选举中，一个政党只需赢得 1%的选票就能获得一个议会席位。由于这个门槛使极小的政党过于容易在议会中赢得代表席位，众多政党进入议会，所以门槛被提高到 2%，以阻止过小的政党进入立法机关。最近，以色列政治领导
209 人认为，若能将赢得席位所需的门槛提高到 3.25%，就能将更多阿拉伯成员排除在议会之外。几个阿拉伯政党做出了出乎意料的反应：它们在选举日前组成一个单一政党集团，作为一个整体参加竞选，这样就不会将阿拉伯人的选票分散到三个、四个或
210 五个不同的集团，避免出现可能没有一个集团获得总票数 3.25%的情况。组成集团后，它们在第二十届议会中获得的席位果然比原本更多。

表 7.5　政党在 2015 年第二十届议会选举中寻求席位

政党名称	投票百分比	赢得席位数	赢得席位百分比
利库德集团	23.40	30	25.0
犹太复国主义者联盟(工党)	18.67	24	20.0
联合名单(哈达什/阿拉伯)	10.61	13	10.8
未来党	8.82	11	9.1
我们所有人(库拉努)	7.49	10	8.3
犹太家园党	6.74	8	6.6
沙斯党	5.74	7	5.8
联合托拉犹太教	4.99	6	5.0
以色列我们的家园	5.10	6	5.0
梅雷兹	3.93	5	4.2
亚哈党	2.97		
绿页党	1.12		
阿拉伯名单	0.10		
绿党	0.07		
我们都是朋友	0.06		
哈瑞迪女性求变党	0.04		
希望变革	0.03		
海盗党	0.02		
佩瑞党	0.02		
(临时)国家队	0.02		
光芒党	0.01		
荣誉租借党	0.01		
经济学党	0.01		
民主政体党	0.01		
社会领导党	0.01		
总计		120	99.8

资料来源:以色列政府,中央选举委员会,“第二十届议会选举,第二十届国会选举的最终结果”,访问日期,2015 年 6 月,http://bechirot20. gov. il/election/english/kne set20/Pages/results20_eng. aspx. 另见美国以色列合作企业,“以色列选举史:第 20 届议会选举”,访问日期,2015 年 6 月,https://www. jewishvirtuallibrary. org/jsource/Politics/.

说明：
投票率:72.34%,为1999年以来最高
合格选民人数:5881696
投票数:4254738
有效票数:4210884(占投票的98.96%)
以色列阿拉伯人创纪录席位:14
创纪录的女性席位:28
正统派和极端正统派的席位减少:从39人减少到25人,超过三分之一的议会成员以前从未入选过。

第五节　政党和联盟的形成

事实上,选举一旦结束,甚至在选举开始之前,权威人士便开始预测总统会邀请谁组建政府,以及哪些政党最终会与最大的政党共同组成联合政府。在与2015年大选同步进行的分析中,《纽约时报》的一篇文章暗示,连任总理内塔尼亚胡组建的新联盟,会比他在前任政府中的联盟"更加协调一致"。值得回顾的是,由于议会提前两年解散并举行新选举,沙斯党和联合托拉犹太教党加入内塔尼亚胡政府,成为利库德集团的"天然盟友",而未来党和哈特努亚党(Hutnuah)则退出了。[43]文章作者指出,未来党2013年的主要竞选纲领是逐步取消对极端正统犹太人的征兵豁免,这就使得未来党与极端正统派政党几乎不可能成为同一联盟的成员。所以在2013年,若联盟中包含未来党,就意味着沙斯党和联合托拉犹太教党将不会加入,即便它们曾在以往的内塔尼亚胡政府中任职。该文章还预测,内塔尼亚胡或许能够组建一个拥有67个议会席位的联盟。

事实证明,《纽约时报》记者的预测部分正确,部分错误。内塔尼亚胡最终仅能组建一个拥有61个席位的联盟,用我们在前一章使用的术语来讲,这是在以色列议会总共120个席位中赢得多数的最低限度联盟。最终,他也未能说服联合托拉犹太教

党这一宗教政党加入联盟，不过这或许能让他在未来政府决策中拥有些许灵活性。即便联合托拉犹太教党加入他的联盟，失去任何其他联盟伙伴都可能导致政府垮台。后来，沙斯党确实重新加入了内塔尼亚胡政府，而未来党并未加入（见表 7.6）。

第六节　利益集团

利益集团通常被定义为志同道合者的集合。其类型丰富多样，有些组织架构严密，有些则相对松散；规模也大小不一，比如俄罗斯犹太移民组织规模庞大，而养老金领取者权利团体则规模较小。

表 7.6　以色列第三十三届政府和第三十四届政府联盟伙伴

	议会议席		第三十三届政府	第三十四届政府
	第三十三届政府	第三十四届政府	第十九届议会	第二十届议会
阿拉伯政党				
哈达什	4	—		
阿拉伯联合名单	3	—		
巴拉德	3	—		
塔尔	1	—		
联合名单	—	13		
中左派政党				
工党	15	24		
梅雷兹	5	5		
中间派政党				
Kadima	2	—		
未来党	19	11	19	
前进党	6	—	6	
库拉努	—	10		10

（续表）

	议会议席		第三十三届政府	第三十四届政府
	第三十三届政府	第三十四届政府	第十九届议会	第二十届议会
正统派宗教政党				
沙斯	11	7		7 预计加入但不包括
联合托亚犹太教	7	6		
中右派政党				
利库德	18	30	18	30
以色列我们的家园	13	6	13	6
犹太家园党	12	8	12	8
总计	120	120	68	61

资料来源：杰里米·阿什凯纳斯，“在内塔尼亚胡的下一届议会中，一个更加兼容的联盟”，《纽约时报》(2015 年 3 月 19 日)，访问日期，2015 年 6 月，http://www.nytimes.com/interactive/2015/03/19/world/middleeast/。

211 无论组织规模大小或组织程度高低，利益集团都至关重要，因为它们能够影响政府行为。[44]利益集团不仅能将公众意见传达给政府，还有助于把政府意见反馈给不同阶层的公众。因此，利益集团在政府的民主体系中发挥着联系纽带的作用。[45]然而，需要指出的是，以色列的利益集团不像在许多其他民主政体中那般活跃或重要，因为在其他地方，利益集团执行的许多最重要职能，在以色列是由政党组织来执行的。从某种意义上说，以色列政党在很大程度上已经取代了其他地方利益集团传统上所扮演的诸多角色。

212 然而，并非所有专注特定领域的政党都能像其他政党一样成功。仅以 1999 年选举中关注养老金领取者权益的政党为例，该党未能成功，因为没有足够多的目标成员愿意为了支持该党而放弃自身其他利益去投票，他们显然更倾向于基于自身其他利益来投票。对那次选举的一项研究表明，如果表面上对该党感兴趣的人群(即 65 岁及以上人群)中,仅有 10%的人投票给该党,那么该党就能选出两名议员。但实际上,在 1999 年选举中,它获得的选票不足总票数的 1.5%,在议会中没有代表席位。[46]

以色列最大的单一利益集团是劳工群体,其中最大的组织是成立于 1920 年的“工人总联合会”(Histadrut)。[47]“工人总联合会”通常被称作全国总工会,但它的职能远不止于此。它从事房地产的拥有、建造、出租与出售业务,开展住房项目,管理医疗诊所,拥有报纸和出版社,监管学校,并且全面负责广泛的社会服务,还支持以色列不同职业运动的球队。(想象一下,一场足球赛或篮球赛中,共和党与民主党对阵,而在以色列,类似的场景就存在于不同工会组织的球队之间!)

在 1977 年议会选举之前,只要工党掌控政府联盟,“工人总联合会”就实力强劲,与政府关系紧密。这主要通过各个领导职位人员任职的明显重叠(即连锁董事会)得以实现。在此过程中,“工人总联合会”实际上推动了许多涉及劳动和就业的重要立法,例如《工作时间和休息法》《青年就业法》和《劳动力交换法》。[48]“工人总联合会”对以色列的政治制度和公共政策都产生了重大影响。[49]

另一个在研究以色列时必须考虑的利益集团,正如我们在本书前面提及的,是军队。对军民关系的研究表明,尽管军事领导人与文职领导职位在法律上相互独立,但军队确实对以色列的公共政策产生了影响。[50]由于以色列成年人口中绝大多数是现役或预备役军人,军方的意见总能通过各种方式渗透到政治领域。在审视政治招聘过程时,这一点尤为明显。像达扬、拉宾、魏茨曼、巴拉克、沙龙(有趣的是,内塔尼亚胡不在此列,他将国家安全作为吸引选民的首要诉求)等人,凭借自身的军事功绩赢得声望,随后用这种声望换取政党选举名单上的席位,或者干脆自行组建政党。总体而言,对以色列军官的研究“表明他们的

213 政治态度和倾向与普通民众一样丰富多样，他们并不构成一个独特或独立的意识形态团体”。[51]

海外犹太人是第三个对以色列政治产生影响的团体。海外犹太人常常通过多种机制表达其政策偏好，包括犹太机构、世界犹太复国主义组织、美国犹太人委员会等正式组织，以及通过海外犹太人与以色列政界人士的直接沟通。美国以色列公共事务委员会（AIPAC）是美国一个极具影响力的利益集团，它也试图在以色列施加影响。[52]显然，海外犹太人对 1988 年大选的态度至关重要，其中美国的犹太人群体（至少）向伊扎克·沙米尔施加了巨大压力，阻止他以一种会迫使对“谁是犹太人?”这一问题做出裁决的方式组建利库德-极端正统派联盟。这场由来已久的争论爆发——极端正统派政党希望沙米尔先生引入立法，只承认犹太教正统派的皈依和婚姻以及其他仪式，这在以色列以外的犹太社区引发了极大关注。这是一个海外犹太社区如何影响以色列国内政治的典型案例。

事实上，以色列政府通过这些国际利益集团获得了大量资金，因此一直对可能损害这种国际支持的行动格外敏感。例如，“由于其成员的声望和财富，美国犹太人委员会尤其受到以色列领导人的重视。它是唯一一个与以色列政府达成准官方协议的私人组织，该协议明确了与海外犹太人的‘适当’关系”。[53]

最后但同样重要的是，特定的种族群体已开始直接影响政府政策。[54]如前所述，多年来，以色列人口中的某些群体在政治舞台上占据主导地位。塞法尔迪犹太人在以色列是相当大的少数群体（甚至接近多数地位），但在过去被制度性地排除在党组织、政府官僚机构和民选领导职位之外。近年来，自 1977 年贝京首次获胜以来，以色列人口中的塞法尔迪群体开始为自身利益发声、组织和游说，寻求平等机会，他们认为自己没有获得与社会其他阶层相同的教育和职业机会，以及这些机会所带来的一切附带利益。我们已经看到，像沙斯党这样专门为代表塞法尔迪利益而创建的新政党。

必须指出，沙斯党是一种特殊组织，兼具利益集团和政党的 214
属性。沙斯党显然是一个宗教政党，但它比其他同类政党更为成功，因为它在对待政治世界的方式上寻求融合而非分裂。它试图将自己打造成吸引被剥夺权利者融入政治世界的工具，并且在这方面取得了相当大的成功。[55]

塞法尔迪群体的这种积极行动带来的结果是，较大的政党，尤其是工党和利库德集团，被迫对塞法尔迪人采取友好姿态。利库德集团在 1977 年选举前就意识到塞法尔迪人是一个尚未充分挖掘的选举资源，并将自己定位为代表塞法尔迪利益的政党。近年来，工党也试图在利库德集团的这一选区争取支持，并取得了一定进展。简而言之，塞法尔迪人已被公认为一个重要的利益集团，如今正受到他们过去认为理应得到的选举关注。

阿拉伯政治组织是近年来在以色列政治中知名度和重要性不断提升的另一类利益集团。多年来，阿拉伯利益集团在以色列政治中基本处于隐形状态。近期，由于显而易见且令人遗憾的原因，阿拉伯人在以色列社会中的地位变得更加引人注目且充满争议。直到最近以色列犹太人与许多以色列阿拉伯人团体之间的民事关系破裂，此前有迹象表明阿拉伯利益集团在推动自身事业方面会发挥更大作用。暴力事件的增加改变了这一局面，一些以色列人认为，除非阿拉伯人完全融入以色列社会和政治，否则和平无望；而另一些人则认为，阿拉伯人永远不会被以色列社会和政治所接纳，只有阿拉伯人融入以色列，和平才有可能实现。可悲的是，这些论点与历史上不同地区、不同时期因长期暴力和政治不稳定而产生的论点极为相似，比如印度的印度教徒和穆斯林、南非的黑人和白人、爱尔兰的天主教徒和新教徒等等。近年来，阿拉伯利益集团组织性日益增强，发言权也越来越大，并且可能会继续在政治进程中更加引人注目并更多地参与其中。[56]

以色列议会一直是以色列政治游说的核心焦点，有些人一直对许多利益集团行为的道德性和合法性表示担忧。[57]这在以色列政治舞台上得到了越来越多的讨论，政府也已特别关注这些问题带来的挑战。[58]

215 第七节　以色列的联系机制和民主政府

政党和利益集团是全球民主政府中最常见的两种“联系机制”。这里的“联系”概念表明，政党和利益集团都有助于在政府与舆论和公众利益之间建立“联动”关系。[59]民主政府需对公众负责并回应公众诉求，这种联系至关重要，若没有这种联系，政府将很难了解公众的需求。

在任何现代民主政体中，公众的“声音”极为响亮且高度分化。也就是说，不同的人有着不同的诉求，如图 7.1 中朝不同方向发展的舆论箭头所示。

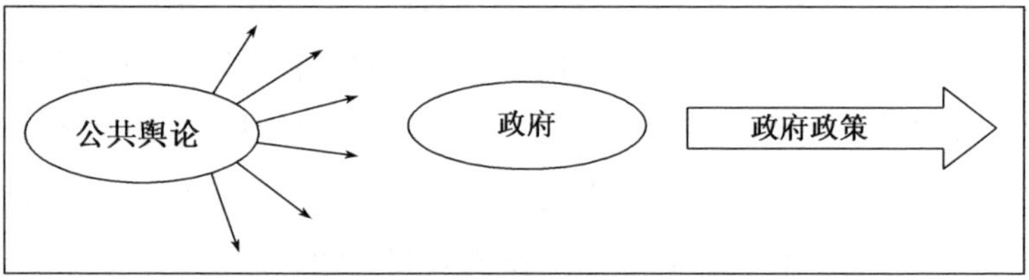

图 7.1　没有政党或利益集团的联系

政党和政治利益集团的组织有助于将公众的各种信息以连贯的方式传达给政府。可能的结果是，政府无法随心所欲地行事，而是选择听从一部分民众的意见，而忽略另一部分民众的意见，但政府更有可能理解公众所表达的信息，如图 7.2 所示。

以色列拥有健全、活跃的民主政治制度，但这并不意味着政治制度的运行总是顺畅有序或文明有礼的。当然，多党制下的

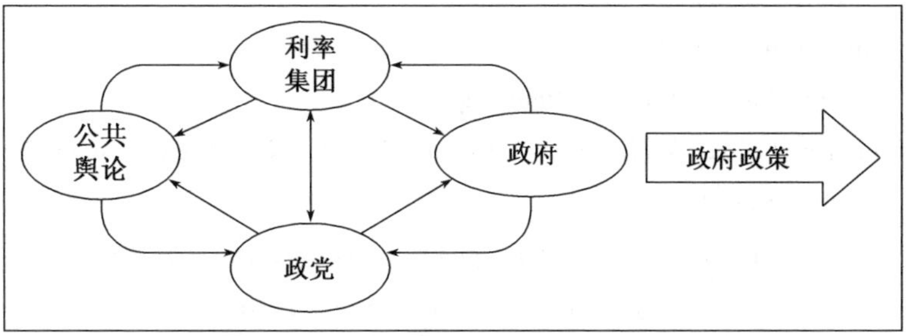

图 7.2　与各方和利益集团建立联系

政治联盟给政治制度带来了一定程度的不稳定性和不确定性(甚至可以说是低效率)。然而,我们可以说,正是以色列的政治制度让政客们能够听到公众的声音。用常被引用的英国首相温 216
斯顿·丘吉尔的话说:“没有人声称民主是完美无缺或万能的。事实上,有人说民主是最糟糕的政府形式,除了那些人们不时尝试的其他所有形式。”[60]

进一步阅读

Bareli, Avi. *Authority and Participation in a New Democracy: Political Struggles in Mapai, Israel's Ruling Party, 1948 - 1953*. Boston: Academic Studies, 2014.

Ben-Meir, Yehuda. *Civil-Military Relations in Israel*. New York: Columbia University Press, 1995.

Ben-Porat, Guy. *Between State and Synagogue: The Secularization of Contemporary Israel*. New York: Cambridge University Press, 2013.

Cohen, Ra'anan. *Strangers in Their Homeland: A Critical Study of Israel's Arab Citizens*. Portland, Ore.: Sussex Academic, 2009.

Hazan, Reuven, and Gideon Rahat. *Democracy within Parties: Candidate Selection Methods and Their Political Consequences*. New York: Oxford University Press, 2010.

——. *Israeli Party Politics: New Approaches, New Perspectives*.

London: Sage, 2008.

Jamal, Amal. *Arab Minority Nationalism in Israel: The Politics of Indigeneity*. London: Routledge, 2011.

Shindler, Colin. *A History of Modern Israel*. New York: Cambridge University Press, 2013.

——. *The Triumph of Military Zionism: Nationalism and the Origins of the Israeli Right*. London: I.B. Tauris, 2010.

Sternhell, Zeev. *The Founding Myths of Israel: Nationalism, Socialism, and the Making of the Jewish State*. Princeton, N.J.: Princeton University Press, 1998.

Van Creveld, Martin. *The Sword and the Olive: A Critical History of the Israeli Defense Force*. Oxford: Perseus, 1999.

第八章　选举进程和投票行为 217

尽管了解政党和利益集团对理解以色列政治的运作方式至关重要，但倘若不了解游戏规则，不清楚它们在政体中被期望（和允许）的行事方式，依旧难以透彻理解。以色列议会选举采用比例代表制，1992 年临时增设总理直选，可不到十年又恢复原选举模式，这使得以色列的选举在这方面始终存在问题。本章将探讨影响选举结果的关键因素，研究近期选举趋势，从而明晰选举框架对以色列投票行为及以色列政治的意义。

第一节　选举制度和以色列的投票行为

任何国家的选举制度都极为重要，它在选举政治领导人方面发挥关键作用，同时影响着政治讨论和政治活动的性质与风格。以色列的情况亦是如此，其选举制度催生了各种甚至相互矛盾的现象，比如老牌政党的分裂、严格的党纪，以及独立党组 218
织对个别立法者的全面严密控制。实际上，正如我们在前一章所指出的，以色列选举制度的特性往往导致众多政党并存。对于派系化政党保持团结，几乎没有制度性激励；而对于获得适度民众支持的团体，却有诸多制度激励促使它们脱离上级政治组织，以自身名义竞选公职。因此，选举制度本身成为以色列政治中的一个关键变量。

显然，那些不愿脱离与自己有分歧政党的个人，在与政党领导人的关系中处于极为脆弱的地位。因为政党领导人可以利用选举制度（尤其是政党选举名单中的位置）作为杠杆或威胁，提醒议会普通成员或其他政党支持者，最好按照党的指导方针行事，否则将面临诸如无法参选、无法在党的选举人名单中连任等后果。所以，多年来以色列选举制度改革的呼声不断。实际上，1992 年议会颁布了涉及总理直接选举的重大选举制度改革，并于 1996 年生效，然而仅仅五年后的 2001 年就被废除了！

第二节 比例代表和选举

法国政治学家莫里斯·迪维尔热（Maurice Duverger）曾指出，一个国家的选举制度与该政治制度中存在的政党数量和性质存在直接关联。具体而言，他认为比例代表制选举会导致多党制，[1]以色列便是如此。

以色列法律规定至少每四年举行一次选举。“至少”意味着，尽管民选议会最长任期为四年，但议会可在任期结束前投票解散，要求举行新选举。不过，与其他议会制国家不同，只有议会有权在法定任期（四年）到期前解散议会并呼吁举行新选举，国家元首（如英国女王）则无此权力。在以色列历史上，多次出现议会任期不足四年的情况，最近一次是 2013 年 1 月选举后的
219 任期，随后在 2015 年 3 月提前举行新选举，而非在议会四年任期结束的 2017 年举行。[2]

《议会基本法》规定：“议会应通过普遍、全国性、直接、平等、秘密和一定比例代表的选举方式产生。”[3]这意味着所有年满 18 岁及以上的公民都有投票权。实际选举制度采用单票制、全国选区、比例代表制的选举框架。[4]即整个国家视为一个单一选区（不像美国或英国那样划分地理区域），每个选民将选票投给心

仪纲领和候选人所属的政党。各政党在全国选举中获得的选票百分比，决定其在议会中相应获得的席位百分比。

获得至少 3.25％选票的政党，有权在选举后的议会中获得代表权。从以色列历史早期到 1988 年，这一“门槛”一直是 1％，后来提高到 1.5％。1988—2003 年维持在 1.5％，随后提高到 2％。2014 年 3 月，议会将其提高到 3.25％，旨在将较小政党排除在未来议会之外，得票数低于此阈值的政党将无法获得议会席位。[5]这基本上意味着，若一个政党获得足够选票进入议会，至少会拥有四个席位(120 个席位的 3.25％)。这一变化的明确动机是使以色列政治更加稳定，减少议会中的政党数量，以便更容易组建多数政府。不过，该提案的一些批评者认为，改革的真正目的是将阿拉伯政党(通常只获得 2％的选票)排除在议会之外，尽管改革支持者声称并非如此。

尽管 3.25％门槛的批评者谴责其反民主特性，但并非所有以色列人都这样认为。正如一位观察员指出的，

> 与预期相反，选举门槛从 2％提高到 3.25％促使四个阿拉伯小党统一为一个大党。这些政党领导人明白，如果彼此分开，将面临无法跨过门槛、最终在议会中毫无席位的风险——这正是一些右翼倡导者希望看到的，也是阿拉伯政党强烈反对此举的原因。
>
> 从其他方面来看，这一变化是有益的。与许多西方民主国家相比，3.25％的门槛并不算特别高。实际上，议会中最小的政党现在至少拥有四个席位，这本质上是好事。它 220
> 促使部分政党围绕共同的重大问题团结起来，而非在分歧较小的问题上各自为政、碎片化发展。[6]

席位分配制度的运作方式较为简单：选举中的总票数(减去得票低于 3.25％门槛政党的票数)除以 120(议会席位总数)，得

出一个“密钥”。该“密钥”用于确定单个政党的选举结果，即一方获得的有效投票总数（被除数）除以密钥（除数），得出数字座位数（商）及余数。

以这种方式分配议会席位时，由于四舍五入和除法过程的余数，120 个席位中通常有多达 10—15 个席位无法分配。初步分配后剩余的议会席位，会通过一个看似复杂实则不难理解的过程，分配给“剩余票”数额高的政党。自 1973 年以来，以色列一直使用这一过程，称为“德洪特”(d'Hondt)制度，以设计它的比利时人命名；在以色列，“德洪特”系统被称为“巴德奥菲尔”(Bader-Ofer)制度，以将此分配系统引入以色列的两名议会成员命名。[7]

多年来，议会中的“剩余”席位纯粹依据剩余数大小授予。这有时会导致未赢得足够席位的政党获得多余席位，因为其余数（零个席位之后和一个席位之前的余数多）高于更成熟的政党（可能比 32 个席位所需票数多，但比 33 个席位所需票数少）。“巴德奥菲尔”公式避免了这种情况，据说它对较大政党略有优势。

这一制度并非一定会将剩余议会席位分配给最大的政党或余数最大的政党，而是更看重政党支持的基础。其理念是，“必须区别对待拥有一百万名选民支持的政党和拥有两万名选民支持的政党”。[8]巴德奥菲尔公式的操作反映在表 8.1 中。剩余席位的分配方式类似表 8.1，各政党剩余选票依次除以逐渐增大的除数。在表 8.1 中，三个假设政党（A、B 和 C）分别拥有 10000、8000 和 3000 的剩余选票。

分配完毕后，剩余席位按表中商数最大的顺序分配。若有十五个席位要分配，A 政党将赢得其中 7 个席位（1、3、5、8、10、
221 11 和 14），B 政党将赢得 6 个席位（2、4、7、9、12 和 15），政党 C 将赢得 2 个席位（6 和 13），详见表 8.2。

表 8.1　剩余投票分配(巴德-奥菲尔公式):计算方法

	A 政党	B 政党	C 政党
“剩余票数”	10000	8000	3000
除以			
1	10000	8000	3000
2	5000	4000	1500
3	3333	2666	1000
4	2500	2000	750
5	2000	1600	600
6	1666	1333	500
7	1428	1142	428
8	1250	1000	375

表 8.2　剩余投票分配(巴德-奥菲尔公式):额外席位的授予

	A 政党	B 政党	C 政党
“剩余票数”	10000	8000	3000
除以			
1	(1) 10000	(2) 8000	(6) 3000
2	(3) 5000	(4) 4000	(13) 1500
3	(5) 3333	(7) 2666	1000
4	(8) 2500	(9) 2000	750
5	(10) 2000	(12) 1600	600
6	(11) 1666	(15) 1333	500
7	(14) 1428	1142	428
8	1250	1000	375
赢得的总剩余席位数	7	6	2

在预选期间,党派竞选数量激增。选举周期长短不一,议会通过解散自身并要求重新选举时,会确定竞选期限。虽无标准法定期限,但竞选期通常持续约八到十周。1960 年代,以色列各政党的选举费用一直位居世界前列。[9] 1969 年的改革对总体竞选费用进行了限制,并加强了政府对选举期间政党支出的监

督。自1973年起，以色列政党被禁止接受企业捐款。[10]政党可
222 在电视和广播上自由开展竞选活动，已控制议会席位的政党，可根据当时在议会中控制的席位数量，获得大量竞选活动津贴。[11]

随着时间推移，媒体的角色发生了变化。在学术文献中，媒体目前被认为在以色列的竞选活动中发挥着重要作用，议会的"中央选举委员会"负责管理所有竞选法规。中央选举委员会角色的一个方面反映在方框8.1中。[12]其主要任务是确保竞选中的所有竞争者遵守规则，但鉴于规则繁多以及竞争者可能采取的各种行动，这通常颇具难度。就连禁止雇用15岁以下儿童的简单规则，在近期竞选活动中也被违反。[13]

方框8.1　2001年特别总理选举中央选举委员会公告

中央选举委员会全会决定总理特别选举竞选活动开展时间：

在2000年12月31日星期日的第一次会议上，由最高法院法官米沙尔·赫辛(Mishael Heshin)主持的第十六届议会和总理中央选举委员会，确定了2001年1月16日周二开始的电视和广播竞选活动的广播时间表。

各政党代表和以色列广播局就电视(第一频道)和广播电台的竞选广播时间达成协议。

然而，政党、第二频道和广播许可证持有者的代表未就第二频道的竞选广播时间达成一致。

第二频道的代表和广播许可证持有者要求在第二频道播放竞选活动的时间为19:00—19:15或19:35—19:55，声称否则广播时间表将受到严重破坏。双方代表奥非尔·派因斯议员(MK Ophir Pines，一个以色列)和迈克尔·艾坦议员(MK Michael Eitan，来自利库德集团)要求在20:35至20:55之间在第二频道进行选举广播。

尽管中央选举委员会主席进行了干预，但双方仍未达成协议。因此，米沙尔·赫辛法官决定，第二频道的竞选广播将在周日至周四 19:35 至 19:55 之间进行……

米沙尔·赫辛法官在判决中写道："我的判决基于我和同事们的考虑。我还要指出，时间紧迫，所以我不会像同事们在决议中那样详细阐述。"

竞选广播将于 2001 年 1 月 16 日星期二开始，并于 2001 年 2 月 5 日星期一 19:00 结束。

每位总理候选人将有 120 分钟的无线电广播时间，120 分钟的第一频道电视广播和 120 分钟的第二频道电视广播时间。

进一步决定，每次希伯来语电视广播不短于两分钟，不超过五分钟，阿拉伯语不短于一分钟，不超过五分钟。

每次用希伯来语、阿拉伯语和俄语广播的时间不少于两分钟，不超过五分钟。

资料来源：www. knesset. gov. il/electionsol/eannouncements. htm.

在竞选活动的最后一个月，每个政党名单都被分配了每晚 10 分钟的免费电视黄金时段（每周六晚），已在议会中有代表的政党在上届议会中每控制一个席位可额外获得 4 分钟的免费时间。[14]

然而，对于这些广告所呈现观点的质量和水平，人们意见不一，甚至让人怀疑社论作者是否在看同一个国家的同一个电视节目！[15]以赛亚虎·本波拉特（Yeshayahu Ben-Porat）在一篇主流报纸社论中写道："大多数（即便不是全部）政党的电视节目是对信息的侮辱。它们基于这样一种假设，即普通选民是幼稚的低能者，他们的投票将由吃豆人视频游戏世界里的一些叮当声、电子或图形特技决定。"[16]阿夫拉姆·施韦策（Avraham Schweitzer）

在另一篇社论中写道，

> 应该为电视大战说几句好话。工党、利库德集团、泰西亚党、公民权运动党——甚至宗教党派(被视为全能神在地球上的代表)都在讨论这些问题。美国总统选举的观察家们抱怨布什和杜卡基斯的竞选活动缺乏实质性问题。以色列的情况同样如此。[17]

毫无疑问，电视竞选为竞选活动增添了新维度。问题在于，这个额外维度是正面的还是负面的？[18]针对媒体的作用以及政治广告的“恶毒”和“粗俗”，已有越来越多实质性批评。

> 最粗俗的当属那些为败坏以色列总理本雅明·内塔尼
> 亚胡名声而进行的疯狂原始攻击，将他的妻子描绘成从塞
> 勒姆复活的女巫。这是由心怀不满的员工梅尼·纳夫塔尼
> 224 (Meni Naftali)带头的，显然是被参与“除了比比谁都可以”
> 活动的人推波助澜。他对“虐待”的指控包括声称萨拉·内
> 塔尼亚胡因用袋子而非纸箱装牛奶等问题训斥他。
>
> 最新指控“瓶子门事件”，称萨拉·内塔尼亚胡每年“窃取”1000新谢克尔的瓶子退款，尽管这显然是她两年前主动纠正的官僚疏忽。谁能当真想象内塔尼亚胡会计划通过瓶子退款每周多赚20谢克尔？[19]

竞选期间，墙上挂满政党广告，集会和演讲随处可见。所有登记选民都会收到一份由中央选举委员会编制的官方政府出版物，其中包含在选举局存档候选人名单的所有政党提供的信息。这个中央选举委员会由议员所属政党按其实力比例组成。

据中央选举委员会称，

> 根据《政党法》(1992年),政党被定义为为追求合法政治或社会目标、在议会中获得代表权而聚集在一起的一群人。自该法通过以来,对政党的设立、在登记处的登记、机构、资产、活动、财务等都有了明确规定。该法还确定了政党潜在的登记限制,包括以下禁令:
>
> • 任何煽动种族主义的行为。
>
> • 任何(在党的目标或活动中)拒绝承认以色列国作为犹太民主国家存在的行为。
>
> • 任何支持敌国或恐怖组织对以色列国进行武装斗争的行为。
>
> • 任何隐瞒非法活动迹象的行为。
>
> 只允许一个政党或政党联盟提交竞选议会的候选人名单。[20]

有些名单由多个政党组成的选举联盟提交,各政党决定集中资源,作为一个政党共同参加选举。[21] 1948年的最低要求是250名合格选民,1951年这一数字增加到750,此后稳步增长。[22] 党员名单上的个人必须写信给中央选举委员会并接受提名。为向选民提交候选人名单,新政党必须向中央选举委员会提交一笔保证金。[23]若该党赢得至少一个席位,保证金将退还;若未赢得席位,则会被没收一部分保证金。这旨在阻止不切实际的政党参加竞选。但从参加议会选举的政党数量来看,这一意图实际上并未阻止新政党的组建或参与选举。实际上,即便一个非常小的党派意识到自己毫无赢得席位的实际机会,也可能愿意放弃保证金,以便在激烈且内容丰富的竞选期间传达自身信息。 225

许多严肃的政党提交的名单上有120人,每个人代表一个可能的议会席位,尽管这些政党明白,没有一个政党能够赢得100%的选票(赢得120个席位所需的选票)。较小的政党和不切实际的政党通常提交人数较少的名单,因为它们意识到提出

120人的名单毫无意义，而主要政党提交的名单较长。不过，有时较小的政党也会带来惊喜。例如，在1973年的第八届议会选举中，一位愤怒地从“马派党”辞职的前“马派党”议员发起的“公民权利运动”，向委员会提交了一份仅含五个名字的名单，并未真正期望该党能赢得足够选票，甚至让名单上的第一个名字获得席位。然而，令许多人惊讶的是，该党赢得了足够多的选票，使名单上的前三个名字在议会中获得席位。

如今，部分政党通过初选来确定选举名单的构成，另一些则借助全国大会。还有一些采用极为传统的、封闭式的“指导委员会”方式，即由一小群人组成小组，决定候选人名单以及选举人名单的排序。[24]

在2009年2月第十八届议会全国选举前，工党于2008年12月举行了初选。近6万名注册工党党员具备在该党初选中投票的资格。选民可从19名候选人中最多选出8名，得票数最多的前10名候选人将占据名单上第二至第十一个席位。此外，选民还有机会选出相关区域或部门候选人，这些候选人将占据后续16个排位中的大部分。政党名单上的部分位置会为特定群体“保留”。例如，政党名单上的第12位“归属”莫沙夫运动，第13位“归属”基布兹运动，而第16位则是为该党的主要阿拉伯成员保留。[25]

227 议会中“选举”席位的官方分配完全依据党派名单上的位置确定。若一个政党赢得全国25％的选票，在议会120个席位中获得30个席位(25％×120＝30个席位)，那么这30个席位将授予政党名单上的前30人。若议员在议会任期内去世或因某种原因辞职，席位将直接传递给名单上的下一位。由此，党内选举名单上候选人排名顺序的重要性便不言而喻。由于多数政党会在名单上列出众多实际当选机会渺茫的名字，对一位认真的候选人而言，在政党名单上的位置尽可能靠前至关重要。[26]

选举名单上的这种定位，在以色列政治招募过程中意义重大。[27]在党内以及党派之间，关于谁在选举名单上处于哪个位置的争论，同样具有重要意义。

在选举前联盟中，多个政党共同提交一份选举名单(如前一章讨论的一些选举前联盟)，一个人在名单上的位置，对组成政党和相关个人都起着决定性作用。位置由党的会议确定，阵营 228
中最重要的一方获得最佳位置，以此类推。

一般来说，党派在名单上的排列顺序并没有统一的规划。每个位置都需在相关各方之间单独讨论，直至达成协议。这类争论有时会引发选举前政党联盟的危机。《议会基本法》允许政党在选举前达成协议，各政党也习惯在这些安排下的选举环境中运作。[28]

有些党派在名单位置上达成妥协，决定轮流任职，这种情况在小党中尤为常见，因为小党往往只能选出少数成员。

有时，在议会任期中期，小党集团的成员会因党内的选举前协议而辞职，该协议要求其这样做，以便让该党名单上的下一位成员能够在议会中获得席位。[29]由于在政党名单上的位置对于那些渴望推进政治生涯的人极为重要，在未举行初选的政党中，个别议会成员在政党领导人和名单编制者面前处于非常脆弱的地位。从“安全”位置当选的成员，若在议会任期内过于特立独行，投票反对该党，或发表反对该党的言论，可能会发现自己在下一届选举名单上的位置下降，可能只是下降一两个位次作为警告，也可能更多。这种降低成员在名单上位次的权力，使真正的控制权掌握在那些要求议员遵守党纪的人手中。[30]

由于在党的名单上分配一个安全位置，甚至是边缘位置，可能完全取决于特定政党的党内领导人的判断，所以安全位置通常被当作对出色工作和忠诚历史的奖品或奖励。[31]这里的工作可能包括在党的基布兹生活，在党的总部担任众多全职职位之一，或者仅仅是积极参与竞选活动。即便被安排在不切实际或象征性的位置上，对政治新手来说也可能被视为一种荣誉，因为这意味着若继续保持良好表现和忠诚，最终可能会获得更高排名，甚至有可能获得议会席位。因此，党的名单成为党的领导人招募新成员的主要工具。如果领导人发现党内有他们想要培养和鼓励的活跃人员，不会将其置于边缘位置或更低，而是暗示未来会有更好的发展。

除了通过议会名单招募个人，政党还会战略性地利用名单来吸引团体。[32]团体可以成为这一过程的焦点，政党通过为团体
229 提供安全或边缘位置，以换取认可和支持。

大政党与初选和全国代表大会合作的趋势，改变了以色列政党的招募过程，这与以色列政党早期的运作方式截然不同。曾经烟雾弥漫的房间和政党选举名单的有意象征性结构已不复存在——那时政党领导人试图将正式团体的代表纳入显眼和象征性的位置，取而代之的是，人们感受到了初选过程的民主影响，即便党的领导人已经进行了挑选。[33]

以近期的例子来说，在 2009 年 2 月议会选举前，前进党(Kadima)于 2008 年 9 月举行了第一轮政党名单的初选。蒂皮·利夫尼(Tzipi Livni)最终以略高于 1%的选票击败了她在政党领导层的主要挑战者，这引发了诉讼和法院介入的威胁。[34] 2015 年 1 月，前工党(Labour Party)也发生了类似的戏剧性事件，领导人雪莉·雅西莫维奇(Shelly Yacimovich)在一次初选中重新回到了党内选举名单上的高位。[35]

最近，2015 年 6 月，利库德集团以非常开放和公开的方式重新审视了选择议会名单的方法。它一直采用非常开放的结构来选择候选人，约有十万成员在其议会名单、党主席(和总理候选人)、中央委员会和地方分会的初选中投票。利库德集团中央委员会成员提议限制这一方式，并让中央委员会“实际上完全控制名单的组成”。利库德集团成员、总理内塔尼亚胡反对这一提议的改变，“但在对中央委员会成员进行调查并与经常控制中央委员会投票集团的分支主席会面后，内塔尼亚胡软化了他的态

度，上周四晚上他宣布，愿意考虑妥协，以避免出现整个议会名单都由中央委员会选择的情况”。[36]

> 内塔尼亚胡的折中方案赢得了投票，改变了该党在下一个选举周期中选举候选人的方式。根据该提案，该党的最高候选人将继续由其 10 万名党员选出。但为来自特定地区的新候选人保留的名额将由 3700 名成员组成的利库德集团中央委员会选出。
>
> 中央委员会成员正在决定是否继续保留由 10 万名利库德集团成员选出议会候选人的现行制度，赋予自己选择议员的独家权力，或采用内塔尼亚胡支持的折中提案。[37]

无论团体候选人如何选出，各类团体都出现在政党名单上。各个党派组织争夺安全位置（即基于近期的当选历史，对选举名单上的排名高度有合理期望），就像工会组织、专业协会、民族团 230
体等类似机构那样。近年来，主要政党大幅开放提名程序，初选影响候选人及其在政党名单上的位置，但团体代表的基础并未改变。[38]

第三节　过去的选举改革提案

多年来，众多人士致力于改变以色列的选举制度，有的提议较为温和，有的则更为全面，因为政治领导人已意识到，现行选举制度确实对选举结果产生重大影响。若以色列采用类似于美国的单一议员选区制度，议会中不太可能出现十几个不同政党的代表。因此，许多以色列人，尤其是小政党成员，坚决反对任何改变选举制度中严格比例代表结构的提议。

前总理大卫·本古里安是选举变革的早期支持者之一。他倾向于英国和美国实行的单一议员选区制度，声称以色列的比例代表制鼓励小派别从大党中脱离，组建新的小党，这进而使组建稳定政府变得更加困难（这确实属实）。事实上，1952 年，本古里安和马派党提议将获得议会代表权所需的 1％门槛提高到 10％，这一改变将大幅削减议会中的政党代表数量（从 15 个政党减至 4 个政党）。[39]该提议当时在议会中被否决。1958 年，本古里安和马派党支持一项修正案，将以色列划分为 120 个单一成员区，但该法案同样未获通过。[40]

尽管此后进行了诸多努力，但都未能成功。其中一次重大改革尝试发生在 1974 年 4 月，当时一项旨在修改政党名单制度的法案被提交至议会。该法案旨在使议员“能够更切实地回应选民的意愿，并防止少数人扭曲多数人的意愿”[41]。该提案，有时被称为“雅科比提案”［以其主要倡导者加德·雅科比（Gad Ya'acobi）的名字命名］，是一个富有创意的提案，值得在此简要探讨。[42]

“雅科比提案”提出以两种方式选举议员：120 个席位中的 90 个席位，采用修改后的比例代表制，设立 18 个小选区，每个
231 选区有 5 个席位。其余 30 个席位将在第二次投票中，由一个全国选区选出。该提案的一个影响是将 5 个席位选区的投票门槛从 1％提高到 20％。得票率低于该数额的政党将无法赢得席位。这种新制度很可能会促使政党（尤其是小党）之间建立更多的选举前联盟，因为这些政党明白自己单独无法赢得足够选票，但与其他政党联合或许还有机会。该制度的另一个积极成果是，公众现在对谁是“他们的”代表有了更清晰的认知，因为议会成员将来自特定选区。

在第二次投票中，将设立一个单一的全国选区，如同现今一样，剩下的 30 名议员将通过选举产生。赢得 10％普选票的政党将按比例分配这 30 个总席位，在本案例中为 3 个席位。这将使较小的政党有机会争夺部分议会席位；本质上，这些席位的门

槛为 3.3%,因为得票率高于 3.3%就能获得一个普通席位。

当雅科比的提案在议会提出时,仅以 61 票勉强通过。任何提议改变选举制度的法案,实际上都是对《基本法》修正案的提议:《议会法》(描述了议会选举方法)作为对《基本法》的修正案,要通过需获得绝对多数(即 120 票中至少 61 票)。由于雅科比的提案是个人议员提案,即不是由政府(内阁)成员提出的提案,因此在获得 61 票后,被送交委员会审议,但之后便再无下文。

最近的一次选举改革尝试发生在 1977 年第九届议会选举之后。[43]"民主变革运动"(DMC)将选举改革作为其主要竞选纲领之一。当梅纳赫姆邀请他们加入他的利库德集团时,选举改革是他们加入政府联盟的两个要求之一(他们最初还希望任命 DMC 领导人为外交部长)。1977 年的选举是近三十年来贝京所在的党首次获胜,观察员预测,贝京不太可能同意改变让他当选的选举制度,事实也的确如此。

在"民主变革运动"与贝京先生签署的联盟协议中,政府同意成立一个由四个联盟伙伴(利库德集团、民主变革运动、民族宗教党和以色列正教党)组成的委员会来讨论选举改革问题,尽管人们普遍认为这种让步纯粹是象征性的,因为贝京先生只是 232
为了扩大联盟而做出的妥协。由于利库德集团和两个小型宗教党派都在委员会中,"民主变革运动"对改变选举制度的可能性不抱任何幻想。委员会开始讨论该国可能被划分地区代表制的地区数量,但改革行动仅止于此。

不出所料,"民主变革运动党"对选举制度改革的提议,虽被其描述为以色列政治改革的核心,但并未被利库德政府推进,更不用说实施了。"民主变革运动"的领导人在签署联合协议时就清楚,成立一个以利库德集团为主导的委员会来研究他们的改革方案,就如同把猫关在笼子里保护鸟一样;以色列正教党在选举前曾公开谴责该提议,利库德集团和民族宗教党(NRP)也持怀疑态度。

多年来，选举改革的议题一直备受关注，促成了 1988 年的一项重大举措和 1992 年的另一项举措——最终证明取得了暂时成功。[44] 1988 年 6 月，以色列议会着手处理一项涉及选举改革的法案。该法案提出了改变以色列选举制度的两种可能方式，都是“雅科比提案”的变体。第一个方案是将国家划分为 20 个选区，每个选区选举 4 名议员，另外 40 名代表由全国比例代表名单制度选出。第二个提案是将国家划分为 60 个选区，每个选区选出一名代表，其余 60 个将由现行的全国比例代表名单制度选出。这两项提议都遭到宗教政党的强烈反对（这些宗教政党是小党，从类似现今的比例代表制度中受益）。他们声称“该制度将剥夺大部分选民的投票份额”。最终，这些法案在议会秋季选举休会之前都未进行表决。[45]

1988 年大选后，由于沙米尔先生和利库德集团组建联合政府的最初努力失败，选举改革话题受到更多关注。当时，利库德集团获得了多个议会席位——多于其他政党，但未达到绝对多数——总统给予利库德集团领导人沙米尔先生三周时间来组建联合政府。经过大量公开争论，其中大部分与小宗教政党要求扩大极端正统派在该国的作用以换取他们的支持有关，三周期限到期，利库德集团却未能建立联盟；沙米尔先生只是不愿屈服
233 于他内心认为以及以色列广大社区和海外犹太社区也认为的极端正统派政党的不合理要求。[46]

沙米尔先生回到总统身边，要求再延长三周，称他确信在第二个时段能够成功。总统给予了他第二次机会，但建议他与工党组成另一种民族团结政府，这是利库德集团和工党在竞选期间向他们的选民承诺不会做的。总统还建议沙米尔先生考虑在联盟成立后改变选举制度，总统认为这将在未来限制议会中小党派的数量，因为小党派的存在加剧了联盟形成过程中的困难。

最终，在 11 月 1 日议会选举后的第 51 天，沙米尔先生成功组建了一个利库德-工党-宗教联合政府。整个联盟的形成过程

既未给沙米尔先生带来荣誉，也未给以色列的联盟体系带来赞誉。一位社论作家评论道，

> 为了赢得他们的支持，利库德集团向[宗教政党]做出了过高的承诺——然后又系统性地破坏了其中的大部分。如果它没有在宗教立法、定居点以及各部委、荣誉和金钱方面做出承诺，他们就不会建议总统任命沙米尔组建政府，总统也不会选择他。沙米尔也没想到工党会在没有轮换总理的情况下同意加入他的政府，联合政府不可能在这样的条件下产生。政府的出现是两个因素的结果：利库德集团默许了宗教政党的大部分要求，以及后来它又违背了这些承诺。[47]

近年来，选举改革的话题不断引发公众和政治领导人的关注。最近，在 2015 年 3 月的选举之后，内塔尼亚胡总理再次呼吁进行选举改革，并告知以色列议会“组建他的政府[联盟]所面临的所有问题都表明选举制度需要改变”。

> “现行制度鼓励政党和个人提出夸大的要求，”内塔尼亚胡说。在他的演讲中，议会发言人尤利·埃德尔斯坦(Yuli Edelstein)称改变体制的必要性就如同“房间里的大象”。
>
> 内塔尼亚胡转向“犹太复国主义联盟”领导人艾萨克·赫尔佐格(Issac Herzog)，恳请他加入政府，以助力改变制度。但赫尔佐格言辞激烈地拒绝了这一提议……
>
> “这不是人民想要的政府，”赫尔佐格转而向内塔尼亚胡说：“你的伙伴欺骗了你。你创造的是一个马戏团。你的导师泽夫·亚博廷斯基和梅纳赫姆·贝京将会感到尴尬。这不是我的方式。我倡导开展这个国家的劳工运动。而你 234
> 却将外交部交给您的一位议员，没有像样的领导者会加入

你的马戏团。”[48]

以色列民主研究所(IDI)已向内塔尼亚胡施压,要求他“信守竞选承诺,改革选举制度以促进治理和稳定”,并警告称,“如果无法实现有意义的选举改革,以色列可能会继续在政治危机中摇摆不定”。以色列民主研究所提出了三项关键变革,称这将使政治体制更加稳定:

1. 让议会中最大政党的领导人自动成为总理(如今并非如此,2013 年内塔尼亚胡先生不是议会中最大政党的领导人;利库德集团是第二大政党);

2. 不要求总理在介绍其政府时获得议会的信任票;

3. 取消在国家预算未通过时自动发起选举的法律。[49]

第四节　1996—2001 年选举总理的制度

1992 年,议会对选举制度进行了变革,引入双重投票制。公民一方面通过比例代表制选举议会,另一方面直接投票选举总理。修订后的《政府基本法》将总理选举与议会选举分开。[50] 1996 年,首次在第十四届议会选举的同时,进行了总理的直接选举。这项基本法修正案最初由四名议会议员提出,起因是 1988 年第十二届议会选举后组建联盟困难。提案修改法律的主要目的是强化议会地位,避免为组建联盟和政府而进行政治交易。

新法律规定,总理必须获得超过 50%的有效选票才能当选。若有多名候选人竞选总理职位,且无人获得法定多数票,将举行第二轮选举,选出得票最多的两名候选人,在第二轮中获得多数票者成为总理。

235 新当选(直选)的总理,若没有政党在议会中获得多数票,将有 45 天时间在议会中组建多数党联盟以支持其政府。此外,61

名议会成员可通过不信任投票迫使总理下台、辞职，并提前选举议会和总理。同样的情况还可能源于以下情形：总理决定解散议会，议会决定自行解散，或未能在新财政年度三月底前通过年度预算法。

如前一章所述，由于对新选举制度的意外后果（尤其是议会小党支持增加，以前占主导地位的政党支持减少）不满，许多议员在新制度试行后不久，就支持将选举制度改回原来的形式。实际上，1996 年首次采用新制度的选举刚结束，议员约西·贝林和乌兹·兰道（新制度的两位起草人）就发起法案，要求取消总理直接选举，恢复以前的选举方式。他们此举的理由是，未预料到议会在整体上被削弱，尤其是这一变革对两个最大政党的影响。他们的提议未获通过，但 2001 年议会决定恢复以前的选举制度；2003 年全国选举再次采用旧体制（即重新认可的 1992 年体制），议会仅举行一次选举，总理从新当选的国会议员中选出。[51]

第五节　投票行为和选举结果

本书不全面分析二十次议会选举中的投票行为，因为这在其他地方已有充分研究。[52]本书旨在凸显该领域大量学术研究已揭示的一些主题。

首先，以色列总体投票率较高。[53]从 1949 年第一次议会选举的 86.8%高点，到 2009 年的 63.5%低点，平均约为 80%。1999 年投票率为 78.7%，2003 年为 67.8%，2006 年为 63.5%，2009 年为 64.7%，2013 年为 67.8%，2015 年为 71.8%，比 2013 年选举高 4.1%。[54]（相比之下，美国最近的总统选举投票率仅 50%—60%，“非年度”选举——没有总统选举年份的选举，自 2000 年以来，参议员和众议员选举的投票率在 35%—52%之 236
间。）投票情况如图 8.1 所示。

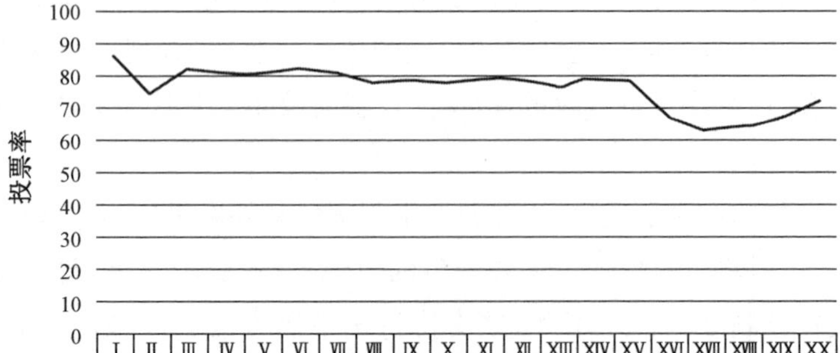

	Ⅰ '49	Ⅱ '51	Ⅲ '55	Ⅳ '59	Ⅴ '61	Ⅵ '65	Ⅶ '69	Ⅷ '73	Ⅸ '77	Ⅹ '81	Ⅺ '84	Ⅻ '88	ⅩⅢ '92	ⅩⅣ '96	ⅩⅤ '99	ⅩⅥ '03	ⅩⅦ '06	ⅩⅧ '09	ⅩⅨ '13	ⅩⅩ '15
结果	87	75	83	82	82	83	82	79	79	79	80	80	77	79	79	68	64	65	68	72

议会选举年份和投票结果

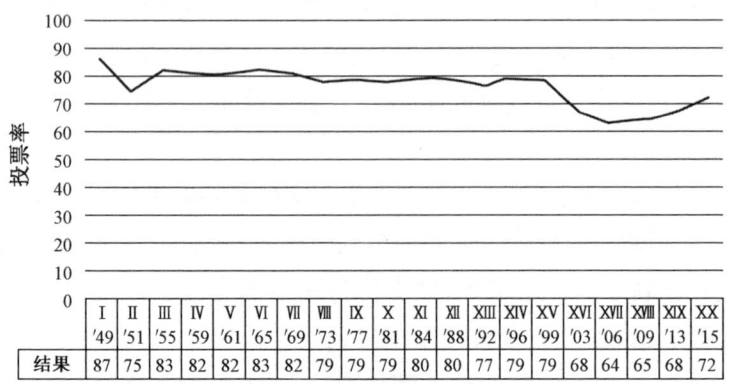

图 8.1　投票参与趋势,1949—2015 年

随着时间推移,以色列贝都因选民投票率略高于 64%,低于以色列大多数其他群体,但明显高于美国的平均数据。最近研究显示,以色列犹太人与非犹太裔以色列人的投票模式存在有趣差异:他们不参与投票的动机显著不同。即有投票资格却选择不投票的公民,做出不投票决定的原因各异。很少有以色列犹太人因意识形态或政治原因不投票,接受采访时他们表示,未投票往往是因为生病、未登记投票或打算投票时没有足够身份证明等。而非犹太以色列公民不参与投票则出于有意识的动机:“54.6%的非犹太人将故意弃权作为不投票的理由,而犹太选民中这一比例为 12.8%。”[55]

第六节　投票和意识形态

多年来,以色列人投票的动因一直是众多研究的主题。其中一种解释与意识形态相关——以色列选民的信仰以及政党为选民提供的政策选择。阿舍尔·阿里安指出,“以色列选民倾向
237 于认为,意识形态方面的考虑对推动投票很重要。以色列的政

治制度本质上是意识形态化的；人们容易说，这是制度的意识形态”[56]。调查研究数据支持这一观点：最近的调查显示，在“影响一个人投票给特定政党的最重要因素”方面，

- 32％的受访者表示政党身份是最重要因素。
- 10％的人回答党的候选人最重要。
- 53％的人认为党的纲领或意识形态最重要。
- 4％的人表示该党在政府中的地位最重要。
- 2％的人提供了其他回答。[57]

以色列政治意识形态的一个关键问题，也是我们能看到其对选举制度和选举行为直接影响的方面，与个人面临的交叉压力数量有关。“交叉压力”可定义为对选民忠诚度的相互矛盾主张，一个问题将选民推向一个方向，另一个问题则将其拉向相反方向。

在美国，由于立法机关党纪松散，这不是大问题。尽管国会中的共和党人可能对一些关键问题看法不同，但他们都能以共和党人身份存在，因为党纲（有意）笼统模糊，且他们在国会拥有很大的立法自主权（包括实际投票）。然而，在议会中，由于纪律严明的政党试图兑现政策承诺，立法党成员在重要政策问题上不能存在分歧。相反，当立法者在关键问题上有分歧时，往往会形成代表新的具体政策组合的新政党。

实际上，以色列一些人认为，由于可采取的问题立场众多，需要更多政党而非更少。如前所述，每个问题上不同程度的意见和信念强度，为更多竞争性党派的形成提供了可能。鉴于以色列政治舞台上的大多数主要问题并非双向立场——而是有左派、右派和中间派，以及一些中间立场，以色列政治中有足够空间容纳广泛的政党来代表政治观点光谱。

第七节　种　族 238

尽管近年来关于以色列投票行为的学术研究发现了诸多有

意义的关联,但最重要的关联之一与种族有关。简言之,利库德集团 1977 年上台并掌权至今(1977 年以来仅有几个短暂的工党政府时期),得到塞法尔迪——亚洲、非洲或中东背景犹太人的支持。相反,工党得到欧洲犹太人(包括美国犹太人)、德系犹太人的大力支持。[58]

学者对这一现象的解释各不相同。许多人认为,近 30 年来,尽管工党联盟在以色列政治中占据主导地位,但西班牙裔犹太人却被系统性地排除在政府、官僚机构和议会的最高政治职位之外。这在议会选举名单中直接体现出来,尽管早些年结盟"经常赢得社会上大多数群体的支持"。[59]而在 20 世纪 70 年代,选举行为发生了显著变化。研究表明,"20 世纪 60 年代后期,双方占主导地位的是德系犹太人。到 1981 年,结盟依旧如此,而利库德集团已成为主要的塞法尔迪团体。转变似乎发生在 1977 年,当时塞法尔迪的利库德集团首次获得多数票"[60]。

学者还提出了西班牙裔犹太人投票增加的其他原因。随着塞法尔迪人在人口中的比例从少数变为多数,以及对他们相对较低的收入和教育水平认识的提高,塞法尔迪人对工党的"一直存在"越来越不满。与此同时,利库德集团在寻找新的选区,它对塞法尔迪人的吸引力,对利库德集团和塞法尔迪人自身都有利。无论如何,无论出于何种原因,在过去三届选举中,种族政治在以色列愈发明显,尽管联盟一直努力打破利库德集团对塞法尔迪人的忠诚,但这种情况似乎还会持续。

第八节　投票趋势

尽管二十次议会选举中出现了大量短期变化,且已有不少具体专著和论文对其进行详细记录和分析,[61]但本书仅对近期选举的一些总体趋势进行评论。

首先，以色列选举观察员发现工党联盟的实力大幅下降，如图 8.2 所示。这可解释为短期和长期因素共同作用的结果。1977 年大选后，有工党领袖表示，“党内腐败是工党在大选中失 239
败的主要原因”。事实上，“在第七届和第八届议会期间，财政部、以色列银行发生丑闻，工党总理（拉宾）和他的妻子犯下个人财务违法行为……这些事件只会导致公众认为整个工党腐败，相当一部分公众在寻找新的领导力量”[62]。

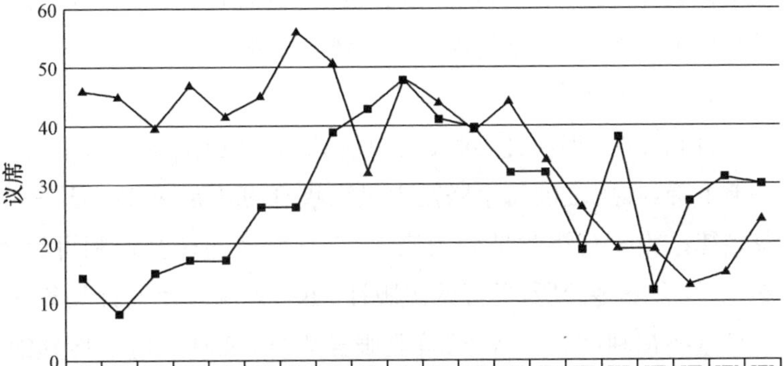

	I	II	III	IV	V	VI	VII	VIII	IX	X	XI	XII	XIII	XIV	XV	XVI	XVII	XVIII	XIX	XX
■工党	46	45	40	47	42	45	56	51	32	47	44	39	44	34	26	19	19	23	15	24
▲利库德	14	8	15	17	17	26	26	39	43	48	41	40	32	32	19	18	12	27	31	30

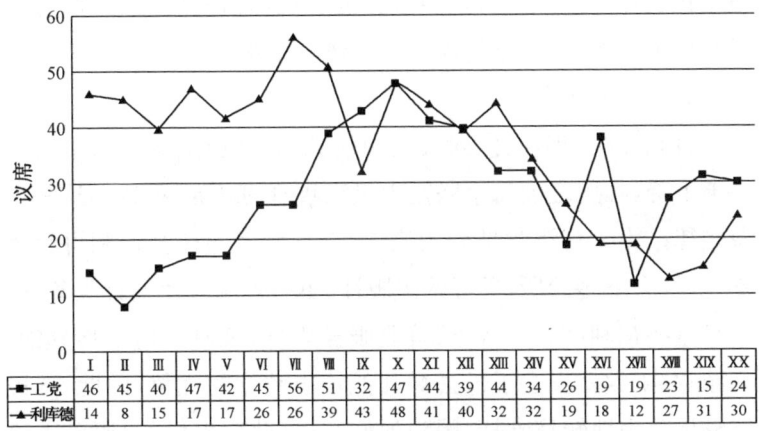

图 8.2　议会中工党和利库德集团的相对优势

资料来源：以色列政府、中央统计局、以色列统计摘要，表 10.3“1949—2013 年主要名单的议会成员”，2015 年 7 月访问，http://www1.cbs.gov.il/reader/shnaton/templ_shnaton_e.html? num_tab st10_03&CYear 2013. 第二十届议会的数据来自《耶路撒冷邮报》（2015 年 3 月 17 日），“自 1999 年选举以来，第二十届议会选举投票率最高”，2015 年 7 月访问，http://www.jpost.com/Israel-News/Voter-turnout-at-10-am-higher-than-in-2013-election-394166.

从长远看，种族（上一节已讨论）、其他人口变化和总体政治环境的变化，都可列为影响投票行为的因素。许多分析人士指出，1988 年议会选举当天，一名无辜平民的车辆遭恐怖袭击，导致利库德集团在最后一刻的投票变化了几个百分点，最终对选举结果产生重大影响。总之，马派党/工党曾是执政党，最初是以色列政治格局中压倒性的主导政党。随着政府角色的变化，支持马派党和结盟的公众优势发生改变，事实证明，当在全国性选举中有选择时，选民更倾向于转向其他政党。

利库德集团的一位高级官员将马派党的衰落、利库德集团
240 的崛起以及随后议会中的政党均衡化，归因于政府参与经济的结果。[63]在以色列建国初期，由于尚未建立正式的政府“安全网”，政党组织在为公众提供广泛服务（包括住房、教育、医疗、就业等）方面极为重要。对许多以色列人来说，在提供这些服务方面，党的基础设施甚至比政府更重要。然而，随着政府越来越多地承担起保障公众获得这些服务的责任，且使公众获得服务的机会更加平等，公民不再需要加入像马派党/工党这样的主要政党来获取这些福利。

直到1977年，以色列最大的政党马派党/工党的选举实力逐渐下降，在此之前每个联盟中组织政府的政党，都遵循这一现象规律。由于马派党是最大政党，它有最多的社会福利可给予支持者，有更多诊所、更好的出版社、更有效的就业安置服务等。一旦这些福利（医疗、教育、就业服务等）由政府部门平均分配，马派党/工党就失去了过去对其他较小政党的优势，因此，选民能够更自由地转移支持，因为他们知道（政府提供的）服务无论如何都会有。

近年来，外交政策问题、约旦河西岸定居点问题和国家安全问题，也逐渐成为两大政党集团的显著分野。[64]利库德集团是对阿拉伯挑战做出强烈回应的政党，而马派党（现在的工党）被视为支持谈判的温和政党。这是工党一直努力摆脱却在很大程度上未能成功的形象，如今的政治格局继续将利库德集团定位为对巴勒斯坦问题“强硬回应”以保障“国家安全”的政党。这导致马派党实力逐渐下降，随后是联盟，再后来是工党，而利库德集团的力量则有所增强。当这种一般模式与种族支持程度的变化相结合，再加上腐败丑闻或由魅力四射的领导人领导的新政党的出现等短期问题时，选举结果就会发生剧烈变化。[65]

多年来，阿拉伯政党在议会中未发挥重要作用。从阿拉伯

政党和以色列非阿拉伯人的角度看，这或许是完全合理的现象：许多阿拉伯人的优先事项已从以色列国内政治转向建立独立的巴勒斯坦国。然而，有大量阿拉伯裔以色列选民（作为以色列国公民的阿拉伯民族）多年来一直在争取得到以色列国的适当关注和利益。许多人认为，2015 年的选举可能是以色列阿拉伯选 241
民的真正机会。通过对“阿拉伯联合名单”的支持，他们发现自己有机会参与联盟并产生影响。这在利库德集团领导的联盟中不会发生，但在工党主导的联盟中可能发生。[66] 当然，事实证明，利库德集团和内塔尼亚胡先生主导了联盟的形成过程，他们在未与阿拉伯联合名单商议的情况下继续推进。

有一点很明确：以色列建国之初，利库德集团可能被视为政府完全不切实际的替代选项，这导致一些选民虽在意识形态上倾向于不支持马派党或工党，但仍选择支持——如今显然已不是这样。

此外，如图 8.3 所示，就控制的议会席位总体比例而言，近年来两个主要政党都出现了实力下滑。图 8.3 显示，工党和利库德集团控制的议会席位比例随时间推移显著下降。如前所

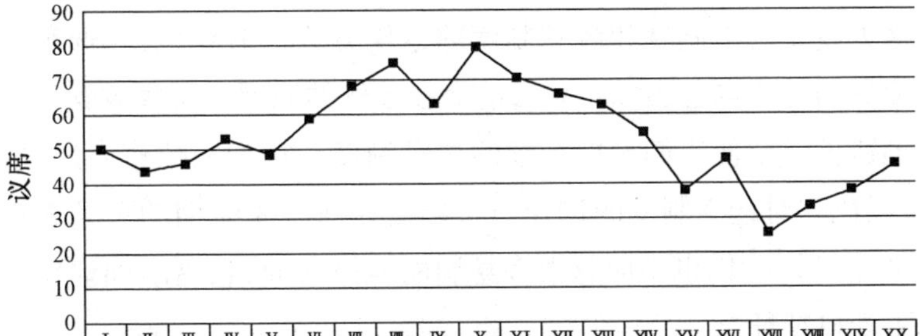

	I	II	III	IV	V	VI	VII	VIII	IX	X	XI	XII	XIII	XIV	XV	XVI	XVII	XVIII	XIX	XX
—■—议席%	50	44	46	53	49	59	68	75	63	79	71	66	63	55	38	47	26	34	38	45

图 8.3　工党和利库德集团占议会席位的百分比

资料来源：数据来自以色列政府、中央统计局、以色列统计摘要，2013 年，表 10.3，“1949—2013 年主要名单的议会成员”，2015 年 6 月访问，http://www1.cbs.gov.il/ reader/shnaton/templ_shnaton_e.html?num_tab=st10_03&CYear=2013. 2015 年选举的数据来自《国土报》的报道；见“国土报最终结果”，2015 年 6 月访问，http://www.haaretz.com/st/.

述，这种模式在很大程度上归咎于（临时）新选举制度——直接选举总理，该制度允许个人在主要候选人中投票选出心仪的总理，然后投票给议会小党。然而，当制度恢复到选举议会的旧方法时，结果并未明显逆转。

242

第九节 选举进程对以色列的意义

以色列目前的选举制度因多种原因受到批评，包括选举名单制度使议员过度依赖党派领导人，意味着议员缺乏与选民保持联系的动力；权力过度集中在少数党的领导人手中；当前制度鼓励过多政党竞争，导致政府不稳定和联盟薄弱。[67]一位学者指出，以色列的选举制度“受到三个主要批评：鼓励多党制和联合统治阻碍了真正负责任的政府；有助于不民主地选择候选人；隔开了选民和代表之间的联系”[68]。其中一些观点值得进一步探讨。

显然，当前结构的选举制度促使众多不同政党在以色列政治舞台上运作。我们已看到一些提议的选举改革，这些改革将极大改变选举制度和政党制度的运作方式。但要记住，选举制度最初并非创造出以色列目前众多政党的原因。这些政党自身创造了一个使它们得以存续的选举制度。正如一位作者所说，“以色列对选举制度的选择……建立在前国家时期的可靠先例之上”[69]。我们也不应忽视多党制的积极一面：它更准确地反映了人口特征。

若以色列被划分为具有平等代表性的选区，无疑会看到一个更加平稳安静的选举制度。在这种情况下，两三个较大的政党很可能占据几乎所有议会席位，从而形成多数政府。然而，多年来以色列选举的一个显著特点（也许有时令人不快，但很明显）是，可确认的选举少数群体能够成功获得议会代表权。毫无疑问,这迫使联合政府成立,并使很多较小的政党(通常是宗教政党)在政府政策中发挥了不当影响力。尽管如此,对许多人来说,这也是以色列选举框架的可取之处。

当然,这种情况确实会对负责任的政府和民选代表兑现承诺的能力产生影响。如前所述,没有一个政党在选举中获得绝对多数,因此需要组建联盟。同样,小型选举团体对政府政策的影响也不成比例。当一个小党成为组建联盟的必要条件时,该党就会产生不应有的影响力(实际上是扩大),这可用来解释支持极端正统派公共政策的立法得以延续的原因。 243

在未来几年以色列的政治辩论中,这个问题不太可能消失。比例代表制以及由全国性政党组织组成的选举名单,显然限制了感兴趣的个人进入政治舞台的能力,除非他们在既定政党的框架内运作,否则根本不可能获胜。一些政党已开放名单构建程序,现在规定全国代表大会必须批准政党名单上的职位。[70]但在很多情况下,这一过程仍不够透明。[71]

尽管该过程可能不完全开放,但也并非完全封闭。主要政党努力从各种社会、经济、种族、地理和职业背景中招募候选人。[72]这样做时,它们不得不相对开放。这个过程可能还有额外好处,因为它可能比公开市场方法更好地代表其中一些群体。一项研究发现,女性被招募到政党名单上的位置比在以地区为基础的选举制度中更高。[73]

以色列的代表制不适合举行公开的初选。尽管个人可以将自己作为单人名单参选,但这并非以色列政治中的既定做法。想要获得议会选举现实机会的党员,必须在已建立的政党选举名单中处于高位。事实上,这确实使该体制在选择候选人方面不那么民主,特别是因为单个选民必须投票给名单,而不是个人。强烈希望投票给工党名单上第 53 号候选人的选民,必须在他/她的投票计入首选候选人之前,首先选出前 52 名工党成员。这正是雅科比提议采用一些较小选区的原因。因此,毫无疑问,选举制度确实对以色列政治制度产生了重大影响。

进一步阅读

Arian, Alan, and Michal Shamir. *The Elections in Israel, 2009*. New Brunswick, N.J.: Transaction, 2011.

Hazan, Reuven, and Gideon Rahat. *Democracy within Parties: Candidate Selection Methods and Their Political Consequences*. NewYork: Oxford University Press, 2010.

——. *Israeli Party Politics: New Approaches, New Perspectives*. London: Sage, 2008.

Karsh, Efraim. *From Rabin to Netanyahu: Israel's Troubled Agenda*. Hoboken, N.J.: Taylor and Francis, 2013.

244 Latner, Michael, and Anthony J. McGann. *Geographical Representation under Proportional Representation: The Cases of Israel and the Netherlands*. Irvine, Calif.: Center for the Study of Democracy, 2004.

Norell, Magnus. *A Dissenting Democracy: The Israeli Movement 'Peace Now'*. Hoboken, N.J.: Taylor and Francis, 2013.

Sandler, Shmuel, Manfred Gerstenfeld, and Hillel Frisch. *Israel at the Polls, 2009*. London: Routledge, 2010.

Schofield, Norman, and Itai Sened. *Multiparty Democracy: Elections and Legislative Politics*. New York: Cambridge University Press, 2006.

Shamir, Michal, ed. *The Elections in Israel, 2013*. New Brunswick, N.J.: Transaction, 2015.

Sofer, Sasson. *Peacemaking in a Divided Society: Israel after Rabin*. Hoboken, N.J.: Taylor and Francis, 2014.

第九章　外交政策设定 247

外交政策是所有国家政治体制的重要组成部分，对以色列而言更是如此。这主要有以下几个原因：其一，自以色列建国以来，与部分阿拉伯国家之间长期存在敌对状态；其二，在撰写本书时，以色列与伊朗关系紧张；其三，以色列从建国起就面临着充满敌意的地缘政治环境。

因此，对以色列外交政策的研究涵盖诸多重要方面，包括制定外交政策决策的地缘政治和战略背景、以色列与阿拉伯外交政策的历史，以及不断演变的国家安全定义下的军事战略和战术。在本章中，我们将简要探讨这些问题，旨在更全面地理解以色列外交政策制定的背景，以及长期困扰决策者的战略考量。本章将分析该地区历次战争遗留问题，剖析过去六年中影响以色列外交政策的战略因素。军事安全问题一直是以色列政治的首要议题，本章将追溯以色列军事行动的历史。同时，还将考察
过去六十年里，对以色列外交政策环境产生重要影响的政治、外 248
交、生态、经济和文化因素。

第一节　背景：战争的遗产

以色列自独立以来，所处的外交政策环境充满敌意、怀疑与焦虑。阿以冲突六十多年来，其核心焦点在于许多阿拉伯国家

(除埃及和约旦外)拒绝承认以色列在其境内的生存权利。自宣布独立后,以色列多次受到邻国威胁,这些威胁以及已发生战争的目标,均明确指向对以色列国家的毁灭。事实上,有人将以色列自独立以来的主要环境形容为“一场漫长的战争”。[1]

正如我们在第一章中所提及的,20 世纪 40 年代后期,巴勒斯坦周边的阿拉伯国家拒绝了英国关于划分独立犹太国家和阿拉伯国家的所有建议。1947 年 11 月,联合国特别委员会推行巴勒斯坦分治计划时,同样遭到了拒绝。从那时起至 1948 年 5 月 14 日,即以色列正式独立的预计日期,阿拉伯国家持续为英国完成从巴勒斯坦撤军后的攻击做准备。[2]

不出所料,1948 年 5 月 15 日,埃及、约旦、伊拉克、叙利亚和黎巴嫩的联合军队在沙特阿拉伯军队的协助下,开始入侵新成立的以色列国。在随后的 14 个月里,双方进行了多次重要战斗,无数人牺牲,达成了多项临时停火协议,但这些协议随后又相继失效。[3]到 1949 年 7 月,以色列与埃及、黎巴嫩、叙利亚和约旦达成停战协议(而非和平条约)。这些协议当时宣称的目的是“促进向永久和平的过渡”,然而这一目标短期内未能在部分国家实现,直至今日,与其他一些国家也仍未实现。

七年多后,即 1956 年 10 月,由于阿拉伯人多次违反 1949 年停战协定,战争状态再度升级。[4]引发第二轮战争的主要紧张因素之一是,1955 年埃及通过蒂朗海峡封锁以色列航运,根据国际法,这一行为是非法的,因为该海峡是国际水道。[5]这对以色列产生了重大影响,它实际上关闭了埃拉特港,致使驶向东非和
250 远东地区的以色列船只(例如从海法或阿什杜德出发的船只),必须穿越地中海、绕过非洲好望角才能抵达目的地。以色列对埃及的行动提出抗议,但未能通过外交或单方面行动解决这场危机。

埃及总统纳赛尔随后于 1956 年 7 月 26 日将苏伊士运河国有化。这一行动令英国深感不安,因为当时英国近四分之一的

进口货物需通过该运河，且使用运河的船只中近三分之一为英国船只。对英国而言，同样重要的是其在中东的声望，更不用说英国政府在运河中拥有控股权这一事实。[6]法国也对埃及不满，因为当时埃及支持阿尔及利亚民族解放阵线，在阿尔及利亚争取独立的斗争中反对法国。因此，英国和法国开始计划从埃及夺回运河。他们因与以色列无关的原因对纳赛尔不满，如今却与以色列站在了一起。

1956 年 8 月，法国内政部长布尔日·莫努里（Bourges Maunoury）派人会见当时担任本古里安总理助手的西蒙·佩雷斯，布尔日·莫努里问道："如果我们对埃及开战，以色列会准备好与我们并肩作战吗？"[7]这一信息传达至以色列内阁，内阁对此进行了讨论。本古里安担心其他国家的反应，特别是美国、苏联和印度等有影响力的不结盟国家。[8]

1956 年 10 月 24 日，当埃及、约旦和叙利亚宣布建立联合军事司令部时，以色列的决策变得更加容易。[9]事实上，历史学界发现，以色列参与 1956 年的战争深受法国议程的影响，是短期内非常具体问题和联盟的结果。总体而言，如果没有法国和英国的鼓励，以色列是否会与埃及开战，这一问题确实难以确定。[10]

无论如何，10 月 29 日，以色列、英国和法国联合军队控制了苏伊士运河以及加沙地带和整个西奈半岛。[11]联合国、美国和苏联均对这一行动提出批评，联合国大会立即通过了一项停火决议，要求以色列撤至 1949 年停战线。11 月 6 日，英国和法国宣布将遵守联合国决议，并于 11 月 8 日成立了联合国紧急部队，以帮助维护该地区的和平。1957 年 3 月，在埃及承诺将停止所有海上封锁，且美国总统德怀特·艾森豪威尔保证美国将帮助埃及遵守诺言后，以色列将所有占领的领土归还埃及。[12]事实证明，埃及人并未信守承诺，美国也未履行好作为埃及承诺的保证人职责。

251 到1967年6月，以色列再次陷入危险境地。[13]埃及和叙利亚都启动了大规模军事动员计划，以色列情报分析人员越来越清楚地意识到，埃及人正在准备再次发动攻击。埃及命令联合国维和部队撤出西奈半岛，由于相关规则限制，联合国不得不遵守这一命令。[14]随后，埃及将自己的部队移至以色列边境，并再次对所有以色列船只关闭了蒂朗海峡。以色列依据艾森豪威尔总统1957年的承诺，即保证海峡将保持开放，寻求美国支持，然而林登·约翰逊总统此时深陷越南一场不受认可且节节败退的战争，回应称美国“不是世界警察”，以色列必须自行解决问题。

以色列也只能如此。1967年6月5日，以色列空军先发制人发动打击，在整个埃及空军几乎还未起飞时就将其全部摧毁。[15]起初，约旦人并未参与战斗。在之后的日子里，以色列不断向约旦保证，其在战争中没有扩张主义动机，并表示如果约旦不参与战斗，以色列将不会在其东部边界采取任何行动。[16]然而，在以色列取得压倒性胜利之后，即埃及和叙利亚投入战争的第一天，埃及总统纳赛尔就开始对约旦国王侯赛因施加巨大压力，认为如果以色列被迫打三线战争——北部与叙利亚，南部与埃及，东部与约旦——阿拉伯政府最终将占上风。的确，据报道，纳赛尔（不实地）告诉侯赛因，四分之三的以色列空军在战斗开始时已被埃及军队歼灭，“埃及装甲部队正在以色列领土纵深作战”。侯赛因自己后来承认“我们被所发生的事情误导了”。[17]当然，那时已为时过晚。约旦确实参战了，以色列也做出了重大回应，向东推进至耶路撒冷，直至约旦河。出乎纳赛尔的预测，六天后，以色列占领了南部的整个西奈沙漠、北部的戈兰高地和东部的约旦河西岸。[18]

除了生命和金钱的损失，这场战争在许多方面对以色列来说代价高昂，特别是以色列所谓的战争中“先发制人的防御性打击”所带来的外交成本。事实上，以色列确实袭击了埃及和叙利亚。无论其初衷如何，以色列确实打响了第一枪。阿拉伯国家利用这一点在第三世界，特别是在中东和非洲产生了巨大影响，将以色列描绘成战争中的侵略者。无论以色列如何辩解其先发制人的打击是自卫行为，理由包括(a)与埃及和叙利亚的历史关系，(b)它知晓埃及和叙利亚的意图，但事实是以色列确实攻 252
击了埃及和叙利亚，而它们并未先攻击以色列。这永久性地影响了以色列的双边和多边关系。

战后，以色列多次提出归还占领的领土，以换取真正持久的和平条约，而非持续的停战。但在苏丹喀土穆(大约在埃及以南1000英里)举行的阿拉伯首脑会议上，从1967年8月29日至 253
9月1日，阿拉伯政府宣布了他们的“三不”原则：“不承认、不谈判、不和平。”[19]在1969年春季和1970年夏季之间，以色列不得不忍受所谓的“消耗战”，在此期间，埃及定期向苏伊士运河停火线开火。[20]1970年8月，又一次停火——埃及和以色列双方达成停火，该地区再次获得了暂时的和平，尽管这种和平并未持续太久。

尽管1970年至1973年期间中东没有发生全面战争，但也并非和平时期。[21]以色列投入大量精力重新武装自己，改善防御，并维持其1967年后的边界。埃及和叙利亚继续从苏联进口大量武器，在外交上否认以色列的生存权，并发出各种威胁，危及以色列安全。紧张局势时有起伏，但从未彻底爆发。

1973年10月，以色列将面临有史以来最严峻的挑战。[22]以色列情报部门通知政治领导层，他们掌握了埃及和叙利亚即将联合入侵的明确证据。与此同时，埃及总统安瓦尔·萨达特(1970年纳赛尔去世后接任)公开表示，埃及不能再容忍以色列继续存在并控制西奈半岛这片传统埃及领土。

作为回应，以色列领导层中的一些人主张再次主动发起攻击，认为如果等待埃及和叙利亚先发制人，以色列的物质和人力成本将高得难以承受，原因之一是以色列国防军的结构，以及以色列国防军中只有一小部分现役军人。当时的以色列总理戈尔达·梅厄就即将到来的危机联系了美国总统理查德·尼克松。尼克松和1967年的约翰逊一样，敦促克制，并告诫不要再次进行先发制人的打击。他认为，即使以色列认为入侵迫在眉睫的判断是正确的，以色列也不能像1967年那样再次被阿拉伯国家贴上侵略者的标签。尼克松承诺，如果以色列愿意等待，他会信守诺言，确保一旦发生攻击，美国将提供援助。

来自该国主要盟友和供应商的建议，具有很大的影响力。以色列政府的立场也受到犹太人一年中最神圣的“赎罪日”临近这一事实的影响。除非绝对必要，否则政府不愿在假期前和假期期间动员武装部队，因为这将使几乎每个以色列家庭分离。经过长时间的辩论，内阁最终决定不动员以色列国防军，并于10月5日，即“赎罪日”前夕宣布休假。

1973年10月6日的“赎罪日”清晨，埃及和叙利亚的武装
254 部队对以色列发起了进攻。[23]以色列国防军遭受了极其严重的损失，但成功控制并击退了两条战线上的入侵军队。[24]当梅厄总理给尼克松总统打电话告知他外敌已入侵并请求美国履行承诺提供援助时，尼克松表示他将开始做出必要的安排；然而，尽管梅厄反复给尼克松打电话——有时一天要打几个电话，美国的补给品还是在几天后才到达以色列。尼克松的回应是，有必要遵循规定程序，通知国会，等待国会采取行动，以色列应该耐心等待，援助会到来。[25]最终，美国承诺的援助确实通过空运到达了以色列，但过程中的延迟再次清晰地提醒以色列其自身的脆弱。[26]在美国的援助下，经过两个多星期的战斗，双方随后达成了新的停火协议。

1973年战争之后，以色列政治经历了一段深刻的反思时期。1967年“六日战争”之后产生的强烈自信，如今受到严重动摇。在1973年那场为期两周的战争的前三天里，人们对这场冲突可能的结果产生了一些真切的怀疑，并非歇斯底里或情绪化的反应，而是真诚、客观且自信心受挫的怀疑，当时有些人真的

觉得战争可能会失败。[27]这一结果造成了许多重大政治变动。包括总理梅厄和国防部长摩西·达扬在内的长期在位的政治领导人，因与非动员有关的战略决策而辞职。因此，以色列对自身的脆弱性和保持良好武装的必要性有了更深刻的认识，同时对依赖他国保障安全问题再度敏感；不得不等待美国的物资获得批准并抵达以色列，这是以色列不希望再次发生的事情。

在 20 世纪 70 年代末和 80 年代，以色列军队在以色列领土之外的黎巴嫩展开了一场极具争议的军事行动。这一次以色列军事行动的关键事件之一发生在 1982 年 6 月，被以色列政府称为“加利利和平行动”。以色列国防军进入黎巴嫩南部，寻找并摧毁“巴勒斯坦解放组织”(PLO)的基地，该基地长期以来一直利用该地区对以色列北部的定居点发动火炮和火箭袭击。这是以色列历史上第一次对外军事行动，很大一部分以色列人对政府的军事政策提出了公开批评。事实上，许多以色列人将这次行动称为“以色列的越南战争”。1988 年，在军队进驻黎巴嫩六年后，以色列军队终于从黎巴嫩撤军，许多以色列人松了一口气，尽管关于撤离黎巴嫩是否明智存在大量争论，许多人认为以 255
色列撤军会给阿拉伯世界的暴力势力传递错误信号。[28]

在以色列被迫从黎巴嫩撤军之后，最尖锐的担忧之一是担心这会鼓励好战的巴勒斯坦人。反对从黎巴嫩撤军的右翼以色列人担心巴勒斯坦人会效仿真主党。巴勒斯坦“伊斯兰抵抗运动”哈马斯发表公开声明，表达了这种情绪。[29]

2006 年 6 月爆发了“第二次黎巴嫩战争”，实际上这是以色列和真主党之间的战争，而非以色列和黎巴嫩之间的战争。真主党是一个总部设在黎巴嫩的什叶派伊斯兰政治和准军事组织。[30]其主要信条之一是声称以色列缺乏合法性，并承诺将摧毁以色列。真主党最初是作为应对以色列 1982 年入侵黎巴嫩的重要军事力量出现的，它是伊朗最高精神领袖霍梅尼的坚定支持者，试图在黎巴嫩建立伊斯兰政权。2006 年的冲突始于真主党从黎巴嫩境内向以色列边境城镇发射火箭弹。以色列以重大空袭为借口，并最终全面侵入黎巴嫩南部。真主党以更多的火箭弹作为回应，攻击范围向南延伸至海法。大量黎巴嫩平民被杀，许多以色列人暂时离开海法附近的家园。在联合国于 2006 年 8 月通过调停达成停火协议后，黎巴嫩南部的一些地区仍然无法居住，因为在战斗中投下的未爆炸的以色列集束炸弹数量众多。[31]

自 2006 年以来，以色列-黎巴嫩边境发生了零星的暴力事件，但与 2006 年之前的公开战争截然不同。2007 年、2010 年、2011 年、2013 年和 2015 年的事件，使边境不能被称为“平静”，但这些年确实比以前和平得多。[32]

方框 9.1 列出了以色列介入黎巴嫩的年表。

以色列还要应对“大起义”(*Intifada*)，“大起义”并非由巴解组织领导，而是由被占领土的居民发起。如方框 9.2 所示，这场大起义自 1987 年以来一直持续，并出于多种原因对以色列当局不断施加压力。首先，在许多重要方面，当局对已经发生的大规模示威活动毫无准备。士兵和警察没有接受过应对人群投掷石块的训练；受过现代战争训练的军队不得不应对城市巷战的挑战。如今，以色列国防军有几个营针对低强度城市冲突进行了训练，其中一些专门从事城市战。[33]

此外，起义以一种比“巴勒斯坦解放组织”过去任何行动都
264 更引人同情的方式，引起了全世界的关注。妇女和儿童向配备自动武器的以色列军队投掷石块的场景，有效地说服了世界各地的许多人(以及以色列的许多人)，他们认为对约旦河西岸的占领不可能无限期地持续下去。巴勒斯坦人伤亡率一直是巴勒斯坦人支持他们在被占领土上受到压迫论点的有效宣传武器。《耶路撒冷邮报》一篇题为“我们社会的组织正在被摧毁”的文章开头段落写道：“超过 600 名巴勒斯坦人在长达一年的‘阿克萨起义’的暴力浪潮中丧生，其中 148 人未满 18 岁。此外，有

14405名巴勒斯坦人受重伤或致残。”[34]伤亡率的巨大差异是巴勒斯坦人多次提出的问题，他们强调许多伤亡人员相对年轻。[35]这一问题在2014年加沙战争中尤为突出，其伤亡和破坏的不平等性成为当时主要的媒体议题。[36]

方框9.1　1949—2010年以色列在黎巴嫩的介入

1949年3月：以色列和黎巴嫩签署独立战争停战协议。

1968年12月：以色列国防军(IDF)突击队突袭贝鲁特机场，以应对恐怖袭击。

1969年1月：喀秋莎火箭击中基利亚特·什姆纳(Kiryat Shmona)，造成两名以色列人死亡。

1972年3月：以色列国防军摧毁11个恐怖分子基地，击毙200名恐怖分子。

1978年3月：为报复当月的沿海公路大屠杀，启动利塔尼(Litani)行动。近300名恐怖分子和35名以色列国防军士兵丧生。

1978年3月17日：联合国安理会第425号决议要求以色列从黎巴嫩撤军。

1981年7月24日：经美国调解，以色列与黎巴嫩签署停火协议。

1982年6月：“加利利和平行动”开启，以色列大规模入侵黎巴嫩，以回应以色列驻英国大使被暗杀未遂事件以及喀秋莎火箭弹对以色列北部的袭击。

1982年8月：以色列国防军抵达贝鲁特。

1983年11月：一名自杀式恐怖袭击者在提尔(Tyre)造成60人死亡。

1985年6月：1982年入侵黎巴嫩的以色列国防军大部分撤离。

1992年2月：以色列空军(IAF)武装直升机发射导弹，击毙真主党领导人谢赫·阿巴斯·穆萨维(Sheikh Abbas Musawi)。

1993年7月：针对恐怖组织发起“问责行动”，约60名恐怖分子丧生。行动期间，恐怖分子在北部边境发射142枚喀秋莎火箭弹。

1996年4月：为应对真主党的喀秋莎火箭弹袭击，发起“愤怒的葡萄”行动。在打击真主党基础设施的过程中，恐怖分子向北部定居点发射777枚喀秋莎火箭弹。

1997年9月：11名海军突击队员和一名军医在突袭阿迈勒基地时丧生。

1998年4月：以色列内阁决定执行联合国安理会第425号决议。

1999年6月：平民在喀秋莎火箭弹袭击中死亡，以色列国防军轰炸黎巴嫩基础设施作为回应。

2000年5月：真主党的火箭弹袭击加剧北部边境紧张局势，尤其是在基利亚特·什姆纳。以色列空军轰炸黎巴嫩基础设施进行回击。

2000年5月24日：最后一名以色列国防军士兵撤离黎巴嫩。

2000年5月25日：这一天被宣布为一年一度的公共假日，称为“抵抗与解放日”。

2000年10月：拉菲克·哈里里第二次就任黎巴嫩总理。

2001年3月：黎巴嫩不顾以色列反对，开始从约旦河的支流抽水供应南部边境村庄。

2002年1月：1982年巴勒斯坦难民大屠杀的关键人物埃利·霍贝卡(Elie Hobeika)在透露持有质疑以色列对大屠杀描述的录像带和文件后不久，死于爆炸。

2002年9月：黎巴嫩就从边境河流引水的计划与以色列发生争执。以色列表示，不能容忍提供其10%饮用水的瓦扎尼改道，并威胁使用武力。

2003年8月：贝鲁特市区的汽车炸弹炸死真主党一名成员，真主党和一名政府部长将爆炸归咎于以色列。

2003年9月：以色列战机袭击黎巴嫩南部，以回应真主党向该地区的以色列飞机发射防空导弹。

2003年10月：以色列和黎巴嫩在有争议的沙巴农场交火。

2004年9月：联合国安理会针对叙利亚的决议要求外国军队离开黎巴嫩，叙利亚否认这一举动。议会将拉胡德总统的任期延长三年。数周的政治僵局以拉菲克·哈里里出人意料地离任而告终，他最初反对延长总理任期。

2005年2月14日：黎巴嫩前总理拉菲克·哈里里被暗杀，叙利亚面临越来越大的压力，被要求从黎巴嫩撤出剩余军队，4月叙利亚撤军。

2005年6月：著名记者萨米尔·卡西尔(Samir Qasir)，作为叙利亚影响力的批评者，被汽车炸弹炸死。由萨阿德·哈里里领导的反叙利亚联盟在选举后赢得议会控制权，新议会选择哈里里的盟友福阿德·西尼乌拉(Fouad Siniora)为总理。

2005年7月：黎巴嫩总理西尼乌拉会见叙利亚总统阿萨德，双方同意重建关系。

2005年9月：四名亲叙利亚的将军因暗杀拉菲克·哈里里而受到指控。

2005年12月：著名的反叙利亚议员和记者纪伯伦·图尼(Gibran Tueni)被汽车炸弹炸死。

2006年7月：真主党武装分子进入以色列，杀死三名以色列士兵,并绑架另外两人,以协商交换俘虏,但以色列拒绝这一要求。另有五名以色列士兵在伏击后丧生。以色列以海上封锁和轰炸黎巴嫩的数百个目标作为回应,包括贝鲁特的机场和真主党在贝鲁特南部的总部。真主党以针对以色列北部城市的火箭袭击作为回应,平民伤亡惨重,民用基础设施破坏范围广泛,成千上万的人流离失所。

2006 年 8 月:以色列和真主党之间的休战于 8 月 14 日生效,经过 34 天的战斗,约 1000 名黎巴嫩人(主要是平民)和 159 名以色列人(主要是士兵)死亡。一支预计由 15000 名外国士兵组成的联合国维和部队开始沿南部边境部署。

2006 年 9 月:黎巴嫩政府军数十年来首次沿以色列边境部署。

2008 年 7 月:苏莱曼总统在巴黎会见叙利亚总统巴沙尔·阿萨德,他们同意努力在两国之间建立全面的外交关系。以色列释放 5 名黎巴嫩囚犯,以换取 2006 年 7 月被真主党俘虏的两名以色列士兵的遗体,真主党称赞交换是“抵抗的胜利”。

2008 年 10 月:黎巴嫩自 20 世纪 40 年代两国独立以来,首次与叙利亚建立外交关系。

2010 年 2 月:哈里里先生对以色列“威胁”与黎巴嫩开战表示担忧。以色列总理本雅明·内塔尼亚胡早些时候曾表示,以色列寻求与邻国建立和平,并与一名内阁成员暗示以色列将与黎巴嫩发动新战争的评论保持距离。

2010 年后:在过去的几年中,发生多起事件,其中一方对另一方开枪的情况时有发生。2010 年 8 月,以色列国防军与黎巴嫩军队发生冲突,黎巴嫩报告称有 12 架以色列飞机进入黎巴嫩领空;2013 年 8 月,四名以色列士兵被地雷炸伤,但黎巴嫩声称他们当时进入黎巴嫩境内。2013 年 12 月,一名黎巴嫩士兵越过边界开枪打死一名以色列海军军官。

最近的挑战是真主党正在利用黎巴嫩边境作为攻击以色列的基地，根据最近的分析，这“将严重冲突的可能性提高到了 2006 年战争以来的最高水平”，因为以色列和真主党一直在努力提升自身能力，以应对他们预期的战争。

资料来源：“黎巴嫩介入年表”，《耶路撒冷邮报》(2000 年 5 月 25 日)，p. 5. 另见 CNN，“时间线：黎巴嫩、以色列的数十年冲突”，2006 年 7 月 14 日；巴拉克·拉维德，“黎巴嫩致联合国：以色列数百次违反休战协议”，《国土报》(2007 年 11 月 1 日)，2015 年 9 月 5 日访问，http://www. haaretz. com/news/lebanon-to-un-israel-breached-truce-deal-hundreds-of-times-1. 232334；安妮·巴纳德，“以色列战机在叙利亚和黎巴嫩边境附近发动袭击”，《纽约时报》(2014 年 2 月 24 日)，2015 年 9 月 5 日访问，http://www. nytimes. com/2014/02/25/world/middleeast/israeli--warplanes-strike-near-the-border-of-syria-and-lebanon. html?_r=0；杰弗里·怀特，“独一无二的战争：2015 年以色列与真主党”，华盛顿研究所：《政策分析》，《政治观察 2363》(2015 年 1 月 29 日)，2015 年 9 月 5 日访问，http://www. washingtoninstitute. org/policy-analysis/view/a-war-like-no-other-isael-vs. -hezbollah-in-2015.

方框 9.2 1917—2015 年巴以冲突的各个阶段

1917 年 11 月 2 日：《贝尔福宣言》起草，英国政府在宣言中表示支持在巴勒斯坦建立犹太家园。

1922 年 7 月 24 日：巴勒斯坦托管地获得国际联盟批准，赋予英国对巴勒斯坦的管辖权。

1947 年 11 月 29 日：联合国大会第 181 号决议(分区计划)获联合国批准，将巴勒斯坦分为犹太国家和阿拉伯国家，耶路撒冷由国际管理，巴勒斯坦人拒绝该计划。

1948 年 5 月 14 日：《以色列独立宣言》发布，战争期间，以色列吞并了为阿拉伯巴勒斯坦国预留的领土，只剩下东耶路撒冷、西岸和加沙地带在阿拉伯人手中。

1950 年 4 月 24 日：约旦吞并约旦河西岸和东耶路撒冷，

阻止在那里建立巴勒斯坦国的努力。

1956年10月29日：在埃及将苏伊士运河国有化后，以色列军队入侵西奈半岛，作为以色列、英国和法国倡议的一部分，后在美国和苏联的压力下撤军。

1964年5月28—29日：巴勒斯坦解放组织(PLO)在耶路撒冷举行的巴勒斯坦国民议会上成立，旨在“动员巴勒斯坦人民收复被掠夺的家园”。

1967年6月5—10日：以色列对邻国发动先发制人的袭击，占领约旦河西岸、东耶路撒冷和加沙地带，产生数千名巴勒斯坦难民，这些地区后来被称为被占领土。以色列还占领西奈半岛和戈兰高地。

1967年6月27日：《圣地保护法》颁布，由宗教事务部长负责执行。

1967年9月1日：喀土穆决议出台，八位阿拉伯国家元首出席阿拉伯首脑会议，决议主张继续与以色列进行斗争，并建立基金帮助相关阿拉伯国家的经济等，采取不与以色列和平、不承认以色列、不与以色列谈判的立场。

1967年11月22日：联合国安理会批准第242号决议，呼吁阿拉伯国家承认以色列，以换取以色列从被占领土撤出。

1968年7月17日：《巴勒斯坦民族宪章》通过，宣布巴勒斯坦是阿拉伯巴勒斯坦人民的家园，并指出武装斗争是解放巴勒斯坦的唯一途径，这是一项总体战略，而非仅仅是战术阶段。宪章呼吁将突击行动作为巴勒斯坦人民解放战争的核心，称解放巴勒斯坦是一项国家义务，试图击退犹太复国主义和帝国主义对阿拉伯家园的侵略，消灭巴勒斯坦的犹太复国主义，并宣布1947年瓜分巴勒斯坦和建立以色列国完全非法。《贝尔福宣言》、对巴勒斯坦的授权以及基于这些宣言的原则均被视为无效。

1969年2月3日：巴勒斯坦游击队组织法塔赫的领导人亚瑟尔·阿拉法特(Yasser Arafat)当选为巴解组织执行委员会主席。

1970年9月：由于巴解组织在约旦的活动，约旦军队将巴解组织赶出约旦，这一行动被称为“黑色九月”，巴解组织将行动基地迁至黎巴嫩。

1972年9月5日：巴勒斯坦突击队在德国慕尼黑绑架以色列奥运代表队成员，11名以色列人在突袭中丧生。

1973年10月6—22日：埃及和叙利亚在赎罪日战争中袭击西奈和戈兰的以色列军队，联合国安理会批准第338号决议，呼吁停火和“以土地换和平”的阿以谈判。

1973年10月22日：联合国安理会第338号决议呼吁各方停止军事活动，执行第242(1967)号决议，并开始旨在建立中东和平的谈判。

1974年5月31日：以色列和叙利亚达成部队分离协议，双方将遵守陆地、海上和空中的停火协议，避免对彼此采取军事行动。

1974年10月28日：在摩洛哥拉巴特举行的阿拉伯联盟会议上，20位阿拉伯国家元首通过决议，承认巴解组织是“巴勒斯坦人民的唯一合法代表”。

1978年3月19日：联合国安理会第425号决议(以色列从黎巴嫩撤出)在以色列国防军入侵黎巴嫩以袭击利塔尼河以南的巴解组织基地后发布，呼吁以色列撤出并建立联合国驻黎巴嫩临时部队(联黎部队)。

1978年9月17日：埃及总统安瓦尔·萨达特和以色列总理梅纳赫姆·贝京签署由美国斡旋的《戴维营协议》，巴解组织不接受该协议。一部分涉及西奈半岛以及以色列和埃及之间的和平，将在三个月内完成；第二部分是关于在西岸和加沙建立自治政权的谈判形式的框架协议。

1979年3月26日：萨达特和贝京签署和平协议，以色列将西奈半岛归还埃及，但仍控制加沙地带。

1980年7月30日：《以色列首都耶路撒冷基本法》规定，统一的耶路撒冷将成为以色列的首都。

1981年12月14日：《戈兰高地法》将以色列法律扩展到戈兰高地地区。

1982年6月—1983年12月：以色列入侵黎巴嫩以打击游击活动，导致巴解组织总部撤离到突尼斯。

1987年12月8日：加沙地带的骚乱引发起义，这是一场旷日持久的巴勒斯坦起义，反对以色列在被占领土的统治。

1988年11月15日：巴解组织的立法机构巴勒斯坦全国委员会宣布在被占领土上建立一个巴勒斯坦国，理事会投票接受联合国第242和338号决议，从而承认以色列的生存权。

1988年12月14日：阿拉法特表示，巴解组织承认以色列的生存权并"放弃"恐怖主义。

1989年5月14日：以色列的和平倡议由沙米尔总理和国防部长拉宾制定，有四个基本要点：加强与埃及的和平、促进与阿拉伯国家的和平关系、改善难民条件、倡导巴勒斯坦阿拉伯人的选举和临时自治。

1990年8月：阿拉法特和巴解组织官员与大多数阿拉伯政府分裂，在伊拉克入侵科威特后支持伊拉克。

1991年10月30日：以色列、叙利亚、黎巴嫩、约旦和巴勒斯坦人受邀参加马德里和平会议，要求召开一次无权强加解决方案的会议，与以色列接壤的阿拉伯国家进行双边会谈，并与巴勒斯坦人就五年临时自治进行会谈，随后就永久地位进行会谈，并就关键问题如难民问题进行多边会谈。

1991年10月30日—11月4日：美国/苏联赞助的会谈

在马德里举行，巴勒斯坦人参加。涉及约旦、黎巴嫩和叙利亚以及巴勒斯坦人的阿以直接谈判一直持续到1993年年中。

1992年6月23日：以色列工党领袖伊扎克·拉宾(Yitzhak Rabin)承诺齐心协力与阿拉伯人达成和平解决方案，带领他的政党在大选中战胜现任利库德右翼集团。

1993年1月19日：以色列议会废除1986年禁止以色列人与巴解组织成员接触的法律。

1993年8月13日：以色列接受巴解组织参与正在进行的和平谈判，并宣布将继续与巴勒斯坦代表团进行谈判，尽管其中一些代表是巴解组织的公开成员。

1993年8月30—31日：以色列外交部长西蒙·佩雷斯宣布，巴解组织与以色列政府在挪威和突尼斯举行的秘密会谈中就巴勒斯坦人在被占领土上的自治达成初步协议。

1993年9月10日：阿拉法特和拉宾互致互认书信，阿拉法特说，1964年巴解组织公约中否认以色列存在权的部分内容“不再有效”；拉宾承认巴解组织是巴勒斯坦人的代表。

1993年9月13日：佩雷斯和巴解组织谈判代表马哈茂德·阿巴斯(Mahmoud Abbas)在华盛顿特区举行的仪式上签署自治协议草案，阿拉法特和拉宾首次会面，握手签署具有里程碑意义的协议。

1993年9月13日：以色列与巴勒斯坦签署《关于临时自治政府的原则宣言》，以色列和巴解组织(约旦巴勒斯坦出席中东和平会议的代表团)同意就和平解决双方问题展开谈判。

1993年9月14日：以色列与约旦达成共同议程，双方旨在通过谈判实现和平，重点解决水资源分配、难民安置、边界划分以及其他双边合作领域的问题，为两国关系正常化奠定基础。

1994年5月4日：以色列与巴解组织就加沙地带和杰里

科地区达成协议。内容包括以色列军队按计划撤出这两个地区，将特定区域的权力移交给巴解组织，就巴勒斯坦民族权力机构(PA)的结构与和平建设达成共识，还涵盖了以色列与巴勒斯坦民族权力机构在经济关系、人权保障和法治建设等领域的合作协议。

1994年7月25日：以色列和约旦达成《华盛顿宣言》，双方就基本原则达成一致，并宣布将致力于达成和平条约，为两国建立正式和平关系确立方向。

1994年8月29日：以色列和巴解组织签署关于在约旦河西岸准备性移交权力和责任的协议，进一步推动了巴勒斯坦地区的自治进程。

1994年10月26日：以色列和约旦正式签署和平条约，结束了两国长期以来的敌对状态，实现了关系正常化。

1995年9月28日：以色列和巴勒斯坦人达成临时协议，该协议为双方的和平进程注入新动力，推动双方朝着和平共处的方向继续前进。

1996年4月26日：以色列与黎巴嫩达成停火协议，为监督停火执行，成立了由美国、法国、叙利亚、黎巴嫩和以色列组成的停火监测小组，以维持地区的和平稳定。

1996年5月9日：根据《关于西岸和加沙地带的临时协议》(1995年9月28日)要求，以色列和巴勒斯坦民族权力机构在希伯伦市建立临时国际存在(TIPH)，以监督该市的非军事化进程和权力移交工作。

1997年1月21日：TIPH协议进入第二阶段，继续推进希伯伦地区的非军事化和权力平稳过渡。

1998年10月23日：签署《怀伊河备忘录》，旨在进一步落实1995年9月28日关于西岸和加沙地带的临时协议，促使以色列人和巴勒斯坦人履行与重新部署军事力量和保障地区安全有关的责任。

1999 年 9 月 4 日：以色列和巴解组织签署《沙姆沙伊赫关于签署协议承诺时间表和恢复永久地位谈判的备忘录》，双方承诺全面执行自 1993 年以来达成的所有临时协议及其他相关协议。同时，双方同意开启永久地位谈判，推进更多地区的重新部署工作，商讨释放囚犯事宜，规划建立巴勒斯坦人在西岸和加沙地带的安全通道，研究建立加沙海港的可行性，以及解决希伯伦问题和地区安全保障等一系列关键问题。

1999 年 10 月 5 日：签署关于西岸和加沙地带之间安全通道的议定书，为巴勒斯坦地区内部的人员和物资流动提供安全保障，促进地区的经济和社会交流。

21 世纪初，巴以冲突在一系列复杂的事件与矛盾交织中不断演变，对地区局势产生了深远影响。

关键事件梳理

2000 年 7 月 25 日：克林顿总统、巴拉克总理和阿拉法特主席在戴维营会面，就中东和平进程中的永久地位问题进行谈判，旨在达成协议，但最终未能成功。

2001 年 1 月 27 日：以色列和巴勒斯坦在西奈半岛塔巴举行会议后，发表联合声明，表明无法就所有相关问题达成一致，并建议在以色列大选后继续开展更多谈判。

2001 年 4 月 30 日：沙姆沙伊赫实况调查委员会发布报告，建议以色列和巴勒斯坦民族权力机构果断采取行动，停止约旦河西岸和以色列境内的暴力行为，以重建双方信任并恢复谈判。

2001 年 6 月 14 日：特尼特停火提案提出，双方承诺实现全面停火，涵盖所有暴力活动。

2002 年 3 月 12 日：联合国通过第 1397 号决议，提及第 242 和 338 号决议，对 2000 年 9 月以来的暴力事件表示关切，强调保障平民安全和尊重人道法的重要性，要求立即停止包括恐怖、挑衅、煽动和破坏在内的暴力行为，并呼吁以色列和巴勒斯坦合作实施特尼特计划。

2002年3月28日：签署《贝鲁特宣言》，提出沙特和平倡议。

2003年4月30日：达成基于绩效的巴以冲突永久两国解决方案的路线图。

2003年11月19日：联合国安理会通过第1515号决议。

2004年4月18日：发布脱离接触计划总纲。

2004年6月6日：修订后的脱离接触计划主要原则公布。

2005年11月15日：双方商定关于进出加沙的通行文件。

2006年1月30日：中东四方发表声明。

2006年8月11日：联合国安理会通过第1701号决议。

2006年9月20日：中东四方再次发表声明。

2007年2月2日：中东四方声明发布。

2007年11月20日：安纳波利斯会议公告发布。

2007年11月27日：双方达成谈判的共同谅解。

2008年11月9日：沙姆沙伊赫四方声明发表。

2008年12月16日：联合国安理会通过第1850号决议。

2009年1月8日：联合国安理会通过第1860号决议。

2009年1月16日：以色列和美国签署关于防止向恐怖组织供应武器和相关物资的谅解备忘录。

2009年6月26日：中东四方在的里雅斯特会议上发表声明。

2009年9月24日：中东四方发表联合声明。

2010年9月2日：以色列和巴勒斯坦在华盛顿特区开启直接会谈，埃及总统穆巴拉克和约旦国王阿卜杜拉出席。

2011年9月23日：中东四方发表声明。

2011年11月：巴勒斯坦成为联合国教科文组织成员，联合国关于巴勒斯坦建国的投票被推迟。

2012年3月：加沙与以色列冲突爆发，加沙向以色列发射300多枚火箭弹，以色列以空袭进行报复。

2012年11月：以色列发动“防御支柱”行动，空军袭击加沙地带1500个目标。同月，联合国大会第67/19号决议将巴勒斯坦升级为“非会员观察员地位”，以色列则以增加定居点建设作为回应。

2014年6月至7月：哈马斯对以色列南部进行大规模炮击，引发以色列对加沙的军事行动。

2015年9月11日：联合国大会投票允许巴勒斯坦人在联合国总部前悬挂国旗。

2015年9月16日：以色列警察和巴勒斯坦青年在阿克萨清真寺发生冲突。

2015年9月21日：欧盟宣布将对在西岸定居点制造的产品进行标签标注。

2015年9月25日：以色列官员批准更严厉措施应对巴勒斯坦在东耶路撒冷的袭击，包括设定最低刑期和预先授权狙击手射击。

资料来源：以色列外交部，“以色列-巴解组织谈判——文件和背景文件”，2015年7月访问，http://mfa.gov.il/MFA/ForeignPolicy/Peace/MFADocuments/Pages/Selected%20Reference%20Documents.aspx，以及 http://mfa.gov.il/MFA/ForeignPolicy/Peace/MFADocuments/Pages/%20Israel-PLO%20Negotiations%20-%20Documents%20and%20Backgr.aspx；英国广播公司，“中东时间线”，2015年9月23日访问，http://news.bbc.co.uk/2/shared/spl/hi/middle_east/03/v3_ip_timeline/html/。

21世纪初，起义演变为“自杀式爆炸”袭击的新阶段，以色 265
列政府称之为“杀人爆炸”。这种战术将暴力带入以色列本土和以色列平民生活，大量以色列平民在特拉维夫和耶路撒冷等人口中心的重大爆炸中丧生，农村地区公共汽车站等也频繁发生此类事件，使以色列民众陷入恐慌，深感脆弱。这不仅严重打击了以色列民众的士气，还对以色列旅游业和经济造成负面影响。[37]

最后，众人很难预测起义如何结束。起义领导人对起义持续持有不同立场，常发誓只要以色列拒绝与巴解组织谈判，就继续起义。以色列虽表示愿与温和的巴勒斯坦领导人谈判，但不时拒绝与巴解组织和亚西尔·阿拉法特接触。2000 年至 2005 年，暴力循环不断：自杀式爆炸引发以色列占领巴勒斯坦难民营或城市，摧毁房屋和基础设施，造成巴勒斯坦人伤亡，进而导致巴勒斯坦人报复并实施更多自杀式爆炸。直到 2005 年 2 月 8 日沙姆沙伊赫峰会，[38] 马哈茂德·阿巴斯总统和阿里尔·沙龙总理同意停止针对双方的暴力行为，并重申对“和平路线图”的承诺。

这种情况的挑战之一是巴勒斯坦领导层目标不明确加剧了问题的复杂性，其是否有足够组织能力实现具体目标存疑，[39] 对 2000—2005 年暴力事件的态度摇摆不定，时而反对，时而鼓励。[40]

如 2000 年 10 月，《耶路撒冷邮报》报道，尽管阿拉法特出席沙姆沙伊赫峰会结束了三周暴力，但他领导的法塔赫呼吁巴勒
266 斯坦人继续起义，直至以色列从 1967 年“六日战争”占领的所有领土撤军。[41]

因此，总体而言，前面的讨论试图证明中东现有的战争遗产在其持续时间、强度和政策影响方面具有重要意义。这至少在三个方面产生重要影响。第一，以色列外交政策决策的整个背景，已经被塑造成从国家安全的角度来判断每一种情况。以色列长期为民族生存而斗争，这时刻提醒以色列公民自身的脆弱性，因为多数邻国不承认其存在，且部分势力有能力通过战争和

恐怖主义影响其生活。

战争历史的第二个遗产影响了以色列与邻国的关系。除与埃及和约旦的关系外，以色列与其他阿拉伯国家关系充满敌意和威胁。自 1948 年以来，以色列与部分邻国仍处于交战状态。尽管 1973 年后未发生全面中东战争，但以色列国防军 1982—2000 年驻扎黎巴嫩，在边境保持警惕，近年来还积极参与约旦河西岸和本土的反恐斗争。“大起义”及后续被占领土的暴力事件，引发以色列军队新的不满，士兵们愿为保卫国家而战，但对在约旦河西岸充当占领军存在质疑。[42]

战争历史的第三个遗产和以色列与超级大国的关系有关：以色列成为美国在中东的盟友，在军备和外援上依赖美国，这在以色列国内引发关注。20 世纪 50 年代初至 80 年代，苏联支持中东冲突中的阿拉伯阵营。[43]在过去 40 多年，尤其是战争时期，美苏(俄)在中东舞台十分活跃。在 1973 年“赎罪日战争”时，苏联领导人列昂尼德·勃列日涅夫致电美国总统理查德·尼克松，并在“热线”上警告说，如果美国无法说服以色列释放被西奈沙漠包围的埃及的一个师，苏联将被迫派出自己的军队来帮助埃及人。[44]长期以来，国际社会不乏对中东地区可能爆发超级大 267
国间战争的预警，而当时这些曾经看似遥远的警告似乎正走向现实。尼克松总统最终成功说服以色列人释放埃及人，苏联人没有介入(除了为埃及人提供武器外)，超级大国成功地避免了直接冲突。

第二节　战略考虑

尽管距离迈克尔·布雷彻(Michael Brecher)所著的《以色列外交政策体制》(*The Foreign Policy System of Israel*)首次出版已过去多年，但许多人仍将该书视为对以色列外交政策体制的权威研究。[45]布雷彻在其1972年的研究中指出，以色列的外交政策体制分为三个部分："输入""过程"和"输出"。"输入"部分又由"操作环境""沟通"和"心理环境"构成。"过程"部分涉及战略与战术决策的制定，以及这些决策由各类政府机构执行的方式。"输出"部分则关乎政府决策和行动的实质内容。整个过程的每个部分都值得单独探讨，因为它们都有助于我们理解整个体系。

布雷彻提出的"外部环境"涵盖对全球环境的一般性考量，或者如他所说，是"国际体系内所有参与者（国家、集团、组织）之间关系的总网络"。[46]所有这些关系都会影响以色列在特定情形下的行为方式。区域关系，即布雷彻所说的"从属系统"，主要聚焦于中东地区，因为显而易见，这种环境直接影响外交政策的决策。在制定以色列外交政策时，其他双边关系，尤其是与超级大国的关系，如以色列与美国、以色列与俄罗斯的关系，也需加以考虑。

"内部环境"由影响外交政策的国内因素构成，包括军事能力、经济实力与资源、当前政治环境以及决策背景（即公众舆论、政府联盟和其他短期国内政治考量）。利益集团在政治体系中的参与程度，以及不同公众群体对外交政策选择的分歧或认同
268 程度，是公众舆论研究的重要组成部分。同样，理解竞争性精英及其各自优势也至关重要。

这些不同参与者在国际和国内环境中的观点或意见，通过各种传播渠道（包括大众媒体、新闻界、书籍、广播、电视和官僚机构）传达给决策精英。随后，这些决策精英便构成了布雷彻所称的外交政策体制的"核心决策群体"，该群体由政府首脑、外交部长和相对少数的其他政治行为者组成。[47]

当这个"核心决策小组"尝试做出外交政策决策时，其成员必须在自身的心理环境中运作。每个决策者都持有自己对世界、其他国家在外交政策环境中的看法、意识形态、传统以及各

种政策选择的态度。决策者的心理倾向还包含一套对环境的认知意象和他们对政治世界现实的看法。这些意象可能或多或少具有真实性和灵活性，并且会影响决策者从外部和内部操作环境接收的信息。

在将构成作战环境的要素传达给精英，并通过个体决策者的心理层面进行过滤后，决策过程本身有助于确定选择何种政策以及如何实施该政策。这里需要考虑的因素包括参与决策过程的人数、这些人之间的指挥链或权力关系、给定的政策决策是否被视为政治决策、是否必须进行公开辩论，以及以色列政治领域中的其他各种因素。[48]

布雷彻进一步指出，以色列外交政策存在四个可识别的问题领域："军事安全"问题，涉及暴力、战争或国家安全；"政治外交"问题，关乎与其他国际行为体的关系；"经济发展"问题，与贸易、援助或外国投资相关；以及"文化"问题，侧重于教育、科学研究和其他相关主题。[49]整体外交政策体系对每个问题的处理方式各异，因此，必须认识到需要在不同情况下对不同问题进行分析研究。

第三节　军事安全问题

以色列外交政策的一个关键方面与军事相关，因为以色列国防军的地位、结构和行动与其他国家的武装部队有所不同。
原因主要有两点：其一，以色列平民和军队之间的关系与其他国 269
家不同；其二，以色列军事机构的基本原则与其他军队不同。[50]实际上，在任何特定时间，以色列只有一小部分军队处于现役状态，这对以色列的外交政策考量具有战略意义。

有学者分析称，防御的概念"自世纪之交中欧和东欧的犹太复国主义运动兴起以来，一直是[犹太]社会的核心问题"[51]。即便没有其他原因，由于国防问题消耗的国家资源比例较高(见表9.1)，国防和军事的概念在当今以色列依旧十分重要。[52]国防开支占国家总预算的百分比高峰出现在1973年，消耗了近50%！2002年的预算中，国防部在2.656亿新谢克尔的总预算中占4190万新谢克尔，占总预算的15.77%。2009年，国防部在3.114亿新谢克尔的总预算中占5150万新谢克尔，占总预算的16.54%。2011年，“以色列经济的防御成本达到了668亿新谢克尔，而2010年为644亿新谢克尔，2009年为615亿新谢克尔”。预算第二大项目是教育，为5139.4万新谢克尔，占总数的16.5%。[53]

军队在以色列社会中也极为重要。[54]它反映了以色列人普遍的社会经历；虽然女性不参与战斗，但和男性一样，她们也必须接受征兵，尽管她们的参军情况与男性不完全相同。如今，大约90%的男性应征入伍，而女性应征入伍的比例仅约为60%；
270 男性现役服役三年，并在预备役服役至51岁，而女性现役仅服役两年，且仅在25岁之前在预备役服役。[55]

正如本书前面所提及的，以色列国防军在几代以色列移民的社会化和同化过程中发挥了关键作用。这是大多数以色列人共同生活的一个特点。因此，即便在一个致力于文职控制军队的社会中，以色列军队在政策制定中仍发挥着重要作用。[56]

表9.1　国防预算的要点:2014年军费开支

国家 (以占比排名)	2014年军费开支 (十亿美元)	占2014年国内 生产总值比重(%)
沙特阿拉伯(3)	80.8	10.7
伊拉克(15)	18.9	8.5
以色列(13)	23.2	7.6
俄罗斯(4)	70.0	3.7
美国(1)	581.0	3.3
英国(5)	61.8	2.1

（续表）

国家 （以占比排名）	2014 年军费开支 （十亿美元）	占 2014 年国内 生产总值比重（%）
中国（2）	129.4	1.2
德国（9）	43.9	1.1

资料来源：国际战略研究所，《军事平衡·2015》（伦敦：Routledge，2015）。该排名使用 2014 年国内生产总值数据。另见莫蒂·巴索克，"数字显示以色列国防预算几乎占总预算的五分之一"，《国土报》（2013 年 2 月 14 日），2015 年 7 月访问，http://www. haaretz. com/ business/Israel-shells-out-almost-a-fifth-of-national-budget-on-defense-figues-show. premium-1. 503527。

由于军事预备役的征召模式对外交政策产生直接影响，[57]以色列在任何时间都只有一小部分军人处于现役。据官方计算，以色列国防军需要 72 小时才能实现完全动员，尽管一些估计表明实际时间要短得多。例如，一项研究表明，"目前，以色列转移攻击所需的部分动员时间在 4 小时到 18 小时不等。总动员可在 16—48 小时内完成，远低于官方所说的 72 小时"[58]。

无论所需时间长短，当决策者不得不决定是"先发制人"（如 1967 年的情况）还是等待召集预备役（如 1973 年的情况）时，他们清楚自己的决定将带来严重后果。[59]在兵力达到完全状态前，以色列国防军在 1973 年的头 72 小时内遭受了极高的伤亡，战后分析明确批评了戈尔达·梅厄和她的政府。除其他因素外，批评者指出，如果以色列国防军在埃及和叙利亚"赎罪日"入侵前充分动员，即便总理未下令先发制人，许多伤亡也是可以避免的。我们之前已了解她不下令全面动员以及不发动先发制人打击的原因，这些都受到召集过程和动员效果相关要素的影响。

外交政策制定中的另一个军事安全问题涉及"核问题"。[60]尽管以色列一直坚称其不拥有核武器，但许多观察家认为，即便以色列确实没有完整的核武器，也具备在较短时间内组装此类武器的能力。

事实上，内塔尼亚胡总理决定不参加 2010 年美国总统巴拉克·奥巴马组织的核峰会，这表明以色列对“核缓和”基本不感兴趣。若此猜想属实，那么核能力将使以色列国防军能够以更强的战术力量消灭敌人。以色列多次公开表示，不会允许其阿拉伯邻国发展核能力。这一政策在 1979 年得到体现，当时伊拉克正在开发一个表面上用于发电的核反应堆。以色列采取行
271 动，其轰炸机袭击并摧毁了该设施，认为这种设施很容易发展成为具有军事用途的核武器。[61]

近年来，伊朗及其核能力问题在以色列变得愈发紧迫。[62]鉴于伊朗坚决反对以色列的存在，且公开表示要努力摧毁以色列，伊朗在核武器生产能力方面的进展引起了以色列的极大关注。以色列一直担忧并反对美国、欧洲及其他国家与伊朗就允许伊朗发展任何核能力进行谈判，认为任何核工业的存在都为伊朗开发包括武器生产在内的重要核能力打开了大门。[63]

当然，在以色列针对西方国家是否允许伊朗发展核能力的问题上，还存在前面提到的关于“防御性”先发制人战争的问题。回想一下，1967 年战争后，尽管以色列称这实际上是一次“报复性”打击，因为埃及和叙利亚正准备向其发起进攻，但以色列因被视为“侵略者”而在国际舆论中付出了沉重代价。先发制人的打击实际上是一种防御性打击。如今以色列正在讨论，如果西方大国允许伊朗开始发展核能力，就需要先发制人地打击伊朗的核力量，因为伊朗发展核力量在战略上对以色列来说是不可接受的；虽然这会引起西方的反感，但它被视为对以色列的生存具有重要意义，因为以色列处于伊朗的核导弹射程范围内。[64]

在撰写本书时，这仍是一个备受热议的问题，国际媒体对伊朗与西方之间现已达成的协议既存在支持的声音，也有反对的观点。

另一个军事安全问题涉及以色列人所说的“可防御边界”。我们在第三章中指出，古典犹太复国主义的核心目标之一是在一个安全的犹太国家中拥有安全的犹太人口，即在一个犹太国

家中犹太人占多数。在更现代的时期，这已转变为对安全和防御边界的诉求。[65]寻求稳定和国家安全一直是以色列外交政策中一个持续但尚未实现的目标。当然，问题在于，如今以色列的许多邻国仍与以色列处于战争状态。与 1949 年、1956 年、1967 年和 1973 年签订的停战协定与和平条约不同，尽管以色列与埃及、约旦签订了和平条约，但尚未与黎巴嫩、叙利亚或伊拉克签订和平条约。正如我们所说，对以色列外交政策环境最常见的一种描述是，以色列一直在“一场漫长的战争”中求生存。[66]

以色列外交政策的关键因素之一是确保“国家安全边界”。
这包括保护以色列公民免受国内恐怖袭击的威胁，避免来自加 272
沙地带挖掘地道进行袭击的威胁，以及防范哈马斯在加沙或真主党在黎巴嫩射来导弹的威胁。[67]“安全边界”局势的维护，要求以色列能够信任其邻国在维持和平中发挥作用，而这种信任感根本没有在与哈马斯或真主党之间达成，更不用说与其他中东行为体了。

自 1948 年以来，寻求安全和可防御的边界一直是以色列外交政策的首要任务，也是大量辩论和学术研究的主题。以色列一直主张其有权确保边界安全，并认为维持安全边界的唯一方法是使边界尽可能具有防御性。[68]这意味着，在与叙利亚关系紧张的情况下（更不用说与以色列签署了和平条约的埃及和约旦了），必须考虑地缘政治因素。

当以色列在 1967 年战争开始后占领整个西奈半岛时，它获得了前所未有的安全。在西奈半岛西南端的军事观察站，以色列从首次发现敌对的埃及飞机从开罗附近的埃及军事基地起飞到其到达特拉维夫郊区的时间内，将有 20 分钟的预警期。1982 年以色列将西奈半岛归还埃及时，其最南端的雷达单位被重新部署到西奈山中部，预警时间显著缩短：如果以色列只能依靠地面雷达，那么预警时间将从 20 分钟缩短到 2 分钟。[69]

同样，对部分戈兰高地的占领和最终吞并也是出于战略原因。[70]鉴于以色列北部的地形，若敌对的叙利亚控制着戈兰高地的所有领土，就意味着生活在基布兹和以色列北部其他定居点的儿童不得不长时间住在地下避难所，他们常常因此感到恐惧，且时常面临叙利亚从高地的狙击和袭击。一旦这块“高地”在1973 年被占领，对安全和可防御边界的追求意味着以色列不会将高地归还给仍在与之交战的国家，直到它确信和平的到来。以色列仍在等待与叙利亚达成和平条约，但先进技术显然也将成为解决方案的一部分，就像在西奈半岛的情况一样。[71]

寻求国家安全是所有民族国家制定外交政策的动机。完全有理由认为，那些从未真正体验过安全的国家会更加渴望获得真正的安全。以色列已经认识到，它获得真正安全的唯一途径是通过军事准备，毕竟许多邻国都致力于摧毁它。因此，中东的任何长期和平都必须以以色列的邻国承认以色列在安全边界内
273 存在的权利为前提，然后有关各方才能开始超越自身眼前的安全需求，采取行动来缓和世界这一地区存在的紧张局势和人们所认知的威胁。[72]

第四节　政治外交问题

在全球层面，自独立以来，以色列的主要关注点之一便是如何获得国际社会的接纳。然而，其与巴勒斯坦人的持续冲突以及在被占领土定居点的不断扩张，对实现这一目标极为不利。被国际社会接受并非易事，以色列至今仍未成为被联合国普遍认可的成员。尽管联合国的职责是在任何政治危机中充当公正中立的第三方，但以色列并不这样看待联合国。[73]自 1967 年起，
274 以色列就认为自己在联合国大会中难以得到公正对待。苏联（俄罗斯）对东方集团和第三世界国家的影响，以及阿拉伯国家通过石油政治和非洲统一组织等区域组织对第三世界国家施加

的影响，使得在联合国大会和大多数联合国专门机构中，反对以色列的国家占据多数。[74]

例如，根据《联合国宪章》规定，维和部队只有在相关各方，即边界两侧的行为体都提出请求时，才能进驻某一地区。众所周知，这些部队在 1956 年至 1967 年间驻扎在中东。但 1967 年，当埃及总统纳赛尔下令他们撤离时，他们只能服从。[75] 以色列认为，这凸显了联合国的弱点之一：缺乏实际权力。在有选择的情况下，以色列更倾向于采用其他多国维和部队，而非联合国部队，以确保撤离协议能够得到保障。

以色列认为，联合国承认巴解组织并授予其观察员地位，随后各联合国机构又承认巴勒斯坦民族权力机构，这使得联合国在处理阿以冲突时难以保持客观公正。因此，联合国几乎丧失了在以色列与巴勒斯坦或其他阿拉伯大国之间充当可信调解人的所有潜力。相反，以色列似乎更倾向于借助其他各方，主要是美国，来协助其与阿拉伯邻国进行谈判。

在联合国之外，以色列与欧洲国家的关系也一直存在分歧。[76]法国曾是以色列的坚定支持者，据说以色列正是在法以关系良好时期获得了核能力。[77] 然而，近年来，随着法国采取坚定的亲巴勒斯坦和亲阿拉伯立场，以色列与法国的关系受到了影响。英国与以色列从未建立过特别密切的关系，大多数以色列领导人将这一情况归因于以色列独立时期的不愉快经历。以色列与西德的关系在早期受到西德政府向以色列支付大屠杀赔偿问题的严重影响。[78] 不过，随着时间的推移，德以关系逐渐趋于稳定。[79]

以色列早年在外交政策上的一大成功是与第三世界国家的合作。事实上，在 1967 年“六日战争”之前，以色列与大多数第三世界国家关系良好。特别是从独立到 1956 年“苏伊士战争”期间，许多非洲和拉丁美洲国家将以色列视为一个面临同样发展问题的小国。以色列针对撒哈拉以南非洲[80]、亚洲[81]和拉丁美

洲国家制定了许多颇受欢迎的援助计划，并拥有众多政治（除军
275 事外）盟友。[82]到20世纪70年代中期，超过5500名以色列专家被派往海外担任科学、教育和农业顾问，同时，来自非洲、亚洲和拉丁美洲国家的两万多名公民前往以色列接受培训。[83]

正如前文所述，1967年的“六日战争”极大地改变了以色列的国际地位，尤其是在非洲国家中的地位。埃及特别利用“非洲统一组织”将以色列与非洲盟友隔绝开来，声称以色列是那场冲突的侵略者，“泛非团结原则”要求所有非洲国家与以色列断绝关系。事实上，除南非外，几乎所有非洲国家都照做了。自那以后，以色列一直致力于改善与撒哈拉以南非洲国家的关系，直到最近几年，才在重新建立联系方面取得重大进展。[84]

以色列与第三世界国家，尤其是与拉丁美洲国家的许多重要联系涉及武器交易。这种联系通常表现为以色列向第三世界国家出售以色列制造、美国设计的武器系统复制品。但美国向以色列出售这些系统的条件是，未经美国批准，不得将复制品转售给其他国家。[85]由于以色列是第三世界的主要武器供应国，许多拉丁美洲国家与以色列保持外交关系，并继续提供外交支持，以此作为以色列继续向其出售武器的直接交换条件。

显然，以色列在政治外交方面最重要的关切涉及与美国和俄罗斯的关系。美国是第一个正式承认以色列独立的国家，[86]而苏联实际上是以色列建国初期最坚定的支持者。[87]然而，到了1956年“苏伊士战争”时，情况变得明朗，莫斯科选择支持中东的阿拉伯大国，而以色列则与西方建立了更紧密的联系。在过去20年里，以色列与俄罗斯的关系得到了极大改善。[88]罗伯特·弗里德曼（Robert Freedman）认为，这种重大改善始于米哈伊尔·戈尔巴乔夫时期（1988—1991），并在鲍里斯·叶利钦任期内得以延续。叶利钦试图提升俄罗斯的国际影响力，在阿以冲突问题上采取了更为平衡的立场，并寻求与以色列建立比以往更多的联系。[89]

自建国以来,以色列与美国一直保持着密切的关系。[90]近年来,以色列与美国维持着最为紧密的政治和外交关系。在以色列外交政策的背景下,美以关系这一主题过于庞大和复杂,难以在此全面阐述。[91]美国是以色列最大的民用和军用援助供应国、能源保障国、[92]最大贸易伙伴,也是在各种存在分歧的国际外交舞台上最坚定的捍卫者。然而,大多数研究人员认为,自巴拉 276
克·奥巴马总统执政以来,双边关系显著降温。美国政府迫使以色列在与巴勒斯坦人达成和平协议方面做出更多努力,特别是在停止在被占领土新建定居点这一问题上施压。[93]

奥巴马总统与内塔尼亚胡总理之间关系不佳的问题多年来备受关注,并已渗透到关于奥巴马总统倡导的伊朗核协议的辩论中。一些批评奥巴马总统的以色列人采取不当手段进行抹黑,强调奥巴马总统的"穆斯林传统",并认为"从一开始,奥巴马的议程就是'支持巴勒斯坦事业'并与伊朗达成核协议"。[94]其他人则谴责奥巴马背离了美国与以色列传统上的紧密关系。

奥巴马的支持者认为朋友之间可以存在分歧。虽然奥巴马确实可能在内塔尼亚胡关于巴勒斯坦问题和被占领土定居点问题上施压,但内塔尼亚胡支持扩大定居点的做法,也确实加剧了以色列与巴勒斯坦之间的紧张关系。事实上,一些以色列人认为,加剧紧张局势的罪魁祸首是内塔尼亚胡,而非奥巴马。[95]从根本上讲,这种情况可被视为两个国家领导人之间因观点和动机不同而产生的合理冲突。

美国作为现代中东的调停者,从国务卿亨利·基辛格的"穿梭外交",[96]到吉米·卡特总统的"戴维营经验",再到 2010 年乔治·米切尔(George Mitchell)担任以色列与巴勒斯坦人之间的和平缔造者,其身影始终贯穿其中。比尔·克林顿总统在任期结束时为打破和平僵局所做的巨大努力便是例证,[97]尽管最终未能成功。尽管近年来发生的事件偶尔导致这种双边关系出现紧张,[98]但总体而言,两国对彼此都至关重要,是重要的盟友。[99]

以色列在具有战略意义的地缘政治环境中，作为军事情报来源对美国一直十分重要；在世界上稳定民主并不普遍的地区，以色列作为一个民主国家同样意义重大。

第五节　经济发展问题

布雷彻提出的外交政策四个一般性问题领域中的第三个涉及经济和发展问题。以色列的经济发展既不像许多人想象的那
277 般强劲，也不像许多人认为的那样稳定。[100]因为外交政策对经济发展有着直接影响，且这种影响往往是负面的。

由于以色列被迫将大量预算投入军事和国防相关活动，其在大部分时间里都面临着严重的国际收支问题。显著的国防成本竭力"为实现快速增长的奇迹买单，同时成功应对其他国家挑战"。[101]自独立以来，

> 以色列需要不少于 1760 亿美元(按当前数据)来弥补所有年度贸易逆差。几乎三分之二的累积赤字通过单方面转移支付来填补，例如移民带来的资金、外国养老金、国外犹太筹款组织对卫生、教育和社会服务机构的捐款，以及外国政府的赠款，尤其是来自美国的赠款。其余资金则来自个人、银行和外国政府的贷款，以色列自建国之初就一直在偿还这些贷款。[102]

因此，国家外债逐年增加，直到 1985 年首次出现借入少于偿还的情况(见表 9.2)。然而，"这种趋势几年后又恢复了，直到 1995 年国家外债净额达到 208 亿美元的新高。在过去十年中，外债大幅减少，降至零。自 2002 年以来，情况发生转变，以色列成为债权国——'世界'欠它的钱比它欠世界的更多，2010

年净差额为 500 亿美元”。[103]

表 9.2　1954—2009 年以色列外债(百万美元)

年份	净外债总额
1954	356
1960	543
1970	2223
1975	6286
1980	11344
1985	18051
1990	15122
1995	20788
2002	0
2005	−23173
2009	−54949

资料来源:以色列外交部,“关于以色列:国民经济”,2015 年 7 月访问,http://mfa.gov.il/MFA/AboutIsrael/Economy/Pages/ECONOMY-%20Balance%20of%20Payments.aspx。

尽管以色列地处中东,但其在经济上与西方世界联系紧密。278
以色列一半以上的进口来自欧洲共同体(共同市场),近一半的出口也流向欧洲。事实上,1977 年以色列与共同市场签署协议,获得了一种“特殊联系”,这为以色列提供了比大多数非共同市场国家更低的关税壁垒,并于 2010 年 5 月加入了“经济合作与发展组织”。[104]

近年来,随着以色列境外“抵撤制”(BDS)运动的发展,经济与政治问题交织在一起。“抵撤制”运动旨在通过抵制、撤资和制裁等经济手段对以色列施加压力,以推动政治变革,特别是改善以色列对巴勒斯坦人的待遇及其与巴勒斯坦国的关系。

当然,以色列在应对抵制和制裁方面有着悠久的历史。

> 甚至在以色列建国之前,它就面临着经济抵制,这是阿

> 拉伯联盟在1946年对巴勒斯坦犹太社区宣布的。阿拉伯对以色列的抵制持续到20世纪90年代初。在1991年马德里会议和1993年奥斯陆协定之后，随着以色列与许多此前避免与之建立任何形式关系的国家（包括阿拉伯国家和非阿拉伯国家）开始发展贸易关系和其他经济关系，抵制的影响逐渐减弱。那些曾因二次抵制压力而拒绝与以色列往来的公司，现在也开始与以色列进行贸易和投资。
>
> 如今，大多数以色列人已不记得以色列与印度和中国没有外交和经济关系的日子。斯巴鲁(Subaru)曾是唯一在以色列销售的重要日本汽车制造商，百事可乐也曾避免在以色列销售和生产。印度于1991年与以色列建立关系，中国于1992年与以色列建交，日本主要汽车制造商于1994年开始在以色列销售，百事可乐于1991年进入以色列市场。[105]

虽然“抵撤制”运动不太可能在短期内消失，但该运动也不太可能对以色列经济产生长期影响，或者促使以色列改变其与巴勒斯坦人、西岸、定居点相关的政策，以及近年来做出的任何实质性政治决策。

第六节　文化地位问题

教育、科学和文化问题同样在以色列外交政策制定中有所
279 体现。如前所述，自1948年以来，以色列一直关注其在国际社会中的认可和合法性。在许多情况下，这种被世界其他国家接受的愿望已从政治领域延伸至文化领域。尽管一些阿拉伯国家在战场上无法击败以色列，但他们在文化领域做出诸多努力试图打压以色列。换言之，以色列必须时刻做好准备：在联合国总部抗争，因为时常有人试图将以色列从联合国众多机构中驱逐

出去，例如联合国教科文组织(UNESCO)；或者在各种谴责以色列的场合据理力争。[106]

第七节 外交政策制定：回顾

在研究制定公共政策的政治背景时，不仅要了解国内或内部环境中的因素及其对政策的影响，还需了解外部环境。即便对外交政策过程进行粗略考察，也能明显看出，有多种因素影响着以色列外交决策的制定与执行。

总体而言，布雷彻指出，以色列的外交政策体系包含八个关键组成部分：

1. 以色列是一个具有强烈自我意识的犹太国家，其历史遗产和存在的意义使其与世界各地的犹太社区紧密相连。

2. 以色列依赖一个或多个超级大国提供军事和经济援助以及外交支持。

3. 自 20 世纪 60 年代初以来，阿拉伯、苏联和不结盟团体在联合国的联合投票力量，使得在联合国大会或安理会难以通过支持以色列的决议。

4. 以色列在中东体系核心区域完全孤立，面临着对其安全的持久挑战；这种状况及其地理位置迫使其不断寻求军事援助。

5. 以色列人口远少于阿拉伯国家，因此对移民的需求持续存在，以增加其军事和经济人力。

6. 联合政府是以色列政治体制的固有组成部分，这对外交 280
政策选择形成了限制。

7. “别无选择”[*Ein breirah*]是以色列政治思想和行为的关键理念。

8. 历史遗产和阿拉伯人的敌意使得以色列在行为中表现出激进主义和好战精神。[107]

战争的遗产以及由此产生的紧张局势格局，显然是以色列外交政策中最为重要的因素。以色列与其邻国之间缺乏善意、信任、信仰或信心，这进一步强化了“安全和防御边界”存在的必要性。诚然，以色列与埃及自 1979 年以来一直处于和平状态，以色列与约旦自 1994 年以来也保持和平，但多年来，这种和平状态时好时坏，以色列人认为不够安全，仍对南部边境忧心忡忡。从技术层面讲，以色列与其他所有邻国仍处于战争状态，这加剧了以色列对巴勒斯坦人民建立独立国家的担忧，我们将在下一章重点探讨这一话题。

同样，重要的战略考量也不容忽视。以色列必须认识到，政策需在不同环境中实施，涵盖国内（内部）、地区（中东）和国际（全球）各个层面。领导者的心理认知、他们的态度、信仰和价值观，以及这些看法如何影响政策制定，都必须加以阐释。这些因素，更不用说实际的决策过程本身，共同构成了制定外交政策的战略环境。

外交政策的军事层面同样关键。当政治领导人做出可能产生军事后果的政策决策时，必须持续评估国防军的规模、组织性质和需求。在制定外交政策时，需考虑全面动员以色列武装部队所需的时间、动员对经济的影响以及类似因素。国家安全和防御边界问题是该议程的重要组成部分。由于以色列国土面积小，且与一些领土面积大、人口众多的邻国敌对，“可防御边界”的概念相较于美国和加拿大等国家更为重要。例如，美国和加拿大虽边界开放且无武装，但有着和平与合作的历史。

以色列作为一个独立国家已存在 60 多年，但从未有过真正的和平。在不久的将来，对实现和平状态有重大影响的因素之
281 一是巴勒斯坦人的作用，以及西岸、加沙地带和耶路撒冷地位的未来走向。我们将把目光转向对这些问题的研究。

进一步阅读

Bar-On, Mordechai. *Never-Ending Conflict: Israeli Military History*.

Mechanicsburg, Pa.: Stackpole, 2006.

Cohen, Stuart. *The New Citizen Armies: Israel's Armed Forces in Comparative Perspective*. London: Routledge, 2010.

Cordesman, Anthony. *The Military Balance in the Middle East*. Westport, Conn.: Praeger, 2004.

Dror, Yehezkel. *Israeli Statecraft: National Security Challenges and Responses*. New York: Routledge, 2011.

Freedman, Robert, ed. *Contemporary Israel: Domestic Politics, Foreign Policy, and Security Challenges*. Boulder, Colo.: Westview, 2009.

Freilich, Charles D. *Zion's Dilemmas: How Israel Makes National Security Policy*. Ithaca, N.Y.: Cornell University Press, 2012.

Inbar, Efraim. *Israel's Strategic Agenda*. New York: Routledge, 2007.

Karpin, Michael. *The Bomb in the Basement: How Israel Went Nuclear and What That Means for the World*. New York: Simon and Schuster, 2006.

Maoz, Zeev. *Defending the Holy Land: A Critical Analysis of Israel's Security and Foreign Policy*. Ann Arbor: University of Michigan Press, 2009.

Mearsheimer, John, and Stephen Walt. *The Israel Lobby and U.S. Foreign Policy*. New York: Farrar, Straus and Giroux, 2007.

Rivlin, Paul. *The Israeli Economy from the Foundation of the State through the 21st Century*. New York: Cambridge University Press, 2011.

283 第十章　巴勒斯坦人、西岸和加沙地带

以色列人和巴勒斯坦人之间的冲突已持续60多年，这一复杂的局势很容易让人感到困惑。在讨论中东冲突时所使用的标签并非毫无意义，对于一些观察家而言，这些讨论还带有浓重的情感色彩。本章将探讨一些在全局中发挥核心作用的概念，如“被占领土”“定居点”乃至“恐怖主义”等概念的历史与当代意义。在第一章中我们已看到，“西岸”一词有着深厚的历史渊源，就如同巴勒斯坦和犹太复国主义一样。在学生完全理解当前辩论的本质之前，必须先了解这些术语所涉及的历史和当代含义。在本章中，我们还将更深入地探讨“巴勒斯坦”一词，以明晰这个标签的历史和当代意义。

究竟谁应该控制这片被称为被占领土、约旦河西岸、加沙地带或巴勒斯坦的土地呢？由于不同的相关行为者对这些地区有着不同的称呼，这是本书要探讨的既简单又复杂的问题之一，它触及了中东辩论中一些最根本、最持久的争议点。

284 我们首先回顾有关各方的一些历史主张，然后将目光转向作为一个“民族”的巴勒斯坦人，以及他们的政治行为和政治目标。与此相关的是“西岸”和“加沙地带”这两个被占领土的主要组成部分。它们为何对巴勒斯坦人如此重要？又为何对以色列人至关重要？我们并不宣称这种考察能为世界提供解决该地区所有问题、缓解紧张局势的答案；我们的目标是提升学生对这些紧张局势的理解，增强对所涉问题的敏感度，以及加深对困境双

方政治行为感受的认知。

第一节 历 史

“西岸”一词源于历史。根据1911年版的《大英百科全书》，在1922年英国分治之前，[1]“巴勒斯坦”一词使用广泛，通常表示奥斯曼帝国叙利亚地区南部三分之一的区域。[2]最终，约旦河东岸的领土成为“外约旦”（现今的约旦），而西岸地区[3]则被称作“巴勒斯坦”。外约旦本身占英国托管地的78.2%，1922年前的巴勒斯坦占另外21.8%的土地。随后几十年局势动荡，到1922年底，外约旦（即后来的约旦）已被视为既定事实，不再是进一步讨论或谈判的议题。

1920年，“圣雷莫会议”授权英国管理巴勒斯坦，正如我们在第一章中所述，1922年，巴勒斯坦实际处于英国的管理之下。英国首位驻巴勒斯坦高级专员是赫伯特·塞缪尔爵士（Sir Herbert Samuel）。

正如我们在第一章所见，两次世界大战期间，英国成立了多个皇家委员会来处理暴力事件和相互竞争的民族主义问题。1929年暴力事件升级，仅在耶路撒冷就有133名犹太人和116名巴勒斯坦人丧生。1937年发布的《皮尔报告》得出结论，犹太人和阿拉伯社区无法和平共处，建议进行分治，并承认“很难划定让任何一方满意的界线”以及“可能随之而来的大规模人口流离失所”[4]。（事实证明，这极具先见之明，就如同1947年英属印度的情况，当时印度被分为印度和巴基斯坦两个国家。据联合国难民事务高级专员办公室估计，在那次分治期间，有1400万印度教徒、锡克教徒和穆斯林流离失所。[5]）在皮尔提出的分治建议下，如今被称为“西岸”的地方不会出现任何犹太国家。同时， 285
会有一个由英国控制的单独“圣地”区域。另一个皇家委员会

“伍德黑德委员会”随后进行的研究提出了另一项分治建议，该计划中的犹太国家远小于《皮尔报告》中的设想。在第一章中，我们还进一步指出，英国人如何对犹太复国主义者和阿拉伯人这两个主要群体做出了自相矛盾的承诺，以及英国人自己又如何无法决定采取何种立场。当然，最终英国人放弃了，将这个问题交给了刚刚成立的联合国。

1947年，英国将巴勒斯坦问题提交联合国解决，这在一定程度上是因为人们对大屠杀的认知使得世界舆论强烈支持犹太复国主义者，而非阿拉伯社区在该问题上的立场。同年11月，联合国巴勒斯坦问题特别委员会发布了一系列关于分治的建议，提议建立两个主权国家：一个是犹太人的，另一个是巴勒斯坦人的。本质上：

> 该地区将被划分为一个由沿海平原、加利利东部和内盖夫南部大部分地区组成的犹太国家，其中32%的巴勒斯坦人口将获得约55%的土地。阿拉伯人将保留加利利中部、山区（其中大部分后来成为约旦河西岸）、南部海岸（其中一些后来被称为加沙地带）和雅法市，耶路撒冷及其周边地区将成为联合国托管下的国际飞地。[6]

正如我们所知，犹太复国主义者支持这一提议，而阿拉伯人则表示反对。

由于独立战争和1949年的“以色列约旦停战协定”，1949年战斗停止时，埃及控制了加沙地带，约旦占领了如今被称为约旦河西岸的地区，耶路撒冷被划分为以色列和约旦两部分。[7] 1949年4月1日，约旦国王阿卜杜拉正式吞并了约旦控制下的耶路撒冷那部分。[8]随后在1950年4月，新选出的约旦议会两院（包括来自约旦河西岸的代表）通过立法确认了这一地位，并支持“约旦河两岸团结为一个国家，即约旦哈希姆王国，在阿卜杜拉·伊本·侯赛因国王统治之下,有宪法代议制政府,所有公民权利和义务平等"等制度。[9]

当地巴勒斯坦人普遍不支持将他们纳入约旦的这一法案。事实上,许多人表示强烈反对。除了阿盟领导人,许多巴勒斯坦人自己也认为他们的社会和政治制度"比东部(即约旦)的贝都因土著居民先进得多"[10]。许多人还认为被约旦吞并不符合他们的巴勒斯坦民族主义的最终目标。不过,在接下来的15年里,约旦实际上并未为实现约旦河两岸的统一做出更多努力。 286

1964年,阿拉伯联盟批准成立"巴勒斯坦解放组织",简称"巴解组织",该组织的第一次代表大会于5月在东耶路撒冷(约旦)举行。约旦和巴解组织之间长期而艰难的关系由此开启。尽管约旦最初支持巴解组织的创建和目标,但巴解组织的目的"威胁到约旦努力使巴勒斯坦人成为约旦人"这一事实,加剧了巴解组织驻耶路撒冷代表团与约旦政府官员之间的紧张关系。[11]在接下来的四分之一世纪里,约旦和巴勒斯坦人之间的这种关系在合作与对抗之间摇摆不定,因为未来的巴勒斯坦国很可能同时包含以色列和约旦的领土。

1967年6月,如本书前面所述,以色列对埃及和叙利亚发动了先发制人的攻击。在那次袭击后不久,约旦屈服于阿拉伯盟友的压力,加入了对以色列的战争,尽管以色列保证只要约旦保持中立,就不会在共同边界上发起敌对行动。事实上,在战斗最初几天,以色列并未对约旦发动进攻性打击,但约旦一旦卷入,以色列军队就发动了一场压倒性的战役。[12]在六天之内,以色列占领了整个约旦河西岸,连同整个西奈沙漠(后来归还埃及)、加沙地带和戈兰高地的一部分(叙利亚领土,后来被以色列正式吞并)。

在讨论历史背景时需再次强调以下几点:(1)虽然有声明称会发生这种情况,但如今被称为西岸的领土实际上并未真正整合为约旦的一部分,尽管约旦在1949—1950年发表了吞并声明，在 1948—1967 年期间实施了占领；(2) 1967 年之前，该地区存在巴勒斯坦民族主义运动，反对侯赛因国王吞并约旦河西岸，也反对约旦吞并西岸的前景。因此，将如今巴勒斯坦民族主义的目标简单视为对以色列占领的反应是不正确的：其目标是在以色列占领之前就取得主权，独立于任何外部控制，无论是以色列还是约旦。同样显而易见的是，建立和平的政治必须处理分治的概念以及该地区的长期领土划分问题。[13]

287 第二节 巴勒斯坦和巴勒斯坦人

近两千年来，整个巴勒斯坦一直是中东地图的一部分，这个名字最早出现在罗马帝国占领该地区的时期，一直延续到 1949 年以色列独立战争爆发。最终，被联合国（以及之前的皇家委员会）称为巴勒斯坦国的地方被约旦和以色列占领，生活在这片土地上的人在历史上被称为巴勒斯坦人。

也许已故的爱德华·赛义德（Edward Said）最有力地表达了巴勒斯坦人的核心诉求：

> 我们曾生活在一块叫作巴勒斯坦的土地上；我们被剥夺了财产、被抹杀，我们当中近百万人被迫离开巴勒斯坦，我们的社会也因此不复存在，仅仅是为了拯救从纳粹统治下幸存的欧洲犹太人？我们应该依据什么道德或政治标准放弃我们对民族生存、土地和人权的要求？[14]

正如前面提到的，巴勒斯坦民族的理念和对独立国家的追求早于近期巴以冲突的紧张局势，因为在以色列国成立之前就存在巴勒斯坦民族主义运动。[15]这种民族主义诉求多年来一直存在，是如今该地区动荡的重要背景。[16]1949 年约旦的阿卜杜拉一世吞并约旦河西岸时，阿拉伯联盟经过一段时间的反对，最终还是同意由约旦临时管理此地，但也对当地巴勒斯坦人建立自己国家的愿望表示同情。[17] 1957 年，约旦国王侯赛因在约旦议会反对巴勒斯坦民族主义运动，逮捕了数千名巴勒斯坦人，尤其是生活在西岸的巴勒斯坦人。[18]随后反侯赛因的示威活动被国王的军队镇压，由此建立了一种“控制模式，该模式以约旦对约旦河西岸的政策为特征，持续到 1967 年以色列占领西岸”[19]。

从历史上看，已故的侯赛因国王(1999 年 2 月去世，担任约旦君主 46 年，其子阿卜杜拉二世继位)与巴勒斯坦人之间的关系并不融洽。[20]从他登上王位起，就对巴勒斯坦人持怀疑态度，并担心他们质疑其君主制的合法性。这是有原因的：事实上，许多巴勒斯坦人确实质疑他作为“外来者”的合法性，因为他的家族是被一个殖民大国(英国)安置在约旦王位上的。(要知道，在英国创建约旦并引入哈希姆阿拉伯家族统治当地巴勒斯坦人之前，并不存在独立的约旦。)直到 1967 年以色列占领该地，约旦 288
河西岸居民都被视为约旦王国的二等公民，并常表示他们“在政治和经济上受到歧视”[21]。在 1966 年针对侯赛因国王的示威活动后的最后一波逮捕行动中，约旦河西岸政治反对派几乎所有的领导人再次被监禁。[22] 1970 年 9 月，以色列占领该地三年后，约旦军队屠杀了约旦境内难民营中的大量巴勒斯坦人，目的是镇压反对国王的巴勒斯坦人组织。此事件被称为“黑色九月”。[23]

新国王阿卜杜拉二世 1999 年继位后迅速表示，他将“坚持侯赛因国王设定的路线”[24]。阿卜杜拉在继任后不久与以色列政府领导人会面时说，“侯赛因国王选择了一条与以色列和平与合作的道路，我保证会遵循这项政策”[25]。当时的观察家将此解读为阿卜杜拉将在中东和平问题以及国内的政治和经济改革上延续他父亲的温和路线。

由于 1993 年阿卜杜拉与来自约旦河西岸城市图尔卡姆

(Tulkarm)的巴勒斯坦女人结婚，且结婚时她已获得“拉尼娅公主”的头衔，观察家们预计她的巴勒斯坦背景将对阿卜杜拉在约旦问题上的立场产生切实影响。巴勒斯坦人占约旦人口的近60%(尽管约旦没有关于其公民中巴勒斯坦人数量的官方人口普查数据)。[26] 2015 年，在位 15 年后，许多约旦人认为阿卜杜拉二世正在逐渐“成长”为一位成熟的国王。尽管延续他父亲侯赛因国王的温和作风，但他仍小心翼翼地在渐进式温和和尊重传统之间寻求平衡，以免削弱自己的权力基础。

尽管约旦人和巴勒斯坦人之间有过敌对的历史，但许多人仍认为约旦将不得不在解决巴勒斯坦问题上发挥重要作用。许多研究该地区的人认为，侯赛因国王在位晚年寻求发挥积极且实质性的作用，[27]期望阿卜杜拉二世国王继续在和平进程中发挥负责任和积极的作用；他在推动该地区的讨论和倡导温和路线方面既突出又积极，并继续为该地区的和平发声。[28]虽然 1999 年以色列大选后，在巴拉克总理较为短暂的任期内，[29]确实未能达成全面和平协议，但他们在这个方向上取得了稳步进展，并切实表明他们可以朝着一个共同目标携手努力。

289 一些分析人士认为，当今世界的阿拉伯巴勒斯坦人可归为以下三类：(1) 1967 年前以色列境内在独立战争期间未逃亡的人，因此他们是以色列公民，拥有完全的民事和政治权利；(2) 一直居住在被占领土上的村庄、城镇和营地中的人，或在 1948—1949 年战斗中逃离并于 1949—1967 年在约旦控制的西岸成为难民的人；(3) 居住在之前巴勒斯坦以外地区的人(许多人如今在约旦境内)。[30]因此，地缘政治和人口统计数据促使约旦深度参与解决该问题(即便这种参与并非出于强制)。

具有讽刺意味的是，与当代巴勒斯坦处境最为相似的是早期犹太复国主义者本身，当时他们也在发展强烈的民族认同感，但缺乏自己的国家。正如赛义德所写，

> 这里有巴勒斯坦人民，有被以色列占领的巴勒斯坦土地，有生活在以色列军事占领下的巴勒斯坦人，有 65 万巴勒斯坦人是以色列公民，占以色列人口的 15%，还有大量流亡的巴勒斯坦人：这些都是美国和世界大多数国家直接或间接承认的事实，以色列也承认了这一点，即使只是以否决、拒绝、战争威胁和惩罚的形式……除非被彻底消灭，巴勒斯坦人将继续存在，他们将继续对谁代表他们、他们想在哪里定居、他们想对自己的国家和政治未来做什么有自己的想法。[31]

除了培养更强烈的巴勒斯坦认同感外，许多难民还要求索回他们在 1948—1949 年或 1967 年期间逃离时的财产，或者他们至少希望以色列对其失去的财产进行赔偿。[32]以色列的答复一直是，自 1948 年起，巴勒斯坦人是在其他阿拉伯国家的鼓动下自愿离开的，以色列没有法律或道德义务允许他们返回或赔偿他们的财产损失。

巴勒斯坦难民人数众多。以色列声称没有法律或道德义务允许他们返回或赔偿财产损失，对此很多难民回应称他们是被迫离开自己的土地。他们表示，无论离开的原因是什么，各种联合国决议以及《公民权利和政治权利国际公约》(1966 年)都保证了他们有返回的权利。他们争辩说，逃离 1948 年的战争并不构成对其财产权的永久丧失，因此，1976 年联合国正式通过的《公民权利和政治权利国际公约》第 12 条适用，该条指出：“任何人不得被任意剥夺进入自己国家的权利。”[33] 1967 年战争之后， 290
数以万计的巴勒斯坦人离开了约旦河西岸。一项评估表明，在 1967 年之前约旦的最后一次人口普查和 1967 年战斗停止后进行的以色列人口普查之间，阿拉伯人口减少了 20 多万。[34]

第三节　巴勒斯坦国与治理

巴勒斯坦正式宣布建国的确切日期，一直是争论的焦点。巴勒斯坦领导人常以宣布建国作为与以色列谈判的策略，但实际上，他们多次退缩。因为以色列表示，若在该地区和平谈判成功前，巴勒斯坦宣布建国，以色列将被迫采取行动阻止。2000 年 9 月就是一个典型例子，巴勒斯坦领导层将 9 月 13 日设为与以色列达成建国协议的最后期限，否则就单方面宣布建国。[35]在美国的施压和调解下，巴勒斯坦领导人放弃单方面宣布建国，同意继续与以色列谈判。

不过，美国的施压并非每次都有效。近年来，巴勒斯坦民族权力机构采取借助国际外交和国际机构向以色列施压的策略，期望在美国未能有效施压时推动和平进程，但目前尚未取得成果。2012 年 11 月 29 日，联合国大会以 138 票赞成、9 票反对(41 票弃权和 5 票缺席)通过 67/19 号决议，将巴勒斯坦的地位从“观察员国”提升为“联合国观察员国”。[36]美国再次反对巴勒斯坦的倡议，并游说盟友投反对票，但国际社会越来越难以接受以色列的不作为(以及持续建造定居点的行为)，决定支持巴勒斯坦的请求。自那次投票后，联合国将巴勒斯坦称为“巴勒斯坦国”，而非“巴勒斯坦民族权力机构”，这让巴勒斯坦人有理由认为，该投票实际上是“事实上承认巴勒斯坦国主权的行为”[37]。

随着巴勒斯坦在国际地位上取得成功，以色列和美国都对
291 巴勒斯坦当局采取了惩罚行动。2015 年 1 月，以色列停止转移代巴勒斯坦征收的税款，以报复巴勒斯坦加入海牙国际刑事法院(ICC)。以色列称，巴勒斯坦的这一行动表明其对通过谈判达成和平结果缺乏兴趣。

以色列媒体报道，以色列已停止转移税款，以报复巴勒斯坦加入海牙国际刑事法院。

此前，巴勒斯坦宣布将加入海牙国际刑事法院，以对以色列提出战争罪指控，此举旨在迫使以色列撤出巴勒斯坦人希望建立未来国家的领土。

这引发了以色列的报复威胁和美国政府的批评，美国称此举“适得其反”。

《国土报》周六报道，以色列决定扣留根据临时和平协议为巴勒斯坦征收的税款，这些税款原本由以色列每月转交给巴勒斯坦民族权力机构，12 月的税收转移约为 1.27 亿美元。

一位不愿透露姓名的以色列政府官员证实了这一报道，但拒绝详细说明。

巴勒斯坦高级谈判代表塞卜·埃雷卡特(Saeb Erekat)严厉抨击以色列的举动，称其为海盗行为，是对巴勒斯坦人民的“集体惩罚”。

他对美联社表示：“如果以色列认为通过经济压力就能改变我们对自由和独立的态度，那它就错了。这是巴勒斯坦人民的钱，以色列不是捐助国。”[38]

巴勒斯坦解放组织

如前所述，1964 年“巴解组织”的成立是巴勒斯坦民族主义的一个重要成果。[39]全面探讨其组织结构、历史演变和行为超出了我们的研究范畴，在此仅作简要概述：[40] 1964 年 1 月，阿拉伯联盟首脑会议在开罗召开，会议做出“组织巴勒斯坦人民并使其能够在解放家园和自决方面发挥作用”的决定。同年 5 月 28 日，“巴解组织”成立，这是一个流亡的立法机构，拥有全国性纲领和巴勒斯坦国民大会(PNC)。1969 年 2 月，在第五次巴勒斯坦国民大会会议上，亚西尔·阿拉法特当选巴解组织主席，“法塔赫”(Fatah)成为巴解组织的主流派系。

1972 年 4 月，巴勒斯坦国民大会否决了约旦国王侯赛因关于建立阿拉伯联合王国的提议。1973 年，巴勒斯坦国民大会采
292 纳“十点计划”，放弃在整个巴勒斯坦建立一个国家的构想（这使得一些非官方组织可以承认以色列国可能存在于巴勒斯坦的一部分）。为抗议这一决定，一些巴解组织派别组成了拒绝派阵线。1974 年 10 月，阿拉伯联盟承认巴解组织是“巴勒斯坦人民的唯一合法代表”；1998 年 11 月，联合国授予巴解组织观察员地位。[41]

巴解组织本质上是一个包容众多不同团体的组织，包括法塔赫（已故亚西尔·阿拉法特的支持者）、解放巴勒斯坦民主阵线(DFLP)、解放巴勒斯坦人民阵线(PFLP)、哈马斯等，这些团体既相互竞争又相互合作。哈马斯是巴解组织中最知名的派系之一，它是伊斯兰抵抗运动(Harakat al-Muqawama al-Islamiyya)的首字母缩略词，于 1988 年 1 月成立。哈马斯在阿拉伯语中意为“热忱”，多年来一直是巴解组织中最活跃、最易制造暴力事件的派别之一。自诞生起，它就比许多其他派别更为激进，更倾向于使用暴力；1988 年 2 月，穆斯林兄弟会将其作为军事机构。哈马斯也更具群众基础：“它没有传统[穆斯林]兄弟会支持者中的名人和商人，在很多情况下，这些人与约旦有联系，而哈马斯在年轻且受过良好教育、与巴勒斯坦建制派无关的人群中招募成员。”[42]因此，“巴解组织”中央领导层（由法塔赫控制）和哈马斯之间，经常就暴力在多大程度上可作为对以色列占领政策的回应这一问题产生冲突，这种冲突逐渐演变为法塔赫控制的西岸巴勒斯坦民族权力机构政府，与哈马斯近年来控制的加沙政府之间的政治冲突。[43]

大多数巴勒斯坦人（在西岸和加沙地带）的生活质量面临诸多挑战。这两个地区总人口约 450 万，其中约 40%的人口年龄在 14 岁以下，西岸人口约 272 万，加沙地带人口约 170 万。巴勒斯坦人口的主要特征见表 10.1。

表 10.1　2014 年巴勒斯坦人口关键指标

14 岁以下人口	40%
65 岁或以上的人口	4.4%
总人口	442 万
西岸	272 万
加沙地带	170 万
出生率	31.9%(2015 年,预计)
失业率	35.3%(女性)21.2%(男性)
贫困率	25.8%
西岸	17.8%
加沙地带	38.8%
每千人的医生数	1.6

资料来源:巴勒斯坦国,巴勒斯坦中央统计局,"人口",2015 年 8 月访问,http://www.pcbs.gov.ps/site/881/default.aspx#Population。另见哈立德·阿布·托阿梅,"巴勒斯坦在西岸和加沙的人口大约 450 万,"《耶路撒冷邮报》(2013 年 7 月 11 日),2015 年 8 月访问,http://www.jpost.com/National-News/Palestinian-population-in-W-Bank-Gaza-about-45-million-319569。

根据"联合国救济工程处"(UNRWA,近东救济工程处)的定义,巴勒斯坦难民指"在 1946 年 6 月 1 日至 1948 年 5 月 15 日期间,正式居住地在巴勒斯坦,且在 1948 年冲突后失去家园和谋生手段的人"[44]。近东救济工程处的数据显示,近三分之一的巴勒斯坦难民,"超过 150 万人,生活在约旦、黎巴嫩、阿拉伯叙利亚共和国、加沙地带的 58 个公认的巴勒斯坦难民营中和西岸,包括东耶路撒冷"。大多数难民仍生活在极度贫困和拥挤的难民营中,约 74%的加沙人是 1948 年战争的难民或其后代;西岸的情况也不容乐观,估计人口 280 万,这使得西岸和加沙成为世界上人口增长最快的地区之一。[45]巴勒斯坦的政府机构被称为"巴勒斯坦民族权力机构"(PNA,也称为"巴勒斯坦权力机构",PA),其立法机构称为"巴勒斯坦立法委员会"。立法委员会多次修订巴勒斯坦宪法,即《巴勒斯坦民族宪章》。[46]总体而言,近年来,巴勒斯坦国宪法的思想演变取得了重大进展。[47]通过巴解组织在联合国的观察员地位,巴勒斯坦与一些国家建立 293

了正式外交关系。它与阿拉伯国家的关系一直在变化,[48]埃及和约旦有时支持巴解组织及其目标,有时(两国一起或单独)则批评并切断与它的沟通。[49]

1996 年,随着立法机构和主席或总统(*Ra'is*)的选举,巴勒斯坦民族主义的制度化取得重大进展。[50]1996 年 1 月的选举是巴勒斯坦人民有史以来第一次自由民主的选举。作为《奥斯陆协定 II》的一部分(本书稍后将进一步讨论),当时有众多国际观察员监督选举。据一个消息来源称,有 613 名国际观察员出席。[51]

巴勒斯坦人对 1996 年的选举充满热情和期待。1995 年 10 月的一项民意调查显示,巴勒斯坦立法委员会的选举将"促进巴
294 勒斯坦社区的民主进程"(68.8%),"带来更好的变化"(74.5%),"改善经济状况"(61.4%)和"保障个人安全"(74.3%),而持消极看法的受访者相对较少,认为选举将"是一次虚假选举,结果已预先确定"(33.2%),"为不满意的上位提供合法性"(37.2%),"为当局压迫反对派提供理由"(40%),以及"情况变得更糟"(17.7%)。[52]

1995 年 12 月的一项研究发现,超过一半的受访者认为即将到来的选举将是公平的(56.4%),并且他们有参加选举的公民责任(81.7%的人"强烈同意"和"有点同意")。[53]选举前夕,绝大多数巴勒斯坦人对选举过程的公正性感到满意,不过,选举时法塔赫和哈马斯的支持者在这一问题上的回答存在显著差异,如表 10.2 所示。

表 10.2　1996 年巴勒斯坦选举的公正性

"总的来说,你对选举过程的公平性满意吗?"			
	整体	法塔赫	哈马斯
满意	51.5%	70.4%	35.8%
比较满意	25.2%	15.7%	23.0%
不满意	11.3%	3.9%	24.3%
没有意见	12.0%	10.1%	16.9%

资料来源:耶路撒冷媒体和通讯中心,"第 12 号民意调查:关于巴勒斯坦选举",1996 年 1 月,第 7 页。

注意:由于四舍五入,百分比可能合计不是 100。

1996 年 1 月的选举产生了一名巴勒斯坦民族权力机构总统或主席，以及一个由 88 人组成的立法会。[54]总体而言，大多数媒体认为，巴勒斯坦人民的第一次选举是成功的。欧洲联盟观察员的领导人表示，选举“准确地反映了巴勒斯坦选民的愿望”；巴勒斯坦代表团的其他人称，选举过程“基本公平”[55]。但选举结束后一天内，许多巴勒斯坦候选人就选举结果向中央选举委员会提出正式投诉。亚西尔·阿拉法特(Yasser Arafat)的胜利毫无悬念，他获得了参加总统(主席)选举者 88.6%的选票，各选区的投票率在 85.5%至 93.3%之间。(需要指出的是，整整 22%的选民在总统(主席)投票中提交了空白选票，或许是因为其他候选人难以与阿拉法特竞争。)

新的立法委员会由阿拉法特的法塔赫党员主导，该党赢得 295
了 88 个席位中的 52 个，另外 14 个席位由附属于法塔赫的独立人士获得。关于选举结果，有一种观点认为，这次选举“没有让女性取得进步”，42%的选民是女性，3%的候选人是女性，但新立法会的 88 名成员中只有 5 名(5.7%)是女性。选举后，关于未来是否应为女性提供选举配额展开了广泛讨论，一些人认为，若不引入配额，当前的选举制度“只会进一步边缘化女性”，而另一些人则认为，女性应像所有候选人一样，凭借自身能力当选。[56]

归根结底，巴勒斯坦第一次选举成功完成有三个原因：首 295
先，它为巴勒斯坦民族权力机构领导层在与以色列政府的谈判中增添了公信力；其次，在巴勒斯坦社区内部，这次选举意义重大，它证明了和平选举的可行性，向巴勒斯坦人民表明了对民主的坚定承诺；[57]第三，即便选举存在违规行为，它也有助于巴勒斯坦国在这个和平民主选举并不常见的地区，朝着稳定的民主国家迈出重要一步。

这次选举并未实现政府权力的更替，而是使亚西尔·阿拉法特及其法塔赫党已有的行政权力得以正式化。巴勒斯坦的旧政治秩序建立在协商一致和传统独裁领导的基础上，新秩序虽声称承认异质性，并表示以民主方式运作，但许多观察家认为，阿拉法特属于更看重结果而非过程的老一代中东政治家，他们认为，许多违反选举进程的行为是阿拉法特对选举采取专制做法的直接后果。若果真如此，那么让年轻一代巴勒斯坦人了解自由公正民主选举的价值观就尤为重要，无论此次选举存在多少不足，它都是迈向这一目标的一步。

只要亚西尔·阿拉法特担任巴勒斯坦人的总统（主席），并掌控着他的法塔赫集团，冲突就能得到一定控制。2004 年 11 月，阿拉法特去世，他的继任者马哈茂德·阿巴斯主席显然无法像阿拉法特那样对巴勒斯坦各派别实施同等程度的控制。

这种“受控冲突”在 2006 年巴勒斯坦大选后演变成了全面军事冲突。2006 年的选举是巴勒斯坦立法机构自 1996 年以来

296 的首次选举，由于该地区的政治暴力和不稳定，此前所有的中间选举都被取消。在 2006 年的选举中，哈马斯以压倒性优势赢得立法机构的多数席位，获得 132 个席位中的 74 个，而法塔赫仅赢得 45 个席位。哈马斯候选人赢得了 41.7%的总选票，法塔赫候选人赢得了 36.96%的选票。[58]

这次选举与 1996 年选举有所不同。立法者人数从 88 人增加到 132 人，132 个席位中有 66 个按比例分配给获得总票数 2%以上的选举名单。所有选民在选举中有两张选票，一张投给全国性政党，另一张投给选区代表。政党名单要求在前三个名额中至少有一名女性，在接下来的四个名额中至少有一名女性，再接下来的五个名额中也至少有一名女性。1996 年大选后，这一变化旨在让更多女性进入立法机构。最终，132 名女性候选人中有 17 名当选，而上届立法机构 88 名女性候选人中只有 5 名当选。

法塔赫总理艾哈迈德·库赖（Ahmed Qurei）辞职，哈马斯领导人伊斯梅尔·哈尼亚（Ismail Haniya）成为总理。在较短时

间内，巴勒斯坦爆发了实质上的内战，哈马斯控制了加沙地带，法塔赫控制了约旦河西岸。[59]哈马斯政府于 2007 年被解散，导致两党长期分裂。尽管自 2007 年以来双方多次尝试和解，但分歧严重，彼此猜忌。哈马斯继续控制加沙，并利用其在加沙的基地持续对以色列发动袭击，包括频繁发射火箭弹，截至 2015 年仍是如此，我们将在本书后续部分讨论这一话题。法塔赫继续控制约旦河西岸，并寻求比哈马斯更温和的政策，以促使以色列为和平条约进行谈判。

2011 年 4 月，有报道称法塔赫和哈马斯达成“谅解”，以组建临时政府，并努力实现双方之间的稳定伙伴关系。尽管 2012 年 1 月，法塔赫和哈马斯签署了一项关于交换战俘的协议，但后续行动寥寥。

2014 年 4 月，《法塔赫哈马斯协议》在加沙城签署。该协议呼吁组建联合政府，并在六个月内举行总统和议会选举。这一协议的结果之一是以色列中断了与巴勒斯坦权力机构政府的和平谈判，声称该协议表明巴勒斯坦权力机构愿意与“已知的恐怖分子”合作。尽管以色列不满，但巴勒斯坦总统马哈茂德·阿巴斯“保证任何民族共识政府都将承认以色列，采取非暴力措施，遵守巴解组织先前的承诺”[60]。6 月，一个由 17 名均为政治独立人士的部长组成的“联合政府”宣誓就职。

联合政府于当年 10 月举行首次会议，但一个月内，法塔赫 297
就指责哈马斯在加沙制造混乱。[61]随着法塔赫和哈马斯之间的紧张局势加剧，哈马斯增加了与以色列就加沙稳定问题的间接谈判。2015 年 6 月，巴勒斯坦联合政府辞职，法塔赫与哈马斯的分裂恢复到之前的状态。

第四节　巴勒斯坦人的目标

如今，大多数巴勒斯坦人的主要长期政治诉求是建立一个巴勒斯坦国，最迫切的需求则是要求以色列撤出被占领土。实际上，许多人宣称巴勒斯坦人早已有明确的民族意识，只是缺少一个国家来完善他们对巴勒斯坦的认同感。[62]

起初，巴解组织呼吁"彻底解放所有被占领的巴勒斯坦领土"。然而，在1974年开罗举行的第十二届全国委员会会议上，其目标发生转变，改为寻求"在巴勒斯坦领土的一部分建立一个国家权力机构"。[63]巴解组织的主要团体，如法塔赫、解放巴勒斯坦民主阵线和解放巴勒斯坦人民阵线，对此立场展开了激烈辩论，最终实用主义观点占据上风。就如同70年前的赫茨尔一样，他们认为现实主义且拥有部分领土，比纯粹主义却一无所有要好。在过去20年的谈判中，一直朝着独立和建国的目标推进。1998年11月，巴解组织主席（兼巴勒斯坦权力机构主席）亚西尔·阿拉法特签署了《怀伊协议》，这是近期取得进展的重要一步，我们将在第十二章进一步探讨。1998年《怀伊协议》的基本内容如下框所示：

方框10.1　1998年10月23日，《怀伊协议》的核心内容

1998年10月23日，《怀伊协议》的核心内容

1998年10月23日，以色列总理本雅明·内塔尼亚胡和巴勒斯坦解放组织（巴解组织）主席亚西尔·阿拉法特签署了《怀伊协议》，该协议包含以下条款：

1. 以色列将在数月内分三个阶段从约旦河西岸13.1%的领土撤出，并将另外14%由巴以联合控制的约旦河西岸领土移交给巴勒斯坦民族权力机构控制。

2. 巴解组织的议会——巴勒斯坦全国大会将再次召开会议，确认删除巴勒斯坦人1964年国家宪章中要求摧毁以色列的第26条条款。

3. 巴勒斯坦民族权力机构将根据以色列的要求逮捕数

名巴勒斯坦恐怖主义嫌疑人，并没收巴勒斯坦人手中的非法武器。

4. 以色列人将释放关押在以色列监狱中的750名巴勒斯坦囚犯。

5. 将在加沙地带开设一个巴勒斯坦机场和一个工业园区。

6. 将开通西岸和加沙地带之间的运输走廊。

7. 将召集一个以色列-巴勒斯坦联合委员会，讨论以色列从巴勒斯坦被占领土进一步撤军的问题。

资料来源："中东：怀伊协议的亮点"，档案资料《世界新闻文摘》，1998年10月23日，登录号：1998114840。

巴解组织在1982年被以色列军队逐出其在黎巴嫩的基地时，不仅尊严受损，军事影响力也大不如前。全世界都看到巴解组织部队被迫登上船只，被送出贝鲁特港，这极大地削弱了巴解组织自诩的胜利和有效记录。尽管巴解组织并未履行远离黎巴嫩的承诺，但这一事件影响了它在阿拉伯人眼中的地位。[64]

近年来，巴勒斯坦人在阿拉伯世界的地位严重下滑。1990年伊拉克入侵并试图吞并科威特时，亚西尔·阿拉法特在第一次海湾战争中公开支持伊拉克。1991年3月，海湾合作委员会（由波斯湾地区六个富裕的阿拉伯产油国组成：科威特、沙特阿拉伯、卡塔尔、巴林、阿曼和阿拉伯联合酋长国）宣布，成员国将对伊拉克秉持"不宽恕、不忘记"政策，以此报复1990年8月伊拉克入侵科威特对成员国构成的威胁。海湾国家在20世纪80年代向巴解组织提供了约10亿美元的援助，而在随后几年，巴勒斯坦各机构明显感受到阿拉伯国家对巴勒斯坦的支持在撤回。[65]虽然此后阿拉伯人对巴勒斯坦权力机构的援助有所恢复，但这一事件引发的敌意并未消散。 298

近期的历史事件表明，无论以色列政府如何评价巴勒斯坦权力机构领导层与中东政治正常化进程的关系，在巴勒斯坦问题解决之前，中东地区都难以实现和平。[66]

第五节　西岸和加沙

在过去几十年里，以色列政府与邻国就处理中东问题、实现
299 最终和平进行谈判，达成了多项协议，包括和平条约和其他类型的协议。其中首批重大突破之一是1979年的《戴维营协议》，我们将在第十二章详细讨论。[67]近年来，以色列还与其他阿拉伯邻国达成了许多协议。正如我们将看到的，这些协议呼吁当地民众建立自治权，同时寻求保障以色列的安全需求。[68]

尽管近期的暴力事件迫使以色列减少了对境内外阿拉伯人采取的许多灵活举措，但多年来，以色列的开放桥梁政策允许生活在被占领土的巴勒斯坦人与黎巴嫩、约旦和埃及保持一定程度的持续经济和社会联系。过境点开放，个人可以携带商品在边境两侧往来。[69]这并不意味着跨越边境总是轻松无阻、毫无挑战，但这种允许以色列与黎巴嫩、约旦、埃及之间持续进行正常商业和旅行的政策，确实在被占领土和以色列本土引发了暴力活动和恐怖主义行为的显著增加。[70]

自1967年成为占领国以来，以色列一直负责为西岸和加沙人民提供基本社会服务。[71]政府提供12年免费教育，其中9年为义务教育，课程遵循1967年被占领土之前约旦和埃及设定的标准，不过巴勒斯坦人注意到，他们每个孩子的教育花费与以色列公民的花费存在较大差异。被占领土也有一些大学，但多年来，由于以色列当局为应对公民的不服从和暴力行为而频繁且破坏性地关闭大学，这些大学面临严重问题。[72]

如前一章所讨论的，近年来，“大起义”(*Intifada*)一直是以色列和巴勒斯坦人之间潜在紧张关系的最突出体现。大起义始

于 1987 年，从组织者的角度来看，它成功地向以色列施加了压力，要求其从被占领土撤出，尽管最终未能实现让以色列撤军的目标。[73]

在早期，大起义并非武装抵抗，只是持续的大规模示威活动，引起了以色列军方的关注。这些示威活动通过电视广泛传播，以色列军队向平民人群开火的画面，有效地动员了世界各地的公众舆论，反对以色列在西岸和加沙地带的存在及其政策。然而，这种关注并非没有代价，到 1988 年底，数百名巴勒斯坦人在示威中丧生，几乎全部被以色列军队枪杀。一份新闻稿指出：

> 超过 600 名巴勒斯坦人在……被称为‘阿克萨大起义’ 300
> 的暴力浪潮中丧生。其中，148 人未满 18 岁。此外，14405 名巴勒斯坦人受重伤或致残。另一个常被流血事件掩盖的暴力后果是，越来越多的巴勒斯坦人正面临极度贫困、社会服务崩溃以及建立民主公民社会进程的严重倒退。[74]

约旦河西岸前民政部门负责人以法莲·斯内赫(Ephraim Sneh)在《国土报》的社论中写道，对大起义早期几年的分析表明：巴勒斯坦人付出了代价，也获得了一些好处。代价包括数百人死亡和数千人受伤，“大约是占领前几年年度伤亡人数的 20 倍”。尽管大多数参与的以色列军队已从发射常规弹药改为使用橡皮子弹(被认为更适合控制人群情况)，但西岸的伤亡率仍然很高。(尽管名为橡胶子弹，但它并非柔软或海绵状，也可能致命。)额外的代价还包括被占领土的经济几乎崩溃，社会正常平衡被打破，学校频繁停课，社会呈现无政府状态，社会阶层差距不断扩大。

至于好处，斯内赫发现，起义成功地将巴勒斯坦问题提上了“国际议程”。此外，“以色列的公众舆论受到了冲击”，即“以色列人原本习惯了统治超过 150 万巴勒斯坦人的成本仅为轻松且遥远的安全负担，但现在他们已经意识到，不可能在被占领土上继续维持现状更久”[75]。

大起义初期还引发了另外两个显著现象：主张从被占领土撤军的以色列人口显著增加；士兵公开讨论称他们没有接受过足够训练，也不想参与西岸要求的军事活动类型。[76]

在大起义的最初阶段及此后几年，该地区的暴力和苦难循环不断加剧。一些大起义领导人主张将暴力引入以色列中心地区，表明他们不再容忍巴勒斯坦人的痛苦和苦难，希望以色列平民也遭受痛苦。[77]暴力和苦难的循环不断扩大，自杀式炸弹袭击者（以色列发言人称之为“人肉炸弹”）在特拉维夫、耶路撒冷和郊区的人口中心以及人口中心之间的农村地区，造成了数百名
301 以色列平民死亡。以色列政府采取了选择性暗杀、集体惩罚、大规模逮捕以及摧毁与被认为参与袭击以色列人有关的个人和家庭等报复措施。[78]

近年来，发生了几次类似公开战争的事件，严重影响了巴勒斯坦人的生活质量，尤其是加沙地带的巴勒斯坦人。在 2006 年 1 月的选举中，哈马斯赢得了巴勒斯坦立法机构的多数席位，随后迅速被欧盟、以色列和美国谴责为恐怖组织。此后，声称在选举中获胜的哈马斯追随者与认为哈马斯不具备执政合法性的法塔赫追随者之间发生冲突。

这导致了伊斯梅尔·哈尼亚总理的哈马斯支持者与马哈茂德·阿巴斯总统的法塔赫支持者之间的冲突，关于哪一方执政的问题引发了公开争斗，造成了人员伤亡和大量财产损失。2006 年 12 月，在其他两个巴勒斯坦政治团体——解放巴勒斯坦人民阵线和民主行动党（Democratic Action）领导人的斡旋下，双方达成停火协议。[79]

哈马斯的目标，除了在军事上真正击败以色列之外，一直是骚扰以色列，使以色列人的生活变得“不正常”。2014 年，三名以色列青少年在约旦河西岸被绑架和谋杀，哈马斯对以色列南

部的以色列平民目标发动了一连串火箭弹袭击，导致以色列于2014 年 7 月 8 日以“护刃行动”作为回应。以色列于 7 月 17 日派出地面部队进入加沙，以定位和摧毁哈马斯用来进入以色列的隧道。战斗从 7 月 8 日持续到 8 月 5 日，哈马斯最终接受了始于 7 月 15 日由埃及斡旋提出的停火协议。这是迄今为止以色列在加沙采取的持续时间最长的一次军事行动，引发了国际社会对以色列的严厉批评，理由是以色列对哈马斯的煽动“反应过度”，做出了“不成比例”的回应。[80]

耶路撒冷决定采取“护刃行动”的目的是让哈马斯停止火箭弹和导弹袭击，以色列政府对其目标的声明是“恢复平静”。[81]以色列的目标并非摧毁哈马斯，而是让哈马斯停止对以色列的攻击，并希望削弱哈马斯统治加沙的能力。尽管“国际社会大多数人支持以色列的自卫权”，但许多人提出了“过度使用武力”的问题。

> 对以色列在加沙采取行动的不满通常来自人权组织、联合国机构和一些第三世界国家。几个西欧国家举行了反以游行，反犹情绪以前所未有的方式显现。许多拉丁美洲国家，包括巴西在内的美洲各国召回了他们的大使。联合国人权理事会决定任命一个战争罪调查委员会，这可能会导致“戈德斯通 II”报告，进而对以色列造成政治损害。[82] 302

简而言之，从 1967 年至今，这段时间一直是以色列人和巴勒斯坦人痛苦的根源。[83]以色列在被占领土上实施的许多政策常受到国际社会批评。这些批评和指控[84]包括：以色列非法收购巴勒斯坦土地[85]；强制重新安置部分巴勒斯坦人口；拒绝让1967 年战争中的巴勒斯坦难民返回家园和索回财产；将约旦河西岸的阿拉伯居民强行驱逐到黎巴嫩或约旦[86]；限制当地政治、教育、医疗机构对外开放；禁止政治活动；拆除建筑物和住宅；实施不合理的宵禁；未经司法听证就将人行政拘留[87]；将囚犯关押在不可接受的拘留和审讯环境下（包括酷刑和虐待囚犯的指控）；审查出版物；封闭大学；以及总的来说，以色列犯下了不计其数的侵犯人权行为。[88]

以色列对其中许多指控的回应是，辩称国内的安全问题需要采取这些行动。事实上，以色列确实担心恐怖主义。因为以色列境内发生过诸多恐怖事件：炸弹被放置在公共汽车、公寓、市场和其他公共场所；武器和爆炸物被走私到以色列；自杀式炸弹袭击者导致许多以色列平民死亡；从加沙发射的导弹瞄准以色列平民；在被占领土上确实发生了示威和暴力行为。以色列的立场是，在被占领土的未来问题确定之前，在自身领土的安全得到保证之前，它有义务为自己的公民确保安全和有保障的生活。[89]而被占领土究竟是需要维持现状，与约旦建立某种形式的联系乃至最终独立，还是像 1949 年阿卜杜拉所做的那样被以色列彻底吞并，长期以来一直是以色列政治体系中最具争议性和党派性的辩论议题之一。

第六节　以色列的态度、行动、意图和政策

长期计划

以色列在西岸的政策是多种因素交织的结果，涵盖意识形
303 态、历史、安全等方面，同时也受到当代政治团体短期需求的影响。这些因素深刻塑造了政府领导人的态度与价值观，进而左右着以色列政府颁布的政策。

以色列对于被占领土的长期意图和计划，在国内引发了激烈的分歧。[90]自 1967 年占领开始至今，政策的不一致性根源之一在于，以色列政界人士反复就被占领土的地位展开辩论，却始终未能达成共识。许多以色列人更倾向于称其为“西岸”，以此

避免承认“被占领”一词背后的含义。[91]

部分以色列人深信西岸(不包括加沙)等同于圣经中的犹地亚和撒马利亚,是一些宗教犹太复国主义者所认为的“大以色列”的一部分,因此他们主张直接吞并该领土,无须再做讨论。相反,另一些人觉得约旦河西岸和加沙并无特殊之处,以色列应将其作为战略缓冲区和谈判筹码,用以换取和平,他们支持“以土地换和平”的方案。还有一部分人认为,以色列无权保留通过战争占领的领土,无论这些领土在被占领前状况如何,最终都应归还给希望将其作为自己国家的巴勒斯坦人,或者从其手中夺取该领土的约旦人。[92]

1967 年后,工党政府的官方立场是,占领领土是出于安全考量,并且在条件允许的情况下,会通过谈判归还领土以换取和平。然而,实际上政府内部对于具体应采取的政策存在巨大分歧。政府政策立场包含四项核心原则:

1. 在以色列的监督和保守派地方领导下,着重保障安全并维持现状;

2. 推动西岸经济一体化,通过利用阿拉伯劳动力、在西岸销售以色列产品以及在以色列销售非竞争性的西岸初级产品,将西岸基础设施与以色列相连;

3. 把约旦河西岸当作向阿拉伯世界开放的突破口,借助摩西·达扬的“开放沟通政策”,促进阿拉伯国家“值得信赖”的游客来访,同时通过沟通将以色列产品出口到约旦,并经约旦转销至其他阿拉伯国家;

4. 在特定地区建立犹太人定居点作为安全前哨。[93]

尽管我们可以对工党政府控制约旦河西岸十年间的基本原则进行探讨,但事实是他们未能与约旦或巴勒斯坦人达成协议。[94]1977 年利库德集团掌权后,政策方向发生了重大转变。总 304

理梅纳赫姆·贝京支持国防部长摩西·达扬建立西岸定居点的“既成事实”政策，主张制造大量“既成事实”，让已做之事无法逆转。[95]在他任职期间，西岸定居点的数量以及建设速度急剧增长。

在过去30年里，以色列政府在定居点问题上立场各异，在与巴勒斯坦人的谈判中，有的采取坚定立场，有的持鹰派态度，对于“土地换和平”的谈判是否明智也存在不同看法，在寻求和平过程中愿意承担的风险程度也大相径庭。工党总理伊扎克·拉宾（1974—1977，1992—1995）、西蒙·佩雷斯（1984—1986，1995—1996）和埃胡德·巴拉克（1999—2001）一直愿意向巴勒斯坦领导人做出更多让步，以换取稳定且有保障的和平承诺。尽管最终在与巴勒斯坦人达成和平条约方面取得了一定进展，但始终未能达成理想协议。而总理梅纳赫姆·贝京（1977—1983）、伊扎克·沙米尔（1983—1984，1986—1992）、本杰明·内塔尼亚胡（1996—1999，2009— ），利库德集团的阿里尔·沙龙（2001—2006）、埃胡德·奥尔默特（2006—2009）和蒂皮·利夫尼（2009）以及最近的前进党（Kadima），更侧重于从安全角度进行谈判，而非在缺乏足够安全保障的情况下做出让步。

本杰明·内塔尼亚胡在过去五年担任以色列总理期间，对和平与安全的态度较为明确。他表示愿意定期与巴勒斯坦人谈判以达成和平协议，也表示愿意接受巴以冲突的“两国解决方案”[96]（尽管有时他也声称永远不会承认巴勒斯坦国）。但与此同时，内塔尼亚胡一直坚定支持以色列在约旦河西岸增加定居点，这无疑给谈判带来了极大阻碍。所以，尽管他声称愿意推动和平进程，但实际行动却让任何朝着和平方向的进展希望渺茫。

定居点

一些地缘政治学家认为，1977年后以色列建立的定居点模
305 式宛如一座新的城墙，旨在巩固以色列在被占领土上的存在。

这种策略既能保护已在当地定居的以色列人，又能阻碍巴勒斯坦通过谈判和平解决冲突。他们将西岸的定居过程视为“基本政治规划性质”的典型案例，并认为定居点表明“毫无价值的规划实际上是不可能的”[97]。索尔·科恩(Saul Cohen)对耶路撒冷地区的地缘政治研究将新的定居点模式称为耶路撒冷周围的“第三堵墙”，尽管这些定居点与城市有一定距离。[98]

然而，显而易见的是，已在被占领土上建立的犹太社区的未来，更不用说更多社区的未来发展计划，“在很大程度上取决于以色列的内部政治和国际发展”[99]。一种观点认为，根据国际法，在被占领土上建造定居点显然是非法的。也有人觉得这种情况的合法性基本模糊不清，但只要以色列政府采取相应行动，或许可以解决。[100]

早在 1969 年，工党政府的国防部长摩西·达扬(Moshe Dayan)就提出了“新事实”学说。依据该学说，以色列将逐步在被占领土上建立新的定居点并持续存在，他认为以色列在约旦河西岸的存在是“合理的而非被默许的”。[101]达扬提议扩大定居 306
点，同时加强这些地区的道路、贸易、商业和一般基础设施建设。出于意识形态和实用主义的考量，工党领导层的其他成员反对这一观点。例如，财政部长皮哈斯·萨皮尔(Pinhas Sapir)认为，以色列经济将依赖价格较低的阿拉伯劳动力，他警告说，“要保持以色列作为一个犹太国家”，不仅要维持政治上的分离，还需切断迅速将两国人民联系在一起的经济纽带。[102]

另一项研究表明，在被占领土建立定居点主要可分为两个阶段，一个阶段对应 1968 年至 1977 年联盟(工党)政府的任期，另一个阶段(1977 年至 1984 年)与利库德集团的任期相对应。在工党联盟政府时期，新定居者的平均年增长约为 770 人；在利库德集团政府时期，到 1984 年，平均年增长接近 5400 人；1984 年，“定居者的增长首次超过了每年 10000 人”，这一数字极大地改变了当地的局势。从那时起，这种增长模式一直延续。[103]

“以色列被占领土人权信息中心”(B’Tselem)发表的研究显示，从 1967 年到 2012 年，除了大约 100 个“前哨”外，以色列在约旦河西岸建立了 125 个定居点。这些“前哨”虽未经“官方授权”，但大多是在政府部门的支持和协助下建造的。同样，1967 年在以色列吞并的土地上，他们开发了耶路撒冷周边地区的 12 个街区。在较小规模上，他们还在巴勒斯坦城市希伯伦内建立了一些犹太人定居点，这些定居点同样得到了以色列政府的支持。[104]

在过去 20 年里，工党比利库德集团更为温和与包容，对增加被占领土定居人口的支持度较低，这一直是以色列与邻国关系中的一个关键议题。这并不奇怪，因为外交政策是以色列主要政党观点差异最为显著的两个主要问题领域之一(另一个是国内经济)。工党的战略历来更加务实，原则上更支持与阿拉伯邻国进行谈判，更反对以色列在被占领土上大规模扩张定居点，其明确目标是最终实现“以土地换和平”。而利库德集团则被认为远没有那么务实，在意识形态上更致力于扩大定居点、支持“大以色列运动”的政策，对阿拉伯邻国的灵活性较低，对谈判也持更大的怀疑态度。这些总体性的党派倾向——工党温和、务实的作风与利库德集团的意识形态、僵化作风——在以色列近期外交政策中频繁得以体现。

307 表 10.3 展示了过去几年西岸以色列定居者人口的增长情况；若用如图 10.1 所示的折线图呈现，增长趋势则更为明显。定居点问题一直是以色列国内以及以色列与国际社会之间争论的焦点。国际社会始终坚持认为，以色列在约旦河西岸的定居点是非法的，联合国决议不允许此类行为。

虽然不同消息来源对西岸和加沙定居者的绝对人口数量说法不一，但现有信息仍具有参考价值。

表 10.3　1972—2011 年全部定居点人口

年份	西岸	加沙地带	东耶路撒冷	戈兰高地	总数
1972	1182	700	8649	77	10608
1985	44100	1900	103900	8700	158700
1990	78600	3300	135000	10600	227500
1995	133200	5300	157300	13400	309200
2000	192976	6678	172250	15955	387859
2005	258988	0	184057	17793	460838
2007	276462	0	189708	18692	484862
2010	314132	0	198629	20347	534224

资料来源："中东和平基金会"提供的数据，"全部定居点人口，1972—2011 年"，2015 年 8 月访问，http://fmep. org/resource/comprehensive-settlement-pop ulation-1972-2010/。

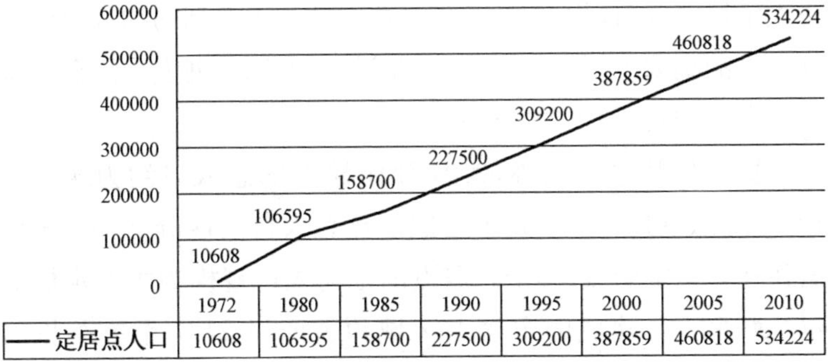

图 10.1　1972—2010 年定居人口增长

资料来源："中东和平基金会"提供的数据，"全部定居点人口，1972—2011 年"，2015 年 8 月访问，http://fmep. org/resource/comprehensive-settlement-population-1972-2010/。

截至 2013 年年底，约旦河西岸有 125 个政府批准的以 308
色列定居点（不包括东耶路撒冷和希伯伦境内的定居点飞地）。

此外，在整个西岸约有 100 个"前哨定居点"。这些前哨虽未得到政府的官方认可，但其中许多是在政府援助下建立的，规模通常小于公认的定居点。

1967 年之后，以色列在并入耶路撒冷市的地区建造了 12 个大型以色列社区。依据国际法，这些社区也被视作定居点。此外，在以色列政府和耶路撒冷市政府的援助下，在这些被吞并地区的巴勒斯坦居民区中心建造了定居者飞地。

西岸估计有 547000 名定居者。这一数字来源于两个渠道：根据以色列中央统计局（CBS）提供的数据，截至 2013 年底，有 350010 人居住在不包括东耶路撒冷的西岸定居点；根据耶路撒冷以色列研究所（JIIS）提供的数据，截至 2012 年年底，东耶路撒冷以色列社区的人口为 196890 人。[105]

因此，将 1967 年之前不属于以色列的东耶路撒冷领土上的犹太定居者人口，加上 1967 年之前不属于以色列的约旦河西岸领土上的犹太定居者人口，共有超过 50 万以色列人生活在许多人称之为“被占领土”的土地上。

据一位消息人士称，2004 年定居点的总人口约为 40 万。近 10 万以色列人——几乎占定居点总人口的四分之一——仅居住在 8 个定居点；其余定居点的平均人口规模为每个定居点仅 700 多人。建成的定居点区域约占西岸 2177 平方英里的 1.5%，但定居点边界的面积远大于此，包围了西岸近 10% 的领土。[106]

以色列定居点的批评者认为，在被占领土建立定居点的政策在各个方面都违反了国际法。其中，根据联合国安理会 1980 年第 465 号决议第 5 条，

以色列改变自 1967 年以来占领的巴勒斯坦和其他阿拉伯领土（包括耶路撒冷或其任何部分）的自然特征、人口构成、体制结构或地位的所有措施均不具法律效力，以色列

在这些领土上安置部分人口和新移民的政策与做法，公然违反了《关于战时保护平民的日内瓦第四公约》，也严重阻碍了中东实现全面、公正和持久的和平。[107] 309

因此，批评者指出，自 1967 年战争以来，所有以色列政府都参与了非法定居点的发展。

在 1967 年战争后的头十年，工党领导的政府建立了基础设施和机构，用于在这些领土上建立和扩大以色列永久定居点。工党的推进方式较为渐进，但 1977 年之后，贝京的利库德集团政府将定居点视为其存在的理由和利库德集团政治复兴的关键。除了基于意识形态必须在这片土地上定居之外，贝京还认为定居点是他创建一个植根于西岸定居点的政治选区的契机，就如同工党在以色列北部的基布兹和莫沙夫定居点所做的那样。

1977 年 7 月，吉米·卡特总统要求梅纳赫姆·贝京总理冻结定居点活动时，贝京予以拒绝。据报道，当时虽有 5 万以色列人生活在被吞并的东耶路撒冷地区，但只有 7000 名定居者生活在西岸和加沙的 45 个居民哨所。然而，在随后的几年里，定居者人数大幅增加，贝京的农业部长阿里尔·沙龙发布了一份题为《世纪末以色列的愿景》的文件，其中主张：

到 20 世纪末，200 万犹太人在被占领土定居，新一波移民会到以色列，特别是来自苏联和美国的移民。他声称，在西岸建立犹太人占多数的做法与 20 世纪 20 年代和 30 年代期间犹太复国主义先驱在地中海沿岸的做法同样有效。

他推断，这样的定居点将使犹太人在约旦河西岸占多数，以色列若放弃该地区，就不得不驱逐数十万犹太人，进而引发内战。通过这种方式，他试图预先破坏任何基于“以土地换和平”的协议。[108]

以色列历届政府的立场是，此类定居点完全合法，对以色列的国家安全至关重要。[109] 2002 年，阿里尔·沙龙政府发布文件，再次辩称在这些领土上建造定居点完全合法。在外交部的一份扩展声明中，以色列政府的立场如下：

310 • 西岸和加沙地带的犹太人定居点在国际联盟通过的《巴勒斯坦的托管》中被承认是合法的，其中规定“巴勒斯坦行政当局”应鼓励犹太人在这片土地上紧密定居；

• 犹太人定居点的许多地区，例如希伯伦的定居点，已经存在了很长时间；

• 唯一完全禁止犹太人定居的政府是 1948 年至 1967 年的约旦占领政府，该政府将向犹太人出售土地定为死罪；

• 国际人道法“禁止强制一个国家的人口迁移到另一个国家的领土”，但在被占领土上建立定居点并非如此，没有人被迫搬到定居点；

• 有关强迫人口转移到居住地的《日内瓦公约》，占领主权领土不能被视为禁止个人自愿返回其或其祖先曾被驱逐出的城镇和村庄，也不禁止个人迁移到不受任何国家合法主权管辖且不受私有制约束的土地上；

• 以色列定居点是在以色列最高法院监督下经过详尽调查后才建立的，旨在确保不在阿拉伯私人土地上建立任何社区；

• 个人定居者向该领土的迁移完全是自主行为；

• 西岸和加沙地带“被视为存在相互竞争主张的领土，应在和平进程谈判中加以解决。以色列对这片领土拥有有效的所有权，不仅基于它与这片土地的历史和宗教联系，以及以色列公认的安全需要，还基于该领土不属于任何国家的主权，且在强加给以色列的自卫战争后处于以色列控制之下这一事实。同时，以色列承认巴勒斯坦人对该地区也有合法要求。事实上，双方已同意就解决方案进行谈判，表明他们也希望在这个问题上达成一致”；

• 巴勒斯坦人和以色列人之间的协议“没有禁止建造或扩大定居点。相反，它特别规定，定居点问题保留给永久谈判地位”；

• “禁止改变西岸和加沙地带‘地位’的单边步骤”不适用于住房，因为住房对该地区的地位没有影响。[110]

无论持何种观点，定居点建设模式都具有深远的长期影 311
响。[111]梅纳赫姆·贝京提出的主要理由之一是“确立事实”，这与近十年前摩西·达扬的提议并无二致。[112]他所说的“事实”，实际上指的是定居点的地理布局，旨在为大部分以色列人口构建安全边界。一旦西岸的定居者数量足够多，便会达到一个无法逆转的临界规模。[113]

研究显示，本杰明·内塔尼亚胡一直是定居点运动的坚定支持者。自 2009 年上任以来，他的政府展现出“明确意图，即利用定居点系统性地破坏巴以冲突的可行两国解决方案”。具体而言，其政策涵盖以下方面：

• 在约旦河西岸深处、经批准的以色列隔离墙路线以东的定居点进行建设、招标，批准未来建设并规划未来建设；

• 东耶路撒冷定居点的招标、未来建设批准和规划达到创纪录水平；

• 在西岸和东耶路撒冷的定居点开展建设、进行招标、批准并规划未来建设，这些定居点的扩张对未来和平协定即便不具毁灭性，也会带来特别棘手的问题；

• 推行一项使非法定居点建设“合法化”的正式政策，导致更多非法建筑和新的非法前哨出现，并且这是几十年来首次建立新的定居点；

• 向定居者和定居点提供优惠资金支持，包括资助那些旨在促使以色列人将定居点（包括西岸深处的定居点）视为以色列永久领土的支持项目。[114]

谈及定居者自身，学者们认为他们的行为主要受两种动机驱使：意识形态和自身利益。对于许多倡导扩大定居点建设的人来说，宗教因素至关重要："以色列地"(Eretz Israel)是一个具有宗教意义的概念。在被占领土，即犹地亚和撒马利亚，建立更多定居点被视为履行圣经诫命。[115]他们声称："虔诚的犹太人会支持建立更多定居点。"代表这一观点的"坚信派"(Gush Emunim)团体一直积极在西岸推动更多定居点的建设。不过需要指出的
312 是，"约旦河西岸的犹太人定居点并非始于'坚信派'，也不会因他们而终止"[116]。

出于自身利益而选择定居的群体往往不那么引人注目，因为他们的行为并非源于意识形态。许多人纯粹是受到经济诱惑——政府建造村庄、扶持工业，并以远低于其他地区的价格出售公寓(通常附带极具吸引力的财务条款)。[117]因此，许多年轻夫妇出于务实考虑，决定在这样的新定居点生活。他们有能力在西岸定居点购买公寓，这里既能保证安全，又有前往耶路撒冷的便捷交通，但在其他地方却无力购置类似公寓。对他们而言，在西岸定居的决定显然是为了实现拥有自己公寓的目标。最近公布的数据清晰表明，西岸的新定居点比加利利或内盖夫的新定居点更受欢迎。研究得出结论，西岸公寓需求更高，主要是因为政府对那里的定居点提供了更为优厚的财政激励措施，包括低廉的价格和低抵押贷款利率。事实上，政府重点支持的定居点与非重点支持的定居点之间，财政激励差异可能高达50%。[118]

军政府

在任何军事占领中，占领本身往往是预期紧张局势的主要根源之一。在这方面，正如前一章所述，从1967年至今，一直是以色列人和巴勒斯坦人痛苦的根源。[119]以色列因其在被占领土的政策，包括解职西岸大城市的市长、强行将阿拉伯居民驱逐到

黎巴嫩或约旦、实施宵禁、拆除房屋、审查出版物、关闭大学以及广泛的侵犯人权行为，受到国际上众多国家的批评(详见第九章关于战争遗产的讨论)。[120]

如前所述，“大起义”还使军政府在公共事务中扮演了更为重要的角色。其高调处理大规模公众示威的方式，不仅导致许多巴勒斯坦人丧生，还在以色列国内引发了对军政府策略以及以色列在西岸存在合理性的广泛争议。

以色列在约旦河西岸的军事占领(加沙已不再是问题，因为以色列已不再占领加沙，只是将加沙及其居民与以色列或约旦河西岸的交往隔绝开来)，在多个方面影响着巴勒斯坦人：首先， 313
巴勒斯坦人在西岸没有自由旅行的权利，他们经常被随意拦截，或在西岸的固定路障处被阻拦，因此不得不生活在行动自由大幅受限的环境中；其次，巴勒斯坦人必须学会与占领军共处。这对巴勒斯坦人和以色列军队来说都是一项挑战。正如本书前面提到的，对约旦河西岸的占领引发了以色列国防军成员首次大规模的不服从事件，当时士兵们抗议必须承担占领军的任务。[121]许多士兵表示，他们愿意在以色列国防军中服役以保护以色列免受攻击，但维持治安——以及不得不射杀妇女和儿童——并非他们认为应尽的义务；最后，占领需要付出巨大代价，已开发的许多定居点成本高昂，致使以色列政府无法在其他急需的社会目标上取得进展。

以色列发起了一项运动，要求以色列国防军部队进行更多训练，使其为城市战斗和平民密集地区的战斗做好准备。以色列军队正在推进这方面的工作，并明确表示他们清楚所面临的挑战。

针对巴勒斯坦人的犹太恐怖主义

尽管“恐怖主义”一词长期以来被用于形容针对以色列平民目标采取暴力行动的巴勒斯坦和阿拉伯激进分子的行为，但最近几个月，“犹太恐怖主义”一词越来越多地被提及，它指的是某些犹太宗教极端分子针对巴勒斯坦平民实施的恶劣行径。

2015 年 7 月，一群极端正统派犹太人向一个巴勒斯坦家庭的房屋发动燃烧弹袭击，以抗议拆除极端正统派定居者在拜特埃尔(Beit El)定居点建造的两座非法建筑。以色列最高法院裁定，这两座建筑建在几年前从巴勒斯坦人手中非法夺取的土地上，并下令拆除。

> 周五早上，在定居者试图阻止推土机作业失败后，附近的巴勒斯坦村庄杜姆(Dome)有两所房屋被烧毁，一名 18 个月大的男孩死亡，他的父母和 4 岁的兄弟生命垂危。在被熏黑的房屋旁，伴随着大卫之星，用希伯来语写着“复仇”的涂鸦。[122]

事件发生后，内塔尼亚胡总理在媒体上谴责了这一暴力行
314 为，并承诺他的政府不会容忍极端正统派犹太恐怖分子，就如同不会容忍巴勒斯坦恐怖分子一样。批评者指责他过去“煽动”不宽容观点，间接导致了极端和暴力行为；例如，在 2015 年 3 月选举日，内塔尼亚胡在电视上宣称“阿拉伯人正在成群结队地投票”，并敦促忠诚的以色列人出来投票给他，以阻止阿拉伯人在以色列政府中掌权。[123]

导致或助长这种情况发展的挑战之一被称为“以色列政治文化中的非法主义”。埃胡德·斯普林扎克(Ehud Sprinzak)提出的观点表明，从古至今(当然包括大屠杀时期以及英国占领巴勒斯坦直至以色列独立之前)，犹太人经常遭遇“恶法”。这些法律可能规定了歧视性或反人类的内容，比如希特勒统治下德国的法律，或者也可能具有歧视性，例如以色列独立前英国占领时期的许多法律。如果犹太人仅仅因为法律存在就遵守，那么关键问题在于，这可能会造成更大的危害。对“非法”行为的不服

从,以遵循“更高”的法律,可以防止“恶法”带来比不服从更严重的后果。

问题在于,正如斯普林扎克所论证的[124],人们形成了一种观念,即服从更高一级的法律可能成为不服从人为法律的正当理由。具有讽刺意味的是,自以色列独立以来,这一原则给以色列政府带来了问题,因为激进的以色列人如果不认同当时政府的举措,就会不服从以色列政府。这对于信奉极端正统派的以色列人来说尤其成问题,他们可能会争辩说,他们有宗教义务以某种方式行事——例如暗杀总理伊扎克·拉宾,因为他将“以色列地”(即“以色列国”)的一部分让给了阿拉伯人[125]——无论后果如何。

巴勒斯坦领导人已敦促内塔尼亚胡总理追捕以色列犹太恐怖分子,并采取更多措施保护被占领土的巴勒斯坦居民。内塔尼亚胡表示,他正在竭尽全力,将动用法律的全部力量打击以色列境内的任何犹太或阿拉伯恐怖分子。然而,他在逮捕和定罪此类行为的犹太人方面的记录表明,他几乎无所作为。

第七节　巴勒斯坦人、西岸和加沙地带

本节开篇提出一个看似简单的问题:谁应该控制那些被称为被占领土的土地?本节旨在表明,深入了解各方的领土主张, 315
或许有助于我们理解该地区历史上一直存在的紧张局势。

我们首先回顾了与该地区相关的一些主要历史主题:对土地的冲突性主张、分治、对边界和合法性缺乏共识以及战争。随后,我们将目光转向巴勒斯坦人本身,试图了解他们的身份,以及他们对这片土地的诉求。我们看到了他们拥有自己国家的历史诉求,他们与约旦和以色列的冲突,以及就建立国家的目标而言,大量难民人口所带来的问题。我们还研究了他们国家机构

的历史演变，包括巴解组织、演变为巴勒斯坦权力机构的巴勒斯坦民族权力机构、立法委员会以及其他类似政治架构的发展。我们见证了“正常”政治机构的逐步演变，例如 1996 年立法机关和行政领导层的选举，并探讨了领导层的最终目标。

本节中的一些关键问题涉及土地和领土本身。约旦河西岸和加沙地带，以及东耶路撒冷和戈兰高地，是巴勒斯坦人和以色列人互不相容的诉求焦点，耶路撒冷亦是如此。双方过去都曾表示愿意就任何问题进行谈判，一切皆可协商，但我们很快发现事实并非如此：对耶路撒冷的主权是双方都坚决坚持的，他们都希望对耶路撒冷拥有排他性主权。我们将在下一章对此展开更多讨论。显然，领土主权问题是该地区实现和平之前必须解决的关键问题。

最后，我们简要提及了在冲突结束前以色列方面必须解决的一些问题。我们在本书前面已经看到，国家安全是以色列的关键问题之一。以色列的规划一直聚焦于安全，试图通过在西岸、加沙、戈兰高地和被占领（并统一）的耶路撒冷发展定居点来保障安全。其理念是通过“既成事实”，在约旦河西岸建立大量犹太人定居点，从而确保以色列的安全。然而历史表明，这或许并不可行，近期的暴力事件提供了大量证据，证明这种方式根本行不通；相反，实际上，以色列定居点已成为易受攻击的目标，并加剧了现有的紧张局势；以色列在西岸的存在显然对巴勒斯坦人构成了刺激和宣战的理由。

这些都是亟待解决的问题。

但我们需要铭记，事实上，这些年来已经取得了一些进展，我们将在第十二章更详细地探讨，该章重点关注和平进程。以
316 色列已与约旦和埃及两国达成和平条约，带来了相对稳定与安宁的边界。十多年来，以色列一直在与巴勒斯坦领导人积极谈判（尽管时断时续）。尽管暴力行为和以色列的定居点政策在过去几年中断了建设性谈判与和平进程，但在此基础上仍有可能

达成有意义的和平协议。在下一章中,我们将探讨谈判过程中一些最为敏感的挑战:耶路撒冷、边界和定居点。现在,我们将注意力转向对这些问题的讨论。

进一步阅读

Abufarha, Nasser. *The Making of a Human Bomb: The Ethnography of Palestinian Resistance*. Durham, N. C.: Duke University Press, 2009.

Allen, Lori. *The Rise and Fall of Human Rights: Cynicism and Politics in Occupied Palestine*. Stanford, Calif.: Stanford University Press, 2013.

Al O'ran, Mutayyam. *Jordanian-Israeli Relations: The Peacebuilding Experience*. New York: Routledge, 2009.

Bar-Tal, Daniel, and Itzhak Shnell. *The Impacts of Lasting Occupation: Lessons from Israeli Society*. New York: Oxford University Press, 2013.

Ben-Eliezer, Uri. *Old Conflict, New War: Israel's Politics toward the Palestinians*. New York: Palgrave Macmillan, 2012.

Cohen, Hillel. *Army of Shadows: Palestinian Collaboration with Zionism: 1917—1948*. Berkeley: University of California Press, 2008.

Grinberg, Lev Luis. *Politics and Violence in Israel/Palestine: Democracy versus Military Rule*. New York: Routledge, 2010.

Kretzmer, David. *The Occupation of Justice: The Supreme Court of Israel and the Occupied Territories*. Albany: SUNY Press, 2002.

Mahler, Gregory. *Constitutionalism and Palestinian Constitutional Development*. Jerusalem: Palestinian Academic Society for the Study of International Affairs, 1996.

Morris, Benny. *One State, Two States: Resolving the Israel/Palestine Conflict*. New Haven, Conn.: Yale University Press, 2009.

Pappe', Ilan. *The Forgotten Palestinians: A History of the Palestinians *in Israel*. New Haven, Conn.: Yale University Press, 2011.

Pedahzur, Ami. *Jewish Terrorism in Israel*. New York: Columbia University Press, 2011.

Schanzer, Jonathan. *State of Failure: Yasser Arafat, Mahmoud Abbas, and the Unmaking of the Palestinian State*. New York: Palgrave Macmillan, 2013.

Shlaim, Avi. *Israel and Palestine: Reappraisals, Revisions, Refutations*. Brooklyn, N. Y.: Verso, 2009.

Smith, Charles D. *Palestine and the Arab-Israeli Conflict*. Boston: Bedford/St. Martin's, 2007.

Tessler, Mark. *A History of the Israeli-Palestinian Conflict*. 2nd ed. Bloomington: Indiana University Press, 2012.

第十一章　耶路撒冷、边界和定居点 317

虽然大多数关于以色列政治的文章都会涉及一些有关耶路撒冷的讨论，但很少有文章会用完整的一章来专门探讨这个主题。其原因较为复杂，从本质上来说，与耶路撒冷相关的问题是以色列政治各方面讨论的基础。截至目前，我们已在本书的多个章节中探讨了耶路撒冷及其相关问题。同样，在涉及和平进程的最后一章中，耶路撒冷也将占据重要位置。

经过深入思考，我们最终决定，不仅在许多章节中将耶路撒冷作为内容素材，还专门设立一章来讨论耶路撒冷及其相关问题。这样做主要有以下几个原因：第一，将所有相关内容整合在一起，能让学生更好地理解这些内容之间的关联，而不是使其零散地分布在整本书中。第二，从整体视角看待与耶路撒冷相关的一系列问题，有助于我们更深入地理解耶路撒冷的独特性质，而不是仅从不同背景下看到其不同的方面。最后，在关于巴勒斯坦人、约旦河西岸和加沙的章节以及关于和平进程的章节中对耶路撒冷进行讨论，表明耶路撒冷是所有问题的核心，是所有 318
问题的缩影；也就是说，正如前文所述，与耶路撒冷相关的问题是以色列政治各方面讨论的基础。

因此，在本章中，读者会经常看到诸如“正如我们在前一章中指出的那样”之类的表述。然而，这里的观点会有所不同，耶路撒冷不再被视为犹太复国主义挑战的案例研究，或是宗教紧张局势的体现，抑或军事战略领土，而是作为一个具有多重特征的单一挑战示例，我们可以说它从一个谜团演变成了一个难题。耶路撒冷自古以来就是冲突的主要目标和根源，从某种程度上讲，我们对当今城市中存在的冲突不应感到惊讶，因为冲突的诸多根源依然存在。另一方面，我们或许会认为，既然人们为耶路撒冷争斗了三千多年，那么人类社会是时候找到一种和谐共处的方式，而不必长期重蹈祖先们紧张和争论的覆辙。

在本章中，我们将特别关注“耶路撒冷问题”的三个维度。具体而言，我们将重点简要探讨耶路撒冷的现代政治历史、其法律和外交地位以及具体状况，包括城市范围、人口以及耶路撒冷定居点的相关问题。现在，我们将注意力转向这些紧张局势和冲突的一个示例。

第一节　现代历史中的耶路撒冷

耶路撒冷这座城市本身的重要性远超任何战略或传统的地缘政治意义。[1]其历史、情感和国际复杂性使其独一无二，并带来了一系列有待解决的问题，这些问题远远超出了关于共同商定边界的其他问题。[2]正如一位学者所指出的，

> 在有记载的4000年历史中，世界上没有其他城市像耶路撒冷这样被激烈争夺对其的控制权。耶路撒冷对三大世界性宗教的宗教利益至关重要，这种利益即使在不必控制城市领土的情况下也能实现。但对于阿拉伯和犹太这两种民族主义而言，领土控制是一个至关重要的问题，双方政府都在争夺这座城市。在民族主义的斗争中，主权空间无法共享，尽管部分政治权力可以共享。[3]

耶路撒冷在阿以斗争中的象征性作用，以及由此引发的关

于它“属于”谁的争论，都是极具深刻情感色彩和强烈个人色彩的问题。以色列第一任总理大卫·本-古里安曾说：“为耶路撒 319
冷而战不仅将决定国家的命运，而且决定犹太人的命运。”约旦国王阿卜杜拉则认为，在整个伊斯兰教历史中，耶路撒冷“因为阿拉伯人、库尔德人、切尔克斯人和土耳其人所流过的血，对每个穆斯林国家都具有特殊地位”[4]。简而言之，双方都不愿在耶路撒冷问题上妥协。

因此，一个主要争论点通常是哪个宗教团体对这座城市拥有更强的话语权（尽管对许多人来说，有必要判定一个话语权比另一个“更强”，但量化这种话语权的想法几乎难以想象）。显然，犹太教、基督教和伊斯兰教这三大宗教传统都与耶路撒冷存在联系，且都渴望掌控自身的未来。以色列的立场是，“耶路撒冷对犹太教的意义远大于对基督教和伊斯兰教的意义”[5]。在这方面最常见的表述是，基督徒拥有罗马，穆斯林拥有麦加和麦地那，但犹太人仅拥有耶路撒冷。[6]可想而知，这一论点对基督徒和穆斯林几乎没有说服力。

其他宗教团体认为该论点缺乏说服力这一事实，并未阻止以色列强调这一点。在 1999 年 3 月发布的题为《耶路撒冷的地位》白皮书中，很大一部分论点与耶路撒冷对犹太人的重要性相关，因为三千年来，“自公元前 1004 年，大卫王就建立耶路撒冷作为犹太民族的首都”[7]。

人们常提出各种论据来解释为何当代以色列对耶路撒冷的诉求比巴勒斯坦人更强烈，这些论据包括：(1) 耶路撒冷在犹太人的历史中一直扮演着核心角色；(2) 耶路撒冷从未成为任何阿拉伯国家的中心城市，“事实上，在阿拉伯历史的大部分时间里，它被视为一潭死水，在穆斯林统治下从未成为省会，也从未成为穆斯林文化中心”；(3) 整个耶路撒冷对犹太人来说都是圣地，而对穆斯林来说，耶路撒冷只有阿克萨清真寺这一处圣地。英国作家克里斯托弗·赛克斯(Christopher Sykes)认为，“对于穆斯林来说，耶路撒冷与麦加或麦地那之间存在着巨大的差异。后者是包含圣地的圣地”。[8]

以色列外交部这样表述：

> 随着1948年以色列国的成立，耶路撒冷再次成为犹太主权国家的首都。在其存在的数千年里，耶路撒冷从未成为任何其他主权国家的首都。自从公元前1003年大卫王将其定为王国首都以来，耶路撒冷一直是犹太人民族和精神生活的中心。这座城市在400年里一直是大卫王朝的首
> 320 都，直到王国被巴比伦人征服。公元前538年从巴比伦流放地归来后，耶路撒冷在接下来的五个半世纪里再次成为其土地上犹太人的首都。
>
> 基督教与耶路撒冷的联系本质上是宗教联系。除了短暂的十字军东征时期，它并未被赋予政治或世俗内涵。在罗马和拜占庭统治的六个世纪中，首都是恺撒利亚而非耶路撒冷。
>
> 在穆斯林统治这座城市期间，无论是阿拉伯人还是非阿拉伯人，耶路撒冷从未成为伊斯兰国家的政治首都，甚至从未成为伊斯兰帝国的一个省份。在倭马亚王朝、阿拔斯王朝和法蒂玛王朝哈里发的伊斯兰阿拉伯统治下（638—1099年），耶路撒冷分别由大马士革、巴格达和开罗统治。8世纪，拉姆拉市（Ramla）成为包括耶路撒冷的地区首府。[9]

正如索尔·科恩（Saul Cohen）所指出的，在耶路撒冷历史的大部分时间里，它在领土上是统一的，由该地区政治上占主导地位的国家统治。[10] 1949年城市的分裂是一种特殊情况，争端双方都认为这种情况不应再次发生。长期担任耶路撒冷市长的泰迪·科勒克（Teddy Kollek）表示赞同：

> 耶路撒冷问题不能通过画一条线来决定。耶路撒冷的未来不能通过分裂来解决。这并不意味着耶路撒冷是一个无法解决的问题。这意味着拥有不同信仰、文化和抱负的耶路撒冷人民必须找到和平共处的方式，而不是用棍子在沙地上画一条线。在市中心重建混凝土墙和铁丝网不是解决问题的办法。[11]

实际的分治过程是严格的军事结果。整个巴勒斯坦领土的最终划分经历了几个阶段，始于 1922 年英国划定巴勒斯坦和外约旦的白皮书；随后是皮尔委员会（1936 年）和伍德黑德委员会（1939 年）的报告；最终是 1947 年联合国巴勒斯坦问题特别委员会（UNSCOP）的报告。然而，这些都未主张对耶路撒冷本身进行分割。事实上，所有报告都提议在托管或国际权威下保持这座城市的完整。[12]1947 年联合国关于耶路撒冷的建议是，它将在联合国的控制下实现国际化。

> 犹太代办处（The Jewish Agency）经过深思熟虑后，同意接受国际化，希望短期内能保护这座城市免于流血冲突，并使新国家避免陷入冲突。由于分治决议要求在十年后对该城市的地位进行全民公决，且犹太人占绝大多数，因此人们期望该城市稍后会并入以色列。阿拉伯国家强烈反对耶路撒冷的国际化，就像他们反对分治计划的其他部分一样。
> 随后，大卫·本-古里安总理宣布以色列将不再接受耶路撒 321
> 冷国际化。[13]

更确切地说，是 1949 年以色列和约旦之间的停战使耶路撒冷分裂，约旦控制了该市东部地区的所有圣地。[14]

1949 年至 1967 年，对于一个从未放弃最终统一这座城市和确保进入犹太圣地希望的以色列政府来说，耶路撒冷仍然意义重大。事实上，在此期间（西）耶路撒冷充当了以色列的首都。几乎所有主要的国家政府机构都从特拉维夫搬到了耶路撒冷，尽管搬到了城市的西部，这是以色列最终统一耶路撒冷的象征性姿态。

以色列人对约旦在1949年至1967年控制犹太圣地深感不满。[15]犹太人不被允许进入哭墙和橄榄山的墓地，因为停战协定第八节第二部分有特别规定，旧城的犹太教堂也被摧毁或损坏。

1967年实现统一时，以色列政府实际上宣布：

> 6月5日（1967年“六日战争”开始的日期），该地区的地图已被“无可挽回地改变”了，但以色列准备与阿拉伯邻国谈判新的边界。耶路撒冷是个例外，不属于谈判范畴。停火后一个月内，该市就被并入以色列西耶路撒冷市。[16]

尽管以色列愿意与阿拉伯邻国就各种领土问题进行谈判，但就以色列政府而言，耶路撒冷的问题已经解决：这座城市永远不会再分裂。以色列议会立法的统一和吞并产生了一些奇怪的法律后果，政府做出了许多努力来适应这种新形势的特殊性。例如，一旦城市的约旦部分被合并，根据国际法，阿拉伯人口自动成为以色列国的居民，同时保留约旦公民身份，因为约旦继续声称对该领土拥有管辖权。[17]

并非所有以色列人都相信“在以色列内部统一耶路撒冷”的立场是耶路撒冷问题的正确解决方案。“现在和平”（Peace Now）组织对是否存在“统一的耶路撒冷”这一问题持截然不同的观点：

> 当代的耶路撒冷只是在口号上“不可分割”的城市。实际上，这是一个明显分裂的城市。这是一个三分之一人口
> 322 是巴勒斯坦人的城市，此外还有位于市政边界之外的大片

巴勒斯坦地区。这座城市的生活模式反映出以色列人和巴勒斯坦人这两种截然不同的群体生活在不同地方，很少有交集。这座城市对巴勒斯坦人具有深刻的政治、历史、经济和文化意义，不仅对犹太人，而且对世界各地的基督徒和穆斯林都具有深刻的宗教意义。

此外，耶路撒冷是一座具有深厚历史和宗教意义的城市。许多人忽略了，1967 年之后，以色列吞并了大片土地，包括一些阿拉伯城镇和村庄，以扩大耶路撒冷。这些边界对以色列或犹太人来说并非神圣不可侵犯。为耶路撒冷的未来提出的大多数解决方案都会将阿拉伯社区置于巴勒斯坦的控制之下，而犹太人社区将继续处于以色列的控制之下。这些安排将使以色列的首都成为一个更加犹太化的城市，并允许以色列摆脱对巴勒斯坦人的统治负担，同时保证犹太人可以进入圣地。[18]

以色列积极的定居点政策加剧了“耶路撒冷问题”。当以色列发言人表示在约旦河西岸/被占领土有近 20 万以色列定居者时，他们并未将居住在所谓的“大耶路撒冷”土地上的近 20 万以色列人计算在内。土地是如今(以色列政府)要考虑的耶路撒冷城市问题的一部分，而在 1967 年之前它可能还不属于以色列耶路撒冷。耶路撒冷的城市范围在过去几十年中显著扩大，其中大部分增长来自以前的非以色列领土。

一些人认为，除了情感因素，地缘政治的必要性也能解释为何耶路撒冷必须保持统一，“无论内部地缘政治结构可能发生什么变化”。[19]为统一的耶路撒冷提供的理由包括：

1. 为保持与领土的联系而进行的历史斗争，例如犹太人多年来所进行的斗争，创造了强大的民族价值观。当这种斗争在其他国家行为者提供很少帮助的情况下进行时尤其如此。

2. 耶路撒冷在以色列的地缘政治位置，使得这座城市和耶路撒冷走廊对以色列的发展尤为重要。

3. 耶路撒冷是一座独特的城市，其独特性部分源于拥有多个不同的社区。虽然整体可能大于部分之和，但很明显，失去其中一些社区会削弱整体的特征。

4. 耶路撒冷对阿拉伯巴勒斯坦具有战略和经济意义，因此对以色列具有战略价值，这与其他任何原因无关。

323 5. 这座城市的快速发展使其成为以色列的第二个政治核心，与特拉维夫并列，以色列不能允许其第二个政治核心分裂。

正是城市的特殊地位及其特别异质的特性，使得耶路撒冷问题如此难以解决。[20]耶路撒冷的异质性代表了以色列本身的一个缩影，耶路撒冷应该有什么样的政府、各族群的行政角色、宗教和政治问题之间的关系，以及其他根本性和情感性问题，都使耶路撒冷的未来问题比单纯解决哪个民族对其行使主权的问题更加复杂。[21]

在 1948 年和以色列独立战争之前，巴勒斯坦人占耶路撒冷地区人口的大多数，并拥有大部分土地。在以色列独立前夕，人口数量相近；根据 1946 年英国对巴勒斯坦的调查（1946 年 12 月），巴勒斯坦人和犹太居民的人口几乎相等，如图 11.1 所示。

325 巴勒斯坦国际事务研究学会（PASSIA）表示，这种土地分布在 1948 年的战斗中发生了根本性变化：

> 在 1948 年战争期间，犹太军队占领了分配给拟建阿拉伯国家的大部分领土，包括 85%的耶路撒冷（主要在该市的西部和周边社区）。约旦阿拉伯军团控制了约旦河西岸，包括耶路撒冷东部 11%的地区（包括老城和邻近村庄）。耶路撒冷地区剩余的 4%被认为是联合国设立总部的无人区。

在 1948 年的战斗中，有 6 万至 8 万巴勒斯坦人逃离耶路撒

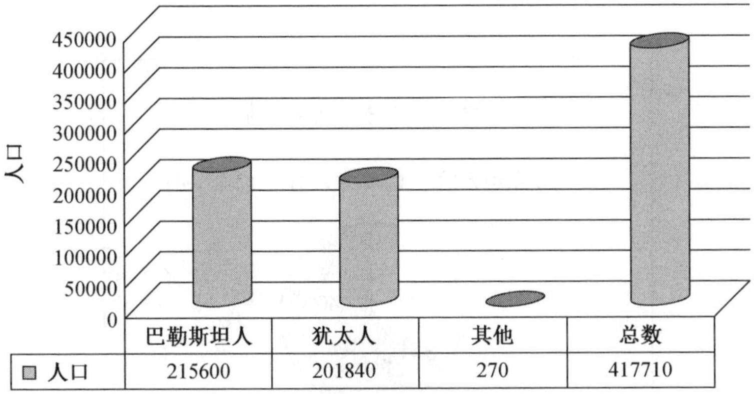

图 11.1　1948 年之前的耶路撒冷人口

资料来源：巴勒斯坦国际事务研究学会，《PASSIA 办公日记》，2015 年，“耶路撒冷”（Jerusalem：PASSIA，2014），第 1 页。值得注意的是，以色列中央统计局，《以色列统计摘要》（表 2.16，“按区、分区、宗教和人口团体划分的地区和人口”）显示“耶路撒冷区”的犹太人口在 1948 年是 84200 人，即耶路撒冷区与耶路撒冷的市政范围不同。见中央统计局，《以色列统计摘要》，2013 年，2015 年 8 月访问，http://www1.cbs.gov.il/reader/shnaton/templ_shnaton_e.html? num_tab = st02_16x&CYear=2013。

冷西部地区，1948 年 6 月，他们的财产落入以色列“缺席财产保管人”的控制之下。[22]

当战斗在 1949 年停止时，耶路撒冷被分为两部分，约旦控制东部领土，以色列控制西部领土。当年 2 月，以色列总理大卫·本-古里安宣布耶路撒冷是以色列不可分割的一部分，1949 年 12 月以色列宣布耶路撒冷为以色列国首都。以色列的批评者认为，根据国际法，这是非法的，因为以色列吞并的作为国家不可分割一部分的土地是军事冲突的产物。[23]

在 1967 年的“六日战争”之后，以色列吞并了总面积为 70 平方公里（27 平方英里）的东耶路撒冷，并将大约 28 个周边村庄并入以色列领土。这导致了一个面积为 108 平方公里（41.7 平方英里）的“联合耶路撒冷”的新自治市的建立。在这片土地上，以色列建造了 12 个新的犹太“社区”，如今拥有大约 19 万名以色列人。[24]1967 年 6 月 28 日，以色列议会修订了《耶路撒冷基

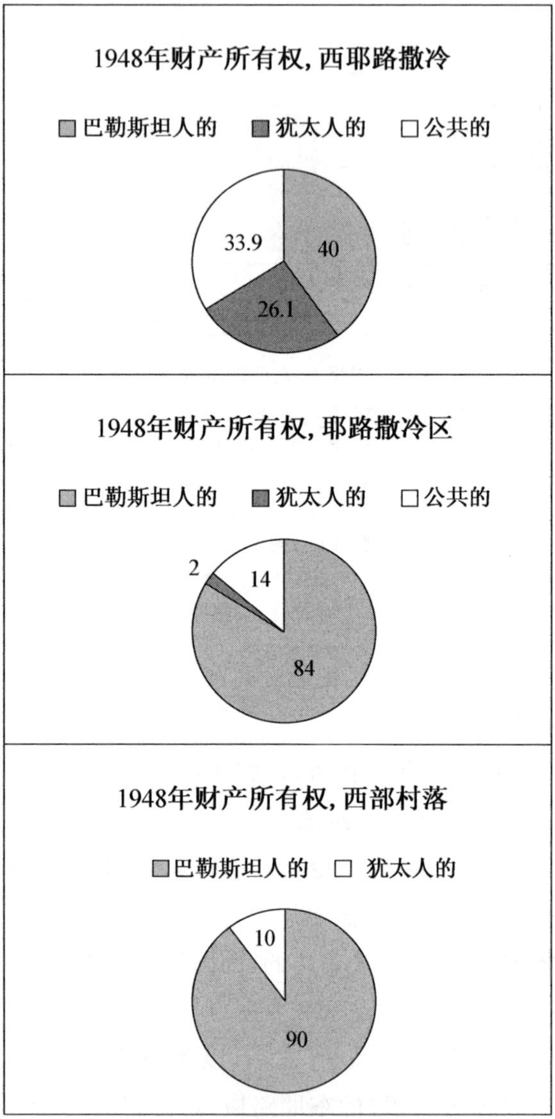

图 11.2　1948 年财产所有权

资料来源：巴勒斯坦国际事务研究学会，《PASSIA 办公日记》，2015 年，“耶路撒冷”(Jerusalem：PASSIA，2014 年)，第 1 页。

本法》，将东耶路撒冷的领土作为“联合耶路撒冷”的一部分。之后一个月，联合国第 2253 号决议“呼吁以色列撤销所有已采取的措施，并立即停止采取任何会改变耶路撒冷地位的行动”。以色列无视这一要求，在占领的头三年，在耶路撒冷没收了超过 25870 德南(10 平方英里)的巴勒斯坦土地。[25]

多年来，以色列政府在耶路撒冷市和周边(以及毗邻)地区占领巴勒斯坦土地。据“被占领土人权信息中心”称，在 1967 年至 1996 年，耶路撒冷约有 23500 德南的巴勒斯坦土地[约 9 平方英里]“根据《1943 年土地条例》被征用，该法律授予财政部长个人在存在公共目的情况下发出征用令的权力，而这种‘公共目 326
的’则由财政部长简单定义”[26]。

联合国一直对以色列在耶路撒冷的政策持批评态度。1980 年，安理会第 478 号决议指出：

> 占领国以色列采取的所有立法和行政措施及行动，改变或意图改变耶路撒冷圣城的性质和地位，特别是最近关于耶路撒冷的《基本法》，是无效的，必须立即撤销。[27]

第二节　耶路撒冷的法律和外交地位

在耶路撒冷问题的探讨中，一个关键争议点常是“依据国际法，耶路撒冷的地位究竟如何”。以色列对待 1967 年吞并时居住在耶路撒冷的巴勒斯坦人的方式，与对待其他居住在西岸的巴勒斯坦人有所不同。这些居住在耶路撒冷的巴勒斯坦人被视为“永久居民”，这意味着他们虽不是以色列公民，无权在以色列议会选举中投票，也不能在以色列担任公职，但他们可在以色列境内旅行，能在耶路撒冷获取就业机会，还能参加耶路撒冷的市政选举，并且有资格在以色列享有国民保险和健康保险。[28]

阿拉伯方面认为，根据国际法，东耶路撒冷属于被占领土地。尽管以色列在1967年通过军事手段夺取了该领土的控制权，但并无对这片土地进行长期规划的合法权利。而以色列则坚称，东耶路撒冷和西耶路撒冷共同构成了以色列“永恒的、不可分割的首都”，其完全有权利吞并并在耶路撒冷及周边地区定居。

实际上，东耶路撒冷的阿拉伯居民在诸多方面处境尴尬。因为一旦他们以建设性方式与以色列政府互动，实际上就等同于承认了以色列政府在城市东部地区的权威。1997年，以色列外交部发布了一份名为《在耶路撒冷建设》的白皮书，其中提到，“对以色列的一项核心指控是耶路撒冷犹太人和阿拉伯人在建设方面存在差距”。外交部在该文件中指出，“巴勒斯坦人不申请建筑许可证，是因为他们认为这实际上是对以色列对耶路撒冷主权的承认”。[29]

在争取和平的进程中，以色列在外交讨论里常秉持“一切都可谈判”的立场，但耶路撒冷问题始终是这一原则的例外：“统一的耶路撒冷”（即所谓的西耶路撒冷和东耶路撒冷）作为以色列“永恒的、不可分割的首都”，不在谈判范畴之内。

327 事实上，1980年以色列议会通过了《以色列首都耶路撒冷基本法》，其中明确规定，“完整和统一的耶路撒冷是以色列的首都”。该法律特别指明，其涉及的是1967年后的城市范围：“与本基本法相关的耶路撒冷管辖权，除其他方面外，涵盖从5727年息旺月20日（即1967年6月28日）起扩展耶路撒冷市边界的公告附录中所描述的所有区域，这是依据《城市条例》的规定。”[30]

1978年，在第一次“戴维营谈判”中，以色列和埃及就两条路径的谈判框架达成了一致，这一点我们将在下一章展开更详细的讨论。但耶路撒冷问题被列入了后期解决的问题范畴，因为以色列和埃及的谈判代表以及美国总统吉米·卡特都清楚地意识到，“耶路撒冷问题”并非能够轻易解决。实际上，在 1991 年马德里和平会议上，以色列完全拒绝将耶路撒冷问题纳入讨论议程。

1993 年的《以色列-巴勒斯坦原则宣言》未能就耶路撒冷的地位问题达成协议，原因是谈判各方无法就长期解决路径达成共识。在这份文件中，各方仅同意将耶路撒冷列为永久地位谈判需讨论的问题之一。尽管拉宾总理在签字仪式上强调，“耶路撒冷是犹太人古老而永恒的首都”，并且表示“在以色列主权下不可分割的耶路撒冷，人人享有宗教自由，这一观点现在是且永远是以色列的基本立场”。[31]

在 2000 年的第二次戴维营峰会上，耶路撒冷问题被提上议事日程，且看似取得了一定进展。以色列同意巴勒斯坦人可对耶路撒冷的部分社区承担部分责任，并愿意探讨对旧城的联合管理，旧城包含着穆斯林、基督徒和犹太人的圣地。然而，谈判过程中以色列要求巴勒斯坦人接受对圣殿山地区的共同主权（即巴勒斯坦人不再对圣殿山地区拥有唯一主权），这导致谈判陷入僵局。美国总统克林顿提出了所谓的“克林顿参数”作为指导方针，暗示“阿拉伯地区归巴勒斯坦人，犹太地区归以色列人”[32]，但这一建议未被接受，此后也未取得进一步进展。

> 自 2000 年 7 月戴维营峰会之后，所有的和平倡议（2002 年的沙特和平计划及路线图、2003 年的日内瓦协议、2007 年的安纳波利斯会议、2013—2014 年的克里会谈）都未能使耶路撒冷问题更接近解决方案。而以色列实际上持续不受阻碍地制造既成事实，这使得为该城市找到可行解
> 决方案变得极为困难，甚至近乎不可能。在由美国国务卿 328
> 克里主导的最新努力中，2013 年 10 月 28 日，以色列总理内塔尼亚胡坚称耶路撒冷必须保持不可分割。[33]

从以色列在被占领土的定居点模式以及在耶路撒冷的建设模式来看，其在国际外交界愈发孤立。包括美国在内的大多数西方民主国家都对以色列的定居点行为提出了批评[34]，欧洲国家的回应力度也在不断加大。2009 年，德国外交部长吉多·韦斯特韦勒(Guido Westerwelle)访问耶路撒冷时指出，德国“对以色列近期决定允许在东耶路撒冷建造新住宅深感遗憾。东耶路撒冷的定居点建设是中东和平进程可持续发展道路上的主要绊脚石”[35]。显然，定居点的扩张也是巴勒斯坦权力机构面临的直接且严峻的挑战。[36]

与定居点相关的紧张局势之一，涉及“增长”一词在描述定居者数量时的含义。在此情形下，“自然增长”指的是以色列人口随时间推移因出生而增加，有时以色列政府承诺将定居点增长限制在“自然增长”范围内。然而，增长不仅源于出生率，新的定居者从外部迁入定居点，并要求在定居点建造更多房屋以安置他们，这在外部行为者看来是截然不同的情况。[37]

在最近几个月和几年里，以色列多次将定居点的增长作为对巴勒斯坦倡议的外交回应。如果一段时期局势稳定，与巴勒斯坦权力机构关系良好，以色列可能会将定居点的增长放缓至“自然增长”水平；但如果巴勒斯坦权力机构做出以色列不认可的举动，以色列可能会大幅扩张定居点。2012 年 12 月就做出了这样的决定，以回应巴勒斯坦权力机构成功将其在联合国的地位升级为“联合国会员”。作为对联合国这一决定的回应，以色列政府宣布批准在包括东耶路撒冷在内的西岸定居点增加三千套住房。[38]归根结底，许多以色列右翼人士秉持“我们永远不会停止在犹太的耶路撒冷建设”的立场。[39]

第三节　城市范围、人口和定居点

耶路撒冷的大小

耶路撒冷在和平进程中存在的主要复杂因素之一，是 1967 年的耶路撒冷与 2015 年的耶路撒冷有很大不同。[40] 自 1967 年以色列控制东耶路撒冷并宣布耶路撒冷“统一”后，以色列政府 329 在耶路撒冷以及目前扩大后的耶路撒冷区域内建造了大量定居点。因此，如今耶路撒冷的犹太人比例确实比 1967 年大幅提高，但耶路撒冷的城市范围也确实涵盖了更多领土——这些是以色列政府着力建立的犹太社区所在的领土。

如图 11.3 所示，耶路撒冷的规模多年来显著扩大。

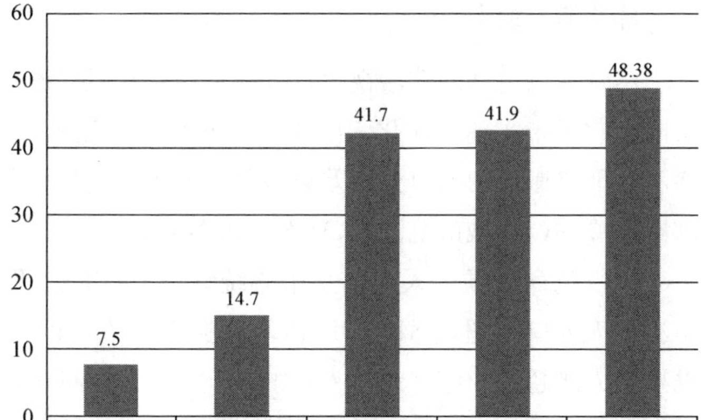

	1917年	1967年战争前	1967年战争后	1985年3月	1993年5月
■ 平方英里	7.5	14.7	41.7	41.9	48.38

图 11.3　耶路撒冷市区

资料来源：数据改编自耶路撒冷以色列研究所，《耶路撒冷统计年鉴》，2002/2003，引自巴勒斯坦国际事务研究学会，《PASSIA 办公日记》，2015，“耶路撒冷”，p. 6.

以色列占领区人权信息中心报告显示，自 1967 年以来，以色列在东耶路撒冷的目标具有双重性：在扩大该市犹太人口的同时减少巴勒斯坦人口。[41]

> 如今的耶路撒冷至少有66%是通过武力夺取的领土(5%的旧约旦自治市和61%的前约旦河西岸领土)。在该地区，以色列征用了约24500德南——超过三分之一被非法吞并到耶路撒冷的土地，其中大部分为巴勒斯坦人私有——主要用于在该市建立如今存在的12个定居点。[42]

正如我们在前一章提及的，本雅明·内塔尼亚胡政府近年
330 来一直坚定支持定居点扩张，并持续在耶路撒冷市区内外发展定居点。2009年[43]，议会通过了一项法案："任何对耶路撒冷边界的改变都需议会内的绝对多数票同意。"

耶路撒冷的人口

尽管从以色列的政治视角看，耶路撒冷或许是"统一的"，但实际上它远未实现一体化。图11.4和表11.1显示，东耶路撒冷和西耶路撒冷的人口分布差异显著。图11.4表明，事实上在耶路撒冷的(新)城市范围内，犹太人占多数。

据以色列占领区人权信息中心统计，2012年底，耶路撒冷市犹太人人口刚超过81.5万(占耶路撒冷市人口的63%)，巴
331 勒斯坦人刚超过30万(约占人口的37%)。为控制耶路撒冷巴勒斯坦人口的增长——因为巴勒斯坦人的自然增长率为2.6%，而以色列人的自然增长率为0.9%——以色列政府采取了以下措施：

• 将东耶路撒冷与(阿拉伯)西岸隔离开，部分通过建造隔离墙(也称为"高墙")来实现。

• 开展土地征用计划和不平衡的城市规划——制定议程以鼓励以色列扩张并阻碍巴勒斯坦扩张。

• 为城市的两个部分提供不同预算，给予“以色列”耶路撒冷的资金远多于东耶路撒冷。[44]

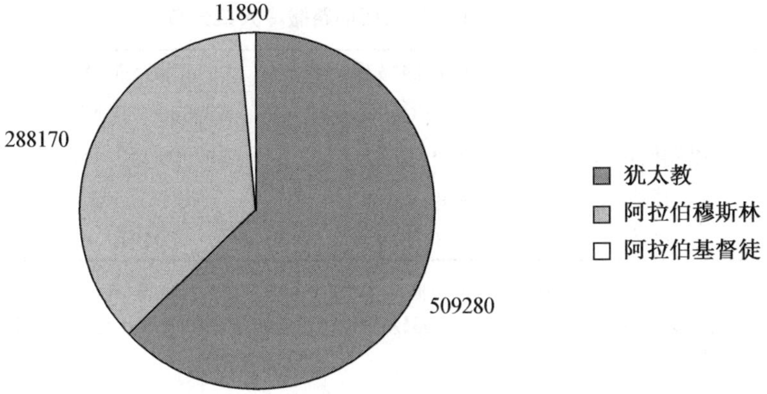

图 11.4　2014 年按人口组成划分的耶路撒冷人口

资料来源：巴勒斯坦国际事务研究学会数据，《PASSIA 办公日记》，2015 年，“耶路撒冷”，第 4 页。

“隔离墙”并非仅仅是一堵高墙。其路线规划旨在将大量巴勒斯坦领土圈在隔离墙“以色列”一侧，迫使这部分人口与以色列社会更紧密融合，同时将巴勒斯坦人口分隔在“以色列”一侧，使其远离巴勒斯坦人的家庭和社区。“隔离墙”的规划可追溯至 332
2002 年 6 月，当时原则上决定修建“隔离墙”，并作出更具体的决定，即修建两段隔离墙，一段在耶路撒冷以北，一段在耶路撒冷以南，这两段在 2003 年年中完成。2003 年 9 月，安全内阁批准了该计划的进一步发展，其中一些部分如今已完工，而其他部分仍在建设中。2004 年 6 月，高等法院裁定部分隔离墙不能建造，原因是它们“对巴勒斯坦人造成了不成比例的伤害”，政府随后重新设计了隔离墙的路线。[45]

表 11.1 展示了(被占领的)东部和西耶路撒冷截然不同的人口分布，西耶路撒冷犹太人占绝大多数(97.4%)，而东耶路撒冷巴勒斯坦人占比很大(59.1%)。实际上，通过观察发现，20 万犹太居民中的大多数居住在 1967 年以前不属于以色列的土

地上，耶路撒冷市区范围内建造的纯犹太人定居点，能更详细地说明东耶路撒冷的特征。

表 11.1　2012 年东、西耶路撒冷人口分布

	西耶路撒冷	东耶路撒冷
犹太人	309630 (97.4%)	199650 (39.6%)
巴勒斯坦人	2150 (0.7%)	297900 (59.1%)
其他	5840(1.8%)	6490(1.3%)
总数	317620	504040

资料来源：基于 PASSIA 中的数据，《PASSIA 办公日记》，2015 年，第 4 页。

注：这是截至 2015 年 9 月 1 日的最新信息。由于四舍五入，百分比总和可能不是 1。

333 耶路撒冷的定居点

耶路撒冷实际上存在三种类型的定居点，每种都值得在此探讨。[46]第一种是以色列政府在 1967 年战争后，在吞并的土地上新建的犹太人社区。目前，约有 19 万以色列人居住在这些街区。这些社区旨在通过制造“既成事实”，将东耶路撒冷与西岸
334 其他地区隔离开，助力将更大范围的耶路撒冷纳入以色列。这些移民大多并非出于意识形态动机，只是搬到这些定居点，因为这里的住房得到以色列政府的大量补贴。正如我们在本书前面指出的，他们能够以比留在耶路撒冷中心地带低得多的成本获得更多住房。大多数针对“耶路撒冷问题”提出的解决方案，都将以色列的这些定居点纳入长期解决方案的一部分。

第二种定居点是所谓的“小型定居点”，分布在老城周围的巴勒斯坦社区中间。这些定居者具有强烈的意识形态倾向，试图在 1967 年之前不属于以色列的地区确立以色列的存在，“试图阻止耶路撒冷按社区划分，破坏两国解决方案的实施”。

第三种定居点被称作“旅游定居点”，由以色列政府与定居者组织合作，在巴勒斯坦居民区中心开发旅游景点，“突出该地

区的犹太历史。这些项目旨在加强东耶路撒冷的犹太人据点，并在这些地点与公众之间建立情感和精神联系，以便在未来协 335
议的背景下，更难以将它们分离出去”[47]。

近 2000 名定居者居住在巴勒斯坦社区中间的前哨，那里大约有 119 座建筑物和场所。用一位定居者领导人的话说，这些定居点的目的是在该市创造“不可逆转的局面”，在两国解决方案的背景下挫败对耶路撒冷的任何可能妥协。虽然定居者人数仅约 2000 人，数量不算多，却在“制造既成事实”，这为巴勒斯坦人视为阻碍和平进程的长期刺激因素埋下隐患。

2015 年 8 月，《国土报》一篇题为《至少 20 名犹太人迁入东耶路撒冷的西尔万(Silwan)》的文章就体现了这一模式。尽管从任何标准来看，20 这一数字并不大，但该文章指出，这些定居者搬进了东耶路撒冷西尔万社区一座有 12 间公寓的建筑，“使该社区的犹太定居者人数几乎翻了一番，进一步加剧了该地区阿拉伯居民和犹太新移民之间的紧张关系”[48]。赞助该行动的是一个名为“阿特来特 · 科哈尼姆”(Ateret Cohanim)的组织，其目标是在耶路撒冷的阿拉伯社区购买土地，以便让犹太人在其中定居。这种定居点产生了两个影响：(1) 以色列军队在该地区的存在增加，以保护新的“定居点”；(2) 相关的军费开支增加，用于支付增加的安全部署。

表 11.2 显示了一些定居点的位置、规模、建筑数量以及关于其构成的一些评论。如今，有超过 25 万名巴勒斯坦人作为永久居民居住在东耶路撒冷，但他们不是以色列公民。同样，大约 19 万名以色列人生活在大约 12 个位于被占领土的定居点，这些土地在 1967 年之前不属于以色列。

表 11.2　2011 年东耶路撒冷的一些以色列定居点

定居点名称	街区	定居者人数（估计）	建筑数量	评论
艾尔·大卫	瓦迪·海威，西尔万	350	32	约 70 个家庭
老城	基督教和穆斯林区	900	42	80 个家庭和 400 名宗教学校学生
马勒·宰蒂姆	拉斯·阿穆德	300	6	100 个家庭
哈尔·哈兹提姆	橄榄山上的墓地	15	2	墓地里的两座房子
基德马·锡安	阿布·迪斯	15	2	两栋楼
贝特·耶霍纳坦	西尔万	30	2	位于西尔万
西蒙·哈扎迪克	谢赫·贾拉	70	10	10 个家庭和宗教学校学生
阿布·图尔(东)	阿布·图尔	20	2	
贝特·哈霍申	阿布·图尔	30	2	两座大型建筑
贝特·奥罗	阿布·图尔	125	2	宗教学校
诺夫·锡安	贾贝尔·穆卡伯	100	8	30 个家庭
其他建筑物			9	
总数		1955	119	

资料来源:“现在就要和平”(Peace Now)网页,“东耶路撒冷巴勒斯坦社区的定居点”,2015 年 8 月访问,http://www. peacenow. org. il/eng/content/settlements-palestinian-neighbo rhoods-east-jerusalem。

注:这些是截至 2015 年 9 月 1 日的最新数据。

第四节　耶路撒冷与和平进程

耶路撒冷是当前中东冲突诸多复杂问题中最为复杂的问题之一。这些问题通常因以下原因变得更为棘手:(1) 宗教紧张局势以及不适用于理性讨论或常规外交谈判的主张;(2) 参与者对于作为谈判基础的“事实”究竟是什么存在根本分歧;

(3) 长期的不信任和敌意历史,使得参与者更难坐到谈判桌前,努力和平解决这个长期占据外交议程的问题。 336

描述这一系列背景观点的经典文章之一,是露丝·拉皮多斯(Ruth Lapidoth)1994 年撰写的。在《耶路撒冷:法律和政治背景》一文中,她指出耶路撒冷和"耶路撒冷冲突"与大多数其他地区不同,不能期望关于耶路撒冷的谈判会像对待一场"正常"冲突那样进行。她认为造成这种情况的三个关键原因是:(1) 耶路撒冷对三种不同宗教的信徒而言都具有神圣性,且神圣的方式各异;(2) 耶路撒冷是两个民族相互冲突的国家诉求的对象;(3) 耶路撒冷的人口在很大程度上具有异质性。这些因素中的每一个都可能使局势更加复杂,并且都增加了谈判失败的可能性。[49]

进一步阅读 337

Cohen, Hillel. *The Rise and Fall of Arab Jerusalem: Palestinian Politics and the City since 1967*. New York: Routledge, 2011.

Dumper, Michael. *Jerusalem Unbound: Geography, History, and the Future of the Holy City*. New York: Columbia University Press, 2014.

Fendius, Madelaine, and Miriam Fendius, eds. *Jerusalem: Conflict and Cooperation in a Contested City*. Syracuse, N. Y.: Syracuse University Press, 2014.

Montefiore, Simon Sebag. *Jerusalem: The Biography*. New York: Vintage, 2012.

Pedahzur, Ami. *The Triumph of Israel's Radical Right*. New York: Oxford University Press, 2012.

Shlay, Anne, and Gillad Rosen. *Jerusalem: The Spatial Politics of a Divided Metropolis*. Malden, Mass.: Polity, 2015.

Van Esveld, Bill. *Separate and Unequal: Israel's Discriminatory Treatment of Palestinians in the Occupied Palestinian Territories*.

New York: Human Rights Watch, 2010.

Wasserstein, Bernard. *Divided Jerusalem: The Struggle for the Holy City*. New Haven, Conn.: Yale University Press, 2008.

第十二章　和平进程 339

以色列自建国以来，便与多数邻国处于战争状态，和平问题始终是该国政治议程的核心。本书最后一章将探讨中东和平这一充满挑战的目标，尽管历经波折取得过一定进展，但截至目前仍未完全实现。本章还将简要介绍和平进程本身，以及促使《戴维营和平协议》和 1979 年埃以重大和平条约签署的相关事件。同时，我们会回顾自那时起从奥斯陆到马德里再到戴维营（第二次）的重大事件，最后探讨未来和平的前景。

第一节　追求和平

在本书前文我们了解到，现代以色列的历史很大程度上是
一部处于战争状态国家的历史。尽管以色列外交政策明确表达
的目标之一是与邻国在稳定、安全的和平环境中共处，但这一愿
景至今仍未实现。1948 年 5 月 14 日以色列宣布独立后 24 小
时内，埃及、约旦、叙利亚、黎巴嫩和伊拉克的军队便对其发动攻
击。独立战争持续 15 个月，1949 年初，以色列与除伊拉克（伊 340
拉克拒绝与以色列谈判）外的其他参战国家在联合国主持下开
始谈判。这些谈判促成了以色列与其邻国之间的停战以及事实
上的领土划分：以色列控制的土地超出联合国 1947 年分治计划
提议，约旦控制约旦河西岸，埃及控制加沙地带，耶路撒冷被分

裂，由以色列和约旦分别控制。[1]

此后的 60 多年里，争取和平始终是以色列外交政策的核心。[2]多年来，寻求和平与调解冲突的行动虽断断续续，但也取得过实质性进展。1977 年埃及总统安瓦尔·萨达特访问耶路撒冷后的几年间，鉴于此前中东冲突长期未取得和平进展的历史背景，观察家们惊叹于和平进程推进之迅速。然而近年来，和平进程陷入停滞甚至倒退，令许多人深感失望。尽管对于造成这一局面的责任归属众说纷纭，但在撰写本书时，和平显然仍未取得实质性进展。

对以色列和阿拉伯政府而言，追求安全、持久的和平是一项极为复杂的挑战，更何况还有合法性有时受到质疑的新参与者，如巴勒斯坦权力机构。这一问题无法仅通过相关政府的双边谈判解决，因为国内也存在重大政治冲突。实际上，国内政治问题确实影响着和平进程。在以色列，党际和党内政治影响着政府推进和平以及与其他民族、阿拉伯团体谈判的速度[3]；在巴勒斯坦，哈马斯和法塔赫之间也存在类似的政治辩论和紧张局势，并且影响到加沙和约旦河西岸之间的互动。[4]本书中讨论过的巴勒斯坦难民回归权[5]和耶路撒冷最终管辖权等问题，[6]不仅在谈判各方（尤其是以色列和巴勒斯坦权力机构之间）难以解决，还导致以色列社会两极分化。[7]尽管以色列已同意将安全边界作为谈判的主要目标之一，但其他问题仍悬而未决。[8]

美国在和平进程中发挥着重要作用。[9] 在过去 60 年里，以色列多次在美国的压力或保证下，才能够或愿意做出必要让步以
341 推动和平进程，尽管进展缓慢且不稳定。在撰写本书时，和平进程已然停滞，美国总统和以色列总理之间的关系也似乎比以往更为紧张，观察家们对近期实现和平的可能性远不如过去乐观。即便如此，实现和平的可能性依然存在。我们不应忘记，1977 年安瓦尔·萨达特宣布（在埃以长达 30 年敌对行动之后），若有助于和平事业，他愿前往耶路撒冷与以色列政府对话，随后埃以

和平条约的签订进程（相对而言）十分迅速：萨达特于 1977 年 11 月访问耶路撒冷，1978 年 9 月签署《戴维营协议》（下文详述），1979 年 3 月埃以签署和平条约。

在本章中，我们首先采用基本按时间顺序的方法进行讨论，从建国和独立战争后的时期一直到近期该地区寻求和平的事态发展。在展望该地区未来以及未来数月和数年的和平前景时，我们暂且跳出纯粹的时间顺序，探讨几对双边参与者（以色列和约旦、以色列和黎巴嫩、以色列和叙利亚、以色列和伊朗、以色列和巴勒斯坦人）之间的关系。

第二节　1948 年后的和平进程

尽管许多人期望 1949 年达成的几项停战协议能迅速建立起该地区安全稳定的和平关系，但事与愿违。[10] 以色列建国在巴勒斯坦地区引发了“灾难”（阿拉伯语为 *al-naqba*），留下诸多待解决问题。[11] 然而，当相关阿拉伯国家承诺不与以色列对话和谈判时，解决问题的可能性变得微乎其微。以色列指责阿拉伯国家不仅不愿参与持久和平条约的谈判，还违反

> 联合国安理会 1951 年 9 月 1 日决议，禁止以色列及前往以色列的航运通过苏伊士运河，加强对蒂朗海峡的封锁，来自阿拉伯邻国的恐怖分子小组入侵以色列进行谋杀和破坏活动的频率日益增高，西奈半岛逐渐成为巨大的埃及军事基地。[12]

如前文所述，1956 年中东的政治和军事局势对以色列愈发
不利。在与埃及、叙利亚和约旦这三个敌对邻国签署相关协议 342
后，以色列的处境更为艰难，这促使以色列与英国、法国一同对

埃及采取军事行动。1956 年军事行动结束后，以色列控制了加沙地带和几乎整个西奈半岛。作为停火条件，联合国紧急部队(UNEF)特遣队驻扎在以色列和埃及之间的新边界沿线，埃及保证埃拉特湾航行自由，以色列同意撤出新占领的领土。

第三节　1956 年后的和平进程

然而，以色列撤出 1956 年战斗中占领的领土并未带来中东和平。以色列在约旦和埃及战线持续遭受跨界骚扰，与叙利亚的战线也周期性发生战斗和枪战，影响到以色列基布兹、莫沙夫和加利利地区的城镇发展。[13] 1967 年 5 月，埃及下令联合国维和部队撤离西奈半岛(需注意，根据联合国程序，维和部队仅在双方要求下部署于边界；若一方要求撤离，部队只能离开)，中东局势总体变得更加敌对。此后不久，埃及再次封锁蒂朗海峡，直接违反 1956 年战争后“不再封锁”的承诺，切断了以色列重要的商业航线。

当以色列就埃及的敌对行为与美国沟通时(需铭记，美国在结束 1956 年战斗中发挥关键作用，并向以色列承诺保证国际水道对以色列开放)，却未得到解决新敌对行动的任何帮助，某种形式的军事行动似乎不可避免。以色列政府认为“埃及违反了 1956 年西奈战役后达成的协议”，有权援引“固有自卫权，于 1967 年 6 月 5 日对埃及南部发动先发制人的打击，随后在东部反击约旦，并在北部彻底击败盘踞在戈兰高地的叙利亚军队”[14]。

如前文所述，六天战斗结束时，以色列控制区域大幅扩大：掌控了整个约旦河西岸、加沙地带、西奈半岛和戈兰高地。彼时
343 以色列试图利用战争作为外交手段，促使阿拉伯邻国走向谈判和平的舞台，但未成功。尽管联合国安理会第 242 号决议呼吁承认该地区所有国家的主权以及在安全和公认边界内和平生活的权利，[15]阿拉伯国家仍在 1967 年 8 月喀土穆首脑会议上通过

“三不”立场:“不和平、不承认、不谈判”。[16]直到 1970 年,埃及和以色列才最终在苏伊士运河沿岸实现停火。

1973 年 10 月犹太人的“赎罪日”,埃及和叙利亚再次袭击以色列。尽管以色列察觉对方即将发动袭击,但在美国强烈敦促下,决定不采用 1967 年的先发制人战略。这场战争给以色列带来巨大且惨痛的代价,无论是生命损失还是战斗的最终结果。两周战争结束时,以色列军队越过苏伊士运河深入埃及境内,越过戈兰高地抵达离大马士革 20 英里的据点。在响应联合国安理会第 338 号决议进行长期谈判后,以色列从大部分新占领领土撤出,但显然需要采取重大外交举措以实现该地区的稳定和平。[17]

第四节　戴维营与和平进程,1978—1982 年

毫无疑问,解决中东困局最著名且最具争议的事件发生在 1979 年 3 月,以色列与一个阿拉伯国家签署了自 1948 年独立以来的首个和平条约。这一里程碑事件之前的进程既迅速又漫长。如前文所述,埃及总统安瓦尔·萨达特表示愿意前往耶路撒冷与以色列领导人会面,这与以往阿拉伯对以政策截然不同,此后(在过去 60 年历史背景下)进展十分迅速。此次访问促成了戴维营谈判及由此产生的《戴维营协议》,其中包含中东全面和平的框架,该框架首次提出关于巴勒斯坦自治政府的具体提案。另一方面,谈判进展缓慢,因双方一直受看似无穷无尽的问题和细节困扰而倍感沮丧。最终,双方历经 18 个月努力才完成条约制定。

这一进程始于萨达特总统令人震惊的宣告:他准备前往耶 344
路撒冷与以色列领导人探讨两国和平前景。[18]这是以色列和阿拉伯国家元首首次公开峰会,所有参与方都深知其重要性(需注意,此前约旦国王侯赛因和以色列领导人曾举行过多次秘密峰

会，但均未取得实际成果）。萨达特从一开始就明确表示，他不寻求埃以和平条约脱离该地区其他问题，而是寻求中东和平的总体框架，包括在巴勒斯坦人及其权利问题上取得进展。用萨达特的话说，“没有巴勒斯坦就没有和平”[19]。主要谈判问题显而易见：以色列和埃及之间的和平与外交承认，以换取以色列归还占领的埃及领土以及在巴勒斯坦问题上取得实质性进展。

萨达特和贝京在耶路撒冷进行初步谈判后，一个月后（1977年圣诞节）在埃及伊斯梅利亚再次会面，讨论以色列的反馈提案。萨达特拒绝了贝京的计划，因为该计划中巴勒斯坦自治安排远低于开罗对可接受进展的定义。此时，美国开始在谈判中发挥更积极作用。[20]华盛顿的深度参与反映出，1978 年初以色列和埃及代表团一系列会议后，仍有一些问题悬而未决。

第一，贝京政府坚持认为有权在被占领土上开发新定居点（鉴于以色列现今在该问题上的持续立场，这颇具先见之明），这一观点得到以色列选民中重要群体的强烈支持，尤其是贝京的农业部长、贝京利库德集团领导人的竞争者阿里尔·沙龙。而埃及、其他阿拉伯大国以及美国的立场是，这些定居点违反国际法，不应建立或继续扩大。

第二，西岸和加沙地带的未来是讨论焦点，贝京和利库德集团倾向于考虑某种形式的有限自治或自治，最终决议稍后再定，而埃及则要求以色列军队完全撤离。

第三，关于以色列归还西奈半岛与耶路撒冷和开罗建立直接外交关系之间的联系备受关注，埃及倾向于以色列立即全面撤军并分阶段进行外交承认，这与以色列立即全面外交承认并分阶段撤出西奈半岛的目标不同。

345 第四，萨达特总统始终坚持以色列埃及议程首要问题必须是巴勒斯坦问题，而贝京总理则希望以色列埃及和平条约成为核心。

第五，同样重要的是，耶路撒冷问题看似难以调和，以色列坚持对其拥有完整主权（尽管允许阿拉伯人控制伊斯兰圣地），而埃及坚持以色列从东耶路撒冷撤军，恢复 1967 年前原状，并保证以色列人可进入犹太圣地。

尽管美国总统尼克松和福特为寻求和平付出诸多努力（尤其是尼克松的国务卿亨利·基辛格），但真正为和平进程提供环境和动力的是吉米·卡特总统。事后回顾，这是卡特总统任期内的重要成就。（2002 年 12 月 10 日，卡特总统因在这一事件中的贡献获得诺贝尔和平奖。）卡特总统在 1978 年 9 月的戴维营峰会上积极充当以色列和埃及的中间人，从那时起到 1979 年 3 月最终条约签署仪式期间，努力防止和平进程被某一方阻碍。尽管美国曾支持召开日内瓦全面和平会议，将其作为制定中东和平条约的首选机制，但贝京和萨达特开启对话后，卡特总统转而支持双边谈判机制。[21]

1978 年 9 月 5 日至 17 日的 13 天里，贝京总理与萨达特总统和卡特总统在马里兰州戴维营会面。卡特认为，非正式环境比在国际媒体聚焦下的谈判更易取得成效。卡特深知自己作为促谈者的角色以及对相关人物的了解，坚信只有贝京和萨达特在远离媒体的情况下再次面对面交流，才有可能实现和平。[22]在戴维营的两周里，他与贝京和萨达特进行一系列一对一会谈，往返于他们的小屋之间，与各自顾问安排会谈，在时机成熟时推动双方直接谈判。

以色列和埃及在较短时间内就以西奈半岛交换和平与外交承认达成协议。但棘手的是，萨达特坚持只有与中东和平的更广泛进展以及巴勒斯坦问题的进展相联系，他才会签署和平条约。这需要双方运用所有技巧和说服力来弥合分歧，尽管这种弥合并不完美。

最终，会议达成两项协议，如表 12.1 所示。[23]第一份协议是 346
“中东和平框架”，涉及更广泛的西岸和加沙问题。为被占领土建立为期五年的过渡制度，建议通过自由选举让地方当局逐步掌权，讨论将以色列武装部队重新部署到不太显眼的位置，并为确定西岸、加沙和约以关系地位的最终谈判奠定基础，该协议未特别提及巴解组织。

第二份文件是“缔结埃以和平条约的框架”。要求将西奈半岛归还埃及，限制埃及在西奈的驻军数量，并制定时间表，包括以色列军队从西奈半岛撤军与埃以和平条约签署、两国建立外交关系、以色列从西奈半岛全面撤军完成的日期，联合国部队永久驻扎在西奈半岛（未经双方同意不得撤离）[24]，并保证以色列船只可自由通过苏伊士运河和蒂朗海峡。

阿拉伯世界对戴维营会谈结果并不满意，以色列和埃及签署和平条约后，许多阿拉伯国家切断了与埃及的贸易、外交等关系。[25]不过，最终大部分关系得以恢复，甚至 20 世纪 80 年代初，“已迁至突尼斯的阿拉伯联盟总部也在开罗恢复”[26]。尽管萨达特坚称埃以双边和平条约推动了整个巴勒斯坦问题的进展，但
347 其他阿拉伯国家认为主要是因为以色列不妥协，在更广泛的巴勒斯坦问题上未取得足够进展。[27]后来以色列允许在约旦河西岸建造更多定居点，阿拉伯人对萨达特的批评加剧。最后，贝京和萨达特就西岸和加沙地带谈判的具体时间表达成协议，解决了关联问题。

表 12.1　1978 年的戴维营协议

中东和平框架	缔结埃以和平条约的框架
• 被占领土五年过渡制度 • 自由选举的地方当局接收权力 • 将以色列军队重新部署到不太显眼的位置 • 对西岸、加沙和约以关系举行最终谈判	• 西奈归还埃及 • 限制在西奈的埃及军队 • 以色列军队撤出西奈的时间表 • 埃及和以色列建立外交关系 • 以色列从西奈半岛撤军时间表 • 联合国维持在西奈的存在 • 以色列船只可自由通过苏伊士运河和蒂朗海峡

资料来源：以色列外交部网站，2015 年 7 月访问，http://mfa.gov.il/MFA/ForeignPolicy/ Peace/Guide/Pages/Camp%20David%20Accords.aspx。

1979年3月26日，基于戴维营构想的两项条约最终在华盛顿签署，正式终结了以色列和埃及之间的战争状态。[28] 1982年4月，依照和约条款，以色列完成分阶段从西奈半岛撤军，将这片广袤的缓冲区归还埃及，以此换取和平宣言。实际上，令许多人意外的是，埃以和平条约执行得相当顺利。以色列依据条约要求分阶段撤出西奈半岛，分别于1979年5月25日、7月25日、9月25日、11月15日和11月25日，以及1980年1月25日归还西奈半岛的不同区域，最后的撤军阶段在1982年4月25日完成。[29]埃及相应地逐步提升与以色列的外交接触层级，最终开放边界，并开启与以色列的科学和文化交流。尽管以色列在黎巴嫩和约旦河西岸的政策致使双方关系进入"冷淡期"，30多年来埃以关系时冷时热，但和平局面得以维持。

以色列和埃及之间最后一处紧张根源（几乎具有象征意义）是埃拉特市西南塔巴（Taba）250英亩土地的边界争端。该地区在1967年战争后被以色列占领，由于以色列在那里建造了一座豪华海滩度假村，争端变得更为复杂。1982年4月以色列归还最后一批西奈半岛土地时，坚称塔巴不在归还之列，依据1906年的地图，认为塔巴位于现今以色列境内。经过以色列内阁多次内部谈判（工党佩雷斯支持，利库德集团沙米尔反对），1986年以色列同意埃及提议，接受由五名成员组成的国际法庭进行具有约束力的仲裁。1988年9月，专家组裁定塔巴属于埃及。[30] 1988年9月30日至1989年2月，以色列和埃及就以色列在这片土地上建造酒店的财务解决方案展开谈判。最终，1989年3月，以色列国旗从索内斯塔海滩酒店（Sonesta Beach Hotel）前降下，埃及国旗升起，标志着埃以精确边界争端的最后篇章落下帷幕。

尽管以色列与埃及、以色列与约旦之间的双边会谈取得进展（我们稍后详述），但以色列北部边境局势却不容乐观。1981年6月，以色列袭击了黎巴嫩境内的巴解组织和叙利亚军队，旨

在制止那里持续不断的越界暴力行为，这些暴力严重影响了以
348 色列北部众多城市和村庄的生活。美国调解人菲利普·哈比卜(Philip Habib)于7月促成以色列和巴解组织之间停火，但局势依旧紧张。

1981年10月，埃及总统安瓦尔·萨达特遇刺身亡。如前文所述，萨达特总统因1977年与以色列接触，受到其他阿拉伯领导人的诸多批评。尽管许多其他政府已解除对埃及的官方制裁，但埃及国内许多保守民众仍将萨达特视为敌人，只因他愿意与以色列谈判。萨达特被所谓的右翼势力暗杀，这一事件并未让观察家们感到意外。

萨达特遇刺后，以色列的首要反应是担忧与埃及和平条约的存续。许多以色列领导人提出疑问：以色列究竟是与埃及和平，还是仅仅与萨达特个人和平。胡斯尼·穆巴拉克(Hosni Mubarak)总统(曾任萨达特副总统)迅速宣布“我们致力于遵守埃及缔结的所有宪章、条约和国际义务”，并明确表示埃及将遵守与以色列的所有协议，这才让以色列领导人如释重负。[31]

1982年6月至8月，以色列在军事上实施了介入黎巴嫩南部的“加利利和平行动”。尽管以色列宣称与黎巴嫩的国际边界未受挑战，[32]但自1970年巴解组织从约旦迁至黎巴嫩(在之前提及的约旦政府“黑九月”行动之后)，越过黎以边界袭击以色列北部城市的恐怖主义行为不断增多。军事行动结束时，亚西尔·阿拉法特及其巴解组织部队不得不撤离其控制的贝鲁特地区，将基地迁至突尼斯。在美国调停下，以色列、叙利亚和巴解组织领导层进行了一系列漫长谈判，期间由美国、法国和意大利军队组成的多国部队在巴解组织撤离时维持贝鲁特局势稳定。巴解组织离开黎巴嫩后，以色列在黎巴嫩南部边境维持一个安全区，以防范跨境暴力行为。

1982年9月，罗纳德·里根总统宣布美国基于《戴维营协议》和联合国第242号决议，提出解决阿以冲突的新倡议，[33]但

该倡议并未取得成功。

在此期间，黎巴嫩出现严重问题，主要体现在两方面：黎巴嫩总统巴希尔·杰马耶勒遇刺后，在贝鲁特的萨布拉和夏提拉(Sabra & Shatila)难民营，黎巴嫩基督教士兵对数百名巴勒斯 349
坦穆斯林平民进行了大规模屠杀，而当时该区域安全由以色列军队掌控。[34]以色列国防部长阿里尔·沙龙因与这一事件有重大牵连，1983 年被迫辞职。[35] 1983 年 5 月，在美国斡旋下，黎以签署和平与撤离协议，1985 年 6 月以色列完成从黎巴嫩大部分地区撤军，但仍实际控制黎巴嫩南部一小部分安全区。

1987 年 12 月，(第一次)巴勒斯坦"大起义"或"大暴动"在加沙地带爆发，最终蔓延至约旦河西岸。此后不久，约旦国王侯赛因正式放弃对约旦河西岸的一切权力，切断与该领土的法律和行政联系。次年 12 月，巴勒斯坦全国代表大会正式接受联合国最初的巴勒斯坦分治方案(联合国大会第 181 号决议)，承认以色列的生存权，并接受联合国安理会第 242 号和第 338 号决议。美国开启与巴解组织的对话，这是 13 年来美国与巴解组织的首次正式接触。

第五节　1989 年以色列的和平倡议

1989 年 5 月，以色列总理伊扎克·沙米尔宣布一项"四点和平计划"，包括在约旦河西岸和加沙地带举行选举，"选出代表谈判达成临时自治协议并充当'自治当局'"[36]。该计划提议随后举行进一步会谈，以达成巴勒斯坦局势的永久解决方案。美国国务卿詹姆斯·贝克(James Baker)努力调解，推动和平进程恢复，但以色列拒绝了贝克的"五点中东和平计划"(该计划对巴勒斯坦人的作用和对巴勒斯坦自治政府的阐释比"以色列计划"更为宽泛)，该方案最初得到埃及认可，巴勒斯坦人也有所保留地接受。[37]以色列国内政治因素以及沙米尔联合政府的脆弱性影响着和平进程，沙米尔犹豫不决或不愿积极行动，导致其政府在议会失去信任投票。[38]

1990年3月16日，以色列议会在伊扎克·沙米尔总理拒绝接受美国推动的巴以和谈计划后，通过投票将其赶下台。这是以色列政治史上首次政府在不信任投票中倒台。

60票对55票的投票结果，使沙米尔的右翼利库德集团与西蒙·佩雷斯的中左翼工党之间数周的激烈政治斗争达到顶
350 点。1988年11月大选无果后，两党在利库德集团主导的不稳定联盟中共享权力。此前，佩雷斯和沙米尔轮流担任总理的类似工党-利库德集团全国联合政府已执政四年。[39]

1990年6月，乔治·H. W. 布什总统停止美国与巴解组织之间的正式谈判，原因是美国认为巴解组织对针对以色列的恐怖主义行为立场不够坚定。近年来，巴解组织对恐怖主义的态度以及拒绝强烈谴责针对以色列的恐怖主义行为，一直是美国与巴勒斯坦权力机构关系中的症结所在。

1990年8月，伊拉克入侵科威特。这对和平进程产生影响，亚西尔·阿拉法特宣布支持萨达姆·侯赛因，致使海湾国家切断对巴解组织的资金支持。此外，数以万计的巴勒斯坦工人被迫离开海湾国家。美国及其盟国（包括阿拉伯国家）打击伊拉克后，伊拉克向以色列发射导弹作为回应。伊拉克这一战略的意图之一，至少是试图将以色列拖入对伊拉克的战争，以便呼吁泛阿拉伯团结，瓦解美国与其阿拉伯盟友的联盟。然而，应美国要求，以色列未对伊拉克的导弹袭击进行报复（尽管伊拉克的几枚导弹确实击中以色列平民目标）。伊拉克战败，巴勒斯坦人因作为萨达姆·侯赛因最坚定的支持者之一，在阿拉伯世界失去政治资本。

1991年3月，乔治·布什总统宣布海湾战争胜利为解决阿以冲突开启了机遇之窗，并派遣国务卿詹姆斯·贝克前往中东，

执行众多最终促成马德里会议的和平使命中的首个任务。[40]

第六节　1991 年马德里和平会议

1991 年 10 月，美国总统乔治·布什和苏联总统米哈伊尔·戈尔巴乔夫联合发起在西班牙马德里召开的会议。[41]在马德里会议开幕式上，布什总统表示会议目标是

> 实现“真正的和平……涵盖安全、外交关系、经济关系、
> 贸易、投资、文化交流，甚至旅游。我们期望构建一个不再
> 将大量资源投入军备的中东”。他还称：“外界可以提供帮 351
> 助，但最终，中东的未来要由中东人民和政府来塑造。”[42]

正式隶属于约旦代表团的巴勒斯坦代表团出席会议，叙利亚和黎巴嫩也分别派出代表团。

马德里会议框架要求双边会谈（以色列-约旦、以色列-叙利亚、以色列-黎巴嫩和以色列-巴勒斯坦）和多边会谈在“两条独立但平行的谈判轨道”中展开。[43]双边轨道旨在“解决过去的冲突”，1991 年 11 月 3 日，以色列与其阿拉伯邻国之间的首次直接会谈在马德里会议开幕后启动。如表 12.2 所示，随着时间推移，多轮双边会谈陆续举行。

表 12.2　1991 年 10 月 30 日至 11 月 1 日马德里和平会议

轨道一： 以色列与其他小组之间的双边谈判				
目标	以色列- 巴勒斯坦	以色列-约旦	以色列-叙利亚	以色列-黎巴嫩
短期	五年临时自治安排			

（续表）

长期	永久地位	1994 年 10 月 26日签署和平条约	和平条约目标	和平条约目标
• 双边谈判目的是解决过去的冲突。 • 与阿拉伯国家谈判目标是缔结和平条约。 • 与巴勒斯坦人谈判目标是在五年内实现两阶段解决。				
轨道二： 多边谈判 指导委员会工作组				
经济合作与发展	水	环境	难民	军备控制和地区安全
• 多边谈判目的是将讨论重心转向未来问题。 • 对问题的讨论应促进合作并建立伙伴关系的信任。				

资料来源：以色列外交部网页“马德里框架”，2015 年 7 月访问，http://mfa.gov. il/MFA/ForeignPolicy/Peace/Guide/Pages/The% 20Madrid% 20Framework.aspx。

352 以色列谈判代表与约旦-巴勒斯坦代表团、黎巴嫩代表团和叙利亚代表团进行会面。与此同时，多边轨道着眼未来，就未来重要问题展开谈判。会议成立五个工作组，重点关注水、环境、军控和地区安全、难民和经济发展，这些会谈在世界各地不同地点举行。

多边会谈旨在让参与者关注比过去冲突问题更广泛的地区问题，同时作为建立信任的举措，认识到在经历数十年战争和不信任后，期望相关国家迅速建立顺畅的工作关系并不现实。只有通过长期开放边界、广泛经济发展和区域合作，才能实现安全的未来。[44]

1991 年 12 月中旬，以色列与其他各方在华盛顿恢复会谈，美国国务院发言人表示“会谈仍在继续……[这]是相互敌对了 43 年的地区向前迈出的一大步。”[45]会谈时断时续，并计划在美国、俄罗斯、西班牙、比利时、日本、加拿大和英国等国举办。在华盛顿举行的第四轮会谈中，巴勒斯坦人提议在约旦河西岸、加沙和阿拉伯东耶路撒冷进行直接选举，以色列拒绝该提议，谈判无果而终。

1992 年 8 月举行的第六轮双边会谈中，以色列和叙利亚进入新的进展阶段，以色列公开承认有可能从部分戈兰高地撤出，这是叙利亚自会谈开始以来的诉求之一。1992 年 10 月的第七轮会谈中，以色列继续表达愿意撤出戈兰高地，但强调不会放弃整个地区。1993 年 1 月，以色列议会取消 1986 年禁止与巴勒斯坦解放组织接触的禁令。以色列政府承诺向巴解组织示好，将其作为谈判伙伴，但一些以色列政治领导人强烈反对这一举措。尽管拉宾总理相信议会会通过该法案(因其政府在议会占多数席位)，但尚不清楚争取到足够多联盟成员支持该法案的难度。最终当天投票赞成该法案的比例为 39 比 20(议会共 120 名议员)![46]

1993 年 8 月，和平进程取得重大突破，巴解组织宣布在奥斯陆秘密会谈中与以色列就被占领土部分自治问题达成初步协议。以色列外交部长西蒙 · 佩雷斯宣布，以色列和巴解组织已就加沙和杰里科达成巴勒斯坦自治协议。该协议因秘密会谈地 353
点而被称为“奥斯陆协议”，被视为缔造和平进程的真正突破。

第七节　1993 年《奥斯陆协议》

作为《奥斯陆协议》的成果，[47]以色列和巴解组织在冲突 45 年后同意相互承认，如方框 12.1 所示。巴解组织领导人亚西尔 · 阿拉法特签署一封信，承认以色列并放弃对以色列的暴力行为。作为协议一部分，阿拉法特的信由挪威外交部长约翰 · 约尔根 · 霍尔斯特(Johan Joergen Holst)亲自送往以色列，促
成《巴解组织-以色列协定》。与此同时，以色列总理伊扎克 · 拉 354

宾签署承认巴解组织的文件，并同意参加8月13日在华盛顿举行的签字仪式[48]，美国总统比尔·克林顿称《奥斯陆协议》是"一个大胆的突破"。他表示："今天是中东乃至整个世界人民充满希望的闪亮时刻。"[49]

方框 12.1　1993年8月《奥斯陆协议》

该协议内容如下：

- 将实现相当程度的巴勒斯坦自治并建立临时自治政府，首先在加沙地带和约旦河西岸的杰里科镇实施，随后在约旦河西岸其他地区（不包括犹太人定居点）推行。
- 将举行国际监督下的巴勒斯坦临时立法机构选举，以管理有限的巴勒斯坦自治，选举在协议正式签署后的九个月内举行。
- 立法委员会在税收、卫生、教育、福利、文化、旅游和建立警察部队等领域拥有权力。
- 以色列军队保留整体安全控制权，尽管将从巴勒斯坦人口中心撤出，但仍继续监督所有过境点。
- 关于耶路撒冷最终地位以及巴勒斯坦难民和犹太定居者权利等敏感问题的谈判，将在自治协定签署后不迟于两年内，就被占领巴勒斯坦领土的永久安排举行会谈时进行。
- 过渡期结束时，临时立法会将解散，过渡期不超过五年。
- 以巴谈判寻求依据（联合国）安理会第242和338号决议达成永久解决方案。

资料来源：大卫·霍夫曼，"以色列人和巴勒斯坦人都为条约做出重大妥协"，《华盛顿邮报》（1993年9月12日），第A34页，和科莱德·哈伯玛，"中东协议：秘密和平/特别报告；奥斯陆如何帮助塑造中东公约"，《纽约时报》（1993年9月5日），2015年7月访问，http://www.nytimes.com/1993/09/05/world/mideast-accord-secret-peace-special-report-oslo-helped-mold-mideast-pact.html。

1993 年 9 月 13 日，在美国时任总统克林顿、前总统乔治·布什和吉米·卡特及众多政要见证下，以色列总理伊扎克·拉宾和巴解组织主席阿拉法特会面，见证以色列外长西蒙·佩雷斯和巴解组织执行委员会成员阿布·阿巴斯签署《奥斯陆协议》。次日，以色列和约旦在华盛顿就《以色列-约旦共同议程》达成一致，标志两国战争状态结束，为达成正式和平条约的谈判铺平道路。拉宾和阿拉法特于 10 月再次会面，协调会谈并再次举行小型峰会。[50]

1994 年 7 月，以色列和约旦在 1991 年马德里和会开始三年后达成和平条约，[51]正式结束两国长达 46 年的战争状态。次月，以色列和巴勒斯坦民族权力机构在以色列和加沙地带之间的埃雷兹边境检查站签署《关于预备移交权力和责任的协 355
议》，[52]协议涵盖在教育、税收、社会福利、旅游和卫生等政策领域扩大巴勒斯坦人在西岸的自治权。

同年晚些时候，1994 年 10 月 17 日，和平条约在以色列埃拉特和约旦亚喀巴之间的边境口岸草签，美国总统比尔·克林顿见证仪式。10 月底，以色列国与约旦哈希姆王国之间的和平条约在白宫签署。尽管以色列和约旦事实上处于战争状态近 50 年，但在此期间，两国政府有多次秘密接触(包括以色列总理秘密访问约旦和约旦领导人访问以色列)。1995 年 8 月，约旦议会取消与阿拉伯联合抵制以色列的承诺。[53]

1995 年 5 月，美国国务卿沃伦·克里斯托弗宣布，以色列和叙利亚就安全安排达成一系列谅解。1995 年 9 月下旬，巴以关于西岸和加沙地带的临时协议在华盛顿签署，表明在冲突涉及的一些核心问题谈判，包括权力转移等[54]方面取得重大进展，该协议涵盖部队重新部署和安全、选举、民政、法律事务、经济关系、合作计划和囚犯释放等主题。

1995 年 11 月 4 日，以色列总理伊扎克·拉宾在特拉维夫举行的和平集会上，惨遭以色列大学生伊加尔·阿米尔(Yigal

Amir)刺杀。随后,外交部前部长西蒙·佩雷斯继任总理之位。佩雷斯始终坚定不移地支持拉宾所推进的和平倡议,实际上,他也是极力敦促拉宾朝着和平方向前行的关键人物之一,并且他下定决心,要采取一切必要举措以实现和平。

然而,佩雷斯面临着极为棘手的难题,他无力遏制巴勒斯坦针对以色列的暴力行为以及恐怖主义浪潮的不断升级。1996年5月,在以色列总理选举中,佩雷斯因安全问题,最终被利库德集团领导人本雅明·内塔尼亚胡击败。内塔尼亚胡宣称,相较于佩雷斯,他能够为以色列民众提供更为可靠的反恐安全保障。众多观察家指出,选举前几日在以色列发生的公共汽车爆炸事件,对选举结果产生了决定性影响。

在此之后,巴以和平进程愈发艰难,举步维艰。有人认为,这一局面难以避免,毕竟相对容易解决的问题已然得到处理,而诸如以色列在被占领土的定居点问题、巴勒斯坦难民的回归问题以及对耶路撒冷的控制权问题等更为棘手的难题依然悬而未
356 决。1998年1月,克林顿总统在华盛顿会见了内塔尼亚胡总理和阿拉法特主席,试图重新启动和平进程。次月,美国国务卿马德琳·奥尔布赖特亲赴中东,与内塔尼亚胡和阿拉法特进行会面。同年5月,奥尔布赖特国务卿在伦敦再次会见内塔尼亚胡总理和阿拉法特主席,这无疑是重启和平进程的又一次重要尝试。9月,她再度与两位领导人会面,与此同时,内塔尼亚胡和阿拉法特也都在华盛顿与克林顿总统进行了会晤。10月初,奥尔布赖特国务卿又一次与两位领导人会面,全力为1998年10月23日在怀伊种植园举行的新会议做精心筹备。

第八节　1998年10月23日《怀伊备忘录》

1998年10月15日至23日,以色列与巴勒斯坦在马里兰

州的怀伊河会议中心举行谈判。此次达成的协议意义重大，它是经过九天艰苦秘密谈判的成果，令人联想到 20 年前的戴维营谈判。[55]这一协议向公众表明，内塔尼亚胡总理与阿拉法特主席能够相互谈判并取得成功，不过在公开宣布谈判成果之前，结果并不确定。

> 该协议正式名称为《怀伊备忘录》，它将依据双方 1995 年 9 月签署的关于巴勒斯坦临时自治第二阶段协议的规定，实施以色列从约旦河西岸撤军三项计划中的第二项。
>
> 内塔尼亚胡以加强以色列安全保障为条件，在白宫签字仪式上宣称，由于该协议，"以色列及整个地区更加安全"。阿拉法特在签字仪式上称内塔尼亚胡为"和平伙伴"，并表示："我们(巴勒斯坦人)永远不会脱离和平进程，永远不会重回暴力和对抗。"[56]

《怀伊备忘录》于 10 月 23 日在白宫签署，一个月后，克林顿总统在华盛顿主持中东捐助者会议。除克林顿承诺要求国会批准在五年内向巴勒斯坦民族权力机构捐款 4 亿美元外，还有近 40 个国家承诺向巴勒斯坦民族权力机构提供超过 30 亿美元的经济援助。[57]

《怀伊协议》旨在促使有关各方重新思考合作，并敦促他们 357
继续推进以往取得的和平进展。[58]如方框 12.2 所示，该协议将约旦河西岸更多领土的控制权转移给巴勒斯坦人，释放了以色列监狱中的部分巴勒斯坦囚犯；同时，巴勒斯坦人有义务逮捕恐怖主义嫌疑人，加强反恐措施，并采取一些旨在增强以色列安全的行动，如就巴勒斯坦机场和连接西岸与加沙地带的运输走廊达成协议。

1999 年 5 月 17 日，工党候选人埃胡德·巴拉克在直接投票中以 56%对 44%的得票率击败本雅明·内塔尼亚胡，当选以色列总理。[59]和平以及与巴勒斯坦人谈判的意愿是竞选的重要议题，许多人相信巴拉克能够引领以色列与巴勒斯坦人达成持久和平协议，但事实证明这并未实现。

方框 12.2　1998 年 10 月 23 日《怀伊协议》

该协议要点如下：

- 呼吁以色列在三个月内分三个阶段从约旦河西岸 13.1%的地区撤军。此外，协议还包括将另外 14%的约旦河西岸土地的以色列-巴勒斯坦联合控制权，移交给巴勒斯坦民族权力机构单独控制。
- 呼吁重新召集巴勒斯坦议会——巴勒斯坦全国大会(PNC)，再次确认删除 1964 年《巴勒斯坦民族宪章》中要求摧毁以色列的第 26 条条款。
- 呼吁巴勒斯坦民族权力机构加强反恐措施，以增强以色列的安全。
- 呼吁将巴勒斯坦民族权力机构警察部队裁减 25%。
- 要求巴勒斯坦民族权力机构逮捕 30 名巴勒斯坦恐怖主义嫌疑人，并没收巴勒斯坦人手中的非法武器。
- 呼吁释放被关押在以色列监狱中的 750 名巴勒斯坦囚犯。
- 呼吁在加沙地带开设一个巴勒斯坦机场和一个工业园区。
- 呼吁开辟一条交通走廊，使巴勒斯坦人能够在约旦河西岸和加沙地带之间通行。
- 呼吁成立一个以色列-巴勒斯坦联合委员会，讨论进一步从巴勒斯坦被占领土撤军的问题。

资料来源：外交部网页，“怀伊备忘录”，2015 年 7 月访问，http://mfa.gov.il/MFA/ForeignPolicy/Peace/Guide/Pages/The%20Wye%20River%20Memorandum.aspx。

2000 年 9 月是和平进程的转折点。9 月 28 日,利库德集团领导人阿里尔·沙龙访问圣殿山,包括阿克萨清真寺附近地区,这引发了约旦河西岸的大规模骚乱。“并非我的访问点燃了冲突之火,而是巴勒斯坦人的煽动。”沙龙在回应指控时表示,有人指责他做出彰显以色列主导地位的姿态,必然会激起巴勒斯坦人的情绪,故意加剧巴勒斯坦的紧张局势。许多以色列和国际领导人不认同他对骚乱原因的解释,将暴力事件的爆发归咎于沙龙具有煽动性的圣殿山访问。[60] 358

沙龙称,他的访问旨在重申以色列对该地区的主权,以色列在 1967 年阿以战争中占领东耶路撒冷时吞并了该地区。然而,对耶路撒冷及其圣地的主权是巴以和谈中最具争议的未解决问题之一。反对党、利库德集团领导人沙龙借此机会批评以色列总理埃胡德·巴拉克在耶路撒冷地位问题上向巴勒斯坦人做出让步的行为。[61]

9 月 28 日,沙龙谈及他的访问时称:“这并非挑衅。阿拉伯人有权参观以色列土地的任何地方,犹太人也应有权参观以色列土地的每一处。”然而,东耶路撒冷的巴勒斯坦总部于 9 月 28 日发表声明称,“这次访问击中了和平进程的核心”。[62]

不幸的是,事实证明,巴拉克无法制止在他任期内发生的恐怖主义行为,尤其是在“阿克萨大起义”开始之后,而且他在议会中的政治地位不足以使其承受短期压力。2000 年 12 月 9 日,巴拉克宣布辞去总理职务。[63]选举定于 2001 年 2 月举行。

在那次选举中,阿里尔·沙龙当选为以色列总理。竞选期间,沙龙宣称他认为 1993 年巴以《奥斯陆协议》已完全失效。该临时协议自 1993 年以来,为所有和平谈判提供了基本框架,奥斯陆进程本意是要完全实现巴勒斯坦自治。[64]沙龙当选后,较为温和的阿拉伯领导人——特别是埃及总统胡斯尼·穆巴拉克(Hosni Mubarak)和约旦首相阿里·阿布·拉格布(Ali Abu Ragheb)——呼吁其他阿拉伯领导人“不要急于谴责沙龙”。[65]

自2000年年底以来，特别是在沙龙总理的领导下，和平进程进展缓慢，近年来更是完全停滞。以色列外交部建立了一个网站，列出“自2000年9月以来的巴勒斯坦暴力和恐怖主义”，并努力全面记录针对以色列的巴勒斯坦恐怖主义行为。[66]尽管
359 冲突双方的领导人被要求停止暴力及恐怖主义并恢复谈判，但以色列、约旦河西岸和加沙地带的暴力循环仍周期性地达到相当严重的程度。正如我们在前一章中提到的，从2000年到2005年，巴勒斯坦自杀式炸弹袭击者开始在以色列境内制造暴力和伤亡。以色列则以武装直升机袭击巴勒斯坦城市的战略目标、摧毁房屋、造成巴勒斯坦人的伤亡和进行大规模逮捕作为回应。巴勒斯坦人又以更多的恐怖主义行为作为反击。暴力使得和平谈判变得更加遥不可及。

一些政府领导人考虑重新谈判，但谈判进展甚微。2000年11月，美国前参议员乔治·米切尔(George Mitchell)受克林顿总统邀请担任实况调查委员会主席，调查近期以色列人与巴勒斯坦人之间暴力冲突的原因。2001年4月，他的报告发布，该报告被称为《沙姆沙伊赫备忘录》。

第九节　2001年4月30日《沙姆沙伊赫备忘录》

2001年4月30日，由美国前参议员乔治·J. 米切尔担任主席的“沙姆沙伊赫实况调查委员会”发布了关于如何打破以色列与巴勒斯坦之间的暴力循环，以及巴以谈判如何重新启动以解决冲突的最终报告(见方框12.3)。报告呼吁立即停火，摒弃恐怖主义，恢复和平谈判，并冻结在约旦河西岸和加沙地带的犹太人定居点建设。报告指出，“以色列政府和巴勒斯坦权力机构必须迅速果断地采取行动制止暴力。他们的直接目标应是重建信任并恢复谈判”。[67]报告特别提及阿里尔·沙龙于2000年9

月28日对圣殿山的访问与“阿克萨大起义”的爆发密切相关，并认为以色列的定居点建设、巴勒斯坦的恐怖主义行为、以色列对这些行为的军事反应，以及不明智的公开声明，都加剧了中东的暴力循环。[68]

报告得出结论，领导者无须做任何全新之事，因为之前都已尝试过。他们不必“重新发明轮子”。所需要的——而且报告并未低估这一过程的难度——是双方领导人真正履行他们过去所承诺的事情。

随后，又有人提出其他和平解决的设想。2002年3月，沙
特阿拉伯王储阿卜杜拉提出一项“两国和平方案”，以期解决阿 360
以冲突。[69]沙特的计划并未提出太多全新内容，因为它建议以色列完全撤出1967年占领的所有领土，包括约旦河西岸、加沙地带和东耶路撒冷，以换取与所有阿拉伯国家关系的全面正常化。该计划的重要性在于其发起者——沙特阿拉伯王室——这在两
三年前被认为是绝无可能的！沙特提案宣布后，阿拉伯联盟在 361
贝鲁特召开会议，通过了该提案。

方框12.3　2001年4月30日《沙姆沙伊赫备忘录》

1. 建议摘要
   - 结束暴力
   - 重建信心
   - 恢复谈判
2. 介绍
3. 讨论
4. 发生了什么？
5. 为什么会这样？
   - 不同的期望
   - 巴勒斯坦人的观点

- 不同的观点
- 以色列的观点

6. 结束暴力

- 停止暴力
- 恢复安全合作

7. 重建信心

- 恐怖主义
- 暴力对经济和社会的影响
- 定居点
- 圣地
- 缓解紧张局势
- 国际力量
- 行动和回应
- 跨社区倡议
- 煽动

8. 恢复谈判
9. 建议

- 结束暴力
- 重建信心
- 恢复谈判

资料来源:外交部网页"沙姆沙伊赫实况调查委员会报告",2015 年 7 月访问,http://mfa.gov.il/MFA/MFA-Archive/2001/Pages/Report%20of%20the%20Sharm%20el-Sheikh%20Fact-Finding%20Committ.aspx。

第十节　哥本哈根路线

1995 年和 1996 年,一群有影响力的以色列和埃及知识分子、政治家和作家在丹麦路易斯安那现代艺术博物馆会面。其目的是为埃及和以色列之间的冷淡和平增添一些热度，并探寻推进和平进程的方法。丹麦皇家外交部安排了会议，与会人员以个人身份参加，会议内容保密。1996 年秋天，会议决定将巴勒斯坦人和约旦人纳入其中。

1997 年 1 月，包括埃及、以色列、约旦和巴勒斯坦民族权力机构代表在内的约 100 名与会者在哥本哈根举行会议，由丹麦外交部长主持。会议建立了“阿以和平国际联盟”，并通过了一项名为“哥本哈根宣言”的决议。尽管该进程的许多参与者在各自国家担任过正式政府职位，且其中一些人与政府有联系，但该联盟是一个纯粹的非政府项目，旨在促进该地区的和平。1998 年至 2003 年，该会议每年如期举行。2000 年，该会议还荣获欧洲和平奖。

2003 年的会议于 5 月在哥本哈根举行。此次会议重点讨论“和平路线图”，下文将对此展开论述，该计划源于美国的一项倡议，由美国、欧盟、俄罗斯和联合国发起，在协议中被称为“四重奏”。

如上所述，路线图摒弃了过去实现中东和平的方法。“在旧模式中，我们一直在摸索前行，想看看能走多远，”丹麦外交部长佩尔·斯蒂·默勒(Per Stig Møler)说，问题在于，这涉及“太多的波折和太少的和平”。[70]

路线图以其他和平协议的目标为开端：明确在 2005 年之前建立巴勒斯坦国和保障以色列安全的具体日期。路线图用多边主义取代了双边主义(不仅涉及以色列和巴勒斯坦，还有其他国家关注)：四方将确保从一个阶段到另一个阶段的进展。

路线图要求各方做出承诺：他们同意无论对方如何挑衅，都
不再有巴勒斯坦民族权力机构支持的冲突或恐怖主义，也不再 362
有以色列坦克入侵的威胁。巴勒斯坦人有望拥有自己的国家。

路线图的关键思想有三个：[71]

1. 由四方提供对以色列安全保障的必要性。

2. 巴勒斯坦人独立的必要性及占领的结束。

3. 拆除以色列定居点和恢复巴勒斯坦基础设施。

为使这一进程免受个别自杀式炸弹袭击事件的影响，该计划要求四方监督和平进程，认为国际参与至关重要。它特别提出以下建议：

• 巴勒斯坦人必须打击暴力并致力于安全保障。

• 以色列必须帮助巴勒斯坦人，放宽限制，撤出巴勒斯坦地区，冻结定居点活动。

• 巴勒斯坦国必须是一个切实可行的国家，而非形同虚设的国家。

• 必须对和平做出承诺。双方必须认同，不能允许极端分子破坏和平进程。例如，一名多年前开始向以色列游客开枪的埃及士兵不能破坏和平。

• 而最后的关键，最终的领土划分必须以 1967 年分界线为基础，可适当进行领土增减。土地交换以适应实际情况是可以接受的，但巴勒斯坦的最终面积必须与 1967 年界线大致相符，并且必须包括耶路撒冷。

丹麦外交部长佩尔·斯蒂·默勒不止一次表示："和平不是谁先扔第一块石头的问题，和平是一个谁不扔第二块石头的问题。"[72] 2003 年 5 月哥本哈根会议的联合声明以一句话结尾："和平太重要，不能只依赖政府。"[73]

第十一节　2002—2015 年美国的角色

2002 年至 2015 年期间，曾经在中东和平进程中显现的势头几乎消失殆尽。巴以冲突并非美国总统乔治·W. 布什外交政策的首要关注点，彼时他更侧重于国际恐怖主义和伊拉克问
363 题。直到其八年任期即将结束时，他才开始推动美国在解决巴以冲突中发挥关键作用。[74]

沙特阿拉伯和阿拉伯联盟(阿盟)开始暗示在某些条件下可能考虑与以色列关系正常化,这一时期,美国似乎正逐渐脱离其在中东和平进程中常规调解人的角色。乔治·W. 布什总统不像他的前任们那样乐观地认为阿以冲突的解决方案即将达成。此外,他的注意力主要集中在伊拉克局势的不断升级上。2002年夏天,布什发表讲话,表达对巴勒斯坦鹰派的不满,将恐怖袭击称作"凶杀炸弹",这种措辞旨在强调其不可辩解性,虽略显冗余,但也表明了态度。

不过,布什并未完全置身事外。他与联合国、欧盟和俄罗斯(在这一进程中被称为"四方")共同支持了前文提及的"和平路线图"。该路线图重申了对"两国解决方案"的呼吁,同时基于现实情况设计了实现某些目标的正常化进程。也就是说,路线图没有为和平进程强加外部时间表,而是呼吁以色列和巴勒斯坦权力机构满足一些可识别的善意和发展基准,这些基准需由四方伙伴确认,只有确认通过后,下一阶段计划才能启动。[75]

在这些基准中,首要的是停止暴力,特别是要杜绝巴勒斯坦武装分子的自杀式袭击。以色列也被要求发表"明确声明,确认其对建立独立、可行、主权的巴勒斯坦国的两国愿景的承诺"。此外,还涵盖以色列安全保障、巴勒斯坦机构建设、对巴勒斯坦人的人道主义援助、对民间社会项目的支持,以及以色列政府承诺拆除 2001 年 3 月之后新建的定居点前哨。过渡阶段设定在 2003 年 6 月至 2005 年,期间计划召开一次国际会议,并在 2004 年或 2005 年达成一项永久地位协议。但遗憾的是,路线图的执行和推进并非布什政府的优先事项;布什总统直至 2008 年,也就是他八年任期的最后一年,才以总统身份访问中东。由于路线图的目标几乎无一实现,其现实性受到了广泛质疑。

很快,美国的注意力几乎转移到了伊拉克的新战争上,这场战争在 2003 年正式进入高潮,中东和平进程因此陷入停滞。2004 年,沙龙总理宣布,由于没有可与之认真谈判的伙伴——

他的意思是，以色列无法信任与巴勒斯坦人谈判，因为巴勒斯坦
364 政府极不稳定，无法做出令人信服的承诺——以色列决定单方面完全撤出加沙，让加沙自行管理，但加沙边境被以色列包围并实施彻底封锁。[76]同年，巴勒斯坦权力机构领导人亚西尔·阿拉法特去世。2005年，马哈茂德·阿巴斯(Mahmoud Abbas)出任巴勒斯坦权力机构领导人，并承诺推进与以色列的谈判。[77]此后不久，参与"阿克萨大起义"的激进组织也同意与以色列军队停火。

2005年，以色列单方面从加沙撤出军队和定居者，不过以色列保留了对加沙领空、边界和港口的控制权。这一决定遭到以色列右翼政党的强烈反对，但由于沙龙知道他能获得以色列左翼政党的支持，该决定最终在议会获得批准。所以，尽管以色列宣称已撤出加沙，加沙人却仍坚称自己"被占领"，因为他们无法掌控自己的命运。

2006年，巴勒斯坦举行选举，这引发了一个政治学家们极为关注的两难问题：如果民主选举的获胜者未能完全融入民主进程，将会出现什么情况？具体而言，巴勒斯坦人在巴勒斯坦立法议会选举中选出了由哈马斯成员占压倒性多数的政府(即立法机关的大多数成员来自哈马斯，他们从哈马斯中选出一名总理)。长期以来，哈马斯被美国国务院列为恐怖组织，许多观察员认为，哈马斯的当选意味着巴勒斯坦人在远离和平进程。[78]就连长期由法塔赫掌控的巴勒斯坦权力机构现任政府也对这一选举结果感到震惊。美国、欧盟以及其他几个欧洲和西方国家因将哈马斯视为恐怖组织，停止了对巴勒斯坦权力机构的所有财政援助，当地政治活动也因此陷入停滞。

为避免巴勒斯坦权力机构爆发内战，哈马斯和法塔赫接受了沙特的提议，在巴勒斯坦组建联合政府。但两个组织彼此猜忌，直到2007年6月，哈马斯完全控制了加沙。此时，法塔赫宣布联合政府无效，并单方面收回对西岸巴勒斯坦权力机构的控

制权,美国随后恢复了对该地区的财政援助。直至今日,加沙仍处于哈马斯的控制之下,且无法获得国际财政援助。

2006年7月上旬,第一枚威力增强的卡桑火箭弹从加沙射向以色列领土内的阿什凯隆市(Ashkelon)。尽管此次袭击未造成以色列人员伤亡,却引发了以色列极大的关注和恐慌。以色列注意到新一代卡桑火箭弹的射程在不断增加,随之而来的 365
是关于各种应对方式的讨论。[79]

2006年7月,也是新一轮以色列-黎巴嫩冲突的开端。7月12日,部分真主党战士越过边境进入以色列,绑架了两名以色列士兵并杀害了另外三人。再加上真主党向以色列北部边境城镇发射火箭弹,最终引发了公开的越境战争,冲突双方都展开了大规模军事行动。在联合国安排停火之前,战斗持续了30多天,导致黎巴嫩平民大量伤亡,以色列北部城市,包括海法在内,遭受了严重破坏。由于以色列军方投放的集束炸弹,黎巴嫩南部的许多地区至今仍存在安全隐患。[80]

2006年9月,法塔赫与加沙地带的哈马斯部队之间爆发了真正的内战。联合国宣布加沙局势"无法容忍"[81],许多政府提出以色列对加沙的封锁不能再继续下去。[82]

2006年10月,由于来自加沙的针对以色列沿海平原平民目标的火箭弹袭击增多,以色列空军对加沙发动了一次短暂的军事行动。

在总统任期的最后一年,乔治·W. 布什终于试图在中东和平进程中留下自己的印记。2007年11月20日,他宣布计划召开"安纳波利斯和平会议",并邀请各国前往安纳波利斯讨论陷入停滞的和平进程(见方框12.4)。此次会议意义重大,它标志着双方首次就"两国解决方案"展开谈判,值得注意的是,会议的参会人数众多,并且一些此前未积极参与和平进程的阿拉伯国家也出席了会议。

安纳波利斯会议于2007年11月27日在美国马里兰州安

纳波利斯的美国海军学院举行。会议结束时，各方发表了一份联合声明，称以色列人和巴勒斯坦人已同意在2008年底前努力达成一项可行的和平协议。会议的目标是编制一份实质性文件，沿着"和平路线图"的指引解决巴以冲突，最终建立一个巴勒斯坦国。但可惜的是，结果未能如愿。在会议结束后的一年内，显然无法实现2008年底的目标。安纳波利斯会议的主要意义在于参会国家数量众多(达到40个)，其中包括许多以前从未参与过的阿拉伯国家。

方框12.4　2007年11月受邀参加安纳波利斯和平会议的国家

美国	印度尼西亚	斯洛文尼亚
以色列	伊拉克	南非
巴勒斯坦权力机构	意大利	西班牙
阿尔及利亚	日本	苏丹
阿盟秘书长	约旦	瑞典
巴林	黎巴嫩	叙利亚
巴西	马来西亚	四方特使托尼·布莱尔
加拿大	毛里塔尼亚	突尼斯
中国	摩洛哥	土耳其
埃及	挪威	阿拉伯联合酋长国
欧盟委员会	阿曼	英国
欧盟高级代表	巴基斯坦	联合国秘书长
葡萄牙常驻欧盟代表	波兰	也门
法国	卡塔尔	
德国	俄罗斯	观察员：
希腊	沙特阿拉伯	国际货币基金组织
印度	塞内加尔	世界银行

即使展开了有意义的谈判，其进展也并不令人满意。2008年12月，经过一年断断续续却毫无成果的会谈后，以色列总理埃胡德·奥尔默特对哈马斯控制的加沙地带发动了进攻，阿巴斯随后退出了会谈。“铸铅行动”是以色列为应对哈马斯持续的火箭弹袭击而发起的全面军事入侵，行动持续了三周，之后才谈判停火。[83] 366

2009年1月，新当选的美国总统巴拉克·奥巴马表示，他希望在其总统任期内推动中东和平取得重大进展。他任命曾成功调解北爱尔兰谈判并撰写《沙姆沙伊赫备忘录》的乔治·米切尔为中东特别代表。

正如前文所述，2009年2月以色列举行议会选举。在这次选举中，本雅明·内塔尼亚胡再次当选总理，领导一个由中右翼政党组成的联盟。巴勒斯坦人和以色列的阿拉伯邻国认为这对和平进程不利。在当选后的较短时间内，内塔尼亚胡便释放出信号，表明将继续支持在被占领土上建造定居点。 367

2009年6月，美国和以色列之间进行了艰难的沟通。奥巴马总统和国务卿希拉里·克林顿都向内塔尼亚胡总理施压，要求其停止定居点扩张，认为这种行为与过去的中东和平协议相悖，对和平进程造成了不必要的干扰。内塔尼亚胡反驳称，定居点的“自然”增长——因定居点人口自然增长而非新建定居点导致的扩张——在过去是被允许的，并且他的政府也将继续支持。不过，内塔尼亚胡原则上也接受了建立一个与以色列国分离的巴勒斯坦国的理念，前提是要确保以色列的安全。[84]

三个月后的2009年9月，奥巴马总统在联合国纽约总部与阿巴斯主席和内塔尼亚胡总理举行了一场备受瞩目的握手仪式。然而，令巴勒斯坦人极为失望的是，奥巴马总统似乎并未坚持要求以色列在新谈判开始前停止所有定居点建设。内塔尼亚胡总理宣布对定居点开发实施为期十个月的“部分冻结”，这一决定引发了以色列政治右翼的强烈批评。[85]

奥巴马总统和克林顿国务卿都对内塔尼亚胡“部分冻结”西岸新定居点建设的决策表示称赞，称其“史无前例”，尽管批评者认为“部分冻结”仍允许部分新房屋建设。2010 年 3 月上旬，阿拉伯联盟批准了为期四个月的“近距离会谈”原则。这一安排使得阿巴斯在不必与内塔尼亚胡直接会面的情况下，恢复与内塔尼亚胡总理的某种谈判活动，因为内塔尼亚胡不同意阿巴斯提出的在谈判重新开始前完全停止定居点建设的要求。哈马斯甚至对“近距离会谈”的概念提出批评，这进一步加剧了法塔赫和哈马斯之间的分歧。

此后不久，在 3 月的第二周，米切尔先生开始以间接“近距离”形式分别与内塔尼亚胡总理和阿巴斯主席会面。与此同时，奥巴马总统和克林顿国务卿加大了对内塔尼亚胡总理的施压，要求其在解决问题上向巴勒斯坦人展现诚意。以色列回应称，愿意向巴勒斯坦人提供“建立信心”的步骤，但具体内容尚不明确。

在奥巴马总统的第二个任期内，以色列和美国的关系愈发
368 紧张。奥巴马政府明确向内塔尼亚胡及其政府表明，在西岸扩大定居点建设对和平有害；而内塔尼亚胡也向美国明确表示，他的政策将是支持此类定居点建设。2015 年春季，内塔尼亚胡在未与国务院协商的情况下，接受（众议院共和党议长）约翰·博纳（John Boehner）的邀请，在国会联席会议上发表讲话，这使得双方紧张局势更加凸显。内塔尼亚胡在那次演讲中抨击了奥巴马和国务卿约翰·克里与伊朗达成的关于伊朗核能力的协议。

巴以冲突解决方案的分歧、与伊朗达成核协议的利弊，以及以色列对奥巴马试图从混乱的中东“转向”亚洲的举措的担忧，这些都是重新评估美以关系的重要因素。

目前，关于美以关系的大部分辩论都聚焦在伊朗核谈判上。一些外交消息人士称，在接近月底的谈判最后期限，

包括美国在内的世界大国可能会在本周末某个时候宣布与德黑兰达成一项协议——内塔尼亚胡称之为“糟糕的协议”。

但一些专家指出,比伊朗问题更关键的是巴勒斯坦问题,以及美国和以色列在如何解决这一问题上日益加深的分歧,这才是美以关系转变的核心所在。[86]

第十二节　双边进展

以色列和约旦

如前文所述,1993 年 9 月 14 日,以色列和约旦签署了《以色列约旦共同议程》。这份议程成为双方进一步探讨和谈判关键双边问题的重要基础,涵盖了水资源、安全、难民与流离失所者、边界以及领土等诸多方面。[87] 1994 年 7 月,侯赛因国王与阿卜杜拉·萨利姆·马贾利总理共同签署《华盛顿宣言》,正式终结了约旦和以色列之间的战争状态。双方同意依据联合国第 242 号和第 338 号决议,寻求公正且持久的和平,同时授权约旦对耶路撒冷穆斯林圣地拥有特殊权力。在发表该声明之前,双方还就一系列实际问题展开讨论,包括电话通信、电网建设、过境点设置、旅游人员流动、毒品走私防范以及经济合作机会拓展等。[88]

1994 年 10 月 26 日,以色列和约旦正式签署和平条约。该条约不仅建立了两国间全面的外交关系,还为双方大幅增进经济往来敞开了大门。此后八年间,双方签署了多项双边协议,内
容涉及环保、商贸、交通、航空运输、水资源分配、农业合作、打击 369
犯罪与非法药物、通信与邮件、科学文化交流、教育、卫生、边境管理、旅游开发以及能源合作,甚至包括埃拉特-亚喀巴地区的区域发展。[89]

> 从历史角度来看，这份通过直接谈判、相互让步且不设先决条件达成的和平条约，极大地推动了两国在贸易、水资源问题解决、农业协作、旅游发展、环境保护以及经济增长等方面的合作。[90]

自以色列与约旦签署和平协议以来，两国边境始终保持稳定和平，经济也逐步发展。以色列约旦商会蓬勃发展，2006 年，约旦对以色列的出口额达到近 4000 万美元。以色列允许约旦运货卡车穿越本国领土前往海法和土耳其港口，进而运往土耳其和伊拉克，有效促进了约旦与伊拉克、土耳其之间的贸易往来。[91]

两国持续致力于全面解决水资源供应问题。一方面，约旦承认以色列可在约旦河和耶尔穆克河取水；另一方面，以色列也同意向约旦提供大量水资源。2013 年，双方达成共识，共同开发红海-死海输水管道以及净水厂，产出的水资源将由以色列人、约旦人和巴勒斯坦人共同分享。[92]

尽管以色列和约旦都从和平关系中获益，且这种和平关系并未受到根本性挑战，但两国关系仍存在一定波动。约旦将自己视为当今中东巴勒斯坦事业的支持者，每当以色列对巴勒斯坦人采取激进举措时，约旦都会做出回应；同时，以色列在约旦民众（其中大部分为巴勒斯坦人）中并不受欢迎。[93] 2014 年 11 月，内塔尼亚胡总理在安曼与阿卜杜拉国王举行秘密会晤，就耶路撒冷骚乱、圣殿山安全问题以及以色列国防军与负责圣殿山安全部署的约旦瓦格夫当局之间的关系展开讨论。[94]

总体而言，没有理由怀疑以色列与约旦的关系不会继续成为以色列在该地区外交关系的重要组成部分。尽管约旦国内议程备受关注——“阿拉伯之春”确实引发了以色列和约旦边境双方对约旦政治稳定的担忧，但阿卜杜拉国王作为中东地区温和且相对进步的君主，政治地位相对稳固。因此，完全有理由期待两国之间的政治、文化和经济关系在未来能够保持稳定，甚至进一步改善。

以色列和黎巴嫩 370

从历史上看，有两个关键问题一直影响着以色列和黎巴嫩之间的双边关系：一是黎巴嫩曾是叙利亚的卫星国，二是黎巴嫩长期作为巴勒斯坦恐怖主义活动的行动基地。如前文所述，以色列多年来一直明确表示对黎巴嫩领土并无诉求；其进入黎巴嫩领土、在黎巴嫩南部安全区采取军事行动，主要是出于黎巴嫩-以色列边界的不安全因素（即黎巴嫩政府无法有效阻止恐怖主义和暴力军事行动），以及来自黎巴嫩方向针对以色列的暴力行为。

1994 年，在华盛顿举行的双边会谈中，以色列提出了三个关键原则：

1. 黎巴嫩军队需在六个月内制止针对安全区和以色列的恐怖活动，三个月后，以色列愿与黎巴嫩签署和平条约。

2. 在撤离黎巴嫩之前，以色列必须确保以黎巴嫩为基地的恐怖组织已被解散。

3. 帮助过以色列的黎巴嫩公民和黎巴嫩南部军队人员在以色列撤军后不会受到伤害。

1996 年 4 月，在以色列北部边界黎巴嫩一侧持续数月的恐怖活动后，以色列发动了“愤怒的葡萄行动”，入侵黎巴嫩。[95]此前我们已讨论过此次军事行动给以色列国内政治带来的困境，以及以色列士兵对在黎巴嫩服役的抵制情绪。在 1999 年的大选竞选活动中，埃胡德·巴拉克承诺将以色列军队撤出黎巴嫩，其政府的指导方针明确表示，“政府将采取行动使以色列国防军撤出黎巴嫩，同时保障北部居民的福祉与安全，并渴望与黎巴嫩缔结和平条约”[96]。

巴拉克胜选后，2000 年 3 月 5 日，政府通过决议，决定于当年 7 月重新部署以色列国防军部队；2000 年 5 月 23 日，以色列完成从黎巴嫩南部的单方面撤军，结束了其在黎巴嫩长达 18 年的军事存在。[97]

2006 年，两名以色列士兵被绑架后，以色列与真主党部队在黎巴嫩南部爆发公开战争。这场战争激烈且范围广泛，最终导致边界两侧近 2000 人丧生。战争期间，真主党向以色列南部直至海法地区发动火箭弹袭击，以色列则对黎巴嫩领土进行空中轰炸，投放集束炸弹。冲突仅持续了一个月，于 2006 年 8 月 14 日实现停火，但这场战争极大地改变了以色列的政治格局，
371 普遍观点认为以色列军队在此次行动中并未取得成功。事实上，黎巴嫩真主党武装分子高调宣称取得胜利，而失踪的士兵也未被遣返。这是首次以色列在一项主要军事目标上被认为失败，进而动摇了政府内部的稳定。

由于黎巴嫩在战争中伤亡惨重，特别是以色列在战斗中对平民目标使用集束炸弹，2006 年 8 月，黎巴嫩总理福阿德·西尼乌拉(Fouad Siniora)表示，黎巴嫩将是“最后一个与以色列实现和平的阿拉伯国家”[98]。

自 2006 年以来，以色列和黎巴嫩之间的边界冲突频发。在以色列建国后的几十年里，这条边界曾是以色列与其邻国之间相对和平的象征。冲突分别在 2007 年、2010 年、2011 年、2013 年以及 2015 年 1 月爆发，其中 2015 年 1 月的冲突是因为真主党向以色列发射导弹，以回应以色列对叙利亚车队的空袭。[99]

值得关注的是，从 2006 年至 2015 年，真主党不断改进其火箭弹武器库，这对以色列的安全构成了切实威胁。

> 2006 年，真主党投入战斗时拥有约 13000 枚短程和中程火箭，能够打击以色列北部目标；如今，其拥有超过 10 万枚火箭和导弹，其中包括一些远程系统以及精度更高的系统，使其能够更精准地打击以色列全境。[100]

学者们还指出，真主党在叙利亚和伊朗军方的协助下，提升了自身的防空和海防能力。此外，真主党还在以色列边境部署了规模空前的“先进隧道网络”。[101]以色列自 2006 年以来也在不断提升自身的战争能力，无论是空中火力还是地面火炮能力。以色列花费大量时间研究如何应对与真主党可能爆发的下一场战争。

因此，尽管以色列与黎巴嫩的关系并未发生根本性改变，这主要归因于黎巴嫩的政治不稳定，但随着真主党在叙利亚的支持下不断武装壮大，以色列与真主党之间的局势愈发严峻。正如一位消息人士所指出的，黎巴嫩身处以色列利益和叙利亚利益之间，“即便其并不情愿，还是成了中东代理人战争的理想战场，这无疑是一种令人无奈的‘殊荣’”。[102]

以色列和叙利亚

1994 年，以色列和叙利亚展开多次谈判，部分为华盛顿的大使级谈判，部分为其他级别，其中包括 1994 年 12 月和 1995
年 6 月以色列和叙利亚参谋长之间的会谈。1995 年 12 月和 372
1996 年 1 月的会谈则聚焦于安全及其他关键问题。

如前文所述，以色列在谈判中同意了叙利亚的一项关键诉求：接受从戈兰高地撤军。然而，谈判中存在诸多争议问题：

1. 其一，以色列将撤离多远，叙利亚期望以色列完全撤军，而以色列表示完全撤军并非必然；

2. 撤军的时间表和持续时长，叙利亚希望迅速且短暂地完成撤军，以色列则表示将谨慎行事；

3. 撤军与正常化之间的关联，叙利亚主张撤军后再推进正常化，以色列则坚持两者必须紧密联系，且在撤军完成前要有一个“长期的正常化阶段，包括开放边界和设立大使馆”；

4. 关于安全安排的协议。[103]

埃胡德·巴拉克总理急切希望与叙利亚人展开谈判。在

1999 年的竞选活动中，他承诺与叙利亚达成的任何协议都将提交给以色列公众进行“全民公决”。为回应那些强烈反对将戈兰高地领土归还叙利亚的声音，1999 年 12 月 15 日，在华盛顿举行的峰会上，克林顿总统、巴拉克总理和叙利亚外交部长法鲁克·阿沙拉(Farouk a-Shara)举行会谈。随后于 2000 年 1 月在西弗吉尼亚州的谢泼兹镇(Shepherdstown)举行了一轮会谈，但经过三年多的停顿，此轮谈判未取得实质性成果。2000 年 6 月，叙利亚总统哈菲兹·阿萨德去世，这使得谈判更加艰难，因为阿萨德的儿子和继任者巴沙尔·阿萨德将主要精力放在巩固自身权力控制上，而非与以色列实现和平。[104]

2007 年 4 月，奥尔默特总理公开表示以色列仍然对与叙利亚实现和平感兴趣，但他补充说，叙利亚需要停止与哈马斯、伊斯兰圣战组织以及真主党合作，才有可能实现和平。此后，虽无更具体行动，但在 2007 年 11 月，叙利亚确实派代表参加了由乔治·W. 布什总统发起的在华盛顿举行的中东和平对话，然而并未取得任何进展。[105]

373 2008 年 4 月，奥尔默特总理向巴沙尔·阿萨德总统发起对话，表示以色列愿意撤出整个戈兰高地以换取和平。2008 年 5 月，在土耳其政府的主持下，以色列和叙利亚在土耳其安卡拉举行间接和平谈判，但此次谈判同样无果而终。[106]

近年来，叙利亚内战以及阿拉伯中东地区更为广泛的政治紧张局势，严重阻碍了以色列和叙利亚在和平进程上取得双边进展。[107]事实上，内塔尼亚胡总理的一位同事近期敦促世界大国承认以色列 1981 年对戈兰高地的吞并，并补充说“叙利亚已不再是一个能够夺回战略高原的国家”。一位以色列高级国防官员在另一次谈话中表示，阿萨德总统“仅控制了叙利亚的五分之一，最终可能仅掌控一个由其少数阿拉维教派主导的残余国家”。[108]

奥巴马政府曾试图定期推动以色列-叙利亚和平谈判取得

进展，但收效甚微。美国国务卿约翰·克里敦促叙利亚反对派领导人在与以色列的双边和平关系中发挥带头作用，但也未取得成效。[109]

因此，叙利亚虽在过去近 70 年里一直是中东和平问题的重要部分，但目前无法成为解决方案的积极参与者。叙利亚事实上的内战使得任何叙利亚政府都难以参与与以色列的有意义会谈，即便叙利亚政府表示有兴趣参与，以色列是否会重视这些会谈也值得怀疑。因为无论是代表阿萨德政府还是由叙利亚叛军组成的政府的谈判代表，都难以向以色列人充分保证叙利亚的稳定以及遵守谈判达成的任何条件的能力。唯有时间才能证明以色列与叙利亚双边关系的未来走向。

以色列和埃及

2009 年 3 月 26 日是以色列-埃及和平条约缔结 30 周年纪念日。在此期间，两国开展了广泛合作。尽管两国关系一直维持和平状态，但受当前局势影响，这种和平已从曾经的友好合作降至较为冷淡的程度。例如，2012 年，埃及召回驻以色列大使，以抗议以色列在“防御支柱行动”中的行为。

多年来，双边合作不乏诸多切实且富有建设性的实例。在军事方面，埃及和以色列成立了“联合军事委员会”，定期举行会 374
议以协调军事防御问题，旨在提升两支武装部队之间的信任和有效沟通水平。

在经济领域，双方成立了“联合经济委员会”，致力于促进两国经贸合作；“联合农业委员会”则推动两国在农业项目上的合作与信息共享。（例如，“2007 年，约 200 名埃及农民在以色列接受了各类农业培训”[110]。）

在商业方面，2004 年，埃及和以色列创建了优质工业区，该区域允许使用以色列农产品向美国出口商品的埃及公司享受免税经营待遇。双边合作领域还涵盖旅游、交通、通信和卫生等方面，尽管范围有限，但仍在一定程度上促进了两国交流。[111]

当前，以色列和埃及的合作，尤其是军事/安全合作，被认为符合两国利益。因为双方都对“激进的”伊斯兰运动持谨慎态度，且都认为加沙地带激进的伊斯兰运动对各自国家构成威胁。

> 以色列军事情报局前局长阿莫斯·亚德林(Amos Yadlin)将军表示，以色列与“温和逊尼派”政府之间的利益交汇，为以色列提供了前所未有的机会来加强与它们的合作，从而改善自身战略环境，助力应对所面临的重大挑战。
>
> 在《马克·里松报》发表的一篇文章中，亚德林强调，以色列从与埃及、约旦和一些海湾国家的合作中获益良多，呼吁内塔尼亚胡政府抓住这一机遇。
>
> 然而，亚德林也指出，可能破坏这一机遇的因素包括一些阿拉伯国家的不稳定局势，以及以色列拒绝已故沙特国王阿卜杜拉·本·阿卜杜勒阿齐兹发起的和平倡议，这一行为可能会使阿拉伯统治精英陷入尴尬境地。[112]

以色列和埃及的案例表明，当和平降临，曾经的长期敌对双方——两国从 1949 年至 1979 年一直处于战争状态——决定停止战斗、开启合作是正确的选择。经过 30 年战争，从 1979 年开始的和平时代成效显著。过去 35 年的合作不仅带来了经济利益，还为两国带来了安全感和稳定感，这些对于两国而言都弥足珍贵。

以色列和伊朗

伊朗与以色列之间存在着长期的猜疑与暴力冲突历史。按照以色列的观点，“伊朗……已成为对中东稳定构成最严重威胁的国家之一。其军队已研发出可打击以色列的常规武器，情报评估一致认为，该政权可能在 2013 年底前具备制造和装备核武器的能力”[113]。 375

显然，伊朗核工业的快速发展以及伊朗宣称要攻击以色列的举动，让以色列长期以来对伊朗深感忧虑，而伊朗对以色列毫不掩饰的威胁更是加剧了这种紧张局势。内塔尼亚胡总理指出，“阻止伊朗制造核武器是我们这一代人面临的首要挑战”。为此，内塔尼亚胡积极游说美国国会，试图挫败伊朗、美国和欧洲达成的核协议，

> 他表示：“我们认为，让这样一个支持恐怖主义的政权获得核武器是根本性的错误，而拟议中的协议恰恰会让他们得逞，这将为他们制造核弹提供明确的途径，我们需要更好的解决方案。”[114]

近年来，伊朗大力支持在黎巴嫩活动的真主党和在加沙活动的哈马斯，为其提供导弹和其他武器。即便以色列不担忧伊朗的核能力，鉴于伊朗的这些行动，两国实际上仍处于战争状态。

在撰写本书时，我们尚不清楚伊朗与一些西方国家之间核协议的长期影响。以色列许多人表示，由于西方国家不愿采取行动，而以色列认为伊朗对自身构成了生存威胁，所以以色列将不得不单方面采取行动来阻止伊朗发展核能力。

值得留意的是，伊朗和伊拉克的情况存在相似之处。1981 年，以色列单方面采取行动，轰炸了位于奥西拉克（Osirak）的伊拉克核电站，宣称不能允许伊拉克发展制造核武器的能力，这与如今以色列针对伊朗的理由大致相同。

> 以色列政府在一份声明中解释此次袭击的原因：“该反

> 应堆能够用浓缩铀或钚生产出与投放于广岛的原子弹威力相当的武器，因此，对以色列人民的致命危险正逐步显现。”
>
> 之所以当时采取行动，是因为以色列认为反应堆很快就会完工，预计完工时间要么是7月初，要么是1981年9月初。[115]

鉴于1981年的伊拉克局势与2015年的伊朗局势存在诸多相似之处，一些观察家表示，如果以色列对伊朗核工业采取与当年对伊拉克相同的单边行动（即试图炸毁它），他们并不
376 会感到意外。因为以色列一方面认为这是“生存”威胁，另一方面觉得自己孤立无援，且与之合作的其他国家（如美国）忽视了自己在这种情况下的脆弱处境。最终结果如何，唯有时间能够证明。

以色列和巴勒斯坦人

自《奥斯陆协议》签署后的十年里，巴以双边谈判取得了一定的实际进展，期间多次触及许多人认为的和平关键节点，尽管2015年巴以关系的现状或许让人难以相信这一点。巴拉克总理期望通过与巴勒斯坦人谈判实现持久稳定的和平，但在他执政期间，恐怖分子针对以色列的暴力行为频发，致使他认为有必要继续与巴勒斯坦人进行谈判。[116]问题的焦点再次集中在巴勒斯坦民族权力机构与巴勒斯坦恐怖主义之间的关联上。以色列的立场是，尽管巴勒斯坦权力机构多数时候（特别是亚西尔·阿拉法特执政时期）都会在口头上宣扬和平理念，有时也会批评恐怖主义行为，但在其他场合，巴勒斯坦领导人却向不同群体传达了截然不同的信息。

谈判受到双方拒绝主义的负面影响。[117]尽管绝大多数巴勒斯坦人可能更倾向于在和平与稳定方面取得进展，但仍有少数人，哪怕只是极少数，愿意在实施暴力行为时选择自杀式袭击，

以此报复以色列政府，破坏和平进程，进而引发更多的巴勒斯坦暴力事件，如此循环往复。以色列的极端分子则坚决维护在被占领土上的土地权益，拒绝做出妥协，他们决意采取一切必要手段阻碍和平进程。双方的极端分子都曾暗杀政治领导人，阿拉伯方面的总统安瓦尔·萨达特和以色列方面的总理伊扎克·拉宾便是受害者。

如前文所述，《奥斯陆协议》是以色列和巴解组织谈判代表在奥斯陆历经数月秘密谈判的成果。1993 年 9 月 9 日，巴解组织主席亚西尔·阿拉法特致函拉宾总理，承认以色列的生存权，接受联合国安理会第 242 号和第 338 号决议，承诺巴解组织以和平方式进行谈判，摒弃恐怖主义和暴力手段，承诺防止违反协议的行为，并宣布巴解组织公约中否认以色列存在权的条款不再生效。作为交换，以色列承认巴解组织是巴勒斯坦人民的 377
代表。[118]

1993 年 9 月 13 日，谈判产生的《原则宣言》(DOP)正式签署。[119]该宣言详细阐述了西岸和加沙地带巴勒斯坦人的自治安排，[120]分为两个阶段。在第一阶段，即“临时自治安排”阶段，相关工作将在多年内逐步推进。1994 年 5 月，《加沙-杰里科协议》签署，以色列军队和行政部门从特定地区撤离，协议还规定将权力和责任移交给巴勒斯坦民族权力机构，并对安全安排予以特别关注。

1994 年 8 月，第二份文件《以色列与巴勒斯坦民族权力机构之间权力和责任的预备性移交协议》签署。这份文件将权力移交给《加沙-杰里科协议》未涵盖的特定领域，包括教育文化、卫生、社会福利、税收和旅游。(1995 年 8 月 27 日签署了一项扩展协议，将劳工、贸易和工业、天然气和汽油、保险、邮政服务、统计、农业和地方政府的权力也纳入了先前商定的移交范围。)

最终，1995 年 9 月 28 日，《以色列-巴勒斯坦关于西岸和加沙地带的临时协议》签署，该协议主要解决了将约旦河西岸的权力从以色列移交给民选的巴勒斯坦委员会的问题。[121]这份《临时协议》成为后续一系列事件的基础，包括 1995 年 12 月以色列军队从西岸人口稠密地区重新部署、1996 年 1 月巴勒斯坦委员会选举、1997 年 1 月以色列从希伯伦撤军、1998 年 1 月《怀伊备忘录》和 1999 年 9 月《沙姆沙伊赫备忘录》。

《原则宣言》的第二阶段应侧重于永久地位安排，涵盖耶路撒冷边界、难民权利、定居点相关政策以及安全安排和边界协议等关键问题。1996 年 5 月，谈判在埃及的塔巴拉开帷幕。尽管会谈仅持续了两天(5 月 5 日至 6 日)，但最终双方发表联合声明，表达了对实现持久和平进程的坚定承诺。1998 年 10 月 23 日的《怀伊备忘录》中，双方同意恢复谈判，并于 1998 年 11 月举行会议，然而并未取得重大成果。《沙姆沙伊赫备忘录》要求在 1999 年 9 月恢复会谈。基于这些会谈，以色列于 2000 年 3 月完成了进一步重新部署(FRD)进程的第一和第二阶段。应克林顿总统的邀请，巴拉克总理和阿拉法特主席于 2000 年 7 月出席了在戴维营举行的首脑会议，旨在恢复谈判并推动和平进程。但遗憾的是，峰会最终未达成任何协议便结束了。2000 年 10 月，克林顿再次邀请以色列和巴勒斯坦谈判代表前往华盛顿，试
378 图寻求突破，尽管沙洛姆·本-阿米(Shlomo Ben-Ami)和萨依德·埃雷卡特(Saeb Erekat)与克林顿会面长达两天，但他们未能就后续进展达成一致。[122]

从表 12.3 可以清晰地看出，2000 年至 2015 年期间，以色列和巴勒斯坦为寻求和平解决冲突开展了大量活动，但这些努力并未产生任何持久的成效。而且，令人惋惜的是，每当一些努力似乎开始建立起信任，并朝着有意义的和平对话取得进展时，总会出现一些意外情况，使已取得的进展付诸东流。这种“意外情况”通常表现为(从以色列方面来看)以色列人在西岸被占领土(1967 年之前不属于以色列领土的土地)上建造更多定居点，

或者(从巴勒斯坦方面来看)引发以色列军事反应的暴力事件。近年来,如表 12.3 所示,煽动以色列国防军入侵加沙的行动主要由哈马斯发起,而非马哈茂德·阿巴斯领导的巴勒斯坦权力机构。

事实上,2015 年 8 月,联合国负责政治事务的副秘书长指出,巴以冲突升级的风险"显而易见",并提到联合国在上个月目睹了"令人发指的罪行、极端分子的仇恨、应受谴责的报复性暴力、对耶路撒冷圣地的挑衅,以及从加沙地带向以色列发射的火箭弹数量令人担忧地增加"。

> 杰弗里·费尔特曼(Jeffrey Feltman)呼吁各方政治、军事、社区和宗教领袖"共同努力,缓解紧张局势,抵制暴力,防止极端分子加剧局势并操纵政治议程"。

费尔特曼还特别批评了以色列使用"行政拘禁"(未经审判拘禁)的做法,以色列在 8 月 2 日之后开始对以色列公民实施这一措施,旨在阻止犹太人对巴勒斯坦平民的恐怖袭击。[123]

以色列和巴勒斯坦人之间的和平进程一直充满波折,令人沮丧,双方的一些行为都在一定程度上牺牲了和平进展。以色列在 1967 年以前不属于其领土的土地上建立定居点,这对巴勒斯坦人来说无疑是一个危险信号,近期以色列政府对扩大定居点的态度也不利于和平进程。同样,来自加沙的哈马斯针对以色列平民的军事行动也严重阻碍了和平进程。在这两种行为得到有效控制之前,实质性的和平进程难以开展。实际上,2015 年 9 月,美国前总统吉米·卡特表示,"目前看不到'两国解决方 382
案'实现的机会",并指责本雅明·内塔尼亚胡总理推行一个剥夺巴勒斯坦人平等权利的单一国家解决方案。[124] 相关辩论仍在持续。

表 12.3　2000—2015 年为解决巴以冲突做出的努力

2000 年 10 月 17 日	在以色列 9 月 28 日开始袭击之后,以色列和巴勒斯坦同意在联合国秘书长科菲·安南、埃及总统胡斯尼·穆巴拉克和约旦国王阿卜杜拉二世的支持下,于沙姆沙伊赫进行由美国斡旋的谈判后停火
2000 年 11 月 2 日	以色列和巴勒斯坦在加沙会面,基于《沙姆沙伊赫备忘录》达成谅解,恢复安全合作并停止暴力
2001 年 1 月 7 日	比尔·克林顿总统概述了他认为将指导达成全面协议的"和平参数",巴拉克总理和阿拉法特主席接受
2001 年 1 月	以色列和巴勒斯坦之间的会谈在埃及塔巴举行。巴勒斯坦人发布了他们声称在塔巴与以色列人达成的西岸定居点和土地分布图,以色列没有回应
2001 年 2 月 1 日	以色列-巴勒斯坦-美国联合水资源委员会 1 月 31 日在埃雷兹边境举行会议后,以色列和巴勒斯坦联合呼吁保护水资源基础设施
2001 年 3 月 20 日	以色列副总理西蒙·佩雷斯宣布了四项必须成为和平运动基础的原则
2001 年 6 月 2 日	亚西尔·阿拉法特主席呼吁停止暴力,以回应特拉维夫一家夜总会发生的自杀式爆炸事件
2001 年 9 月 26 日	阿拉法特主席和佩雷斯外长发表声明,同意在数周内采取多项措施促进停火与和平合作
2001 年 9 月 30 日	总统府(阿拉法特先生办公室)发出的信呼吁以色列阿拉伯人参与起义,表示不愿承认以色列的生存权,也没有谈及任何和平进程
2002 年 3 月 26 日	以色列政府和巴勒斯坦权力机构同意采取"积极"措施促进和平与稳定
2002 年 3 月 27 日	阿拉伯联盟首脑会议根据沙特阿拉伯王储阿卜杜拉·本·阿卜杜勒阿齐兹亲王的倡议发布了一项和平计划

（续表）

2002 年 3 月 29 日—4 月 21 日	防御盾牌行动——2002 年的大规模军事行动，以色列在约旦河西岸打击巴勒斯坦恐怖分子，以回应逾越节自杀/大屠杀事件，一名巴勒斯坦恐怖分子在 250 人逾越节家宴期间进行自杀式袭击，造成 30 人死亡
2002 年 4 月 4 日	美国总统布什试图制止防御盾牌行动期间发生的暴力事件
2002 年 7 月 27 日	Ayalon-Susseibeh 以色列和巴勒斯坦之间的和平计划出台，该计划基于两国解决方案
2003 年 4 月	中东路线图进程启动
2003 年 9 月 23 日	以色列放宽了巴勒斯坦平民工人在以色列工作的条件
2004 年 1 月 5 日	以色列总理沙龙宣布了他单方面从加沙撤军的计划
2004 年 1 月 11 日	在图尔卡姆以南建立了一个以色列-巴勒斯坦联合工业区，为巴勒斯坦工人提供更多就业机会
2004 年 11 月 24 日	以色列和巴勒斯坦旅游部长签署声明，承诺合作促进旅游业
2005 年 2 月 7 日	阿里尔·沙龙总理和马哈茂德·阿巴斯总统（与埃及总统穆巴拉克和约旦国王侯赛因）签署协议，以色列将安全控制权交给巴勒斯坦军队，巴勒斯坦人放弃暴力行为和恐怖主义
2005 年 3 月	以色列和巴勒斯坦科学家在空气污染研究方面展开合作
2005 年 7 月 5 日	以色列和巴勒斯坦权力机构就加沙地带和西岸之间的陆路连接达成一致，成本估计为 1.75 亿美元
2005 年 8 月 15 日	以色列国防军告知加沙地带的以色列居民，他们必须在 8 月 17 日之前撤离家园
2005 年 9 月 21 日	以色列和宾夕法尼亚州宣布成立一个联合运输办公室，由欧盟协助和资助；以色列宣布对加沙居民的进一步计划，副总理佩雷斯称“以色列无意将加沙变成监狱”

（续表）

2005 年 10 月 11 日	作为路线图过程的一部分，以色列和巴勒斯坦权力机构建立了其他工作委员会
2005 年 11 月 15 日	以色列和巴勒斯坦权力机构同意向以色列开放加沙边境口岸，以增加进出加沙的自由度
2007 年 3 月 17 日	以色列因巴勒斯坦总统马哈茂德·阿巴斯和哈马斯之间的协议，冻结所有与和平有关的项目
2007 年 7 月 19 日	一些以色列和巴勒斯坦的专业人士签署了一项谅解备忘录，以合作对抗瓦迪阿布纳尔河的污染
2007 年 11 月 27 日	由布什总统赞助的安纳波利斯会议召开，目标是“向以色列和巴勒斯坦领导人的勇敢努力发出广泛的国际支持”
2008 年 1 月	以色列将进一步撤出约旦河西岸，这一行动与巴勒斯坦遵守路线图原则相挂钩
2008 年 11 月 20 日	以色列将其控制下的西岸 44 平方英里（2%的领土）转交巴勒斯坦权力机构，此外，以色列将其在该地区拥有的 7.1%的土地从“联合控制”转交“巴勒斯坦单独控制”
2008 年 12 月 8 日	以色列宣布了一系列善意措施，以改善纳布卢斯的日常生活
2008 年 12 月 15 日	作为建立信任的措施，以色列释放了 230 名巴勒斯坦囚犯
2008 年 12 月 27 日	以色列国防军于 12 月 27 日袭击了加沙地区，在以色列发动袭击前的两周内，哈马斯向以色列南部城市发射了 500 枚火箭弹，包括阿什杜德、阿什克伦和贝尔谢巴[a]
2009 年 5 月 10 日	以色列拆除了拉马拉地区的两个路障
2009 年 11 月 11 日	Jalama/Gilboa 过境点扩大，除行人通行外，还允许车辆通行
2011 年 10 月 18 日	2006 年 6 月 25 日被哈马斯绑架的以色列士兵吉拉德·沙利特被遣返回以色列
2012 年 11 月 14 日—21 日	以色列国防军袭击了加沙地带，作为防御支柱行动的一部分，以应对哈马斯火箭弹的急剧升级，在 2012 年 10 月和 11 月的三周时间里，哈马斯向以色列发射了 300 多枚火箭弹[b]

(续表)

2013 年 8 月 13 日，10 月 27 日，和 12 月 31 日	以色列分三个阶段释放 104 名巴勒斯坦囚犯，这些囚犯因各种谋杀和绑架而入狱
2013 年 7 月 8 日—8 月 26 日	以色列国防军袭击了哈马斯所在的加沙地区，作为保护边界行动的一部分，以回应哈马斯火箭弹的急剧升级。哈马斯一直在增加对南部城市的导弹袭击，并使用隧道[c] 进入以色列，杀死以色列国防军士兵并绑架士兵
8 月 8 日—10 日	的周末，哈马斯从加沙向以色列发射了 120 多枚火箭弹。随着谈判的继续，哈马斯继续向以色列发射火箭，停火的最终协议于 8 月 26 日达成[d]
2014 年 11 月 3 日	以色列议会通过一项法律，禁止政府通过释放囚犯的方式与巴勒斯坦人进行谈判
2015 年 3 月 25 日	欧盟呼吁以色列和巴勒斯坦权力机构恢复"有意义的谈判"以达成全面解决方案
2015 年 4 月 23 日	梵蒂冈宣布"对和平谈判缺乏进展感到担忧"
2015 年 3 月	本杰明·内塔尼亚胡在最后一刻的选举声明中宣布，在他担任总理期间，不可能有一个巴勒斯坦国
2015 年 3 月 18 日	巴勒斯坦首席谈判代表塞布·埃雷卡特表示，在内塔尼亚胡掌权的情况下，没有机会重新进行有意义的和平谈判

a. 以色列对哈马斯的袭击反应过度，在对加沙的行动中侵犯了人权，这受到了诸多批评。参见亚当·霍罗威茨、利兹·拉特纳和菲利普·魏斯编著的《戈德斯通报告：加沙冲突地标调查的遗产》(纽约，2011 年)。另见达安斯·法鲁奇所著论文《从戴维营到演员：关于以色列、巴勒斯坦和和平进程未来》(马里兰州，兰纳姆：列克星敦，2011 年)。参见菲利斯·弗赖尔森的《关于伤亡数字的战争：以色列指责哈马斯操纵数字以博取世界同情》，发表于《耶路撒冷邮报》(2014 年 7 月 31 日)，第 6 页。

b. 参见以色列·卡斯耐特的《以色列将会取胜》，发表于《耶路撒冷邮报》(2012 年 11 月 23 日)，第 6 页；雅各布·拉宾的《应对哈马斯的人盾战术》，发表于《耶路撒冷邮报》(2012 年 11 月 20 日)，第 3 页；巴里·有(此处人名可能有误，建议核实)的《防御支柱行动：下一步是什么？》，发表于《耶路撒冷邮报》(2012 年 11 月 19 日)，第 15 页；雅各布·拉宾的《IAF 在加沙摧毁 Haniyeh 总部》，发表于《耶路撒冷邮报》(2012 年 11 月 18 日)，第 1 页。

c. 参见约书亚·格莱斯和伯娜黛特·伯蒂所著的《真主党和哈马斯：比较研究》(马里兰州，巴尔的摩：约翰斯·霍普金斯大学出版社，2012 年)以及亚兰·德肖维茨所著的《恐怖隧道:以色列对哈马斯的正义战争案例》(纽约:罗塞塔,2014 年)。(原内容中“新约克”疑似拼写错误,应为“纽约”)

d. 雅各布·拉宾的《以色列国防军将在未来的加沙冲突中试图消灭哈马斯军事部队:陆军根据‘保护边缘行动’的经验制定新的作战条令》,发表于《耶路撒冷邮报》(2015 年 7 月 8 日),第 8 页。另见雅各布·拉宾的《为加沙的下一轮做准备》,发表于《耶路撒冷邮报》(2015 年 5 月 29 日),第 14 页;以及阿里尔·本·施罗莫的《阿拉伯人认为加沙战争的停止是哈马斯在毁灭的情况下取得的胜利》,发表于《耶路撒冷邮报》(2014 年 8 月 7 日),第 3 页。

第十三节　再次寻求和平

巴勒斯坦声称其建国具有合法性,而以色列对约旦河西岸和加沙领土管辖权的合法性(这是议程的另一半)或许源于 1967 年战争。正如已故的爱德华·赛义德所言,巴勒斯坦民族是客观存在的,辩论双方对此均无异议。相反,争议焦点在于如何处理巴勒斯坦民族问题,以及如何回应他们对土地和国家的诉求。当然,与之紧密相关的是以色列的安全问题。当以色列在缺乏足够安全保障的情况下,一次又一次地向巴勒斯坦人做出让步时,这些谈判成果往往难以持久。

383 我们可以看到,对于这些问题存在众多不同的观点,它们通常鲜明且坚定,一般不会因辩论和讨论而改变。然而,有一点十分明确:若巴勒斯坦问题得不到解决,中东地区就难以实现稳定与长期和平。

进一步阅读

Azoulay, Ariella, and Adi Ophir. *The One-State Condition: Occupation and Democracy in Israel/Palestine*. Stanford, Calif.: Stanford University Press, 2013.

Carter, Jimmy. *Palestine: Peace Not Apartheid*. New York: Simon and Schuster, 2006.

Ganim, As'ad. *Palestinian Politics after Arafat: A Failed National Movement*. Bloomington: Indiana University Press, 2010.

Indyk, Martin. *Innocent Abroad: An Intimate Account of American Peace Diplomacy in the Middle East*. New York: Simon and Schuster, 2009.

Kurtzer, Daniel. *Pathways to Peace: America and the Arab-Israeli Conflict*. New York: Palgrave-Macmillan, 2012.

Mahler, Gregory, and Alden Mahler. *The Arab-Israeli Conflict: An Introduction and Documentary Reader*. New York: Routledge, 2010.

Miller, Aaron David. *The Much Too Promised Land: America's Elusive Search for Arab-Israeli Peace*. New York: Bantam, 2008.

Quandt, William B. *Peace Process: American Diplomacy and the Arab-Israeli Conflict since 1967*. Washington, D. C.: Brookings Institution, 2005.

Sher, Gilead. *The Israeli-Palestinian Peace Negotiations, 1999—2001*. New York: Routledge, 2006.

Stewart, Donna. *Good Neighbourly Relations: Jordan, Israel and the 1994—2004 Peace Process*. London: Tauris, 2007.

Susser, Asher. *Israel, Jordan, and Palestine: The Two-State Imperative*. Waltham, Mass.: Brandeis University Press, 2012.

Tessler, Mark. *A History of the Israeli-Palestinian Conflict*. Bloomington: Indiana University Press, 1994.

注 释

导 论

1. 参见 Ernest Barker, ed. and trans., *The Politics of Aristotle* (New York: Oxford University Press, 1970), pp. xi–xix.

2. 参见 Gregory Mahler, *The Knesset: Parliament in the Israeli Political System* (Rutherford, N. J.: Fairleigh Dickinson University Press, 1981).

3. 具体的问题是:"'你所知道的政治的第一个方面是什么?'"参见 Mahler, *The Knesset*, p. 230.

4. 参见 Joel S. Migdal, *State in Society: Studying How States and Societies Transform and Constitute One Another* (New York: Cambridge University Press, 2001).

5. David Easton, *A Framework for Political Analysis* (Englewood Cliffs, N.J.: Prentice Hall, 1965), p. 50.

6. 在 1997 年 1 月 10 日的《高等教育纪事》上,克里斯托弗·谢伊(Christopher Shea)介绍了关于区域研究与比较政治不同价值的长期争论的新版本。参见 Christopher Shea, "Political Scientists Clash over Value of Area Studies,"

Chronicle of Higher Education (January 10, 1997): A13. 哈佛大学的罗伯特·贝茨(Robert Bates)在这篇文章中指出,关注个别地区会导致工作“呈糊状且仅仅是描述性的”。

7. Shlomo Avineri 的研究《现代犹太复国主义的形成》(New York: Basic Books, 1981)对犹太复国主义作为民族主义运动的概念进行了很好的讨论。

8. 有关巴勒斯坦案例的讨论,请参阅我的著作《宪法主义和巴勒斯坦宪法发展》(Jerusalem: Palestinian Academic Society for the Study of International Affairs, 1996)。另见 Khalil Shikaki, “The Peace Process, National Reconstruction and the Transition to Democracy in Palestine,” *Journal of Palestine Studies* 25, no. 2 (1996): 6 - 27。

9. 多卷历史书的主题与以色列或巴勒斯坦历史有关,甚至因遗漏重要细节而受到批评。在本书的一个简短章节中涵盖这些信息会招致这样的批评,但是出于文本中确定的原因,只能介绍主要的历史主题和问题。

第一章 历史与国家的建立

1. 我们将使用 Eretz Israel,字面意思是“以色列地”,泛指大致相当于我们今天所说的以色列领土。

2. 参见 Eugene Rogan and Avi Shlaim, *The War for Palestine: Rewriting the History of 1948* (New York: Cambridge University Press, 2001); Avi Shlaim, *Israel and Palestine: Reappraisals, Revisions, Refutations* (London: Verso, 2009); Benny Morris, ed., *Making Israel* (Ann Arbor: University of Michigan Press, 2007), 特别是章节 Benny Morris titled “The New Historiography: Israel Confronts

Its Critics," pp. 5 - 48; Efraim Karsh, *Fabricating Israeli History: The "New Historians"* (Portland, Ore.: Frank Cass, 2000); and Ari Shavit, *My Promised Land: The Triumph and Tragedy of Israel* (New York: Spiegel and Grau, 2013)。

3. 参见 Baruch Kimmerling and Joel S. Migdal, *The Palestinian People: A History* (Cambridge, Mass.: Harvard University Press, 2003). 另见 Mehran Kamrava, *The Modern Middle East: A Political History since the First World War* (Berkeley: University of California Press, 2013), and Charles D. Smith, *Palestine and the Arab-Israeli Conflict*, 8th ed. (Bedford, Mass.: St. Martin's, 2013)。

4. 参见 Genesis 15: 13 and Exodus 12: 40, respectively. Hanoch Reviv, "Until the Monarchy," in *History until 1880*, Israel Pocket History (Jerusalem: Keter, 1973), p. 7. 另见 H. G. M. Williamson, *Understanding the History of Ancient Israel* (New York: Oxford University Press, 2007), and Robert Alter, *Ancient Israel: The Former Prophets: Joshua, Judges, Samuel and Kings* (New York: Norton, 2013)。

5. Reviv, "Until the Monarchy," p. 7; 另见 Genesis 15: 18 - 21.

6. 参见 Deuteronomy 1: 7 - 8, 11: 24, and Joshua 1: 4。

7. 此处需要说明本书中所使用的日期术语。虽然传统的基督教(因此是西方的)格式是使用首字母 BC 和 AD,但都指的是发生在基督诞生之前或之后的历史事件。思考这个问题的学生应该很清楚,犹太历史不会以围绕基督降生的时间记录。事实上,犹太历法确实存在。因此,2016 年 8 月对应犹太历 5776 年的埃波月。因为许多犹太人已经意识到大多数非犹太人不熟悉并且不使用他们的历法,所以为方便起见,他们也使用基督教即格里高利历。然而，与其采用表示“公元前”和“公元后”（我们的主年）的首字母，犹太注释使用首字母 BCE 和 CE（分别表示“共同时代之前”和“共同时代”）。因为这种注释风格现在在非犹太世界也更频繁地使用，所以在本书中，我们将遵循在适当情况下使用 BCE 和 CE 的做法。

8. 起义被称为“哈斯莫尼起义”，涉及马加比人，并引发了现代犹太节日“光明节”。参见 Menachem Stern, “Second Temple: The Hellenistic-Roman Period: 332 B. C. E.—70 C. E.,” in *History until 1880*, Israel Pocket History (Jerusalem: Keter, 1973), p.105. 在西蒙·塞巴格·蒙蒂菲奥里（Simon Sebag Montefiore）令人印象深刻的研究 *Jerusalem: The Biography* (New York: Vintage, 2012)中，可以找到从这一时期之前到现在的非常广泛的耶路撒冷历史。

9. Shmuel Safrai, “Destruction of the Second Temple to the Arab Conquest (70—634 C. E.),” in *History until 1880*, Israel Pocket History (Jerusalem: Keter, 1973), p.127. 另见 Junghwa Choi, *Jewish Leadership in Roman Palestine from 70 CE to 135 CE* (Boston: Brill, 2013).

10. Safrai, “Destruction of the Second Temple,” pp.149 - 50.

11. 参见 Haim Z'ew Hirschberg, “Crusader Period, 1099—1291,” in *History until 1880*, Israel Pocket History (Jerusalem: Keter, 1973), pp.185 - 200.

12. 参见，例如，“Mamluk Period (1291—1516),” in *History until 1880*, Israel Pocket History (Jerusalem: Keter, 1973), p. 206. 另见 Smith, *Palestine and the Arab-Israeli Conflict*; Judy A. Hayden, *Through the Eyes of the Beholder: The Holy Land, 1517—1713* (Boston: Brill, 2013); 或 Saul Friedman, *A History of the Middle East* (Jefferson, N.C.: McFarland, 2006).

13. 参见 Avigdor Levy, ed., *Jews, Turks, Ottomans: A Shared History, Fifteenth through the Twentieth Century* (Syracuse, N. Y.: Syracuse University Press, 2002), and Haim Z'ew Hirschberg, "Ottoman Period," in *History until 1880*, Israel Pocket History (Jerusalem: Keter, 1973), pp. 212 - 50. 另见 Ilan Pappé, *A History of Modern Palestine: One Land, Two Peoples* (New York: Cambridge University Press, 2004), and A. I. Dawisha, *Arab Nationalism in the Twentieth Century: From Triumph to Despair* (Princeton, N.J.: Princeton University Press, 2003).

14. 参见 Mordechai Chertoff, ed., *Zionism: A Basic Reader* (New York: Herzl, 1975), and Benzion Netanyahu, *The Founding Fathers of Zionism* (Jerusalem: Balfour, 2012),作为这一领域大量文献的两个例子.

15. Getzel Kressel, ed., *Zionism*, Israel Pocket History (Jerusalem: Keter, 1973), p.1. 另见 S. Ilan Troen, *Imagining Zion: Dreams, Designs, and Realities in a Century of Jewish Settlement* (New Haven, Conn.: Yale University Press, 2003).

16. Hirschberg, "Ottoman Period," p.232. "By 1880 the total population had grown considerably to 450,000, including 24,000 Jews and 45,000 Christians," p.237.

17. Hirschberg, "Ottoman Period," p.242.

18. Hirschberg, "Ottoman Period," p. 243. 另见 the Palestinian Academic Society forthe Study of International Affairs, *PASSIA Diary* (Jerusalem: PASSIA, 1996), p.239.

19. Jacob Katz, "Forerunners," in *Zionism*, Israel Pocket History, ed. Getzel Kressel (Jerusalem: Keter, 1973), p.5. 另见 Netanyahu, *Founding Fathers*.

20. Dan Horowitzand Moshe Lissak, *Origins of the*

Israeli Polity: Palestine under the Mandate (Chicago: University of Chicago Press, 1978).最近一篇与伊休夫相关的涉及关键问题的文章,参见 Alexander Zvielli, "When Gershon Agron Met Lord Balfour," *Jerusalem Post* (November 1, 2013), p.22.

21. Katz, "Forerunners," p.21.

22. Howard Sachar, *A History of Israel: From the Rise of Zionism to Our Time* (New York: Knopf, 1981), p.15.

23. Asher Arian, *Politics in Israel: The Second Generation* (Chatham, N.J.: Chatham House, 1985), p.13.

24. Yehuda Slutsky, "Under Ottoman Rule (1880—1917)," in *History from 1880*, Israel Pocket History (Jerusalem: Keter, 1973), p.12.

25. 对赫茨尔的最佳研究之一是 Amos Elon's *Herzl* (New York: Holt, Rinehart and Winston, 1975). 另见 Shlomo Avineri and Haim Watzman, *Herzl: Theodor Herzl and the Foundation of the Jewish State* (London: Weidenfeld and Nicolson, 2013).

26. Sachar, *History*, p. 39. 也可参见 Bernard Reich, *Arab-Israeli Conflict and Conciliation: A Documentary History* (Westport, Conn.: Greenwood, 1995).

27. Sachar, *History*, p. 40. 参见 Theodor Herzl, *The Jewish State* (New York: Scopus, 1943).

28. Sachar, *History*, p.40.也可参见 Adam Rovner, *In the Shadow of Zion: Promised Lands before Israel* (New York: NYU Press, 2014).

29. Sachar, *History*, p.38.

30. Norman Levin, *The Zionist Movement in Palestine and World Politics, 1880—1918* (Lexington, Mass.: Heath,

1974).

31. Alfred Katz, *Government and Politics in Contemporary Israel: 1948-Present* (Washington, D.C.: University Press of America, 1980), p.5. 也可参见 Gregory Mahler and Alden R. W. Mahler, *The Arab-Israeli Conflict: An Introduction and Documentary Reader* (New York: Routledge, 2010), document 2, "The Basle Program, Resolutions of the First Zionist Congress," p.46.

32. Theodor Herzl, *Complete Diaries* (New York: Herzl, 1960).

33. 参见 Mahler and Mahler, *The Arab-Israeli Conflict*, pp.37–46.

34. Sachar, *History*, pp.60–61. 最新的涉及美索不达米亚的项目，参见 Stuart Cohen, "Israel Zangwill's Plan for Jewish Colonization in Mesopotamia," *Middle Eastern Studies* 16, no. 3 (1980): 200–208. 另见 Reich, *Arab-Israeli Conflict and Conciliation*.

35. Sachar, *History*, p. 63. 参见 Henry Regensteiner, "Theodor Herzl in Retrospect," *Midstream* 45, no. 7 (1999): 35–42, and Martin Gilbert, *Israel: A History* (New York: Morrow, 1998).

36. Katz, *Government and Politics*, pp.25, 26. 关于奥斯曼帝国和犹太复国主义者的主题，参见 Mim Kemal Oke, "The Ottoman Empire, Zionism, and the Question of Palestine, 1890—1908," *International Journal of Middle East Studies* 14, no. 3 (1982): 329–42.

37. 参见 Gur Alroey, *An Unpromising Land: Jewish Migration to Palestine in the Early Twentieth Century* (Stanford, Calif.: Stanford University Press, 2014).

38. 参见 Mark Tessler, *A History of the Israeli-Palestinian Conflict* (Bloomington: Indiana University Press, 1994), p.174.

39. 参见 Michael Wolffsohn, *Israel: Polity, Society and Economy, 1882—1986* (Atlantic Highlands, N. J.: Humanities Press International, 1987), p.121.

40. 这一部分基于长期讨论,见 Arian, *Politics in Israel*, pp.13 - 19.

41. Ruth Kark, "Jewish Frontier Settlement in the Negev, 1880—1948," *Middle Eastern Studies* 17, no. 3 (1981): 334 - 56.

42. Katz, *Government and Politics*, p.37.

43. Israel Information Center, Government of Israel, *Facts about Israel* (Jerusalem: Israel Information Center, 1977), p.43.也可参见 Alroey, *An Unpromising Land*.

44. Arian, *Politics in Israel*, p.16.

45. Israel Information Center, *Facts about Israel*, p.49.

46. Sachar, *History*, p.156.

47. Israel Information Center, *Facts about Israel*, p.50.

48. Katz, *Government and Politics*, p. 36. 也可参见 Wolffsohn, *Israel*, p.121.

49. Tessler, *History*, p.127.

50. Tessler, *History*, p.129.

51. Tessler, *History*, p.131.

52. 参见 Ya'acov Ro'i, "The Zionist Attitude to the Arabs, 1908—1914," in *Palestine and Israel in the 19th and 20th Centuries*, ed. Elie Kedourie and Sylvia Haim (London: Frank Cass, 1982), p. 45. 也可参见 Gudrun Kramer, *A History of Palestine: From the Ottoman Conquest to the*

Founding of the State of Israel (Princeton, N.J.: Princeton University Press, 2008).

53. Sachar, *History*, p.92. 另见 Isaiah Friedman, "The McMahon-Hussein Correspondence and the Question of Palestine," *Journal of Contemporary History* 5, no. 2 (1970): 83 - 122. 关于分治的非常好的历史性分析，参见 Efraim Karsh and Inari Karsh, *Empires of the Sand: The Struggle for Mastery in the Middle East, 1789—1923* (Cambridge, Mass.: Harvard University Press, 1999).

54. 历史学家对阿卜杜拉的确切角色和态度以及他对犹太复国主义者的同情和合作程度进行了很多争论。参见 Efraim Karsh, "The Collusion That Never Was: King Abdallah, the Jewish Agency, and the Partition of Palestine," *Journal of Contemporary History* 34, no. 4 (1999): 569 - 88. 另见 Avi Shlaim, *The Politics of Partition: King Abdullah, the Zionists, and Palestine 1921—1951* (Oxford: Oxford University Press, 1998), and Scott Anderson, *Lawrence in Arabia: War, Deceit, Imperial Folly and the Making of the Modern Middle East* (New York: Doubleday, 2013).

55. Tessler, *History*, p.147.

56. Sachar, *History*, p.93.也可参见 Reich, *Arab-Israeli Conflict and Conciliation*.

57. Sachar, *History*, p.96.也可参见 Benjamin MacQueen, *An Introduction to Middle East Politics* (London: Sage, 2013), and Jonathan Schneer, *The Balfour Declaration: The Origins of the Arab-Israeli Conflict* (New York: Random House, 2012).

58. 参见 Isaiah Friedman, *The Question of Palestine: British-Jewish-Arab Relations, 1914—1918* (New Brunswick,

N.J.: Transaction, 1992).也可参见 Eli Kavon, "The Balfour Betrayal: How the British Empire Failed Zionism," *Jerusalem Post* (November 3, 2013), p.14, 以及 Michael Joseph Cohen, *Britain's Moment in Palestine: Retrospect and Perspectives, 1917—1948* (London: Baker and Taylor, 2014).

59. 关于背景,参见 Rory Miller, *Divided against Zion: Anti-Zionist Opposition in Britain to a Jewish State in Palestine, 1945—1948* (Portland, Ore.: Frank Cass, 2000).

60. Sachar, *History*, p.109. 有大量文献涉及见尔福勋爵及其对犹太复国主义和巴勒斯坦的看法。参见 Arthur James Balfour, *Speeches on Zionism* (New York: Kraus Reprint, 1971). 文件重印见于 Mahler and Mahler, *The Arab-Israeli Conflict*. 不同意见,比如"新贝尔福宣言",属意英属圭亚那。参见 Sarah Honig, "That 'New Balfour Declaration'," *Jerusalem Post* (April 25, 2014), p.22.

61. 也许关于贝尔福宣言的权威著作 Leonard Stein's *The Balfour Declaration* (New York: Simon and Schuster, 1961).也可参见 J. M. N. Jeffries, "The Balfour Declaration," in *Arab-Israeli Relations: Historical Background and Origins of the Conflict*, ed. Ian Lustick (New York: Garland, 1994), pp.215-29.

62. 参见 Isaiah Freedman, *The Rise of Israel: The Zionist Commission in Palestine, 1918* (New York: Garland, 1987).

63. Sachar, *History*, p.118.

64. Sachar, *History*, p.121.

65. Tessler, *History*, p.154.

66. Tessler, *History*, p.147.

67. Tessler, *History*, p.155.再次参见 Cohen, *Britain's*

Moment in Palestine.

68. 参见 D. Edward Knox, *The Making of a New Eastern Question: British Palestine Policy and the Origins of Israel, 1917—1925* (Washington, D. C.: Catholic University Press, 1981), and Tancred Bradshaw, *Britain and Jordan: Imperial Strategy, King Abdullah I and the Zionist Movement* (New York: I.B. Tauris, 2012).

69. Sachar, *History*, p. 127. 文本见于 Mahler and Mahler, *The Arab-Israeli Conflict*, pp.54 - 58.

70. League of Nations, "The Mandate for Palestine," July 24, 1922, 见于 Mahlerand Mahler, *The Arab-Israeli Conflict*, pp.58 - 63. 另见 Giveon Cornfield, *Zion Liberated: Jewish Nation-Building Under the British Mandate in Palestine* (London: Baker and Taylor, 2013).

71. Michael Cohen, *Palestine, Retreat from the Mandate: The Making of British Policy, 1936—1945* (New York: Holmes and Meier, 1978). 也可参见 Bradshaw, *Britain and Jordan*.

72. Katz, *Government and Politics*, pp.32 - 33.

73. Katz, *Government and Politics*, p. 34. 也可参见 Reich, *Arab-Israeli Conflict and Conciliation*, 了解英国托管巴勒斯坦阶段的历史.

74. Elie Kedourie, "Sir Herbert Samuel and the Government of Palestine," *Middle Eastern Studies* 5, no. 1 (1969): 44 - 68. 也可参见 Aida Asim Essaid, *Zionism and Land Tenure in Mandate Palestine* (New York: Routledge, 2013).

75. Tessler, *History*, pp. 241 - 42. 也可参见 Smith, *Palestine and the Arab-Israeli Conflict*. 报告文本见于 Mahler and Mahler, *The Arab-Israeli Conflict*, pp.69 - 80.

76. Aaron Klieman, *The Rise of Israel: Zionist Evidence before the Peel Commission, 1936—1937* (New York: Garland, 1987). 也可参见 Aaron Klieman, *The Rise of Israel: The Royal Commission Report, 1937* (New York: Garland, 1987), and Aaron Klieman, *The Rise of Israel: The Partition Controversy, 1937* (New York: Garland, 1987).

77. Sir John Woodhead, *Palestine Partition Commission Report* (London: Colonial Office, 1938).

78. Sachar, *History*, p.218. 也可参见 Adam LeBor, *City of Oranges: An Intimate History of Arabs and Jews in Jaffa* (New York: Norton, 2007).

79. Sachar, *History*, p.220.

80. Sachar, *History*, p.222.

81. Mahler and Mahler, *The Arab-Israeli Conflict*, p.86.

82. Sachar, *History*, p.224.

83. Sachar, *History*, p.224.

84. Raul Hilberg, *The Destruction of the European Jews: Revised and Definitive Edition* (New York: Holmes and Meier, 1985). 也可参见 Peter Kenez, *The Coming of the Holocaust: From Antisemitism to Genocide* (New York: Cambridge University Press, 2013).

85. Katz, *Government and Politics*, p.45.

86. 关于全部讨论，参见 Gideon Hausner, *Justice in Jerusalem* (New York: Holocaust Library, 1966)。第 12 章 "The Great Powers and the Little Man" (pp.226 - 64)，特别是国际社会对希特勒主义的反应.

87. James Gelvin, "Zionism and the Representation of 'Jewish Palestine' at the New York World's Fair, 1939—

1940," *International History Review* 22, no. 1 (2000): 37 - 65.

88. 也可参见 Irving Abella and Harold Troper's *None Is Too Many: Canada and the Jews of Europe, 1933—1948* (Toronto: Lester and Orpen Dennys, 1982), 其中涉及加拿大对犹太难民的政策。实际上,关于哈里·杜鲁门总统及其对建立以色列国的回应有相当多的文献,参见 Michael Cohen, *Truman and Israel* (Berkeley: University of California Press, 1990). 也可参见 Julius Simon, *History, Religion, and Meaning: American Reflections on the Holocaust and Israel* (Westport, Conn.: Greenwood, 2000), Richard Breitman and Allan J. Lichtman, *FDR and the Jews* (Cambridge, Mass.: Harvard University Press, 2013), and David Allan Mayers, *FDR's Ambassadors and the Diplomacy of Crisis: From the Rise of Hitler to the End of World War II* (New York: Cambridge University Press, 2013).

89. Abba Eban, *My People: The Story of the Jews* (New York: Random House, 1968), p.434. 有大量文献描述了这一时期和非法移民行为,参见,例如,Freddy Liebreich, *Britain's Naval and Political Reaction to the Illegal Immigration of Jews to Palestine, 1945—1949* (New York: Routledge, 2013), 或 Moti Golani, *Palestine between Politics and Terror, 1945—1947* (Waltham, Mass.: Brandeis University Press, 2013). 我有机会见到了议会议员 Arie Eliav, 他指挥了一艘难民船,特别喜欢他描述他经历的书, Arie Eliav, *The Voyage of the Ulua* (New York: Funk and Wagnalls, 1969). 关于这部分内容可见于 Smith, *Palestine and the Arab-Israeli Conflict*.

90. "恐怖分子"这个词显然带有情感色彩,特别是考虑到中东和世界各地的当代活动,而巴勒斯坦人和以色列人对恐怖主义问题的看法将在本书后面讨论。一则轶事说明了与该术语相关的不同观点引起的一些问题：1975 年，我采访了梅纳赫姆·贝京（当时是议会反对党领袖）并问道："先生，有些人会说，巴解组织今天所做的与你作为伊尔贡领导人对英国所做的事情没有区别。你会如何回应呢？"贝京先生回答说："当然有区别，马勒先生。阿拉法特是恐怖分子。我是一名自由斗士。"

一篇关于前总理伊扎克·沙米尔生平与莱希运动交集的有趣文章是 Alexander Zvielli, "From the Underground to the Political Spotlight: Yitzhak Shamir's Life Took Him from the Heart of the Lehi Movemeut to Leading the Nation as Its Seventh Minister,"*Jerusalem Post* (July 1, 2012), p.9.

91. J. S. Hurewitz, *The Struggle for Palestine* (New York: Norton, 1950), p. 199. 也可参见 Leslie Stein, *The Making of Modern Israel, 1948—1967* (Cambridge: Polity, 2009), and Gregory Harms and Todd M. Ferry, *The Palestine-Israel Conflict: A Basic Introduction* (New York: Palgrave Macmillan, 2012).

92. 这一时期最有趣的历史之一是梅纳赫姆·贝京的自传 *The Revolt* (New York: Nash, 1977). 也可参见 Michael Cohen, *The Rise of Israel: The British Return to Partition, 1943—1945* (New York: Garland, 1987). 这一时期的记录同样可见于 Joel Peters and David Newman, *The Routledge Handbook on the Israeli-Palestinian Conflict* (New York: Routledge, 2013).

93. 有关此类事件的示例，参见 Eliav, *The Voyage of the Ulua*.

94. 参见 Eban, *My People*, p. 437, and Marie Syrkin, *Golda Meir—Israel's Leader* (New York: Putnam, 1969), p.161.

95. 关于这一建议的更多讨论细节，参见 Allis Radosh and

Ronald Radosh, *Harry S. Truman and the Founding of Israel* (New York: Harper Perennial, 2010).

96. Radosh and Radosh, *Harry S. Truman*.

97. Miriam Haron, "The British Decision to Give the Palestine Question to the United Nations," *Middle Eastern Studies* 17, no. 2 (1981): 241 - 248.

98. Oscar Kraines, *Government and Politics in Israel* (Boston: Houghton Mifflin, 1961), p.2.

99. 克莱恩斯提出了一个有趣的观察:"虽然分配给'犹太国家'的(领土)约占巴勒斯坦总面积的 55%,而'阿拉伯国家'获得了近 45%,分配给'犹太国家'超过一半的领土是内盖夫,这是一个干旱的、光秃秃的、在南部与外约旦和埃及接壤的大部分无法耕种的沙漠地区。"(Kraines, *Government and Politics*, p.4). 也可参见 Itzhak Galnoor, *The Partition of Palestine: Decision Crossroads in the Zionist Movement* (Albany: SUNY Press, 1995)

100. Kraines, *Government and Politics*, p.3. 关于分治法律地位的一个非常有趣分析可见 N. Elarby, "Some Legal Implications of the 1947 Partition Resolution and the 1949 Armistice Agreement," *Law and Contemporary Problems* 33, no. 1 (1968): 97 - 109. 另见 Cohen, *Rise of Israel*.

101. 参见 Phyllis Bennis, "The United Nations and Palestine: Partition and Its Aftermath," *Arab Studies Quarterly* 19, no. 3 (1997): 47 - 76.

102. 第 181 号决议案文可见 Mahler and Mahler, *The Arab-Israeli Conflict*, pp.99 - 106.

103. 关于早期的美以关系,参见 John Snetsinger, *Truman, the Jewish Vote, and the Creation of Israel* (Palo Alto, Calif.: Stanford University Press, 1974).

104. 参见 Arnold Krammer, "Soviet Motives in the Partition of Palestine, 1947—1948," *Journal of Palestine Studies* 2, no. 2 (1973): 102 - 19, 更多关于投票的情况，参见 Walter Eytan, *The First Ten Years: A Diplomatic History of Israel* (New York: Simon and Schuster, 1958).

105. Dan Kurzman, *Genesis* 1948 *: The First Arab-Israeli War* (New York: World, 1970). 为了更广泛地研究这个问题，参见 Joseph Heller, *The Birth of Israel, 1945—1949: Ben-Gurion and His Critics* (Gainesville: University Press of Florida, 2000). 有关一场极具争议的战斗及其对长期巴以关系的影响的戏剧性故事，参见 Daniel McGowan and Marc Ellis, *Remembering Deir Yassin: The Future of Israel and Palestine* (New York: Olive Branch, 1998).

106. Saul Mishal, *West Bank East Bank: The Palestinians in Jordan, 1949—1967* (New Haven, Conn.: Yale University Press, 1976). 最近一项关于以色列早期演变的很好的研究可见 Alan Baker and Shlomo Avineri, *Israel's Rights as a Nation-State in International Diplomacy* (Jerusalem: Jerusalem Center for Public Affairs, 2011).

107. 关于停战，参见 Muassasat al-Dirasat al-Filastiniyah, *The Arab-Israeli Armistice Agreements, February - July 1949. U.N. Texts and Annexes* (Beirut: Institute for Palestine Studies, 1967). 有关这一时期以色列人撰写的观点，参见 David Ben-Gurion, *Israel: A Personal History* (New York: Funk and Wagnalls, 1971), pp. 94 - 330. 另一项出色的研究出自 Jon Kimche and David Kimche, *A Clash of Destinies: The Arab-Jewish War and the Founding of the State of Israel* (New York: Praeger, 1960). 关于这个问题的讨论参见 Anita Shapira's *Israel: A History* (Waltham, Mass.: Brandeis

University Press, 2012), John B. Quigley, *The Statehood of Palestine: International Law in the Middle East Conflict* (New York: Cambridge University Press, 2010), and Eran Kaplan and Derek Jonathan Penslar, *The Origins of Israel, 1882—1948: A Documentary History* (Madison: University of Wisconsin Press, 2011).

108. 自 1949 年以来，数十万难民逃离家园的确切原因一直是争论的焦点。以色列人撰写的两部非常好的当代史，讨论了阿拉伯人为何逃离巴勒斯坦或被以色列人赶走，Tom Segev, *1949: The First Israelis* (New York: Free Press, 1986), and Benny Morris, *The Birth of the Palestine Refugee Problem, 1947—1949* (New York: Cambridge University Press, 1987). 也可参见 Ahmad Sa'di and Lila Abu-Lughod, *Nakba: Palestine,* 1948, *and the Claims of Memory* (New York: Columbia University Press, 2007), and Jacob Tobi, *Israel and the Palestinian Refugee Issue: The Formulation of Policy, 1948—1956* (New York: Routledge, 2014). 这是我们将在本卷后面再讨论的一个主题。

109. 相关专题性研究，参见 David Gilmour's *Dispossessed: The Ordeal of the Palestinians: 1917—1980* (London: Sidgwick and Jackson, 1980).

110. 参见 Walter Laqueur and Barry Rubin, *The Israel-Arab Reader: A Documentary History of the Middle East Conflict*, 6th ed. (New York: Penguin, 2001).

111. Tessler, *History*, p. 69. 也可参见 William L. Cleveland and Martin P. Bunton, *A History of the Modern Middle East*, 5th ed. (Boulder, Colo.: Westview, 2013), Mustafa Kabaha, *The Palestinian People: Seeking Sovereignty and State* (Boulder, Colo.: Westview, 2014), and Smith,

Palestine and the Arab-Israeli Conflict.

112. 值得注意的是，巴勒斯坦民族主义现象不仅仅表现为一种反以色列的意识形态。其他参见 Ghada Hashem Talhami, *Syria and the Palestinians: The Clash of Nationalisms* (Gainesville: University Press of Florida, 2001), and Ilan Pappé, *The Forgotten Palestinians: A History of the Palestinians in Israel* (New Haven, Conn.: Yale University Press, 2013).

113. 参见 Elie Kedourie and Sylvia G. Haim, eds., *Zionism and Arabism in Palestine and Israel* (London: Frank Cass, 1982).

114. 更多评记参见 chapter 2, "Arab History and the Origins of Nationalism in the Arab World," in Tessler, *History*, pp. 69 - 126. 也可参见 Ann Lesch, "The Origins of Palestine Arab Nationalism," in *Nationalism in a Non-National State: The Dissolution of the Ottoman Empire*, ed. William Haddad and William Ochsenwald (Columbus: Ohio State University Press, 1977), 265 - 91, and Phyllis Bennis's work *Understanding the Palestinian-Israeli Conflict: A Primer* (Northampton, Mass.: Olive Branch Press, 2012).

115. Palestinian Academic Society for the Study of International Affairs (PASSIA), *Diary, 2000* (Jerusalem: PASSIA, 2000), p. 254.

116. Palestinian Academic Society for the Study of International Affairs (PASSIA), *Datebook, 1996* (Jerusalem: PASSIA, 1996), p. 190.

117. Basheer M. Nafi, *Arabism, Islamism, and the Palestine Question, 1908—1941* (Reading, U.K.: Ithaca, 1998).

118. PASSIA, *Datebook, 1996*, p. 189.

119. 参见 Anthony Nutting, *The Tragedy of Palestine from the Balfour Declaration to Today* (London: Arab League, 1969); Sami Hadawi, *Extracts from the History of the Palestine-Israel Conflict* (Toronto, 1991); and David McDowall, *The Palestinians: The Road to Nationhood* (London: Minority Rights Publications, 1995).

120. PASSIA, *Datebook, 1996*, p. 190. 也可参见 As'ad Ganim, *The Palestinian-Arab Minority in Israel, 1948—2000: A Political Study* (Albany: SUNY Press, 2001), and Nasim Ahmed, *Understanding the Nakba: An Insight into the Plight of the Palestinians* (London: Palestinian Return Centre, 2013).

121. 同样,最好的综合文本可能是 Sachar's *History*.

第二章　犹太复国主义、文化和国内政治环境

1. 这一时期最令人印象深刻、最详细的历史记录之一是 Walter Laqueur's *A History of Zionism* (New York: Holt, Rinehart and Winston, 1972). 也可参见 Alain Dieckhoff, *Invention of a Nation: Zionist Thought and the Making of Modern Israel* (New York: Columbia University Press, 2002), Alan Dowty, *The Jewish State: A Century Later* (Berkeley: University of California Press, 2001), and Yoav Gelber, *Nation and History: Israeli Historiography and Identity between Zionism and Post-Zionism* (Portland, Ore: Vallentine Mitchell, 2011).

2. Jacob Tsur, *Zionism: The Saga of a National Liberation Movement* (New Brunswick, N.J.: Transaction, 1976), p. 9.

关于犹太复国主义成为民族主义运动的复杂讨论，将犹太复国主义与非洲国家的民族主义进行比较，参见 Dan V. Segre, *A Crisis of Identity: Israel and Zionism* (Oxford: Oxford University Press, 1980), pp. 1 - 13. 也可参见 Ben Halpern and Jehuda Reinharz, *Zionism and the Creation of a New Society* (New York: Oxford University Press, 1998), and Boaz Heumann, *Land and Desire in Early Zionism* (Waltham, Mass.: Brandeis University Press, 2011).

3. Tsur, *Zionism*, p. 10. 也可参见 Amnon Rubinstein, *From Herzl to Rabin: The Changing Image of Zionism* (New York: Holmes and Meier, 2000), B. Netanyahu, *The Founding Fathers of Zionism* (Noble, Okla.: Balfour, 2012), and Nathan Rotenstreich, *Zionism: Past and Present* (Albany: SUNY Press, 2007).

4. Ofira Seliktar, *New Zionism and the Foreign Policy System of Israel* (Carbondale: Southern Illinois University Press, 1986), pp. 5 - 6.

5. Charles S. Liebman and Eliezer Don-Yehiya, *Civil Religion in Israel: Traditional Judaism and Political Culture in the Jewish State* (Los Angeles: University of California Press, 1983). 也可参见 Arno Mayer, *Plowshares into Swords: From Zionism to Israel* (New York: Verso, 2008), and Chaim Gans, *A Just Zionism: On the Morality of the Jewish State* (New York: Oxford University Press, 2011).

6. Dan Illouz, "Is Zionism Still Alive in Israel in 2015?" *Jerusalem Post* (April 24, 2015), p. 36. 也可参见 Lahav Harkov, "What Does Zionism Mean to You?" *Jerusalem Post* (April 22, 2015), p. 16.

7. 参见 Reuven Hammer, "The Dream of Zion," *Jerusalem*

Post (May 2, 2014), p.43.

8. 人口统计数据来自 the *Central Bureau of Statistics, Statistical Abstract of Israel, 2014*, Table 2. 1, "Population, by Population Group"; 移民数据来自 Jewish Virtual Library, *Vital Statistics: Latest Population Statistics for Israel (Updated May, 2014)*, accessed September 22, 2014, http://www.jewishvirtuallibrary.org/jsource/Society_&_Culture/newpop.html.

9. Government of Israel, Central Bureau of Statistics, *Statistical Abstract of Israel, 2014*, Table 2. 1, "Population, by Population Group," and Table 2. 9, "Jews, By Continent of Origin, Continent of Birth and Period of Immigration," accessed September 23, 2014, http://www1.cbs.gov.il/reader/?MIval%2Fshnaton%2Fshnatone_new.htm&CYear2014&Vol65&C Subject2&saContinue.

10. 可参见 Sam Sokol, "How Many European Jews Are There? It Depends on Who You Ask," *Jerusalem Post* (April 7, 2015), p. 6, and Noah Arbit, "No Second Exodus: Mass Aliya Is Not a Solution to European Anti-Semitism," *Jerusalem Post* (February 26, 2015), p.16.

11. 这些数字可能有点令人困惑,因为根据中央统计局的数据,在 1995 年之前,苏联的亚洲共和国都包括在欧洲;从 1996 年起,亚洲各共和国被纳入亚洲。

12. Tsur, *Zionism*, pp.77-79.参见"Yemen's Last Jews, a World Apart," *Jerusalem Report* (August 12, 1993): CD-ROM.

13. 参见 Natan Sharansky, "A Tale of Two 'Isms'," *Jerusalem Report* (November 15, 1990): CD-ROM, and Ludmila Isurin, *Russian Diaspora: Culture, Identity, and*

Language Change (New York: De Gruyter Mouton, 2011).

14. 参见 Government of Israel, Central Bureau of Statistics, *Statistical Abstract of Israel, 2014*, Table 4.4, "Immigrants by Period of Immigration, Country of Birth, and Last Country of Residence," accessed September 23, 2014, http://www1. cbs. gov. il/reader/? MIval% 2 Fshnaton% 2Fshnatone _ new. htm&CYear2014&Vol65&CSubject2&sa Continue. 也可参见 Marc C. Rush, *The Right Kind of Jews: An American Jew and the Israeli Immigration System* (Charleston, S.C.: M. C. Rush, 2011).

15. Tally Kritzman-Amir and Yonatan Berman, "Responsibility Sharing and the Rights of Refugees: The Case of Israel," *George Washington International Law Review* 41 (2010): 619.

16. Kritzman-Amir and Berman, "Responsibility Sharing," p.620. 也可参见 Eliott Rimon, "Infiltration or Immigration: The Legality of Israeli Immigration Policy regarding African Asylum Seekers," *Cardozo Journal of International and Comparative Law* 23 (Winter 2015): 447 - 83.

17. Eitan Arom, "Attacking Israel's Conversion Crisis: All That Stands between the Thousands in Religious Limbo and Their Full Jewish Status Is Bureaucratic Delay," *Jerusalem Post* (November 3, 2014), p.6.

18. *Statistical Abstract of Israel, 2014*, Table 4. 4, "Immigrants by Period of Immigration, Country of Birth, and Last Country of Residence," accessed September 23, 2014, http://www1. cbs. gov. il/reader/? MIval% 2Fshnaton% 2Fshnatone_ new. htm&CYear2014&Vol65&C Subject2&sa Continue.

19. J. J. Goldberg, "Next Year in Jerusalem, Maybe," *Jerusalem Report* (May 6, 1993): CDROM.

20. Goldberg, "Next Year."

21. 犹地亚和撒马利亚是指圣经中讨论的犹太人"传统"土地的地名。犹地亚山脉和撒马利亚山脉构成了今天被称为西岸"被占领土"的大部分土地。

22. Segre, *A Crisis of Identity*, p. 154. 可多内容参见 David Morrison, *The Gush: Center of Modern Religious Zionism* (New York: Gefen, 2004). 也可参见 Michal Palgi and Shulamit Reinharz, eds., *One Hundred Years of Kibbutz Life: A Century of Crises and Reinvention* (New Brunswick, N.J.: Transaction, 2011), or Menachem Mautner, *Law and the Culture of Israel* (New York: Oxford University Press, 2011).

23. Seliktar, *New Zionism*, p. 115. 也可参见 Mitchell Cohen, *Zion and State: Nation, Class, and the Shaping of Modern Israel* (New York: Columbia University Press, 1992), and Shlomo Aronson, *David Ben-Gurion and the Jewish Renaissance* (New York: Cambridge University Press, 2011).

24. "马派"(Mapai)是现在工党的前身 Mifleget Poelei Israel(以色列工党)的首字母缩写。

25. Seliktar, *New Zionism*, p. 80. 参见 Eran Kaplan, *The Jewish Radical Right: Revisionist Zionism and Its Ideological Legacy* (Madison: University of Wisconsin Press, 2005), and Zev Golan, *Stern: The Man and His Gang* (Tel Aviv: Yair, 2011).

26. Seliktar, *New Zionism*, p. 91.

27. Segre, *A Crisis of Identity*, p. 153.

28. 参见 Sasson Sofer and Dorothea Shefer-Vanson, *Zionism and the Foundations of Israeli Diplomacy* (New York: Cambridge University Press, 1998), and Gershom Gorenberg, *The Unmaking of Israel* (New York: Harper, 2011).

29. Liebman and Don-Yehiya, *Civil Religion*, p.17. 也可参见 S. Almog, Jehuda Reinharz, and Anita Shapira, eds., *Zionism and Religion* (Hanover, N.H.: University Press of New England, 1998).犹太人中的反犹太复国主义不是当代发明,1948年以色列国成立时,反犹太复国主义是反对建国的重要分歧之一,参见 Rory Miller, *Divided against Zion: Anti-Zionist Opposition in Britain to a Jewish State in Palestine, 1945—1948* (Portland, Ore.: Frank Cass, 2000). 也可参见 David Remez, "The Neturei Karta Community of Haredi Jewry," in *The Origins of Israel, 1882—1948: A Documentary History*, ed. Eran Kaplan and Derek Jonathan Penslar (Madison: University of Wisconsin Press, 2011), reading 28, and Martin Stern, "Why Haredim Should Not Be Zionists," *Jerusalem Post* (May 15, 2012), p.16.

30. Seliktar, *New Zionism*, p.97.

31. Liebman and Don-Yehiya, *Civil Religion*, p.189.

32. Liebman and Don-Yehiya, *Civil Religion*, p.192. 特别参见 Leibowitz 与 Eliezer Goldman 合著, *Judaism, Human Values, and the Jewish State* (Cambridge, Mass.: Harvard University Press, 1992). 也可参见 David Hartman, *A Heart of Many Rooms: Celebrating the Many Voices within Judaism* (Woodstock, Vt.: Jewish Lights, 1999).

33. 参见 Fredelle Z. Spiegel, "A Hobby Called Judaism," *Jerusalem Report* (December 30, 1993): CD-ROM. 另见

Peter Beinart, *The Crisis of Zionism* (New York: Henry Holt, 2012), and Shaul Magid, *American Post-Judaism: Identity and Renewal in a Postethnic Society* (Bloomington: Indiana University Press, 2013).

34. 参见 Stuart Schoffman, "The Americanization of Israel," *Jerusalem Report* (May 18, 1995): CD-ROM. *Israel Studies* 杂志的一整期专门讨论以色列的美国化主题,包括关于建国前、独立后、政治、文化、观点、宗教和其他各种主题的文章。参见 Glenda Abramson and S. Ilan Troen, eds., "The Americanization of Israel," *Israel Studies* 5, no. 1 (2000): 25-38. 也可参见 Mirah Katsburg-Yungman and Tammy Berkowitz, *Hadassah: American Women Zionists and the Rebirth of Israel* (Portland, Ore.: Littman Library of Jewish Civilization, 2012).

35. 参见 Tom Segev, *Elvis in Jerusalem: Post-Zionism and the Americanization of Israel* (New York: Metropolitan, 2002), and Steven Rosenthal, *Irreconcilable Differences: The Waning of the American Jewish Love Affair with Israel* (Hanover, N.H.: University Press of New England, 2001).

36. Seliktar, *New Zionism*, p.74.

37. 讨论犹太身份和犹太国家之间相互作用的一个很好的来源是 Boas Evron, *Jewish State or Israeli Nation?* (Bloomington: Indiana University Press, 1995). 也可参见相关最新文章 Yehudah Rubinstein, "The Age of Zionism," *Jerusalem Report* (July 16, 2012), p.6.

38. Norton Mezvinsky, "The Zionist Character of the State of Israel," in *Zionism: The Dream and the Reality—A Jewish Critique*, ed. Gary Smith (New York: David and Charles, 1974), p. 244. 也可参见 Laurence J. Silberstein,

Postzionism: A Reader (New Brunswick, N. J.: Rutgers University Press, 2008), and Martin Gilbert's *In Ishmael's House: A History of Jews in Muslim Lands* (New Haven, Conn.: Yale University Press, 2010).

39. Jeremy Sharon and Lahav Harkov, "Joint List Spokesman Compares Zionism to ISIS. Zionist Union Candidate Yadlin Boycotts Panel Due to Participation of Yahad Representative Baruch Marzel," *Jerusalem Post* (March 11, 2015), p. 3.

40. Uri Avnery, *Israel without Zionism: A Plan for Peace in the Middle East* (New York: Collier, 1971), pp. 251–52. 也可参见 Donna Robinson Divine, *Exiled in the Homeland: Zionism and the Return to Mandate Palestine* (Austin: University of Texas Press, 2010), or the recent article by Sam Sokol, "Zionism Means Not Being Spectators to Decisions That Can Seal Our Fate, Says PM," *Jerusalem Post* (February 17, 2015), p. 2.

41. 最近的两个此类讨论的例子是 Dan Illouz, "Getting Down to Elections: Defining Zionism," *Jerusalem Post* (January 30, 2015), p. 36, and Lahav Harkov, "Liberman: Zionists Don't Give In to Arab Threats," *Jerusalem Post* (February 11, 2015), p. 3.

42. Sammy Smooha, *Social Research on Arabs in Israel, 1948—1977: Trends and an Annotated Bibliography* (Ramat Gan, Israel: Turtledove, 1978). 也可参见 Robert Deemer Lee, *Religion and Politics in the Middle East: Identity, Ideology, Institutions, and Attitudes* (Boulder, Colo.: Westview, 2010).

43. *Statistical Abstract of Israel, 2014*, Table 2.2,

"Population by Religion," accessed September 23, 2014, http://www1. cbs. gov. il/reader/? MIval% 2Fshnaton% 2Fshnatone_new. htm&CYear2014&Vol65&CSubject2&saContinue.

44. Israel Ministry of Foreign Affairs, "The People: Religious Freedom," accessed September 15, 2014, http://mfa. gov. il/MFA/AboutIsrael/People/Pages/SOCIETY. aspx. 参见 Ilan Pappé, *The Forgotten Palestinians: A History of the Palestinians in Israel* (New Haven, Conn.: Yale University Press, 2011), and Ilan Peleg and Dov Waxman, *Israel's Palestinians: The Conflict Within* (New York: Cambridge University Press, 2011).

45. 参见 Asher Cohen and Bernard Susser, *Israel and the Politics of Jewish Identity: The Secular Religious Impasse* (Baltimore, Md.: Johns Hopkins University Press, 2000). 也可参见 Elaine Rose Glickman, *The Messiah and the Jews: Three Thousand Years of Tradition, Belief, and Hope* (Woodstock, Vt.: Jewish Lights, 2013).

46. Ira Sharkansky, *What Makes Israel Tick? How Domestic Policy-Makers Cope with Constraints* (Chicago: Nelson Hall, 1975), p. 60, or Pappé, *The Forgotten Palestinians*. 也可参见 Ira Sharkansky, *Governing Israel: Chosen People, Promised Land, and Prophetic Tradition* (New Brunswick, N. J.: Transaction, 2005), and Yaacov Yadgar, *Secularism and Religion in Jewish-Israeli Politics: Traditionalists and Modernity* (New York: Routledge, 2011). 关于正统宗教党派，参见 David Lehmann and Batia Siebzehner, *Remaking Israeli Judaism: The Challenge of Shas* (New York: Oxford University Press, 2006).

47. 我们必须审视“以色列阿拉伯人”和被占领土阿拉伯居民之间的区别。以色列阿拉伯人是以色列公民，是在以色列拥有充分权利的阿拉伯人；被占领土的阿拉伯居民不是公民，也没有相关权利。关于这方面更多的内容，参见 Rapahel Cohen-Almagor, *Israeli Democracy at the Crossroads* (New York: Routledge, 2005).

48. Israel Ministry of Foreign Affairs, “People: Religious Freedom,” accessed September15, 2014, http://mfa.gov.il/MFA/AboutIsrael/People/Pages/SOCIETY-% 20Religious% 20Free dom.aspx. 也可参见 Hillel Cohen, *Good Arabs: The Israeli Security Agencies and the Israeli Arabs, 1948—1967* (Berkeley: University of California Press, 2010), and Peleg and Waxman, *Israel's Palestinians*.

49. 宗教和种族群体——犹太人和非犹太人，世俗的，有相同信仰的宗教团体，以及不同的犹太教流派——之间的关系是紧张的。US Department of State, Bureau of Democracy, Human Rights and Labor, *Annual Report on International Religious Freedom for* 2013: *Israel-Occupied Territories*, accessed September 15, 2014, http://www.state.gov/j/drl/rls/irf/religiousfreedom/index.htm? dynam ic _ load _ id222295&year2013wrapper. 也可参见 Rhoda Ann Kanaaneh and Isis Nusair, *Displaced at Home: Ethnicity and Gender among Palestinians in Israel* (Albany: SUNY Press, 2010).

50. 参见 Shimon Shetreet, “Freedom of Religion in Israel,” paper presented at the World Conference against Racism, Durban, South Africa, 2001, available at the Jewish Virtual Library Web site as Shimon Shetreet, “Human Rights in Israel: Freedom of Religion,” accessed December 2015, http://www.jewishvirtuallibrary.org/jsource/Society _ & _

Culture/freedom. html. Shetreet 是耶路撒冷希伯来大学的法学教授,从 1992 年到 1996 年担任伊扎克・拉宾总理政府的宗教事务部长。也可参见 Ben White, *Palestinians in Israel: Segregation, Discrimination, and Democracy* (London: Pluto, 2012).

51. US Department of State, Bureau of Democracy, Human Rights and Labor, *International Religious Freedom Report for* 2011: *Israel and the Occupied Territories*, accessed September 15, 2014, http://www. state. gov/j/drl/rls/irf/2011religiousfreedom/index. htm? dynamic _ load _ id 192889 wrapper. 也可参见 Nabil Musa Khattab and Sami Miaari, *Palestinians in the Israeli Labour Market* (Basingstoke, U.K.: Palgrave Macmillan, 2013).

52. Ariel Ben Soloman, "Experts Clash over Palestinian Demographics: Data from Palestinian Bureau Predict Equal Jewish, Arab Populations in Israel and Territories by 2016," *Jerusalem Post* (January 2, 2015), p.4.

53. Solomon, "Experts Clash," p.4.

54. Government of Israel, Central Bureau of Statistics, *Statistical Abstract of Israel, 2014*, Table 2. 1, "Population, by Population Group," accessed September 23, 2014, http://www1. cbs. gov. il/reader/?MIval%2Fshnaton%2Fshnatone_new. htm&CYear2014&Vol65&CSub ject2&saContinue. 参见 Gur Alroey, *An Unpromising Land: Jewish Migration to Palestine in the Early Twentieth Century* (Stanford, Calif.: Stanford University Press, 2014), and David Tal, *Israeli Identity: Between Orient and Occident* (New York: Routledge, 2013).

55. 关于这方面令人印象深刻的研究,参见 Liel Leibovitz,

Aliya: Three Generations of American-Jewish Immigration to Israel (New York: St. Martin's Griffin, 2007), or Uzi Rebhun and Chaim Waxman, *Jews in Israel: Contemporary Social and Cultural Patterns* (Lebanon, N. H.: University Press of New England, 2004). 也可参见 Orit Rozin, *The Rise of the Individual in 1950s Israel: A Challenge to Collectivism* (Waltham, Mass.: Brandeis University Press, 2011).

56. 参见 Alex Weingrod, "Recent Trends in Israeli Ethnicity," *Ethnic and Racial Studies* 2, no. 1 (1979): 55–65. 也可参见 Guy Ben-Porat and Bryan S. Turner, *The Contradictions of Israeli Citizenship: Land, Religion, and State* (Milton Park, U.K.: Routledge, 2011).

57. *Statistical Abstract of Israel, 2014*, Table 2.1, "Population, by Population Group," accessed September 23, 2014, http://www1. cbs. gov. il/reader/?MIval%2Fshnaton%2Fshnatone_new. htm&CYear2014&Vol65&CSubject2&saContinue. 有关深入研究，参见 Colin Shindler, *A History of Modern Israel* (New York: Cambridge University Press, 2013).

58. *Statistical Abstract of Israel, 2014*, Table 2.1, "Population, by Population Group," accessed September 23, 2014, http://www1. cbs. gov. il/reader/? MIval% 2Fshnaton% 2Fshna tone_new. htm&CYear2014&Vol65&CSubject2&saContinue.

59. 关于这个，参见 Aref Abu-Rabia, *A Bedouin Century: Education and Development among the Negev Tribes in the 20th Century* (New York: Berghahn, 2001), and Steven Dinero, *Settling for Less: The Planned Resettlement of Israel's Negev Bedouin* (New York: Berghahn, 2010).

60. *Statistical Abstract of Israel, 2014*, Table 2.10,

"Projections of Population in Israel for 2015—2035, by Population Group, Sex, and Age," accessed September 23, 2014, http://www1. cbs. gov. il/reader/? MIval% 2Fshnaton% 2Fshnatone_new. htm&CYear2014&Vol65&C Subject2&sa Continue. 另见 Roni Berger, *Immigrant Women Tell Their Stories* (New York: Haworth, 2004).

61. Don Peretz, *The Government and Politics of Israel* (Boulder, Colo.: Westview, 1979), p.4.

62. Israel Ministry of Foreign Affairs, "People: Minorities," accessed September 15, 2014, http://mfa. gov. il/MFA/AboutIsrael/People/Pages/SOCIETY-% 20Minority% 20Communities. aspx. 也可参见 Zeev Derori, *The Israel Defence Force and the Foundation of Israel: Utopia in Uniform* (New York: RoutledgeCurzon, 2005).

63. US Department of State, Bureau of Democracy, Human Rights and Labor, *International Religious Freedom Report for 2011: Israel and the Occupied Territories*, accessed September 15, 2014, http://www. state. gov/j/drl/rls/irf/2011religiousfreedom/index. htm?dlid192863 wrapper.

64. Lee Dulter, "Eastern and Western Jews: Ethnic Divisions in Israeli Society," *Middle East Journal* 31 (1977): 451 - 68. 参见 Zvi Y. Gitelman, *Religion or Ethnicity? Jewish Identities in Evolution* (New Brunswick, N. J.: Rutgers University Press, 2009), and Stephen Sharot, *Comparative Perspectives on Judaisms and Jewish Identities* (Detroit, Mich.: Wayne State University Press, 2011).

65. Harvey Goldberg, *Sephardi and Middle Eastern Jewries: History and Culture in the Modern Era* (Bloomington: Indiana University Press, 1996). 也可参见 Andrzej Katny,

Izabela Olszewska, and Aleksandra Twardowska, eds., *Ashkenazim and Sephardim: A European Perspective* (Frankfurt: Peter Lang, 2013).

66. Asher Arian, *Politics in Israel: The Second Generation* (Chatham, N.J.: Chatham House, 1985), p.22.

67. Asher Arian, *The Second Republic: Politics in Israel* (Chatham, N.J.: Chatham House, 1998), p. 34, and As'ad Ganim, *Ethnic Politics in Israel: The Margins and the Ashkenazi Centre* (London: Routledge, 2013).

68. 参见 Shlomo Hasson and Mairam Gonen, *The Cultural Tension within Jerusalem's Jewish Population* (Jerusalem: Floersheimer Institute for Policy Studies, 1997).

69. 关于这部分内容讨论，参见 Walter Zenner, "Sephardic Communal Organizations in Israel," *Middle East Journal* 21, no. 2 (1967): 173 - 86.

70. 有关文章参见 Judy Siegel, "Religion and Politics in Israel," appeared in *Jerusalem Post Weekly Edition* (September 9, 1975), p.3.

71. Arnold Lewis, *Power, Poverty, and Education* (Ramat Gan, Israel: Turtledove, 1979). 也可参见 Ganim, *Ethnic Politics in Israel*.

72. Nimrod Raphaeli, "The Senior Civil Service in Israel," *Public Administration* 48 (1970): 169 - 78, and Nimrod Raphaeli, "The Absorption of Orientals into Israeli Bureaucracy," *Middle Eastern Studies* 8 (1972): 85 - 92.

73. 而且，西班牙系犹太人认为，德系犹太人对西班牙犹太人有明显的歧视。参见 Yitchak Haberfeld and Yinon Cohen, *Earnings Gaps between Israel's Native-Born Men: Western Jews, Eastern Jews, and Arabs, 1987—1993* (Tel Aviv:

Golda Meir Institute for Social and Labour Research, 1996). 关于这一论点的另一个例子，参见 David Rabeeya, *European Jewish Racism in Israel: Fact Not Fiction* (Pennsylvania: Sepharad Press, 1999).

74. 有关果尔达·梅厄在入职总理府之前的生活记录，参见她的自传 *My Life* (New York: Putnam, 1975).

75. David Ben-Gurion, as quoted in Peretz, *Government and Politics*, p. 52. 这一观点在苏联时期被人熟知，参见 Yaacov Ro'i, ed., *The Jewish Movement in the Soviet Union* (Washington, D.C.: Woodrow Wilson Center, 2012).

76. *Statistical Abstract of Israel, 2014*, Table 2.1, "Population, by Population Group," accessed September 23, 2014, http://www1.cbs.gov.il/reader/?MIval%2Fshnaton%2Fshna tone_new.htm&CYear2014&Vol65&CSubject2&sa Continue. 参见 Gadi Ben-Ezer, *The Migration Journey: The Ethiopian Jewish Exodus* (New Brunswick, N.J.: Transaction, 2006), and Stephen Spector, *Operation Solomon: The Daring Rescue of the Ethiopian Jews* (New York: Oxford University Press, 2005), as well as Alroey, *An Unpromising Land*.

77. 参见 Colin Shindler, *Exit Visa: Detente, Human Rights, and the Jewish Emigration Movement in the USSR* (London: Bachman, Turner, 1978), Edith Rogovin Frankel, *Old Lives and New: Soviet Immigrants in Israel and America* (Lanham, Md.: Hamilton, 2012), and Larissa Remennick, *Russian Israelis: Social Mobility, Politics, and Culture* (New York: Routledge, 2012).

78. Moshe Gat, *The Jewish Exodus from Iraq, 1948—1951* (Portland, Ore.: Frank Cass, 1997). 也可参见 Micha

Feldmann, *On Wings of Eagles: The Secret Operation of the Ethiopian Exodus* (New York: Gefen, 2012), and Joseph Hodes, *From India to Israel: Identity, Immigration and the Struggle for Religious Equality* (Montreal: McGill-Queen's University Press, 2014).

79. Peretz, *Government and Politics*, p. 53. 也可参见 Malka Hillel Shulewitz, *The Forgotten Millions: The Modern Jewish Exodus from Arab Lands* (New York: Continuum, 2000). 也可参见 Alroey, *An Unpromising Land*.

80. 参见 Daniel Elazar and M. Weinfeld, *Still Moving: Recent Jewish Migration in Comparative Perspective* (New Brunswick, N. J.: Transaction, 2000), and Sarit Cohen Goldner, Zvi Eckstein, and Yoram Weiss, *Immigration and Labor Market Mobility in Israel, 1990—2009* (Cambridge, Mass.: MIT Press, 2012).

81. 参见 "Yemen's Last Jews, a World Apart," *Jerusalem Report* (August 12, 1993): CD-ROM. 也可参见 Esther Meir-Glitzenstein, *The "Magic Carpet" Exodus of Yemenite Jewry: An Israeli Formative Myth* (Chicago: Sussex Academic, 2014).

82. Peretz, *Government and Politics*, p. 53.

83. 参见 Daniel Siegel, *The Great Immigration: Russian Jews in Israel* (New York: Berghahn, 1998). 也可参见 Ro'i, *The Jewish Movement*.

84. *Statistical Abstract of Israel, 2014*, Table 4.4, "Immigrants by Period of Immigration, Country of Birth and Last Country of Residence," accessed September 23, 2014, http://www1. cbs. gov. il/reader/? MIval% 2Fshnaton% 2Fshnatone_new. htm&CYear2014&Vol65&C Subject2&sa

Continue.

85. Mati Wagner, "The Descent Threat," *Jerusalem Post* (November 1, 2013), p.10.

86. 参见 Oren Yiftachel, *Ethnocracy: Land and Identity Politics in Israel/Palestine* (Philadelphia: University of Pennsylvania Press, 2006).关于这个话题有一本非常有趣的著作，参见 Sami Shalom Chetrit, *Intra-Jewish Conflict in Israel: White Jews, Black Jews* (New York: Routledge, 2010). 也可参见 Esther Hertzog, ed., *Perspectives on Israeli Anthropology* (Detroit, Mich.: Wayne State University Press, 2010).

87. Sammy Smooha, "Ethnic Stratification and Allegiance in Israel," *Il Politico* 41, no. 4 (1976): 635 – 51. 参见 Judith Shuval, *Immigrants on the Threshold* (New Brunswick, N. J.: Transaction, 2006), and Ganim, *Ethnic Politics in Israel*, as well as Moshe' Machover, *Israelis and Palestinians: Conflict and Resolution* (Chicago: Haymarket, 2012).

88. Yochanan Peres, "Ethnic Relations in Israel," *American Journal of Sociology* 76, no. 6 (1971): 1021 – 47. 一项有趣的研究参见 Beverly Mizrachi, *Paths to Middle-Class Mobility among Second-Generation Moroccan Immigrant Women in Israel* (Detroit, Mich.: Wayne State University Press, 2013).

89. Israel Gerber, *Heritage Seekers: American Blacks in Search of Jewish Identities* (New York: Jonathan David, 1977). 也可参见 Aziza Khazzoom, *The Formation of Ethnic Inequality: Jews in Israel* (Stanford, Calif.: Stanford University Press, 2007), and Chetrit, *Intra-Jewish Conflict*.

90.《耶路撒冷报告》的一篇好文章讨论了这个群体面临的

一些挑战，参见 Tom Sawicki, "A Long Road Still to Travel," *Jerusalem Report* (May 7, 1992): CD-ROM. 也可参见 Daniel Summerfield, *From Falashas to Ethiopian Jews: The External Influences for Change* (London: Routledge, 2010).

91. Louis Rapoport, *The Lost Jews: Last of the Ethiopian Falashas* (New York: Stein and Day, 1980).

92. Avraham Shama, *Immigration without Integration: Third World Jews in Israel* (Cambridge, Mass.: Schenkman, 1977).

93. Georges Tamarin, "Three Decades of Ethnic Coexistence in Israel: Recent Developments and Patterns," *Plural Societies* 11, no. 1 (1980): 3 - 46. 也可参见 Yinon Cohen, Yitchak Haberfeld, and Tali Kristal, *Ethnicity and Mixed Ethnicity: Educational Gaps among Israeli-Born Jews* (Tel Aviv: English, 2004).

94. Maurice Roumani, ed., "From Immigrant to Citizen: The Contribution of the Army in Israel to National Integration; The Case of Oriental Jews," *Plural Societies* 9, nos. 2 - 3 (1978): 1 - 145. 也可参见 Marcus Hardie, *Black and Bulletproof: An African American Warrior in the Israeli Army* (Far Hills, N.J.: New Horizon, 2010), and Gabriel Sheffer and Oren Barak, eds., *Militarism and Israeli Society* (Bloomington: Indiana University Press, 2010).

95. Victor Azarya and Baruch Kimmerling, "New Immigrants in theIsraeli Armed Forces," *Armed Forces and Society* 6, no. 3 (1980): 455 - 82. 更新的研究参见 Stuart Cohen, ed., *The New Citizen Armies: Israel's Armed Forces in Comparative Perspective* (New York: Routledge, 2010).

96. 参见 Yaacov Iram and Miryam Shemida, *The*

Educational System of Israel (Westport, Conn.: Greenwood, 1998). 也可参见 Ilham Nasser, Lawrence Berlin, and Shelley Wong, eds., *Examining Education, Media, and Dialogue under Occupation: The Case of Palestine and Israel* (Buffalo, N.Y.: Multilingual Matters, 2011).

97. US Department of State, Bureau of Democracy, Human Rights and Labor, *International Religious Freedom Report for 2011: Israel and the Occupied Territories*, accessed September 15, 2014, http://www.state.gov/j/drl/rls/irf/2011religiousfreedom/index.htm?dlid192863 wrapper. 也可参见 Zama Coursen-Neff, *Second Class: Discrimination against Palestinian Arab Children in Israel's Schools* (New York: Human Rights Watch, 2001).

98. Joseph S. Bentwich, *Education in Israel* (London: Routledge, 1998). 更详细的有关研究参见 Nurit Peled-Elhanan's book *Palestine in Israeli School Books: Ideology and Propaganda in Education* (London: I.B. Tauris, 2012). 也可参见"Education Basics," *Jerusalem Post* (September 2, 2010), p.13.

99. 我们说"本质上"是世俗的，是因为尽管不包括实质性的宗教信仰，但承认政府批准的所有官方犹太节目。

100. Varda Schiffer, *The Haredi Education in Israel: Allocation, Regulation and Control* (Jerusalem: Floersheimer Institute for Policy Studies, 1999).

101. Israel Ministry of Foreign Affairs, "Education: Primary and Secondary," accessed September 15, 2014, http://mfa.gov.il/MFA/AboutIsrael/Education/Pages/EDUCATION-%20 Primary%20and%20Secondary.aspx.

102. US Department of State, *Annual Report*.

103. Israel Ministry of Foreign Affairs, "Education: Higher Education in Israel—SelectedData," accessed September 2014, http://mfa. gov. il/MFA/AboutIsrael/Education/Pages/Higher _Education_Israel-Data_Nov_2012. aspx.

104. Michael Wolffsohn, *Israel: Polity, Society, and Economy, 1882—1986* (Atlantic Highlands, N. J.: Humanities Press International, 1987), p.198.

105. 参见 Israel Ministry of Foreign Affairs, "Education: Challenges," http://mfa. gov. il/MFA/AboutIsrael/Education/Pages/Education. aspx.

106. Wolffsohn, *Israel*, p.201.

107. Amotz Asa-El, "The Politics of Israeli Culture," *Jerusalem Post* (June 19, 2015), p.13.

108. Alan Arian, "Health Care in Israel: Political and Administrative Aspects," *International Political Science Review* 2, no. 1 (1981): 43 - 56. 也可参见 Yair Zalmanovitch, *Policy Making at the Margins of Government: The Case of the Israeli Health System* (Albany: SUNY Press, 2002).

109. Don Chernichovsky and Sara Markowitz, *Toward a Framework for Improving Health Care Financing for an Aging Population: The Case of Israel* (Cambridge, Mass.: National Bureau of Economic Research, 2001).

110. 参见 Israel Ministry of Foreign Affairs, "Health: Health Services," accessed September 15, 2014, http://mfa. gov. il/MFA/AboutIsrael/Health/Pages/default. aspx.

111. Tamara Barnea and Rafiq Husseini, *Separate and Cooperate, Cooperate and Separate: The Disengagement of the Palestine Health Care System from Israel and Its Emergence as an Independent System* (Westport, Conn.:

Praeger, 2002). 也可参见 Joav Merrick, Alean Al-Krenawi, and Salman Elbedour, *Bedouin Health: Perspectives from Israel* (New York: Nova Science, 2013).

112. Judy Siegel, "OECD Assessment of Israeli Health Services: High Marks but Some Improvements Needed," *Jerusalem Post* (October 12, 2012), p.6. 也可参见最近(2014年) Judy Siegel 发表的文章,"Israeli Healthcare Rated High, but with Deficiencies," 这份报告将四年前加入的以色列与其他 33 个经合组织成员国进行了比较。报告显示,以色列的卫生系统效率高,公民预期寿命长得令人钦佩,婴儿死亡率低。然而,护士、病床和扫描设备(如核磁共振成像仪和 CT)长期短缺,在职的成年人必须供养大量儿童和养老金领取者,预计即将退休的众多医生会在可预见的将来造成从业者严重短缺(*Jerusalem Post* [July 1, 2014], p.2).

113. 以色列外交部表示,"大约 92%的以色列人生活在城市地区"。参见 Israel Ministry of Foreign Affairs, "The Land: Urban Life," accessed September 15, 2014, http://mfa. gov. il/MFA/AboutIsrael/Land/Pages/THE% 20LAND-% 20Urban% 20Life. aspx.

114. 关于以色列、耶路撒冷和以色列政治史最杰出的著作之一是 Saul B. Cohen's *Jerusalem: Bridging the Four Walls; A Geopolitical Perspective* (New York: Herzl, 1977). 另一本虽然角度不同但同样重要的著作是 Simon Sebag Montefiore, *Jerusalem: The Biography* (New York: Knopf, 2011).

115. 参见 Bernard Wasserstein's 精彩的研究 *Divided Jerusalem: The Struggle for the Holy City* (New Haven, Conn.: Yale University Press, 2001), 特别是第五章"Two Jerusalems," 和第六章"Annexation." 其他参见 Ira Sharkansky, *Governing Jerusalem: Again on the World's*

Agenda (Detroit, Mich.: Wayne State University Press, 1996). 另见 Israel Ministry of Foreign Affairs Web page: "Jerusalem: Urban Characteristics and Major Trends in the City's Development; Factors behind Jerusalem's Population Growth," accessed September 15, 2014, http://mfa.gov.il/MFA/MFA-Archive/1996-1997/Pages/Jerusalem-% 20Urban%20 Characteristics%20and%20Major%20Trends.aspx.

116. Israel Ministry of Foreign Affairs, "Factors behind Jerusalem's Population Growth."

117. Israel Ministry of Foreign Affairs, "Factors behind Jerusalem's Population Growth." 也可参见 Alan Dowty's *Israel/Palestine*, 3rd ed. (Malden, Mass.: Polity, 2012).

118. *Statistical Abstract of Israel, 2014*, Table 2. 21, "Localities and Population, by Type of Locality and Population Group," accessed September 23, 2014, http://www1.cbs.gov.il/reader/?MIval%2Fshnaton%2Fshnatone_new.htm&CYear2014&Vol65&CSubject2&saContinue. 有关文集,参见 Naomi Carmon and Susan Fainstein, eds., *Policy, Planning, and People: Promoting Justice in Urban Development* (Philadelphia: University of Pennsylvania Press, 2013).

119. Joanna Paraszczuk, "Rehovot Keeps an Eye on the Past as It Looks to the Future," *Jerusalem Post* (March 12, 2010), p.8.

120. 关于城镇发展,参见 Myron Aronoff, "Political Change in Israel: The Case of a New Town," *Political Science Quarterly* 89, no. 3 (1974): 613 – 26. 也可参见 Maoz Azaryahu and Ilan Troen, eds., *Tel Aviv, The First Century: Visions, Designs, Actualities* (Bloomington: Indiana University Press,

2012).

121. Israel Ministry of Foreign Affairs, "The Land: Rural Life," accessed September 15, 2014, http://mfa.gov.il/MFA/AboutIsrael/Land/Pages/THE%20LAND-%20Rural%20Life.aspx.

122. Israel Ministry of Foreign Affairs, "The Land: Rural Life." 参见 Palgi and Reinharz, *One Hundred Years of Kibbutz Life*.

123. Lionel Tiger and Joseph Sheper, *Women in the Kibbutz* (New York: Harcourt Brace Jovanovich, 1975), and Daniel Katz and Naphtali Golomb, "Integration, Effectiveness, and Adaptation in Social Systems: A Comparative Analysis of Kibbutzim Communities," *Administration and Society* 6, no.4 (1975): 389 - 422.

124. 参见 Israel Ministry of Foreign Affairs, "The Land: Rural Life." 也可参见 Raymond Russell, Robert Hanneman, and Shelomoh Gets, *The Renewal of the Kibbutz: From Reform to Transformation* (New Brunswick, N.J.: Rutgers University Press, 2013).

125. 参见 Harriet Sherwood, "Guardian Weekly: Review: 'Last Real Socialists Left in theWorld': How Much Longer Can the Kibbutz Survive in the Era of Globalisation?," *Guardian Weekly* (September 10, 2010), p. 28, Isabel Kershner, "The Kibbutz Sheds Socialism and Regains Lost Popularity," *New York Times* (August 27, 2007), p. 1, and John Murphy, "Israel's Oldest Kibbutz Goes Capitalist: 'To Each According to His Need' No Longer as Deganya A Trades a Communal Existence for the Good Life," *Ottawa Citizen* (March 18, 2007), p. A5. 参见 Israel Ministry of Foreign

Affairs, "The Land: Rural Life."

第三章　犹太教及其在以色列政治中的作用

1. 讨论哈西德犹太人和东正教犹太人之间的区别,以及哈西德主义的一般性质,参见 Harry Rabinowicz, *Hasidism and the State of Israel* (Rutherford, N. J.: Fairleigh Dickinson University Press, 1982). 也可参见 Rebecca Torstrick, *Culture and Customs of Israel* (Westport, Conn.: Greenwood, 2004).

2. 一项很好的总体研究是 Ya'akov Yadgar, *Secularism and Religion in Jewish-Israeli Politics: Traditionists and Modernity* (London: Routledge, 2011). 也可参见 Robert D. Lee, *Religion and Politics in the Middle East: Identity, Ideology, Institutions, and Attitudes* (Boulder, Colo.: Westview, 2010), and Adam Kramarow, "Synagogue and State: Bringing Balance to the Role of Religion in Israeli Law," *Journal of Transnational Law and Policy* 23 (2013—2014): 157 - 204.

3. 参见 Chaim Isaac Waxman, *Israel as a Religious Reality* (Northvale, N. J.: Jason Aronson, 1994). 一篇有趣的文章出现于 2009 年, Ed Rettig and Seth Farber, "The Double Lives of Jewish Converts in Israel," *Jerusalem Post* (November 8, 2009), p. 14, 重点关注以色列文职官员,以及他们在多大程度上试图将自己的意愿和标准强加给散居的犹太人。

4. 参见 Israel Ministry of Foreign Affairs, "About the Jewish Religion," accessed February12, 2015, http://mfa.

gov. il/MFA/AboutIsrael/Spotlight/Pages/About% 20the% 20Jewish%20 Religion. aspx. 也可参见 Judith Reesa Baskin and Kenneth Seeskin, eds., *The Cambridge Guide to Jewish History, Religion, and Culture* (New York: Cambridge University Press, 2010).

5. 犹太正统派内部也存在显著差异。“犹太宗教激进主义者”在以色列政治中发挥了非常重要的作用,无论是在国内政策需求方面,还是在外交政策方面,尤其是在约旦河西岸被占领土上。后一点将在本书后面部分阐述。有关以色列犹太宗教激进主义的详细讨论,请参阅伊恩・卢斯蒂克(Ian Lustick)的经典著作,*For the Land and the Lord: Jewish Fundamentalism in Israel* (New York: Council on Foreign Relations, 1988). 也可参见 Jeremy Sharon, “Fighting for a Tolerant Judaism,” *Jerusalem Post* (March 6, 2015), p.15.

6. 这是以色列外交部对现代犹太教趋势的总结,“People: Jewish Society,” accessed February 12, 2015, http://mfa.gov.il/MFA/AboutIsrael/People/Pages/SOCIETY-%20Jewish%20Society.aspx. 冲突的一点涉及婚姻,我们将回到这一点,因为犹太人之间的婚姻必须按照正统程序进行。参见 Aharon Weler, “Clean Up the Rabbinate,” *Jerusalem Post* (July 5, 2013), p.43. “所有犹太人都被迫通过犹太教结婚,无论他们对自己的犹太身份如何认识或对上帝的信仰如何。为什么拉比主持不明白,通过强迫世俗夫妇由拉比主持结婚,他们正在增加以色列的 *mamzerim*?”

7. 参见 *The Jewish Virtual Library*, “Orthodox Judaism: Hasidism,” accessed February 12, 2015, http://www.jewishvirtuallibrary.org/jsource/Judaism/Hasidism.html. 也可参见 Arthur Green and Joel Rosenberg, *Hasidic Spirituality for a New Era: The Religious Writings of Hillel Zeitlin*,

especially the chapter "The Fundaments of Hasidism" (New York: Paulist Press, 2012).

8. 关于改革犹太教为何从未像在美国等其他西方环境中那样在以色列流行,人们进行了大量讨论。劳里·古德斯坦(Laurie Goodstein)最近的一篇文章,"Poll Shows Major Shift in Identity of U. S. Jews," *New York Times* (October 1, 2013), p. A11, 发现在美国,不信教的人、不信教结婚的人、不抚养子女的犹太人人数显著增加,导致迅速同化,这一现象席卷了犹太教的各个分支,正统派除外。调查还发现异族通婚率很高,所有犹太人的异族通婚率为 58%,非正统犹太人的异族通婚率为 71%。也可参见 Dana Kaplan, "Contemporary Forms of Judaism," in Baskin and Seeskin, *The Cambridge Guide to Jewish History*.

9. Norman Zucker, *The Coming Crisis in Israel: Private Faith and Public Policy* (Cambridge, Mass.: MIT Press, 1973), p. 90. 参见,例如,报道援引一名内阁成员的话说,改革派犹太人不是"真正的"犹太人,Jahav Harkov, "Rotem: I Didn't Say Reform Isn't Jewish. Yisrael Beytenu Lawmaker Says His Words Were Misconstrued Following Uproar," *Jerusalem Post* (February 7, 2014), p. 6. 也可参见 Murray Singerman, "Imagine Jews Worshipping Together," *Jerusalem Post* (March 26, 2008), p. 14.

10. 这是指正式礼拜所需的法定人数,传统上由十名成年男性组成。Matthew Wagner, "Ramat Gan Chief Rabbi Slams 'Radical Feminist' Egalitarian Minyanim," *Jerusalem Post* (February 20, 2008), p. 4. 也可参见 Judith R. Baskin, "Jewish Private Life: Gender, Marriage, and the Lives of Women," in Baskin and Seeskin, *The Cambridge Guide to Jewish History*. 也可参见 Yael Israel-Cohen, *Between*

Feminism and Orthodox Judaism: Resistance, Identity, and Religious Change in Israel (Boston: Brill, 2012).

11. 参见 Shulamit S. Magnus, "Once More, with Feeling and Conviction: Women and the Wall," *Jerusalem Post* (March 18, 2014), p.14, or Laura Kam, "Women, the Wall, and the 'New York Times'," *Jerusalem Post* (January 1, 2013), p.16.

12. 参见 Uri Regev's 关于首席拉比的文章"Israel's Other Big Election," *The Forward* (January 25, 2013), p.9.首席拉比集中在主要城市和世界其他国家,也可参见 Susan Hattis Rolef, "Who Needs Chief Rabbis?" *The Jerusalem Post* (June 24, 2013), p. 15.有关更多族群讨论,参见 Peter Medding, *Sephardic Jewry and Mizrahi Jews* (New York: Oxford University Press, 2007).

13. 一篇关于海法首席拉比和他呼吁各种信仰的神职人员成为和平倡导者的文章,参见 David Rudge, "Haifa Chief Rabbi Calls on Muslim Leaders to Preach," *Jerusalem Post* (December 28, 2001): 4A.

14. 以色列有两位首席拉比,一位是德系犹太人,另一位是塞法尔迪教徒。他们任期十年,每六个月轮换一次。在撰写本文时,以色列的塞法尔迪首席拉比是伊扎克·约瑟夫(Yitzak Yosef),而德系首席拉比是大卫·劳(David Lau)。两人都是在2013年当选的。他们拥有一个共同的希伯来文网站,http://www.rabanut.gov.il。有关塞法尔迪拉比的角色,参见"Sephardic Jewish Leader Changed Israeli Politics," *Washington Post* (October 8, 2013), p. B8. 也可参见 Jeremy Sharon, "Connecting the Jewish People," *Jerusalem Post* (September 27, 2013), p. 14, and Reuven Hammer, "The Chief Rabbinate: An Obstacle to Conversion," *Jerusalem Post*

(March 16, 2014), p. 14.

15. 这也激怒了美国犹太人，因为他们看到以色列拒绝美国犹太人的价值观。参见 Laurie Goodstein, "Feeling Abandoned by Israel, Many American Jews Grow Angry," *Jerusalem Post* (November 16, 1997), p. 8. 也可参见 Nachman Ben-Yehuda, *Theocratic Democracy: The Social Construction of Religious and Secular Extremism* (New York: Oxford University Press, 2010), or the older work by Uzi Rebhun and Chaim Waxman, *Jews in Israel: Contemporary Social and Cultural Patterns* (Hanover, N. H.: University Press of New England, 2004).

16. 有关宗教党派的角色，参见 Gary Schiff, *Tradition and Politics: The Religious Parties of Israel* (Detroit, Mich.: Wayne State University Press, 1977). 参见 Zvi Triger, "A Jewish AND Democratic State: Reflections on the Fragility of Israeli Secularism," *Pepperdine Law Review* 41 (2014): 1091 – 1102.

17. 事实上，世界犹太教改革运动的一位领导人曾评论说，具有讽刺意味的是，改革派犹太人在非犹太国家的欧洲和美国比在犹太国家以色列拥有更大的自由。摩西·称尔 1975 年 6 月在耶路撒冷议会对提交人的采访。参见 David Golinkin, "A Call to the New Government: There Is More Than One Way to Be Jewish!" *Jerusalem Post* (May 19, 2015), p. 16, and Ruth Calderon, "Marriage and Civil Union in Israel," *Jerusalem Report* (January 13, 2014), p. 4.

18. David Hoffman, "Testing Israel's Religious Laws: Court Rulings Called Setback forOrthodox Establishment," *Washington Post* (January 29, 1994), p. A13. Charles Liebman and Eliezer Don-Yehiya, *Religion and Politics in*

Israel (Bloomington: Indiana University Press, 1984), p.19. 也可参见 Reuven Firestone, *Holy War in Judaism: The Fall and Rise of a Controversial Idea* (New York: Oxford University Press, 2012), Alick Isaacs, *A Prophetic Peace: Judaism, Religion, and Politics* (Bloomington: Indiana University Press, 2011), and David Levi-Faur, Gabriel Sheffer, and David Vogel, eds., *Israel: The Dynamics of Change and Continuity* (Hoboken, N.J.: Taylor and Francis, 2014).

19. Teddy Kollek and Amos Kollek, "Put Real Issues before Silly Slogans," *Jerusalem Post* (March 8, 1996), p.11.

20. Nathan Jeffay, "Conservative Jews Decry Bias in JIDF," *The Forward* (May 29, 2009), p. 4, and Aryei Fishman, *Judaism and Modernization on the Religious Kibbutz* (New York: Cambridge University Press, 1992). 也可参见 Harvey Pekar, J. T. Waldman, and Joyce Brabner, *Not the Israel My Parents Promised Me* (New York: Hill and Wang, 2012).

21. Joshua Mitnick, "Israel: Who Will Soldiers Obey on Settlements—Netanyahu or Rabbis?" *Christian Science Monitor* (December 14, 2009), p.13.

22. "Israeli High Court Overrules Rabbis by Installing Woman," *New York Times* (May 20, 1988), p.A3. 也可参见 Asher Felix Landau, "The Woman and the Religious Council," *Jerusalem Post* (June 6, 1988): 5.有关以色列女权运动的一项很好的研究，参见，Bonna Devora Haberman, *Israeli Feminism Liberating Judaism: Blood and Ink* (Lanham, Md.: Lexington, 2012), and Israel-Cohen, *Between*

Feminism and Orthodox Judaism. 也可参见 Leon H. Charney, Shaul Maizlish, and Rene'e Paley-Bain, *Battle of the Two Talmuds: Judaism's Struggle with Power, Glory, & Guilt* (Fort Lee, N. J.: Barricade, 2010), and Pascale Fournier, Mascal McDougall, and Merissa Lichtsztral, "Secular Rights and Religious Wrongs? Family Law, Religion and Women in Israel," *William and Mary Journal of Women and the Law* 18 (2012): 333 - 67.

23. 对这件事的非常有趣讨论，参见 Jeremy Sharon, "High Court Justices Question State's Stance on Citizenship for Non-Orthodox Converts. Right of Return Is for Jews outside of Israel, Not within, State Says. Director of the Conservative Movement Says Attitude Is Hard to Fathom," *Jerusalem Post* (June 2, 2014), p. 6. 也可参见 David Harry Ellenson and Daniel Gordis, *Pledges of Jewish Allegiance: Conversion, Law, and Policymaking in Nineteenthand Twentieth-Century Orthodox Responsa* (Stanford, Calif.: Stanford University Press, 2012), Aaron R. Petty, "The Concept of 'Religion' in the Supreme Court of Israel," *Yale Journal of Law and the Humanities* 26 (2014): 211 - 72, and Adam Kramarow, "Synagogue and State: Bringing Balance to the Role of Religion in Israeli Law," *Journal of Transnational Law and Policy* 23 (2014): 157 - 205.

24. Jeremy Sharon, "'Unconscionable' Attitude of Gov't Authority Leading to Decline in Conversions, ITIM Religious Group Says," *Jerusalem Post* (May 29, 2012), p. 7, and Chuck Davidson, "Time for Conversion Reform," *Jerusalem Post* (June 30, 2014), p. 15. 也可参见 Ilan Pappé, *The Idea of Israel: A History of Power and Knowledge* (New York:

Verso, 2014). A classic work is by Benjamin Akzin, "Who Is a Jew? A Hard Case," *Israel Law Review* 5, no. 2 (1970): 259 - 63, or Oscar Kraines, *The Impossible Dilemma: Who Is a Jew in the State of Israel?* (New York: Bloch, 1976).

25. US Department of State, "Background Note: Israel," December 17, 2009, accessed May2010, http://www. state. gov/r/pa/ei/bgn/3581. htmpolitical.

26. "Israeli CourtUpholds a Convert," *New York Times* (December 3, 1986): 1.

27. 问题是，谁应该被算作"犹太人"，谁应该不被算作犹太人？它的根源在于，一个人是否只有来自犹太家庭，或者只有他/她的母亲是犹太人，才能被视为犹太人。更具争议的问题也出现了：在什么情况下，在什么样的拉比监督下，一个人如何皈依犹太教？参见 Martin Van Den Bergh, "The Complexities of Jewish Identity," *Jerusalem Post* (January 21, 2014), p. 14, and Akiva Miller, "The Policing of Religious Marriage Prohibitions in Israel: Religion, State, and Information Technology," *John Marshall Journal of Computer and Information Law* 31 (2014): 23 - 57.

28. Editorial in *Haaretz*, November 24, 1988, as reprinted in "Israel Press Highlights" (New York: Institute of Human Relations, November 28, 1988), p. 1.

29. 参见"Conversion Paradigm," *Jerusalem Post* (January 14, 1998), p. 10, or Naftali Rothenberg, "By State or Community?" *Jerusalem Report* (May 5, 2014), p. 6. A good article is by Gad Barzilai, "Who Is a Jew?: Categories, Boundaries, Communities, and Citizenship Law in Israel," in *Boundaries of Jewish identity*, ed. Susan A. Glenn and Naomi B. Sokoloff (Seattle: University of Washington Press,

2010), and Guy Ben-Porat, *Between State and Synagogue: The Secularization of Contemporary Israel* (New York: Cambridge University Press, 2013).

30. Editorial, "Jewish Unity," *Jerusalem Post* (January 23, 1998), p. 8. 也可参见 the editorial "The Conflicts over Conversion," *Jerusalem Post* (June 4, 1998), p. 10.

31. Jeremy Sharon and Lahav Harkov, "Cabinet Set to Decide on Conversion Reform Bill Today," *Jerusalem Post* (November 2, 2014), p. 3. 参见 Gilad Kariv, "A Time for Reform," *Jerusalem Report* (July 16, 2012), p. 47.

32. Shahar Ilan, ed., "Preliminary Public Opinion Research for the 'Religion and State Index' Project," p. 16, Hiddush, accessed January 2010, http://www.hiddush.org/UploadFiles/file/ReligionStateIndexResearchReport2009.pdf.

33. 基督徒、穆斯林、德鲁兹人和其他宗教的信徒不受首席拉比的管辖，但有自己的宗教制度。

34. Haim Shapiro, "Immigrants from 1990 on Must Prove Their Jewishness to Marry," *Jerusalem Post* (August 13, 2001), p. 4. 另见 Shlomo Brody, "Can a Judicial Court Nullify a Conversion?" *Jerusalem Post* (May 4, 2012), p. 43.

35. Jeremy Sharon, "Religious Services Ministry 'Not Interested' in State Department Report on Religious Freedom," *Jerusalem Post* (August 10, 2012), p. 4. 以色列政府关注对在以色列皈依的改革派和保守派人士的限制。首席拉比不承认他们的婚姻，他们同样不能被葬入犹太墓地。

36. 参见 Randi Raskover and Martin Kavka, *Judaism, Liberalism, and Political Theology* (Bloomington: Indiana University Press, 2014), or Reuven Firestone, *Holy War in Judaism: The Fall and Rise of a Controversial Idea* (New

York: Oxford University Press, 2012).

37. Zucker, *The Coming Crisis*, p. 2. 另见 David J. Goldberg, *This Is Not the Way: Jews, Judaism and Israel* (London: Faber and Faber, 2012), and Ira Sharkansky, *The Politics of Religion and the Religion of Politics: Looking at Israel* (Lanham, Md.: Lexington, 2000).

38. Hiddush, *2014 Religion and State Index* (Jerusalem: Hiddush, 2014), p. 3. 也可参见 Adam Kramarow, "Synagogue and State: Bringing Balance to the Role of Religion in Israeli Law," *Journal of Transnational Law and Policy* 23 (2014): 157 - 207.

39. Danny Shapiro, "Israel and Religious Orthodoxy," *Jerusalem Post* (June 6, 1988), p. 8. 也可参见 Seymour Itzkoff, *Judaism's Promise: Meeting the Challenge of Modernity* (New York: Peter Lang, 2012), Yuval Elizur and Lawrence Malkin, *The War Within: Israel's Ultra-Orthodox Threat to Democracy and the Nation* (New York: Overlook Duckworth, 2013), or Eliezer Ben Rafael and Yohanan Peres, *Is Israel One? Religion, Nationalism, and Multiculturalism Confounded* (Boston: Brill, 2005).

40. Shapiro, "Religious Orthodoxy," p. 8. Jonathan Rosenblum, "The True Shabbat, Not 'Shabbat-Style'," *Jerusalem Post* (January 18, 2002), p. 43. 也可参见 Eli Lederhendler, *Who Owns Judaism? Public Religion and Private Faith in America and Israel* (New York: Oxford University Press, 2001).

41. Arian, *Politics in Israel*, p. 311.

42. Ilan, "Preliminary Public Opinion Research," p. 1.

43. 虽然安息日的结束在宗教上被定义为天空中可以看到

三颗星星，但事实上印制的时间表表明了安息日开始和结束，这样商人和其他人就不会受到能见度的影响！

44. “政府”用小写字母“g”表示一个政权的政府机构的集体，用大写字母“G”，“政府”指的是首相和内阁。

45. William Orme Jr., “El Al, at a Turning Point: A Mirror of Israel's Divisions Prepares to Go 49% Public,” *New York Times* (March 5, 1999), p. C1. 也可参见 Matthew Wagner and Avi Krawitz, “Haredi Community: El Al Is ‘Cursed’: Rabbi Warns That National Carrier's Shabbat Desecration Will be Punished,” *Jerusalem Post* (December 5, 2006), p. 4, Anshel Pfeffer, “Who Gets to Decide El Al's Shabbat Policy?” *Jerusalem Post* (December 6, 2006), p. 4, and Matthew Wagner, “Boycott Threat Lifted after El Al Promises It Won't Fly on Shabbat,” *Jerusalem Post* (January 7, 2007), p. 2.

46. 关于以色列航空公司的讨论，见 Ira Sharkansky, *What Makes Israel Tick? How Domestic Policy-Makers Cope with Constraints* (Chicago: Nelson Hall, 1975), pp. 67 - 69. Tal Muscal, “Sneh Says El Al Will Go for Full Privatization,” *Jerusalem Post* (August 28, 2001), p. 11. 参见“El Al Says It Will Not Fly on Sabbath, amid Threats of Ultra-Orthodox Boycott,” *Haaretz*, December 22, 2006, accessed January 2010, http://www.haaretz.com/hasen/ spages/799618. html.

47. Arian, *Politics in Israel*, pp. 310 - 311.

48. Hiddush, *2014 Religion and State Index*, accessed October 30, 2014, http://hiddush.org/article-6661-0-2014_Religion_and_State_Index.aspx. 参见 Donniel Hartman, “Only Multiple Chief Rabbis Will Guarantee Religious Freedom in Israel,” *Jerusalem Post* (May 3, 2013), p. 21. 也可参见 Uri

Regev, "Israel's Marriage Laws Are Discriminatory," *Jerusalem Post* (November 12, 2013), p.16.

49. Hiddush, *2014 Religion and State Index*. 也可参见 Shalom Hammer, "The Pew Survey: Avoiding a Jewish Identity Crisis in Israel," *Jerusalem Post* (October 28, 2013), p.13.

50. 以下讨论基于 Liebman and Don-Yehiya, *Religion and Politics*, pp.15－30.

51. Arian, *Politics in Israel*, p.312.

52. Liebman and Don-Yehiya, *Religion and Politics*, p.19. Amos Guiora, *Tolerating Intolerance: The Price of Protecting Extremism* (Oxford: Oxford University Press, 2013).

53. 基于一项长期讨论，参见 Asher Arian, *The Second Republic: Politics in Israel* (Chatham, N. J.: Chatham House, 1998), p. 313. 一项近期的研究，参见 Roberta Rosenthal Kwall, *The Myth of the Cultural Jew: Culture and Law in Jewish Tradition* (New York: Oxford University Press, 2015).

54. Ervin Birnbaum, *The Politics of Compromise: State and Religion in Israel* (Rutherford, N. J.: Fairleigh Dickinson University Press, 1970), p.269.

55. 有关争论，参见 AharonE. Wexler, "Just a Thought on Jewish Peoplehood," *Jerusalem Post* (May 9, 2014), p.43.

56. 就维持现状协议和以色列宗教、政治问题的充分讨论，参见 Liebman and Don-Yehiya, *Religion and Politics*, pp.31－40. 也可参见 Elizur and Malkin, *The War Within*.

57. 参见 Marta Topel, *Jewish Orthodoxy and Its*

Discontents: Religious Dissidence in Contemporary Israel (Lanham, Md.: University Press of America, 2011). 也可参见 Gary S. Schiff, "Israel after Begin: The View from the Religious Parties," in *The Begin Era: Issues in Contemporary Israel*, ed. Steve Heydemann (Boulder, Colo.: Westview, 1984), pp. 41 - 52.

58. 接下来的几页是基于我写的一篇文章,作为一个专题介绍 *Shofar: An Interdisciplinary Journal of Jewish Studies*, published by Purdue University Press on behalf of the Western and Midwest Jewish Studies Associations. 参见 Gregory Mahler, "Introduction: Israel and Jewish Studies," *Shofar: An Interdisciplinary Journal of Jewish Studies* 31, no. 2 (Winter 2013): 1 - 7.

59. Raphael Cohen-Almagor, "Religious, Hateful, and Racist Speech in Israel," *Shofar: An Interdisciplinary Journal of Jewish Studies* 31, no. 2 (Winter 2013): 96.

60. Alexander Kaye, "Democratic Themes in Religious Zionism," *Shofar: An Interdisciplinary Journal of Jewish Studies* 31, no. 2 (Winter 2013): 9.

61. Aviad Rubin, "Integration of Religion in Democratizing Societies: Lessons from theIsraeli Experience," *Shofar: An Interdisciplinary Journal of Jewish Studies* 31, no. 2 (Winter 2013): 32. 也可参见 Kwall, *The Myth of the Cultural Jew*.

62. Rubin, "Integration." 也可参见 Raphael Cohen-Almagor, *Israeli Democracy at the Crossroads* (Hoboken, N.J.: Taylor and Francis, 2013).

63. Miriam Feldheim, "Balancing Women's Rights and Religious Rights: The Issue of BusSegregation," *Shofar: An*

Interdisciplinary Journal of Jewish Studies 31, no. 2 (Winter 2013): 89 - 90. 两项比较好的近期研究是 Elana Maryles Sztokman, *The War on Women in Israel: A Story of Religious Radicalism and the Women Fighting for Freedom* (Naperville, Ill.: Sourcebooks, 2014), and Amy K. Milligan, *Hair, Headwear, and Orthodox Jewish Women: Kallah's Choice* (New York: Lexington, 2014).对最近一起汽车事故的报道,见 Joanna Paraszczuk, "Haredi Man Indicted for Sexually Harassing Female Soldier: Defendant Allegedly Called Woman a 'Whore,' Demanded She Go to Back of Bus and Berated Her until She Burst into Tears," *Jerusalem Post* (December 30, 2011), p.4.

64. Cohen-Almagor, "Religious, Hateful, and Racist Speech," 95. 也可参见 Cohen Almagor's longer work, *Israeli Democracy at the Crossroads*.

65. Cohen-Almagor, "Religious, Hateful, and Racist Speech," 105. 也可参见 Gila Stopler, "The Challenge of Strong Religion in the Liberal State," *Boston University International Law Journal* 32 (2014): 411 - 51.

66. Cohen-Almagor, "Religious, Hateful, and Racist Speech," 110.

67. Gregory S. Mahler, *Principles of Comparative Politics* (New York: Pearson, 2013), pp.39 - 40.

第四章　军事、经济和官僚结构

1. 这是对加布里埃尔·阿蒙德(Gabriel Almond)提出的术语的解释。参见 Gabriel Almondand G. Bingham Powell

Jr., *Comparative Politics: A Developmental Approach* (Boston: Little, Brown, 1966), p. 21.

2. 一篇关于士兵投票对最近选举的影响的有趣文章可见 Rebecca Stoil, "Soldiers' Votes Leave Distribution of Knesset Seats Unchanged," *Jerusalem Post* (February 13, 2009), p. 3.

3. 关于以色列国防军的一项较好的一般性研究可见 Patrick Tyler, *Fortress Israel: The Inside Story of the Military Elite Who Run the Country and Why They Can't Make Peace* (New York: Farrar, Straus and Giroux, 2012). 也可参见 Stuart Cohen, *Israel and Its Army: From Cohesion to Confusion* (New York: Routledge, 2008). 有关摩西·达扬的详细研究是 Mordechai Bar On, *Moshe Dayan: Israel's Controversial Hero* (New Haven, Conn.: Yale University Press, 2012)，特别集中在第五、六章"The End of the Military Career" and "Government and Other Battles."

4. Yoram Peri, *Between Battles and Ballots: Israeli Military in Politics* (London: Cambridge University Press, 1983), p. 1. 也可参见 Daniel Maman, Eyal Ben-Ari, and Zeev Rosenhek, *Military, State, and Society in Israel: Theoretical and Comparative Perspectives* (New Brunswick, N. J.: Transaction, 2001).

5. 参见 Tyler, *Fortress Israel*, Cohen, *Israel and Its Army*, or Udi Lebel, *Communicating Security: Civil-Military Relations in Israel* (Hoboken, N. J.: Taylor and Francis, 2013), for examples.

6. Amos Perlmutter, *Military and Politics in Israel: Nation-Building and Role Expansion* (New York: Praeger, 1969), p. 54. 也可参见 Moshe Lissak, *The Unique Approach to Military-Societal Relations in Israel and Its Impact on*

Foreign and Security Policy (Jerusalem: Hebrew University of Jerusalem, 1998).

7. Yigal Allon, *The Making of Israel's Army* (New York: Universe, 1970). 也可参见 Lebel, *Communicating Security*.

8. Perlmutter, *Military*, p.55. 也可参见 Ronald Krebs, *Fighting for Rights: Military Service and the Politics of Citizenship* (Ithaca, N.Y.: Cornell University Press, 2006). 有关军队中的文官领导的文章是,Conal Urquhart, "Israelis Get Civilian PM and Defence Minister: Labour Leader Peretz in Charge of Armed Forces; Coalition Will Focus on West Bank Pullback," *Guardian* (London), April 24, 2006, p.26.

9. Daniel Elazar, *Israel: Building a New Society* (Bloomington: Indiana University Press, 1986), p.81. 也可参见 Lebel, *Communicating Security*, and Sasson Sofer, *Peacemaking in a Divided Society: Israel after Rabin* (Hoboken, N.J.: Taylor and Francis, 2014), chap.10, "The Unique Approach to Military-Societal Relations in Israel and Its Impact on Foreign and Security Policy."

10. Perlmutter, *Military*, p. 59. 也可参见 Jonathan Caverley, *Democratic Militarism: Voting, Wealth, and War* (Cambridge: Cambridge University Press, 2014).

11. Don Peretz, *The Government and Politics of Israel* (Boulder, Colo.: Westview, 1979), 128. 也可参见 Yoram Peri, *Generals in the Cabinet Room: How the Military Shapes Israeli Policy* (Washington, D.C.: United States Institute of Peace Press, 2006).

12. Arieh O'Sullivan, "Who's Giving the Orders Here?" *Jerusalem Post* (October 5, 2001), p. 1B. 也可参见 Lisa

Hajjar, *Courting Conflict: The Israeli Military Court System in the West Bank and Gaza* (Berkeley: University of California Press, 2005). 关于军队和宗教领袖的交集,一项有趣的研究是 Stuart Cohen, *Divine Service? Judaism and Israel's Armed Forces* (Burlington, Vt.: Ashgate, 2013).

13. 参见 Yehuda Ben-Meir, "A Crisis in Civil-Military Relations," *Jerusalem Post* (October 15, 2001), p. 1, and Yoram Peri, "Israel's Broken Process: Decision-Making on National Security Must be Fixed," *Washington Post* (August 25, 2006), p. A17.

14. 参见 Israel Ministry of ForeignAffairs, "The State: Israel Defense Forces (IDF)," accessed February 26, 2015, http://mfa. gov. il/MFA/AboutIsrael/State/Pages/THE%20STATE-%20Israel %20Defense%20Forces%20-IDF-.aspx.

15. 参见 Arieh O'Sullivan, "Army Warns Cuts Have Harmed Training," *Jerusalem Post* (October 3, 2003), p. 6, and "Giving Reservists Their Due," *Jerusalem Post* (July 17, 1997), p. 6.

16. David Hoffman, "Israel: Facing Occupation's Scars; Legacy of Trauma Foreseen fromLong Rule over Arabs," *Washington Post* (May 16, 1994), p. A1. 也可参见 the dramatic article by Linda Grant, "What the War Does to Us: In All the Argument Surrounding the Israeli Palestinian Conflict, We've Rarely Heard the Voices of the Conscripts," *Guardian* (November 29, 2003), p. 16.

17. 参见 Efraim Karsh, ed., *Between War and Peace: Dilemmas of Israeli Security* (Portland, Ore.: Frank Cass, 1996). 也可参见 Rachel Suissa, *Military Resilience in Low-Intensity Conflict: A Comparative Study of New Directions*

Worldwide (Lanham, Md.: Lexington Books, 2012).对国防军在这方面进行的一项非常具有批判性的研究,参见 Ahron Bregman, *Cursed Victory: A History of Israel and the Occupied Territories* (London: Penguin, 2014).

18. Peri, *Battles and Ballots*, p. 9. 参见他的第 5 章 "Generals in Mufti as Politicians," pp. 101 - 30. 有关几位以色列军方领导人的很好的研究是 Thomas G. Mitchell, *Israel's Security Men: The Arab-Fighting Political Careers of Moshe Dayan, Yitzhak Rabin, Ariel Sharon and Ehud Barak* (Jefferson, N.C.: McFarland, 2014).

19. Peretz, *Government and Politics*, p. 127.

20. 服兵役要求:所有符合条件的男女都在 18 岁时应征入伍。男性服役三年,女性服役两年。高等教育机构的合格学生可以延期入学。根据新移民入境时的年龄和个人身份,他们可能会被推迟入伍或缩短服役时间。"*Reserve Duty*: Upon completion of compulsory service, each soldier is assigned to a reserve unit and may serve up to the age of 51. "参见 Israel Ministry of Foreign Affairs, "The State: Israel Defense Forces (IDF)."

21. 参见 Martin Van Creveld, "Women of Valor: Why Israel Doesn't Send Women into Combat," *Policy Review* 62 (1992): 65 - 67.

22. 事实上,对军官的调查证实了一个事实,即军官的意识形态范围广泛。参见 Peretz, *Government and Politics*, p. 129.

23. 参见 Amos Harel, "With the Tal Law Expired, IDF to Send Enlistment Notice to 15,000 Ultra-Orthodox Youths," *Haaretz* (October 15, 2012), p. 11.

24. Jeremy Sharon, "Haredi Councils of Torah Sages May Convene on Draft," *Jerusalem Post* (April 25, 2014), p. 4.

25. Catherine Philip Jerusalem, "Ultra-Orthodox Jews Lose Right to Avoid Army Service," *Times* (London) (March 13, 2014), p.32. 也可参见 Yonah Jeremy Bob, "High Court Hears Final Petitions for and against Haredi IDF Service. Most Groups Withdraw Requests Ahead of Expected New Law," *Jerusalem Post* (March 12, 2014), p.3.

26. 有关军事和政治相互影响的两项很好的总体研究是, Perlmutter's *Military and Politics in Israel* and his *Politics and the Military in Israel: 1967—1977* (London: F. Cass, 1978).

27. 参见 Lior Akerman, "What Can We Do about the Huge Defense Budget?" *Jerusalem Post* (May 30, 2014), p.24. 也可参见 "Costly Compromise," *Jerusalem Post* (September 22, 2014), p.13, and Gregg Carlstrom, "Israel's Defence Firms Boosted by Gaza War," *Times* (London) (August 18, 2014), p.34.

28. Israel Ministry of Foreign Affairs, "Economy: Challenges and Achievements," accessed February 26, 2015, http://mfa.gov.il/MFA/AboutIsrael/Economy/Pages/ECONOMY-%20 Challenges%20and%20Achievements.aspx.

29. Akerman, "What Can We Do about the Huge Defense Budget?"

30. Gabriel Sheffer and Oren Barak, *Militarism and Israeli Society* (Bloomington: Indiana University Press, 2010). 也可参见 Ruth Eglash, "Israel's Women Warriors," *Washington Post* (September 20, 2014), p. A6, and Moshe Matalon, "Time to Equalize the National Burden," *Jerusalem Post* (April 25, 2012), p.15.

31. Peretz, *Government and Politics*, p.147. 也可参见

Victor Azarya and Baruch Kimmerling, "New Immigrants in the Israeli Armed Forces," *Armed Forces and Society* 6, no. 3 (1980): 455-82.

32. 参见 Israel Ministry of Foreign Affairs, "The State: Israel Defense Forces (IDF)."

33. Benjamin Akzin and Y. Dror, *Israel: High Pressure Planning* (Syracuse, N. Y.: Syracuse University Press, 1966), and Yair Aharoni, *The Israeli Economy: Dreams and Realities* (London: Routledge, 2013). A much newer study is by David Levi-Faur, Gabriel Sheffer, and David Vogel, *Israel: The Dynamics of Change and Continuity* (Hoboken, N.J.: Taylor and Francis, 2014).

34. Raphaella Bilski, *Can Planning Replace Politics? The Israeli Experience* (Boston: Martinus Nijhoff, 1980). 也可参见 Carmel Chiswick, Tikva Lecker, and Nava Kahana, *Jewish Society and Culture: An Economic Perspective* (Ramat Gan, Isr.: Bar-Ilan University Press, 2007).

35. Avi Ben-Basat, *The Israeli Economy, 1985—1998: From Government Intervention to Market Economics* (Cambridge, Mass.: MIT Press, 2002). 也可参见 Jonathan Nitzan, *The Global Political Economy of Israel: From War Profits to Peace Dividends* (London: Pluto, 2001).

36. David Horowitz, *The Enigma of Economic Growth: A Case Study of Israel* (New York: Praeger, 1972). 也可参见 Werner Berndt, ed., *Israel Handbook: History, Politics, Economy and Society* (Rostock, Ger.: Baltic Sea Press, 2013).

37. Edi Karni, "The Israeli Economy, 1973—1976," *Economic Development and Cultural Change* 28, no. 1 (1979):

63 - 76.

38. Israel Ministry of Foreign Affairs, "Economy: Challenges and Achievements—An Economic Miracle," accessed February 26, 2015, http://mfa.gov.il/MFA/AboutIsrael/Economy/ Pages/ECONOMY-%20Challenges%20and%20Achievements.aspx. 也可参见 Michael Wolffsohn, *Israel: Polity, Society, and Economy, 1882—1986* (Atlantic Highlands, N.J.: Humanities International, 1987), p.223.

39. 对第一届贝京政府的经济问题和以色列政府 1977 年至 1984 年的经济政策进行的出色分析,参见 Yakir Plessner, "Israel's Economy in the Post-Begin Era," in *Israel after Begin*, ed. Gregory Mahler (Albany: SUNY Press, 1990), pp.291 - 306.

40. Eliyahu Kanovsky, *The Economic Impact of the Six Day War* (New York: Praeger, 1970), and George Gilder, *The Israel Test: Why the World's Most Beseiged State Is a Beacon of Freedom and Hope for the World Economy* (New York: Encounter, 2012).关于阿拉伯国家对以色列进行经济抵制的影响的研究参见 Gil Feiler, *From Boycott to Economic Cooperation: The Political Economy of the Arab Boycott of Israel* (Hoboken, N.J.: Taylor and Francis, 2013).

41. Antoine Mansour, "Monetary Dualism: The Case of the West Bank under Occupation," *Journal of Palestine Studies* 11, no. 3 (1982): 103 - 16.

42. Arie Bregman, *The Economy of the Administered Areas, 1968—1973* (Jerusalem: Bank of Israel, 1975).

43. Israel Ministry of Foreign Affairs, "Economy: The National Economy," accessed February 26, 2015, http://mfa.gov.il/MFA/AboutIsrael/Economy/Pages/ECONOMY-%20Balance

%20of%20Payments. aspx.

44. Bank of Israel, *Annual Report*, 2009, accessed November 16, 2015, http://www.boi.org.il/en/NewsAndPublications/RegularPublications/Pages/Doch2009/DochPartA2009.aspx.

45. Niv Elis, "Israel Drops Five Spots in Annual World Competitiveness Ranking," *Jerusalem Post* (May 22, 2014), p. 17.

46. Shmuel Rosner, "Israel's Undeserving Poor," *New York Times* (December 28, 2013).

47. Shlomo Maital, "Every Third Child Is Poor," *Jerusalem Post* (January 27, 2014), p. 34.

48. 参见"UBS: Shekel to Reach NIS 4/$ in Next Six Months; UBS: However, Israel's Strong Balance of Payments Should Stem the Shekel Depreciation in the Medium Term," *Globes— Israel's Business Arena* (November 30, 2014).

49. 参见 Gil Feiler, *India's Economic Relations with Israel and the Arabs* (Ramat Gan, Isr.: Begin-Sadat Center for Strategic Studies, 2012).

50. Wolffsohn, *Israel*, p. 255. 参见 Stuart Eizenstat, *The Future of the Jews: How Global Forces Are Impacting the Jewish People, Israel, and Its Relationship with the United States* (Lanham, Md.: Rowman and Littlefield, 2012).

51. Israel Ministry of Foreign Affairs, "Economy: The National Economy—Balance of Payments," accessed February 26, 2015, http://mfa.gov.il/MFA/AboutIsrael/Economy/Pages/ECONOMY-%20Balance%20of%20Payments.aspx.

52. Israel Ministry of Foreign Affairs, "Economy: The

National Economy—Foreign Trade," accessed February 26, 2015, http://mfa.gov.il/MFA/AboutIsrael/Economy/Pages/ECONOMY -%20Balance%20of%20Payments.aspx.

53. David Rosenbloom and Gregory Mahler, "The Administrative System of Israel," in *Administrative Systems Abroad*, ed. Krishna Tummala (Washington, D.C.: University Press of America, 1982), p. 24. 也可参见 Eran Vigoda-Gadot, *Building Strong Nations: Improving Governability and Public Management* (Burlington, Vt.: Ashgate, 2009).

54. 外交事务部是犹太事务局政治部的延续;国防是从哈加纳演变而来的;社会福利从伊休夫福利部全国理事会发展起来;教育和文化一直是全国委员会的教育部门。参见 Peretz, *Government and Politics*, p.171.

55. 例如,参见 Joanna Paraszczuk, "State Comptroller Report Slams PMO for Six-Fold Increase in 'Special Advisers' Since 1995. Lindenstrauss Says Appointments Violate Principles of Equal Opportunity, Damage Public Trust in Civil Service," *Jerusalem Post* (November 2, 2011), p.3.

56. E. Samuel, "Efficiency in the Israeli Civil Service," *Canadian Public Administration* 4, no. 2 (1961): 191 - 96. 参见 Itzhak Galnoor, *Public Management in Israel: Development, Structure, Functions, and Reforms* (New York: Routledge, 2010).

57. Gad Yaacobi, *The Government of Israel* (New York: Praeger, 1982), p.204. 也可参见 David Nachmias, *Israel's Senior Civil Servants: Social Structure and Patronage* (Tel Aviv: Tel Aviv University Press, 1990), and Vigoda-Gadot, *Building Strong Nations*.

58. Dan Horowitz and Moshe Lissak, *Origins of the*

Israeli Polity (Chicago: University of Chicago Press, 1978), p. 196.

59. E. Samuel, "Growth of the Israel Civil Service, 1948—1956," *Revue International de Science Administrative* 22, no. 4 (1956): 17 - 40.

60. E. Samuel, "A New Civil Service for Israel," *Public Administration* (London) 34, no. 2 (1956): 135 - 41.

61. Oscar Kraines, *Government and Politics in Israel* (Boston: Houghton Mifflin, 1961), p. 208. 也可参见 Jon Hendricks and Jason Powell, *The Welfare State in Post-Industrial Society: A Global Perspective* (New York: Springer, 2009), especially the chapter titled "Israel: Social Services in Post-Industrial Society."

62. Donna Divine, "The Modernization of Israeli Administration," *International Journal of Middle Eastern Studies* 5 (1974): 295 - 313. 也可参见 Moshe Maor, *Developments in Israeli Public Administration* (Hoboken, N.J.: Taylor and Francis, 2014).

63. Yaacobi, *Government*, p. 208.

64. Yaacobi, *Government*, p. 208.

65. Miron Mushkat Jr., "Transferring Administrative Skills from the Military to the Civilian Sector in the Process of Development," *Il Politico* 46, no. 3 (1981): 427 - 42.

66. Yaacobi, *Government*, p. 208.

67. 据说,"战利品制度"一词是在美国创立的,用来描述政治领导人将任命职位分配给自己政党的忠诚党员的做法。根据哥伦比亚百科全书,这个名字来源于参议员威廉·勒德·马西的一次演讲,他在演讲中说,"战利品属于胜利者。"据说这种做法是由早期的总统,特别是托马斯·杰斐逊发展起来的,该制度很快在州政治中变得根深蒂固，并在安德鲁·杰克逊(Andrew Jackson)执政期间在全国范围内得到更广泛的实施。1829 年，杰克逊宣布，公务员轮换任职将改善联邦政府。他用自己政党的成员取代了现任官员。然而，在杰克逊的八年任期内，少于五分之一的官员被替换。在接下来的几年里，严格效忠于党的人被赋予了公职，批评的反对声音也随之增加。在尤利西斯·S. 格兰特(Ulysses S. Grant)的行政管理中，该制度滋生的腐败和低效达到了惊人的程度，对此的反应帮助促成了公务员制度改革，该改革于 1871 年成立了公务员制度委员会”。参见 *Infoplease*, s. v. "Spoils System," accessed December 12, 2015, http://www.infoplease.com/encyclopedia/history/spoils-system.html.

68. 参见 Thomas H. Hammond, *Veto Points, Policy Preferences, and Bureaucratic Autonomy in Democratic Systems* (East Lansing: Michigan State University, Institute for Public Policy and Social Research, 1997).

69. Asher Arian, *Politics in Israel: The Second Generation* (Chatham, N. J.: Chatham House, 1985), pp. 233 – 34.

70. Arian, *Politics in Israel*, p. 232. 有关以色列的政策文化，参见 Myron J. Aronoff, "The Origins of Israeli Political Culture," in *Israeli Democracy under Stress*, ed. Ehud Sprinzak and Larry Diamond (Boulder, Colo.: Lynne Rienner, 1993).

71. Arian, *Politics in Israel*, p. 232. 也可参见 Nissim Cohen, "Solving Problems Informally: The Influence of Israel's Political Culture on the Public Policy Process," in *Public Administration and Policy in the Middle East*, ed. Alexander Dawoody (New York: Springer, 2015).

72. 四部分的观点来自 Gerald Caiden, *Israel's Administrative Culture* (Berkeley: Institute of Government Studies, University of California, 1970), pp. 17 – 19.

73. 也可参见 Brenda Danet, "The Language of Persuasion in Bureaucracy: 'Modern' and 'Traditional' Appeals to the Israel Customs Authorities," *American Sociology Review* 36, no. 5 (1971): 847 – 49.

74. Rosenbloom and Mahler, "Administrative System," p. 29.

75. Brenda Danet and Harriet Hartman, "Coping with Bureaucracy: The Israeli Case," *Social Forces* 51, no. 1 (1972): 7 – 22.

76. David Nachmias and David Rosenbloom, *Bureaucratic Culture: Citizens and Administrators in Israel* (New York: St. Martin's, 1978), as cited in Rosenbloom and Mahler, "Administrative System," p. 30. 也可参见 Alon Peled, "First-Class Technology—Third-Rate Bureaucracy: The Case of Israel," *Information Technology for Development* 9, no. 1 (2000): 45 – 58.

77. 参见 David Rosenbloom and Allon Yaroni, "The Transferability of New Public Management Reforms: Caveats from Israel," in *Public Policy in Israel*, ed. David Nachmias and Gila Menachem (Portland, Ore.: Frank Cass, 2002). 最新研究参见 Sharon Udasin, "Olim to Face Less Bureaucracy When Converting Their Foreign Drivers' License. MK Lipman Says He's Proud of Achievements That Make Life Easier for Immigrants," *Jerusalem Post* (May 13, 2014), p. 5.

78. Yaacobi, *Government*, p. 60.

79. Yaacobi, *Government*, p. 222.

80. 本节中的一些资料是对以色列外交部有关地方政府部分资料的浓缩，"Israeli Democracy—How Does It Work?," accessed February 26, 2015, http://mfa. gov. il/MFA/AboutIsrael/State/Democ racy/Pages/Israeli%20Democracy%20-%20How%20does%20it%20work. aspx.

81. Elazar, *Israel*, p.87.

82. Efraim Torgovnik, "Urban Political Integration in Israel: A Comparative Perspective," *Urban Affairs Quarterly* 11, no. 4 (1976): 469 - 88.

83. Elazar, *Israel*, p. 83. 也可参见 Morton Rubin, *The Walls of Acre: Intergroup Relations and Urban Development in Israel* (New York: Holt, Rinehart and Winston, 1974), and Benjamin Gidron, "A Resurgent Third Sector and Its Relationship to Government in Israel," in *Government and the Third Sector: Emerging Relationships in Welfare States*, ed. Benjamin Gidron, Ralph Kramer, and Lester Salamon (San Francisco: Jossey-Bass, 1992).

84. 参见 *The Golden Book: Encyclopedia of Israel's Towns and Settlements* (Tel Aviv: Center for Local Governments of Israel, 1991). 也可参见 David Newman and Lawrence Applebaum, "Conflicting Objectives for Rural Local Government: Service Provision to Exurban Communities in Israel," *Environment and Planning* 13, no. 3 (1995): 253 - 70.

85. Israel Ministry of Foreign Affairs, "Israeli Democracy—How Does It Work?," accessed February 26, 2015, http://mfa. gov. il/MFA/AboutIsrael/State/Democracy/Pages/Israeli%20De mocracy%20-%20How%20does%20it%20work. aspx.

86. Israel Ministry of Foreign Affairs, sections on local

government in "Israeli Democracy—How Does It Work?" 另见 David Janner-Klausner, *Municipal Strategic Planning: The Reshaping of Israeli Local Government* (Elmsford, N. Y.: Pergamon, 1994).

87. Majid Al Haj and Henry Rosenfeld, *Arab Local Government in Israel* (Boulder, Colo.: Westview, 1990). 也可参见 Ra'anan Cohen, *Strangers in Their Homeland: A Critical Study of Israel's Arab Citizens* (Portland, Ore.: Sussex Academic, 2009).

88. Brent E. Sasley, "Neglecting Israel's Arab Community," *Jerusalem Post* (May 21, 2014), p.15.

89. Lahav Harkov, "MKs Aim to Work to Bring Women into Local Politics," *Jerusalem Post* (November 20, 2013), p.7.

90. Ernest Alexander, "The Development of an Entitlement Formula for Capital BudgetAllocations to Local Government in Israel," *Planning and Administration* 7, no. 2 (1980): 13 - 25. 也可参见 Abraham Carmeli, "A Conceptual and Practical Framework of Measuring Performance of Local Authorities in Financial Terms: Analysing the Case of Israel," *Local Government Studies* 28, no. 1 (2002): 21 - 37.

91. 参见 Chaim Kalchheim and Shimon Rozevitch, "Deficits in Local Government Budgetsin Israel: A Reflection of Political Cycles and an Expression of Local Autonomy," *Public Budgeting and Finance* 10, no. 1 (1990): 67 - 77.

92. Kraines, *Government*, pp.218 - 19.

93. 参见 the Knesset Web page, "Local Government in Israel," accessed February 26, 2015, http://www.knesset.gov.il/lexicon/eng/LocalAuthorities_eng.htm.

94. Arian, *Politics in Israel*, p. 239. 也可参见 David Wesley, *State Practices and Zionist Images: Shaping Economic Development in Arab Towns in Israel* (New York: Berghahn, 2013).

95. Elazar, *Israel*, pp. 96 – 97. 也可参见 Oren Yiftachel, "Israel: Metropolitan Integration or Fractured Regions? An Alternative Perspective," *Sage Public Administration Abstracts* 25, no. 3 (1998): 371 – 80.

96. 参见 Efraim Ben-Zadok, *Local Communities and the Israeli Polity: Conflict of Values and Interests* (Albany: SUNY Press, 1993).

97. 参见 Raphael Bar-El, Michal Avraham, and Dafna Schwartz, *Urban Growth Centers in the Galilee: A Strategy for Aliyah Absorption and Galilee Regional Development* (Rehovot, Isr.: Jewish Agency, 1991), and Harvey Lithwick and Irwin Lithwick, *Regional Economic Development Policy: Lessons for Israel* (Jerusalem: Brookdale Institute of Gerontology and Adult Human Development, 1993).

98. 参见 Oren Yiftachel, *Planning a Mixed Region in Israel: The Political Geography of ArabJewish Relations in the Galilee* (Brookfield, Vt.: Ashgate, 1992).

99. 参见 Amos Shapira and Keren C. DeWitt-Arar, *Introduction to the Law of Israel* (Boston: Kluwer Law International, 1995).

100. Kraines, *Government*, pp. 137 – 42. 接下来的几段是对 Kraines 讨论中发现的以色列法律基本要素的更详细处理的浓缩。

101. Samuel Sager, *The Parliamentary System of Israel* (Syracuse, N. Y.: Syracuse University Press, 1985), p. 182.

102. Yaacov Zemach, *Political Questions in the Courts* (Detroit, Mich.: Wayne State University Press, 1976), p.21.

103. 有关领域最好的研究是 Pnina Lahav, ed., *Law and the Transformation of Israeli Society* (Bloomington: Indiana University Press, 1998).

104. 参见 *Israel's Written Constitution: Verbatim English Translations of the Declaration of Independence and of Eleven Basic Laws* (Haifa: A. G. Publications, 1993).

105. 参见 the section describing the judiciaryat Israel Ministry of Foreign Affairs, "Israeli Democracy—How Does It Work?" accessed February 26, 2015, http://mfa. gov. il/MFA/About Israel/State/Democracy/Pages/Israeli%20Democracy%20-%20How%20does%20it%20work. aspxjudic. 值得注意的是,外交部补充道,(巴勒斯坦国民大会令)还授予地区法院对非穆斯林外国人的个人身份问题的管辖权,声明他们"应适用有关各方的属人法"。关于外国人,这被定义为"他的国籍法"判例法认定,对于非外国人,"法院……已经……适用双方的宗教或公共法律"。

106. Horowitz and Lissak, *Origins*, p.199.

107. Jeremy Sharon, "High Court: Rabbis Can Annul Conversions Retroactively," *Jerusalem Post* (December 19, 2014), p.8.

108. 参见 Ian Lustick, ed., *Economic, Legal, and Demographic Dimensions of Arab-Israeli Relations* (New York: Garland, 1994); Arye Rattner and Gideon Fishman, *Justice for All? Jews and Arabs in the Israeli Criminal Justice System* (Westport, Conn.: Praeger, 1998); David Kretzmer, *The Occupation of Justice: The Supreme Court of*

Israel and the Occupied Territories (Albany: SUNY Press, 2002); Human Rights Watch, *Israel, the Occupied West Bank and Gaza Strip, and the Palestinian Authority Territories: Justice Undermined; Balancing Security and Human Rights in the Palestinian Justice System* (New York: Human Rights Watch, 2001); and Raja Shehadeh, *The Declaration of Principles and the Legal System in the West Bank* (Jerusalem: Palestinian Academic Society for the Study of International Affairs, 1994).

109. 参见 Zeev Segal, *The Israeli Legal System vis-a'-vis the American Legal System: Constitutional and Administrative Law* (Columbus, Ohio: Capital University, 1991).

110. Yaacobi, *Government*, p. 3. 也可参见 Yaacov Zemach, *The Judiciary of Israel*, 2nd ed. (Jerusalem: Institute of Judicial Training for Judges, 1998).

111. Eliahu Likhovski, "The Courts and the Legislative Supremacy of the Knesset," *Israel Law Review* 3, no. 3 (1968): 345 - 67.

112. 这是关于这一主题的权威性研究,Zemach's *Political Questions in the Courts*. 也可参见 Martin Edelman, *Courts, Politics, and Culture in Israel* (Charlottesville: University Press of Virginia, 1994); Martin Edelman, "Israel," in *The Global Expansion of Judicial Power*, ed. C. Neal Tate and Torbjorn Vallinder (New York: New York University Press, 1995); and Alfred Witkin, "Some Reflections on Judicial Law-Making," *Israel Law Review* 2, no. 4 (1967): 475 - 87.

113. 参见 Pnina Lahav, "Rights and Democracy: The Court's Performance," in Sprinzak and Diamond, *Israeli Democracy under Stress*. 也可参见 Yoav Dotan, "Legalising

the Unlegaliseable: Terrorism, Secret Services and Judicial Review in Israel, 1970—2001," in *Judicial Review and Bureaucratic Impact: International and Interdisciplinary Perspectives*, ed. M. L. M. Hertogh and Simon Halliday (New York: Cambridge University Press, 2004), and Yoav Dotan, "Judicial Accountability in Israel: The High Court of Justice and the Phenomenon of Judicial Hyperactivism," in *Developments in Israeli Public Administration*, ed. Moshe Maor (Portland, Ore.: Frank Cass, 2002).

114. 这是根据以色列外交部对司法系统进行的更为复杂的讨论得出的结论"Israeli Democracy—How Does It Work?" accessed February 26, 2015, http:// mfa. gov. il/MFA/AboutIsrael/State/Democracy/Pages/Israeli% 20Democracy%20-%20How% 20does%20it%20work. aspxjudic.

115. Israel Ministry of Foreign Affairs, "Israeli Democracy—How Does It Work?"

116. Israel Ministry of Foreign Affairs, "Israeli Democracy—How Does It Work?"

117. Israel Ministry of Foreign Affairs, "Israeli Democracy—How Does It Work?"

118. Israel Ministry of Foreign Affairs, "Israeli Democracy—How Does It Work?"

119. Kraines, *Government*, p. 144.

120. Israel Ministry of Foreign Affairs, "Israeli Democracy—How Does It Work?" 也可参见 Shimon Shetreet and C. F. Forsyth, eds., *The Culture of Judicial Independence: Conceptual Foundations and Practical Challenges* (Boston: Martinus Nijhoff, 2012).

121. Israel Ministry of Foreign Affairs, "Israeli

Democracy—How Does It Work?"

122. Kraines, *Government*, p. 148.

123. Peretz, *Government and Politics*, p. 186.

124. 参见 Ervin Birnbaum, *The Politics of Compromise: State and Religion in Israel* (Rutherford, N. J.: Fairleigh Dickinson University Press, 1970), p. 210. 也可参见 M. Chiger, "The Rabbinical Courts in the State of Israel," *Israel Law Review* 2, no. 2 (1967): 147–81, and Martin Edelman, "The Rabbinical Courts in the Evolving Political Culture of Israel," *Middle Eastern Studies* 16 (1980): 145–66.

125. Kraines, *Government*, p. 149.

126. 也可参见 Boaz Cohen, *Law and Tradition in Judaism* (New York: Jewish Theological Seminary of America, j1959), and Saul Lubetski, *Religion and State* (New York: New York University Press, 1994).

127. Arian, *Politics in Israel*, p. 181.

128. Kraines, *Government*, p. 150.

129. 关于总检察长的作用和职责可以在以色列外交部找到"Spotlight: The Attorney General," accessed February 26, 2015, http:// mfa. gov. il/MFA/AboutIsrael/Spotlight/Pages/The%20Attorney%20General. aspx.

130. 参见文章"Israel's Attorney General Mulls Indicting Olmert," *Reuters*, March 1, 2009, accessed February 2010, http://www. reuters. com/article/idUSTRE5202EG20090301. 也可参见 Mazan Mualem, "Netanyahu Puts Off Decision on Splitting Attorney General Role," *Haaretz*, November 16, 2009, accessed February 2010, http://www. haaretz. com/hasen/spages/1128544. html.

131. 参见 Yonah Jeremy Bob and Sharon Udasin,

"Comptroller: Netanyahus' Spending Habits Could Lead to Criminal Charges. Report Says Costs in PM's HouseholdWere Not Commensurate with Proportionality, Savings and Efficiency," *Jerusalem Post* (February 18, 2015), p.1.

第五章　宪法制度和议会政府

1. Ivo Duchacek, *Power Maps: Comparative Politics of Constitutions* (Santa Barbara, Calif.: Clio, 1973).

2. Leonard Ratner, "Constitutions, Majoritarianism, and Judicial Review: The Functionof a Bill of Rights in Israel and the United States," *American Journal of Comparative Law* 26, no. 3 (1978): 373 - 97.

3. Martin Edelman, "Politics and Constitution in Israel," *State Government* 53, no. 3 (1980): 171 - 82.

4. 参见 paragraph 10, section B, part I of *UN General Assembly Resolution* 181 (II) of November 29, 1947, Official Records of the Second Session of the General Assembly, Resolutions, September 16-November 29, 1947, January 8, 1948, p.135.

5. 参见 paragraph 10, section B, part I of *UN General Assembly Resolution* 181 (II) of November 29, 1947, pp.135 - 38.

6. Asher Zidon, *The Knesset: The Parliament of Israel* (New York: Herzl, 1967), p.285.

7. 过渡法律全文可见 David Ben-Gurion, *Israel: A Personal History* (New York: Funk and Wagnalls, 1971), pp.336 - 38.

8. 尽管新宪法尚未制定，但本-古里安拥有总理的头衔，因为人们的理解是，以色列的政治制度一般都效仿英国的威斯敏斯特制度，该制度称其首席执行官为首相（总理），这在法律上也是不成文的。关于这方面的当代对话，参见 Mark Goldfeder, "The State of Israel's Constitution: A Comparison of Civilized Nations," *Pace International Law Review* 25 (Spring 2013): 65–85.

9. Oscar Kraines, *Government and Politics in Israel* (Boston: Houghton Mifflin, 1961), p.28.

10. 关于支持和反对书面文件的主要背景问题很好的讨论，可见 Yehoshua Freudenheim, *Government in Israel* (Dobbs Ferry, N.Y.: Oceana, 1967), pp.24–37.更多讨论见 Martin Sherman, "Juristocracy in Israel: When Legality Loses Legitimacy," *Jerusalem Post* (October 3, 2014), p.20.

11. Ben-Gurion, *Israel*, pp.331–34.

12. Ervin Birnbaum, *The Politics of Compromise: State and Religion in Israel* (Rutherford, N.J.: Fairleigh Dickinson University Press, 1970), p.74.

13. Samuel Sager, *The Parliamentary System of Israel* (Syracuse, N.Y.: Syracuse University Press, 1985), p.36.

14. Zidon, *The Knesset*, p.291.

15. Kraines, *Government*, p.29.

16. 参见 Arnold Enker, "The Issue of Religion in the Israeli Supreme Court," in *The Constitutional Bases of Political and Social Change in the United States*, ed. Shlomo Slonim (New York: Praeger, 1990), or Ehud Sprinzak, "Three Models of Religious Violence: The Case of Jewish Fundamentalism in Israel," in *Fundamentalisms and the State: Remaking Polities, Economies, and Militance*, ed.

Martin E. Marty and R. Scott Appleby (Chicago: University of Chicago Press, 1993).

17. 关于国家宗教制度化程度的紧张关系的最好讨论之一可见 Birnbaum, *The Politics of Compromise*.

18. Asher Arian, *Politics in Israel: The Second Generation* (Chatham, N.J.: Chatham House, 1985), p.179.

19. 《基本法》译名有"basic law"或"fundamental law".

20. Kraines, *Government*, p.30.

21. Sager, *The Parliamentary System of Israel*, p. 39. 也可参见 Hanna Lerner, *Making Constitutions in Deeply Divided Societies* (New York: Cambridge University Press, 2011).

22. Zidon, *The Knesset*, p.289.

23. 以色列议会(Knesset)的复数形式是 Knessot.

24. Melville Nimmer, "The Uses of Judicial Review in Israel's Quest for a Constitution," *Columbia Law Review* 70 (1970): 1219.

25. Nimmer, "The Uses of Judicial Review," pp. 1239 - 40.

26. Claude Klein, "A New Era in Israel's Constitutional Law," *Israel Law Review* 6 (1971): 382. 也可参见 Ruth Gavison, "Constitutions and Political Reconstruction? Israel's Quest for a Constitution," in *Constitutionalism and Political Reconstruction*, ed. Said Amir Arjomand (Boston: Brill, 2007).

27. Martin Edelman, "The New Israeli Constitution," *Middle Eastern Studies* 36, no. 2 (April 2000): 13. 也可参见 the essay by Suzie Navot, "Israel," in *How Constitutions Change: A Comparative Study*, ed. Carlo Fusaro and Dawn

Oliver (Portland, Ore.: Hart, 2011).

28. Zidon, *The Knesset*, p.297. 也可参见 Gidon Sapir, Daphne Barak-Erez, and Aharon Barak, eds., *Israeli Constitutional Law in the Making* (Portland, Ore.: Hart, 2013).

29. Sager, *The Parliamentary System of Israel*, p.40.

30. Sager, *The Parliamentary System of Israel*, p.40.

31. Michael Wolffsohn, *Israel: Polity, Society, and Economy, 1882—1986* (Atlantic Highlands, N.J.: Humanities International, 1987), p.6.

32. Edelman, "The New Israeli Constitution," p.14.

33. Edelman, "The New Israeli Constitution," p.15.

34. 尽管值得注意的是,内阁成员不必是以色列议会成员,但许多以色列议会成员在被任命为内阁成员后,会辞去自己的议席,全神贯注于自己的内阁职责,让党内同僚在立法机构中占有一席之地。第八章解释了这种演替方法。

35. 参见 the Web page of The Knesset, "The Existing Basic Laws: Summary," accessed January 2010, http://www.knesset.gov.il/description/eng/eng_mimshal_yesod2.htm. 也可参见 the very good chapter by Reuven Hazan, "The Failure of Presidential Parliamentarism: Constitutional versus Structural Presidentialization in Israel's Parliamentary Democracy," in *The Presidentialization of Politics: A Comparative Study of Modern Democracies*, ed. Thomas Poguntke and Paul Web (New York: Oxford University Press, 2005).

36. Kraines, *Government*, pp.124 - 25.

37. 参见 Israel Ministry of Foreign Affairs, "The State: The Presidency," accessed March 11, 2015, http://www.

mfa. gov. il/MFA/AboutIsrael/State/Pages/THE%20STATE -%20The%20Presi dency. aspx.

38.《国家总统基本法》表明“国家总统应签署所有法律”，而不是他可以签署议会通过的法律[第 11(a)(1)节]。对此的解释是，总统别无选择，只能签署他办公桌上的所有立法，到目前为止，没有一位总统对这一假设进行过检验。

39. 参见 Israel Ministry of Foreign Affairs, "The State: The Presidency."

40. Arik Carmon, "A State Ready for a Constitution," *Jerusalem Post* (September 18, 2000), p. 8. 也可参见 Gil Hoffman, "Beilin: Accelerate Steps to Prepare Constitution," *Jerusalem Post* (September 13, 2000), p. 3.

41. Max Goldweber, "Israel's Judicial System," *Queen's Bar Bulletin* (April 1960): 204. 也可参见 Aharon Barak, *The Judge in a Democracy* (Princeton, N. J.: Princeton University Press, 2006).

42. Meir Shangman, "On the Written Constitution," *Israel Law Review* 9 (1974): 352. 也可参见 Kate Malleson, "Judicial Appointments and Promotions in Israel," in *Appointing Judges in an Age of Judicial Power: Critical Perspectives from around the World*, ed. Peter Russell and Kate Malleson (Toronto: University of Toronto Press, 2006).

43. Klein, "A New Era," p. 382.

44. Klein, "A New Era," p. 383.

45. J. Sussman, "Law and Judicial Practice in Israel," *Journal of Comparative Legislation and International Law* 32 (1950): 30.

46. Ariel Bin-Nun, "The Borders of Justiciability," *Israel Law Review* 5 (1980): 569.

47. Shimon Shetreet, "Reflection on the Protection of the Rights of Individual: Form andSubstance," *Israel Law Review* 12 (1977): 42. 也可参见 Gideon Doron, Arye Naor, and Assaf Meydani, *Law and Government in Israel* (Hoboken, N.J.: Taylor and Francis, 2013).

48. Alfred Witkon, "Justiciability," *Israel Law Review* 1 (1966): 40.

49. Yaacov Zemach, *Political Questions in the Courts* (Detroit, Mich.: Wayne State University Press, 1976), p.44.

50. Zemach, *Political Questions*, p.45.

51. Witkon, "Justiciability," p.54.

52. Eliahu S. Likhovski, "The Courts and the Legislative Supremacy of the Knesset," *Israel Law Review* 3 (1968): 351.

53. Felix Landau, *Selected Judgments of the Supreme Court of Israel* (Jerusalem: Ministry of Justice, 1971), p.35.

54. 意思是"宗教正统"。

55. Landau, *Selected Judgments*.

56. Zemach, *Political Questions*, pp.130 – 31.

57. Nimmer, "The Uses of Judicial Review," p.1221.

58. Zemach, *Political Questions*, p.58.

59. Nimmer, "The Uses of Judicial Review," p.1221.

60. Zemach, *Political Questions*, p.60.

61. 参见 Eli Salzberger, "Judicial Activism in Israel," in *Judicial Activism in Common Law Supreme Courts*, ed. Brice Dickson (New York: Oxford University Press, 2007), and Menachem Mautner, *Law and the Culture of Israel* (New York: Oxford University Press, 2011).

62. 参见 Rivka Amado, "Checks, Balances, and

Appointments in the Public Service: Israeli Experience in Comparative Perspective," *Public Administration Review* 61, no. 5 (2001): 569－84. Amado辩称，在20世纪90年代，法院对涉及任命过程中的上诉案件的干预是不适当和危险的，因为它"在需要政治解决方案时，强加了法律解决方案，而且这种做法适得其反，因为频繁的司法干预削弱了司法和政治进程"。

63. 参见 Yaacov Zemach, *The Judiciary of Israel* (Jerusalem: Institute of Judicial Training for Judges, 1993). Emanuele Ottolenghi's article, "Carl Schmitt and the Jewish Leviathan: The Supreme Court vs. the Sovereign Knesset," *Israel Studies* 6, no. 1 (2001), pp. 101－25, 讨论了以色列主权权力的概念以及法院和以色列议会近年来的行动方式。Yoav Dotan, *Lawyering for the Rule of Law: Government Lawyers and the Rise of Judicial Power in Israel* (New York: Cambridge University Press, 2014)讨论了政府律师团的行为.

64. Moshe Negbi, "Power to the Court," *Jerusalem Report* (January 23, 1992): CD-ROM.

65. 参见 Daniel Elazar, "Constitution-Making: The Pre-eminently Political Act," chapter 1 in *Constitutionalism: The Israeli and American Experiences*, ed. Daniel Elazar (Jerusalem: Jerusalem Center for Public Affairs, 1990). 关于这个问题的当代讨论参见 Joshua Segev, "Who Needs a Constitution? In Defense of the Non-decision Constitution Making Tactic in Israel," *Albany Law Review* 70 (2007): 409－12.

66. Lahav Harkov and Joanna Paraszczuk, "Opposition Calls Neeman's Proposal Allowing Majority of 65 MKs to Undo Supreme Court Cancellation of Laws Undemocratic,"

Jerusalem Post (April 9, 2012), p. 4. 也可参见 Susan Hattis Rolef, "Basic Law: Legislation," *Jerusalem Post* (April 16, 2012), p. 15, and more recently Amir Fuchs, "Overriding the Supreme Court: A Breach in the Wall of Democracy," *Jerusalem Post* (October 28, 2014), p. 13.

67. Harkov and Paraszczuk, "Opposition." 也可参见 Rivka Weill, "Reconciling Parliamentary Sovereignty and Judicial Review: On the Theoretical and Historical Origins of the Israeli Legislative Override Power," *Hastings Constitutional Law Quarterly* 39 (Winter 2012): 457 - 96.

68. Moshe Negbi, "Surprise! We Have a Bill of Rights," *Jerusalem Report* (February 23, 1995): CD-ROM. 也可参见 Daniel Elazar, *The Constitution of the State of Israel* (Jerusalem: Jerusalem Center for Public Affairs, 1993), and Ran Hirschel, "The Political Origins of Judicial Empowerment through Constitutionalization: Lessons from Israel's Constitutional Revolution," *Comparative Politics* 33, no. 3 (2001): 315 - 35.

69. Negbi, "Power to the Court." 也可参见 Alan M. Dershowitz, "Don't Tinker with Freedom of the Press," *Jerusalem Post* (April 29, 2014), p. 13, and Assaf Meydani, *The Israeli Supreme Court and the Human Rights Revolution: Courts as Agenda Setters* (New York: Cambridge University Press, 2011).

70. 巴拉克于 1995 年成为以色列最高法院首席大法官。他写了一本关于法院和法官角色的书(前面引用),题为 *The Judge in a Democracy*.

71. Gary Jacobsohn, *Apple of Gold: Constitutionalism in Israel and the United States* (Princeton, N.J.: Princeton

University Press, 1993), p.156.

72. 参见 "Israel's Other Barak," *Economist* (April 10, 1999), pp.43 - 44.

73. Yosef Goell and Elliot Jager, "A Federal Case," *Jerusalem Post* (November 29, 2002), p.18.

74. 参见 Emanuel Gutmann, *The Declaration of the Establishment of the State of Israel* (Jerusalem: Israel Information Center, 1998).

75. Jacobsohn, *Apple of Gold*, p.153. 也可参见 Daphna Sharfman, *Living without a Constitution: Civil Rights in Israel* (Armonk, N.Y.: M. E. Sharpe, 1993), and Doron, Naor, and Meydani, *Law and Government in Israel*.

76. Jacobsohn, *Apple of Gold*, p. 154. 也可参见 Dan Izenberg, "And Justice for All," *Jerusalem Post* (September 15, 2006), p.14.另一项很好的比较研究是,Tania Groppi and Marie-Claire Ponthoreau, eds., *The Use of Foreign Precedents by Constitutional Judges* (Portland, Ore.: Hart, 2013), which includes a chapter by Suzie Navot, "Israel: Creating a Constitution; The Use of Foreign Precedents by the Supreme Court (1994—2010)."

77. 1994 年,以色列宪制研究最著名的学生之一——丹尼尔·埃拉撒尔写了一本书 *Are Constitutional Limits on the High Court of Justice Democratic?* (Jerusalem: Jerusalem Center for Public Affairs, 1994),很好地描绘了当时有关宪政的讨论。

78. 参见 Aaron R. Petty, "The Concept of 'Religion' in the Supreme Court of Israel," *Yale Journal of Law and the Humanities* 26 (Summer 2014): 211 - 17. 也可参见 Patricia J. Woods, *Judicial Power and National Politics: Courts and*

Gender in the Religious-Secular Conflict in Israel (Albany, N. Y.: SUNY Press, 2008), and Guy Ben-Porat, *Between State and Synagogue: The Secularization of Contemporary Israel* (New York: Cambridge University Press, 2012).

79. Nina Gilbert, "Knesset Shows Support for Judicial Review," *Jerusalem Post* (December 15, 1999), p.4. 也可参见 Rivka Weill, "Hybrid Constitutionalism: The Israeli Case for Judicial Review and Why We Should Care," *Berkeley Journal of International Law* 30 (2012): 349–67.

80. Goell and Jager, "A Federal Case." 也可参见 Daniel Friedmann, "On the Road to Recovery from Israel's Legal Revolution," *Jerusalem Post* (February 20, 2012), p.13.

81. Gilbert, "Knesset Shows Support," p.4.

82. Nina Gilbert, "Wide Knesset Support for Constitutional Court Proposal," *Jerusalem Post* (November 23, 2000), p.5.

83. "Reform Judiciously," *Jerusalem Post* (May 10, 2001), p.8.

84. Jacobsohn, *Apple of Gold*, p.149.

85. 参见"The Judicialization of Politics," a symposium in *International Political Science Review* 15 (April 1994): 91–197. 也可参见 Zeev Segal, "Justice Aharon Barak: Judicial Activism vis-a'-vis Judicial Restraint: An Israeli Viewpoint," *Tulsa Law Review* 47 (Fall 2011): 319–29.

86. 例如,参见 David Kretzmer's *The Occupation of Justice: The Supreme Court of Israel and the Occupied Territories* (Albany: SUNY Press, 2002); Bill Van Esveld's *Separate and Unequal: Israel's Discriminatory Treatment of Palestinians in the Occupied Palestinian Territories* (New York: Human Rights

Watch, 2010); or Virginia Tilley's *Beyond Occupation: Apartheid, Colonialism and International Law in the Occupied Palestinian Territories* (London: Pluto, 2012).

87. 一本非常有趣的出版物是 Daniel Elazar, *Switzerland as a Model for Constitutional Reform in Israel* (Jerusalem: Jerusalem Center for Public Affairs, 1987).

88. 近期一项非常好的研究是 Pnina Lahav, ed., *Law and the Transformation of Israeli Society* (Bloomington: Indiana University Press, 1998). It includes a strong introduction by Lahav, a chapter titled "The Role of a Supreme Court in a Democracy" by Aharon Barak, and a chapter titled "The Politics of Rights in Israeli Constitutional Law" by Aeyal Gross, among others. 另见 Elad Gil, "Judicial Answer to Political Question: The Political Question Doctrine in the United States and Israel," *Boston University Public Interest Law Journal* 23 (Summer 2014): 245–83.

89. Leslie Wolf-Phillips, "The 'Westminster Model' in Israel?" *Parliamentary Affairs* 26 (1973): 415–39.

90. Samuel Sager, "Pre-state Influences on Israel's Parliamentary System," *Parliamentary Affairs* 25 (1972): 29–49.

91. Gregory Mahler, *Comparative Politics: An Institutional and Cross-National Approach* (Upper Saddle River, N.J.: Prentice Hall, 2003), p.187.

92.《政府基本法》(1968 年)规定,总统"应将组建政府的职责委托给议会的一名成员"。这使 1968 年之前唯一的惯例正式化,即总理必须是议会成员。在那一年之前,当《政府基本法》获得通过时,关于总统是否可以邀请非议会成员担任总理,存在着相当大的争论。然而,正如我们已经指出的,除了总理之外,内阁成员不必是议会成员，许多议员在被任命为内阁成员后辞职，以允许党内同事继承他们在立法机构中的席位。

93. Benjamin Akzin, "Israel's Knesset," *Ariel* 15 (1966): 5 - 11.

94. Likhovski, "The Courts," pp. 345 - 67.

95. Sager, *The Parliamentary System of Israel*, pp. 196 -97.

第六章　总理和议会

1. 参见 Yehuda Avner, *The Prime Ministers: An Intimate Narrative of Israeli Leadership* (New Milford, Conn.: Toby, 2010).

2. Israel Ministry of Foreign Affairs, "Israeli Democracy: How Does It Work?" accessed June 6, 2015, http://mfa.gov.il/MFA/AboutIsrael/State/Democracy/Pages/Israeli% 20Democracy% 20-% 20How% 20does% 20it% 20work.aspx. A good perspective can be found in Thomas Poguntke and Paul Webb, *The Presidentialization of Politics: A Comparative Study of Modern Democracies* (New York: Oxford University Press, 2005).

3. 更详细地讨论有关回到以前选举制度的实际变化，参见 Gideon Rahat, *The Politics of Regime Structure Reform in Democracies: Israel in Comparative and Theoretical Perspective* (Albany, N.Y.: SUNY Press, 2008). 关于总理的选举制度的文本可见 "Fundamental Law: The Government (2001)," found at Israel Ministry of Foreign Affairs, "Basic Law: The Government (2001)," accessed June 2015, http://

mfa. gov. il/MFA/MFA-Archive/2001/Pages/Basic% 20Law-% 20The%20Government% 20-2001-. aspx.

4. 最近的例证参见 Gil Hoffman and Greer Fay Cashman, "Labor Confirms Netanyahu Sought Unity Government. Rivlin to Start Marathon Talks with Factions. Herzog Calls on Prime Minister to 'Heal the Rift He Caused' with Comments on High Arab Voter Turnout," *Jerusalem Post* (March 22, 2015), p. 1, and Gil Hoffman, "Countdown to Coalition Begins after Rivlin Gives PM Mandate," *Jerusalem Post* (March 26, 2015), p.1.

5. 参见 Ethan Bueno de Mesquita, "Strategic and Non-policy Voting: A Coalition Analysis of Israeli Electoral Reform," *Comparative Politics* 33, no. 1 (2000): 63 – 80.

6. 参见 Avraham Brichta, "The New Premier-Parliamentary System in Israel," *Annals of the American Academy of Political and Social Science* 555 (January 1998): 180 – 92.

7. 参见 Gregory Mahler, "Israel's New Electoral System: Effects on Policy and Politics," *Middle East Review of International Affairs* 1, no. 2 (1997), accessed January 2010, http://www. rubincenter. org/1997/07/mahler-1997-07-02/, and Gregory Mahler, "The Formation of the Netanyahu Government: Coalition Formation in a Quasi-Parliamentary Setting," *Israel Affairs* 3, nos. 3 – 4 (1997): 3 – 27.

8. Gerhard Loewenberg, *Modern Parliaments: Change or Decline?* (Chicago: Atherton, 1971), p.3. 一部很好的以色列当代史是 Colin Shindler, *A History of Modern Israel* (New York: Cambridge University Press, 2013).

9. Joseph LaPalombara, *Politics within Nations* (Englewood

Cliffs, N.J.: Prentice Hall, 1974), pp.221－25.

10. “事实”一词指的是一种事实上存在的情况，即系统实际运行的方式。在法律上，“法律上”一词指的是正式文件规定的政治制度应该运行的方式。事实上和法律上通常是一样的，但在许多政治情况下却不一样。

11. 参见 Isabel Kershner, “In Israel, First Place Doesn't Mean Winning; Victory Belongs to Leader Who Has the Best Chance of Forming a Coalition,” *International New York Times* (March 17, 2015), p.3.

12. 政府用小写字母 g 表示一个政权的政府结构的集体。在大写字母 G 中，政府指的是总理和内阁。

13. 参见 Don Peretz, *The Government and Politics of Israel* (Boulder, Colo.: Westview, 1983), p.159，这类辞职实际上是导致政府解体和垮台的一个例子。

14. 参见 Shimon Peres and David Landau, *Ben-Gurion: A Political Life* (New York: Schocken, 2011).

15. 有关这一话题的研究成果，参见 Lawrence D. Longley and Reuven Hazan, *The Uneasy Relationships between Parliamentary Members and Leaders* (Portland, Ore.: Frank Cass, 2000). Hazan's 的文章名是“Yes, Institutions Matter: The Impact of Institutional Reform on Parliamentary Members and Leaders in Israel.”两部近期比较好的总理传记是，Nir Hefez and Gadi Bloom, *Ariel Sharon: A Life* (New York: Random House, 2006), and Dennis Abrams, *Ehud Olmert* (New York: Chelsea House, 2008). Zakai Shalom's volume *Ben-Gurion's Political Struggles: A Lion in Winter* (New York: Routledge, 2005)是有关政府首脑任期最后一年的研究.

16. 详细讨论参见 the classic work by Asher Zidon,

Knesset: The Parliament of Israel (New York: Herzl, 1967).

17. 参见 Shahar Ilan, "Proposal Would Cap Number of Private Members' Bills," *Haaretz* (February 22, 2009), accessed June 2015, http://www. haaretz. com/print-edition/news/pro posal-would-cap-number-of-private-members-bills-1. 270643.

18. 参见 Susan Hattis Rolef, "A Torrent of Private Members' Bills," *Jerusalem Post* (July 14, 2014), Opinion section, p. 14.

19. Rolef, "A Torrent."

20. 有关以色列议会通过的特殊利益法律，参见 the Web page of the Israel Ministry of Foreign Affairs, "Selected Laws of the State of Israel," accessed June 2015, http://mfa. gov. il/MFA/AboutIsrael/State/Law/Pages/Selected% 20Laws % 20of%20the%20State%20of%20Israel. aspx.

21. 参见 Caroline Glick, "The Urgent Business of the Next Government," *Jerusalem Post* (March 20, 2015), p. 24.

22. The Knesset Web page "Legislation," accessed May 4, 2015, http://www. knesset. gov. il/description/eng/eng_work_mel2. htm.

23. 接下来几段关于立法程序的信息来自以色列议会的网页"立法"。

24. 以色列议会前秘书内塔内尔·洛奇(Netanel Lorch)编辑了 1948 年至 1981 年以色列议会主要辩论的汇编。参见 Netanel Lorch, *Major Knesset Debates, 1948—1981* (Lanham, Md.: University Press of America, 1991).

25. 有关议会委员会的最终工作参见 Reuven Hazan's *Reforming Parliamentary Committees: Israel in Comparative*

Perspective (Columbus: Ohio State University Press, 2001).

26. Fundamental Law: The President of the State, Section 11 (a) (1).参见 Israel Ministry of Foreign Affairs, "Basic Law: The President of the State," accessed June 2015, http://mfa. gov. il/MFA/MFA-Archive/1960-1969/Pages/Basic% 20Law-% 20The% 20President% 20of% 20 the% 20State. aspx.

27. Jonathan Lis, "Netanyahu Assumes Veto Power over Potential Knesset Legislation," *Haaretz* (May 31, 2015), accessed May 2015, http://www. haaretz. com/news/israel/. premium -1. 658867. 参见 Jeremy Sharon, "Kashrut Bill Causing Serious Coalition Tensions between Shas and Kulanu," *Jerusalem Post* (July 5, 2015), p.2.

28. 以色列议会议员的人口特征数据，以及他们的政治成长信息，可见 Gregory Mahler, *The Knesset: Parliament in the Israeli Political System* (Rutherford, N. J.: Fairleigh Dickinson University Press, 1981), chap. 5, "The Member of Knesset," pp. 106 - 37.

29. 参见 Lahav Harkov, "The Twentieth Knesset by the Numbers: More Arabs and Women, Fewer Orthodox Members," *Jerusalem Post* (March 18, 2015), accessed June 2015, http://www. jpost. com/Israel-Elections/The-20th-Knesset-by-the-numbers-More-Arab-and-female-MKs -fewer-ultra-Orthodox-lawmakers-394305. 另见 the Knesset Web page "Current Knesset Members of the Twentieth Knesset: Women Knesset Members," accessed June 2015, http://www. knesset. gov. il/mk/eng/mkindex _ current _ eng. asp? view3.

30. Moshe Czudnowski, "Legislative Recruitment under

Proportional Representation in Israel: A Model and a Case Study," *Midwest Journal of Political Science* 14 (1970): 216–48, and Moshe Czudnowski, "Sociocultural Variables and Legislative Recruitment," *Comparative Politics* 4 (1972): 561–87.最近一项关于以色列政党领导人选择的研究是 Ofer Kenig and Gideon Rahat titled "Selecting Party Leaders in Israel," in *The Selection of Political Party Leaders in Contemporary Parliamentary Democracies: A Comparative Study*, ed. Jean-Benoit Pilet and William P. Cross (New York: Routledge, 2014).

31. Mahler, *The Knesset*, pp.138–59,包括对以色列议会成员政治招募的综合性研究。

32. 参见 Shlomo Swirski et al., *The Role of the Knesset in the Budget-Making Process: A Critical Analysis and Proposal for Reform* (Tel Aviv: Adva Center, 2000). 也可参见 Reuven Hazan, *Cohesion and Discipline in Legislatures: Political Parties, Party Leadership, Parliamentary Committees and Governance* (London: Routledge, 2005).

33. 为了给小党派(一两名成员)提供一定的辩论时间,以色列议会规定,任何党派在四小时辩论中的时间不得少于 10 分钟,在五小时辩论中的时间不得少于 15 分钟。

34. Nina Gilbert, "Study: Knesset Rates 4 on Scale of 1–10," *Jerusalem Post* (April 4, 2001), p.1.

35. 参见 Reuven Hazan, "Constituency Interests without Constituencies: The Geographical Impact of Candidate Selection on Party Organization and Legislative Behavior in the 14th Israeli Knesset, 1996—1999," *Political Geography* 18, no. 7 (1999): 791–811.

36. 有关工党大会的文章 Myron Aronoff, "Better Late

Than Never: Democratization in the Labor Party," in *Israel since Begin*, ed. Gregory Mahler (Albany: SUNY Press, 1990).

37. 为了彻底分析这种立法内的挫败感和立法外的有效性，参见 Mahler, *The Knesset*, chap. 8.

38. Mahler, *The Knesset*, p. 103. 也可参见 Longley and Hazan, *The Uneasy Relationships*.

39. Mahler, *The Knesset*, p. 98; Samuel Sager, *The Parliamentary System of Israel* (Syracuse, N. Y.: Syracuse University Press, 1985), pp. 68 - 69, 139.

40. Zidon, *Knesset*, p. 40.

41. 参见 Liat Collins, "Deri Defends His Record during Knesset Immunity Hearings," *Jerusalem Post* (May 27, 1998), p. 5.

42. 有关这一事件的代表性报道包括，Miriam Shaviv, "Bishara Stripped of Immunity, May Face Prosecution," *Jerusalem Post* (November 8, 2001), p. 1; Jafar Farah, "Free Speech: For Jews Only?" *Jerusalem Post* (November 8, 2001), p. 3; Miriam Shaviv, "Immediately after Bishara Vote—Loyalty Bill Passes First Test," *Jerusalem Post* (November 8, 2001), p. 3; David Addleman, "Abusing Democracy," *Jerusalem Post* (November 8, 2001), p. 6; Miriam Shaviv, "Immunity Deficiencies," *Jerusalem Post* (November 9, 2001), p. 2B; and Dan Izenberg, "Bishara Charged with Supporting Hizbullah," *Jerusalem Post* (November 13, 2001), p. 6.

43. 有关以色列议会，各委员会组织的分配，参见 the Knesset Web page "The Organization of the Work of the Knesset," accessed June 2015, http:// www.knesset.gov.il/

description/eng/eng_work_org.htm.

44. Mahler, *The Knesset*, p. 89. 也可参见 Hazan, *Reforming Parliamentary Committees*.

45. 为了深入讨论议会问题和列入议程的各类动议，参见 "Motions for the Agenda," "Parliamentary Questions," and "No-Confidence Debates," available from "The Knesset at Work," accessed June 2015, http:// knesset. gov. il/ description/eng/eng_work_mel1. htm.

46. 这是与以色列政治相关的一个极受欢迎的研究领域。以前的研究可能包括以下内容：Gregory Mahler and Richard Trilling, "Coalition Behavior and Cabinet Formation: The Case of Israel," *Comparative Political Studies* 8 (1975): 200－233; Dan Felsenthal, "Aspects of Coalition Payoffs: The Case of Israel," *Comparative Political Studies* 12 (1979): 151－68; David Nachmias, "Coalition Politics in Israel," *Comparative Political Studies* 7 (1974): 316－33; "A Note on Coalition Payoffs in a Dominant Party System: Israel," *Political Studies* 21, no. 3 (1973): 301－5; and K. Z. Paltiel, "The Israeli Coalition System," *Government and Opposition* 10 (1975): 396－414. 最近的一项研究参见 Michael Laver and Ian Budge, *Party Policy and Government Coalitions* (New York: St. Martin's, 1992).

47. Lahav Harkov and Jeremy Sharon, "Parties Prepare Legislative Demands for Coalition," *Jerusalem Post* (March 24, 2015), p.5.

48. Valerie Herman and John Pope, "Minority Governments in Western Democracies," *British Journal of Political Science* 3 (1973): 191. 也可参见 David Samuels and Matthew Shugart, *Presidents, Parties, and Prime Ministers: How the*

Separation of Powers Affects Party Organization and Behavior (New York: Cambridge University Press, 2010).

49. Herman and Pope, "Minority Governments," p.191. 也可参见 Arend Lijphart, *Patterns of Democracy: Government Forms and Performance in Thirty-Six Countries* (New Haven, Conn.: Yale University Press, 2012).

50. "Knessot"是以色列议会(Knesset)的复数。

51. 从 1949 年 3 月 10 日成立的大卫·本-古里安政府到 2015 年 3 月成立的本杰明·内塔尼亚胡政府所有成员名单，参见 Israel Ministry of Foreign Affairs, "The Government of Israel," accessed June 2015, http://mfa. gov. il/MFA/AboutIsrael/ State/Government/Pages/default.aspx.

52. Daniel Tauber, "Don't Hate the Players, Hate the Political System," *Jerusalem Post* (May 13, 2015), p.15.

53. 参见 Itai Sened, "A Model of Coalition Formation: Theory and Evidence," *Journal of Politics* 58 (1996): 350-72.

54. 我们稍后将探讨联合政府谈判的可能结果，但此时我们需要指出的是，完全有可能出现多个政治领导人组成多数联合政府的情况，这取决于他们愿意为潜在的联盟伙伴提供什么样的条件。许多政党愿意与多个潜在政党合作，甚至是与意识形态对立的政党合作，只要政治交换的条件合适。因此，获得总统首次赋予的组建联合政府的机会至关重要，因为如果你的政党后来才获得机会，可能已经为时过晚。

55. Government of Israel, Central Elections Commission, "The Elections for the 20th Knesset" (in Hebrew), accessed June 2015, http://www.votes20. gov.il/.

56. Eric Browne and Mark Franklin, "Editors' Introduction: New Directions in Coalition Research," *Legislative Studies*

Quarterly 11, no. 4 (1986): 471. *Legislative Studies Quarterly* 的主题是联盟理论研究。

57. Benjamin Akzin, "The Role of Parties in Israeli Democracy," *Journal of Politics* 17 (1955): 507 - 45.

58. 这些数据可以在以色列外交部网页上找到,"Israel Votes, 19 March, 2015," accessed June 2015, 网址为 http://mfa. gov. il/MFA/PressRoom/2015/Pages/Israel-votes-17-March-2015. aspx. 参见议会网页 "All Parliamentary Groups—By Knesset," accessed June 2015, http://knesset. gov. il/fac tion/eng/FactionListAll_eng. asp?view1. 我们应该注意到,尽管"门槛"提高到了3.25%,但这一更高的门槛仍然远低于单一选区制选举中的功能性门槛,例如美国的选举。在美国的选举中,获胜党派将获得席位,而败选党派则完全没有代表性。因此,如果一个党派在每个选区中都获得了40%的选票,而另一个党派在这些选区中分别获得41%、42%或45%的选票,那么该党派即使定期获得40%的选票,也可能在立法机构中没有任何代表。

59. Eric Browne, "Testing Theories of Coalition Formation in the European Context," *Comparative Political Studies* 3 (1971): 400.

60. Browne, "Testing Theories," p.402.

61. 有关1984年政府的讨论,参见 Daniel Elazar and Shmuel Sandler, *Israel's Odd Couple: The* 1984 *Knesset Elections and the National Unity Government* (Detroit, Mich.: Wayne State University Press, 1990).

62. Scott Johnston, "Party Politics and Coalition Cabinets in the Knesset," *Middle Eastern Affairs* 13 (1962): 130. 也可参见 Reuven Hazan and Gideon Rahat, *Israeli Party Politics: New Approaches, New Perspectives* (London:

Sage, 2008).

63. 参见 Amnon Rapoport and Eythan Weg, "Dominated, Connected, and Tight Coalitionsin the Israeli Knesset," *American Journal of Political Science* 30 (August 1986): 577 - 96.

第七章 政党和利益集团

1. Emanuel Gutmann, "Israel," *Journal of Politics* 25 (1963): 703. 也可参见 Norman Schofield and Itai Sened, *Multiparty Democracy: Elections and Legislative Politics* (New York: Cambridge University Press, 2006).

2. Scott Johnston, "Politics of the Right in Israel," *Social Science* 40 (1965): 104.

3. 有关以色列党派历史,参见 Benjamin Akzin, "The Role of Parties in Israeli Democracy," *Journal of Politics* 17 (1955): 507 - 45.

4. 参见 Government of Israel, Central Bureau of Statistics, *Statistical Abstract of Israel, 2013*, Table 10. 3, "Valid Votes in the Elections to the Knesset, by Main List, 1949—2013," accessed June 2015, http://www1. cbs. gov. il/reader/shnaton/templ_shnaton_e. html?num_tabst10 _03&CYear2013. 有关 2015 年选举数据请见选举委员会网页,"Final Results of the Elections for the Twentieth Knesset," accessed June 2015, http://www. bechirot20. gov. il/election/english/knesset20/Pages/results20_eng. aspx.

5. 参见 Ira Sharkansky, *The Politics of Religion and the Religion of Politics: Looking at Israel* (Lanham, Md.:

Lexington, 2000), especially chap. 7, "Representing Judaism in Israel: Religious Political Parties." 也可参见 Sultan Tepe, *Beyond Sacred and Secular: Politics of Religion in Israel and Turkey* (Stanford, Calif.: Stanford University Press, 2008).

6. Shlomo Maital, "Truncated Democracy," *Jerusalem Report* (January 12, 2015), p.14.

7. C. Paul Bradley, *Parliamentary Elections in Israel: Three Case Studies* (Grantham, N. H.: Thompson and Rutter, 1985), p.11.

8. Akzin, "Role of Parties," p.509.

9. Akzin, "Role of Parties," p. 520. 也可参见 Reuven Hazan and Gideon Rahat, *Israeli Party Politics: New Approaches, New Perspectives* (London: Sage, 2008).

10. Asher Arian, *Politics in Israel: The Second Generation* (Chatham, N. J.: Chatham House, 1985), p. 8. 也可参见 Bernard Reich and Shannon Powers, "The United States and Israel: The Nature of a Special Relationship," in David W. Lesch and Mark L. Haas, eds., *The Middle East and the United States: History, Politics, and Ideologies* (Boulder, CO: Westview, 2012).

11. 参见,Alan Jotkowitz 的文章, "Competing Rabbinic Visions for Israel's Independence Day," *Jerusalem Post* (April 22, 2015), p.15.有关以色列制度的意识形态基础,请见 Daniel Elazar, "Israel's Compound Polity," in *Israel at the Polls: The Knesset Elections of 1977*, ed. Howard Penniman (Washington, D. C.: American Enterprise Institute, 1979), pp.1-38.

12. Arian, *Politics in Israel*, p. 8. 也可参见 Colin

Shindler, *A History of Modern Israel* (New York: Cambridge University Press, 2013).

13. 参见,例如 Zeev Ben-Sira, "The Image of Political Parties and the Structure of a Political Map," *European Journal of Political Research* 6, no. 3 (1978): 259 - 84.

14. 参见笔者 1981 年的著作 *The Knesset: Parliament in the Israeli Political System* (Rutherford, N. J.: Fairleigh Dickinson University Press), especially pp. 47 - 49.

15. 必须回顾的是,这四个问题并不是真正的双立场问题。也就是说,在这些问题上,很少有人真正站在意识形态的最左端或最右端。他们更可能通过不同程度的温和与中间立场,从极左到极右广泛分布。参见 Seth Frantzman titled "The Next Revolution: Economic Zionism," *Jerusalem Post* (October 30, 2013), p. 15.

16. 参见 Daniel Zemel, "The Liberal Zionist Tent," *Jerusalem Post* (January 5, 2015), p. 13.

17. 见 Gil Hoffman 最近在《耶路撒冷邮报》的文章 "Haredi Parties Intent on Entering Coalition by Start of Passover. Kahlon Vows Not to Fall into Likud's Trap" (March 30, 2015), p. 1. 近期比较好的相关研究是 Guy Ben-Porat, *Between State and Synagogue: The Secularization of Contemporary Israel* (New York: Cambridge University Press, 2013).

18. Greer Fay Cashman, "Rivlin Tells Factions: Speedy Formation of Gov't Imperative," *Jerusalem Post* (March 23, 2015), p. 2.

19. Arian, *Politics in Israel*, p. 134.

20. Arian, *Politics in Israel*, pp. 253 - 54.

21. Paul Gross, "At This Election, Throw Out the

Theocrats," *Jerusalem Post* (March 12, 2015), p.16.

22. Arian, "The Electorate," p.71, in *Politics in Israel*. 参见 Colin Shindler, *The Triumph of Military Zionism: Nationalism and the Origins of the Israeli Right* (London: I. B. Tauris, 2010).

23. Myron J. Aronoff, "The Decline of the Labor Party: Causes and Significance," in *Israel at the Polls: The Knesset Elections of 1977*, ed. Howard Penniman (Washington, D. C.: American Enterprise Institute, 1979), pp.120 - 21.

24. 参见 Gil Hoffman and Greer Fay Cashman, "Labor Confirms Netanyahu Sought Unity Government. Rivlin to Start Marathon Talks with Factions. Herzog Calls on Prime Minister to 'Heal the Rift He Caused' with Comments on High Arab Voter Turnout," *Jerusalem Post* (March 22, 2015), p.1.

25. 参见 Susan Hattis Rolef, "The Parties' Platforms—Part I: Socioeconomics," *Jerusalem Post* (February 16, 2015), p.15.

26. Reuven Hazan 与 Gideon Rahat 的书中有一项关于政党对以色列议会重要性的最新研究，参见 *Democracy within Parties: Candidate Selection Methods and Their Political Consequences* (New York: Oxford University Press, 2010).

27. 参见 Gideon Rahat, "Selecting Party Leaders in Israel," in Jean-Benoit Pilet and WilliamP. Cross, *The Selection of Political Party Leaders in Contemporary Parliamentary Democracies: A Comparative Study* (New York: Routledge, 2014).

28. 一项较好的解读，参见 Paul Burstein, "Political Patronage andParty Choice among Israeli Voters," *Journal of*

Politics 38 (1976): 1024 - 32.

29. 参见,例如 Paul Burstein, "Social Cleavages and Party Choice in Israel: A LogLinear Analysis," *American Political Science Review* 72 (1978): 96 - 109.

30. 参见 Zvi Gitelman and Ken Goldstein, "The 'Russian' Revolution in Israeli Politics," in *The Elections in Israel, 1999*, ed. Alan Arian and Michal Shamir (Albany: SUNY Press, 2002).

31. 为了更深入地讨论以色列的政治社会化进程,参见 Gregory Mahler, *The Knesset: Parliament in the Israeli Political System* (Rutherford, N. J.: Fairleigh Dickinson University Press, 1981), pp. 113 - 30. 以色列党派在上述问题上的近期研究,请见,Hazan and Rahat, *Israeli Party Politics*.

32. 参见 Shai Piron, "The Benefits of a Diverse and Pluralistic Political Party," *Jerusalem Post* (March 12, 2015), p. 15.

33. 参见"Israel's Arabs Discover Their Identity: Election Boycott," *Economist* 358 (February 10, 2001): 48.

34. 除非另有说明,关于以色列当代政党的一般背景材料来自下列资源:British Broadcasting Corporation, "Guide to Israel's Political Parties" (January 21, 2013), accessed July 2015, http://www.bbc.com/news/world-middle-east-21073450; J Street, "Election 2015: J Street's One-Stop Resource on the 2015 Israeli Election," accessed June 2015, http://www.israelelection2015.org/parties/; the Knesset Web page "All Parliamentary Groups—By Name," accessed June 2015, http://knesset.gov.il/faction/eng/FactionListAll_eng.asp; and the Web page of the Central Elections Committee of the Knesset, "Lists of Candidates," accessed June 2015, http://

www. bechi rot20. gov. il/election/English/Candidates/Pages/default. aspx.

35. 关于更详细地描述执政党的背景和更现代的历史，见 Arian, *Politics in Israel*, pp. 73 – 79. 也可参见 Myron Aronoff, *Power and Ritual in the Israeli Labor Party: A Study in Political Anthropology* (Assen, Amsterdam: Van Gorcum, 1977).

36. 参见 Avi Bareli, *Authority and Participation in a New Democracy: Political Struggles in Mapai, Israel's Ruling Party, 1948—1953* (Boston: Academic Studies, 2014).

37. 有关利库德集团的简史，参见 Ilan Greilsammer, "The Likud," in *Israel at the Polls, 1981*, ed. Howard Penniman and Daniel Elazar (Washington, D. C.: American Enterprise Institute, 1986), pp. 65 – 92; or Dani Filc, *The Political Right in Israel: Different Faces of Jewish Populism* (New York: Routledge, 2010).

38. 最近关于利库德集团起源的一项很好的研究，参见 Joseph Heller, *The Stern Gang: Ideology, Politics, and Terror, 1940—1949* (Hoboken, N. J.: Taylor and Francis, 2012).

39. Gerald Steinberg, "Dysfunctional Likud," *Jerusalem Post* (March 17, 2015), p. 15. 另一篇有关利库德研究的好文章是 Daniel Tauber and David Greenberg, "A Code of Ethics for the Likud," *Jerusalem Post* (December 1, 2013), p. 14.

40. 有关宗教党派很好的讨论是 Shmuel Sandler, "The Religious Parties," in *Israel at the Polls, 1981*, ed. Howard Penniman and Daniel Elazar (Washington, D. C.: American Enterprise Institute, 1986), pp. 105 – 27. 另见 Rael Isaac, *Party and Politics in Israel: Three Visions of a Jewish State*

(New York: Longman, 1981).

41. 相关很好的研究，参见 Dunia Nahas, *The Israeli Communist Party* (New York: St. Martin's, 1976). 也可参见 Ra'anan Cohen, *Strangers in Their Homeland: A Critical Study of Israel's Arab Citizens* (Portland, Ore.: Sussex Academic, 2009), or Amal Jamal, *Arab Minority Nationalism in Israel: The Politics of Indigeneity* (London: Routledge, 2011).

42. Ariel Ben Solomon, "Arab Parties Form United List for Upcoming Election," *Jerusalem Post* (January 25, 2015), p.2.

43. Jeremy Ashkenas, "In Netanyahu's Next Knesset, a More Compatible Coalition," *New York Times* (March 19, 2015), accessed June 2015, http://www.nytimes.com/interactive/2015/03/19/world/middleeast/netanyahu-likud-election-knesset-coalition.html?_r0.

44. 参见 Yael Yishai, "Three Faces of Associational Politics: Interest Groups in Israel," *Political Studies* 40 (1992): 124 - 36.

45. 参见 Clive S. Thomas, *Political Parties and Interest Groups: Shaping Democratic Governance* (Boulder, Colo.: Lynne Rienner, 2001).

46. 参见 Esther Iecovich, "Pensioners' Political Parties in Israel," *Journal of Aging and Social Policy* 12, no. 3 (2001): 87 - 107.

47. 关于劳工运动在以色列的作用，除其他外，见下文：Zeev Sternhell, *The Founding Myths of Israel: Nationalism, Socialism, and the Making of the Jewish State* (Princeton, N. J.: Princeton University Press, 1998); and Yitzhak

Greenberg, "The Contribution of the Labor Economy to Immigrant Absorption and Population Dispersal during Israel's First Decade," in *Israel: The First Decade of Independence*, ed. Ilan Troen and Noah Lucas (Albany: SUNY Press, 1995).

48. Don Peretz, *The Government and Politics of Israel* (Boulder, Colo.: Westview, 1979), p.120.

49. Niv Elis, "Histadrut Delays Call for General Labor Dispute as Pressure Mounts onLapid over Cuts, Levies. Chambers of Commerce Say Hike in Textile Import Taxes Could Cost Public Hundreds of Millions," *Jerusalem Post* (May 1, 2013), p.5.

50. 一项经典研究是 Yoram Peri, *Between Battles and Ballots: Israeli Military in Politics* (Cambridge: Cambridge University Press, 1983). 最近关于军队在国内政治中的作用的研究参见 Yehuda Ben-Meir, *Civil-Military Relations in Israel* (New York: Columbia University Press, 1995); Martin Van Creveld, *The Sword and the Olive: A Critical History of the Israeli Defense Force* (Oxford: Perseus, 1999); Moshe Lissak, "The Civilian Components of Israel's Security Doctrine: The Evolution of Civil-Military Relations in the First Decade," in *Israel: The First Decade of Independence*, ed. S. Ilan Troen and Noah Lucas (Albany: SUNY Press, 1995); Eva Etzioni-Halevy, "Civil-Military Relations and Democracy: The Case of the Military-Political Elites' Connection in Israel," *Armed Forces and Society* 22 (1996): 401–17; and Gad Barzilai, "War, Democracy, and Internal Conflict: Israel in a Comparative Perspective," *Comparative Politics* 31, no. 3 (1999): 317–36.

51. Peretz, *Government and Politics*, p.128.

52. Alon Ben-Meir, "AIPAC's Misguided Advocacy," *Jerusalem Post* (August 19, 2011), p.36.

53. Peretz, *Government and Politics*, p.131.

54. 参见下文:Gabriel Bar-Haim, "Revista Mea: Keeping Alive the Romanian Community in Israel," in *Ethnic Minority Media: An International Perspective*, ed. Stephen Riggins (Newbury Park, Calif.: Sage, 1992); Sammy Smooha, "Class, Ethnic, and National Cleavages and Democracy in Israel," in *Israeli Democracy under Stress*, ed. Ehud Sprinzak and Larry Diamond (Boulder, Colo.: Lynne Rienner, 1993); and As'ad Ghanem and Sarab Ozacky-Lazar, "Israel as an Ethnic State: The Arab Vote," in *The Elections in Israel, 1999*, ed. Alan Arian and Michal Shamir (Albany: SUNY Press, 2002).

55. 参见 Yoav Peled, "Towards a Redefinition of Jewish Nationalism in Israel? The Enigmaof Shas," *Ethnic and Racial Studies* 21, no. 4 (1998): 703 – 27.

56. 参见 Adham Saouli, "Arab Political Organizations within the Israeli State," *Journal of Social, Political, and Economic Studies* 26, no. 2 (2001): 443 – 60, or Dan Rabinowitz, "The Common Memory of Loss: Political Mobilization among Palestinian Citizens of Israel," *Journal of Anthropological Research* 50 (1994): 27 – 49.

57. 参见 Yael Yishai, "Regulation of Interest Groups in Israel," *Parliamentary Affairs* 51, no. 4 (1998): 568 – 78.

58. 参见 Yael Yishai, "Civil Society in Transition: Interest Politics in Israel," *Annals of the American Academy of Political and Social Science* 555 (January 1998): 147 – 62.

59. 有关概念见 Russell Dalton, David Farrell, and Ian McAllister, *Political Parties and Democratic Linkage: How Parties Organize Democracy* (New York: Oxford University Press, 2011).

60. 温斯顿·丘吉尔爵士在英国议会下院的演讲,1947 年 11 月 11 日。

第八章　选举进程和投票行为

1. Maurice Duverger, *Political Parties* (New York: John Wiley, 1963), p. 239. 也可参见 Norman Schofield and Itai Sened, *Multiparty Democracy: Elections and Legislative Politics* (New York: Cambridge University Press, 2006).

2. Gil Hoffman, "Elections Likely as Netanyahu, Lapid Reach Impasse. Opposition Submits Bill to Disperse Knesset," *Jerusalem Post* (December 2, 2014), p. 1, and David Weinberg, "Running for Reelection—But against Whom?" *Jerusalem Post* (December 5, 2014), p. 24.

3.《议会基本法》第 4 部分。

4. 全面的解释参见 Asher Zidon, *The Knesset* (New York: Herzl, 1967), pp. 23 - 29. 也可参见 Michael Latner and Anthony J. McGann, *Geographical Representation under Proportional Representation: The Cases of Israel and the Netherlands* (Irvine, Calif.: Center for the Study of Democracy, 2004), and Colin Shindler, *A History of Modern Israel* (New York: Cambridge University Press, 2014).

5. 参见"The Electoral System" on the Knesset Web page "The Electoral System in Israel," accessed July 2015, http://

www. knesset. gov. il/description/eng/eng _ mimshal _ beh. htm7.

6. David Newman, “Israel's Elections and the Joint Arab List,” *Jerusalem Post* (February 24, 2015), p.15.

7. 关于这一过程的延伸解释，参见 Gideon Rahat and Reuven Hazan, “Israel: The Politics of an Extreme Electoral System,” in *The Politics of Electoral Systems*, ed. Michael Gallagher and Paul Mitchell (New York: Oxford University Press, 2008).

8. Asher Arian, *Politics in Israel: The Second Generation* (Chatham, N.J.: Chatham House, 1985), p.123. 也可参见 Lahav Harkov, “With Bader-Ofer Method, Not Every Ballot Counts. How Your Vote May Move to Another Party,” *Jerusalem Post* (March 16, 2015), p.4.

9. Samuel Sager, *The Parliamentary System of Israel* (Syracuse, N. Y.: Syracuse University Press, 1985), p. 67. See his section on “Financing of Elections,” pp. 67 – 72.

10. Sager, *The Parliamentary System of Israel*, p. 69. 也可参见 Jesper Strombock and Lynda Lee Kaid, eds., *The Handbook of Election News Coverage around the World* (New York: Routledge, 2008).

11. 参见 Tamir Shaefer, Gabriel Weimann, and Yariv Tsfati, “Campaigns in the Holy Land: The Content and Effects of Election News Coverage in Israel,” in *Handbook of Election News Coverage around the World*, ed. Jesper Strombock and Lynda Lee Kaid (New York: Routledge, 2008).

12. 参见 Dan Caspi and Eleanor Lev, “Just Like in America: New Media in the 18th KnessetElection Campaign,”

in *The Elections in Israel, 2009*, ed. Alan Arian and Michal Shamir (New Brunswick, N. J.: Transaction, 2011); Dafna Lemish and Chava Tidhar, "Still Marginal: Women in Israel's 1996 Television Election Campaign," *Sex Roles* 41, nos. 5–6 (1999): 389–412; and Sam Lehman-Wilzig, "The Media Campaign: The Negative Effects of Positive Campaigning," in *Israel at the Polls,* 1996, ed. Daniel Elazar and Shmuel Sandler (Portland, Ore.: Frank Cass, 1998).

13. Lahav Harkov, "Elections Panel Bans Likud Ad Featuring Children—Even From YouTube, News Sites," *Jerusalem Post* (January 21, 2015), p. 2.

14. Lahav Harkov, Jeremy Sharon, and Ariel Ben Solomon, "Election Campaign Ads to Begin on Television Tonight," *Jerusalem Post* (March 3, 2015), p. 1.

15. 引用的社论来自"The Election Campaign on Television," edited by Gary Wolf, part of the series of news releases *Israeli Press Highlights* (New York: Institute of Human Relations, American Jewish Committee, October 10, 1988), pp. 1–2.

16. Yeshayahu Ben-Porat, editorial (*Yediot Aharonot*, October 9, 1988).

17. Avraham Schweitzer, editorial (*Haaretz,* October 7, 1988).

18. Joel Brinkley 的文章"Israeli TV Political Ads Lowering the Low Road," *New York Times* (October 8, 1988), p. 18,发展了这一主题,指出电视广告确实有助于提出问题,但也被用于诽谤、虚假宣传和摆拍,更改图片和文字,并且通常是"事实的宽松版"。也可参见 Gabriel Weimann, Yariv Tsfati, and Tamir Sheafer, "Media Coverage of the 2006

Campaign: The Needs and Attitudes of the Public vis-a'-vis the Functioning of the News Media," in *The Elections in Israel, 2006*, ed. Alan Arian and Michal Shamir (New Brunswick, N.J.: Transaction, 2008).

19. Isi Leibler, "A Revolting Election Campaign and a Vicious Media," *Jerusalem Post* (February 4, 2015), p.13.

20. Central Elections Committee, Elections for the 20th Knesset, "Parties, Lists, Factions, and Movements: What's the Difference?," accessed July 2015, http://www. bechirot20. gov. il/ election/English/About/Pages/Elections Terms_eng. aspx.

21. Leslie Susser, "The Final Lists," *Jerusalem Report* (February 23, 2015), p.10. 也可参见 Gil Hoffman, "Labor Chooses Socioeconomic List for Fight against Likud. Hacimovich, Shaffir Get Top Slots after Herzog, Livni. Cabel Bumped Down to 10th Position on Joint List," *Jerusalem Post* (January 15, 2015), p.1.

22. Zidon, *The Knesset*, pp. 23 - 24, and Sager, *The Parliamentary System of Israel*, p.46.

23. Arian, *Politics in Israel*, p. 121, and Sager, *The Parliamentary System of Israel*, p.46.

24. Lahav Harkov, "Meretz Central Committee to Choose Left-Wing Party's Knesset SlateToday," *Jerusalem Post* (January 19, 2015), p.2.

25. 参见 Roni Singer-Heruti and Ofri Ilani, "Labour Postpones Its Primary Election until Thursday," *Haaretz* (December 2, 2008) accessed July 2015, http://www. haaretz. com/hasen/spages/1042934. html. 也可参见 Gideon Rahat, "The Political Consequences of Candidate Selection to

the 18th Knesset," *The Elections in Israel, 2009*, ed. Alan Arian and Michal Shamir (New Brunswick, N. J.: Transaction, 2011).

26. Gregory Mahler, "The Effects of Electoral Systems upon the Behavior of Members of aNational Legislature: The Israeli Knesset Case Study," *Journal of Constitutional and Parliamentary Studies* 14, no. 4 (1980): 305 – 18. 也可参见 Guy Lardeyret, "The Problem with P. R.," in *Electoral Systems and Democracy*, ed. Larry Diamond and Marc Plattner (Baltimore, Md.: Johns Hopkins University Press, 2006), and Yael Yishai, "Who Didn't Make It into the Knesset," in *The Elections in Israel, 2009*, ed. Alan Arian and Michal Shamir (New Brunswick, N. J.: Transaction, 2011).

27. Moshe Czudnowski, "Legislative Recruitmentunder Proportional Representation inIsrael: A Model and a Case Study," *Midwest Journal of Political Science* 14 (1970): 216 – 48.

28. 参见 Knesset's Web page "The Electoral System in Israel," the section titled "TheDistribution of Seats among the Lists," accessed July 2015, http://www. knesset. gov. il/descrip tion/eng/eng_mimshal_beh. htm6.

29. *International Jerusalem Post* (November 12, 1975), p. 3.

30. Avraham Brichta, "Selection of Candidates to the Tenth Knesset: The Impact of Centralization," in *Israel at the Polls,* 1996, ed. Daniel Elazar and Shmuel Sandler (Portland, Ore.: Frank Cass, 1998), pp. 18 – 35.

31. Steven Hoffman, "Candidate Selection in Israel's

Parliament: The Realities ofChange," *Middle East Journal* 34 (1980): 285 - 301.

32. Moshe Czudnowski, "Sociocultural Variables and Legislative Recruitment," *Comparative Politics* 4 (1972): 561 - 87.

33. Gregory Mahler, *The Knesset: Parliament in the Israeli Political System* (Rutherford, N. J.: Fairleigh Dickinson University Press, 1981), pp. 46 - 47. 参见 Ofir Abu, Fany Yuval, and Guy Ben-Porat, "All That Is Left: The Demise of the Zionist Left Parties, 1992—2009," in *The Elections in Israel, 2009*, ed. Alan Arian and Michal Shamir (New Brunswick, N. J.: Transaction, 2011); and Lahav Harkov, "Huldai Considering Run for Labor Party Leadership," *Jerusalem Post* (June 21, 2015), p. 9.

34. 参见 Attila Somfalvi, "Livni Wins Kadima Primaries by Narrow Margin," *YNET News* (September 18, 2008), accessed July 2015, http://www.ynet.co.il/english/articles/0,7340,L-3598425,00.html. 也可参见 Gideon Rahat, "Selecting Party Leaders in Israel," in *The Selection of Political Party Leaders in Contemporary Parliamentary Democracies: A Comparative Study*, ed. Jean-Benoit Pilet and William P. Cross (New York: Routledge, 2014).

35. Gil Hoffman, "All Eyes on Yacimovich in Today's Labor Primary," *Jerusalem Post* (January 13, 2015), p. 4.

36. Daniel Tauber, "Keep the Likud Democratic," *Jerusalem Post* (June 8, 2015), p. 15.

37. Gil Hoffman, "Netanyahu Accused of Using Party Funds to Win Fateful Likud Vote. PM to Launch Mass Membership Drive for Ruling Party," *Jerusalem Post* (June

16，2015），p.1. 也可参见 Gil Hoffman, "Likud Central C'tee Unlikely to Change Electoral System，" *Jerusalem Post*（June 12，2015），p. 10，and Gil Hoffman，"Likud Holds Fateful Vote Today. PM Warns：Giving Central Committee Members Power to Choose MKs Would 'Give a Prize to Our Political Opponents'，" *Jerusalem Post*（June 14，2015），p.1.

38. 梅隆·阿罗诺夫(Myron Aronoff)写了一篇关于工党改革的精彩分析。参见他的"Better Late Than Never: Democratization in the Labor Party，" in *Israel since Begin*, ed. Gregory Mahler（Albany：SUNY Press，1990）.

39. Alfred Katz, *Government and Politics in Contemporary Israel, 1948-Present*（Washington，D.C.：University Press of America），p.56.

40. Sager，*The Parliamentary System of Israel*，p.63.

41. Katz, *Government and Politics*，p.58.

42. 延伸讨论参见 Arian，*Politics in Israel*，pp.130－31. 另见 Gad Yaacobi，*The Government of Israel*（New York: Praeger，1982），p.307.

43. Avraham Brichta，"1977 Elections and the Future of Electoral Reform in Israel，" in *Israel at the Polls, 1977*，ed. Howard Penniman（Washington，D.C.：American Enterprise Institute，1979）.

44. 参见 Reuven Hazan，"The Electoral Consequences of Political Reform: In Search of the Center of the Israeli Party System，" in *The Elections in Israel, 2006*，ed. Alan Arian and Michal Shamir（New Brunswick，N.J.：Transaction，2008）.

45. 在该法案短暂的立法过程中，媒体对其进行了大量报道。参见 *Jerusalem Post*（June 8，1988），p.2.

46. 相关讨论参见"The Coalition Talks Drag On," in *Israeli Press Highlights*, ed. Gary Wolf (New York: Institute of Human Relations, American Jewish Committee, October 10, 1988), pp. 1 - 3. 参见 Dganit Ofek, "From Physics to Politics: Center of Mass, Spatial Variance and Coalition Stability in Israel," in *The Elections in Israel, 2013*, ed. Michal Shamir (New Brunswick, N. J.: Transaction, 2015).

47. Dov Goldstein in *Ma'ariv* (December 22, 1988), quoted in "The New Israeli Government," in *Israeli Press Highlights*, ed. Gary Wolf (New York: Institute of Human Relations, American Jewish Committee, October 10, 1988), p.1.

48. Gil Hoffman, "Knesset Approves Fourth Netanyahu Gov't 61 - 59. Likud's No. 2 Erdan Stays Out. PM Calls for Electoral Reform. Herzog: I Won't Join This Circus," *Jerusalem Post* (May 15, 2015), p.1.

49. 关于这一点的媒体评论范例包括:Gil Hoffman, "IDI to Push Parties for Electoral Reform," *Jerusalem Post* (May 7, 2015), p. 4; David Newman, "Now Is the Time for Electoral Reform," *Jerusalem Post* (April 7, 2015), p. 15; Barry Leff, "Fixing the Electoral System," *Jerusalem Post* (March 20, 2015), p. 24; and Lior Akerman, "We Need Electoral Reform Now," *Jerusalem Post* (March 27, 2015), p.21.

50. 参见 Avraham Brichta, "The New Premier-Parliamentary System in Israel," *Annals of the American Academy of Political and Social Science* 555 (1998): 180 - 92; Reuven Hazan, "Constituency Interests without

Constituencies: The Geographical Impact of Candidate Selection on Party Organization and Legislative Behavior in the 14th Israeli Knesset, 1996—1999," *Political Geography* 18, no. 7 (1999): 791 - 811; and Emanuele Ottolenghi, "Why Direct Election Failed in Israel," in *Electoral Systems and Democracy*, ed. Larry Diamond and Marc Plattner (Baltimore, Md.: Johns Hopkins University Press, 2006).

51. 参见 Ottolenghi, "Why Direct Election Failed."

52. 关于过去几次选举的情况,除其他来源外,见以下资料: Howard Penniman and Daniel Elazar, eds., *Israel at the Polls*, 1981 (Bloomington: Indiana University Press, 1986); Daniel Elazar and Shmuel Sandler, *Israel's Odd Couple: The 1984 Knesset Elections and the National Unity Government* (Detroit, Mich.: Wayne State University Press, 1990); Daniel Elazar and Shmuel Sandler, eds., *Who's the Boss in Israel: Israel at the Polls, 1988—89* (Detroit, Mich.: Wayne State University Press, 1992); Daniel Elazar and Shmuel Sandler, eds., *Israel at the Polls, 1992* (Lanham, Md.: Rowman & Littlefield, 1995); Daniel Elazar and Shmuel Sandler, eds., *Israel at the Polls, 1996* (Portland, Ore.: Frank Cass, 1998); and Daniel Elazar and M. Benjamin Mollov, eds., *Israel at the Polls: 1999* (Portland, Ore.: Frank Cass, 2001); Alan Arian and Michal Shamir, *The Elections in Israel, 2009* (New Brunswick, N.J.: Transaction, 2011); Shmuel Sandler, Manfred Gerstenfeld, and Hillel Frisch, eds., *Israel at the Polls, 2009* (London: Routledge, 2010); Shmuel Sandler, Manfred Gerstenfeld, and Jonathan Rynhold, eds., *Israel at the Polls, 2006* (Hoboken, N.J.: Taylor and Francis, 2013); and Michal Shamir, ed.,

The Elections in Israel, 2013 (New Brunswick, N. J.: Transaction, 2015).

53. 参见 Niv Elis, "A Perfect Voting Record. My Grandmother Isn't the Only One Voting forthe 20th Time," *Jerusalem Post* (March 18, 2015), p.7.

54. 参见以色列政府中央统计局 *Statistical Abstract of Israel, 2009*, Table 10. 1, "Elections to the Knesset, by Eligible Voters and Voters, 1949—2009," accessed July 2015, http://www1. cbs. gov. il/reader/shnaton/templ_shnaton_e. html? num _ tabst10 _ 01&CYear2009. The 2013 and 2015 figures come from the article "20th Knesset Election Sees Highest Turnout since 1999 Election," *Jerusalem Post* (March 17, 2015), accessed July 2015, http://www. jpost. com/Israel-News/Voter-turnout-at-10-am-higher-than-in-2013 -election-394166.

55. Arian, *Politics in Israel*, p. 133. 参见 Nadin Rouhana, Mtanes Shihadeh, and Areej Sabbagh-Khoury, "Turning Points in Palestinian Politics in Israel: The 2009 Elections," in *The Elections in Israel, 2009*, ed. Alan Arian and Michal Shamir (New Brunswick, N. J.: Transaction, 2011), and Nir Atmor and Chen Friedberg, "Participation in the 19th Knesset Elections: Center Versus Periphery," in *The Elections in Israel, 2013*, ed. Michal Shamir (New Brunswick, N.J.: Transaction, 2015).

56. Arian, *Politics in Israel*, p. 134. 也可参见 Jonathan Mendilow, "Party Strategy in the 2006 Elections: Kadima, Likud, and Labor," in *The Elections in Israel, 2006*, ed. Alan Arian and Michal Shamir (New Brunswick, N. J.: Transaction, 2008).

57. Arian, *Politics in Israel*, p. 136.

58. Arian, *Politics in Israel*, pp. 139 – 44. 参见 Michal Shamir and Keren Weinshall-Margel, "'Your Honor, Restrain Us': The Dynamics of the Right to Be Elected in the Israeli Democracy," in *The Elections in Israel, 2013*, ed. Michal Shamir (New Brunswick, N.J.: Transaction, 2015).

59. Arian, *Politics in Israel*, p. 140.

60. Arian, *Politics in Israel*, p. 142. 也可参见 Sultan Tepe and Roni Baum, "Shas' Transformation to 'Likud with Kippa?' A Comparative Assessment of the Moderation of Religious Parties," in *The Elections in Israel, 2006*, ed. Alan Arian and Michal Shamir (New Brunswick, N. J.: Transaction, 2008). 也可参见 Gal Levy, "Shas, the 'Ethnic Demon' and Mizrahi Politics Following the 2013 Elections," in *The Elections in Israel, 2013*, ed. Michal Shamir (New Brunswick, N.J.: Transaction, 2015).

61. 在过去 30 年里，许多涉及具体选举结果的期刊文章中已经提到了一些关于以色列选举的通俗书籍，其中可能包括：Alan Arian, "Were the 1973 Elections in Israel Critical?" *Comparative Politics* 8 (1975): 152 – 65; and Yael Azmon, "The 1981 Elections and the Changing Fortunes of the Israeli Labour Party," *Government and Opposition* 16, no. 4 (1981): 432 – 46.

62. Mahler, *The Knesset*, p. 214. 在 1977 年大选败给贝京后，西蒙·佩雷斯指出，联盟的选举失败是由于"国内和国际的一些趋势"，但他也指出，"士气低落的政党活动人士未能努力争取胜利，并补充说，腐败对我们的伤害最大"。参见 *International Jerusalem Post* (May 24, 1977), p. 6.

63. 1975 年 4 月 3 日，利库德集团领袖梅纳赫姆·贝京的秘书兼第一助理耶希尔·卡达沙伊(Yechiel Kadashai)在耶路撒冷的以色列议会接受了笔者的采访。参见 Mahler, *The Knesset*, p.41.

64. 参见 Alan Dershowitz, "The Role of the PA in Israel's Election Results," *Jerusalem Post* (March 20, 2015), p.21.

65. Amotz Asa-El, "Why Does Labor Always Lose?" *Jerusalem Post* (April 17, 2015), p.24.

66. 参见 Newman, "Israel's Elections."

67. 参见 the three articles by Reuven Hazan, Jonathan Spyer, and Neill Lochery on Kadima, Likud, and Labour in *Israel at the Polls, 2006*, ed. Shmuel Sandler, Manfred Gerstenfeld, and Jonathan Rynhold (London: Routledge, 2008).

68. Sager, *The Parliamentary System of Israel*, p.48.

69. C. Paul Bradley, *Parliamentary Elections in Israel* (Grantham, N.H.: Tompson and Rutter, 1985), p.20.

70. 参见 Steven Hoffman, "Candidate Selection," 285 - 301.

71. Sager, *The Parliamentary System of Israel*, p.51.

72. Czudnowski, "Legislative Recruitment," pp. 216 - 48, and Czudnowski, "Sociocultural Variables," pp.561 - 87. 也可参见 Yaron Ezrahi, "Democracy as a Constructive Utopia," in *The Elections in Israel, 2013*, ed. Michal Shamir (New Brunswick, N.J.: Transaction, 2015).

73. Shevah Weiss, "Women in the Knesset: 1949—1969," *Parliamentary Affairs* 28, no. 1 (1969/1970): 31 - 50. 参见 Michal Shamir and Einat Gedalya-Lavy, "A Gender Gap in Voting? Women and Men in the 2013 Elections," in

The Elections in Israel, 2013, ed. Michal Shamir (New Brunswick, N. J.: Transaction, 2015); Einat Lachover, "Women in Politics as Depicted in Israeli Popular Women's Magazines," in *Women in Politics and Media: Perspectives from Nations in Transition*, ed. Maria Raicheva-Stover (New York: Bloomsbury, 2014); and Einat Gedalya, Hanna Herzog, and Michal Shamir, "Tzip (p) ing through the Elections: Gender in the 2009 Elections," in *The Elections in Israel, 2009*, ed. Alan Arian and Michal Shamir (New Brunswick, N.J.: Transaction, 2011).

第九章　对外政策设定

1. 下面的讨论部分基于 *Facts about Israel* 的广泛讨论 (Jerusalem: Ministry of Foreign Affairs, 1985), pp. 39 – 40. 另见 Efraim Karsh, *Israel: The First Hundred Years* (Portland, Ore.: Frank Cass, 1999),近期三个有关以色列安全的讨论见 Zeev Maoz, *Defending the Holy Land: A Critical Analysis of Israel's Security and Foreign Policy* (Ann Arbor: University of Michigan Press, 2009); Uri Bialer, *Between East and West: Israel's Foreign Policy Orientation, 1948—1956* (Cambridge: Cambridge University Press, 2008); and Mordechai Bar-On, *Never-Ending Conflict: Israeli Military History* (Mechanicsburg, Pa.: Stackpole, 2006).

2. 一本关于巴勒斯坦和阿以冲突的很好的概括性研究著作,参见 Charles D. Smith, *Palestine and the Arab-Israeli Conflict* (Boston: Bedford/St. Martin's, 2013).

3. 这一时期的一些很好的军事通史参见 Efraim Inbar, *Israel's Strategic Agenda* (New York: Routledge, 2007); S. Ilan Troen and Noah Lucas, eds., *Israel: The First Decade of Independence* (Albany: SUNY Press, 1995); and Zeev Derori, *The Israeli Defence Force and the Foundation of Israel* (London: Frank Cass, 2004). 不同视角的历史见 Efraim Karsh, *Fabricating Israeli History: The "New Historians"* (Portland, Ore.: Frank Cass, 2000); Eugene Rogan and Avi Shlaim, eds., *The War for Palestine: Rewriting the History of 1948* (New York: Cambridge University Press, 2001); Joseph Heller, *The Birth of Israel, 1945—1949: Ben-Gurion and His Critics* (Gainesville: University Press of Florida, 2000); and Smith, *Palestine and the Arab-Israeli Conflict*.

4. 这一事态的相关材料包括, Moti Golani, *Israel in Search of a War: The Sinai Campaign, 1955—1956* (Portland, Ore.: Sussex Academic, 1998). 一项很好的历史调查见 Benny Morris's *Israel's Border Wars, 1949—1956: Arab Infiltration, Israeli Retaliation, and the Countdown to the Suez War* (Oxford: Clarendon, 1997).

5. 参见,例如, B. Andrews, "Suez Canal Controversy," *Albany Law Review* 21, no. 1 (1957): 14 - 33, or Simcha Dinitz, "The Legal Aspects of the Egyptian Blockade of the Suez Canal," *Georgetown Law Journal* 45, no. 2 (1957): 166 - 99.

6. Howard Sachar, *A History of Israel: From the Rise of Zionism to Our Time* (New York: Alfred A. Knopf, 1981), p.486.

7. Sachar, *History of Israel*, p.489.

8. Sachar, *History of Israel*, p.494.

9. Alfred Katz, *Government and Politics in Contemporary Israel, 1948-Present* (Washington, D.C.: University Press of America, 1980), p.155.

10. 参见 David Tal, "Israel's Road to the 1956 War," *International Journal of Middle East Studies* 28 (1996): 59－81. 有关以色列和西奈，参见 Golani, *Israel in Search*; Morris, *Israel's Border Wars*; and Mordechai Bar-On, *The Gates of Gaza: Israel's Road to Suez and Back, 1955—1957* (New York: St. Martin's, 1995).

11. Nathan Shachar, *The Gaza Strip: Its History and Politics: From the Pharaohs to the Israeli Invasion of 2009* (Portland, Ore.: Sussex Academic, 2010).

12. Gideon Rafael, *Destination Peace: Three Decades of Israeli Foreign Policy; A Personal Memoir* (New York: Stein and Day, 1981), p.64.

13. 在下面一本书中有很好的、详细的讨论：关于决策过程的最佳分析之一是 Michael Brecher's *Decisions in Israel's Foreign Policy* (New Haven, Conn.: Yale University Press, 1975), pp. 318－453. 也可参见 Ami Gluska, *The Israeli Military and the Origins of the* 1967 *War: Government, Armed Forces, and Defence Policy, 1963—1967* (London: Routledge, 2007).

14. 关于这个主题，参见 Indar Rikhye, *The Sinai Blunder: Withdrawal of the United Nations Emergency Force Leading to the Six Day War of June, 1967* (Totowa, N.J.: Frank Cass, 1980).

15. 对"先发制人"的精彩讨论见 Robert Harkavy, *Preemption and Two-Front Conventional Warfare* (Jerusalem:

Hebrew University Press, 1977). 也可参见 S. Ilan Troen, Zakai Shalom, and Moshe Tlamim, "Ben-Gurion's Diary for the 1967 Six Day War: Introduction and Diary Excerpts," *Israel Studies* 4, no. 2 (1999): 195 - 220.

16. 关于这个主题，参见 David Ben-Gurion, *Israel: A Personal History* (New York: Funk and Wagnalls, 1971), pp. 774 - 86.

17. Sachar, *History of Israel*, p. 643.

18. 有关"六日战争"的总体情况，参见 Michael Brecher, *Decisions in Crisis: Israel, 1967 and 1973* (Berkeley: University of California Press, 1980); Michael Oren, *Six Days of War: June 1967 and the Making of the Modern Middle East* (Oxford: Oxford University Press, 2002); and Randolph Churchill, *The Six Day War* (Boston: Houghton, Mifflin, 2001).

19. Israel Ministry of Foreign Affairs, "The Khartoum Resolutions," paragraph 3 of the document, accessed July 2015, http://mfa. gov. il/MFA/ForeignPolicy/Peace/Guide/Pages/ The%20Khartoum%20Resolutions. aspx.

20. 有关战争情况见 Yaacov Bar-Simon-Tov, *The Israeli-Egyptian War of Attrition, 1969—1970* (New York: Columbia University Press, 1980).

21. 参见 George Gawrych, *The Albatross of Decisive Victory: War and Policy between Egypt and Israel in the 1967 and 1973 Arab-Israeli Wars* (Westport, Conn.: Greenwood, 2000), and Avi Kober, *Israel's Wars of Attrition: Military Challenges to Democratic States* (London: Routledge, 2009).

22. Rafael, *Destination Peace*, pp. 281 - 303. 也可参见

Aryeh Shalev, *Israel's Intelligence Assessment before the Yom Kippur War: Disentangling Deception and Distraction* (Portland, Ore.: Sussex Academic, 2010).

23. Michael Handel, *Perception, Deception, and Surprise: The Case of the Yom Kippur War* (Jerusalem: Hebrew University Press, 1975), and Daniel Asher, *The Egyptian Strategy for the Yom Kippur War: An Analysis* (Jefferson, N. C.: McFarland, 2009).

24. 有很多关于 1973 年战争的文献，参见 Peter Allen, *The Yom Kippur War* (New York: Scribner, 1982); Brecher, *Decisions in Crisis*; and Zeev Schiff, *October Earthquake: Yom Kippur, 1973* (Tel Aviv: University Publishing Projects, 1974).

25. Edmund Ghareeb, "The U.S. Arms Supply to Israel during the October War," *Journal of Palestine Studies* 3, no.2 (1974): 114 - 21.

26. 参见 Walter J. Boyne, *The Two O'Clock War: The* 1973 *Yom Kippur Conflict and the Airlift That Saved Israel* (New York: Thomas Dunne, 2002).

27. Alon Ben-Meir, "Israel in the War's Long Aftermath," *Current History* 80, no. 462 (1981): 23 - 26. 也可参见 P. R. Kumaraswamy, ed., *Revisiting the Yom Kippur War* (Portland, Ore.: Frank Cass, 2000).

28. 戏剧性的例子参见 Jacobo Timmerman, *The Longest War: Israel in Lebanon* (New York: Knopf, 1982). 另一项有趣的研究是 Stuart Cohen's *The New Citizen Armies: Israel's Armed Forces in Comparative Perspective* (New York: Routledge, 2010). 也可参见 Shaul Shay, "The Third Lebanon War Scenario," *Jerusalem Report* (June 15, 2015), p.6.

29. Yaakov Lappin, "Hamas Fast Rebuilding Forces in Gaza," *Jerusalem Post* (February 4, 2015), p. 2. 也可参见 Yaakov Lappin, "IDF Would Try to Eliminate Hamas Military Wing in Future Gaza Conflict," *Jerusalem Post* (July 8, 2015), p. 1; Yaakov Lappin, "Preparing for the Next Round in Gaza," *Jerusalem Post* (May 29, 2015), p. 14; and Joshua Gleis and Benedetta Berti, *Hezbollah and Hamas: A Comparative Study* (Baltimore, Md.: Johns Hopkins University Press, 2012).

30. 参见 Daoud Kuttab, "The Lebanon Lesson," *Jerusalem Post* (May 25, 2000), p. 8; Nicholas Blanford, *Warriors of God: Inside Hezbollah's Thirty-Year Struggle against Israel* (New York: Random House, 2011); and Clive Jones and Sergio Catignani, *Israel and Hizbollah: An Asymmetric Conflict in Historical and Comparative Perspective* (New York: Routledge, 2010).

31. 参见 Samy Cohen, *Israel's Asymmetric Wars* (New York: Palgrave Macmillan, 2010), and David Johnson, *Hard Fighting: Israel in Lebanon and Gaza* (Santa Monica, Calif.: Rand, 2012).

32. 参见"Two Israeli Soldiers Killed in Hezbollah Missile Attack," *Aljazeera* (January 28, 2015), accessed July 2015, http://www. aljazeera. com/news/2015/01/israeli-soldiers-injured -shebaa-farms-missile-attack-150128100642659. html, for examples.

33. 参见 Greg Myre and Jennifer Griffin, *This Burning Land: Lessons from the Front Lines of the Transformed Israeli-Palestinian Conflict* (Hoboken, N.J.: Wiley, 2011). 也可参见 Dan Izenberg, "Israel Searches for More Humane

Riot Control Tools," *Jerusalem Post* (November 16, 2000), p.2,有关这场冲突的介绍,参见 Neil Caplan, *The Israel-Palestine Conflict: Contested Histories* (Chicester: Wiley, 2011).

34. 参见 Eetta Prince Gibson, "The Fiber of Our Society Is Being Destroyed," *Jerusalem Post Magazine* (September 14, 2001), p.18.

35. 参见 Reuters, "Hamas, Fatah Vow 'Eye for an Eye'," *Jerusalem Post* (August 26, 2001), p. 3. 参见 the very good volume by Baruch Kimmerling and Joel Migdal, *The Palestinian People* (Cambridge, Mass.: Harvard University Press, 2003).

36. 参见,例如,the CNN article by Ashley Fantz, "Why Are So Many Civilians Dyingin Hamas-Israel War?" CNN Online (August 6, 2014), accessed July 2015, http://www. cnn. com/2014/08/04/world/meast/gaza-israel-why-civilian-deaths/index. html. However, Israel pressed back on this issue. 参见 Felice Friedson, "The War over Casualty Figures. Israel Accuses Hamas of Manipulating Numbers in Order to Gain World Sympathy," *Jerusalem Post* (July 31, 2014), p.6. 参见 Tovah Lazaroff and Herb Keinon, "PA to Submit 'War Crimes Report' to The Hague Today. Foreign Ministry: A Crude and Cynical Attempt to Politicize the Work of the International Criminal Court," *Jerusalem Post* (June 25, 2015), p.1; Gerald Steinberg and Anne Herzberg, eds., *The Goldstone Report 'Reconsidered': A Critical Analysis* (Jerusalem: Jerusalem Center for Public Affairs, 2011); and Eyal Ben-Ari, *Rethinking Contemporary Warfare: A Sociological View of the Al-Aqsa Intifada* (Albany, N.Y.: SUNY Press,

2011).

37. 参见"Keeping the Downtown Up," *Jerusalem Post* (December 28, 2001), p. 3. 也可参见最新研究 Gershon Baskin, "Israel's Strategic Choices Regarding Gaza," *Jerusalem Post* (June 11, 2015), p.14.

38. 参见 Efraim Karsh, "Israel's War," *Commentary* 113, no. 4 (2002): 23 - 28. 也可参见"The Beginning of the End of the Palestinian Uprising?" *Economist* 360 (September 29, 2001): 50 - 51.

39. Dan Illouz, "A Critique of Palestinian Nationalism," *Jerusalem Post* (July 3, 2015), p.38.

40. 此类问题可参考"Arafat's Choice," *Economist* 361 (December 15, 2001): 39 - 40. 也可参见 David Rudge, "Arafat and Palestinian Authority Stronger Than Ever—Expert," *Jerusalem Post* (May 22, 2001), p. 2; Arieh O'Sullivan, "Israel, PA Now in 'Armed Conflict'," *Jerusalem Post* (January 11, 2001), p.2; and Chris Hedges, "The New Palestinian Revolt," *Foreign Affairs* 80, no. 1 (January/February 2001): 124 - 138.

41. 参见 Lamia Lahoud, "Fatah Calls for Intifada Despite Summit," *Jerusalem Post* (October 17, 2000), p.4.

42. 参见 Ruth Linn, "When the Individual Soldier Says 'No' to War: A Look at Selective Refusal during the Intifada," *Journal of Peace Research* 33 (November 1996): 421 - 31; Efraim Infar, "Israel's Small War: The Military Response to the Intifada," *Armed Forces and Society* 18 (Fall 1991): 29 - 50; and Tamar Liebes and Shoshana Blum-Kulka, "Managing a Moral Dilemma: Israeli Soldiers in the Intifada," *Armed Forces and Society* 21 (Fall 1994): 45 - 68.

43. 关于苏联为何在 1949—1953 年对以色列越来越敌视的讨论，参见 Sachar, *History of Israel*, pp. 461 - 63. 有关苏联在 1973 年战争中角色的研究，可参见 Galia Golan, *The Soviet Union and the Arab-Israeli War of October, 1973* (Jerusalem: Hebrew University Press, 1974), and Golan's *Yom Kippur and After: The Soviet Union and the Middle East* (New York: Cambridge University Press, 1977), among others.

44. 参见 Viktor Levonovich Israelian, *Inside the Kremlin During the Yom Kippur War* (University Park: Pennsylvania State University Press, 1995).

45. Michael Brecher, *The Foreign Policy System of Israel: Setting, Images, Process* (New Haven, Conn.: Yale University Press, 1972). 另一项有关以色列外交政策的出色研究是 Charles Freilich, *Zion's Dilemmas: How Israel Makes National Security Policy* (Ithaca, N. Y.: Cornell University Press, 2012).

46. Brecher, *The Foreign Policy System*, p. 5.

47. Brecher, *The Foreign Policy System*, p. 11.

48. 有关军事政策形成过程，特别是战略决定的分析，可参见 Yoram Peri, *Between Battles and Ballots: Israeli Military in Politics* (Cambridge: Cambridge University Press, 1983), pp. 156 - 74.

49. Brecher, *The Foreign Policy System*, p. 13.

50. 参见 Stuart Cohen, *Studying the Israel Defense Forces: A Changing Contract with Israeli Society* (Ramat Gan, Israel: BESA Center for Strategic Studies, Bar-Ilan University, 1995). 另见 Ze'ev Schiff, "Fifty Years of Israeli Security: The Central Role of the Defense System," *Middle*

East Journal 53, no. 3 (1999): 434 - 42.

51. Peri, *Between Battles and Ballots*, p. 20. 另见 Bar-On, *Never-Ending Conflict*.

52. 参见 Stuart Cohen, *Israel and Its Army: Continuity and Change* (London: Routledge, 2007).

53. Peri, *Between Battles and Ballots*, p. 21. 2002 年预算数据见 Government of Israel, Central Bureau of Statistics, *Statistical Abstract of Israel, 2003*, Table 10. 8, "Government Expenditure," accessed July 2015, http://www.cbs.gov.il/reader/shnaton/shnatone_new.htm? C Year2003&Vol54&CSubject30; 2008 data come from *Statistical Abstract of Israel, 2009*, Table 10. 8, "General Government Expenditure by Unit and Function," accessed July 2015, http://www.cbs.gov.il/shnaton60/st10_08.pdf. 2009 年和 2011 年数据来自 Moti Bassok, "Israel Shells Out Almost a Fifth of National Budget on Defense, Figures Show," *Haaretz* (February 14, 2013), accessed July 2015, http://www.haaretz.com/business/israel-shells-out-almost-a-fifth-of-national-budget-on-defense-figures-show.premium-1.503527.

54. 对以色列军事的主要研究包括 Yigal Allon, *The Making of Israel's Army* (New York: Universe, 1970), and Edward Luttwak and Dan Horwitz, *The Israeli Army* (New York: Harper and Row, 1975). 近期出版的比较研究是 Stuart Cohen, *The New Citizen Armies: Israel's Armed Forces in Comparative Perspective* (London: Routledge, 2010).

55. 参见 Martin Van Creveld, "Women of Valor: Why Israel Doesn't Send Women into Co mbat," *Policy Review* 62 (1992): 65 - 67.

56. Peri, *Between Battles and Ballots*, p. 22.

57. 参见 Gabriel Ben-Dor, Ami Pedahzur, and Badi Hasisi, "Israel's National Security Doctrine under Strain: The Crisis of the Reserve Army," *Armed Forces and Society* 28, no. 2 (2002): 233 - 55.

58. John E. Mroz, *Beyond Security: Private Perceptions among Arabs and Israelis* (New York: Pergamon, 1980), p. 47. 也可参见 Zaki Shalom, *Israel's Nuclear Option: Behind the Scenes Diplomacy between Dimona and Washington* (Portland, Ore.: Sussex Academic, 2005).

59. Yael Aronoff, *The Political Psychology of Israeli Prime Ministers: When Hard-Liners Opt for Peace* (New York: Cambridge University Press, 2014). 不同的解读见 Herb Keinon, "The Gaza Withdrawal, According to Sharansky," *Jerusalem Post* (June 19, 2015), p. 14.

60. 有关内容参见 Efraim Inbar, "Israeli National Security, 1973—1996," *Annals of the American Academy of Political and Social Science* 555 (January 1998): 62 - 81; Michael Karpin, *The Bomb in the Basement: How Israel Went Nuclear and What That Means for the World* (New York: Simon and Schuster, 2006); Louis Rene Beres, "Power and Survival: Why Israel Needs Nuclear Weapons," *International Journal of Group Tensions* 26, no. 1 (1996): 21 - 27; Louis Rene Beres, "Limits of Nuclear Deterrence: The Strategic Risks and Dangers to Israel of False Hope," *Armed Forces and Society* 23, no. 4 (1997): 539 - 69; Shai Feldman, *Israeli Nuclear Deterrence: A Strategy for the 1980s* (New York: Columbia University Press, 1982); and Efraim Karsh, *Between War and Peace: Dilemmas of Israeli Security* (Portland, Ore.: Frank Cass, 1996).

61. 关于内塔尼亚胡拒绝参加核峰会的报道，参见 Ed Henry's articletitled "Netanyahu to Skip Obama's Nuclear Security Summit," *CNN World Online* (April 8, 2010), accessed July 2015, http://www. cnn. com/2010/WORLD/meast/04/08/us. israel. netan yahu/index. html. 也可参见 Timothy L. H. McCormack, *Self-Defense in International Law: The Israeli Raid on the Iraqi Nuclear Reactor* (New York: St. Martin's, 1996).

62. Louis Rene Beres, "Avoiding Nuclear War: Israel's Strategic Options," *Jerusalem Post* (June 16, 2015), p.14.

63. 典型讨论见 Alan Dershowitz, "Will This Deal Prevent a Nuclear Iran?" *Jerusalem Post* (July 16, 2015), p.13; Yaakov Lappin, "IDF Reveals New Strategy Reshaping Military to Deal with Post-Deal Iran. 'Gideon Plan' to Create Specialized Brigades Focused on Border Security and Cut Costs," *Jerusalem Post* (July 21, 2015), p.1; Yaacov Lappin, "Ya'alon to Carter: We 'Greatly Disagree' on Iran," *Jerusalem Post* (July 21, 2015), p. 1; Mike Evans, "A Nuclear Deal to Die For," *Jerusalem Post* (July 21, 2015), p.13; Michael Wilner, "AIPAC Pulling Out All the Stops in Battle against Deal," *Jerusalem Post* (July 20, 2015), p. 2; Yossi Melman, "Merit Is in the Eye of the Beholder," *Jerusalem Post* (July 17, 2015), p.15; and David Weinberg, "A Strategic Threat of the Highest Order," *Jerusalem Post* (July 17, 2015), p. 19. 更具学术性的研究见 Steven David, *Armed and Dangerous: Why a Rational, Nuclear Iran Is an Unacceptable Risk to Israel* (Ramat Gan: Begin-Sadat Center for Strategic Studies, 2013).

64. Yonah Jeremy Bob, "Can a Preemptive Strike Be

Legally Justified?" *Jerusalem Post* (July 16, 2015), p.3. 参见 Peter Berkowitz, *Israel and the Struggle over the International Laws of War* (Stanford, Calif.: Hoover Institution Press, 2012). 也可参见 Gershon Baskin, "A Bad Agreement Is Better than No Agreement," *Jerusalem Post* (July 16, 2015), p.13; Lior Akerman, "There's No Existential Threat against Israel," *Jerusalem Post* (July 10, 2015); and Lahav Harkov, "Knesset Defense Panel: Nuclear Pact Has Negative Impact on Israel's Security," *Jerusalem Post* (July 16, 2015), p.2.

65. 关于这个概念的讨论,参见 Yigal Allon, "Israel: The Case for Defensible Borders," *Foreign Affairs* 55 (1976): 38–53; and Yehezkel Dror, *Israeli Statecraft: National Security Challenges and Responses* (New York: Routledge, 2011).

66. 事实上,以色列军事史的经典著作之一是内塔尼亚尔·洛奇(Netanel Lorch)的著作 *One Long War: Arab versus Jew since 1920* (Jerusalem: Keter, 1976).该书追溯以色列的战争史,从建国前开始,详细描写了 1948 年的独立战争至 1973 年赎罪日战争。也可参见 Anthony Cordesman, *The Military Balance in the Middle East* (Westport, Conn.: Praeger, 2004).

67. Sam Sokol, "Displaced Kibbutzniks Feel Wary of Returning Home. Threat of Hamas Tunnels Leaves Lingering Fears among Southern Residents, Even as Sounds of Warfare Fade," *Jerusalem Post* (August 6, 2014), p.2; Uzi Rubin, *The Missile Threat from Gaza: From Nuisance to Strategic Threat* (Ramat Gan: Begin-Sadat Center for Strategic Studies, 2011).

68. 相关经典研究参见 Yehuda Z. Blum, *Secure Boundaries and Middle East Peace* (Jerusalem: Faculty of Law, Hebrew University, 1971), especially part 2, "On Israel's Right to Secure Boundaries," pp. 61–110.

69. 1988 年 9 月,以色列发射了自己的间谍卫星,旨在从太空观察中东境内的军事行动和军事活动。以色列声称,这一举动将有助于弥补本国相对较小的地缘政治区域劣势,并有助于提供以色列在与埃及的和平谈判中放弃的一些高级安全警告。

70. 关于戈兰高地对以色列的重要性,可注意以下内容: Muhammad Muslih, "The Golan: Israel, Syria, and Strategic Calculations," *Middle East Journal* 47 (1993): 611–32, and Eyal Ziser, "June 1967: Israel's Capture of the Golan Heights," *Israel Studies* 7, no. 1 (2002): 168–94.

71. 参见 Dov S. Zakheim, "Hi-Tech Eyes and Ears," *Jerusalem Post* (July 30, 1999), p. 8A.

72. Mroz, *Beyond Security*.

73. Brian Urquhart, "The United Nations in the Middle East: A 50-Year Retrospective," *Middle East Journal* 49 (1995): 572–81, and Kofi Annan, "Israel and the United Nations," *Journal of Palestine Studies* 27, no. 4 (1998): 145–50. 关于联合国在中东的维和行动,参见 H. B. Walker, "The United Nations: Peacekeeping and the Middle East," *Asian Affairs* (London) 27 (1996): 13–19.

74. Israel Information Center, Government of Israel, *Facts about Israel* (Jerusalem: Israel Information Center, 1977), p. 192.

75. Alfred Katz, *Government and Politics*, p. 155.

76. 参见 Rosemary Hollis, "Europe and the Middle East: Power by Stealth?" *International Affairs* 73 (1997): 15–29;

Paul-Marie de la Gorce, "Europe and the Arab-Israel Conflict: A Survey," *Journal of Palestine Studies* 26, no. 3 (1997): 5 - 17; or Efrayim Ahiram, Alfred Tovias, and Paul Pasch, *Whither EU-Israeli Relations? Common and Divergent Interests* (New York: P. Lang, 1995).

77. 参见 Benjamin Pinkus, "Atomic Power to Israel's Rescue: French-Israeli Nuclear Cooperation, 1949—1957," *Israel Studies* 7, no. 1 (2002): 104 - 38; 另见 Sylvia Crosbie, *A Tacit Alliance* (Princeton, N. J.: Princeton University Press, 1974).

78. Brecher, "Images," in *The Foreign Policy System*.

79. Nicholas Balabkins, *West German Reparations to Israel* (New Brunswick, N. J.: Rutgers University Press, 1971); Nicholas Balabkins, "The Course of West German-Israeli Relations," *Orbis* 14, no. 3 (1970): 776 - 818.

80. 例如,参见 Samuel Decalo, *Israel and Africa: Forty Years, 1956—1996* (Gainesville, Fla.: Academic Press, 1998); Y. Kohn, "Israel and the New Nation-States of Asia and Africa," *Annals of the American Academy of Political and Social Science* 324 (1959): 96 - 102; Mordechai Kreinin, *Israel and Africa: A Study in Technical Cooperation* (New York: Praeger, 1964), or A. Rivkin, "Israel and the Afro-Asian World," *Foreign Affairs* 37, no. 3 (1959): 486 - 95.

81. Michael Curtis and Susan Gitelson, *Israel in the Third World* (New Brunswick, N. J.: Transaction, 1976), and Jonathan Goldstein, *China and Israel, 1948—1998: A Fifty Year Retrospective* (Westport, Conn.: Praeger, 1999).

82. Curtis and Gitelson, *Israel in the Third World*; Rudiger Dornbusch and Sebastian Edwards, *Reform,*

Recovery, and Growth: Latin America and the Middle East (Chicago: University of Chicago Press, 1995); or Y. Shapira, "Israel's International Cooperation Program with Latin America," *Inter-American Economic Affairs* 30, no. 2 (1976): 3-32.

83. Israel Information Center, *Facts about Israel*, p.195.

84. 参见 H. S. Chabra, "The Competition of Israel and the Arab States for the Friendshipwith the African States," *India Quarterly* 31, no. 4 (1976): 362 - 70; Ethan Nadelmann, "Israel and Black Africa: A Rapprochement?" *Journal of Modern African Studies* 19, no. 2 (1981): 183-220; or Frank Sankari, "The Costs and Gains of Israel's Pursuit of Influence in Africa," *Middle Eastern Studies* 15 (1979): 270-79.

85. 参见 Duncan Clarke, "Israel's Unauthorized Arms Transfers," *Foreign Policy* 99 (Summer 1995): 89 - 109; Yitzhak Shichor, "Israel's Military Transfers to China and Taiwan," *Survival* (London) 40, no. 1 (Spring 1998): 68-91; or Yaroslav Trofimov, "Friends Indeed: India and Israel Discover Common Interests," *Far Eastern Economic Review* 157 (November 3, 1994): 20.这篇文章对美国向以色列施压，要求以色列不要出售以美国设计为基础制造的以色列武器系统的结果有所分析，Miles A. Pomper, "Israel Won't Sell Radar to China: Cancellation of Phalcon Sale," *Congressional Quarterly Weekly* 58, no. 29 (July 2000): 1744.

86. 参见 John Snetsinger, *Truman, the Jewish Vote, and the Creation of Israel* (Palo Alto, Calif.: Stanford University Press, 1974), and Evan Wilson, *Decision on Palestine: How the U.S. Came to Recognize Israel* (Stanford, Calif.: Hoover

Institution Press, 1979).

87. Arnold Krammer, *The Forgotten Friendship: Israel and the Soviet Bloc, 1947—1953* (Urbana: University of Illinois Press, 1974); Yaacov Ro'i, *Soviet Decision-Making in Practice, the USSR and Israel, 1947—1954* (New Brunswick, N.J.: Transaction, 1980); and Avigdor Dagan, *Moscow and Jerusalem: Twenty Years of Relations between Israel and the Soviet Union* (New York: Abelard-Shuman, 1970).

88. 这一领域的研究包括 Aryeh Levin, *Envoy to Moscow: Memoirs of an Israeli Ambassador, 1988—1992* (London: Frank Cass, 1996); Golan, *Yom Kippur and After*; Dagan, *Moscow and Jerusalem*; or M. Confino and S. Shamir, eds., *The U. S. S. R. and the Middle East* (New York: Wiley, 1973).

89. Robert O. Freedman, "Israeli-Russian Relations since the Collapse of the SovietUnion," *Middle East Journal* 49 (Spring 1995): 233 - 47.

90. 在其他来源中，参见 John Mearsheimer and Stephen Walt, *The Israel Lobby and U. S. Foreign Policy* (New York: Farrar, Straus and Giroux, 2007). 最新的相关文章是 Herb Keinon, "PM: Israel, US Discussing New Security Aid Package. 'This is Not Connected to Iran Nuclear Deal'," *Jerusalem Post* (May 29, 2015), p.2.

91. 相关充分展示参见 David W. Lesch, ed., *The Middle East and the United States: A Historical and Political Reassessment* (Boulder, Colo.: Westview, 1996). 也可参见 Yaacov BarSiman-Tov, "The United States and Israel since 1948: A 'Special Relationship'?" *Diplomatic History* 22, no. 2 (1998): 231 - 63; Gabriel Sheffer, ed., *U. S.-*

Israeli Relations at the Crossroads (Portland, Ore.: Frank Cass, 1997); and Samuel W. Lewis, "The United States and Israel: Evolution of an Unwritten Alliance," *Middle East Journal* 53, no. 3 (1999): 364 - 79.

92. Duncan Clarke, Daniel B. O'Connor, and Jason Ellis, *Send Guns and Money: Security Assistance and U.S. Foreign Policy* (Westport, Conn.: Praeger, 1997), or Bishara Bahbah, "The United States and Israel's Energy Security," *Journal of Palestine Studies* 11, no. 2 (1982): 113 - 31.

93. 关于奥巴马—内塔尼亚胡双边关系的报道,请参见 Aluf Benn 在 *Haaretz* 发展的文章"How Will Netanyahu Respond to Obama's Ultimatum?," accessed July 2015, http://www.haaretz.com/print-edition/opinion/ how-will-netanyahu-respond-to-obama-s-ultimatum-1.284607. 也可参见 Bernard Reich, "The United States and Israel: The Nature of a Special Relationship," in *The Middle East and the United States: A Historical and Political Reassessment*, ed. David W. Lesch (Boulder, Colo.: Westview, 1996); Peter J. Hahn, "Alignment by Coincidence: Israel, the United States, and the Partition of Jerusalem, 1949—1953," *Peace Research Abstracts* 39, no. 5 (2002): 611 - 755; or Robert Freedman, "Israel and the United States," in *Contemporary Israel: Domestic Politics, Foreign Policy, and Security Challenges*, ed. Robert Freedman (Boulder, Colo.: Westview, 2009).

94. 参见 Douglas Bloomfield's critique of the book by Michael Oren, *Ally: My Journey Across the American-Israeli Divide*, in "Michael Oren, Widening the American-Israeli Divide," *Jerusalem Post* (June 25, 2015), p.15.

95. Yonah Jeremy Bob, "Livni: Netanyahu Is Ruining US

Relationship and Isolating Israel. Amidror Says Problems between Nations Are about Serious Issues, Not 'Interpersonal Relations'," *Jerusalem Post* (May 20, 2015), p.3. 也可参见 Douglas Bloomfield, "Netanyahu's Real Agenda: No Deal," *Jerusalem Post* (February 12, 2015), p. 14, and Herb Keinon, "A Softer Obama Tone on Israel," *Jerusalem Post* (May 17, 2015), p.1. 占领情况参见 Ariella Azoulay and Adi Ophir, *The One-State Condition: Occupation and Democracy in Israel/Palestine* (Stanford, Calif.: Stanford University Press, 2013).

96. Kenneth W. Stein, *Heroic Diplomacy: Sadat, Kissinger, Carter, Begin and the Quest for Arab-Israeli Peace* (New York: Routledge, 1999).

97. On George Mitchell, see the article published by Voice of America by Robert Berger, "US Envoy Launches New Mideast Peace Mission," (April 21, 2010), accessed July 2015, http://www.voanews.com/content/us-envoy-launches-new-mideast-peace-mission-918359 09/171954.htm. 对这种关系中的领导力的一个很好的研究是 Herbert Druks's *The Uncertain Friendship: The U.S. and Israel from Roosevelt to Kennedy* (Westport, Conn.: Greenwood, 2001). 另见 Michael T. Benson, *Harry S. Truman and the Founding of Israel* (Westport, Conn.: Praeger, 1997), and Abraham Ben-Zvi, *Decade of Transition: Eisenhower, Kennedy, and the Origins of the American-Israeli Alliance* (New York: Columbia University Press, 1998).

98. 参见 Donna Cassata, "Disagreement among Friends Strains U.S.-Israeli Ties," *Congressional Quarterly Weekly Report* 56 (January 10, 1998): 85 - 86. 更详细研究见 James

Ennes, *Assault on the Liberty: The True Story of the Israeli Attack on an American Intelligence Ship* (New York: Random House, 1979).对以色列的美国犹太支持者和美国政治机构之间关系的批判性研究包括 Ghassan Bishara, "Israel's Power in the U. S. Senate," *Journal of Palestine Studies* 10 (1980): 58 - 79.

99. Meir Elran and Judith Rosen, *The US and Israel under Changing Political Circumstances: Security Challenges of the 21st Century* (Tel Aviv: Institute for National Security Studies, 2009). 也可参见 Moshe Arens, *Broken Covenant: American Foreign Policy and the Crisis between the U. S. and Israel* (New York: Simon and Schuster, 1995).

100. 对以色列建国后前 20 年的全面分析,参见 Nadav Halevi and Ruth Klinow-Malul's *The Economic Development of Israel* (New York: Praeger, 1968). 也可参见 David Horowitz, *The Enigma of Economic Growth: A Case Study of Israel* (New York: Praeger, 1972).

101. Paul Rivlin, *The Israeli Economy from the Foundation of the State through the 21st Century* (New York: Cambridge University Press, 2011).

102. 参见 Israel Ministry of Foreign Affairs, "Economy: The National Economy," section on "Balance of Payments," accessed July 2015, http://www.mfa.gov.il/mfa/aboutisrael/economy/pages/economy-%20balance%20of%20payments.aspx. 参见 Ofira Seliktar, "The Israeli Economy," in *Contemporary Israel: Domestic Politics, Foreign Policy, and Security Challenges*, ed. Robert Freedman (Boulder, Colo.: Westview, 2009).

103. Israel Ministry of Foreign Affairs, "About Israel:

The National Economy," section on "Balance of Payments."

104. 参见"Stocks Leap as OECD Admits Israel," *Haaretz* (May 11, 2010), accessed July 2015, http://www.haaretz.com/print-edition/business/stocks-leap-as-oecd-admits-israel-euro-bloc-unveils-rescue-1.289553.

105. 参见 Susan Hattis Rolef, "The Economic Boycotts against Israel," *Jerusalem Post* (August 25, 2014), p.14. 另见 Caroline Glick, "The New Government's War on BDS," *Jerusalem Post* (June 5, 2015), p.24, or Kenneth Bandler, "UCLA's BDS Trial," *Jerusalem Post* (June 11, 2014), p.15.

106. 参见 Janine Zacharia, "'No Movement' on Ridding UN Text of Anti-IsraelContent," *Jerusalem Post* (August 2, 2001), p.4, or Saul Singer, "Dissecting Durban," *Jerusalem Post* (September 7, 2001), p.9A.

107. Brecher, *The Foreign Policy System*, p.555.

第十章　巴勒斯坦人、西岸和加沙

1. 关于该材料的详细讨论也可以在第一章中找到，见 Avi Shlaim, *The Politics of Partition: King Abdullah, the Zionists, and Palestine, 1921—1951* (New York: Oxford University Press, 1998). 这个领域最好也是最重要的参考书是 Mark Tessler 的 *A History of the Israeli-Palestinian Conflict* (Bloomington: Indiana University Press, 2012)。

2. Don Peretz, *The West Bank: History, Politics, Society, and Economy* (Boulder, Colo.: Westview, 1986), p.4. 以下内容基于丰富详细的分析，参见 Peretz, *The West*

Bank, pp. 13 - 42. 也可参见 Ilan Pappé, *The Forgotten Palestinians: A History of the Palestinians in Israel* (New Haven, Conn.: Yale University Press, 2011).

3. 因此,应该明确指出,"西岸"一词虽然今天大写,以表明它指的是一个特定的地方,但它只是作为约旦河西岸的领土而存在的。

4. Peretz, *The West Bank*, p. 26. 参见 Itzhak Galnoor, *The Partition of Palestine: Decision Crossroads in the Zionist Movement* (Albany: SUNY Press, 1995), 换个角度,参见 Hillel Cohen, *Army of Shadows: Palestinian Collaboration with Zionism: 1917—1948* (Berkeley: University of California Press, 2008).

5. 参见 Paul R. Brass, "The Partition of India and Retributive Genocide in the Punjab, 1946-1947," *Journal of Genocide Research* 5, no. 1 (2003): 75.

6. Peretz, *The West Bank*, p. 29. 参见 the publication by the United Nations, Special Unit on Palestinian Rights, *The Origins and Evolution of the Palestine Problem* (New York: United Nations Press, 1967).

7. 参见 Raphael Israeli, *Jerusalem Divided: The Armistice Regime, 1947—1967* (Portland, Ore.: Frank Cass, 2002), or Rashid Khalidi, "The Future of Arab Jerusalem," in *Arab Nation, Arab Nationalism*, ed. Derek Hopwood (New York: St. Martin's, 2000).

8. Jan Metzger, Martin Orth, and Christian Sterzing, *This Land Is Our Land* (London: Zed, 1983), p. 133.

9. Peretz, *The West Bank*, p. 32.

10. Peretz, *The West Bank*, p. 36.

11. Peretz, *The West Bank*, p. 40. 另见 Asher Susser,

Israel, Jordan, and Palestine: The Two-State Imperative (Waltham, Mass.: Brandeis University Press, 2012).

12. 参见 Avi Shlaim and William Roger Louis, *The 1967 Arab-Israeli War: Origins and Consequences* (New York: Cambridge University Press, 2012).

13. 参见 David Newman, "The Geopolitics of Peacemaking in Israel-Palestine," *Political Geography* 221, no. 5 (June 2002): 629 – 46. 也可参见 Ahron Bregman, *Cursed Victory: Israel and the Occupied Territories: A History* (New York: Pegasus, 2015).

14. Edward Said, *The Question of Palestine* (New York: Vintage, 1980), pp. xvi – xvii.

15. W. F. Abboushi, "The Road to Rebellion: Arab Palestine in the 1930s," *Journal of Palestine Studies* 6, no. 3 (1977): 23 – 46. 也可参见 Benny Morris, *One State, Two States: Resolving the Israel/Palestine Conflict* (New Haven, Conn.: Yale University Press, 2009).

16. 参见 William B. Quandt, "Political and Military Dimensionsof Contemporary Palestinian Nationalism," in *The Politics of Palestinian Nationalism*, ed. William B. Quandt, Fuad Jabber, and Ann M. Lesch (Berkeley: University of California Press, 1973), esp. pp. 45 – 52, "The Eclipse of Palestinian Nationalism, 1947—1967."

17. Metzger, Orth, and Sterzing, *This Land*, p. 133. 也可参见 Avi Raz, *The Bride and the Dowry: Israel, Jordan, and the Palestinians in the Aftermath of the June 1967 War* (New Haven, Conn.: Yale University Press, 2012).

18. 侯赛因国王——侯赛因·本·塔拉尔·哈希姆于1935年11月14日出生于安曼，他的父母亲是塔拉尔·本·阿卜杜拉王储和蔡因·沙拉夫·宾特·贾米尔公主。侯赛因于1953年5月2日加冕，时年17岁，一年前他的父亲塔拉尔国王因精神疾病退位。塔拉尔于1951年9月6日成为国王，前任阿卜杜拉国王在东耶路撒冷阿克萨清真寺与塔拉尔和侯赛因一起参加祈祷仪式时被暗杀。参见"Jordan: Facts on King Hussein," *Facts on File*, accession number: 1999126160. 也可参见 Randa Habib and Miranda Tell, *Hussein and Abdullah: Inside the Jordanian Royal Family* (London: Saqi, 2010).

19. Metzger, Orth, and Sterzing, *This Land*, p.134.

20. 参见"Jordan's King Hussein Dies; Abdullah Sworn In, Pledges to Continue Policies," *Facts on File*, February 7, 1999, accession number: 1999126140.

21. Saul Mishal, *West Bank East Bank: The Palestinians in Jordan, 1949—1967* (New Haven, Conn.: Yale University Press, 1976).

22. Metzger, Orth, and Sterzing, *This Land*, p.135.

23. 参见 Russell Stetler, ed., *Palestine: The Arab-Israeli Conflict* (San Francisco: Ramparts, 1972), especially part 3, "Black September," pp.223-89. 1972年9月，慕尼黑奥运会因恐怖分子绑架并杀害11名以色列运动员而中断。八名恐怖分子入侵慕尼黑奥运村，劫持11名以色列运动员为人质，其中两人当场死亡。经过数小时的紧张谈判，德国的救援行动失败，剩下的9名以色列人和5名恐怖分子死在慕尼黑机场的停机坪上。这个事件也被称为"黑色九月"事件。参见 Tom Tugend, "One Day in September," *Jerusalem Post Magazine* (February 11, 2000), p.26.

24. 参见 Lamis Andoni, "King Abdallah in His Father's Footsteps?" *Journal of Palestine Studies* 29, no. 3 (2000): 77-90.

25. Nina Gilbert, "Abdullah: We'll Continue the Peace," *Jerusalem Post* (February 12, 1999), p.4.

26. 阿卜杜拉二世的登基过程颇为引人注目。1962 年,他在出生时就被宣布为侯赛因的继任人,并被授予王储称号。他一直是法定继承人,直到 1965 年,侯赛因国王在多次遭遇刺杀未遂后,主持修订了约旦宪法,允许他将王储的位子传给弟弟哈桑而非继续由阿卜杜拉继承。然而,1999 年 1 月,在美国接受完癌症治疗返回约旦后,侯赛因国王"公开了与弟弟之间的严重裂痕",并宣布修改宪法,明确表示阿卜杜拉将继承王位。参见 "King Hussein of Jordan Names New Successor," *Facts on File*, January 19, 1999, accession number: 1999125580; and "Jordan: Facts on King Abdullah II," *Facts on File*, accession number: 1999126150.

27. 参见 Arthur Day, *East Bank/West Bank: Jordan and the Prospects for Peace* (New York: Council on Foreign Relations, 1986), especially chapter 6, "Jordan's Future and the Palestinian Question."

28. 参见 "Jordan: Abdullah and Bush Discuss Trade Pact," *Facts on File*, April 10, 2001, accession number: 2001211420.

29. 参见 Ben Lynfield, "Barak, Abdullah Expected to Work Well Together," *Jerusalem Post* (June 10, 1999), p.2.

30. Said, *Question*, p.46.

31. Said, *Question*, p.51. 也可参见 Rochelle Davis and Mimi Kirk, eds., *Palestine and the Palestinians in the 21st Century* (Bloomington: Indiana University Press, 2013).

32. David Gilmour, *Dispossessed: The Ordeal of the Palestinians 1917—1980* (London: Sidgwick and Jackson, 1980). 另见 Yoav Gelber, *Palestine, 1948: War, Escape,*

and the Emergence of the Palestinian Refugee Problem (Portland, Ore.: Sussex Academic, 2001).

33. Said, *Question*, pp. 47 - 48. 另见 Benjamin Schiff, *Refugees unto the Third Generation: U. N. Aid to Palestinians* (Syracuse, N. Y.: Syracuse University Press, 1995).

34. Peretz, *The West Bank*, pp. 89 - 90.

35. 参见"Middle East Peace Process: Palestinians Defer Declaration of Statehood," *Facts on File*, September 10, 2000, accession number: 2000186010."巴勒斯坦解放组织中央委员会 9 月 10 日投票决定推迟单方面宣布建国,以便在中东和平谈判陷入僵局的情况下,给予更多机会达成协议。早在一年前,巴勒斯坦方面曾将 9 月 13 日定为宣布建国的最后期限,与 9 月 13 日达成巴以最终和平协议的最后期限一致。然而,和平谈判陷入僵局,最终未在截止日期前达成协议。"也可参见 Lamia Lahoud, "PCC Backs Arafat on Declaration of State," *Jerusalem Post* (July 4, 2000), p. 1.

36. "United Nations Sixty-Seventh General Assembly: General Assembly Plenary, 44th&45th Meetings. GA/11317: General Assembly Votes Overwhelmingly to Accord Palestine 'Non-Member Observer State' Status in United Nations," UN. org (November 29, 2012), accessed August 2015, http://www. un. org/News/Press/docs/2012/ga11317. doc. htm. 也可参见 Mutaz Qafisheh, ed., *Palestine Membership in the United Nations: Legal and Practical Implications* (Newcastle-upon-Tyne, U. K.: Cambridge Scholars, 2013), and Leslie Susser, "Countdown to a State," *Jerusalem Report* (May 23, 2011), p. 6.

37. BBC News, "Q & A: Palestinians' Upgraded U. N. Status," accessed August 2015, http://www. bbc. com/news/

world-middle-east-13701636. 也可参见 the Council on Foreign Relations Web site, United Nations General Assembly Session 67, *Agenda item 37. Question of Palestine* A/67/L. 28, November 26, 2012, and United Nations General Assembly Session 67 *Resolution 67/19. Status of Palestine in the United Nations* A/RES/67/19, November 29, 2012, both accessed August 2015, http://www. cfr. org/palestine/un-general-assembly-resolution-67l28-palestine/p29574. 参见 Khaled Abu Toameh and Tovah Lazaroff, "Arab League Backs Push for UNSC Resolution to End Israeli 'Occupation'," *Jerusalem Post* (April 8, 2015), p. 3.

38. Khaled Abu Toameh and Herb Keinon, "Abbas Applies to Join the International Criminal Court. Netanyahu: Palestinians Have More to Fear than Israel at ICC. State Department Calls Move Counterproductive," *Jerusalem Post* (January 1, 2015), p. 1, and Associated Press in Jerusalem, "Israel Freezes Palestinian Tax Funds over International Criminal Court Move," *Guardian* (January 3, 2015), accessed August 2015, http://www. theguardian. com/world/2015/jan/03/israel-tax-payments-withhold-palestine-international-criminal-court. 参见 William Worster, "The Exercise of Jurisdiction by the International Criminal Court over Palestine," *American University International Law Review* 26 (2011): 1153 - 1209, and Daniel Benoliel and Ronen Perry, "Israel, Palestine, and the ICC," *Michigan Journal of International Law* 33 (2010): 73 - 127.

39. Rashid Hamid, "What Is the PLO?" *Journal of Palestine Studies* 4, no. 4 (1975): 90 - 109. 也可参见 Joel Beinin and Rebecca Stein, *The Struggle for Sovereignty:*

Palestine and Israel, 1993—2005 (Stanford, Calif.: Stanford University Press, 2006).

40. 参见 Charles D. Smith, *Palestine and the Arab-Israeli Conflict* (Boston: St. Martin's, 2001), especially the chapter "From Pariah to Partner: The PLO and the Quest for Peace in Global and Regional Contexts, 1984—1993."

41. Palestinian Academic Society for the Study of International Affairs, *PASSIA Diary, 2000* (Jerusalem: PASSIA, 2000), p. 281.

42. Tessler, *History*, pp. 694 - 95.

43. 关于法塔赫和哈马斯关系的讨论参见，P. Caridi, *Hamas: From Resistance to Government* (New York: Seven Stories, 2012), and Michael Broning, *Political Parties in Palestine: Leadership and Thought* (New York: Palgrave Macmillan, 2013).

44. United Nations Relief and Works Agency, "Palestine Refugees," accessed August 2015, http://www.unrwa.org/palestine-refugees.

45. 参见 *CIA World Factbook*, "Gaza Strip," and "West Bank," accessed August 2015, https://www.cia.gov/library/publications/the-world-factbook/geos/gz.html.

46. Helena Cobban, *The Palestinian Liberation Organization: People, Power, and Politics* (New York: Cambridge University Press, 1984), pp. 267 - 70. 对宪章进行的更严格审查，参见 Yehoshafat Harkabi, *The Palestinian Covenant and Its Meaning* (London: Vallentine Mitchell, 1979).

47. 参见 Gregory Mahler, *Constitutionalism and Palestinian Constitutional Development* (Jerusalem: Palestinian Academic Society for the Study of International Affairs, 1996).

48. Hazem Nusibeh, *Palestine and the United Nations* (New York: Quartet, 1982). 也可参见,例如 A. Shiblak, "Palestinians in Lebanon and the PLO," *Journal of Refugee Studies* 10, no. 3 (1997): 261–88.

49. 从历史角度参见 Aaron David Miller, *The Arab States and the Palestine Question: Between Ideology and Self-Interest* (New York: Praeger, 1986).

50. 参见 Gregory Mahler, "The Palestinian Election of January, 1996," *Electoral Studies* 15, no. 3 (1996): 414–22. 另见"Arafat Opens PNA Council," *Facts on File*, March 7, 1996, accession number: 1996063278.

51. "International Observers," *Jerusalem Times* (January 19, 1996), p.7.

52. Center for Palestine Research and Studies, "Results ofPublic Opinion Poll 20" (Nablus: CPRS, October 1995), pp.20–21.

53. Jerusalem Media and Communication Center, "Public Opinion Poll No. 11: On Palestinian Elections" (East Jerusalem: JMCC, December 1995), pp.5, 13.

54. 在《奥斯陆协议 2》中,之所以使用"Ra'is"一词,是因为以色列方面不愿赋予新当选的巴勒斯坦行政领导人"总统"这一正式称号的合法性,而巴勒斯坦方面则希望借助这一称号获得相应的合法地位。阿拉伯语中的"Ra"可以翻译为"主席"或"总统",以色列方面在提到阿拉法特先生时一贯使用前者,巴勒斯坦人则一贯使用后者。

55. Salwa Kanaana, "First Elections Called Success," *Palestine Report* 1, no. 35 (January 24, 1996): 1; and Salwa Kanaana, "Will of the People Expressed," *Palestine Report* 1, no. 35 (January 24, 1996): 18.

56. Stephanie Nolen, "Election No Step Forward for Women," *Palestine Report* 1, no. 36 (February 2, 1996): 6.

57. Ghassan Khatib, "The Value of the Vote," *Palestine Report* 1, no. 36 (February 2, 1996): 12 - 13. 参见 Jonathan Schanzer, *Hamas vs. Fatah: The Struggle for Palestine* (New York: Palgrave Macmillan, 2008), and Khalid Harub, *Hamas: A Beginners Guide* (Ann Arbor, Mich.: Pluto Press, 2010).

58. 有关选举结果参见 Central Elections Commission, Palestine, "The Final Results of the Second PLC Elections," January 29, 2006, accessed August 2015, https:// www. elections. ps/tabid/818/language/en-US/Default. aspx. See the map in the *New York Times* that explains voting and districts in this election, in "Palestinian Elections" (January 26, 2006), accessed August 2015, http://www. nytimes. com/imagepages/2006/01/25/interna tional/20060125_palestian ELECTION_GRAPHIC. html. 另见 As'ad Ganim, *Palestinian Politics after Arafat: A Failed National Movement* (Bloomington: Indiana University Press, 2010).

59. 参见 Scott Wilson, "Hamas Sweeps Palestinian Elections, Complicating Peace Efforts in Mideast," *Washington Post* online edition (January 27, 2006), accessed August 2015, http:// www. washingtonpost. com/wp-dyn/content/article/2006/01/26/AR2006012600372. html.

60. Kareem Khadder and Jason Hanna, "Hamas, Fatah Announce Talks to Form Palestinian Unity Government," CNN News (April 24, 2014), accessed August 2015, http:// edition. cnn. com/2014/04/23/world/meast/gaza-west-bank-palestinian-reconciliation/, and Agence France-Presse, "Fatah

and Hamas: Years of Strained Relations" (June 17, 2015), accessed August 2015, http://news.yahoo.com/fatah-hamas-years-strained-relations-203134546.html;_yltAwrBT9vyPMlV8VsA9G9XNyoA;_yluX3oDMTExYW02cmRnBGNvbG8DYmYxBHBvcw M3BHZ0aWQDVUlDMV8xBHNlYwNzcg--.

61. Khaled Abu Toameh, "PA's Abbas Gives Hamas Tuesday Deadline to Join Unity Government," *Jerusalem Post* (June 29, 2015), p.3. 也可参见 Sara Roy, *Hamas and Civil Society in Gaza: Engaging the Islamist Social Sector* (Princeton, N.J.: Princeton University Press, 2011), and Jonathan Schanzer, *State of Failure: Yasser Arafat, Mahmoud Abbas, and the Unmaking of the Palestinian State* (New York: Palgrave Macmillan, 2013).

62. 参见 Hillel Frisch, *Countdown to Statehood: Palestinian State Formation in the West Bank and Gaza* (Albany: SUNY Press, 1998).

63. Metzger, Orth, and Sterzing, *This Land*, p.244.

64. Emile Sahliyeh, *The Lebanon War: Implications for the PLO* (Boulder, Colo.: Westview, 1985).

65. 参见"Other Persian Gulf News: Area States End Jordan, PLO Aid," *Facts on File*, October 30, 1991, accession number: 1991046130.

66. 2001年12月14日星期五,以色列宣布亚西尔·阿拉法特"无关紧要",并表示"不再与他有任何关系"。参见 Herb Keinon, "Cabinet Declares Arafat 'Irrelevant.' IAF Strikes Palestinian Targets in West Bank and Gaza Strip," *Jerusalem Post* (December 14, 2001), p.1A.

67. 参见以下资料:Akram Hanieh, "The Camp David Papers," *Journal of Palestine Studies* 30, no. 2 (2001): 75-

98, and Kristen Schulze, "Camp David and the Al-Aqsa Intifada: An Assessment of the State of the Israeli-Palestinian Peace Process," *Studies in Conflict and Terrorism* 24, no. 3 (2001): 215-33.

68. 参见协议的时间顺序指南, Ministry of Foreign Affairs on its Web page, "Selected Reference Documents," accessed August 2015, http://mfa.gov.il/MFA/ForeignPolicy/Peace/MFADocuments/Pages/Selected%20Reference%20Docu ments.aspx.

69. Arie Bregman, *The Economy of the Administered Areas, 1968—1973* (Jerusalem: Bank of Israel, 1975).

70. 参见 Avram Bornstein, *Crossing the Green Line between the West Bank and Israel* (Philadelphia: University of Pennsylvania Press, 2002).

71. 参见 Sasson Levi, "Local Government in the Administered Territories," and by Avraham Lavine, "Social Services in the Administered Territories," in *Judea, Samaria, and Gaza: Views on the Present and Future*, ed. Daniel J. Elazar (Washington, D. C.: American Enterprise Institute for Public Policy Research, 1982).

72. 参见 Margot Dudkevitch and Mohammed Najib, "Israel Denies Keeping Gazans from W. Bank Universities," *Jerusalem Post* (September 3, 1998). p. 2.

73. 参见 Avraham Sela and Moshe Ma'oz, eds., *The PLO and Israel: From Armed Conflict to Political Solution, 1964—1994* (New York: St. Martin's, 1997).

74. Eetta Prince Gibson, "The Fiber of Our Society Is Being Destroyed," *Jerusalem Post Magazine* (September 14, 2001), p. 18. 参见 Nasser Abufarha, *The Making of a*

Human Bomb: The Ethnography of Palestinian Resistance (Durham, N.C.: Duke University Press, 2009).

75. Ephraim Sneh, as quoted in Gary Wolf, ed., *Israel Press Highlights* (New York: Institute of Human Relations, American Jewish Committee, December 12, 1988), pp.1 - 2.

76. 参见 Reuven Kaminer, *The Politics of Protest: The Israeli Peace Movement and the Palestinian Intifada* (Portland, Ore.: Sussex Academic, 1996). 另见 Lev Luis Grinberg, *Politics and Violence in Israel/Palestine: Democracy versus Military Rule* (New York: Routledge, 2010).

77. Fiamma Nirenstein, "How Suicide Bombers Are Made," *Commentary* 112, no. 2 (2001): 53 - 56. 也可参见 Moises F. Salinas, *Planting Hatred, Sowing Pain: The Psychology of the Israeli-Palestinian Conflict* (Westport, Conn.: Praeger, 2007).

78. 参见 Ifat Maoz, "The Violent Asymmetrical Encounter with the Other in an Army Civilian Clash: The Case of the Intifada," *Peace and Conflict* 7, no. 3 (2001): 243 - 63.

79. 参见"Officials: Hamas and Fatah Agree to Ceasefire," *CNN World Online* (December 16, 2006), accessed August 2015, http://www.cnn.com/2006/WORLD/meast/12/17/mideast.gaza/index.html.

80. Tovah Lazaroff and Herb Keinon, "PA to Submit 'War Crimes Report' to the HagueToday. Foreign Ministry: A Crude and Cynical Attempt to Politicize the Work of the International Criminal Court," *Jerusalem Post* (June 25, 2015), p.1.

81. 参见"Quiet Will Be Met with Quiet," *Jerusalem Post*

(July 8, 2014), p.1.

82. Efraim Inbar, "Did Israel Weaken Hamas? The 2014 Gaza War," *Middle East Quarterly* (Spring 2015), available online in *Middle East Forum*, accessed August 2015, http://www.me forum.org/5080/did-israel-weaken-hamas_ftn3. 也可参见 Lori Allen, *The Rise and Fall of Human Rights: Cynicism and Politics in Occupied Palestine* (Stanford, Calif.: Stanford University Press, 2013), and Gideon Lowy, *The Punishment of Gaza* (New York: Verso, 2010). 有关"戈德斯通报告"参见,Adam Horowitz, Lizzy Ratner, and Philip Weiss, eds., *The Goldstone Report: The Legacy of the Landmark Investigation of the Gaza Conflict* (New York: Nation, 2011), and Gerald Steinberg, "Preempting 'Goldstone II'," *Jerusalem Report* (July 13, 2015), p. 8. 也可参见 Yonah Jeremy Bob and Herb Keinon, "ICC Urges Israel to Provide Information on Gaza Probe. Jerusalem Fires Back: There Should Be No Investigation Since There Is No Palestine," *Jerusalem Post* (May 14, 2015), p.1.

83. 关于以色列政策和以色列阿拉伯人生活性质的最佳研究之一是 IanLustick's *Arabs in the Jewish State* (Austin: University of Texas Press, 1980). 也可参见 Penny Johnson and Eileen Kuttab, "Where Have All the Women (and Men) Gone? Reflections on Gender and the Second Palestinian Intifada," *Feminist Review* 69, no. 1 (2001): 21–43.

84. 在这方面最常被引用的资料之一是国家律师协会 1977 年中东代表团报告 *Treatment of Palestinians in Israeli-Occupied West Bank and Gaza* (New York: National Lawyers Guild, 1978). 也可参见 Eyal Benvenisti, *The International Law of Occupation* (Oxford: Oxford University Press,

2012), and Alan Dershowitz, *Terror Tunnels: The Case for Israel's Just War against Hamas* (New York: Rosetta Books, 2014).

85. 参见"U.S. Scores New Settlements," *Facts on File*, April 29, 1999, accession number: 1999134650. "4 月 14 日，美国加强了对内塔尼亚胡政府修建犹太人定居点的批评。以色列日报《国土报》当天报道说，美国卫星照片显示，在约旦河西岸的山顶上建立了 18 个新定居点。自内塔尼亚胡和阿拉法特签署 1998 年 10 月根据奥斯陆和平框架通过的《怀伊河协议》以来，已经建立了 12 个新定居点。根据《奥斯陆协议》，以色列和巴勒斯坦都承诺停止可能损害最终地位和平安排的单方面行动。也可参见 Michael Mousa Karayanni, *Conflicts in a Conflict: A Conflict of Laws Case Study on Israel and the Palestinian Territories* (New York: Oxford University Press, 2014).

86. Ann Lesch, "Israeli Deportation of Palestinians from the West Bank and the Gaza Strip, 1967—1978," *Journal of Palestine Studies* 8, no. 3 (1979): 81 - 107. 深入研究参见 Saree Makdisi, *Palestine Inside Out: An Everyday Occupation* (New York: Norton, 2008).

87. 参见"Israeli Troops in the Raids Confiscated Hundreds of Arms and Destroyed an Unknown Number of Palestinian Homes and Shops," *Facts on File*, March 7, 2002, accession number: 2002244240.

88. 例如，见联合国安理会 1987 年 12 月 29 日以 14 票赞成、0 票反对、美国弃权通过的关于以色列在被占领土上的行动的决议全文，published in *American-Arab Affairs* 23 (1987—1988): 145 - 47. 也可参见 Daniel Steiman, "The Settlements Are Illegal under International Law," *Jerusalem Post* (December

30, 2013), p.15, and the text of the US Department of State, "Country Reports on Human Rights Practices for 2014: Israel and the Occupied Territories," found on the US State Department Web page, accessed August 2015, http://www.state.gov/j/drl/rls/ hrrpt/humanrightsreport/index.htmwrapper. 另见 Tovah Lazaroff and Henry Rome, "Falk: ICJ Should Rule on Israeli 'Occupation' as 'Ethnic Cleansing.' UN Special Investigator on Palestinians Gives Personal Legal Opinion in His Final Report before Exiting Position," *Jerusalem Post* (February 20, 2014), p.2.

89. 参见 Yaacov Bar-Siman-Tov, *Israel and the Intifada: Adaptation and Learning* (Jerusalem: Hebrew University of Jerusalem, 2000).

90. 此类研究和评论参见 Bakir Abu-Kishk, "Arab Land andIsraeli Policy," *Journal of Palestine Studies* 11, no. 1 (1981): 124 - 35. 近斯研究见 Uri Ben-Eliezer, *Old Conflict, New War: Israel's Politics toward the Palestinians* (New York: Palgrave Macmillan, 2012).

91. 参见 Avner Yaniv and Fabian Pascal, "Doves, Hawks, and Other Birds ofa Feather: The Distribution of Israel Parliamentary Opinion on the Future of the Occupied Territories, 1967—1977," *British Journal of Political Science* 10, no.3 (1980): 260 - 66.

92. 这一立场的问题是,侯赛因国王在去世前多年曾宣布,他放弃对被占领土的任何主张,并支持巴解组织。参见 "Jordan's West Bank Move Upsetting Daily Life," *New York Times* (October 18, 1988), p.1.

93. Peretz, *The West Bank*, pp.50 - 51. 关于管理这些定居点的官僚程序、如何建立定居点、未来定居点的计划,以及以色列国内对这些定居点的反对意见，可以在 Peretz 著作的第五章中找到详细的讨论，“Jewish Settlement in the West Bank,” pp. 59 – 77.

94. Yehuda Lukacs, *Israel, Jordan, and the Peace Process* (Syracuse, N. Y.: Syracuse University Press, 1997).

95. 参见 Ian Lustick, “Israel and the West Bank after Elon Moreh: The Mechanics of De Facto Annexation,” *Middle East Journal* 35, no. 4 (1981): 557 – 77.

96. Tovah Lazaroff, Khaled Abu Toameh, and Herb Keinon, “Netanyahu: I Support the Vision of Two States for Two Peoples,” *Jerusalem Post* (May 21, 2015), p. 10.

97. 参见 Efraim Ben-Zadok, “The Limits to the Politics of Planning,” in *The Impact of Gush Emunim: Politics and Settlement in the West Bank*, ed. David Newman (New York: St. Martin’s, 1985), p. 141.

98. Saul B. Cohen, *Jerusalem: Bridging the Four Walls; A Geopolitical Perspective* (New York: Herzl, 1977), pp. 109 – 70.

99. Ben-Zadok, “Limits,” p. 150.

100. 此类观点参见 Ann Lesch, “Israeli Settlements in the Occupied Territories,” *Journal of Palestine Studies* 8, no. 1 (1978): 100 – 120. 也可参见 Moshe Drori, “The Israeli Settlements in Judea and Samaria: Legal Aspects,” in *Judea, Samaria, and Gaza: Views on the Present and Future*, ed. Daniel J. Elazar (Washington, D. C.: American Enterprise Institute for Public Policy Research, 1982), pp. 44 – 80. 参见 Audrea Lim, ed., *The Case for Sanctions against Israel* (London: Verso, 2012).

101. Peretz, *The West Bank*, p. 46.

102. Peretz, *The West Bank*, p.47.

103. Meron Benvenisti, with Ziad Abu-Zayad and Danny Rubenstein, *The West Bank Data Base Project 1986: Demographic, Economic, Legal, Social, and Political Developments in the West Bank* (Boulder, Colo.: Westview, 1986), p.46.

104. B'Tselem, The Israeli Information Center for Human Rights in the Occupied Territories, "Land Expropriation and Settlements" (January 23, 2014), accessed August 2015, http:// www. btselem. org/settlements. 参见 Charles Selengut, *Our Promised Land: Faith and Militant Zionism in Israeli Settlements* (Lanham, Md.: Rowman and Littlefield, 2015).

105. B'Tselem, The Israeli Information Center for Human Rights in the Occupied Territories, "Settlements: Statistics on Settlements and Settler Population" (May 11, 2015), accessed August 2015, http://www. btselem. org/settlements/ statistics. 也可参见 Jodi Rudoren and Jeremy Ashkenas, "Netanyahu and the Settlements," *New York Times* (March 11, 2015), accessed August 2015, http://www. nytimes. com/interactive/2015/03/12/world/middleeast/netanyahu-west-bank-settlements-israel-election. html. 也可参见 Virginia Tilley, *Beyond Occupation: Apartheid, Colonialism and International Law in the Occupied Palestinian Territories* (New York: Palgrave Macmillan, 2012).

106. 中东和平基金会最近公布的定居点人口数，参见 "West Bank Settlements Population—1999 - 2012," can be found online at http:// fmep. org/resource/west-bank-settlements/, accessed August 2015. A good set of maps, through January 2012, can be found at http://fmep. org/

resource/israeli-settlements-popula tion-growth-and-concentration-1995-2011/, accessed August 2015. 也可参见 Sean McMahon, *The Discourse of Palestinian-Israeli Relations: Persistent Analytics and Practices* (New York: Routledge, 2010), and Miriam Billig and Udi Lebel, *Judea and Samaria's Jewish Settlers and Settlements: Cultural Sociology of Unsettled Space; A Look from Within* (Abington: Routledge, 2015).

107. UN Security Council, Resolution 465 (1980), accessed August 2015, http://unispal. un. org/UNISPAL. NSF/0/5AA254A1C8F8B1CB852560E50075D7D5.

108. Jean Shaoul, "The Israeli State and the Right-Wing Settler Movement," World Socialist Web site (August 17, 2005), accessed August 2015, http://www. wsws. org/en/articles/ 2005/08/gaz3-a17. html.

109. 此类声明参见 *Haaretz* by Barak Ravid, "Netanyahu Extends Benefits to Isolated West Bank Settlements," *Haaretz* online (December 9, 2009), accessed August 2015, http://www. haaretz. com/news/netanyahu-extends-benefitsto-isolated-west-bank-settlements-1. 2471. 也可参见 Nir Shalev and Yael Stein, *Under the Guise of Legality: Israel's Declarations of State Land in the West Bank* (Jerusalem: B'Tselem, 2012).

110. 参见 Israel Ministry of Foreign Affairs Web page, "Israeli Settlements and InternationalLaw, May 2001," accessed August 2015, http://www. mfa. gov. il/mfa/foreignpolicy/peace/ guide/pages/israeli%20settlements%20and%20international%20law. aspx.

111. 参见 Avner Yaniv and Yael Yishai, "Israeli Settlements

in the West Bank: The Politics of Intransigence," *Journal of Politics* 43, no. 4 (1981): 1105 – 28; Gershon Baskin and Zakaria Qaq, *The Future of the Israeli Settlements in Final Status Negotiations* (Jerusalem: Israel/Palestine Center for Research and Information, 1997); Joyce Dalsheim, *Unsettling Gaza: Secular Liberalism, Radical Religion, and the Israeli Settlement Project* (New York: Oxford University Press, 2011); and Lesch, "Israeli Settlements."

112. 梅纳赫姆·贝京,1980年5月30日,在耶路撒冷议会接受作者采访。

113. 讨论这一哲学及经验有效性,参见 Benvenisti, *The West Bank*. 另见 Seth Tillman, "The West Bank Hearings: Israel's Colonization of Occupied Territory," *Journal of Palestine Studies* 7 (1978): 71.

114. Peace Now, "Settlements and the Netanyahu Government" (January 16, 2013), accessed August 2015, http://peacenow.org.il/eng/Netanyahu_Summary.

115. David Weisburd and Elin Waring, "Settlement Motivations in the Gush Emunim Movement: Comparing Bonds of Altruism and Self Interest," in *The Impact of Gush Emunim: Politics and Settlement in the West Bank*, ed. David Newman (New York: St. Martin's, 1985), pp.183 – 99. 对这一现象的有趣研究参见,Ian Lustick's *For the Land and the Lord: Jewish Fundamentalism in Israel* (New York: Council on Foreign Relations, 1988). 这本书是对犹太宗教激进主义的研究,追踪其演变和影响,侧重于 Gush Emunim、当代以色列政策以及被占领土上的定居点问题。

116. 参见 Yoseph Shilhav's essay "Interpretation and Misinterpretation of Jewish Territorialism," in *The Impact of*

Gush Emunim: Politics and Settlement in the West Bank, ed. David Newman (New York: St. Martin's, 1985), pp. 111 - 24. 也可参见 Gershon Shafir, "Institutional and Spontaneous Settlement Drives: Did Gush Emunim Make a Difference?" in *The Impact of Gush Emunim: Politics and Settlement in the West Bank*, ed. David Newman (New York: St. Martin's, 1985), p. 153.

117. 参见 Shlomo Swirski, Etty Konor-Attias, and Alon Etkin, *Government Funding of the Israeli Settlements in the West Bank, Gaza Strip and Golan Heights in the 1990s* (Tel Aviv: Adva Center, 2002).

118. Benvenisti, *The West Bank*, pp. 46 - 47, 53.

119. 最佳讨论参见 David Kretzmer, *The Occupation of Justice: The Supreme Court of Israel and the Occupied Territories* (Albany: SUNY Press, 2002). 也可参见 Daniel Bar-Tal and Itzhak Shnell, *The Impacts of Lasting Occupation: Lessons from Israeli Society* (New York: Oxford University Press, 2013).

120. 关于军政府管理机制的讨论可以在 Peretz 著作中找到，*The West Bank*, pp. 79 - 87.

121. Erella Grassiani, *Soldiering under Occupation: Process of Numbing among Israeli Soldiers in the Al-Aqsa Intifada* (New York: Berghahn, 2013). 也可参见 Tovah Lazaroff, "Netanyahu to Ban: Gaza Not 'Occupied.' UN Secretary-General Says Israel Must Reverse Settlement Activity. '1. 5 Million Palestinians Cannot Continue Living under Closure,' Says Rivlin at President's Residence," *Jerusalem Post* (October 14, 2014), p. 1.

122. Ron Ben-Tovim, "Stop Calling Hate Crimes 'Price

Tag Attacks'—It's Offensive," *Haaretz* (August 5, 2015), accessed August 2015, http://www. haaretz. com/opinion/. premium-1. 669675. 全方面研究参见 Ami Pedahzur, *Jewish Terrorism in Israel* (New York: Columbia University Press, 2011). 更多历史观点也可参见 John L. Peeke, *Jewish: Zionist Terrorism and the Establishment of Israel* (Monterey, Calif.: Naval Postgraduate School, 2012).

123. Odeh Bisharat, "Under Netanyahu's Rule, All Racists Feel at Home," *Haaretz* (August 3, 2015), accessed August 2015, http://www. haaretz. com/opinion/. premium-1. 669247. 参见"Delicate Balance," *Jerusalem Post* (August 7, 2015), p. 13; Lior Akerman, "Confronting Jewish Terrorism," *Jerusalem Post* (August 7, 2015), p. 21; and Yossi Melman, "Bringing Jewish Terrorists to Justice," *Jerusalem Post* (August 7, 2015), p.13.

124. Ehud Sprinzak, "Illegalism in Israeli Political Culture: Theoretical and Historical Footnotes to the Pollard Affair and the Shin Beth Cover Up," in Gregory Mahler, ed., *Israel after Begin* (Albany: SUNY Press, 1990), pp.51 - 70.

125. 参见"Yitzhak Rabin: The Assassination of Yitzhak Rabin (November 4, 1995)," *Jewish Virtual Library*, accessed August 2015, http://www.jewishvirtuallibrary.org/jsource/His tory/rabinass.html.

第十一章　耶路撒冷、边界和定居点

1. 近年来研究耶路撒冷最有趣的新方法之一是西蒙·塞巴格·蒙蒂菲奥里(Simon Sebag Montefiore)的书(是的,与19

世纪的犹太复国主义支持者有关）*Jerusalem：The Biography*（New York：Vintage，2012）. 用“传记”这个词来研究耶路撒冷，表明他采取了不同的方法。

2. Teddy Kollek, "Introduction: Jerusalem—Today and Tomorrow," in *Jerusalem: Problems and Prospects*, ed. Joel Kraemer (New York: Praeger, 1980), p. 1. 也可参见 Uri Ram, *The Globalization of Israel: McWorld in Tel Aviv, Jihad in Jerusalem* (London: Routledge, 2007).

3. Saul B. Cohen, *Jerusalem: Bridging the Four Walls; A Geopolitical Perspective* (New York: Herzl, 1977), p. 11.

4. Cohen, *Jerusalem*, p. 11.

5. Colin Williams, *Jerusalem: A Universal Cultural and Historical Resource* (Palo Alto, Calif.: Aspen Program on Communications & Society, 1975), as cited in Cohen, *Jerusalem*, p. 23. 也可参见 Ira Sharkansky, "Religion and Politics in Israel and Jerusalem," *Judaism* 44, no. 3 (1995): 328 - 41; Karen Armstrong, *Jerusalem: One City, Three Faiths* (New York: Ballantine, 1997); or Marshall Breger and Thomas Idinopulos, *Jerusalem's Holy Places and the Peace Process* (Washington, D. C.: Washington Institute for Near East Policy, 1998).

6. 参见 Joel Kraemer, "The Jerusalem Question," in *Jerusalem: Problems and Prospects*, ed. Joel Kraemer (New York: Praeger, 1980), esp. pp. 24 - 35. 也可参见 Bernard Wasserstein, *Divided Jerusalem: The Struggle for the Holy City* (New Haven, Conn.: Yale University Press, 2008), and Zachary Karabell, *Peace Be upon You: The Story of Muslim, Christian, and Jewish Coexistence* (New York: Knopf, 2007).

7. Israel Ministry of Foreign Affairs, "The Status of Jerusalem," accessed August 2015, http://mfa.gov.il/MFA/MFA-Archive/1999/Pages/The% 20Status% 20of% 20Jerusalem.aspx.很好的历史研究参见 Amy Dockser Marcus, *Jerusalem, 1913: The Origins of the Arab-Israeli Conflict* (New York: Viking, 2007).本杰明·内塔尼亚胡的前发言人多尔·戈尔德(Dore Gold)写了一本书,解释为什么只有以色列才能为基督徒、犹太人甚至穆斯林保留耶路撒冷的圣地,Dore Gold, *The Fight for Jerusalem: Radical Islam, the West, and the Future of the Holy City* (Lanham, Md.: National Book Network, 2007).

8. Mitchell Bard, "Jerusalem, An Introduction," *Jewish Virtual Library*, accessed August 2015, http://www.jewishvirtuallibrary.org/jsource/History/Jerusalem.html. One of the chapters in an interesting book by Philip Winslow, *Victory for Us Is to See You Suffer: In the West Bank with the Palestinians and the Israelis* (Boston: Beacon, 2007) is titled "God Gave It to Us," which pretty much says all that needs to be said. 也可参见 Mosheh Amirav, *Jerusalem Syndrome: The Palestinian-Israeli Battle for the Holy City* (Portland, Ore.: Sussex Academic, 2009), and James Carroll, *Jerusalem, Jerusalem: How the Ancient City Ignited Our Modern World* (Boston: Houghton Mifflin Harcourt, 2011).

9. Israel Ministry of Foreign Affairs Web page, "Jerusalem: The Capital of Israel," accessed August 2015, http://mfa.gov.il/MFA/AboutIsrael/State/Pages/JERUSALEM%20-%20Capital% 20of%20Israel.aspx.

10. Cohen, *Jerusalem*, p.12. 也可参见 Mosheh Amirav, *Jerusalem Syndrome: The PalestinianIsraeli Battle for the*

Holy City (Portland, Ore.: Sussex Academic, 2009), and Anne Shlay and Gillad Rosen, *Jerusalem: The Spatial Politics of a Divided Metropolis* (Malden, Mass.: Polity, 2015).

11. Kollek, "Introduction," p.1.

12. 参见 Alisa Ginio, "Plans for the Solution of the JerusalemProblem," in *Jerusalem: Problems and Prospects*, ed. Joel Kraemer (New York: Praeger, 1980), pp.41–71.

13. Bard, "Jerusalem"

14. 参见 Wasserstein, *Divided Jerusalem*.

15. 参见 Simone Ricca, *Reinventing Jerusalem: Israel's Reconstruction of the Jewish Quarter after 1967* (London: I. B. Tauris, 2007).

16. Peretz, *The West Bank*, p. 45. 参见 Ian Lustick, "Has Israel Annexed East Jerusalem?" *Middle East Policy* 5, no. 1 (1997): 34–44.

17. Uzi Benziman, "Israeli Policy in East Jerusalem after Reunification," in Kraemer, *Jerusalem*, p. 101. 本齐曼(Benziman)讨论了以色列政府在教育、文化、语言、新闻、领事馆、联合国、税法、经济体系和宗教自治等政策领域针对附属地区阿拉伯人口的需求所采取的一系列广泛行动。

18. Peace Now, "They Say, We Say: Jerusalem Is the Eternal and Undivided Capital of Israel," accessed August 2015, http://peacenow. org/page. php? nametsws-jerusalem-is-the-eternal-undivided-capital-of-israel.

19. Cohen, *Jerusalem*, p.33;以下五个地缘政治因素来自以下更详细的讨论 Cohen, *Jerusalem*, pp. 33–34. 也可参见 Ira Sharkansky, *Governing Jerusalem: Again on the World's Agenda* (Detroit, Mich.: Wayne State University Press,

1996), and Madelaine Adelman and Miriam Fendius, eds., *Jerusalem: Conflict and Cooperation in a Contested City* (Syracuse: Syracuse University Press, 2014).

20. 伊曼纽尔·古特曼(Emanuel Gutmann)和克劳德·克莱因(Claude Klein)的文章对这种背景下出现的各种问题进行了全面的讨论,"The Institutional Structure of Heterogeneous Cities: Brussels, Montreal, and Belfast," in *Jerusalem: Problems and Prospects*, ed. Joel Kraemer (New York: Praeger, 1980), pp.178 - 207.在比较文章的最后,他们讨论了耶路撒冷的政治领导人可以从这三座城市的经验中吸取的教训。也可参见 Meron Benvenisti, *City of Stone: The Hidden History of Jerusalem* (Berkeley: University of California Press, 1996), and Ruth Kark and Michal Oren-Nordheim, *Jerusalem and Its Environs: Quarters, Neighborhoods, Villages, 1800—1948* (Jerusalem: Hebrew University Press, 2001).

21. 一篇提出很多问题的好文章是 Daniel Elazar 的"Local Government for Heterogeneous Populations: Some Options for Jerusalem," in *Jerusalem: Problems and Prospects*, ed. Joel Kraemer (New York: Praeger, 1980), pp.208 - 28.

22. Palestine Academic Society for the Study of International Affairs (PASSIA), *PASSIA Desk Diary, 2015*, chap. 14, "Jerusalem: Historical Facts and Figures" (Jerusalem: PASSIA, 2014), p. 1, accessed August 2015, http://www.passia.org/palestine_facts/facts_and_figures/0_facts_and_figures.htm. 也可参见 Roberto Mazza, *Jerusalem: From the Ottomans to the British* (New York: Tauris Academic Studies, 2009).

23. PASSIA, "Jerusalem: Historical Facts and Figures,"

p. 2.

24. Peace Now, "East Jerusalem: History," accessed August 2015, http://peacenow.org.il/eng/content/east-jerusalem.

25. United Nations, *Report of the Security Council Commission, Nov. 1980—S-14268*, as quoted in PASSIA, "Jerusalem: Historical Facts and Figures," p. 2.

26. B'Tselem, *A Policy of Discrimination* (Jerusalem, 1995), as quoted in PASSIA, "Jerusalem: Historical Facts and Figures," p. 2.

27. As cited in PASSIA, "Jerusalem: Historical Facts and Figures," p. 2.

28. PASSIA, *PASSIA Desk Diary, 2015*, "Jerusalem: Legal Status," p. 3. 参见 John Quigley, *The Case for Palestine: An International Law Perspective* (Durham, N. C.: Duke University Press, 2005). 参见 Bill Van Esveld, *Separate and Unequal: Israel's Discriminatory Treatment of Palestinians in the Occupied Palestinian Territories* (New York: Human Rights Watch, 2010), and Lior Lehrs, "Palestinian Residents of Jerusalem," *Jerusalem Post* (August 8, 2014), p. 7.

29. Israel Ministry of Foreign Affairs Web page, "Building in Jerusalem," accessed August2015, http://mfa.gov.il/MFA/MFA-Archive/1998/Pages/Building%20in%20Jerusalem.aspx.

30. The Knesset, "Basic Law: Jerusalem, Capital of Israel," accessed August 2015, https://www.knesset.gov.il/laws/special/eng/basic10_eng.htm.

31. Israel Ministry of Foreign Affairs Web page, "Declaration of Principles, Main Points," accessed August 2015, http://

mfa. gov. il/MFA/ForeignPolicy/Peace/Guide/Pages/Declaration%20of%20Principles%20-%20Main%20Points. aspx.

32. PASSIA, *PASSIA Desk Diary, 2015*, "Jerusalem in Negotiations," p.3.

33. PASSIA, "Jerusalem in Negotiations," p.3.

34. 参见 Hilary Leil Krieger, Kerb Keinon, and Khaled Abu Toameh, "As BushFlies In, Crisis Looms over Settlements. Secretary Rice Tells 'Post' US Is Completely Opposed to Har Homa," *Jerusalem Post* (January 9, 2008), p 1.

35. Herb Keinon and Benjamin Weinthal, "PM Defends Building in Gilo to German FM, Pointing Out It's Only Minutes from Knesset," *Jerusalem Post* (November 24, 2009), p.1.

36. Herb Keinon and Sheera Claire Frenkel, "Olmert's Pledge to Continue Building in HarHoma Clouds Talks with PA," *Jerusalem Post* (March 18, 2008), p.2.

37. Herb Keinon, "Is Obama Truly Looking for a Fight with Israel over 'Natural Growth'?" *Jerusalem Post* (May 28, 2009), p.1.

38. Herb Keinon and Khaled Abu Toameh, "Israel Responds to PA Upgrade with Plans for 3,000 Housing Units in West Bank Settlements, East J'lem. Government Official Says 'More Serious Steps on Hold.' Announcement Draws Sharp Condemnations from International Community," *Jerusalem Post* (December 2, 2012), p. 1. 也可参见 Daniel Eisenbud, "Jerusalem Municipality Approves 558 New Homes over Green Line," *Jerusalem Post* (February 6, 2014), p.3.

39. Tovah Lazaroff, "Liberman: 'We'll Never Stop

Building in Jewish Jerusalem'," *Jerusalem Post* (November 17, 2014), p. 1. 参见 Ami Pedahzur, *The Triumph of Israel's Radical Right* (New York: Oxford University Press, 2012).

40. Michael Dumper, *Jerusalem Unbound: Geography, History, and the Future of the Holy City* (New York: Columbia University Press, 2014).

41. B'Tselem Web page, "East Jerusalem," accessed August 2015, http://www.bt selem.org/topic/jerusalem. 也可参见 Hillel Cohen, *The Rise and Fall of Arab Jerusalem: Palestinian Politics and the City since 1967* (New York: Routledge, 2011).

42. B'Tselem, *Land Grab*, draft report, May 2002, as cited in PASSIA, *PASSIA Desk Diary, 2015*, "Land and Settlement," p.9.

43. Rebecca Anna Stoil, "Bill to 'Fortify Jerusalem' Would Require 80 MKs to Change Capital's Boundaries," *Jerusalem Post* (May 22, 2009), p.4.

44. B'Tselem, "Background on East Jerusalem," accessed August 2015, http://www.btselem.org/jerusalem. 也可参见 the B'Tselem document "Discrimination in Planning, Building, and Land Expropriation," accessed August 2015, http://www.btselem.org/jerusalem/discrim inating_policy. 参见 Gedalia Auerbach and Ira Sharkansky, *Politics and Planning in the Holy City* (New Brunswick, N. J.: Transaction, 2007).

45. B'Tselem, "Separation Barrier Route of the Barrier around East Jerusalem," accessed August 2015, http://www.btselem.org/separation_barrier/jerusalem.

46. 有关三种定居点类型，参见 Peace Now, "East Jerusalem—Background," accessed August 2015, http://peacenow.org.il/eng/content/east-jerusa lem-background.

47. Peace Now, "East Jerusalem—Background."

48. Nir Hasson and Chaim Levinson, "At Least 20 Jews Move into East Jerusalem's Silwan," *Haaretz* (August 28, 2015), accessed August 2015, http://www.haaretz.com/news/ diplomacy-defense/.premium-1.673389.

49. Ruth Lapidoth, "Jerusalem: The Legal and Political Background," *Justice* 3 (1994), available at the Israel Ministry of Foreign Affairs Web page, "Jerusalem—Legal and Political Background," accessed August 2015, http://mfa.gov.il/MFA/ForeignPolicy/Peace/Guide/ Pages/Jerusalem-%20Legal%20and%20Political%20Background.aspx. 也可参见 Ruth Lapidoth, "Jerusalem and the Peace Process," *Israel Law Review* 28, no. 2-3 (1994).

第十二章　和平进程

1. 参见 Israel Ministry of Foreign Affairs, "History: The State of Israel," accessed July 2015, http://mfa.gov.il/MFA/AboutIsrael/History/Pages/HISTORY-% 20The% 20State% 20of%20Is rael.aspx.

2. Ilan Peleg, ed., *The Middle East Peace Process: Interdisciplinary Perspectives* (Albany: SUNY Press, 1998); Jerry W. Wright, ed., *Structural Flaws in the Middle East Peace Process: Historical Contexts* (New York: Palgrave, 2002); Avi Shlaim, *War and Peace in the Middle East: A*

Concise History (New York: Penguin, 1995).

3. 参见 Reuven Hazan, "Intraparty Politics and Peacemaking in Democratic Societies: Israel's Labor Party and the Middle East Peace Process, 1992—1996," *Peace Research Abstracts* 38, no. 4 (2001): 451 - 600; Robert O. Freedman, "New Challenges to the Middle East Peace Process," *Midstream* 42, no. 7 (1996): 2; Efraim Karsh, "Peace, Despite Everything," in *Israel's Troubled Agenda*, ed. Efraim Karsh (Portland, Ore.: Frank Cass, 1997).

4. 英国广播公司新闻网在 2007 年发表了一篇非常好的文章，描述了巴勒斯坦政府两个分支之间的紧张关系以及他们对和平进程的态度。参见 BBC News, "Palestinian Rivals: Fatah & Hamas," (June 17, 2007), accessed July 2015, http://news.bbc.co.uk/2/hi/middle_east/5016012.stm.

5. Jerome Segal, "Peace Process, R.I.P. Clearing Up the Right-of-Return Confusion," *Middle East Policy* 8, no. 2 (2001): 23 - 32.

6. Marshall J. Berger and Ora Ahimeir, eds., *Jerusalem: A City and Its Future* (Syracuse, N.Y.: Syracuse University Press, 2002).

7. D. Bar-Tal and Y. Y. I. Vertzberger, "Between Hope and Fear: A Dialogue on the Peace Process in the Middle East and the Polarized Israeli Society," *Political Psychology* 18, no. 3 (1997): 667 - 81; Stuart Cohen, "The Peace Process and Societal-Military Relations in Israel," in *The Middle East Peace Process: Interdisciplinary Perspectives*, ed. Ilan Peleg (Albany: SUNY Press, 1998).

8. Zeev Maoz, *Regional Security in the Middle East: Past, Present, and Future* (Portland, Ore.: Frank Cass,

1997).

9. 参见 Aaron David Miller, *The Much Too Promised Land: America's Elusive Search for ArabIsraeli Peace* (New York: Bantam, 2008). 也可参见 Daniel Kurtzer, *Pathways to Peace: America and the Arab-Israeli Conflict* (New York: Palgrave Macmillan, 2012). 对于美国角色的更具批判性的观点，参见 Rashid Khalidi, *Brokers of Deceit: How the U. S. Has Undermined Peace in the Middle East* (Boston, Mass.: Beacon, 2013).

10. 参见"The Armistice Agreements," in Israel Ministry of Foreign Affairs, "Israel-EgyptianArmistice Agreement" of February 24, 1949, accessed July 2015, http://www. mfa. gov. il/mfa/ foreignpolicy/mfadocuments/yearbook1/pages/israel-egypt%20armistice%20agreement. aspx. See number 4, "Israel-Egypt Armistice Agreement, 24 February 1949"; number 5, "IsraelLebanon Armistice Agreement, 23 March 1949"; number 6, "Israel-Jordan Armistice Agreement, 3 April 1949"; and number 7, "Israel-Syria Armistice Agreement, 20 July 1949."

11. Mark Tessler, *A History of the Israeli-Palestinian Conflict* (Bloomington: Indiana University Press, 1994), p.273.

12. 参见 Israel Ministry of Foreign Affairs, "History: The State of Israel,"accessed July 2015, http://www. mfa. gov. il/mfa/aboutisrael/history/pages/history-% 20the% 20state% 20of% 20 israel. aspx.

13. 参见 Mitchell Bard, "Myths & Facts: A Guide to the Arab-Israeli Conflict," in VirtualLibrary, Myth: "Arab Governments Recognized Israelafter the Suez War," accessed

July 2015, http://www.jewishvirtuallibrary.org/jsource/myths3/MF1967.html.

14. 参见 Israel Ministry of Foreign Affairs, "History: State of Israel." 另见 Yigal Kipnis, *The Golan Heights: Political History, Settlement and Geography Since 1949* (New York: Routledge, 2013).

15. 联合国第 242 号决议全文可在以色列外交部网页上找到，"UN Security Council Resolution 242," accessed July 2015, http://www.mfa.gov.il/mfa/foreignpolicy/peace/guide/pages/un%20security%20council%20resolution%20242.aspx. 参见 Ahron Bregman, *Cursed Victory: Israel and the Occupied Territories: A History* (New York: Pegasus, 2015), and Avi Raz, *The Bride and the Dowry: Israel, Jordan, and the Palestinians in the Aftermath of the June 1967 War* (New Haven, Conn.: Yale University Press, 2012).

16. 喀土穆决议案全文可在以色列外交部网页上查阅"The Khartoum Resolutions," accessed July 2015, http://www.mfa.gov.il/mfa/foreignpolicy/peace/guide/pages/the%20khartoum%20resolutions.aspx.

17. 联合国第 338 号决议全文可在以色列外交部网页上找到"UN Security Council Resolution 338," accessed July 2015, http://www.mfa.gov.il/mfa/foreignpolicy/peace/guide/pages/un%20security%20council%20resolution%20338.aspx. On the Yom Kippur War, see Asaf Siniver, ed., *The Yom Kippur War: Politics, Legacy, Diplomacy* (New York: Oxford University Press, 2013).

18. 关于是什么导致萨达特踏上这一重要旅程，人们进行了很多讨论。一个有趣的说法参见 Uri Dan and Sidney Zion, "Untold Story of Mideast Talks," *New York Times Magazine*

(January 21, 1979), pp. 20 – 22, and (January 28, 1979), pp. 32 – 38, 42 – 43. 一项较好的研究是 Laura Zittrain Eisenberg and Neil Caplan, *Negotiating Arab-Israeli Peace: Patterns, Problems, Possibilities* (Bloomington: Indiana University Press, 2010).

19. C. Paul Bradley, *The Camp David Peace Process: A Study of Carter Administration Policies (1977—1980)* (Grantham, N. H.: Thompson and Rutter, 1981), p. 19.

20. 关于长期和平进程的分析,部分可在 Melvin Friedlander 著作中找到,*Sadat and Begin: The Domestic Politics of Peacemaking* (Boulder, Colo.: Westview, 1983); and Lester Sobel, ed., *Peace-Making in the Middle East* (New York: Facts on File, 1980).

21. Bradley, *The Camp David Peace Process*, pp. 4 – 17. 参见 Jimmy Carter's *Palestine: Peace Not Apartheid* (New York: Simon and Schuster, 2006).

22. 关于这一时期个人动态的一些有趣观点,参见 Ezer Weizman, *The Battle for Peace* (New York: Bantam, 1981), especially chap. 25, "Of Squirrels and Presidents"; Moshe Dayan, *Breakthrough: A Personal Account of the Egypt-Israel Peace Negotiations* (New York: Knopf, 1981), pp. 152 – 59; and William Quandt, *Camp David: Peacemaking and Politics* (Washington, D. C.: Brookings Institution, 1986), pp. 168 – 259.

23. 协议全文可见"A Framework for Peace in the Middle East Agreedat Camp David," and "Framework for the Conclusion of a Peace Treaty between Egypt and Israel," *Middle East Journal* 32, no. 4 (1978): 471 – 94. 文本可在以色列外交部网页找到"Camp David Accords," September 17, 1978, accessed July 2015, http://www. mfa. gov. il/mfa/

foreignpolicy/peace/guide/pages/camp%20david% 20accords.aspx.

24. 这是一个重要问题，因为 1967 年，纳赛尔总统曾单方面要求联合国驻西奈半岛维和部队撤离——他们有义务服从，从而导致了 1967 年战争的开始。参见“Egypt-Israel: Protocol Establishing the Sinai Multinational Forces and Observers,” *International Legal Materials* 20, no. 5 (1981): 1190 - 97.

25. 相关反应例证可见“Egyptian-Israeli Treaty: An Appraisal,” *Pakistan Horizon* 32, no. 3 (1979): 15 - 29.

26. 参见以色列外交部网页的“埃及”部分“Israel among theNations: Middle East and North Africa,” accessed July 2015, http://www. mfa. gov. il/mfa/aboutisrael/nations/pages/israel% 20among% 20the% 20nations-% 20middle% 20east%20-% 20north%20afri. aspx.

27. Fayez Sayegh 的文章具有典型性，“The Camp David Agreement and the Palestine Problem,” *Journal of Palestine Studies* 8, no. 2 (1979): 3 - 54.

28. 有关戴维营会面至条约最终签署期间所取得进展的详细年表，参见 Clete Hinton, *Camp David Accords* (Los Alamitos, Calif.: Hwong, 1980). 以色列-埃及和平条约的全文可在以色列外交部网页上找到，“Israel-Egypt Peace Treaty,” March 26, 1979, accessed July 2015, http://www. mfa. gov. il/mfa/foreignpolicy/peace/guide/pages/israel-egypt%20peace%20treaty. aspx.

29. 西奈归还埃及的过程参见“Sinai Returns to Egypt,” *New York Times* (April 26, 1982), p. 1.

30. “Conflict Resolved,” *New York Times* (September 30, 1988), p. 1.

31. 参见“Sadat of Egypt Is Assassinated at Military

Parade," *Facts on File*, October 6, 1971, accession number: 1981033590.

32. 参见 Israel Ministry of Foreign Affairs, "History: TheState of Israel," accessed July 2015, http://www.mfa.gov.il/MFA/AboutIsrael/History/Pages/HISTORY-%20The%20State%20of %20Israel.aspx.

33. 参见 the US Department of State Web page *IIP Digital*, "Middle East Peace Chronology," accessed July 2015, http://iipdigital.usembassy.gov/st/english/article/2007/12/2007122115 4042ihecuor5.682009e-02.htmlaxzz3htQrrNp2. 本章后面的年表大部分是基于这份年表。

34. 参见"Palestinians Slain in Lebanese Refugee Camps; Storm over Israeli Role; Israel BarsInquiry," *Facts on File*, September 16, 1982, accession number: 1982031430; 更多信息见"Massacre Inquiry Warns Top Israeli Leaders," *Facts on File*, November 24, 1982, accession number: 1982039880.

35. 对沙龙的指控是,他允许一名基督教民兵进入贝鲁特的两个巴勒斯坦难民营,并且他一定知道基督徒会杀害穆斯林难民。数百名巴勒斯坦人在此次事件中丧生。

36. 参见 US Department of State, "Middle East Peace Chronology."关于和平计划全文可在以色列外交部网站找到,"Israel's Peace Initiative, May 14, 1989," accessed July 2015, http://www.mfa.gov.il/mfa/foreignpolicy/ peace/guide/pages/israel-s%20peace%20initiative%20-%20may%2014-%201989.aspx.

37. 参见"Middle East: Egypt Approves Baker Plan on Talks; Other Developments," *Facts on File*, December 6, 1989, accession number: 1989036930.

38. "Israel: Cabinet Crisis Ends," *Facts on File*, January

2, 1990, accession number: 1990041521.

39. "Shamir Loses Confidence Vote, Israeli Government Falls," *Facts on File*, March 16, 1990, accession number: 1990042205.

40. 参见 US Department of State, "Middle East Peace Chronology."

41. 马德里和平谈判全文可在以色列外交部网站找到, "Invitation to Madrid Peace Conference, October 30, 1991," accessed July 2015, http://www.mfa.gov.il/mfa/foreignpolicy/peace/guide/pages/ madrid%20letter%20of%20invitation.aspx.

42. 参见 US Department of State, "Middle East Peace Chronology."

43. 参见 the Israel Ministry of Foreign Affairs Web page "The Madrid Framework: Guide tothe Mideast Peace Process," accessed July 2015, http://www.mfa.gov.il/MFA/Foreign Policy/ Peace/Guide/Pages/GUIDE%20TO%20THE%20MI DEAST%20PEACE%20PROCESS.aspx. All of the opening and closing speeches from the conference itself can be found here.

44. 关于每个工作组及其迄今取得的进展的详细说明,可在以色列外交部的网页上查阅"The Multilateral Negotiations," accessed July 2015, http://www.mfa.gov.il/MFA/Foreign Policy/Peace/Guide/Pages/The%20Multilateral%20Negotiati ons.aspx.

45. 参见 US Department of State, "Middle East Peace Chronology."

46. 参见 Dan Izenberg, "Knesset Repeals Ban on Meetings with Terror Groups," *Jerusalem Post* (January 20, 1993), p.1.

47. Uri Savir, *The Process: 1,100 Days That Changed the Middle East* (New York: Random House, 1998); Robert O. Freedman, *The Middle East and the Peace Process: The Impact of the Oslo Accords* (Gainesville: University Press of Florida, 1998); Robert Rothstein, Moshe Ma'oz, and Khalil Shiqaqi, eds., *The Israeli-Palestinian Peace Process: Oslo and the Lessons of Failure; Perspectives, Predicaments, and Prospects* (Brighton, U.K.: Sussex Academic, 2002).

48. 以色列-巴解组织承认文件全文可在以色列外交部网页上查阅"Israel-Palestinian Negotiations," accessed July 2015, http://www.mfa.gov.il/MFA/ForeignPolicy/Peace/Guide/Pages/Israel-Palestinian%20Negotia tions.aspx.

49. 参见 US Department of State, "Middle East Peace Chronology."

50. 参见"Rabin, Arafat Hold Talks in Cairo on Palestinian Self-Rule," *Facts on File*, October 6, 1993, accession number: 1993054942.巴以声明全文可在以色列外交部网页找到"IsraelPalestinian Declaration of Principles, September 13, 1993," accessed July 2015, http://www.mfa.gov.il/MFA/ForeignPolicy/Peace/Guide/Pages/Declaration%20of%20Prin ciples%20-% 20Main%20Points.aspx.《以色列-约旦共同议程》全文可在以色列外交部网页找到 "Israel-Jordan Common Agenda, September 14, 1993," accessed July 2015, http://www.mfa.gov.il/MFA/ForeignPolicy/Peace/ Guide/Pages/Israel-Jordan% 20Common% 20Agenda. aspx. 另见 Dona Stewart, *Good Neighbourly Relations: Jordan, Israel and the 1994—2004 Peace Process* (London: Tauris, 2007).

51.《以色列-约旦和平条约》全文可在以色列外交部网页找到"Treaty of Peace between Israel and Jordan, October 26,

1994," accessed July 2015, http://www.mfa.gov.il/MFA/ForeignPolicy/Peace/ Guide/Pages/Main% 20Points% 20of% 20Israel-Jordan%20Peace%20Treaty.aspx. 另见 Avi Shlaim, *Lion of Jordan: The Life of King Hussein in War and Peace* (New York: Knopf, 2008), and Marwan Muasher, *The Arab Center: The Promise of Moderation* (New Haven, Conn.: Yale University Press, 2008).

52. 1994年8月29日《关于预备移交权力和责任的协议》(以色列-巴解组织)文件全文可在以色列外交部网页上查阅"Agreement on Preparatory Transfer of Powers and Responsibilities, August 29, 1994," accessed July 2015, http://www.mfa.gov.il/MFA/ForeignPolicy/Peace/Guide/Pages/ Preparatory% 20Transfer% 20of% 20Powers% 20-amp%20Responsibiliti.aspx.

53. 参见 the "Jordan" section of Israel Ministry of Foreign Relations, "Israel among the Nations: Middle East and North Africa."

54.《以色列-巴勒斯坦关于西岸和加沙地带的临时协议》文件全文可在以色列外交部网页上查阅"Interim Agreement between Israel and the Palestinians, September 28, 1995," accessed July 2015, http://www.mfa.gov.il/MFA/Foreign Policy/Peace/Guide/Pages/Israel-Palestinian% 20 Negotiations.aspx.

55. "Israel, Palestinians Sign Land-for-Peace Deal, Interim Accord Breaks 19-Month Stalemate in Talks," *Facts on File*, October 23, 1998, accession number: 1998114830.

56. "Israel, Palestinians Sign," *Facts on File*.

57. 有一本关于欧洲在怀伊河进程中的作用的文献，参见 Commission of the European Communities, "The Role of the

European Union in the Peace Process and Its Future Assistance to the Middle East," *Journal of Palestine Studies* 27, no. 3 (1998): 148 - 51; Philip H. Gordon, *The Transatlantic Allies and the Changing Middle East* (New York: Oxford University Press, 1998); and Alicia Martin-Diaz, "Middle East Peace Process and the European Union: A Working Paper" (Luxembourg: European Parliament, 1999).

58.《怀伊河备忘录》文件全文可在以色列外交部网页上查阅"The Wye River Memorandum, October 23, 1998," accessed July 2015, http://www.mfa.gov.il/MFA/ForeignPolicy/Peace/Guide/Pages/The%20Wye%20River%20Memorandum.aspx.

59. Don Peretz and Gideon Doron, "Sectarian Politics and the Peace Process: The 1999 Israeli Elections," *Middle East Journal* 54, no. 2 (2000): 259 - 74. 也可参见 Gilead Sher, *The Israeli-Palestinian Peace Negotiations, 1999—2001* (New York: Routledge, 2006).

60. 圣殿山在希伯来语中被称为哈尔·哈巴伊特(Har Habayit),在阿拉伯语中被称为哈拉姆·谢里夫(Haram al-Sharif),是犹太教、伊斯兰教和基督教的一个极其重要的宗教场所。它是阿克萨清真寺和岩石圆顶的所在地。该地区由约旦政府管理,自1967年以色列控制该地区以来,非穆斯林进入该地区的机会受限。(以色列首席拉比在该地区张贴了标语,表明:"根据《律法书》,由于圣殿山的神圣性,禁止任何人进入该地区。") 参见 Jeremy Sharon, "Rabbis Warn Jews against Going to Temple Mount," *Jerusalem Post* (March 6, 2012), accessed July 2015, http://www.jpost.com/Jewish-World/Jewish-News/Rabbis-warn-Jews-against-going-to-Temple-Mount.

61. "Palestinian-Israeli Violence Erupts, Killing Nearly

70," *Facts on File*, September 28, 2000, accession number: 2000188160.

62. "Palestinian-Israeli Violence," *Facts on File*.

63. "Barak Resigns, Forcing New Election within 60 Days," *Facts on File*, December 9, 2000, accession number: 2000195460.

64. "Middle East: Sharon Declares Oslo Accord Dead; Other Developments," *Facts on File*, January 10, 2001, accession number: 2001200670.

65. "Likud Leader Sharon Elected Israel's Prime Minister," *Facts on File*, February 6, 2001, accession number: 2001203210.

66. 以色列外交部网站包括广泛的参考资料,及常见问题的答案:巴勒斯坦的暴力活动;国际反恐战争;各种政府机构的特别报告(最后更新日期:2002 年 11 月 1 日);由以色列国防军发言人撰写的最近恐怖袭击的图表和统计数据;2000 年 9 月以来巴勒斯坦暴力活动受害者名单;特尼特停火文件;沙姆沙伊赫实况调查委员会的报告;自杀式爆炸清单;开罗阿拉伯峰会报告(10 月 21 日至 22 日);沙姆沙伊赫峰会(10 月 16 日至 17 日);关于巴勒斯坦儿童参与暴力的文件;对恐怖分子的法律起诉的副本;事件背景;声明、简报和采访(以色列人和非以色列人);以色列和联合国的官方立场文件(演讲和文件);以及其他政府公报。"Palestinian Violence and Terrorism since 2000," accessed July 2015, http://www. mfa. gov. il/mfa/foreignpolicy/terrorism/palestinian/pages/victims% 20of% 20palestinian% 20violence% 20and%20terrorism%20sinc. aspx.

67. 沙姆沙伊赫实况调查委员会的最后报告可在以色列外交部的网站上查阅"Sharm el-Sheikh Memorandum on Implementation Timeline of Outstanding Commitments of Agreements Signed and the Resumption of Permanent Status

Negotiations," accessed July 2015, http://www.mfa.gov.il/MFA/MFA-Ar chive/2001/Pages/Report% 20of% 20the%20Sharm%20el-Sheikh%20Fact-Finding%20Com mitt.aspx.

68. Israel Ministry of Foreign Affairs, "Sharm el-Sheikh Memorandum," p.5.

69. "Saudi Peace Plan Linking Arab Recognition of Israel to Withdrawal from OccupiedLands Gains Support," *Facts on File*, February 17, 2002, accession number: 2002242540.

70. 2003 年 5 月 9 日,丹麦哥本哈根,佩尔·斯蒂·默勒先生接受作者采访。

71. 路线图参考文件来自丹麦外交部长默勒先生。

72. 对默勒先生的访问。

73. 对默勒先生的访问。

74. 以下几页大部分资料来自 Gregory Mahler and Alden Mahler, *The Arab-Israeli Conflict: An Introduction and Documentary Reader* (New York: Routledge, 2010), pp.29–31. 也可参见 American diplomacy in the Middle East, Martin Indyk, *Innocent Abroad: An Intimate Account of American Peace Diplomacy in the Middle East* (New York: Simon and Schuster, 2009), and William Quandt, *Peace Process: American Diplomacy and the ArabIsraeli Conflict since 1967* (Washington, D.C.: Brookings Institution, 2005).

75. 路线图全文见以色列外交部网页,"A Performance Based Roadmap to a Permanent Two-State Solution to the Israeli-Palestinian Conflict," accessed July 2015, http://www.mfa.gov.il/MFA/ForeignPolicy/Peace/Guide/Pages/A%20Performance-Based%20Roadmap%20to%20a%20Permanent%20Two-Sta.aspx. 批评性意见参见,Tanya Reinhart, *The Road Map to Nowhere: Israel/Palestine Since 2003*

(New York: Verso, 2006).

76. 参见"Prime Minister Ariel Sharon's Address to the Knesset—The Vote on the Disengagement Plan (October 25, 2004)," as reprinted in Mahler and Mahler, *The Arab-Israeli Conflict*.

77. As'ad Ganim, *Palestinian Politics after Arafat: A Failed National Movement* (Bloomington: Indiana University Press, 2010).

78. 参见 Joshua Gleis and Benedetta Berti, *Hezbollah and Hamas: A Comparative Study* (Baltimore, Md.: Johns Hopkins University Press, 2012), and Sara M. Roy, *Hamas and Civil Society in Gaza: Engaging the Islamist Social Sector* (Princeton, N.J.: Princeton University Press, 2011).

79. Hilary Leila Krieger, "'Smash the Entire Infrastructure of the State of Lebanon' SaysCity's Mayor," *Jerusalem Post* (July 21, 2006), p.4.

80. 参见 Nathan Guttman and Yaakov Katz, "U. S. Senate Rejects Bid to Curb Use of ClusterBombs. Israel Defends Resort to the Bombs against Terrorist Targets," *Jerusalem Post* (September 8, 2006), p.3.

81. BBC News, "U.N. Says Gaza Crisis 'Intolerable'," *BBC News Online* (September 26, 2006), accessed July 2015, http://news.bbc.co.uk/2/hi/middle_east/5382976.stm.

82. BBC News, "U.N. Says Gaza Crisis 'Intolerable'."

83. Virtual Library, "Israel's Wars and Operations: Operation Cast Lead" (December 2008January 2009), accessed July 2015, http://www.jewishvirtuallibrary.org/jsource/Peace/castle adtoc.html.

84. 最近的一篇文章重复了这一点,"Netanyahu Renews

Support for Two-StateSolution with Palestinians," *New York Times* (May 20, 2015), accessed July 2015, http://www.nytimes.com/reuters/2015/05/20/world/middleeast/20reuters-israel-palestinians.htm.

85. Gil Hoffman, "Barak Takes Credit for Israel's Settlement Freeze," *Jerusalem Post* (November 30, 2009), p.3. 另见 Douglas Bloomfield, "Netanyahu's Real Agenda: No Deal," *Jerusalem Post* (February 12, 2015), p.14.

86. Howard LaFranchi, "Have Crises Put US-Israel Relations on New, More Honest, Course?" *Christian Science Monitor* (March 27, 2015), accessed July 2015, http://www.csmoni tor.com/USA/Foreign-Policy/2015/0327/Have-crises-put-US-Israel-relations-on-new-more-honest-course.

87. 共同议程的案文可在以色列外交部的网页上找到, "Israel-Jordan Common Agenda," accessed July 2015, http://www.mfa.gov.il/mfa/ foreignpolicy/peace/guide/pages/israel-jordan%20common%20agenda.aspx. 另见 Mutayyam Al O'Ran, *Jordanian-Israeli Relations: The Peacebuilding Experience* (New York: Routledge, 2009), and Curtis R. Ryan, "Jordan in the Middle East Peace Process: From War to Peace with Israel," in *The Middle East Peace Process: Interdisciplinary Perspectives*, ed. Ilan Peleg (Albany: SUNY Press, 1998).

88. 参见 the Israel Ministry of Foreign Affairs Web page "Israel-Jordan Negotiations: The Bilateral Negotiations," accessed July 2015, http://www.mfa.gov.il/MFA/ForeignPolicy/Peace/ Guide/Pages/Israel-Jordan%20Negotiations.aspx. 另见 Stewart, *Good Neighbourly Relations*.

89. 有关双方深度合作的讨论可在以色列外交部网见参看

"Israel-Jordan Negotiations."

90. Ministry of Foreign Affairs, "Behind the Headlines: 15 Years of Peace between Israeland Jordan," accessed July 2015, http://mfa.gov.il/MFA/ForeignPolicy/Bilateral/Pages/15_years_peace_Israel_Jordan_26-Oct-2009.aspx.

91. 参见 Israel Ministry of Foreign Affairs, "13 Years of Peace Between Israel and Jordan,"accessed July 2015, http://mfa.gov.il/MFA/ForeignPolicy/Bilateral/Pages/13%20years%20 of%20peace%20between%20Israel%20and%20Jordan%2026-Oct-2007.aspx. 另见"Israel, Jordan Discreetly Foster Ties Amid Regional Chaos," *New York Times* (June 22, 2015), accessed July 2015, http://www.nytimes.com/aponline/2015/06/22/world/middleeast/ap-ml-jordan-israel-discreet-allies.html. Gad Lior 讨论了贸易领域,参见"Iraqi Goods Travel to Turkey Via Israel," *YNET News.com* (April 5, 2013), accessed July 2015, http://www.ynetnews.com/arti cles/0,7340, L-4364003,00.html.

92. Jewish Virtual Library, "Israel-Jordan Relations: Water Cooperation," accessed July2015, https://www.jewishvirtuallibrary.org/jsource/Environment/isjorgul f.html.

93. Ariel Ben Solomon, "What Will the Next 20 Years of Jordan-Israel Relations Look Like?" *Jerusalem Post* (October 27, 2014), accessed July 2015, http://www.jpost.com/Middle-East/What-will-the-next-20-years-of-Jordan-Israel-relations-look-like-379919.

94. 参见 William Booth and Taylor Luck, "Relationship between Israel and Jordan Grows Warier amid Tensions in Jerusalem," *Washington Post* (November 23, 2014), accessed July 2015, https://www.washingtonpost.com/world/middle_

east/ties-between-israel-and-jordan-grow-warier-amid-tensions-in-jerusalem/2014/11/23/cbd89ba2-7008-11e4-893f-86bd390 a3340 _story. html. 另见 Barak Ravid and Jonathan Lis, "Netanyahu Assures Jordan King Abdullah: Temple Mount Status Quo Won't Change," *Haaretz* (November 6, 2014), accessed July 2015, http://www. haaretz. com/news/diplomacy-defense/. premium-1. 625086.

95. 与"愤怒的葡萄"行动有关的文件可在以色列外交部网页找到"IDF Operation in Lebanon—Grapes of Wrath," accessed July 2015, http://www. mfa. gov. il/MFA/MFA-Archive/2003/Pages/IDF%20Operation%20in%20 Lebanon%20-%20Grapes%20of%20Wrath. aspx. 另见 Matthew Levitt, *The Global Footprint of Lebanon's Party of God* (Washington, D.C.: Georgetown University Press, 2013).

96. 参见 Ministry of Foreign Affairs Web page "Israel-Lebanon Negotiations: The Bilateral Negotiations," accessed July 2015, http://www. mfa. gov. il/MFA/ForeignPolicy/Peace/ Guide/Pages/Israel-Lebanon%20Negotiations. aspx.

97. Ministry of Foreign Affairs, "Israel-Lebanon Negotiations: The Bilateral Negotiations."

98. Leila Hatoum, "Siniora Vows to Be Last in Making Peace with Israel," *Daily Star* (Lebanon) (August 31, 2006), accessed July 2015, http://www. dailystar. com. lb//News/Lebanon-News/2006/Aug-31/43398-siniora-vows-to-be-last-in-making-peace-with-israel. ashx. 也可参阅 David Johnson, *Hard Fighting: Israel in Lebanon and Gaza* (Santa Monica, Calif.: Rand, 2012).

99. "Two Israeli Soldiers Killed in Hezbollah Missile Attack," Al Jazeera (January 28, 2015), accessed July 2015,

http://www. aljazeera. com/news/2015/01/israeli-soldiers-injured-shebaa-farms-missile-attack-150128100642659. html.

100. Jeffrey White, "A War Like No Other: Israel vs. Hezbollah in 2015," Washington Institute: Policy Analysis (January 29, 2015), accessed July 2015, http://www. washingtoninstitute. org/policy-analysis/view/a-war-like-no-other-israel-vs.-hezbollah-in-2015. 另见 "Hezbollah Hiding 100000 Missiles That Can Hit North, Army Says," *Times of Israel* (May 13, 2015), accessed July 2015, http://www. timesofisrael. com/hezbollah-hiding-100000-missiles-that-can-hit-north-army-says/.

101. Itamar Sharon, "Hezbollah Shows Off 'Advanced Tunnel Network' on Israeli Border," *Times of Israel* (May 23, 2015), accessed July 2015, http://www. timesofisrael. com/hezbollah-flaunts-advanced-tunnel-network-on-israeli-border/. 参见 Zahera Harb, *Channels of Resistance in Lebanon: Liberation Propaganda, Hezbollah and the Media* (New York: I. B. Tauris, 2011).

102. Mirmoz Manfreda, "Why Lebanon Matters to Israel," *About News* (Spring 2015), accessed July 2015, http://middleeast. about. com/od/arabisraeliconflict/a/Lebanon-Getting-Caught-In-The-Crossfire. htm. 参见 Yair Evron, *War and Intervention in Lebanon: The Israeli-Syrian Deterrence Dialogue* (Abingdon, Oxon: Routledge, 2013).

103. Israel Ministry of Foreign Affairs, "Israel-Syria Negotiations: The Bilateral Negotiations," accessed July 2015, http://www. mfa. gov. il/MFA/ForeignPolicy/Peace/Guide/Pages/ Israel-Syria%20Negotiations. aspx. 另见 Marius Deeb, *Syria, Iran, and Hezbollah: The Unholy Alliance and*

Its War on Lebanon (Stanford, Calif.: Hoover Institution Press, 2013).

104. Elaine Sciolino, "Transition in Syria: A New Hurdle to Peace," *New York Times* (June 11, 2000), accessed July 2015, http://www.nytimes.com/2000/06/11/world/transition-in-syria-a-new-hurdle-to-peace.html, and Deborah Sontag, "Syria's Leader Assad Dies, Clouding Mideast Prospects," *New York Times* (June 11, 2000), accessed July 2015, http://www.nytimes.com/2000/06/11/world/transition-in-syria-syria-s-leader-assad-dies-clouding-mideast-pro spects.html. 更多叙利亚外交政策，参见 Itamar Rabinovich, *The View from Damascus: State, Political Community and Foreign Relations in Modern and Contemporary Syria* (Portland, Ore.: Vallentine Mitchell, 2011).

105. "That Long-Awaited Peace Meeting," *New York Times* (September, 25, 2007), accessed July 2015, http://www.nytimes.com/2007/09/25/opinion/25tues2.html. 另见 Steven Erlanger, "Syria Plans to Attend Meeting on Mideast Peace," *New York Times* (November 26, 2007), accessed July 2015, http://www.nytimes.com/2007/11/26/world/middleeast/26cnd-mideast.html.

106. Isabel Kershner, "Israel and Syria Hint at Progress on Golan Heights Deal," *New York Times* (April 24, 2008), accessed July 2015, http://www.nytimes.com/2008/04/24/world/mid dleeast/24golan.html, and Israel Ministry of Foreign Affairs, "Israel-Syria Negotiations," accessed July 2015, http://mfa.gov.il/MFA/ForeignPolicy/Peace/Guide/Pages/Israel-Syria%20 Negotiations.aspx. 另见 Radwan Ziadeh, *Syria's Role in a Changing Middle East: The Syrian*

Israeli Peace Talks (London: I.B. Tauris, 2012).

107. 参见 Ethan Bronner, "Olmert Peace Effort Elicits Cynicism and Hope," *New York Times* (May 23, 2008), accessed July 2015, http://www. nytimes. com/2008/05/23/ world/middleeast/ 23olmert. html. 参见 "Israel and Syria," *Jerusalem Post* (June 21, 2015), p.13.

108. 参见 "Netanyahu Ally Urges World to Accept Israel's Hold on Golan," *New York Times* (June 7, 2015), accessed July 2015, http://www. nytimes. com/reuters/2015/ 06/07/world/mid dleeast/07reuters-syria-crisis-israel-golan. html. 也可参见 "Israel Says Syria's Assad May Be Left with Rump State," *New York Times* (June 30, 2015), accessed July 2015, http://www. nytimes. com/reuters/2015/06/30/world/ middleeast/30reuters-mideast-crisis-syria-israel. html.

109. Michael Gordon, "Kerry Urges Syrian Rebels to Go to Peace Meeting," *New York Times* (January 14, 2014), accessed July 2015, http://www. nytimes. com/2014/01/15/ world/mid dleeast/us-presses-syrian-opposition-to-join-talks. html. 另见 Yossi Melman, "The Syria Spiral," *Jerusalem Report* (April 21, 2014), p. 14, and Moshe Ma'oz and A. Yaniv, *Syria under Assad: Domestic Constraints and Regional Risks* (New York: Routledge, 2014).

110. Virtual Library, "Israel-Egypt Relations: Overview of Bilateral Cooperation," accessedJuly 2015, https://www. jewishvirtuallibrary. org/jsource/Politics/relate_egypt. html.

111. Virtual Library, "Israel-Egypt Relations: 30th Anniversary of the Israel-Egypt Peace Treaty" (March 26, 2009), accessed July 2015, https://www. jewishvirtuallib rary. org/jsource/ Peace/30egyptpeace. html.

112. "Israel-Egypt Cooperation Surpasses Expectation," *Middle East Monitor* (January 28, 2015), accessed July 2015, https://www.middleeastmonitor.com/news/middle-east/16624-israeli-tv-israeli-egyptian-cooperation-surpasses-expectation and "Report: Israel, Egypt Security Cooperation Multiplied under Sisi," *Middle East Monitor* (March 6, 2015), accessed July 2015, https://www.middleeastmonitor.com/news/middle-east/17354-report-israel-egypt-se curity-cooperation-multiplied-under-sisi, and Oren Dorell, "Sinai 'Drone Strike' Highlights Israel-Egypt Operations," *USA Today* (August 13, 2013), accessed July 2015, http://www.usa today.com/story/news/world/2013/08/13/did-israeli-drone-strike-egypt/2643595/. 有大量文字有关"阿拉伯之春"及对埃及政策的影响——特别是对埃以关系，包括：Dan Tschirgi, Walid Kazziha, and Sean McMahon, eds., *Egypt's Tahrir Revolution* (Boulder, Colo.: Lynne Rienner, 2013), and Rami Ginat and Meir Noema, *Egypt and the Second Palestinian Intifada: Policymaking with Multifaceted Commitments* (Portland, Ore.: Sussex Academic, 2011).

113. Virtual Library, "Military Threats to Israel: Iran" (updated April 2015), accessed July2015, https://www.jewishvirtuallibrary.org/jsource/Threats _ to _ Israel/Iran.html. 一项很好的解释 Steven R. David, *Armed and Dangerous: Why a Rational, Nuclear Iran Is an Unacceptable Risk to Israel* (Ramat Gan, Isr.: Begin-Sadat Center for Strategic Studies, Bar-Ilan University, 2013).

114. Israel Ministry of Foreign Affairs, "PM Netanyahu Statement on Iran, 07 June, 2015," accessed July 2015, http://mfa.gov.il/MFA/ForeignPolicy/Iran/Pages/PM-Neta

nyahu-state ment-on-Iran-7-Jun-2015. aspx, and Israel Ministry of Foreign Affais, "PM Netanyahu: The Greatest Sponsor of Terrorism in the World Is Iran," accessed July 2015, http://mfa. gov. il/MFA/ForeignPolicy/Iran/Pages/PM-Netanyahu-The-greatest-sponsor-of-terrorism-in-the-world-is-Iran-30-Jun-2015. aspx. 参见 Trita Parsi, *A Single Roll of the Dice: Obama's Diplomacy with Iran* (New Haven, Conn.: Yale University Press, 2012); Jalil Rawshandil and Nathan Chapman Lean, *Iran, Israel, and the United States: Regime Security vs. Political Legitimacy* (Santa Barbara, Calif.: Praeger, 2011); and Elliott Abrams and Robert D. Blackwill, *Iran: The Nuclear Challenge* (New York: Council on Foreign Relations, 2012). 以色列方面的观点参见 Lior Akerman, "There's No Existential Threat against Israel," *Jerusalem Post* (July 10, 2015), p.21, and Louis Rene Beres, "Avoiding Nuclear War: Israel's Strategic Options," *Jerusalem Post* (June 16, 2015), p.14.

115. "1981: Israel Bombs Baghdad Nuclear Reactor," BBC *On This Day*, accessed July 2015, http://news. bbc. co. uk/onthisday/hi/dates/stories/june/7/newsid_3014000/3014623. stm. 参见 "Yadlin: Israel Now Has Five Years to Ensure We Can Stop Iran," *Times of Israel* (July 24, 2015), accessed July 2015, http://www. timesofisrael. com/yadlin-israel-now-has-five-years-to-ensure-we-can-stop-iran/. Vbjkd Xer2-Q. email.

116. "Israel Suspends Middle East Peace Process; Barak Takes 'Time Out' for Assessment, Seeks Coalition Government," *Facts on File* 60, no. 3125 (2000): 797.参见 Ariella Azoulay and Adi Ophir, *The One-State Condition: Occupation and Democracy in Israel/Palestine* (Stanford, Calif.: Stanford

University Press, 2013), and Asher Susser, *Israel, Jordan, and Palestine: The Two State Imperative* (Waltham, Mass.: Brandeis University Press, 2012).

117. Ilana Kass, Bard O'Neill, and Sheila Katz, "The Deadly Embrace: The Impact of Israeliand Palestinian Rejectionism on the Peace Process," *Middle East Journal* 51, no. 4 (1997): 611–17. 另见 Yaacov Bar-Siman-Tov, "Israel's Peace-Making with the Palestinians: Change and Legitimacy," in *Israel's Troubled Agenda*, ed. Efraim Karsh (Portland, Ore.: Frank Cass, 1997).

118. Israel Ministry of Foreign Affairs, "Israel-Palestinian Negotiations." 另见 Indyk, *Innocent Abroad*, and Jean-Pierre Filiu and John King, *Gaza: A History* (New York: Oxford University Press, 2014).

119. 参见 Israel Ministry of Foreign Affairs, "Declaration of Principles on Interim Self-Government Arrangements September 13, 1993," accessed July 2015, http://www.mfa.gov.il/mfa/foreignpolicy/peace/guide/pages/declaration%20of%20principles.aspx.

120. Israel Ministry of Foreign Affairs, "Declaration of Principles on Interim Self-Government Arrangements September 13, 1993," accessed July 2015, http://www.mfa.gov.il/mfa/foreignpolicy/peace/guide/pages/declaration%20of%20principles.aspx.

121. 以色列外交部称,《临时协议》在被占领土上划分了三种不同类型的地区,参见 Israel Ministry of Foreign Affairs, "The Israel-Palestinian Negotiations," accessed July 2015, http://www.mfa.gov.il/MFA/ForeignPolicy/Peace/Guide/Pages/THE%20ISRAELI-PALESTINIAN%20INTERIM%

20AGREE MENT. aspx.

“A 区——包括西岸的主要城市：巴勒斯坦委员会全面负责内部安全和公共秩序，以及民政事务。（希伯伦市受制于《临时协议》中规定的特殊安排；关于在希伯伦重新部署的议定书于1997 年 1 月签署。）

“B 区——包括西岸的小城镇和村庄：巴勒斯坦委员会负责民政事务（同 A 区）和维持公共秩序，而以色列则保留保护其公民和打击恐怖主义的首要安全责任。”

“C 区——包括所有犹太人定居点、对以色列具有战略重要性的地区以及西岸基本上无人居住的地区：以色列对安全和公共秩序负全部责任，以及与领土有关的民事责任（规划和分区、考古等）。巴勒斯坦委员会对巴勒斯坦人民的所有其他民事领域承担责任。”

122. Virtual Library, “Bill Clinton Administration: The Clinton Peace Plan (December 23, 2000)” accessed July 2015, https://www.jewishvirtuallibrary.org/jsource/Peace/clinton_plan.html.

123. “U.N. Warns of ‘Palpable’ Risk of Israeli-Palestinian Escalation,” *Times of Israel* (August 19, 2015), accessed August 2015, http://www.timesofisrael.com/un-warns-of-palpable-risk-of-israeli-palestinian-escalation/?can_id127aee85701993adba102f865fd7ec9c&source email-what-were-reading-un-warns-of-palpable-risk-of-israeli-palestinian-escalation&email_referrerwhat-were-reading-un-warns-of-palpable-risk-of-israeli-palestinian-escalation.

124. “Carter: Zero Chance for Two-State Solution,” *Haaretz* (August 13, 2015), accessed August 2015, http://www.haaretz.com/news/diplomacy-defense/1.671056.

索　引*

* 原书索引，对应本书边码。